熊本大学永青文庫研究センター編

永青文庫叢書

細川家文書

熊本藩役職編

吉川弘文館

序　文

このたび、熊本大学永青文庫研究センターのご尽力によって、五年ぶりの永青文庫叢書である『細川家文書　熊本藩役職編』が刊行されることとなりました。

平成二十一年四月に熊本大学文学部附属として開設された永青文庫研究センターは、平成二十二年から二十六年にかけて、毎年一冊のペースで、『細川家文書　中世編』、『細川家文書　絵図・地図・指図編Ⅰ』、『細川家文書　近世初期編』、『細川家文書　絵図・地図・指図編Ⅱ』、『細川家文書　故実・武芸編』という五冊の永青文庫叢書を刊行しました。これは、公益財団法人永青文庫が所有し、熊本大学附属図書館に寄託されている約五万八〇〇〇点もの細川家史資料から、とくに学術的価値が高い古文書・絵図などを図版入りで刊行したもので、学界などから高い評価をいただいています。こうした優れた研究実績が認められ、永青文庫研究センターが平成二十九年四月から熊本大学の学内共同教育研究施設となったことを、非常に嬉しく思っています。

本書は、第二期の永青文庫叢書の第一巻目にあたるもので、近世中期から後期にかけた熊本藩役職に関わる文書一三点が収録されています。本書収録の史料からは、じつに多様な政治・軍事・家政組織から構成される熊本藩の職制機構を看取できるとともに、当時の藩政が武士身分だけではなく、百姓身分などを含む多くのスタッフに支えられていたことがわかります。また、著名な細川重賢による熊本藩の宝暦改革は、幕府や全国の諸藩から注目を集めましたが、その際に制定された諸役人の服務規程からは、彼らが果たすべき職務内容について知ることができます。服務規程の多くでみられる、藩の官僚として身を慎むことの重要性、機密の保持や公私の区別などの必要性は、まさに現代にも求められるものでしょう。藩政機構の全体像を余すところなく示した本書は、日本近世史研究の必須の文献としても役立てられるものと思います。

永青文庫研究センターでは、再び五か年計画のもと、本書に引き続き第二期永青文庫叢書の第二巻、第三巻の刊行準備が進められていると伺っています。今後益々の研究活動の進展に大いに期待しているところです。

最後に、所蔵資料を調査・研究いただき、本書にまとめてくださった熊本大学の皆様に改めて感謝の意を表します。

平成三十一年一月吉日

公益財団法人永青文庫

理事長　細　川　護　熙

例言

一　本書は、近世大名細川家のもとに伝来し、現在、公益財団法人永青文庫が所有する歴史資料のうち、近世中後期の熊本藩役職に関わる古文書の原本及び写し一三点を収録した。

一　収録文書の年代は、細川重賢（西暦一七二一～一七八五）による宝暦改革で、熊本藩役職の服務規程である「条目」が初めて下された宝暦六年（西暦一七五六）から、幕末期の慶応二年（西暦一八六六）までとした。

一　「図版編」には収録文書の本紙の写真を、「熊本藩職制」「熊本藩条目」の二部構成で収録した。二部における図版の配列は、職階が高いものから編年で収録した。なお、付属する貼紙等で本紙の文字が確認できない等の場合は、同じ部分であっても、貼紙をめくった状態、貼紙が付いた状態等、複数の画像を掲載し、(a)(b)…と画像の右側に示した。剝離貼紙の写真は略した。

一　「翻刻編」には、史料の翻刻文を「図版編」の収録番号によって配列し、示した。

一　翻刻文は以下の原則によって収録した。

㈠　翻刻文には、収録文書本紙の内容や表紙、本紙発給時の包紙の上書、本紙に付属する貼紙等の内容を採録した。なお、本紙から剝離した貼紙等のうち、原位置が確定できなかったものは採録していない。

㈡　原則として当用漢字を用いた。

㈢　虫損・破損・汚損等の理由によって判読困難な文字は、字数が判明するものは□を字数分記し、字数が判明しないものは「　」で表記した。

㈣　正しい文字が明らかな場合は（　）、推定できないものや意味不明の場合には（ママ）として、各史料の初出時のみ註記した。

㈤　表紙・貼紙等は「　」を付けて表記し、右側にそれぞれ（表紙）（貼紙）等と表記した。貼紙が貼られている場所に表記できない場合には、＊でその位置を示し、本文の適当な位置に表記した。

㈥　見せ消ち・抹消は、もとの文字の左側に抹消符（ミ）を付し、訂正後の文字をその右側に示した。

(七) 人名等には、必要な範囲で括弧書の註記を加えた。

(八) 職制（史料番号1）における役職者の人数はすべて朱筆である。煩雑さを避けるため、いちいち（朱筆）とは註記していない。

一 巻末に収録史料目録を掲げ、収録番号、目録番号（永青文庫の整理番号）、年代、史料名、内容、差出、宛所、員数、体裁、法量、状態等について一括して示した。

一 本書の編集、解説、翻刻文や史料目録の作成等は、熊本大学永青文庫研究センタースタッフの協力のもと今村直樹が担当した。

目次

序文　細川護熙
例言
図版編
熊本藩職制……3
熊本藩条目……17
翻刻編
熊本藩職制……195
熊本藩条目……225
解説編
近世中後期熊本藩の職制機構と服務規程　今村直樹……309
跋文　稲葉継陽……337
収録史料目録

図版編細目次

熊本藩職制

1　職制　天保六年九月……4

熊本藩条目

2　家老条目写　宝暦六年七月……18
3　松井家条目写　宝暦六年八月……20
4　中老条目写　（宝暦六年）……21
5　大奉行条目写　文化九年九月三日……23
6　御条目扣　（宝暦七年二月）……24
(1)　備頭……24
(2)　側大頭……25
(3)　留守居大頭……25
(4)　佐敷番頭……26
(5)　鶴崎番代……27
(6)　番頭……27
(7)　大目附……27
(8)　小姓頭……28
(9)　書方支配頭……28
(10)　音信方支配頭……28
(11)　留守居番頭……29

(12) 八代番頭 29
(13) 中小姓頭 30
(14) 奉行 30
(15) 用人 33
(16) 馬幟奉行 34
(17) 鉄炮五十挺頭・同三十挺頭 34
(18) 留守居中小姓触頭 35
(19) 鉄炮二十挺頭・同十挺頭 35
(20) 近習次組脇 35
(21) 側鉄炮頭 36
(22) 長柄頭 36
(23) 目附 37
(24) 使番 37
(25) 歩使番頭 38
(26) 歩頭 38
(27) 昇副頭 38
(28) 物奉行 39
(29) 河尻町奉行 39
(30) 留守居切米取触頭 40
(31) 側取次 40
(32) 八代目附 40
(33) 普請作事頭 41
(34) 郡頭 41

(35) 郡方目附……42
(36) 穿鑿頭……42
(37) 勘定頭……43
(38) 算用頭……43
(39) 静證院殿附……43
(40) 郡代……44
(41) 右筆頭……45
(42) 鉄炮副頭……46
(43) 茶道頭……46
(44) 小姓組之組脇・番方組脇・留守居番方組脇・八代城付組脇・佐敷番組脇……46
(45) 馬方支配役……47
(46) 鶴崎船頭之頭……47
(47) 持筒頭……48
(48) 奥附……48
(49) 裏附……49
(50) 清記附……49
(51) 衛世附……50
(52) 小姓役……50
(53) 医師触役……50
(54) 奉行所佐弐役……51
(55) 次番……51
(56) 次目附……52
(57) 腰物方……52

(58) 納戸役……53
(59) 台所頭……53
(60) 河尻作事頭……53
(61) 座敷支配役……54
(62) 惣銀支配頭……54
(63) 切米支配頭……55
(64) 掃除頭……55
(65) 天守方支配頭……56
(66) 中小姓組脇……56
(67) 近習目附……57
(68) 台所目附……57
(69) 六箇所目附……58
(70) 作事所目附……58
(71) 天守方目附……59
(72) 馬方目附……59
(73) 音信役……60
(74) 案内役……60
(75) 駕役……61
(76) 吟味役……61
(77) 奥附目附……62
(78) 裏方目附……62
(79) 奥附勘定役……62
(80) 江戸買物支配役……63

(81) 戸越屋敷支配役……63
(82) 中小姓鷹方……64
7 条目（抄）（年未詳）……65
(1) 備頭……65
(2) 留守居大頭……66
(3) 佐敷番頭……66
(4) 鶴崎番代……67
(5) 番頭……67
(6) 小姓頭……68
(7) 留守居番頭……68
(8) 八代番頭……69
(9) 中小姓頭……69
(10) 奉行……70
(11) 用人……72
8 御留守詰江被渡置候御書付案 天明六年四月……74
(1) 家老……74
(2) 用人……76
(3) 奉行……77
(4) 小姓頭・中小姓頭……78
(5) 留守居……79
(6) 物頭……80
(7) 白金屋敷詰目附……81
(8) 奥附役……82

9　御印　御条目扣（抄）
(1)　軍艦将帥　天明六年七月……83
（年未詳）……83
10　庁事印　御条目扣（抄）　安永六年二月……85
(1)　（六之助様教育係）　寛政五年十二月……85
(2)　小物成方根取　享和二年八月十九日……86
(3)　蒸気船支配頭　元治二年四月……87
(4)　蒸気船目附　元治二年四月……88
(5)　若殿様附役　（慶応二年九月以降）……88
11　御条目之扣　御奉行中連判（抄）　（宝暦七年）……90
(1)　右筆……91
(2)　奉行所分司根取……92
(3)　機密間詰根取……93
(4)　選挙方根取……94
(5)　考績方根取……95
(6)　刑法方根取……96
(7)　船頭組脇……97
(8)　料理頭……98
(9)　近習横目……99
(10)　大目附付横目……101
(11)　歩使番組脇……102
(12)　城内横目……103
(13)　郡間根取……104
(14)　勘定所根取……105

(15) 勝手方横目 108
(16) 天守方根取 109
(17) 算用所根取 112
(18) 台所賄方根取 113
(19) 惣銀所根取 114
(20) 切米所根取 115
(21) 普請作事所根取 116
(22) 音信所根取 118
(23) 客屋支配役 119
(24) 掃除方根取 120
(25) 役割支配役 121
(26) 東西蔵根取 122
(27) 賄物所根取 123
(28) 上内検 124
(29) 奉行所物書 126
(30) 機密間物書 127
(31) 勝手方付所々横目 128
(32) 作事所横目 129
(33) 掃除方横目 130
(34) 東西蔵支配役 131
(35) 小間物幷表納戸支配役 132
(36) 諸道具支配役 134
(37) 銀支配役 135

(38) 賄物支配役……138
(39) 薪支配役……138
(40) 飼料支配役……139
(41) 鍛冶方役人……140
(42) 本丸座鋪支配役……141
(43) 郡間物書……142
(44) 勘定所物書……143
(45) 井樋支配役……144
(46) 算用所物書……145
(47) 惣銀所物書……146
(48) 切米所物書……147
(49) 普請作事所役人……148
(50) 音信所役人……149
(51) 郡横目……150
(52) 類族方役人……151
(53) 天守方役人……152
(54) 料理人……153
(55) 台所賄役……153
(56) 台所分司役人……154
(57) 台所横目……155
(58) 飛脚番小頭……155
(59) 河尻蔵支配役……157
(60) 大津蔵支配役……158

(61) 長崎屋鋪詰米銀支配役……159
(62) 鶴崎蔵支配役……159
(63) 鶴崎銀支配役……161
(64) 小間物所根取　宝暦十一年五月一日……162
(65) 小間物支配役　宝暦十一年五月一日……163
(66) 惣塘支配役　明和元年十月……164
(67) 高瀬蔵根取　明和元年十月……165
(68) 高瀬蔵支配役　明和元年十月……166
(69) 八代蔵支配役　明和元年十月……167
(70) 郡間（小物成方）銀支配役　明和九年十月二十五日……169
(71) 杣方兼帯郡横目　安永二年八月……171
(72) 杣方役人　安永二年八月……172
(73) 寺社方・町方横目　寛政三年六月十七日……173
(74) 郡方請込根取　寛政九年十二月二十九日……174
(75) 覚（郡方物書）　寛政九年十二月二十九日……176
(76) 小物成方物書　享和二年八月十九日……176
(77) 覚（諸間詰横目）　文化三年三月……177
(78) 側御用生蠟扱所横目　文化四年十月二十三日……178
(79) 側御用生蠟扱所役人　文化四年十月二十三日……178
(80) 水前寺苔場見扱　苔拵方一式惣請込役　文化五年四月十五日……179
(81) 覚（水前寺苔場見扱　苔拵方一式惣請込役）　文化五年四月十五日……180
(82) 御内意之覚（浜町銀方根取）　（年未詳）三月……181
(83) 口上之覚（浜町銀方根取）　（年未詳）五月……181

(84) 覚（浜町銀方根取）（年未詳）五月……182
(85) 浜町銀方根取（年未詳）……183
(86) 勘定所産物方根取（年未詳）……184
(87) 平準方産物方横目 天保十二年閏正月……185
12 草稿（抄）（年未詳）……187
(1) 山支配役……187
(2) 一領一疋……188
(3) 地侍……189
(4) 芦北郡筒……190
13 米田是豪盟文 文久二年十一月十一日……191

図版編

熊本藩職制

1　職制

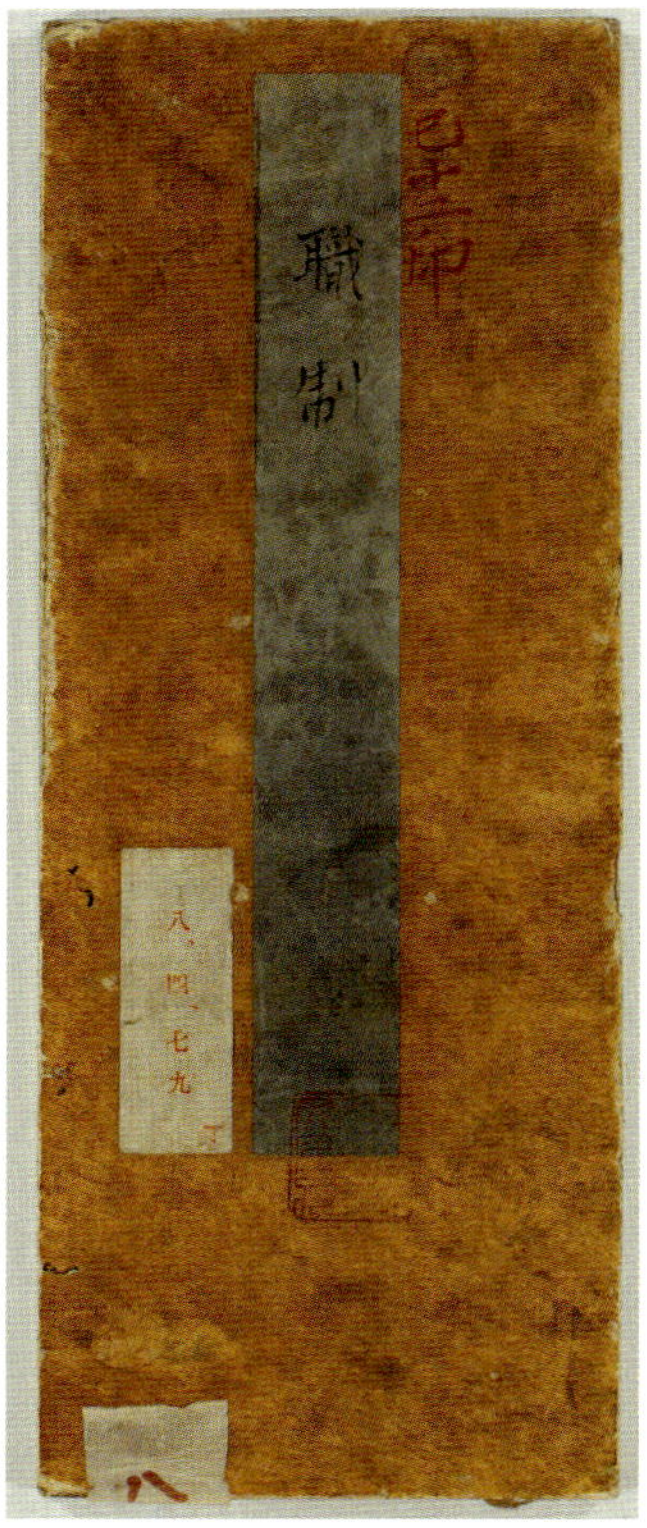

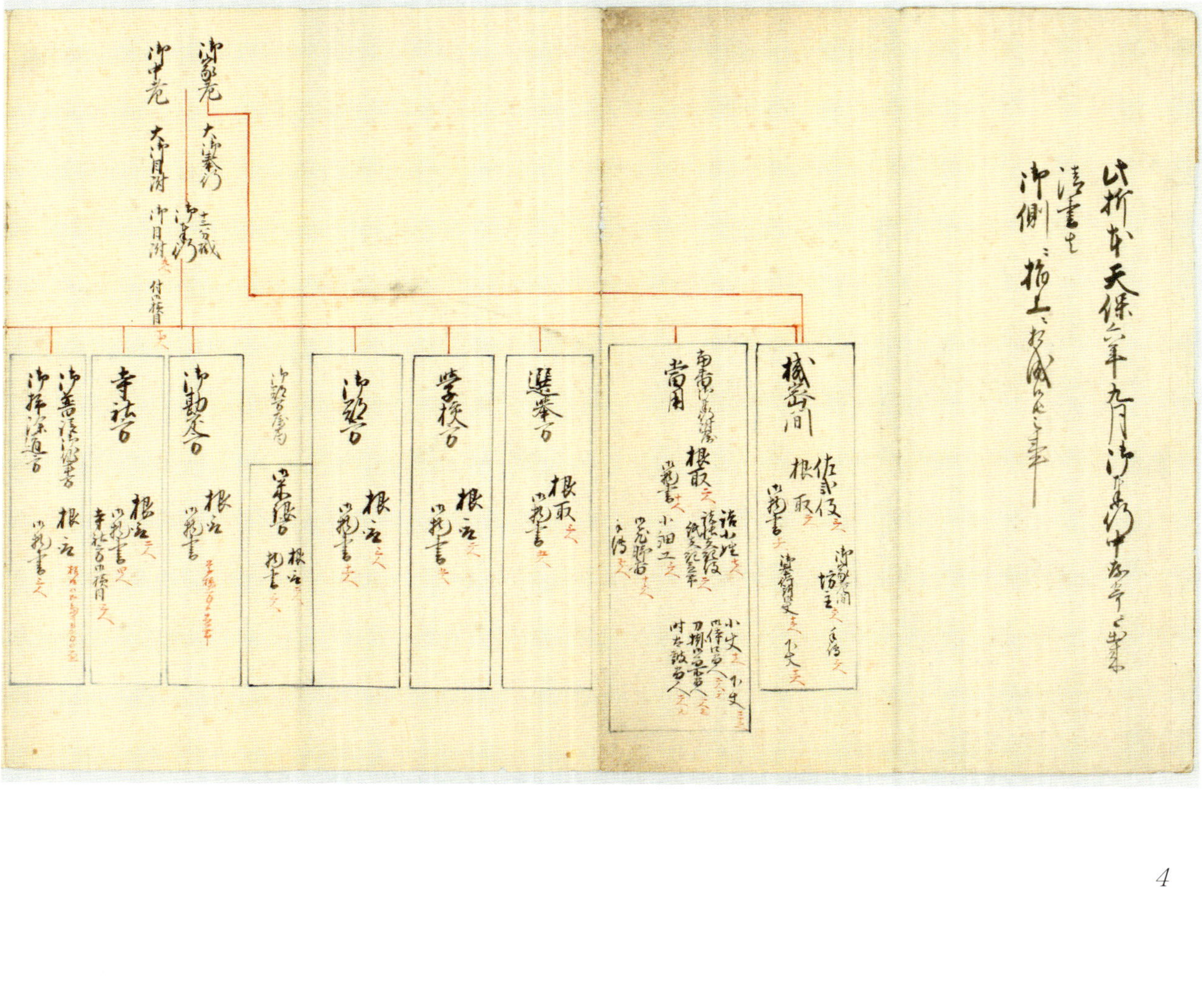

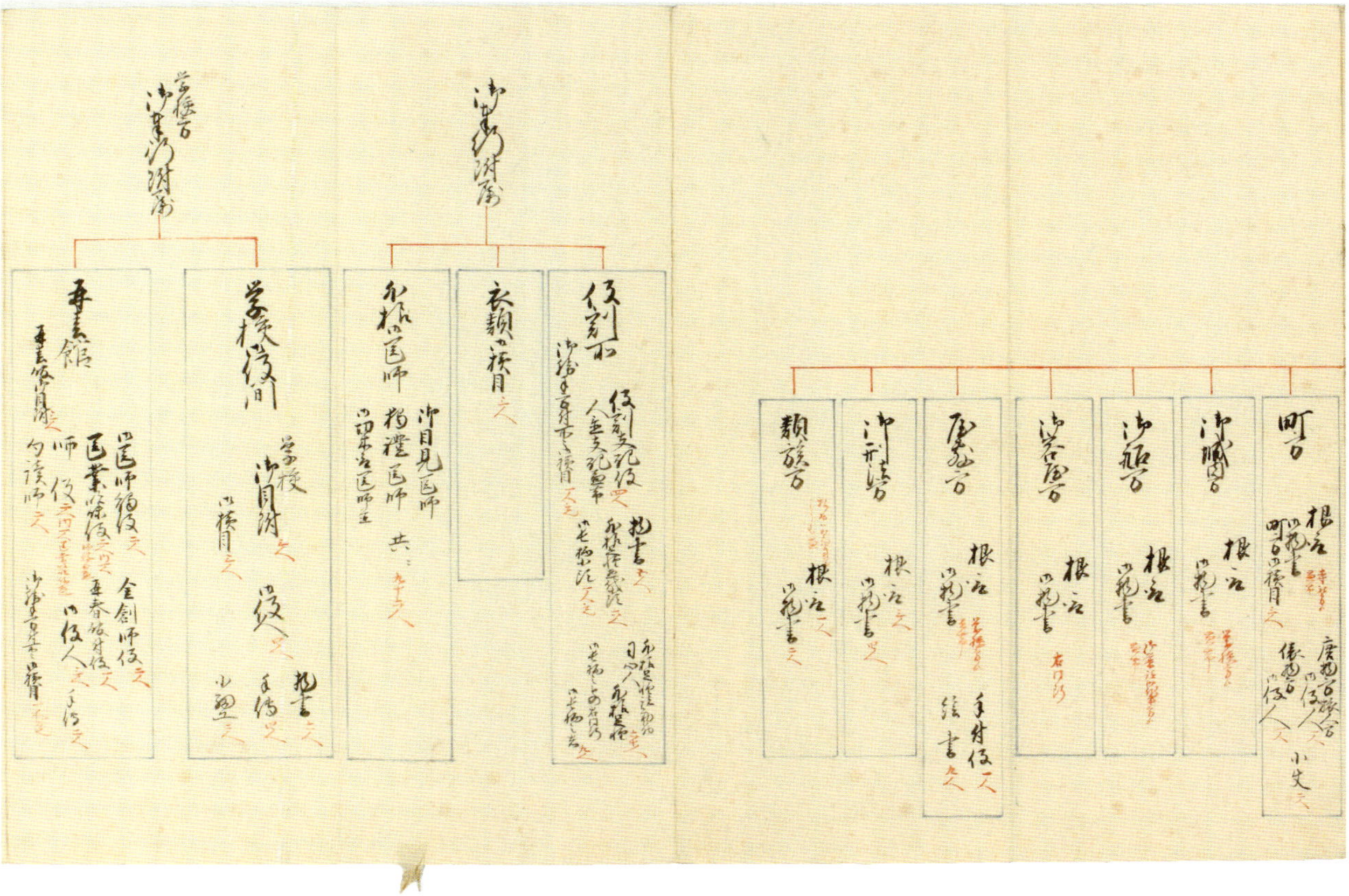

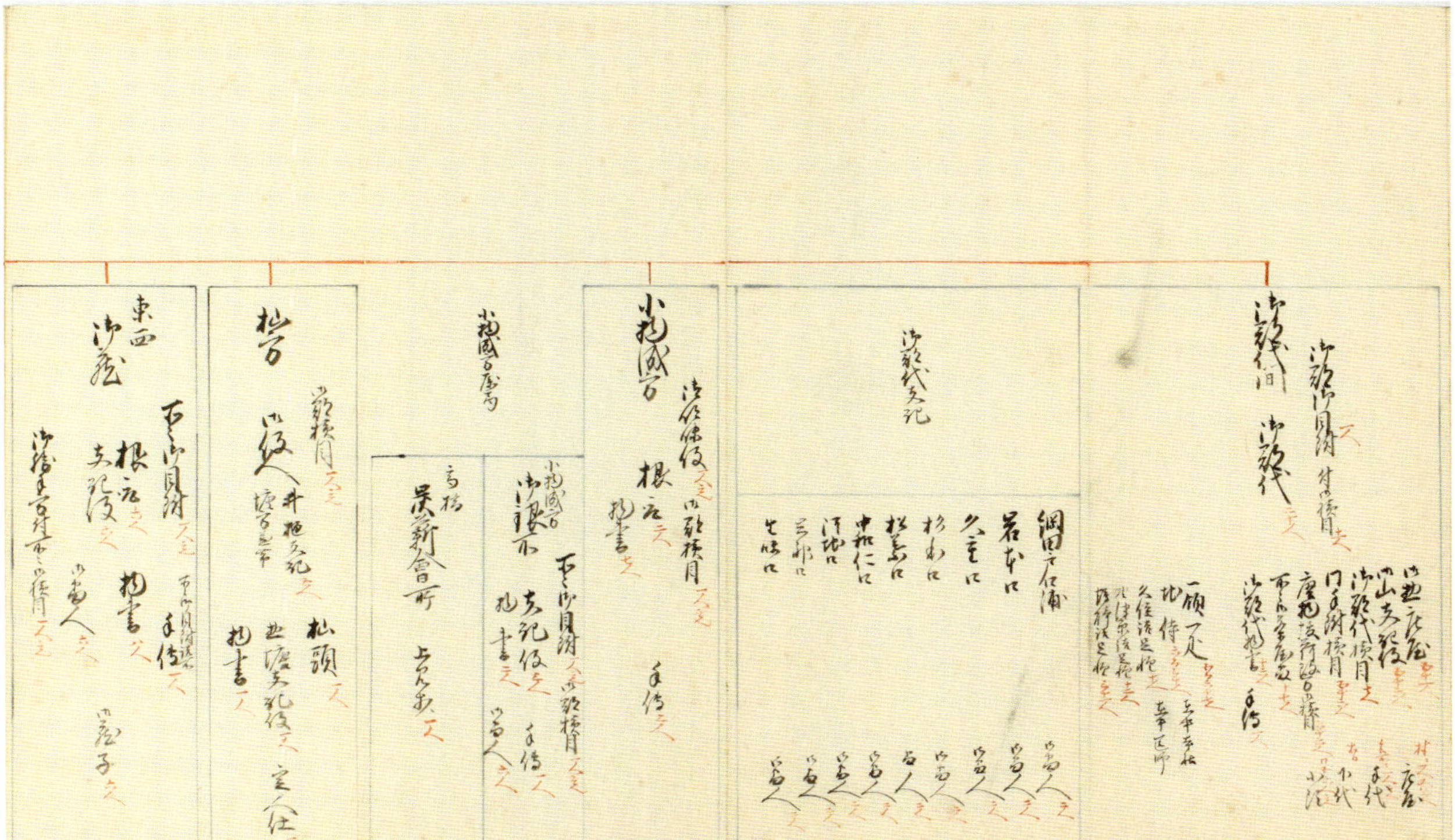

5　熊本藩職制

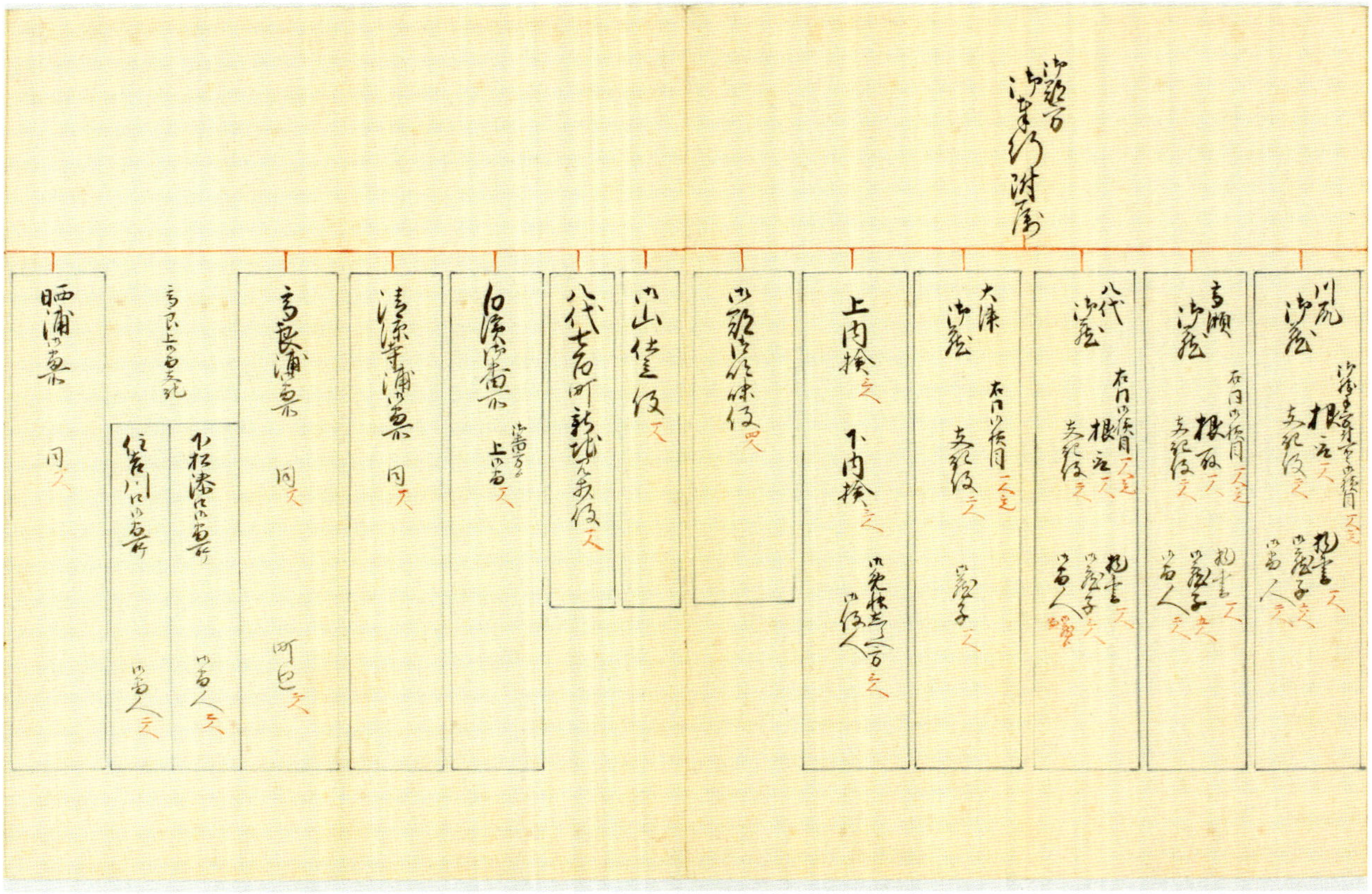

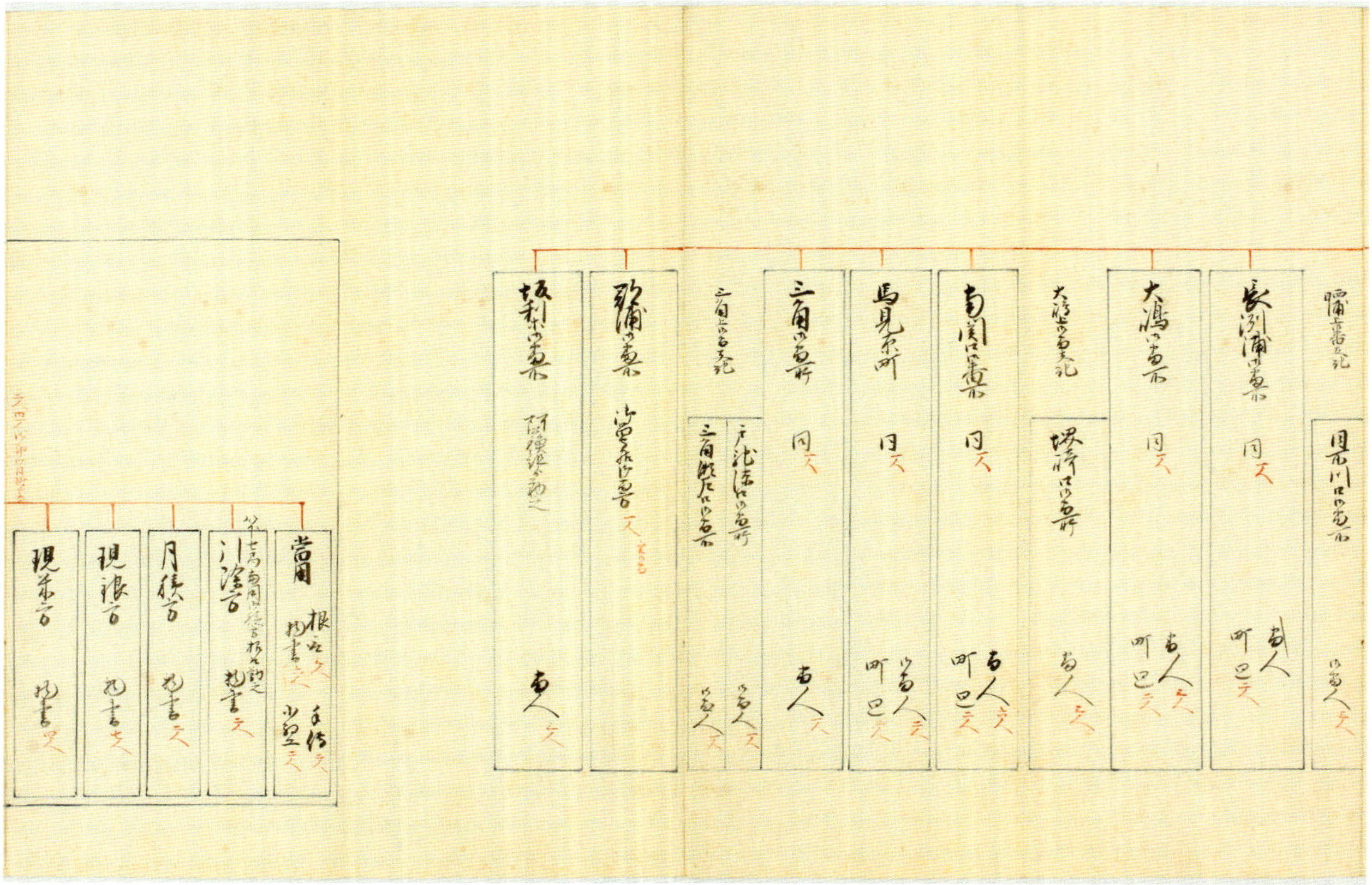

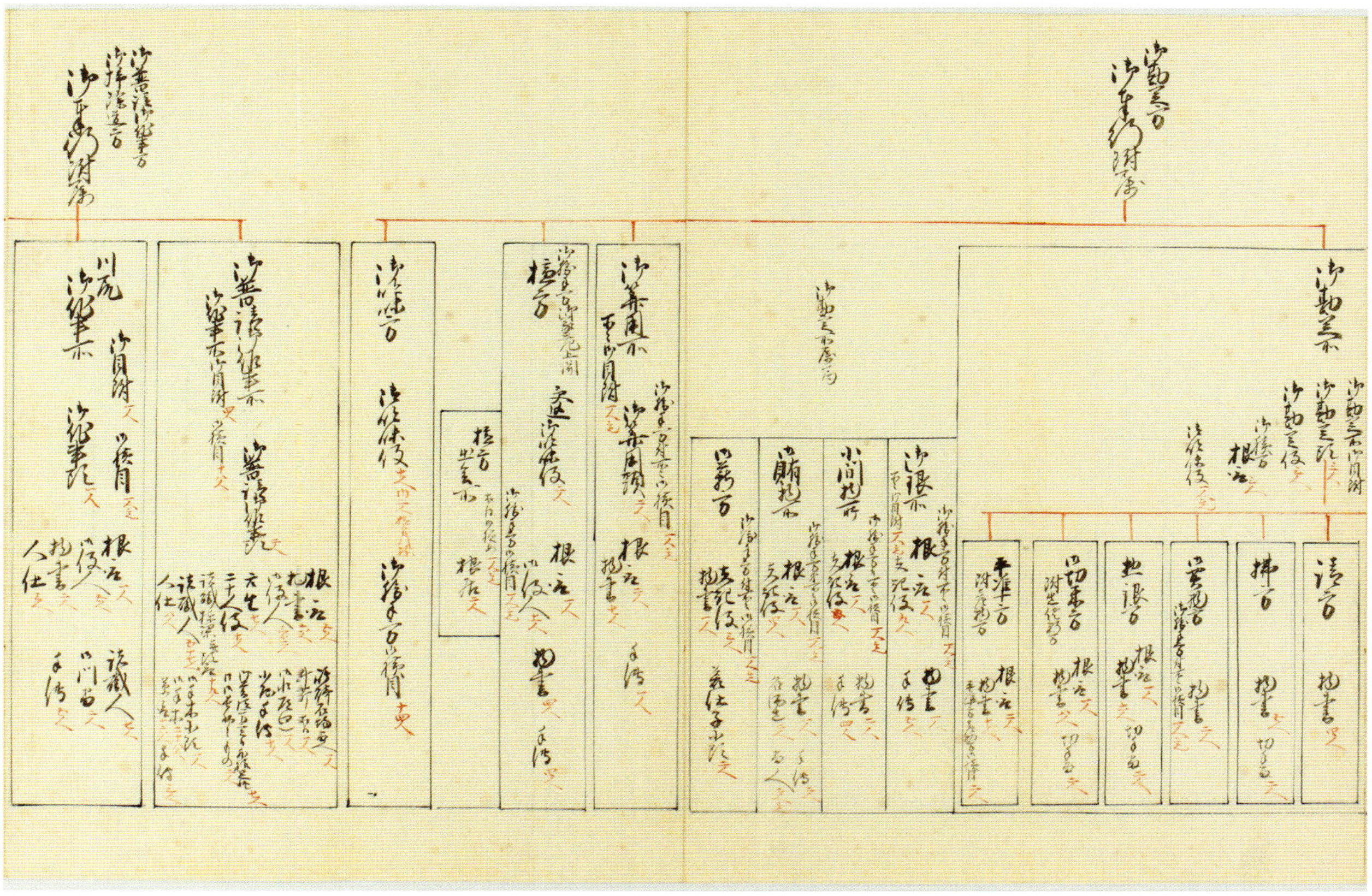

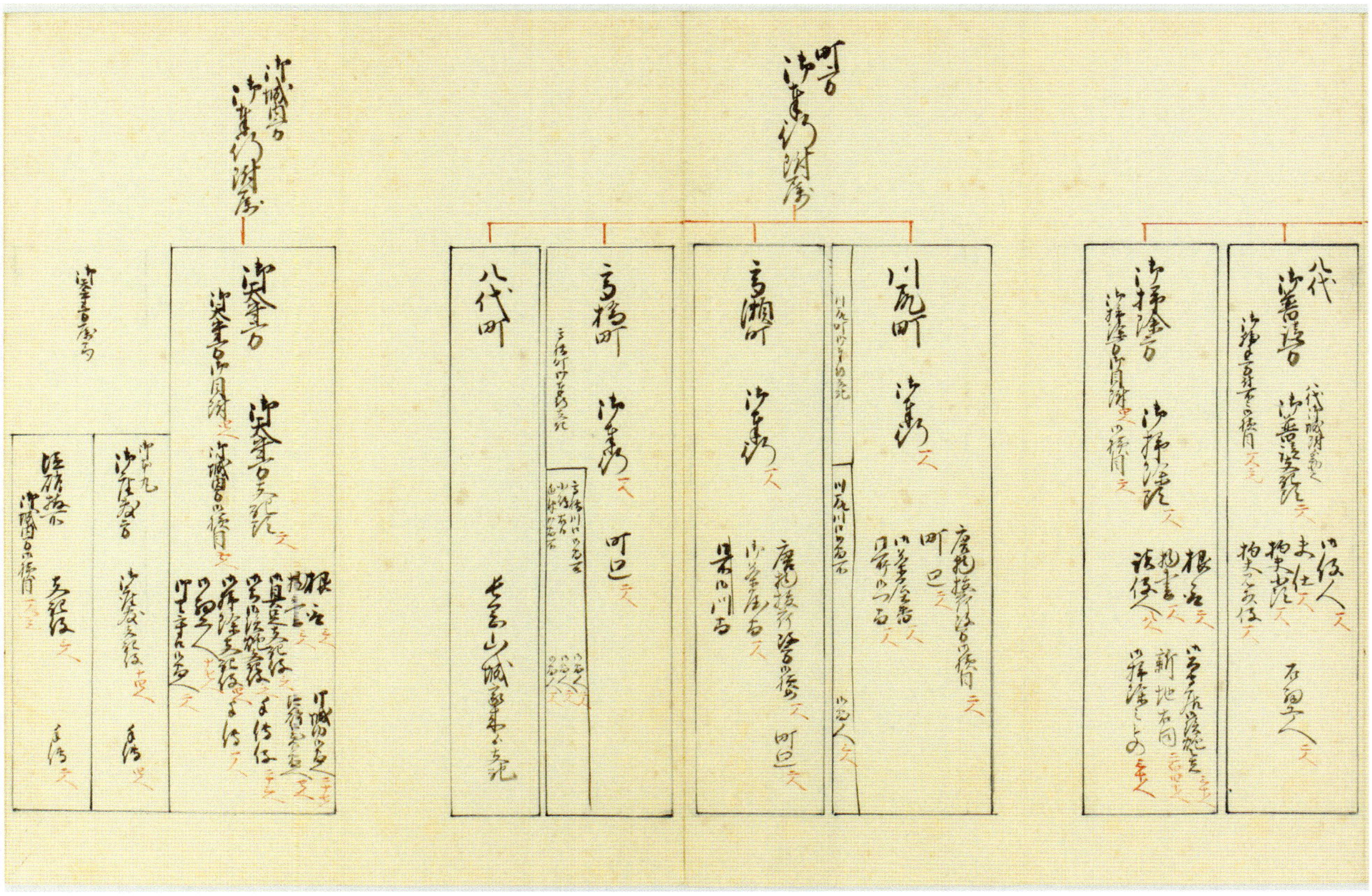

7　熊本藩職制

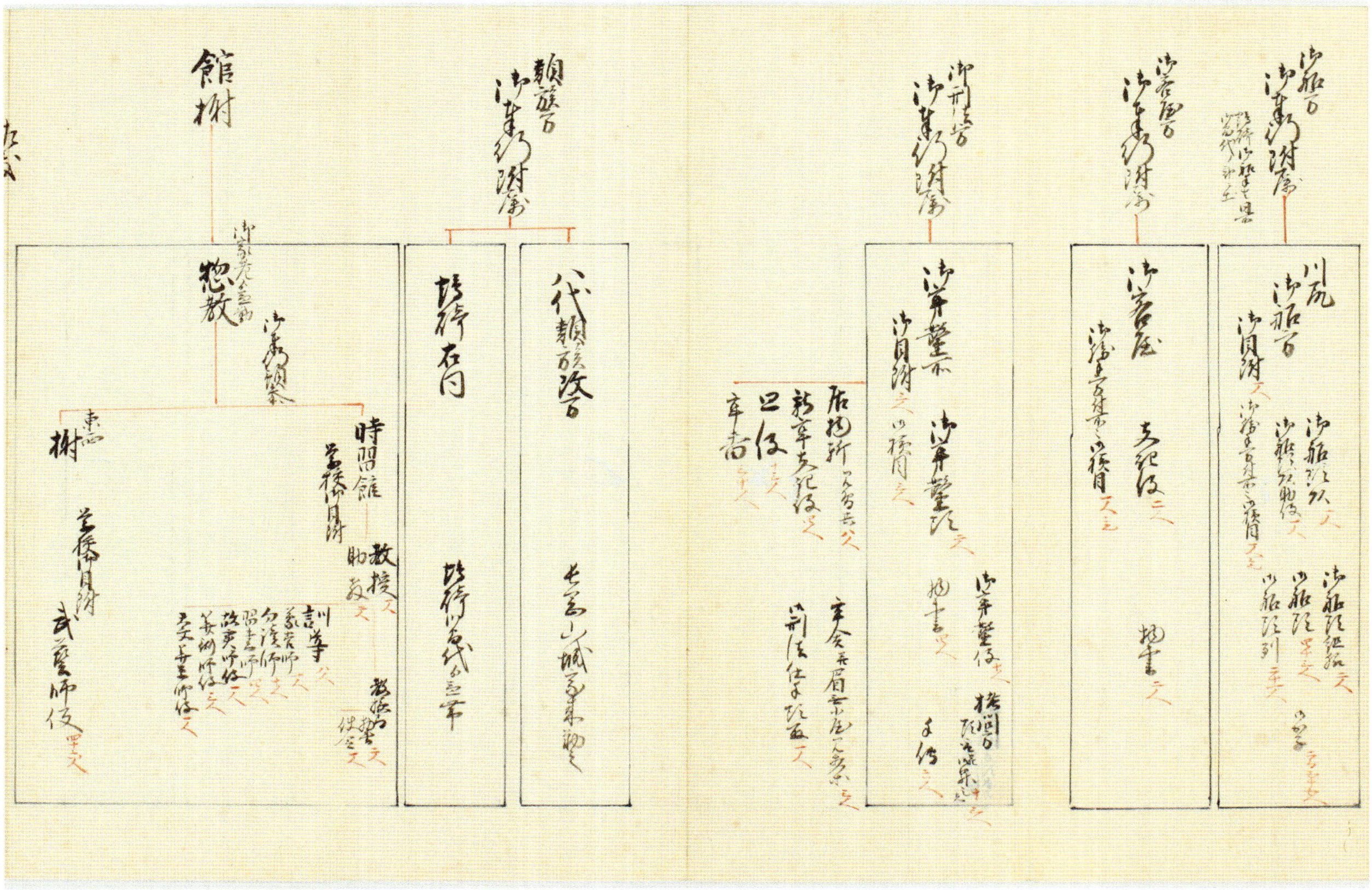

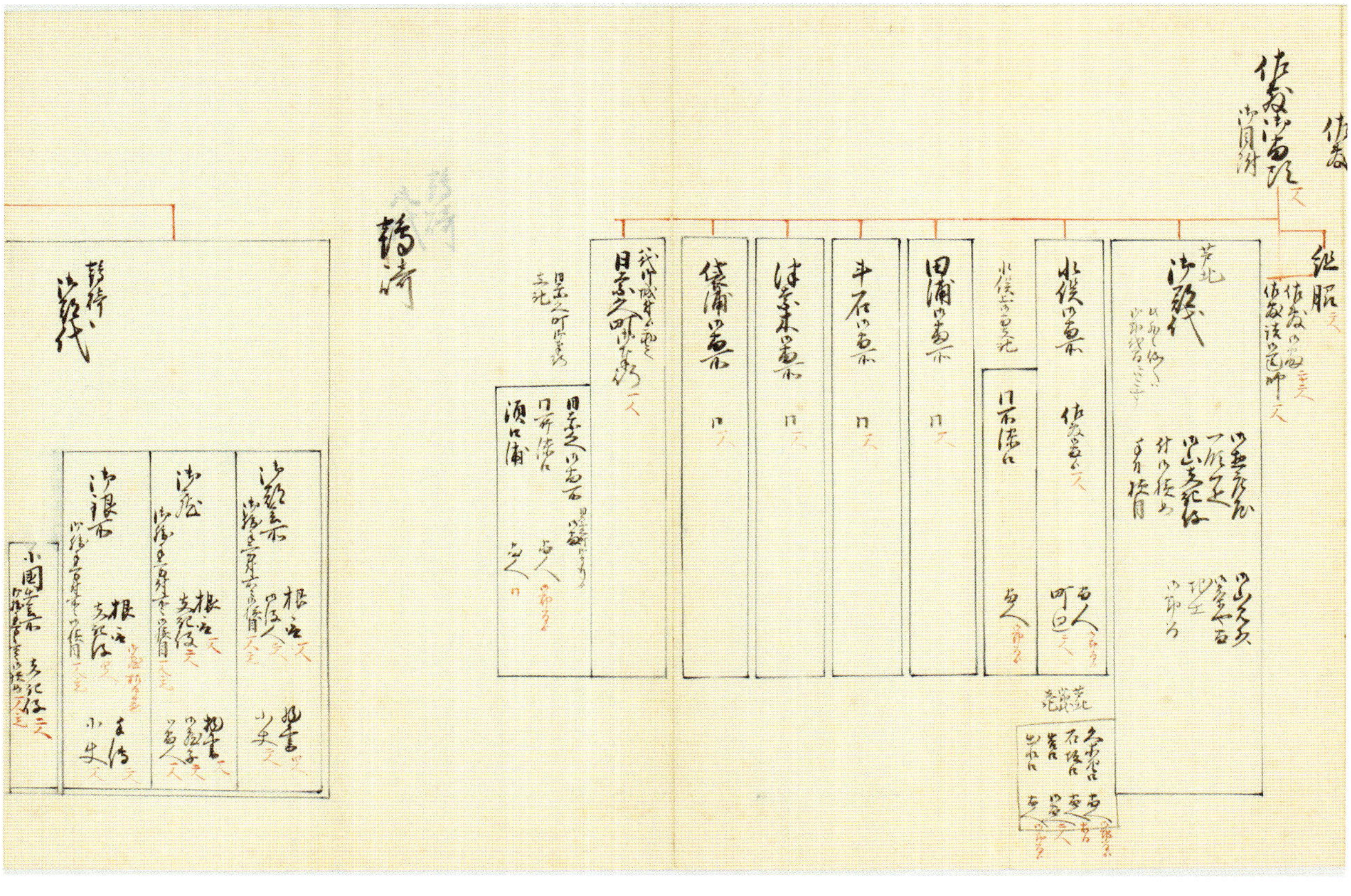

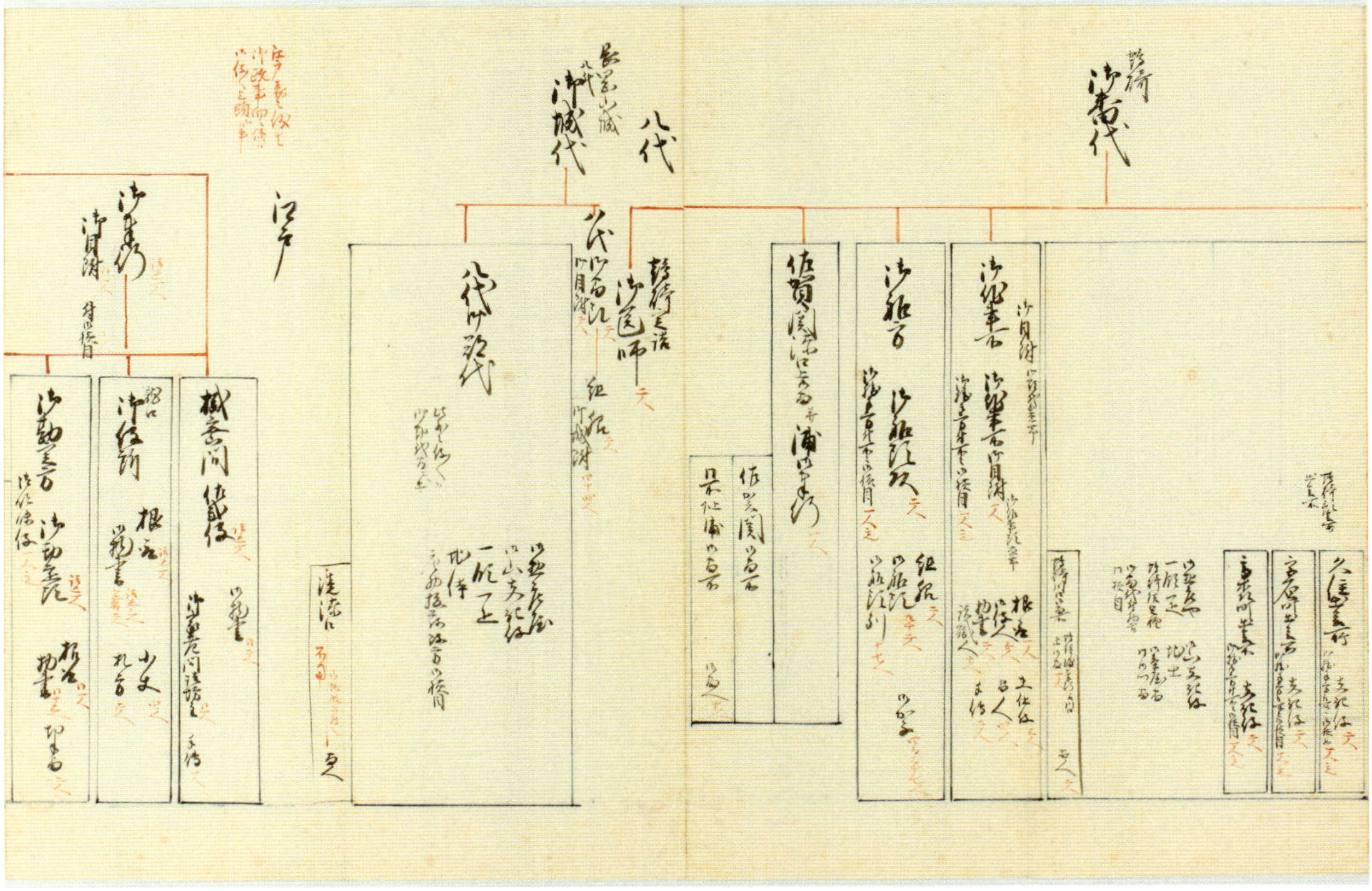

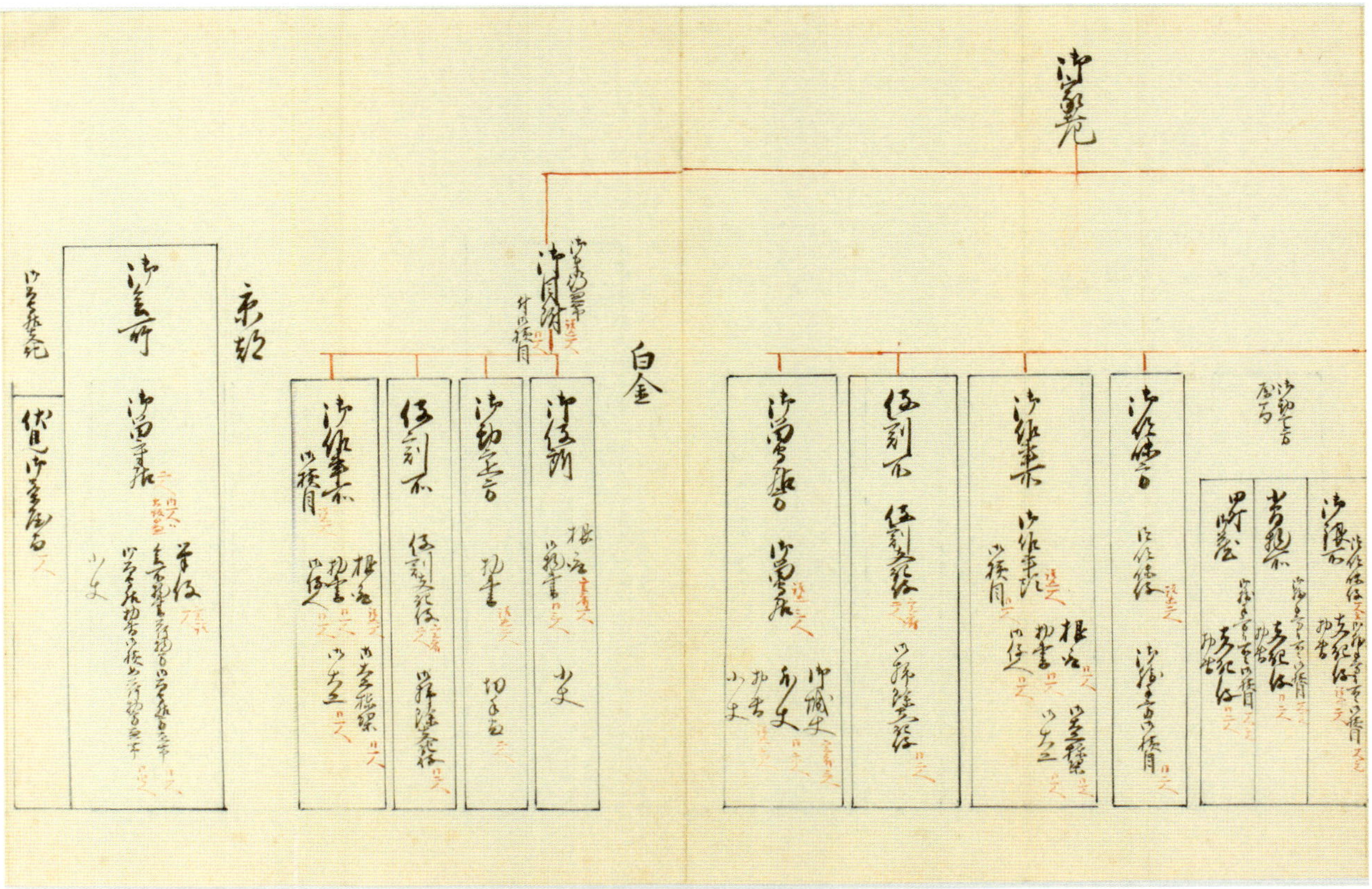

9　熊本藩職制

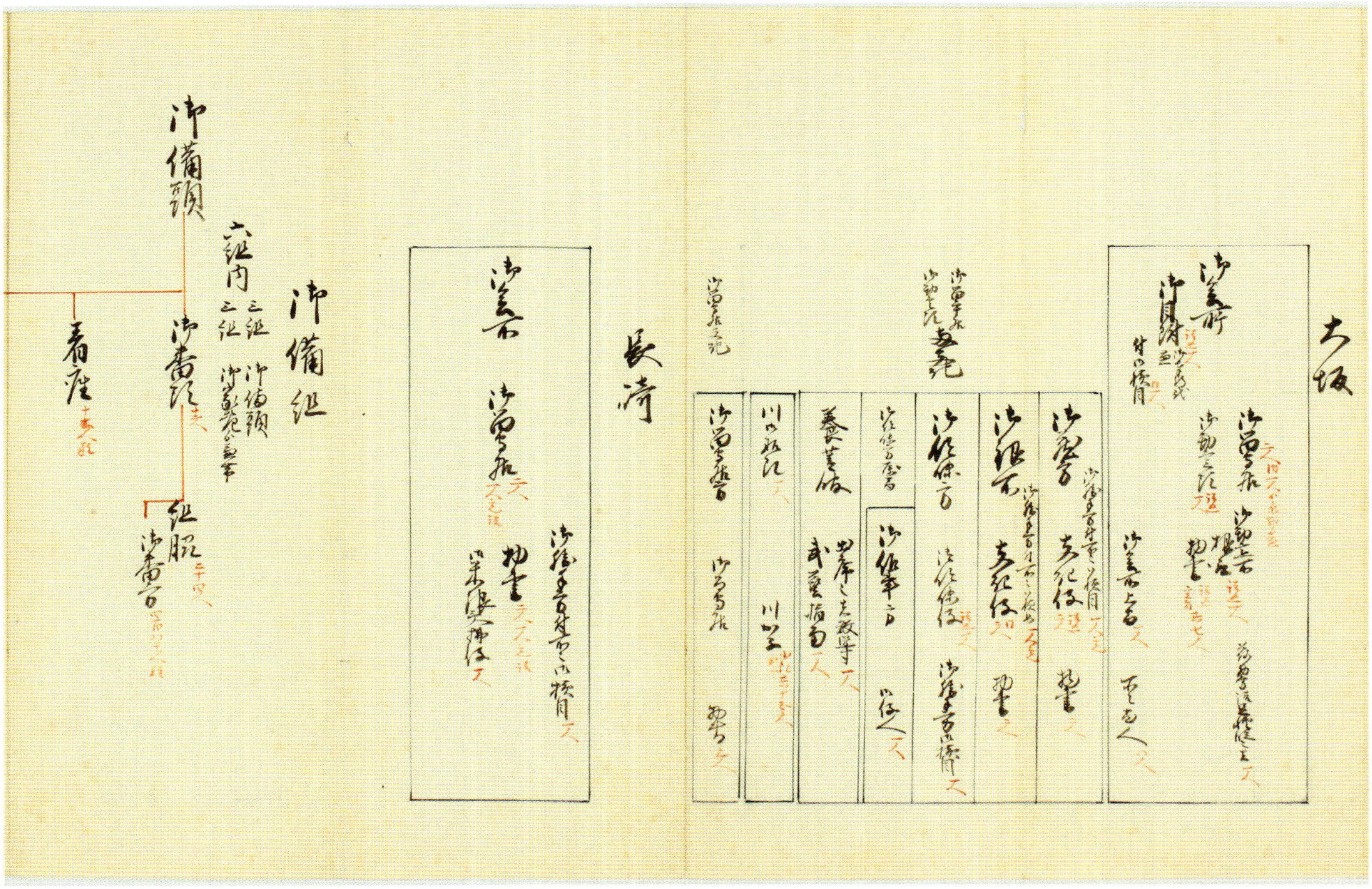
大坂
長崎
御備組
御備頭

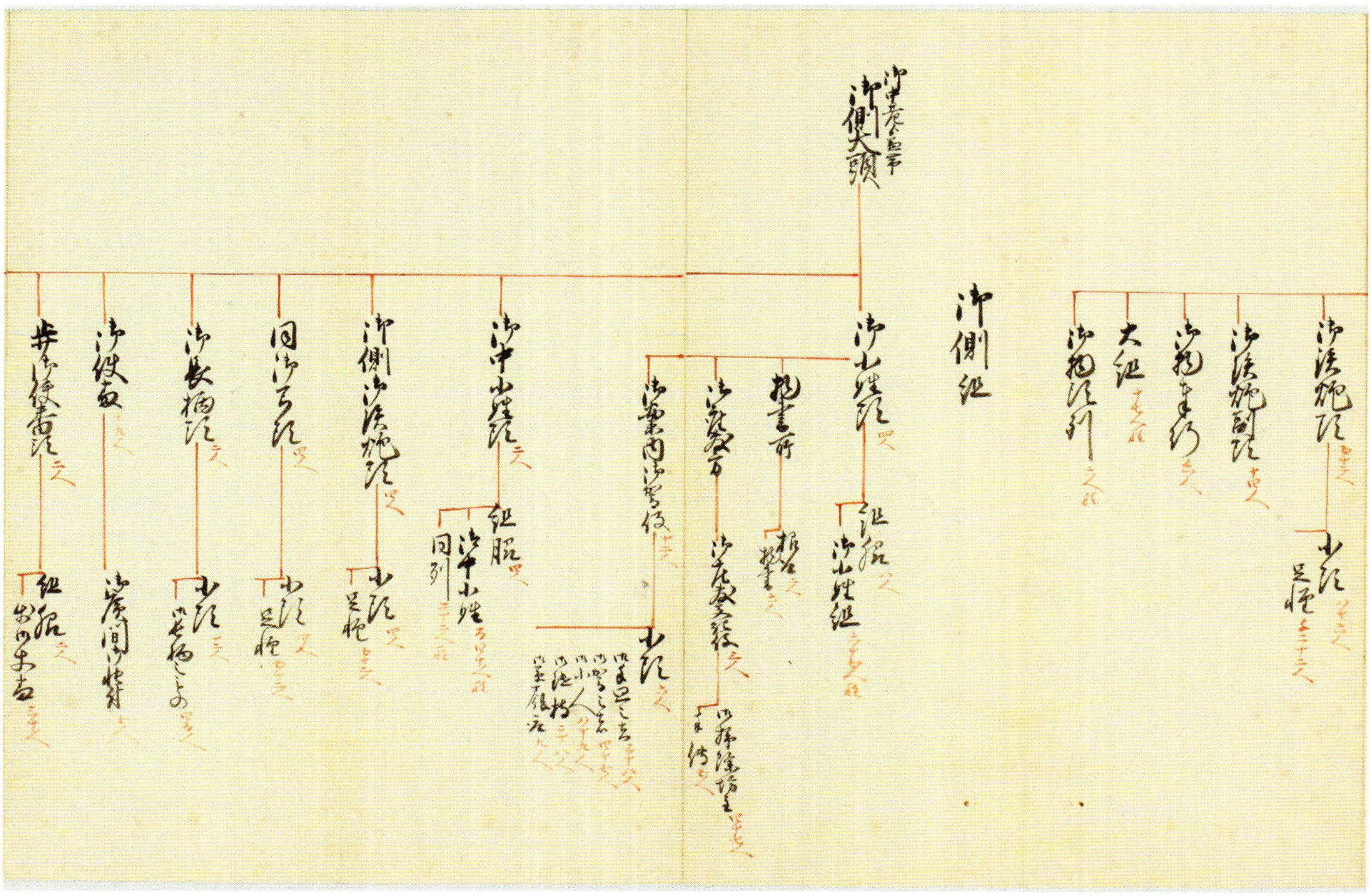
御側組
御側大頭

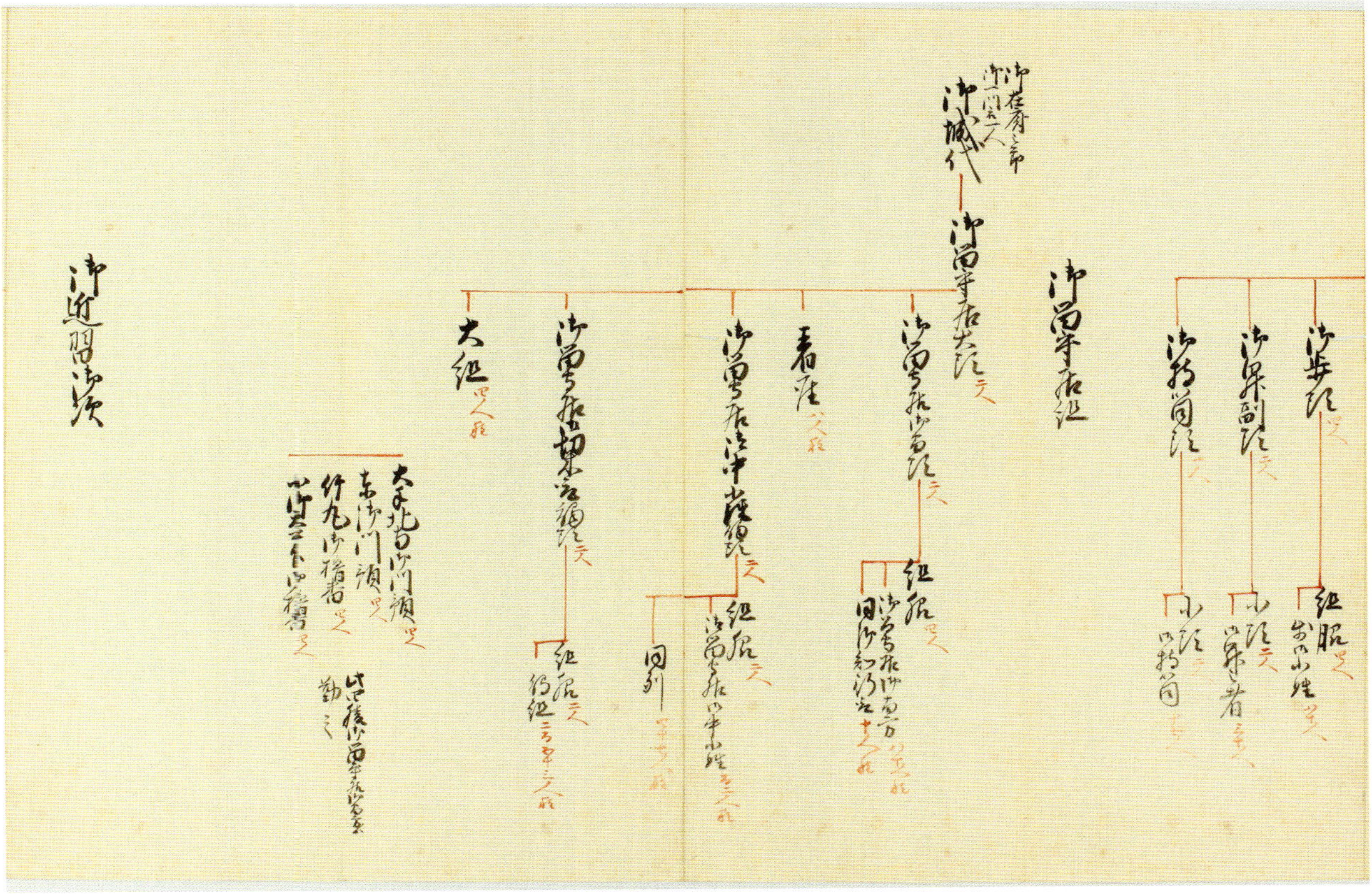

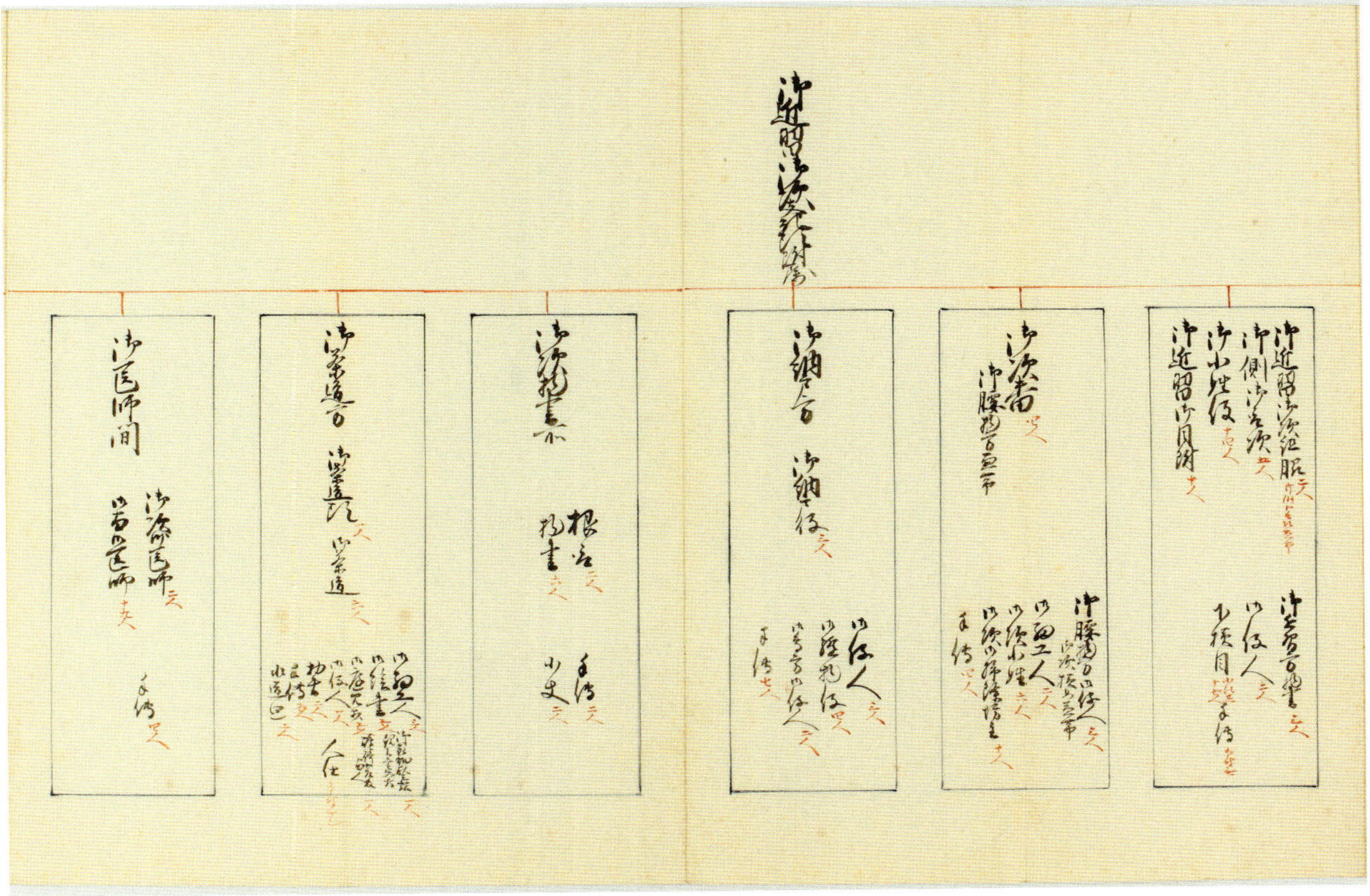

11　熊本藩職制

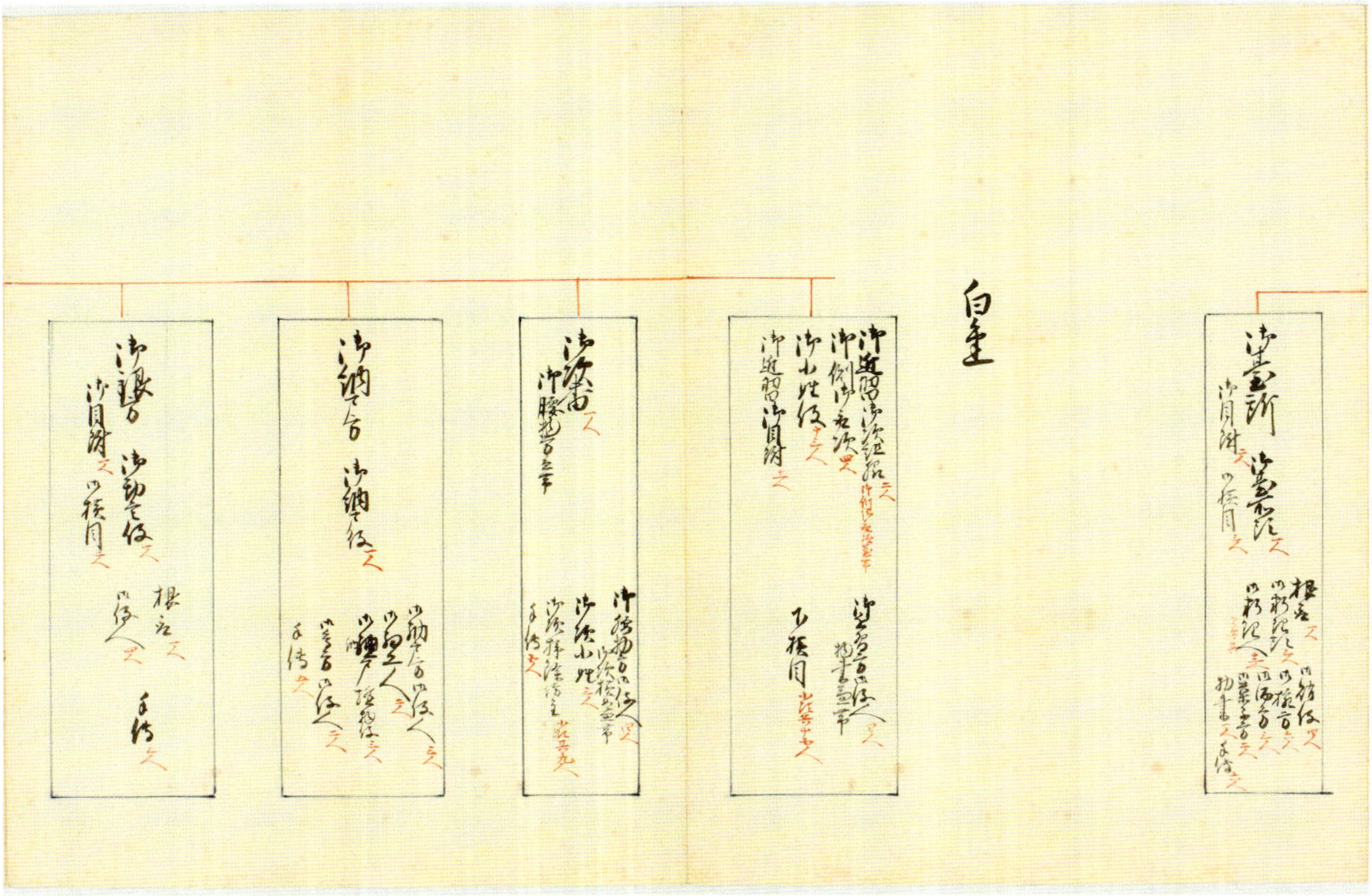

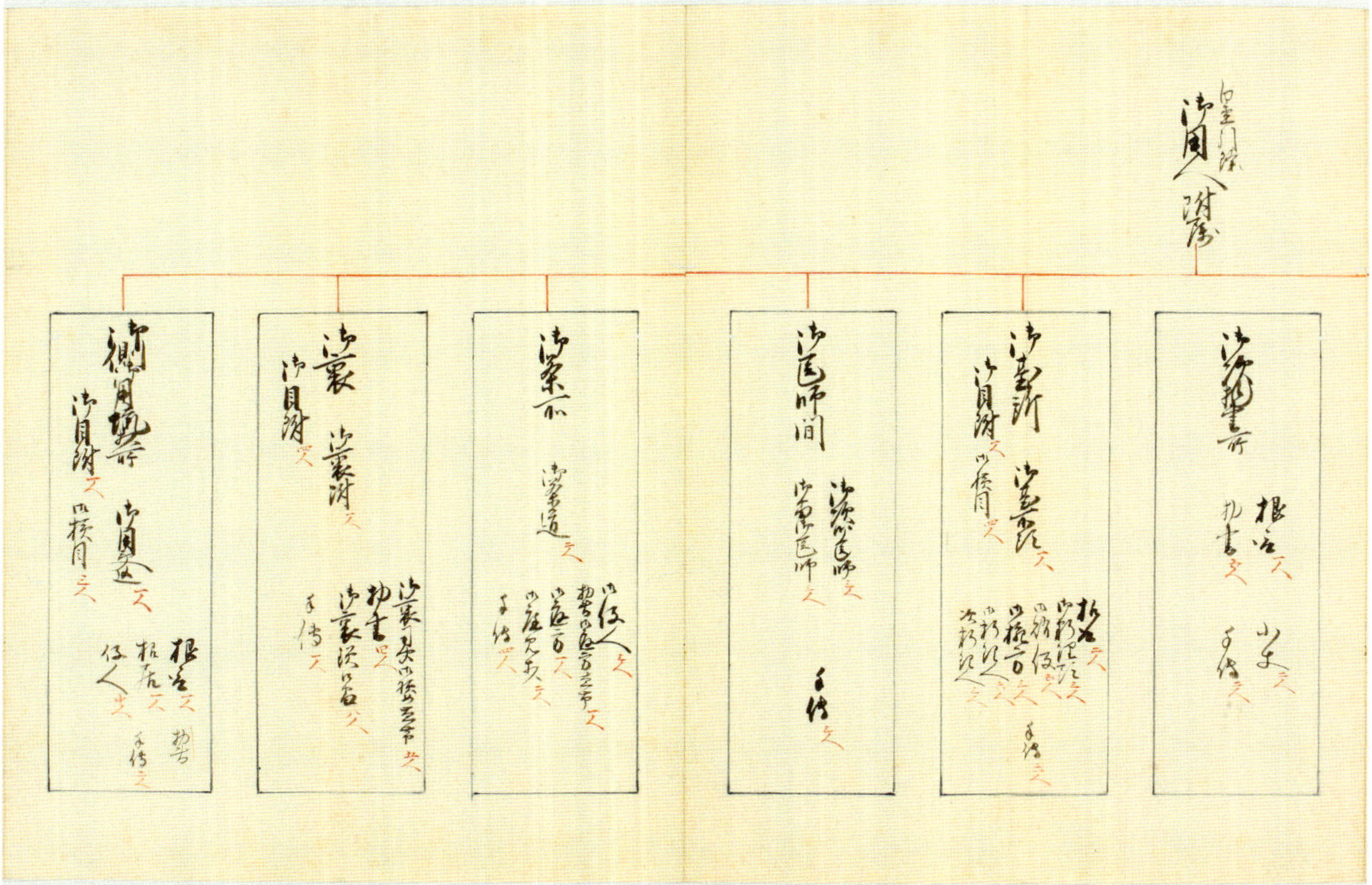

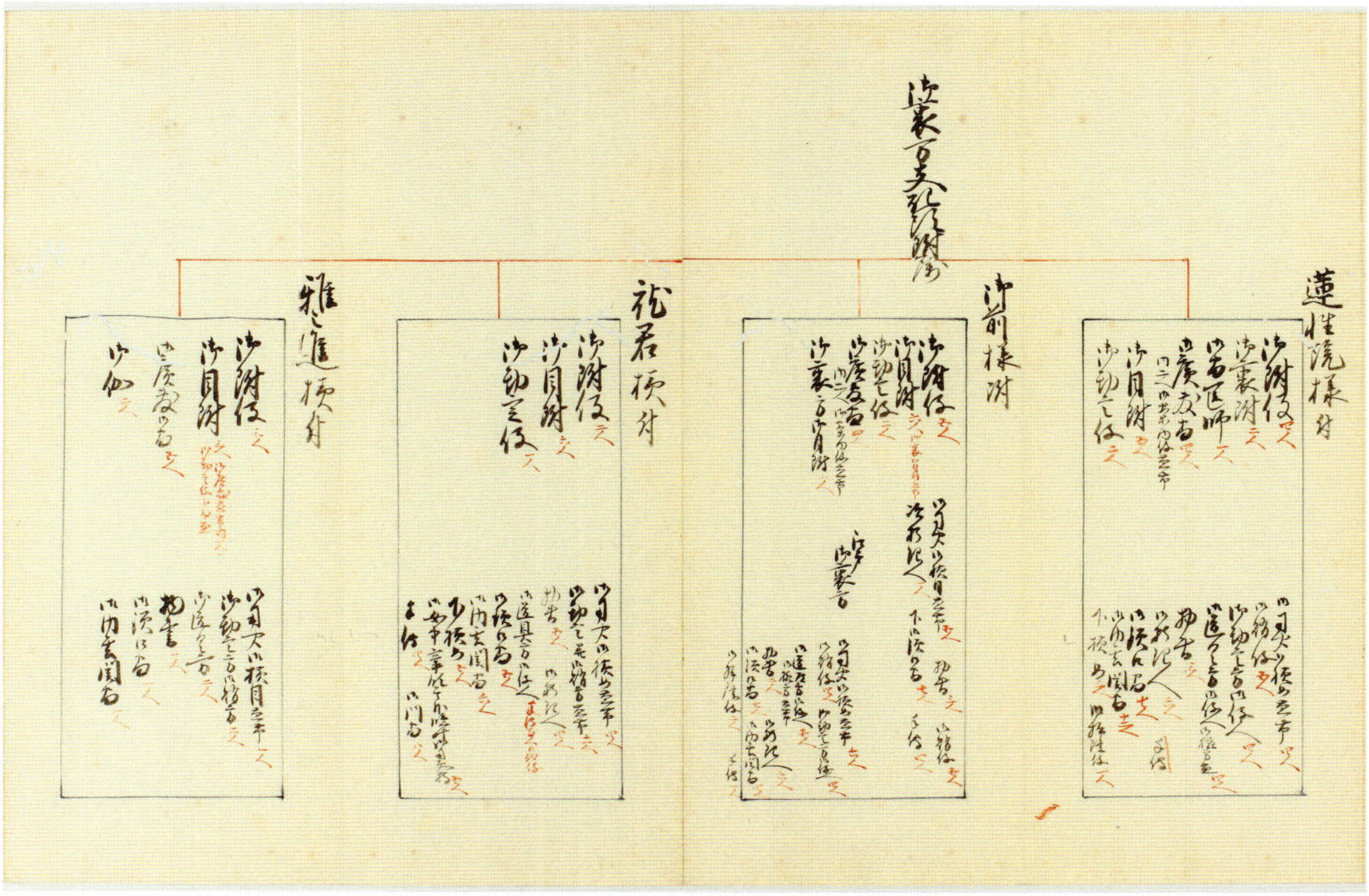

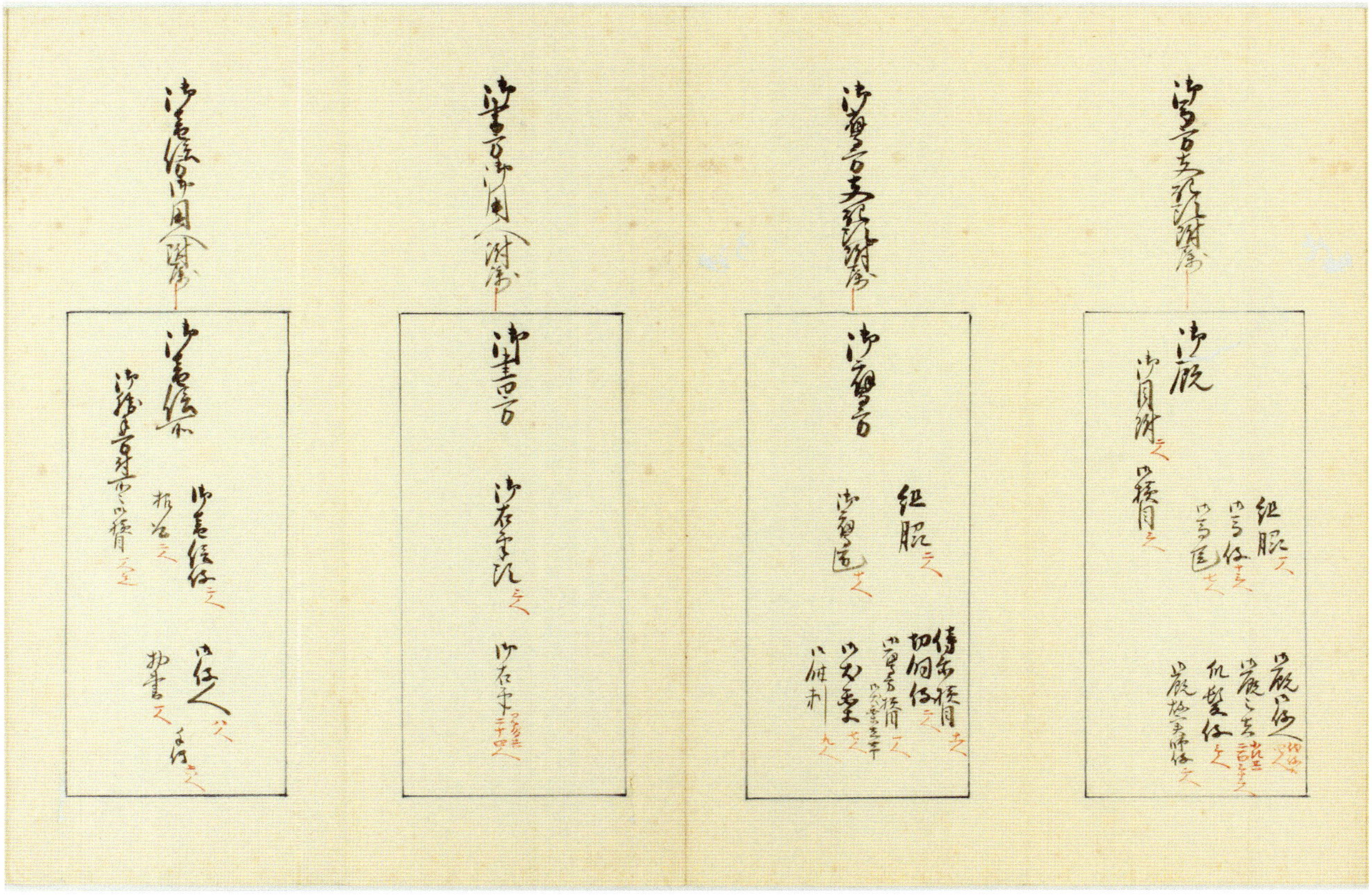

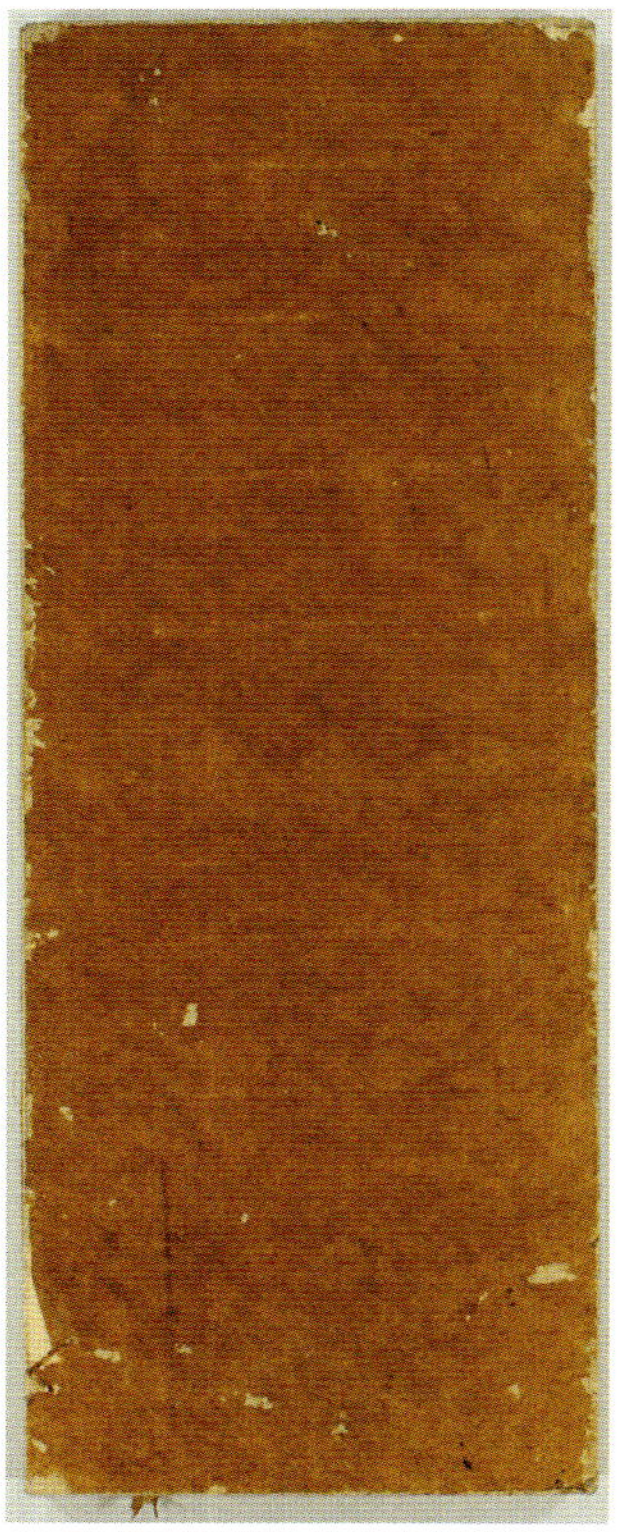

15　熊本藩職制

熊本藩条目

2　家老条目写

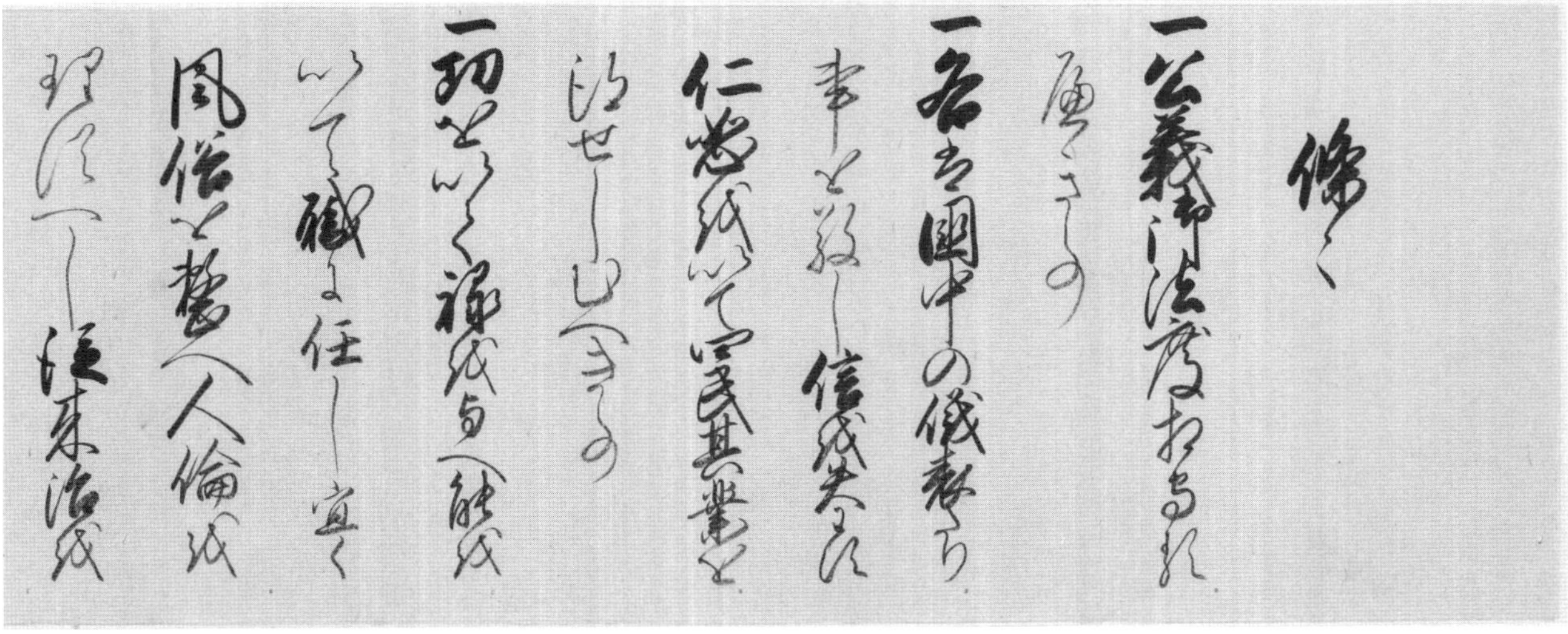

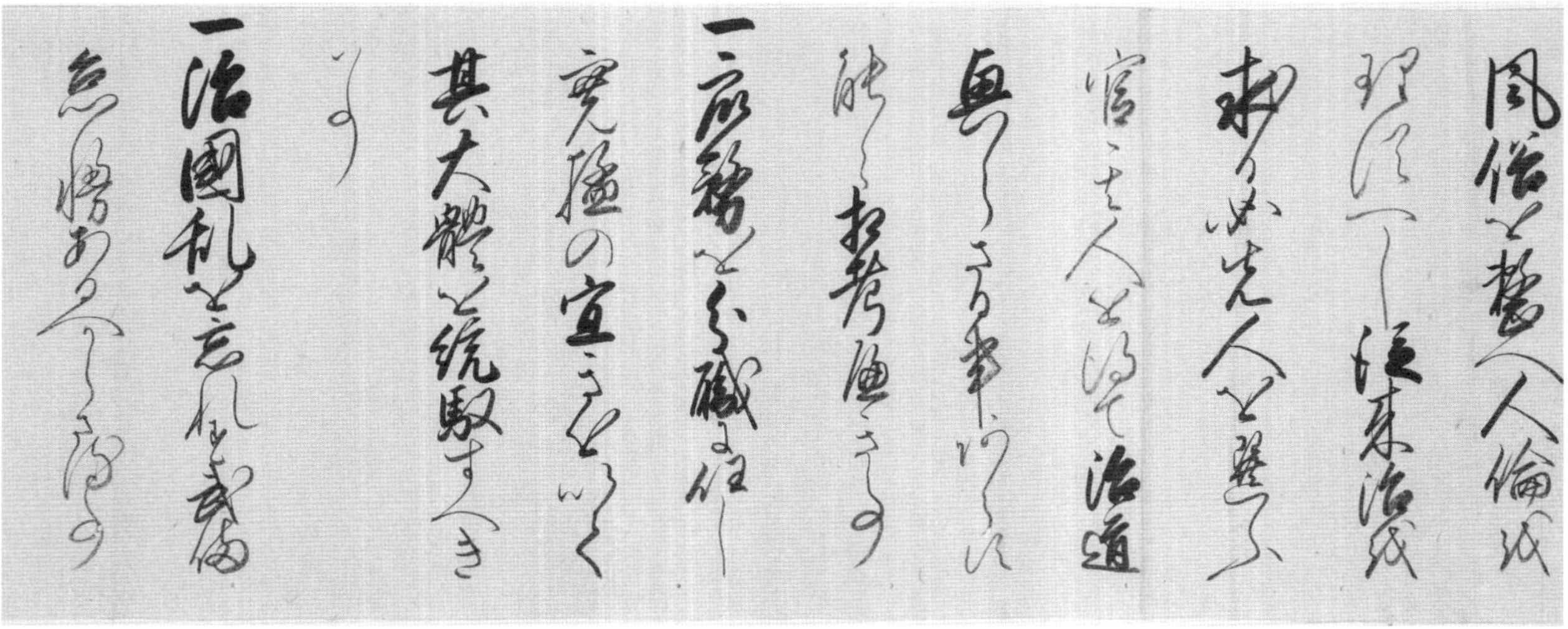

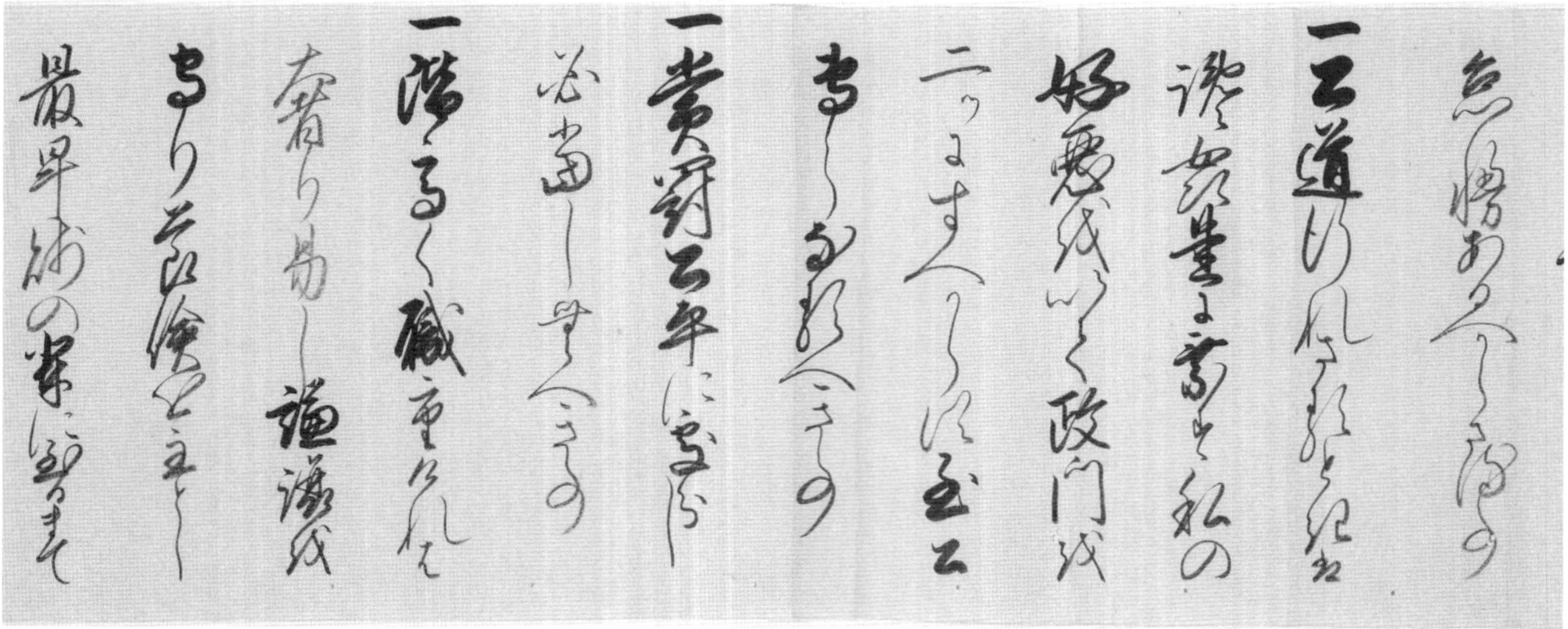

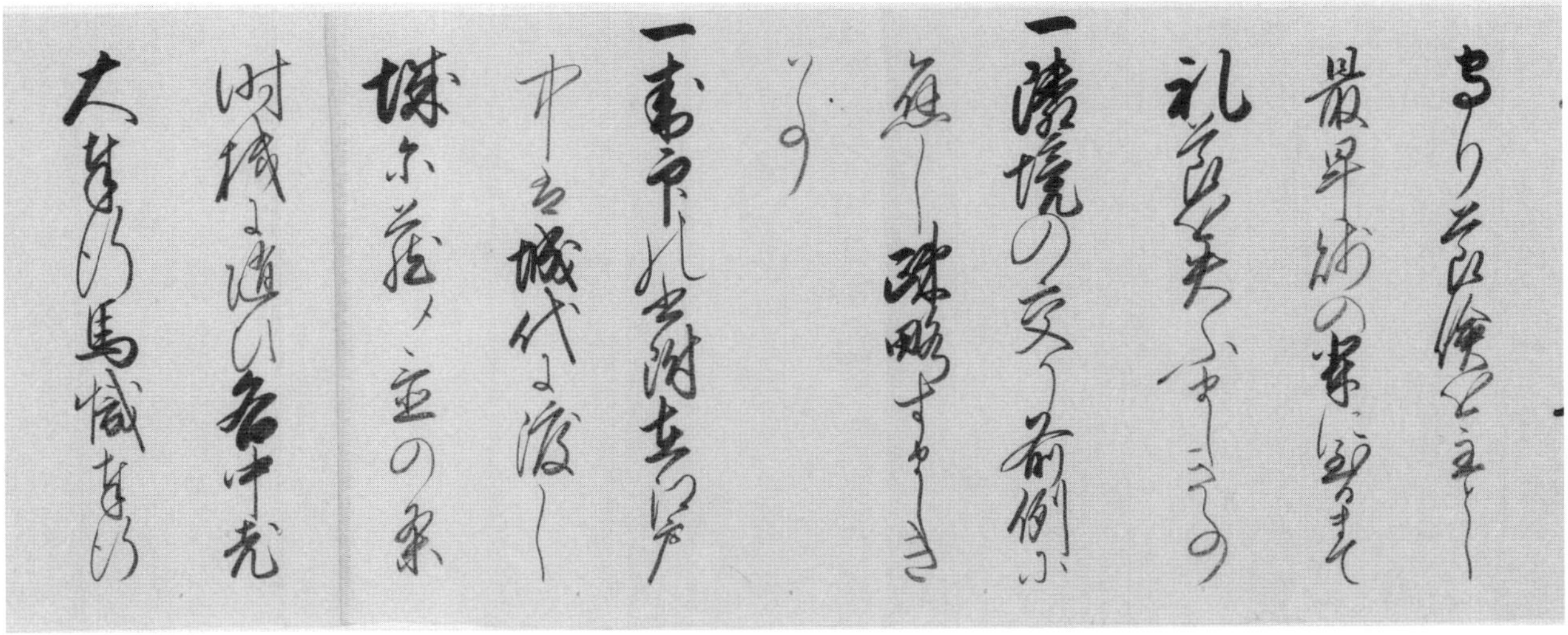

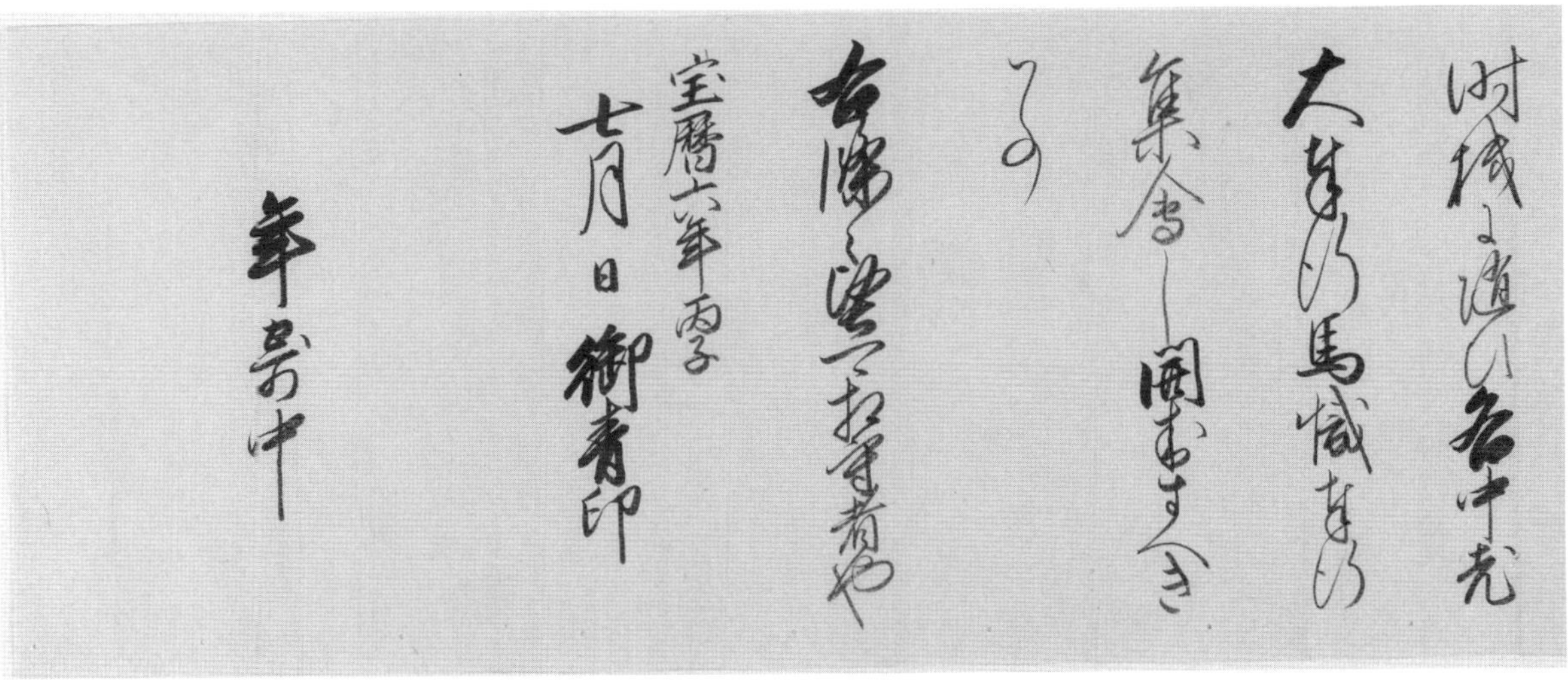
宝暦六年丙子
七月日　御書印
年寄中

3　松井家条目写

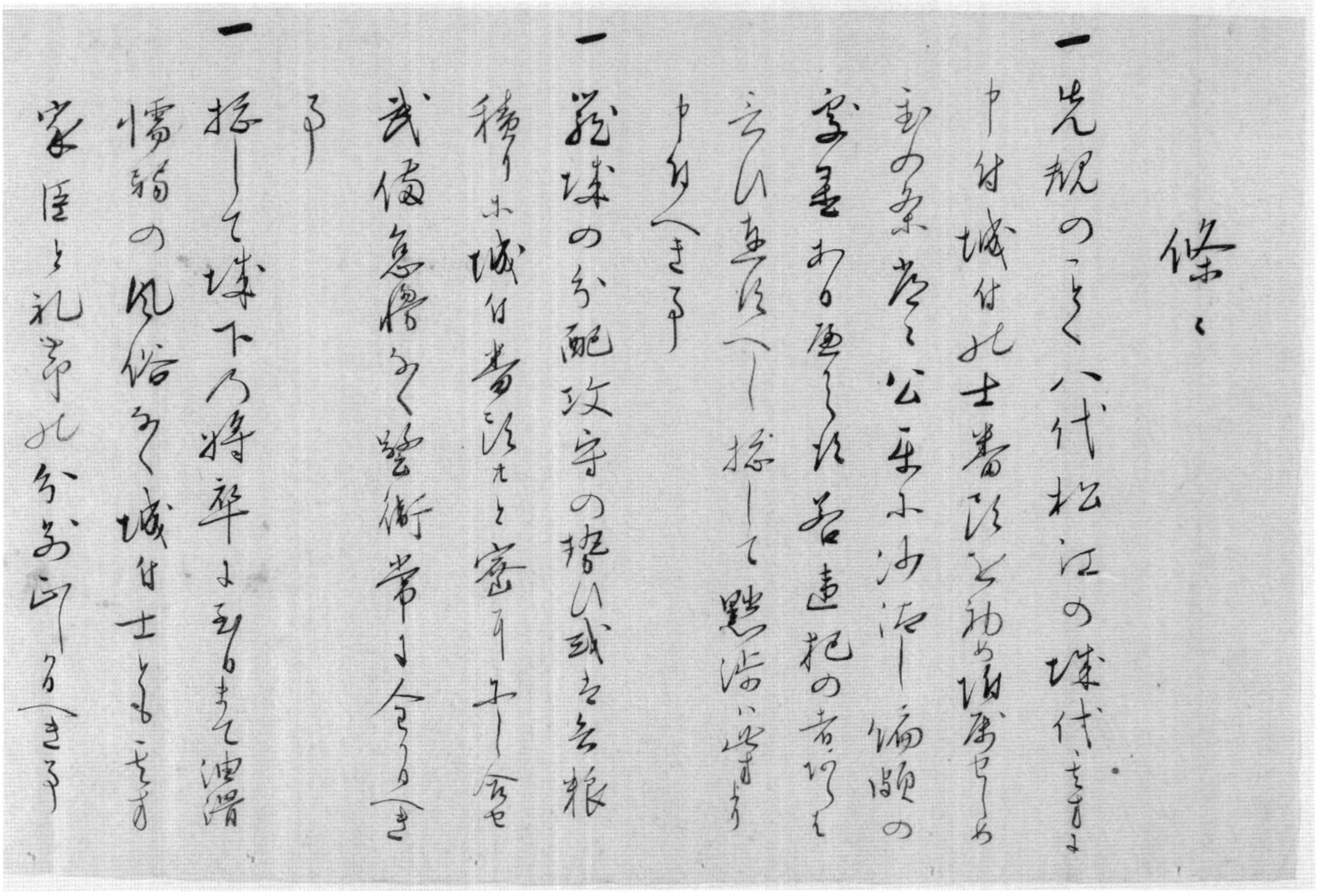

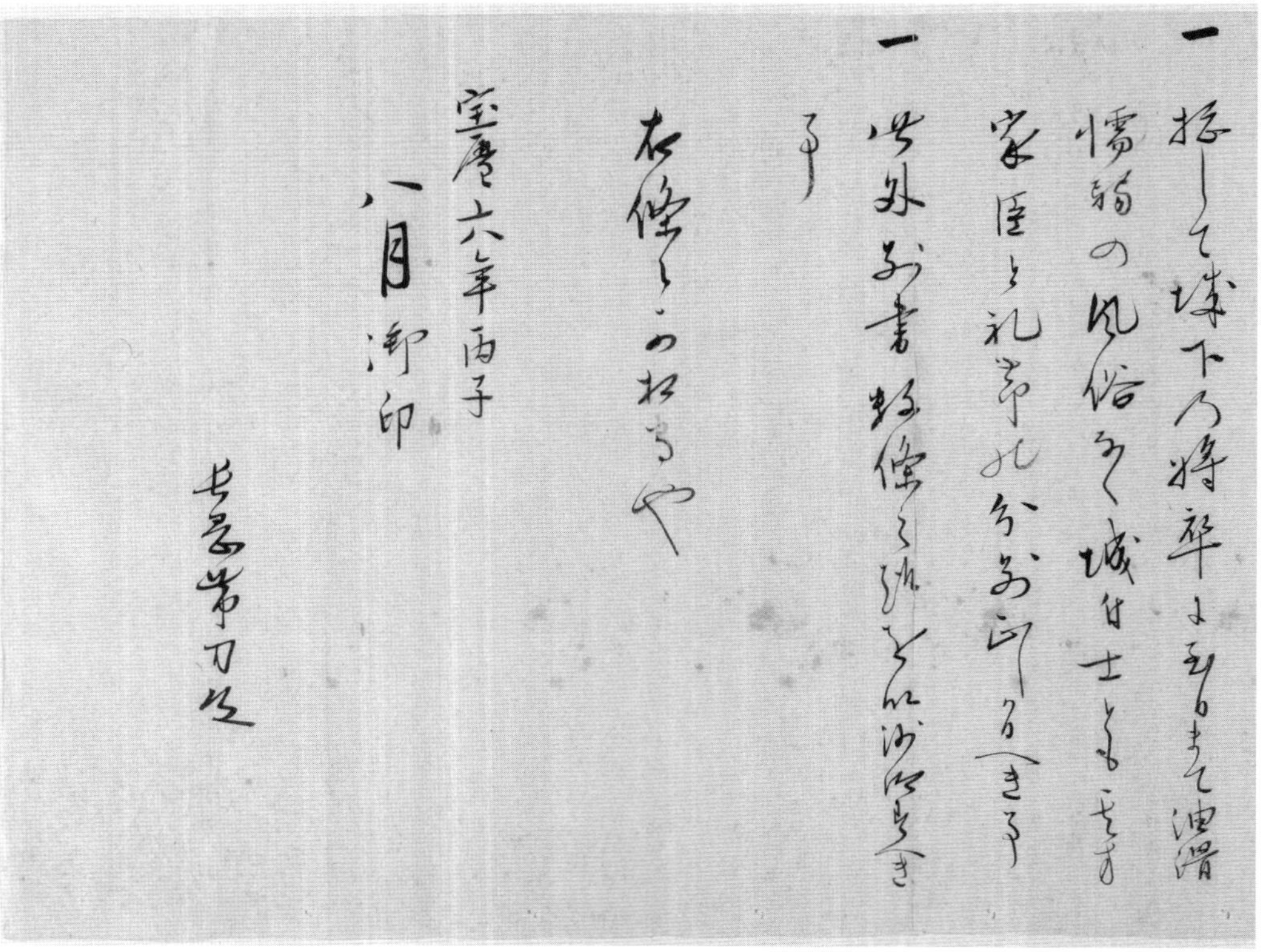

4　中老条目写

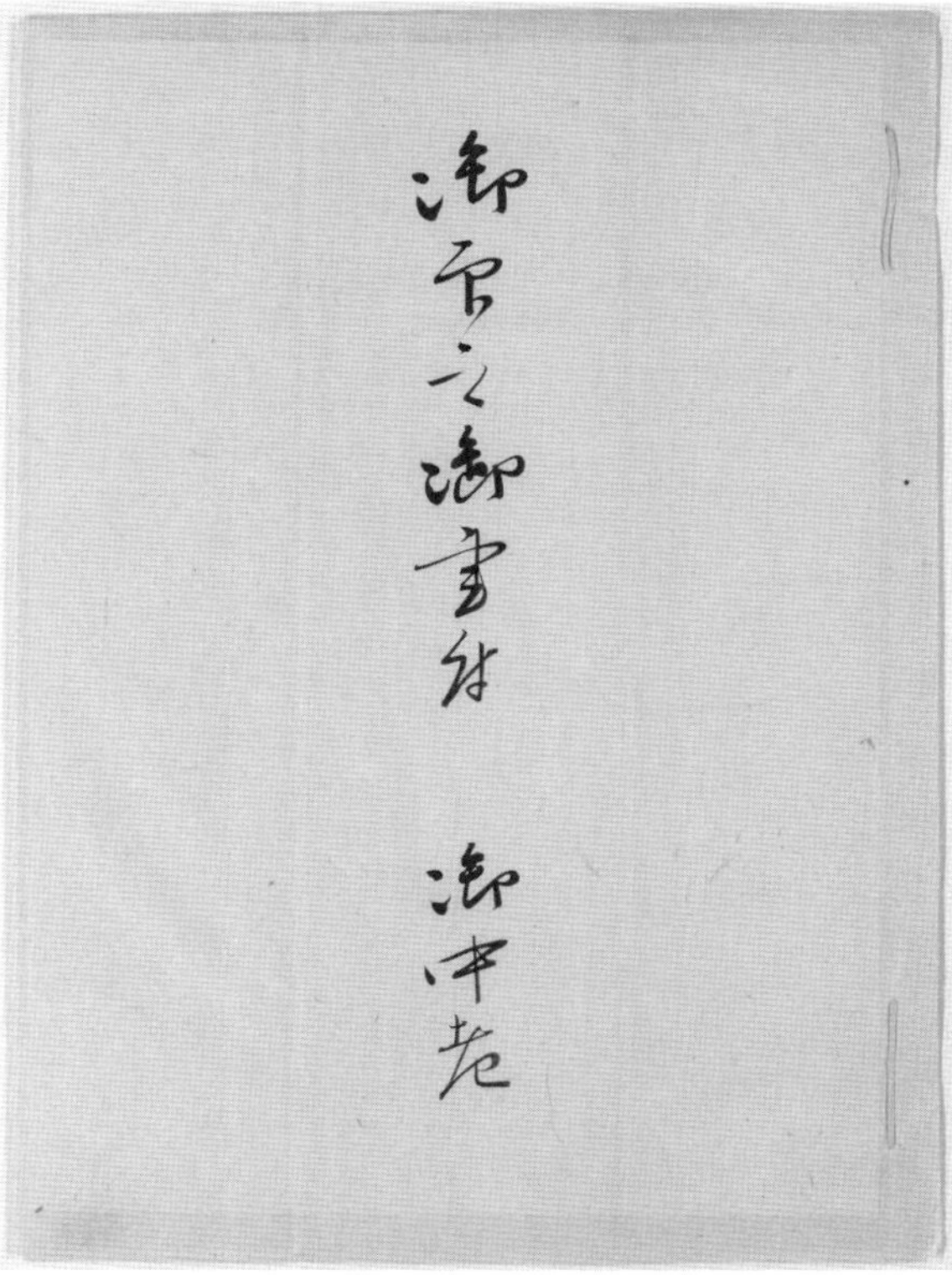

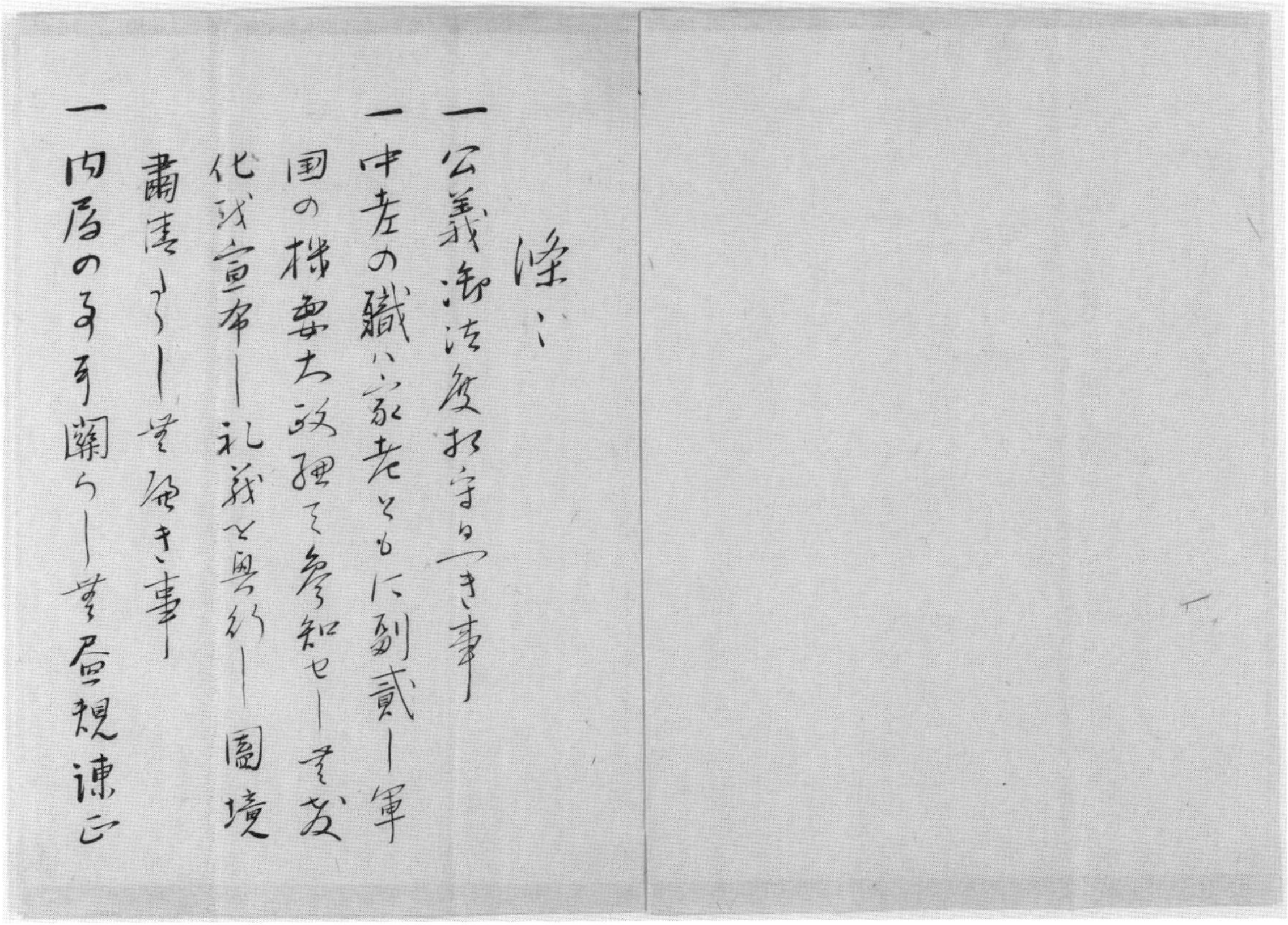

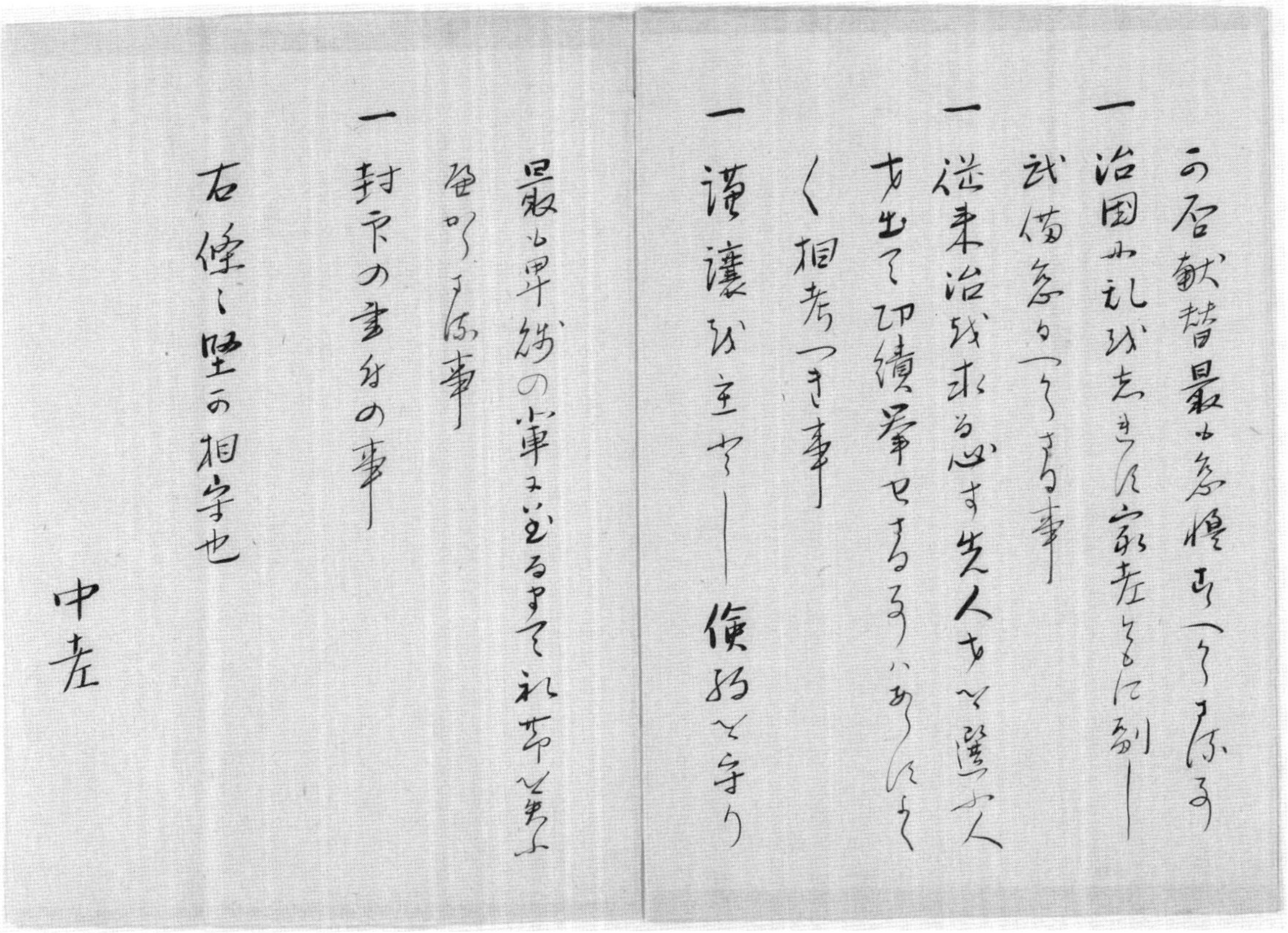
今般替最も急務と存候事
一 治国の礼は志さし家老を以て別し
武備急ならざる事
一 従来治政求る心すく人を以て選出人
支出て印績挙せざるにあらざ
く相考べき事
一 謙譲を主とし　儉約を守り
最も卑俗の事に至るまで礼節を失ふ
無之様可致事
一 封下の書付の事
右條々堅く可相守也
中左

5　大奉行条目写

條々
一公義御法度堅可相守事
一自分格式法度ハ勿論
奉行所ハ国家之枢要
内外之表式たるの条
最可相慎事
一奉行たる職を相続し
農政及軍国度支之
大計を総管す公平を
主とし利害を分別し
最謹慎相勤可申事
一法度格式其奉行目附

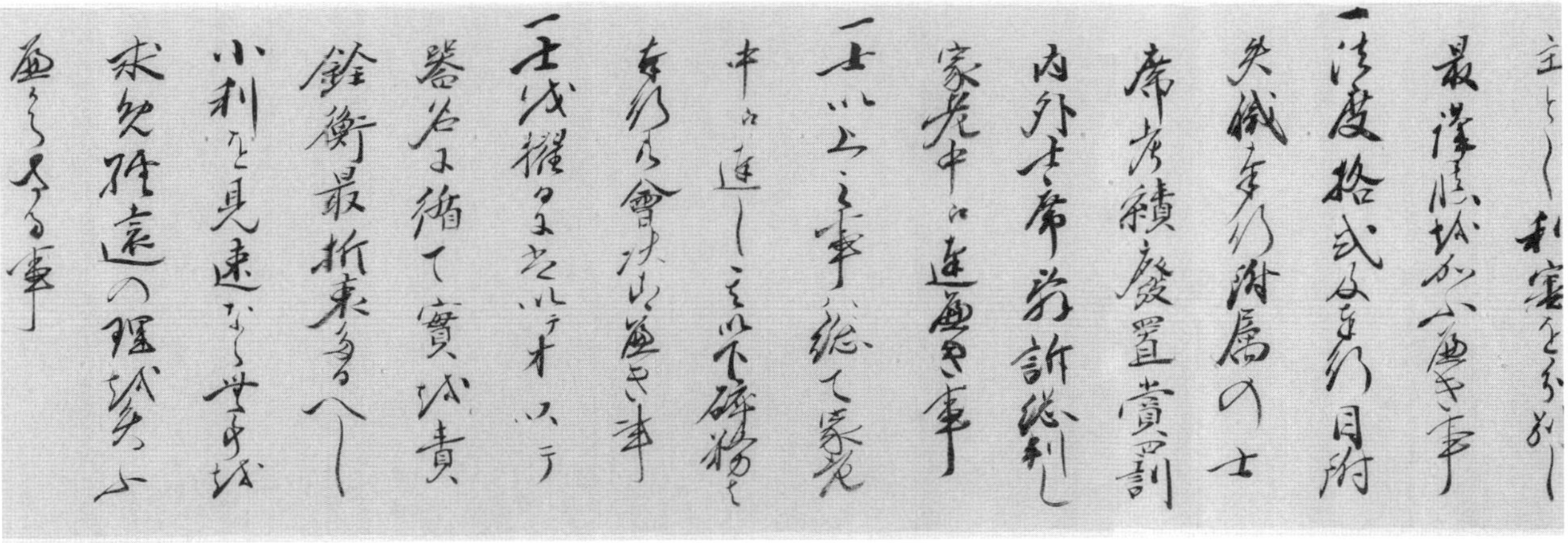

主とし利害を分別し
最謹慎相勤可申事
一法度格式其奉行目附
失職其外附属の士
席次積發置賞罰
内外之席并訴訟判し
家老中へ達可申事
一士以上之事ハ総て家老
中へ達し其以下雑務を
奉行之会決し可申事
器分を循て實効を責
銓衡最折衷有へし
小利を見速なる功を
求め遠の理論
可申事

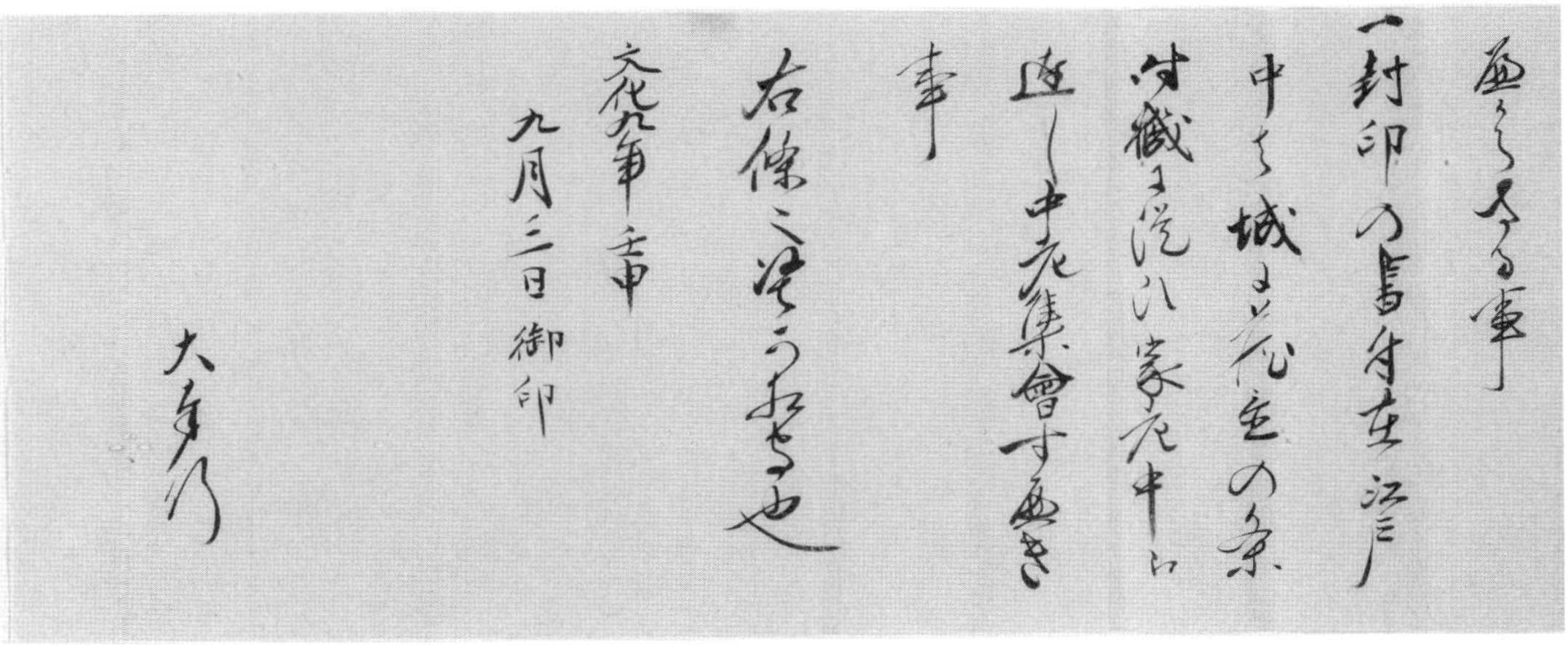

可申事
一封印の在江戸
中者城より出し金の家
附職して家老中へ
達し中老集會す可き
事
右條々可相守者也
文化九年壬申
九月三日　御印
大奉行

6　御条目扣

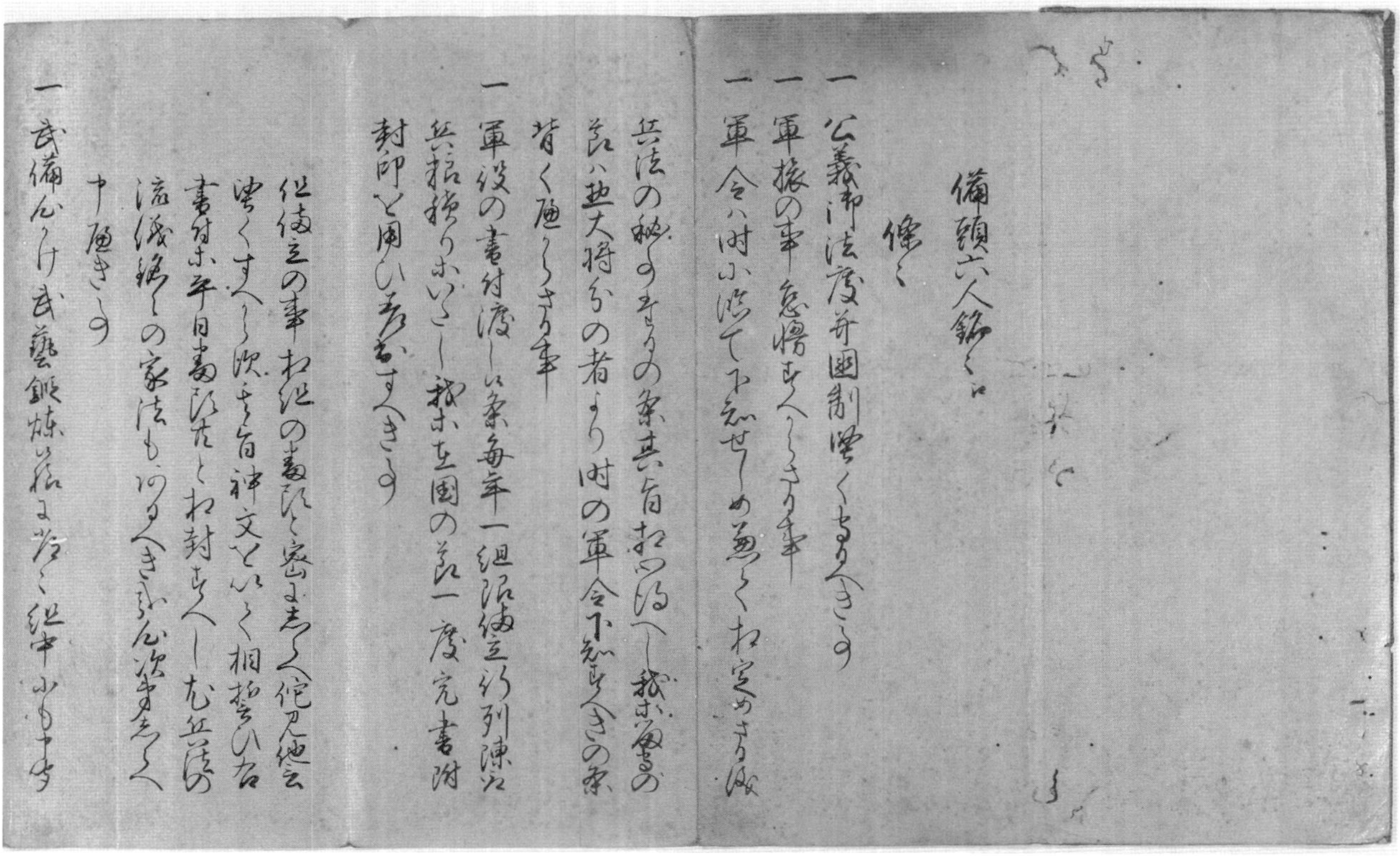

（1）備頭

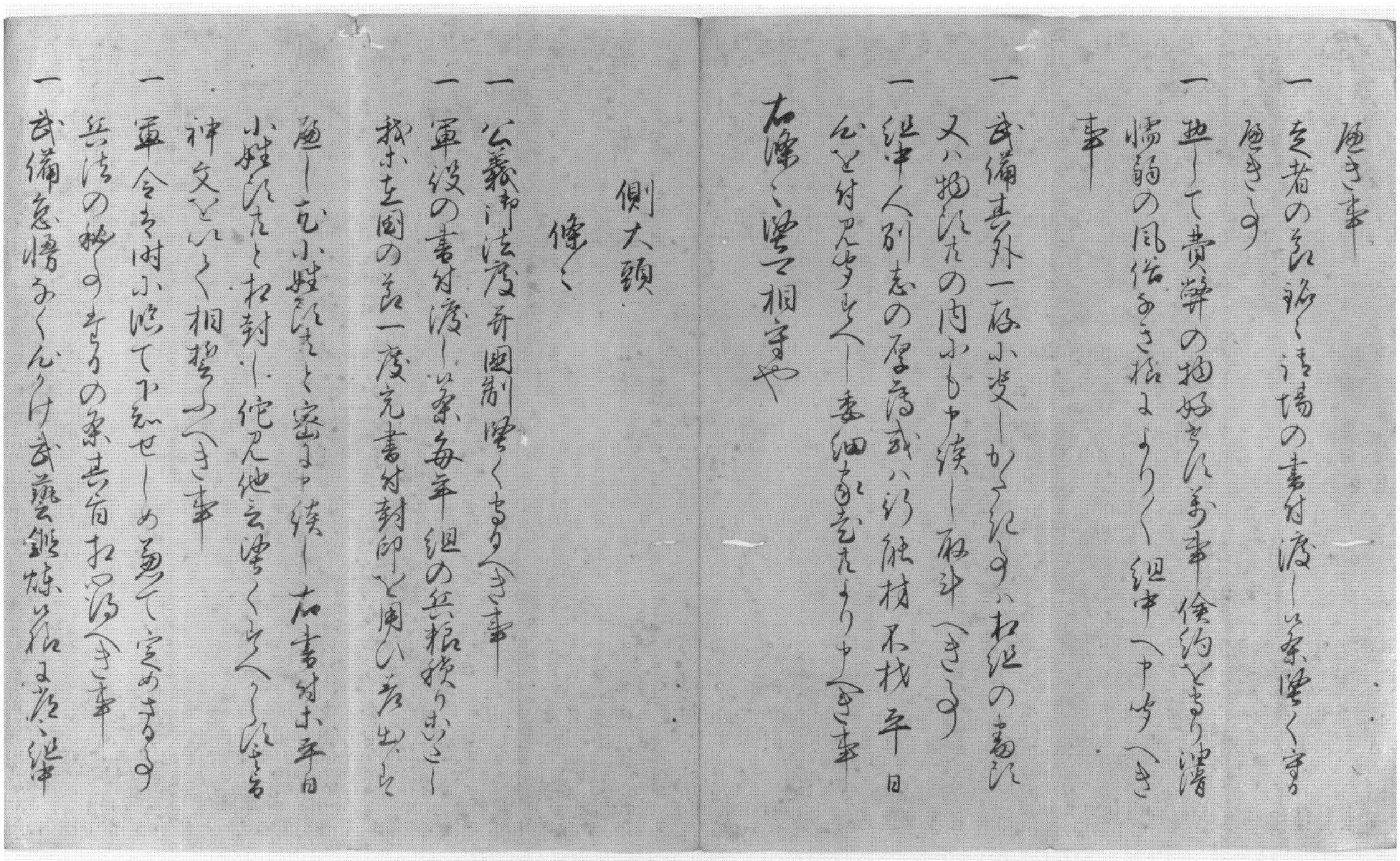

(2) 側大頭

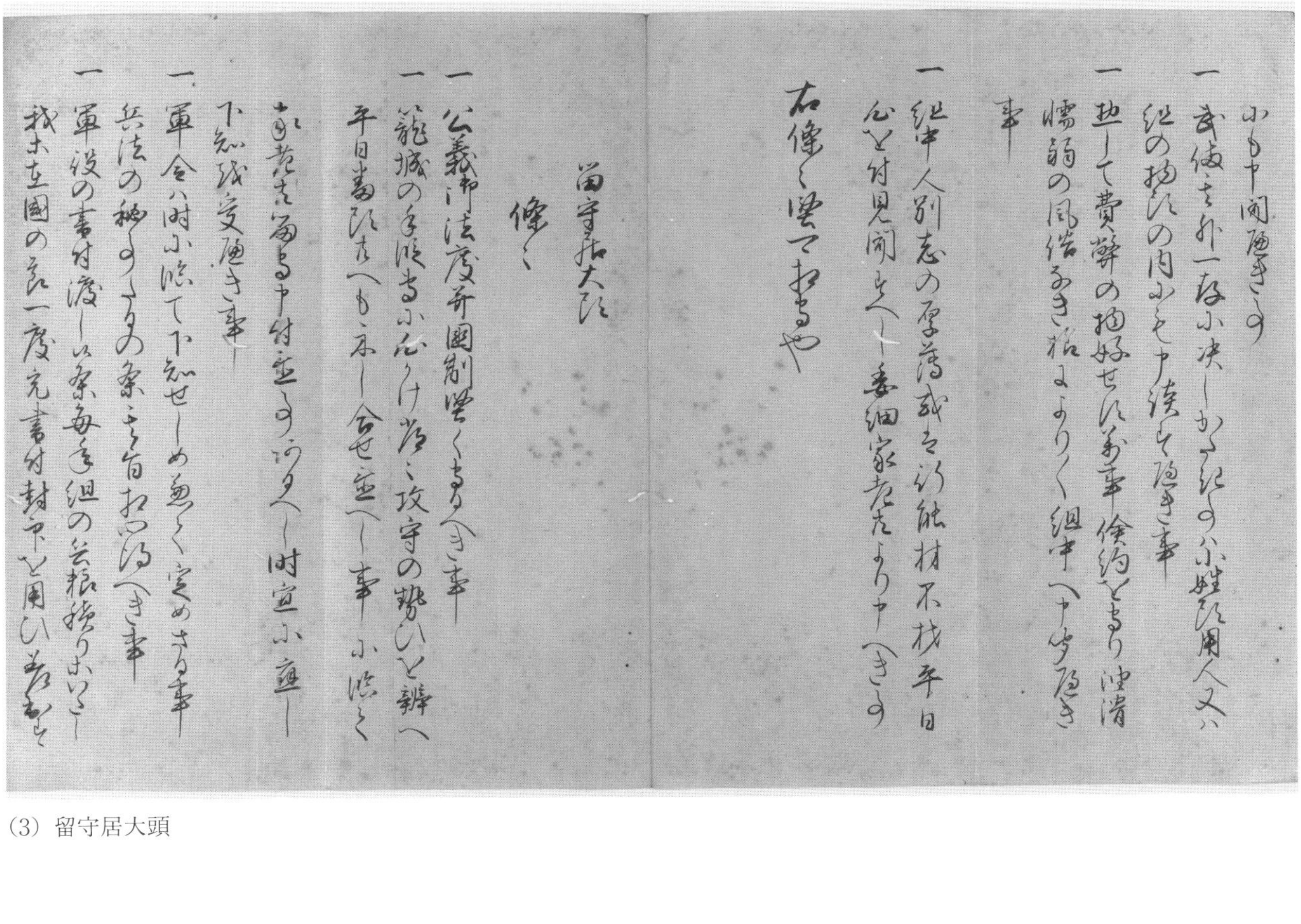

(3) 留守居大頭

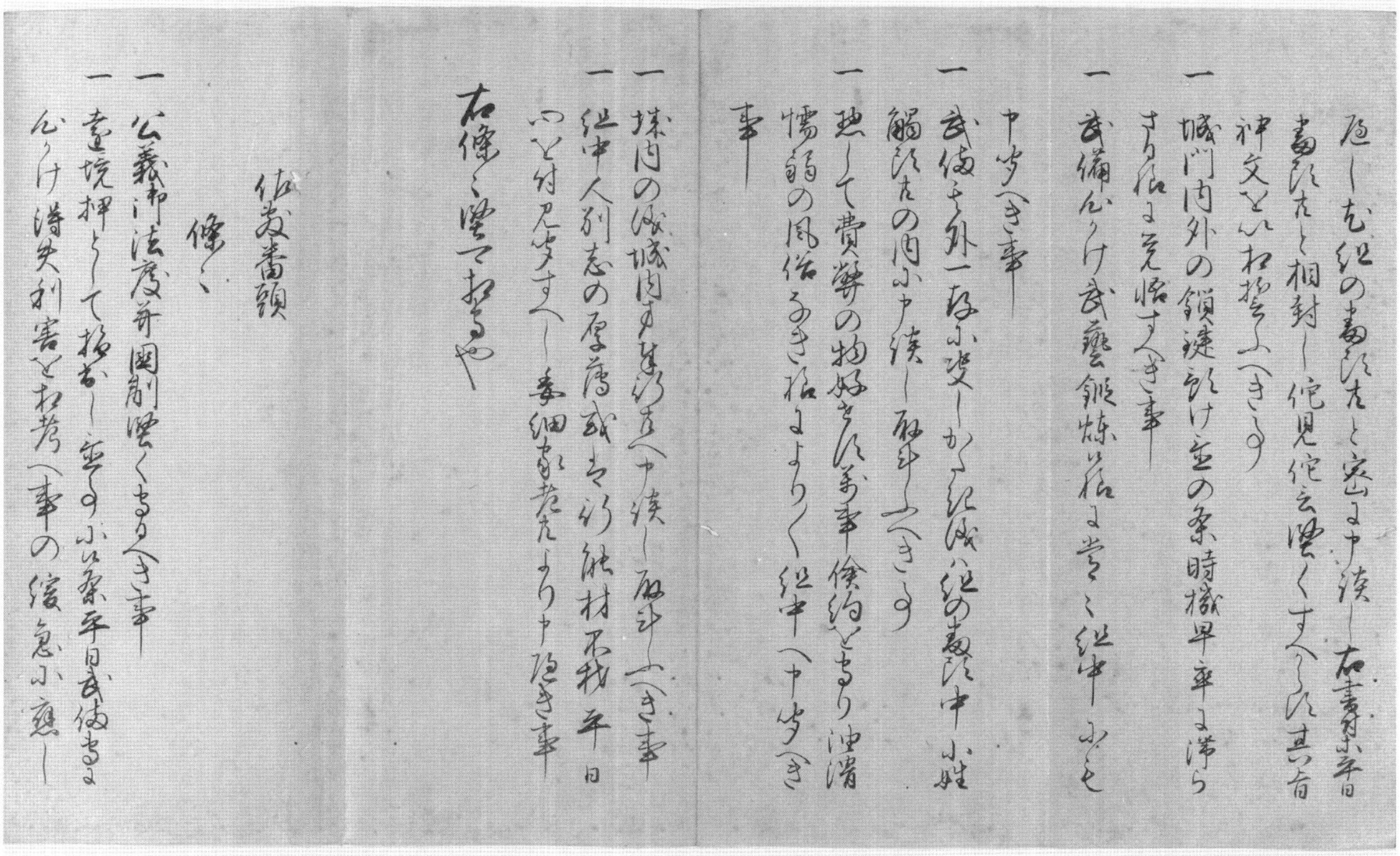
随し右組の面々と安心ニ申談し右書付ニ准旨
面々と相対し他見他言堅くすへからす其旨
神文を以相極むへきの
一 城門内外の鎖鑰并出の条時機早卒ニ滞ら
ざる様ニ兎臨すへき事
一 武備心かけ武芸鍛錬之様ニ常々組中へも
申渡すへき事
一 武備之外一藝ニ出精しかゝ組頭組の面々中ニ性
騎者の内ニ申渡し取計ふへき事
一 押して貴賤の物好ミ之事倹約を守り油滑
懦弱の風俗なき様によりく組中へ申渡へき
事
一 抹内の城内ニ出入之へ申渡し取計ふへき事
一 組中人別志の厚薄或ハ行能材不材平日
心を付見渡すへし委細組頭より申達き事
右條々堅て相守るへきや
佐敷番頭
條々
一 公義御法度并国制堅く守るへき事
一 壹境押として相当し其所ニ山条平日武備ニ
心かけ得失利害を相考へ事の緩急ニ応し

（4）佐敷番頭

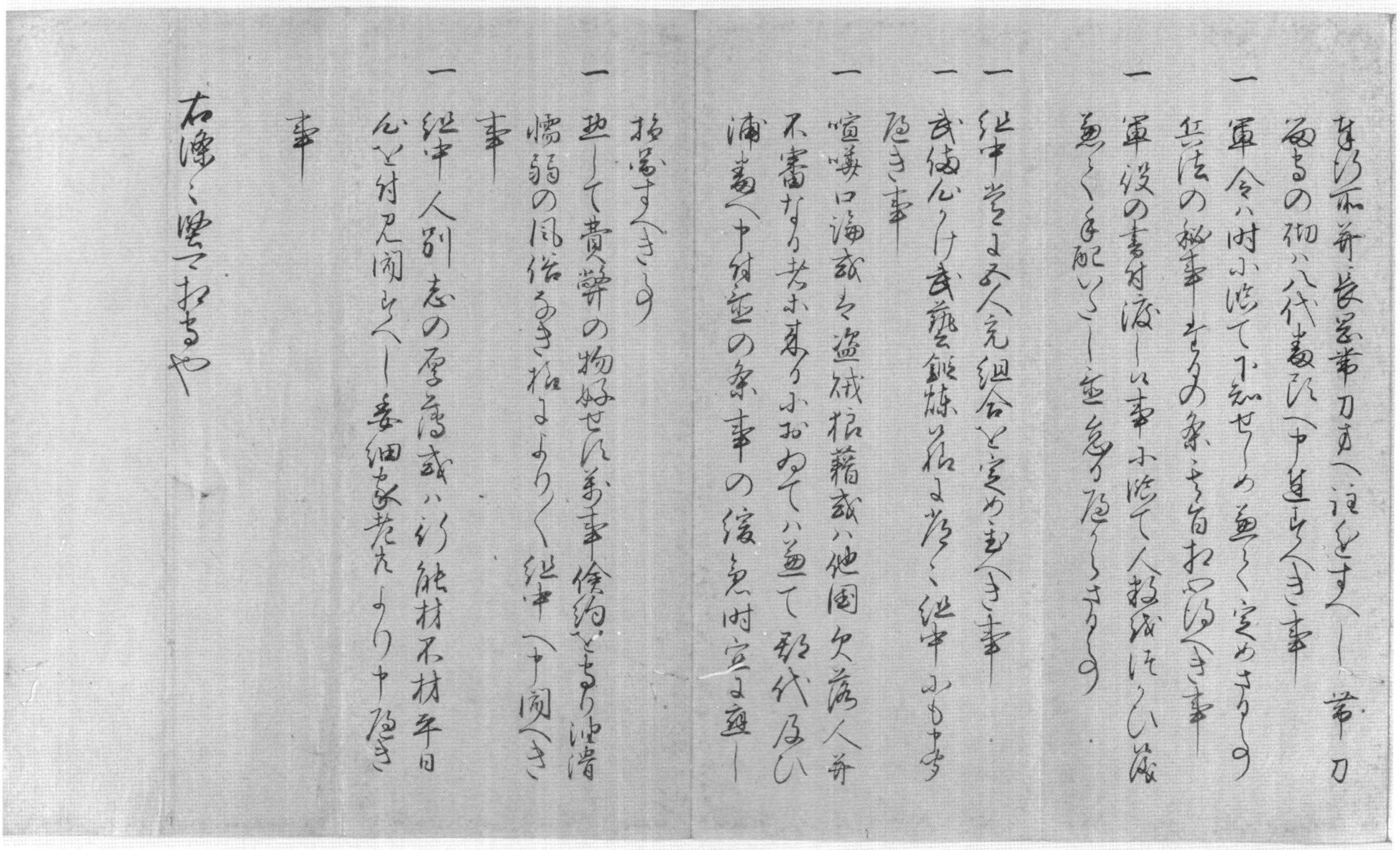
差引不并長尾并刀へ注意すへし　并刀
面々の内ハ八代面々へ申達ふへき事
一 軍令ハ時ニ臨て下知せしめ兼て定めおくへき事
兵法の秘事ある条其旨相心得へき事
一 軍役の書付渡し置事ニ臨て人数残らす揃
兼々手配いたし置候様ニ
一 組中常ニ人足組合を定めおくへき事
一 武備心かけ武芸鍛錬之様ニ常々組中へも申
渡き事
一 喧嘩口論或ハ盗賊狼藉或ハ他国欠落人并
不審なる者ニ於てハ兼て頭代及ひ
浦面々へ申付置之条事の緩急時宜ニ應し
指図すへき事
一 押して貴賤の物好ミ之事倹約を守り油滑
懦弱の風俗なき様によりく組中へ申聞へき
事
一 組中人別志の厚薄或ハ行能材不材平日
心を付見聞すへし委細組頭より申達き
事
右條々堅て相守るへきや

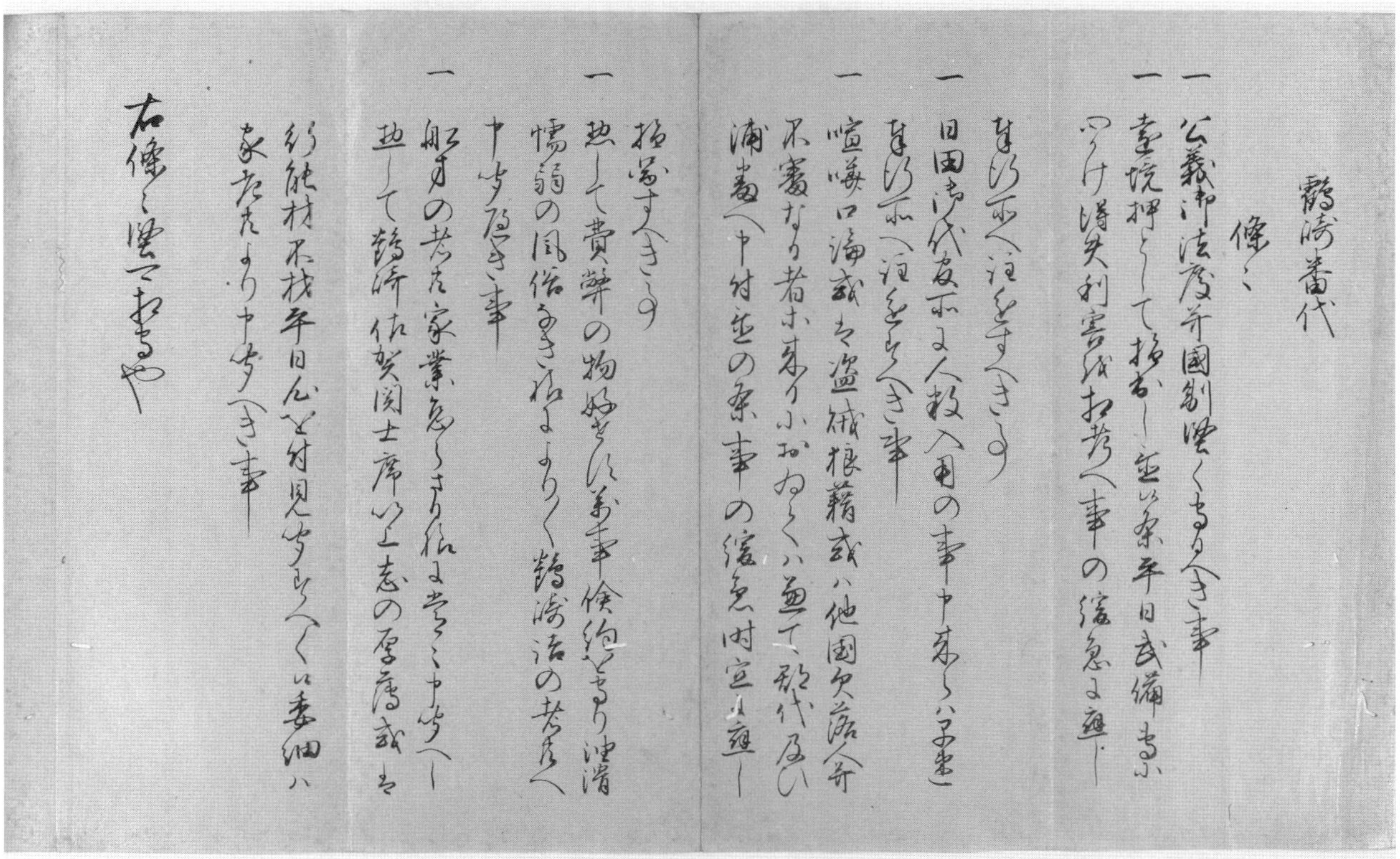

（5）鶴崎番代

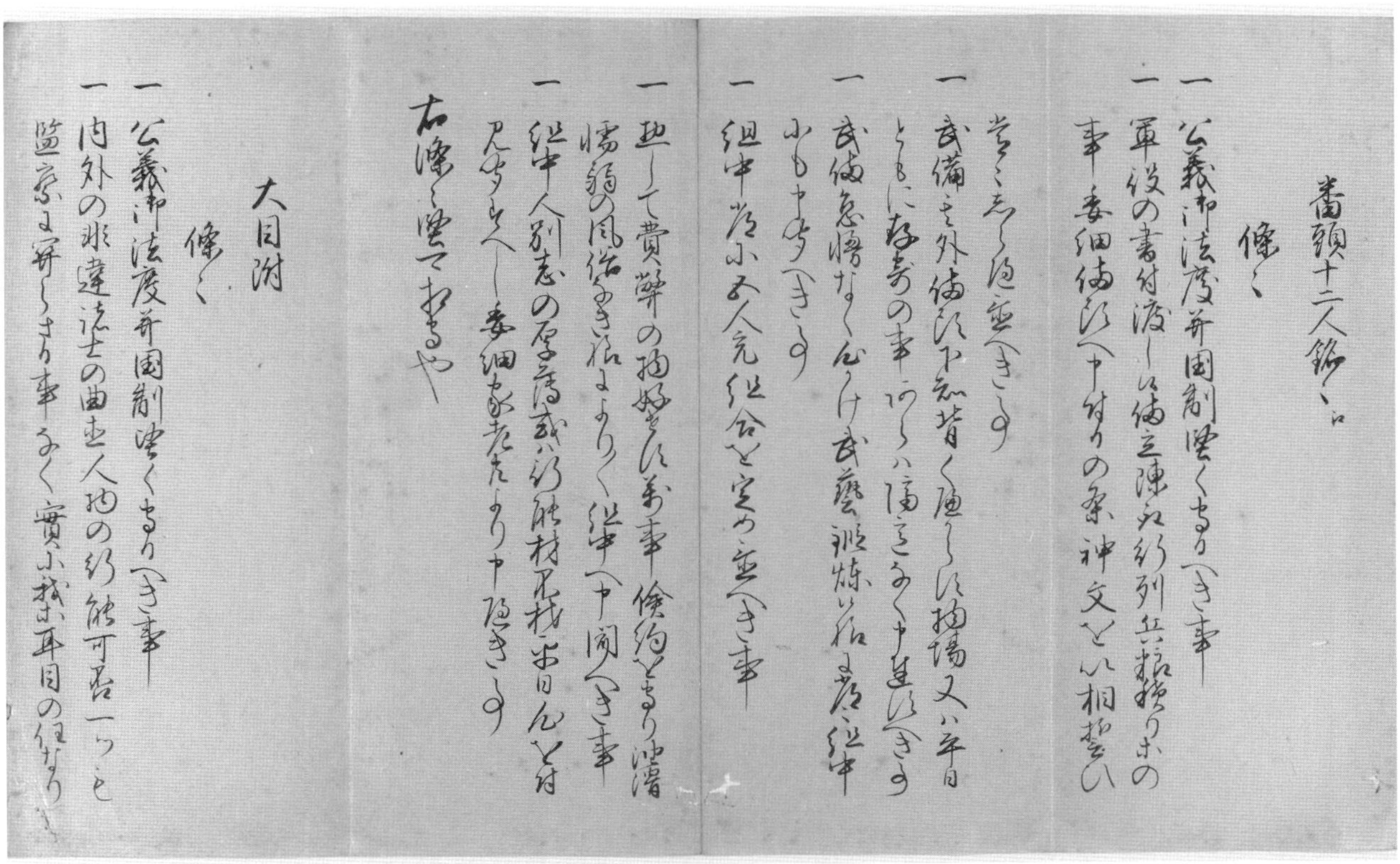

（6）番頭

（7）大目附

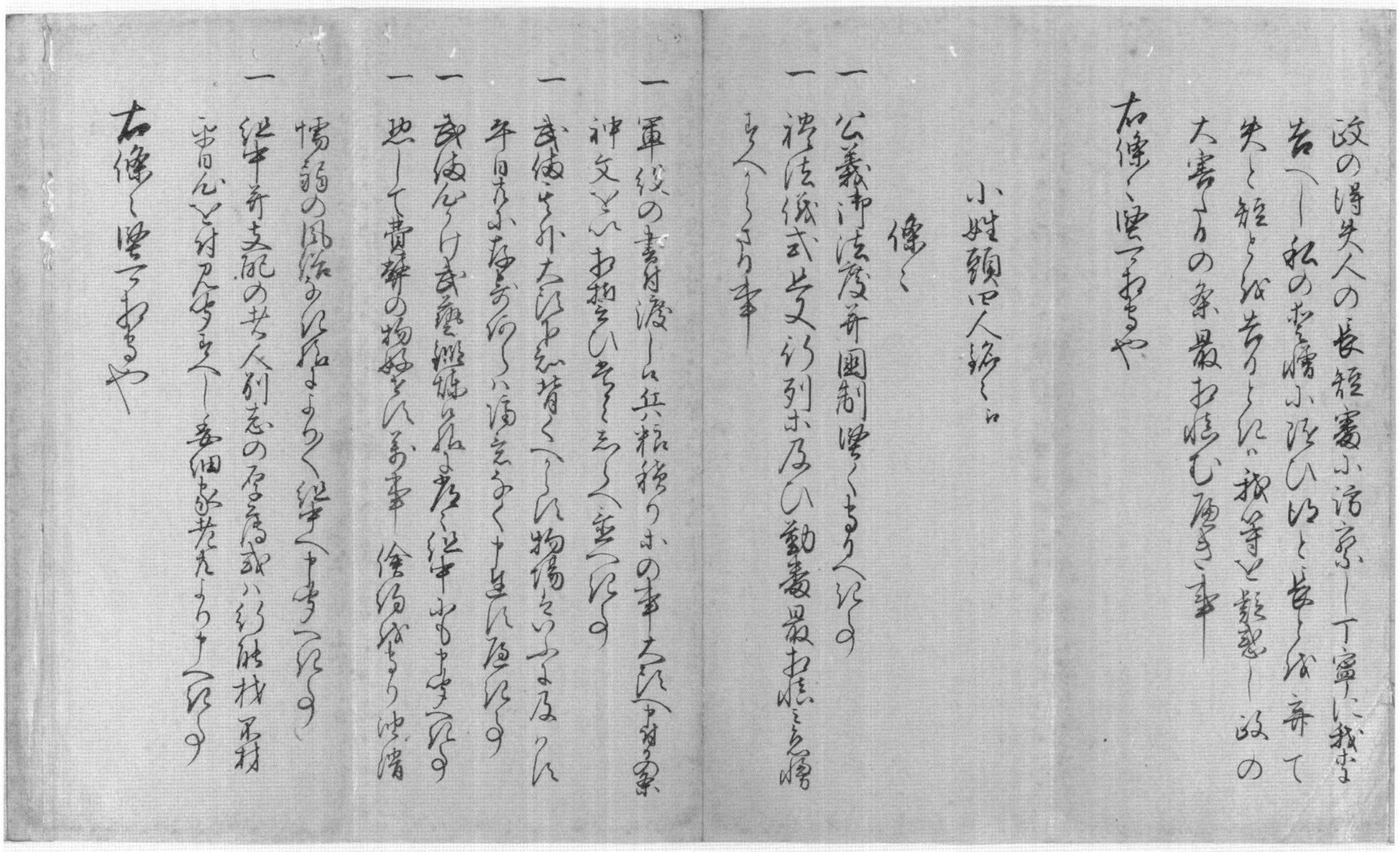

（8）小姓頭

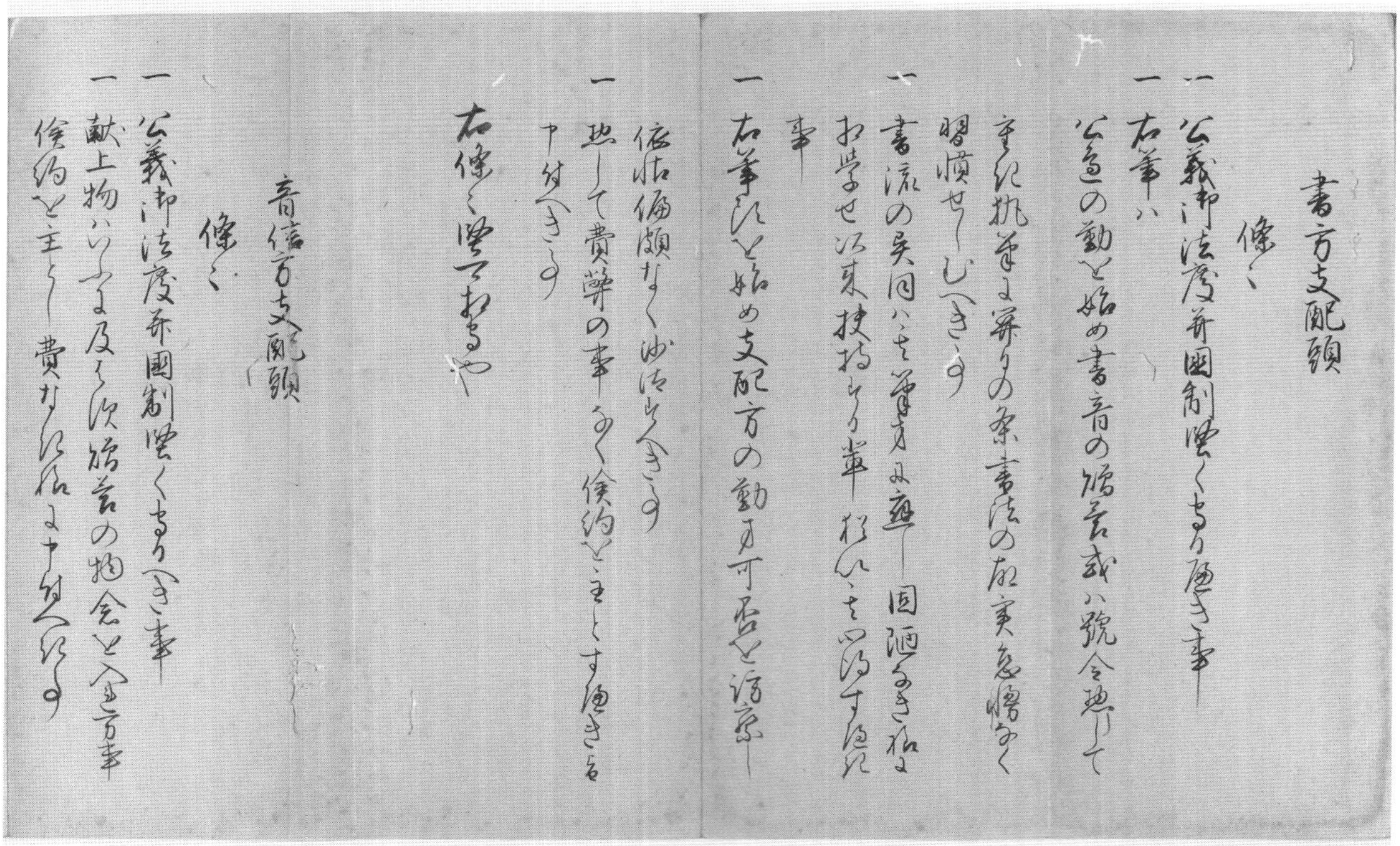

（10）音信方支配頭

（9）書方支配頭

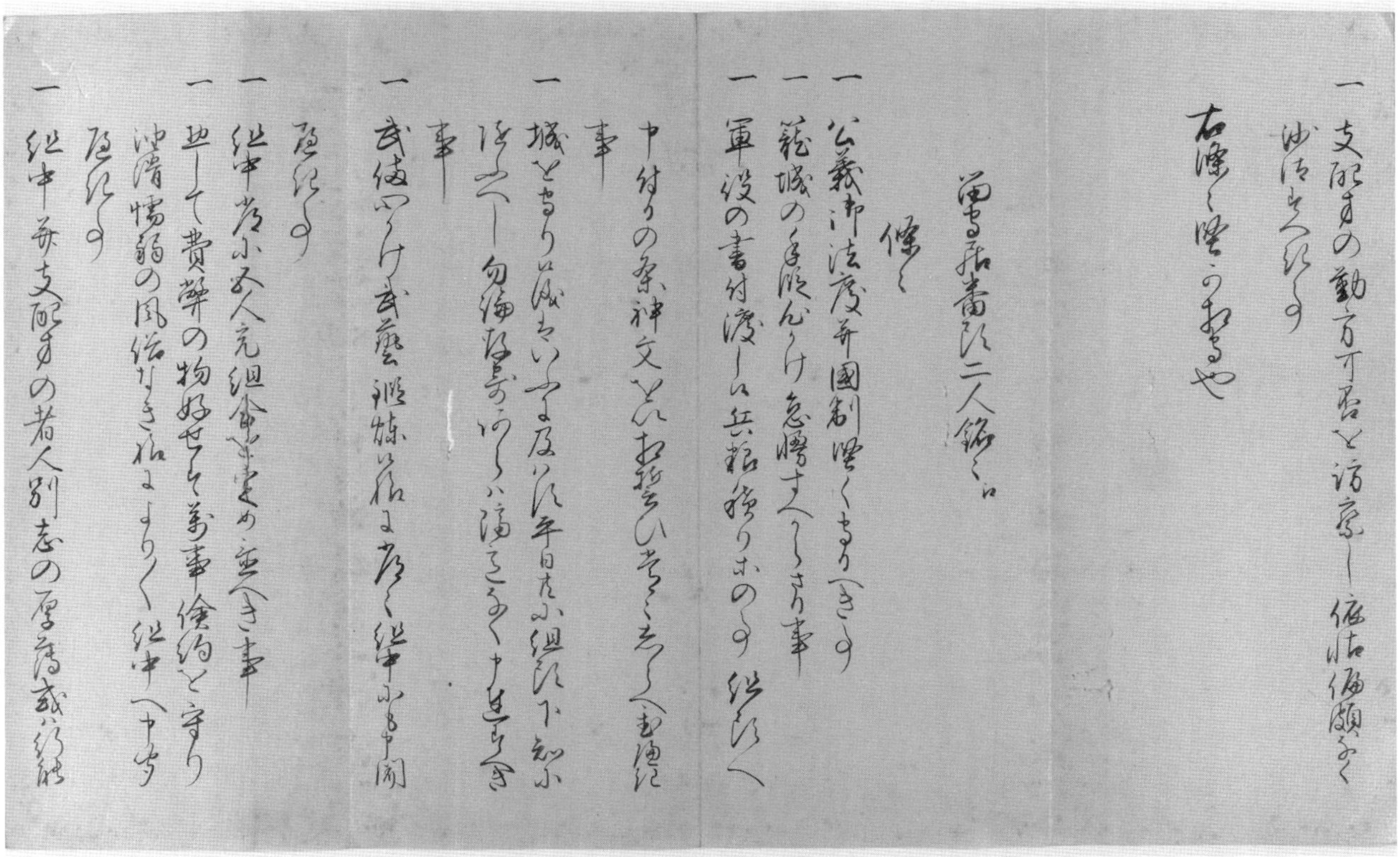

（11）留守居番頭

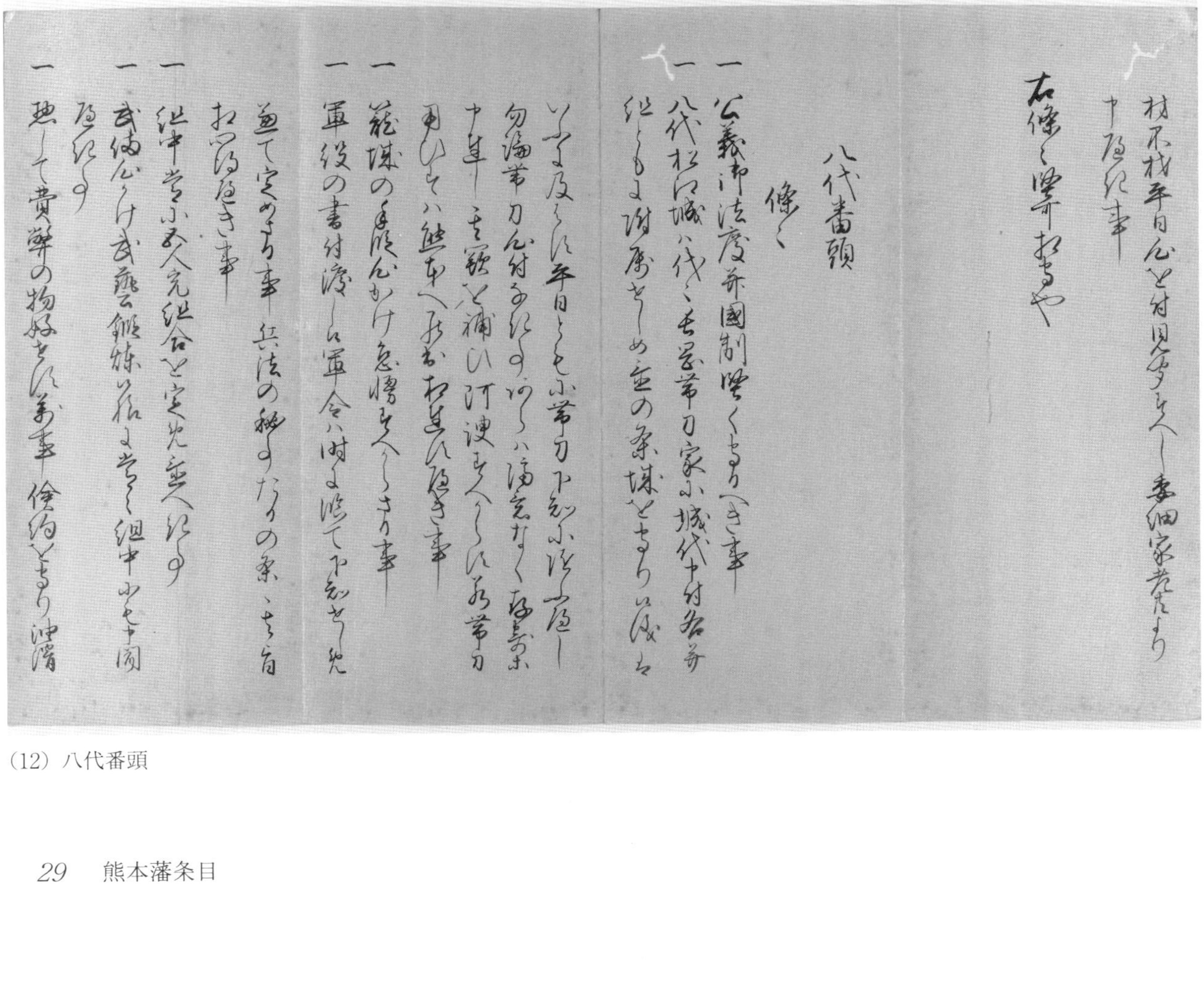

（12）八代番頭

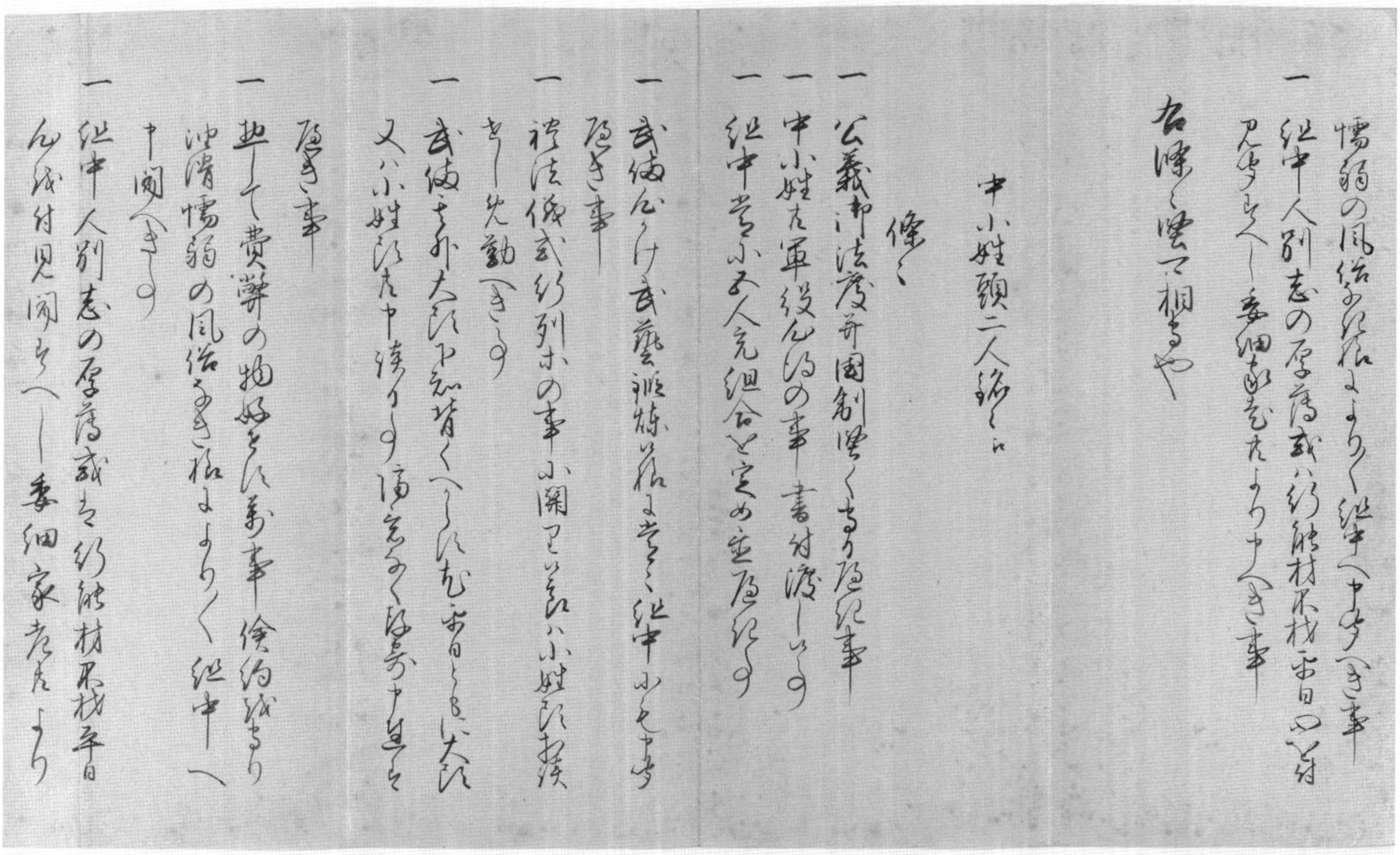

（13）中小姓頭

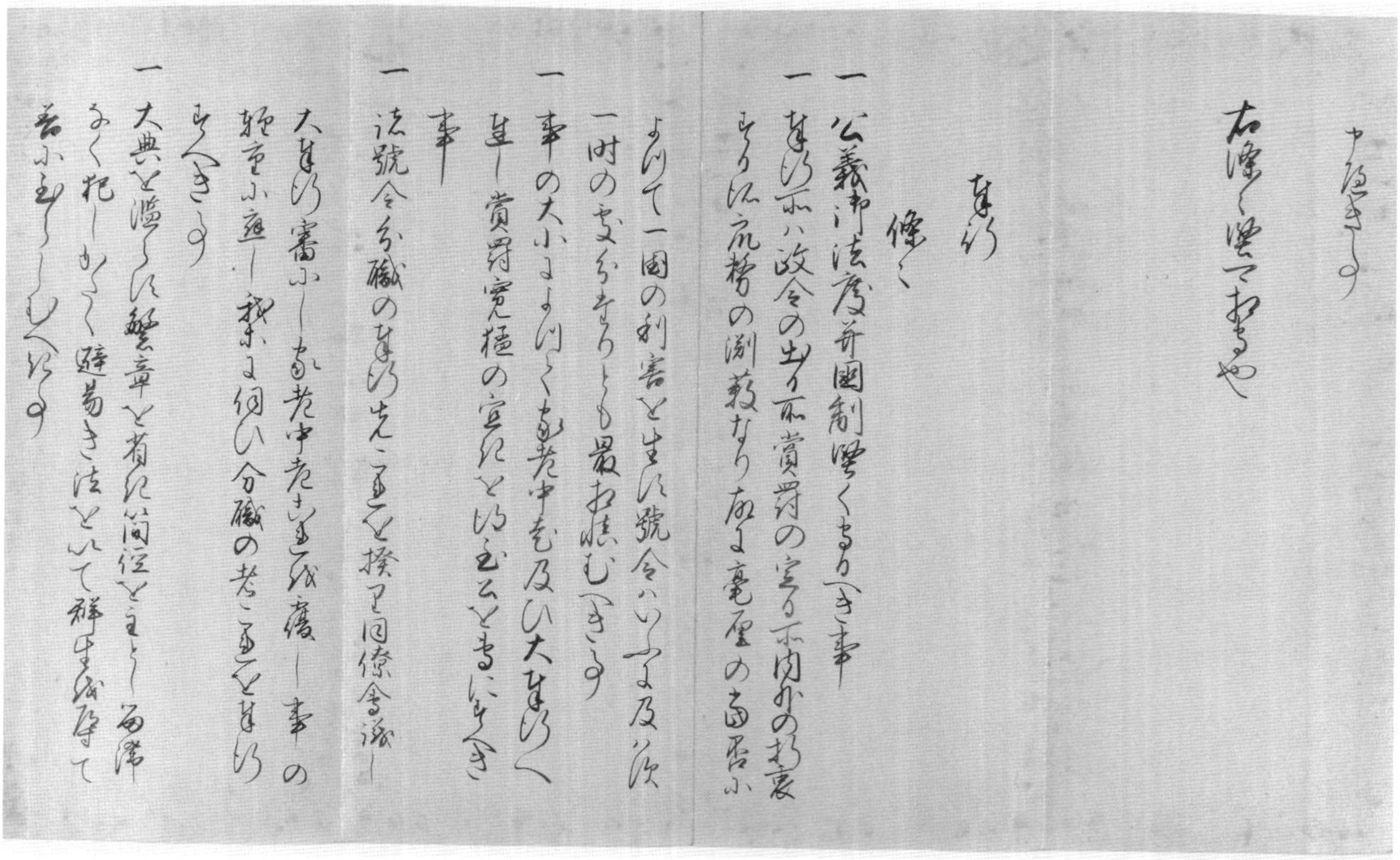

（14）奉行

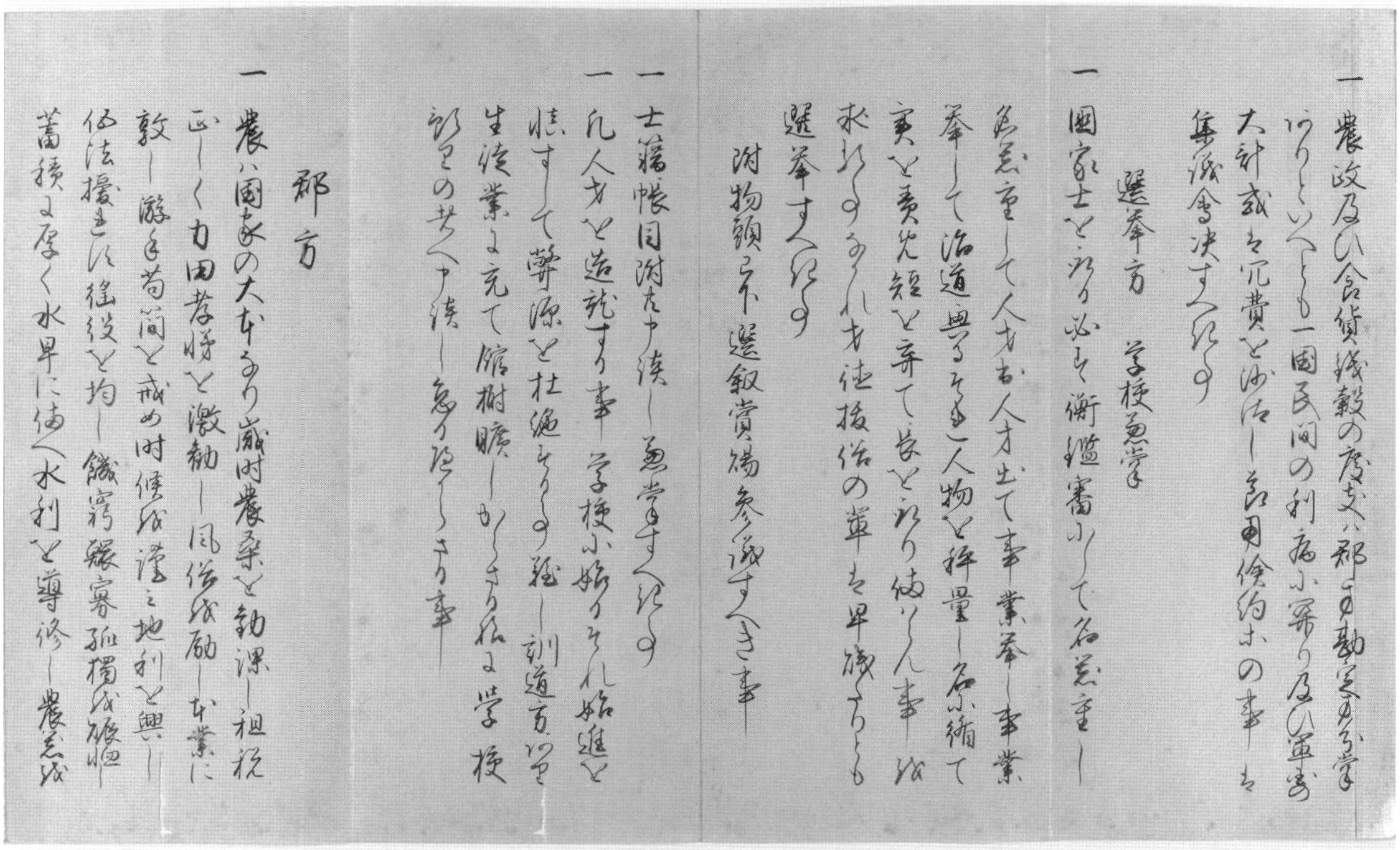
一 農政及ひ金貨銭穀の度支ハ郡方勘定方之掌
りといへとも一国民間の利病ハ罪り及ひ軍需
大計或ハ冗費を沙汰し節用倹約等の事を
集議合決すへき事

選挙方　学校兼学

一 国家士を致り必ス衡鑑審かにして至公至正
至公至正にして人才出て事業挙し事業
挙して治道興るそれ人物を秤量し名を循て
実を責め短を棄て長を取り依りて事を
求むへしよりて才徒抜俗の輩ハ早職せしむるも
選挙すへき事

附物頭以下選叙賞罰参議すへき事

一 士籍帳同附え申済し兼掌すへき事
一 凡人才を造就する事学校ニ始りそれ始進を
慎すして弊源を杜絶せられて難し訓道方習
生徒業ニ充て館樹贖しからされは学校
設との共へ申済し急ならしむる事

郡方

一 農ハ国家の大本なり歳時農桑を勧課し租税
正しく力田孝悌を激勧し風俗を励し本業に
敦し游手苟簡を戒め時候を謹ミ地利を興し
作法擾さんに徭役を均し鰥寡孤独を賑恤
蓄積を厚く水旱に備へ水利を導修し農益を

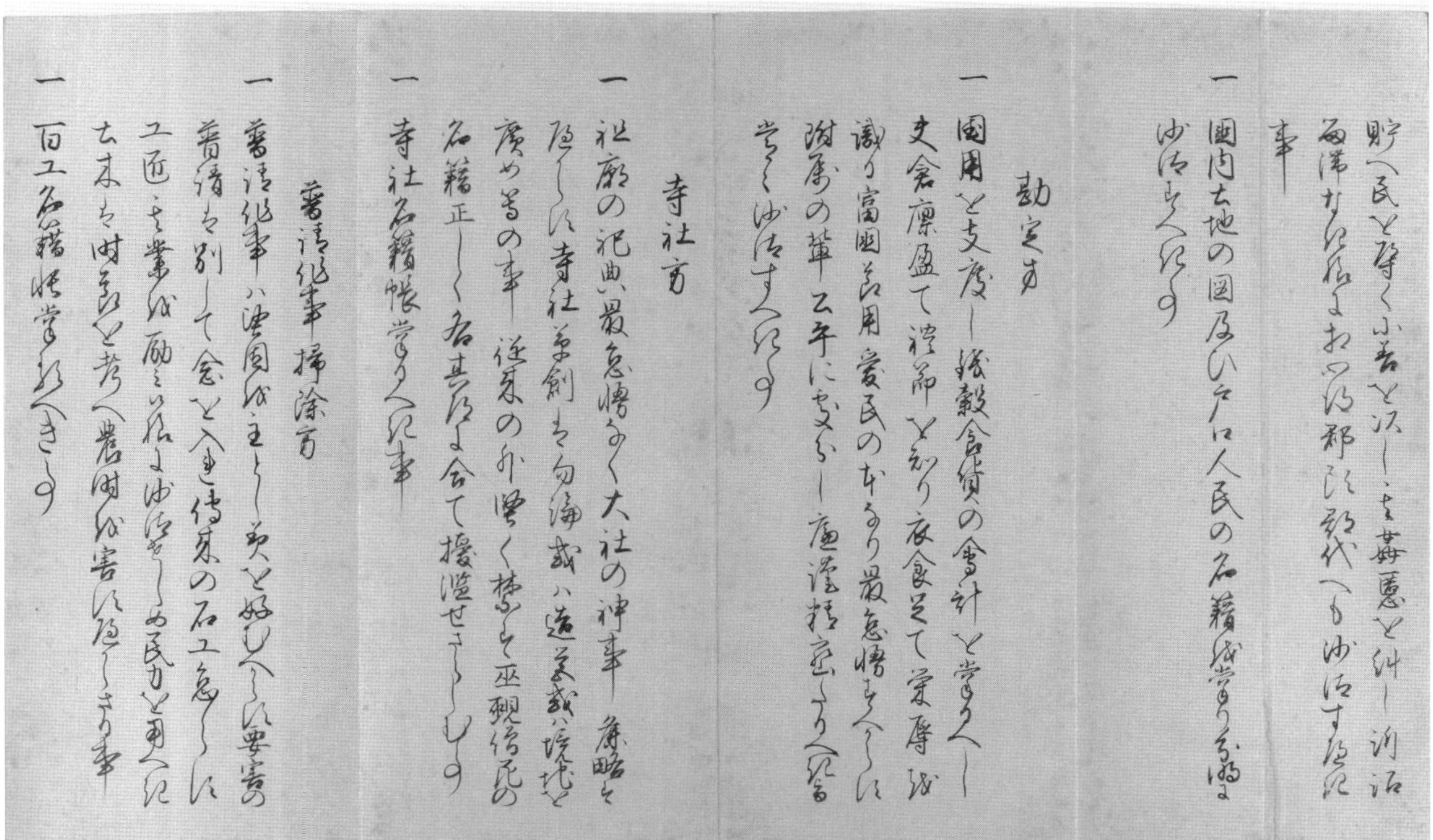
貯へ民を厚くし奢を戒し姦悪を糾し訓諭
を洽くなさしめ郡代へも沙汰すへき事

一 国内土地の図及ひ戸口人民の名籍を掌り沙汰すへき事

勘定方

一 国用を支度し銭穀金貨の会計を掌るへし
支倉廩盈て礼節を知り衣食足て栄辱を
識り富国節用愛民の本なり最急務とすへし
附属の輩ニ年に交代し庶務精密ニすへき
掌らしめ沙汰すへき事

寺社方

一 祀廟の祀典ハ最急務なく大社の神事ハ簡略
にし寺社草創ハ勿論或ハ造営或ハ境地を
広める事従来の弊習く禁し巫覡僧尼の
名籍正しく名其所ニ会て擾濫せさらしむ
一 寺社名籍帳掌るへき事

普請作事掃除方

一 普請作事ハ堅固を主とし美を好むへからす要害の
普請を別にして急を要し伝来の石工急にし
工匠ハ業を励ますに沙汰し民力を用へき
土木ハ時節を考へ農時の害にならさる事
一 百工名籍帳掌るへき事

熊本藩条目

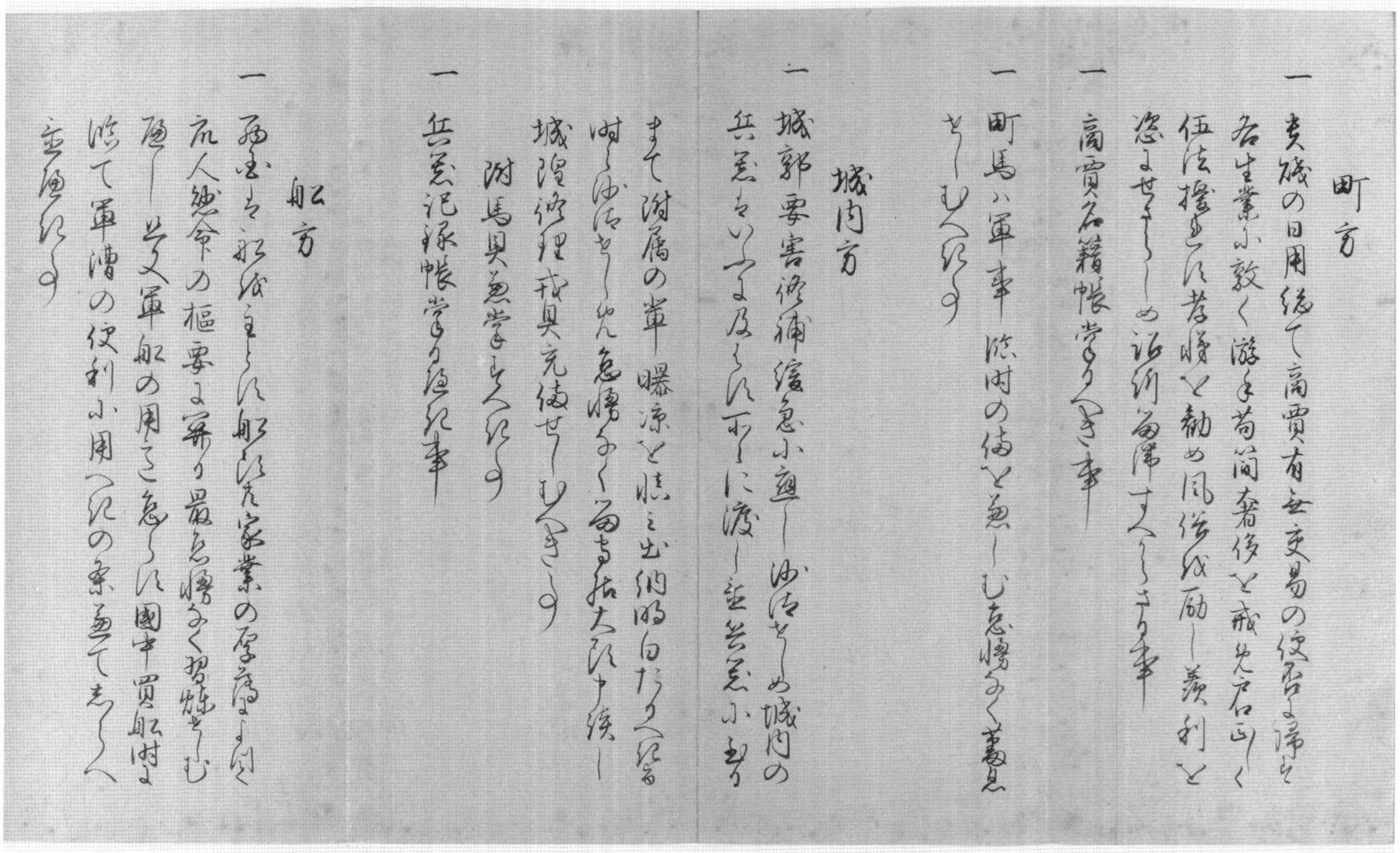

町方

一 其餘の日用総て商賈有無交易の便宜を辨し各生業に勤く游手苟簡奢侈を戒め先占正く伍法擬定る考験を勧め風俗を励し義利を混せさらしめ訴訟簡略すへからさる事

一 商賈名籍帳常に有へき事

一 町馬ハ軍事従附の備を兼しむ急務なく蓄息せしむへき也

城内方

一 城郭要害修補繕急に適し浚清せしめ城内の兵器をいつも及ふる所に渡し並兵器にまて附属の掌曝涼と時に出納明白たるへく附属浚清せしめ急務なく高ちに括大なる中続し城櫓修理戒具充備せしむへき也

附馬具兼掌すへき也

一 兵器記録帳常に有へき事

船方

一 船出を職とする船役先家業の厚薄に因船人総命の樞要を為す最も急務なく習練せしむ並文軍船の用てき急にする国中買船附に従て軍漕の便利に用ふるの策並て志しへく並置すへき也

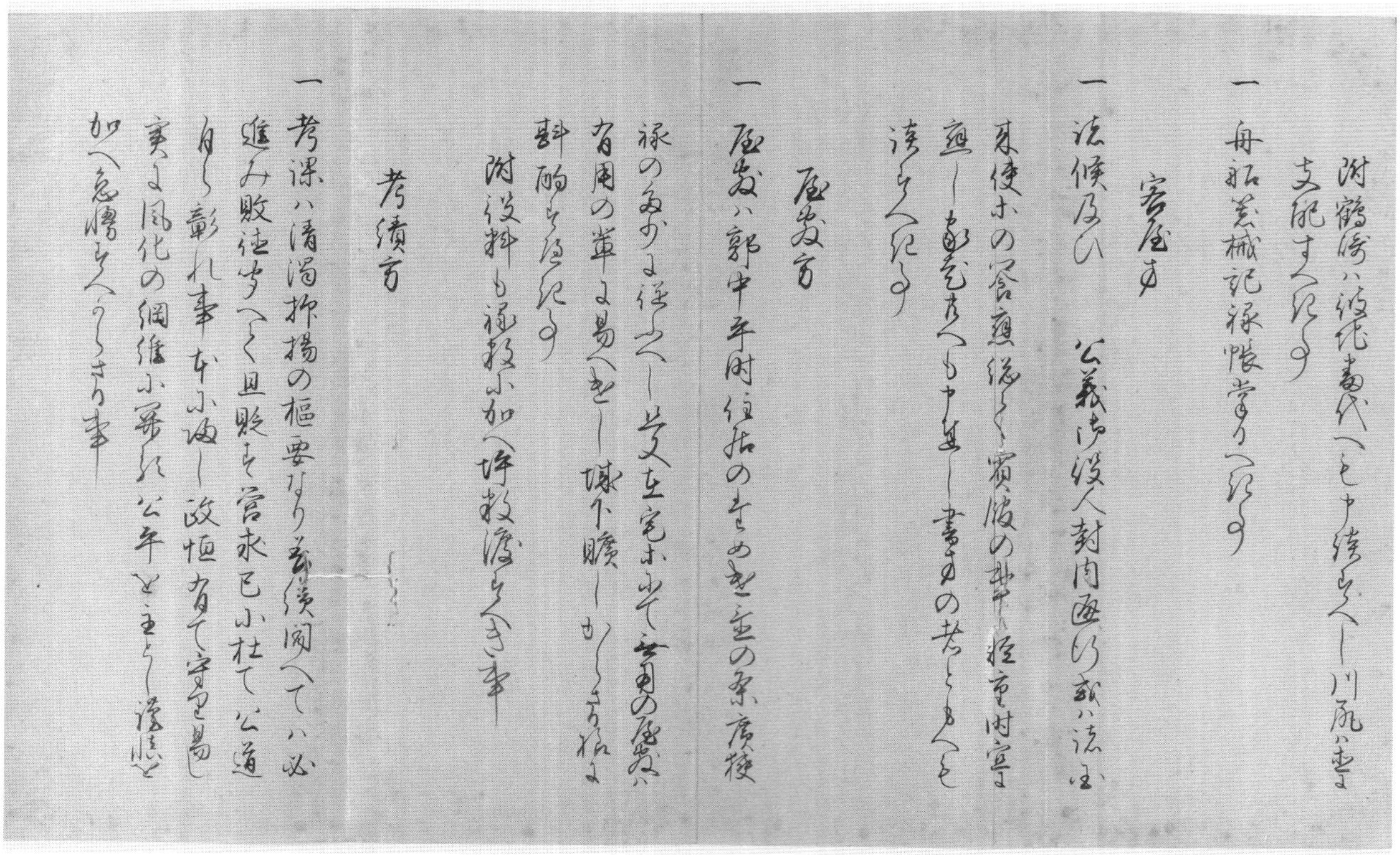

附鯨船ハ修繕毎代へ且中続すへし川船ハ重支配すへき也

一 舟船器械記録帳常に有へき也

客屋方

一 諸侯及ひ　公義諸役人封内通行或ハ諸国来使ホの客館総て賓館の掌并経営附守適し並充すへき中全し書方の考ともへき法るへき也

厩方

一 厩方ハ郭中并附往来の馬を乗る並の策広技禄の多少に従ひ之し其支を宅に出て公用の厩馬ハ有用の掌に易へきし城下験ししかるへき技に斟酌すへき也

附役料も禄数に加へ計数渡すへき事

考績方

一 考課ハ清濁抑揚の樞要なり考績関へてハ必進み敗任すへく且貯を宮永巳に杜て公道自ら彰れ事に益し改恒有て实を易し实に風化の綱維に關れ公平を主とし深慮を加へ急務すへからさる事

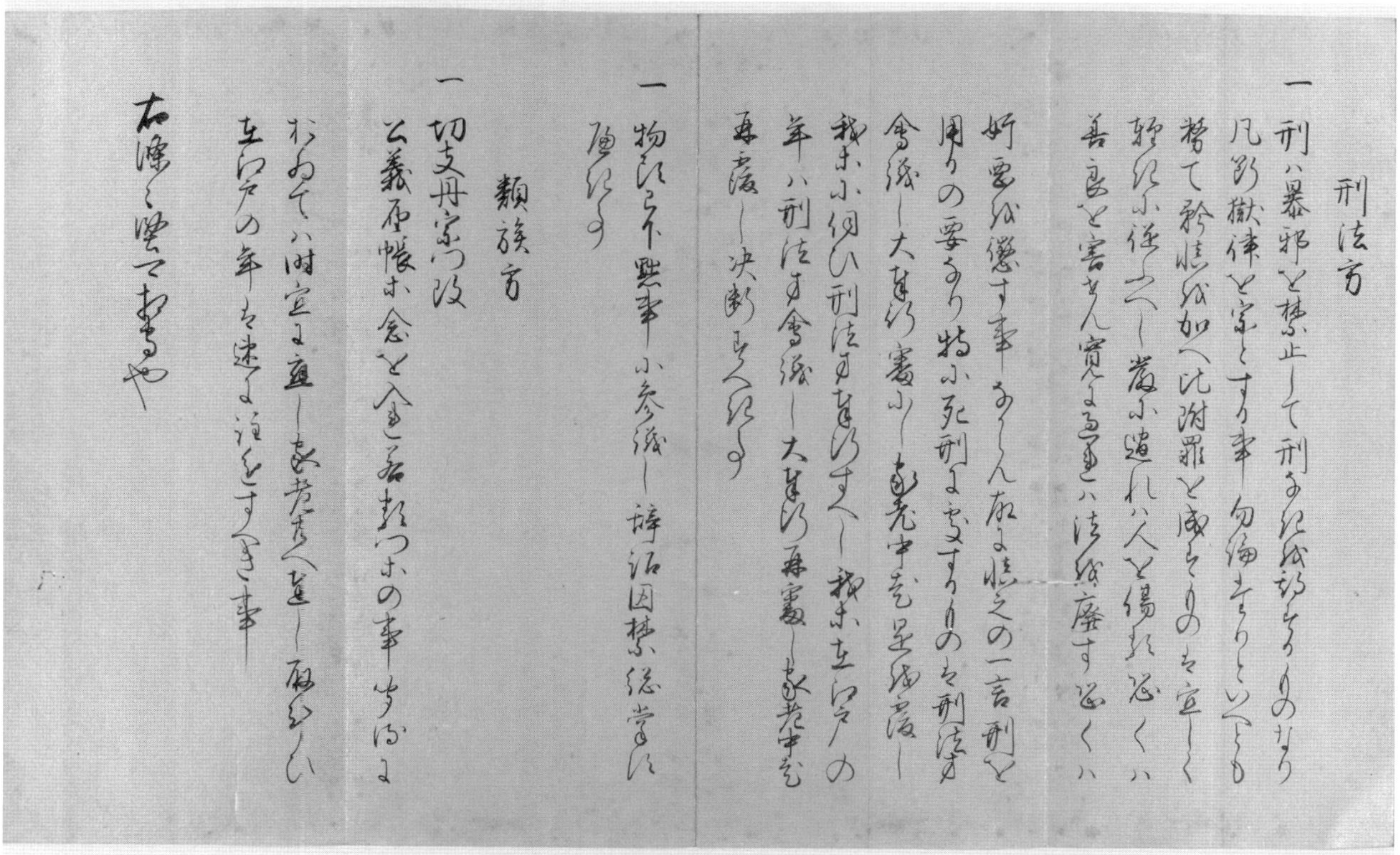

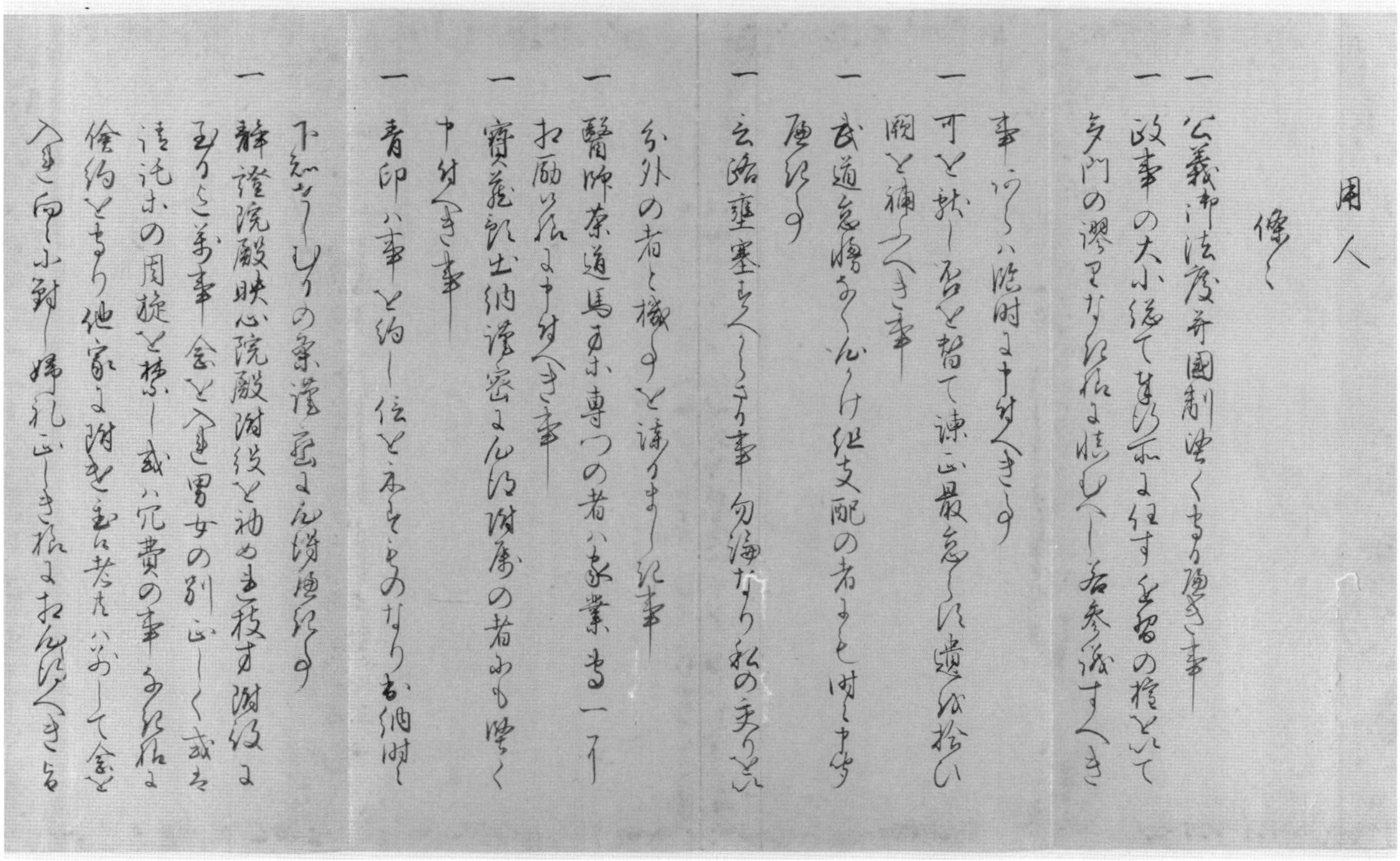

（15）用人

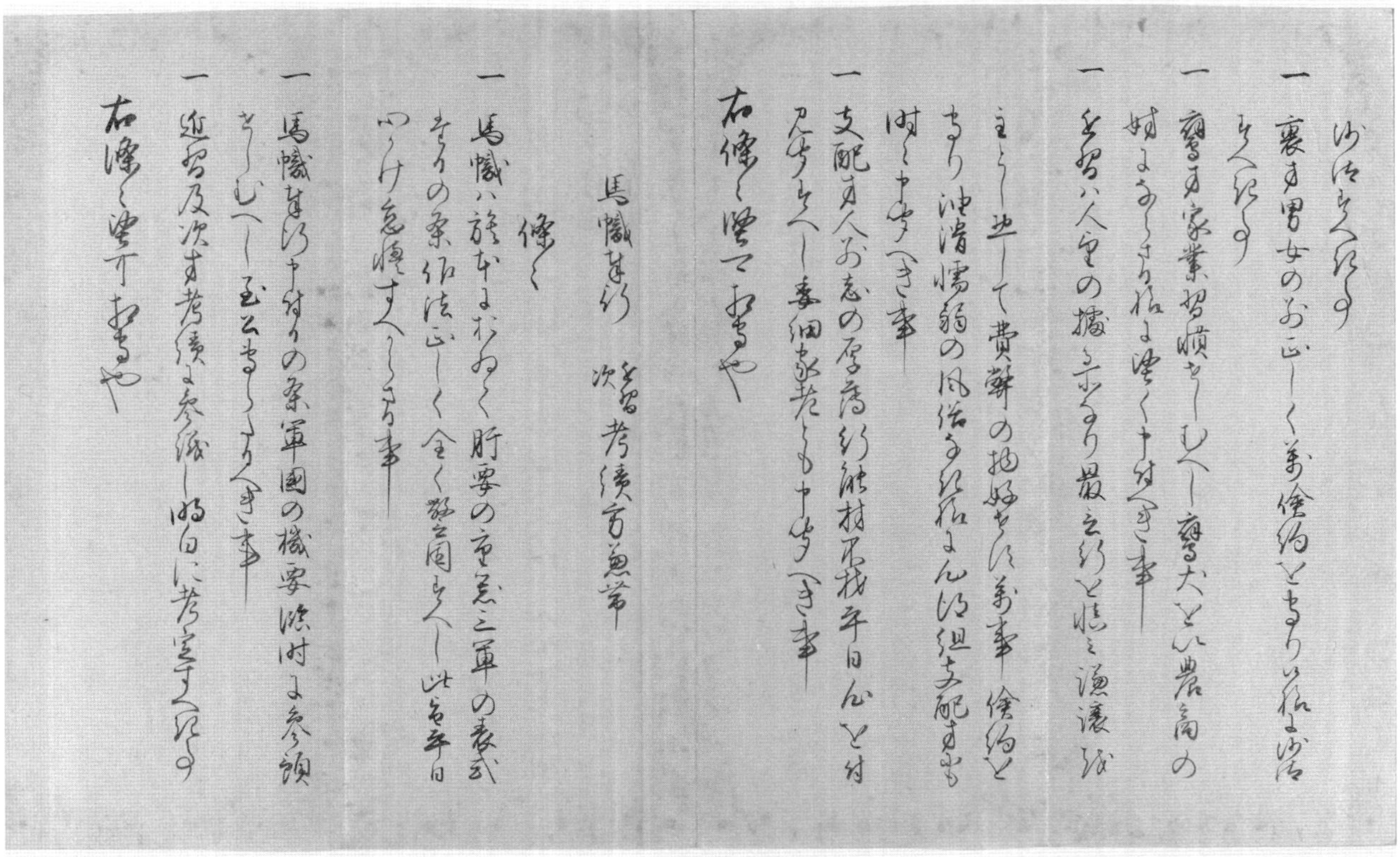

（16）馬轄奉行

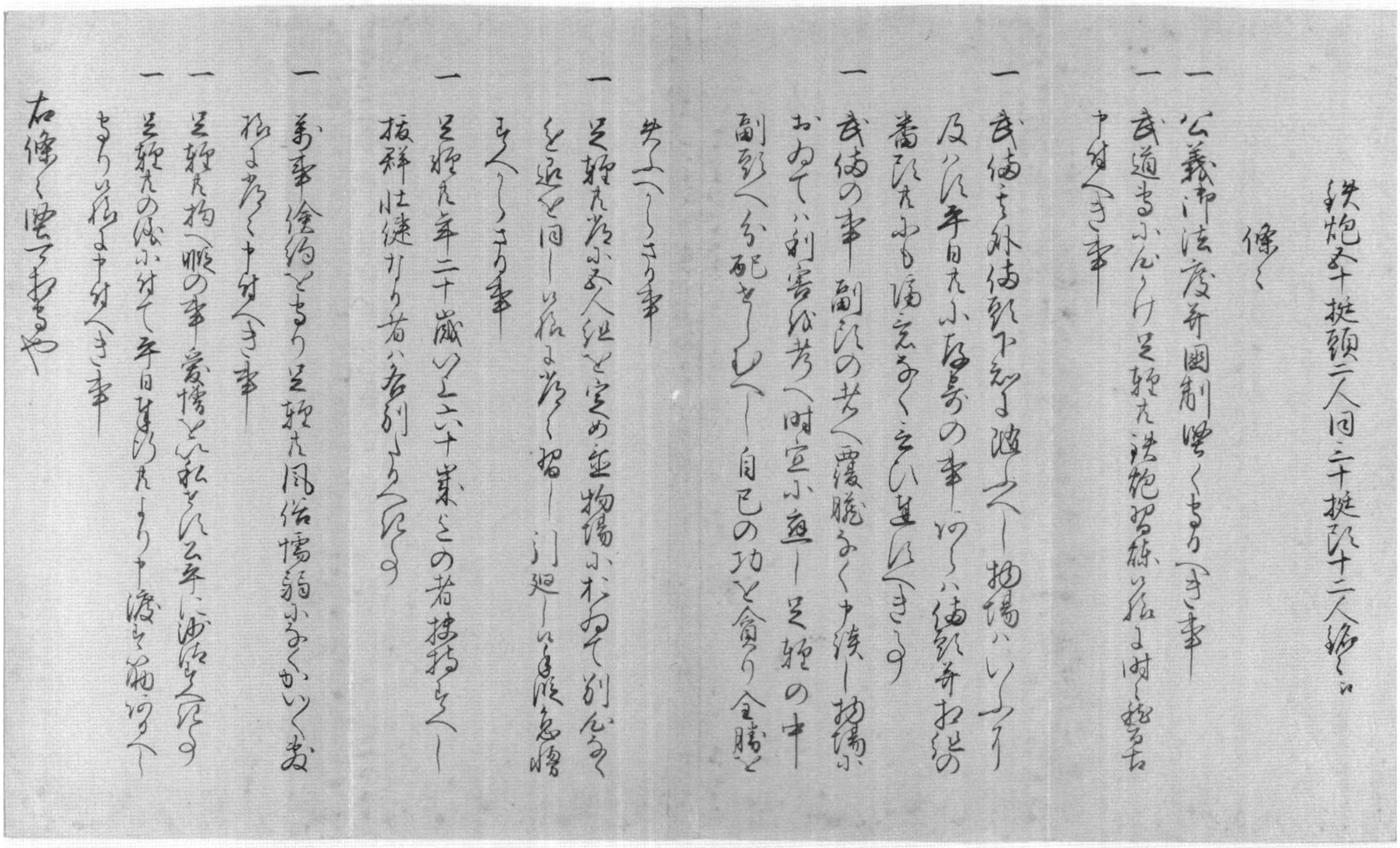

（17）鉄炮五十挺頭・同三十挺頭

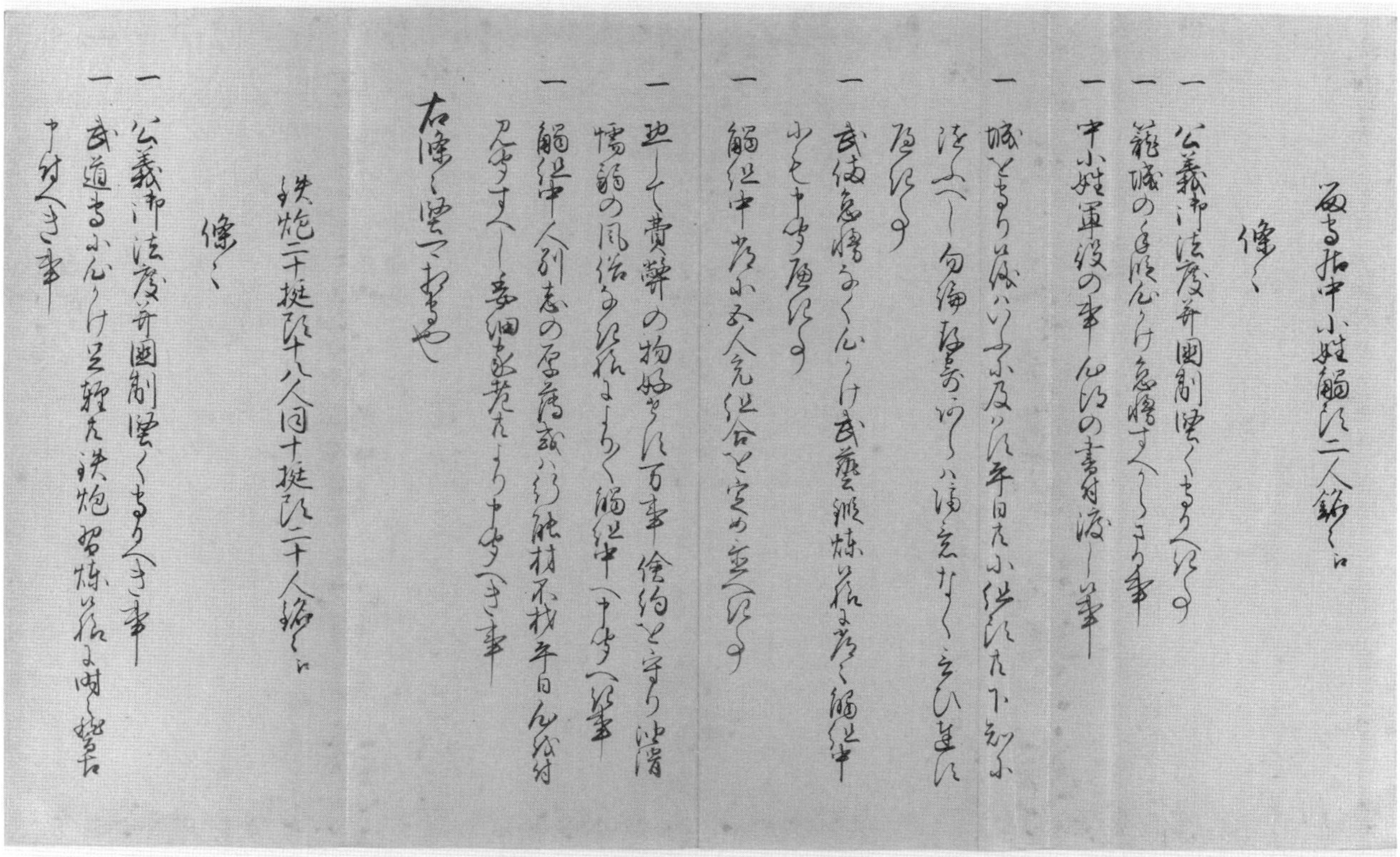

（19）鉄炮二十挺頭・同十挺頭

（18）留守居中小姓触頭

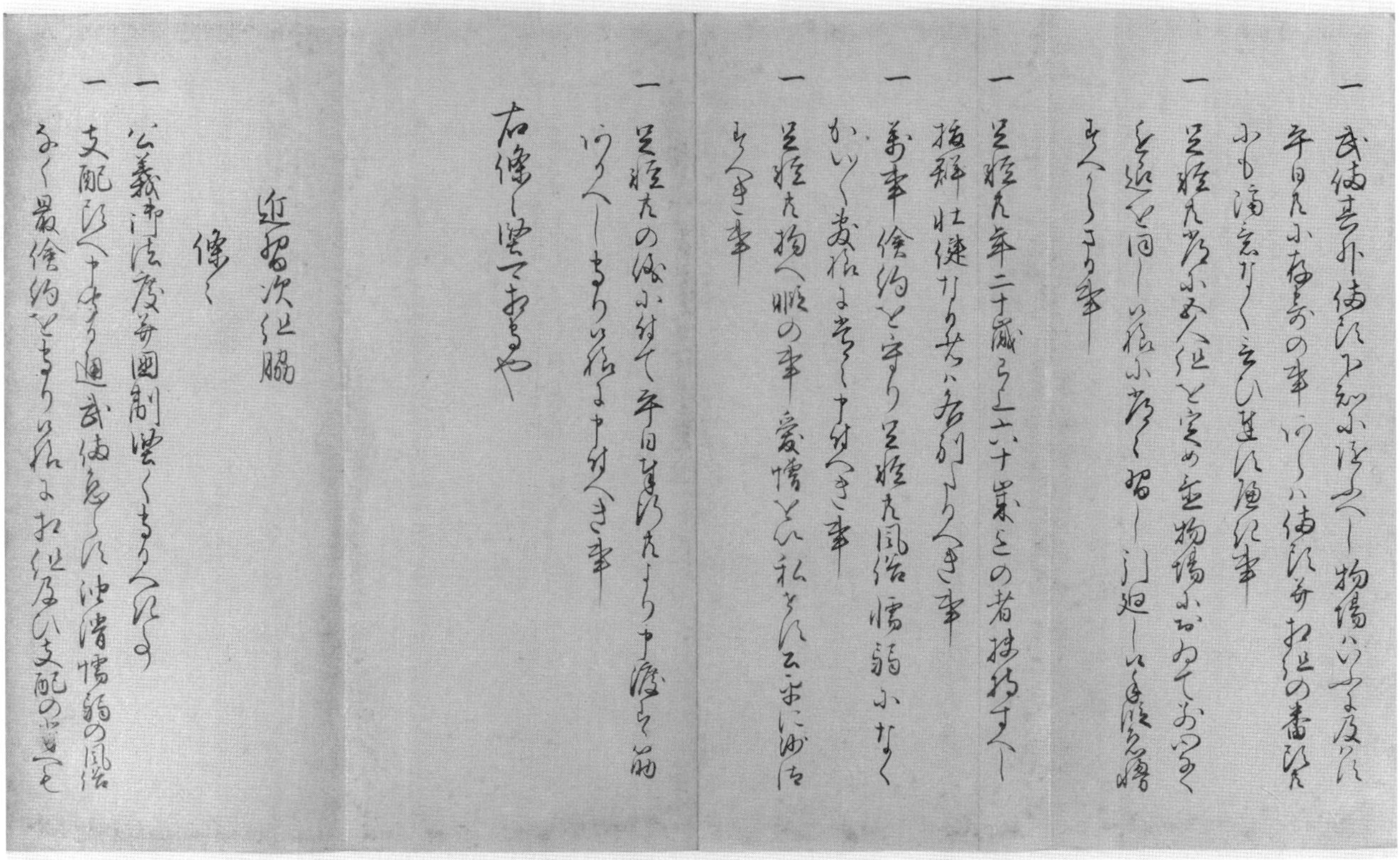

（20）近習次組脇

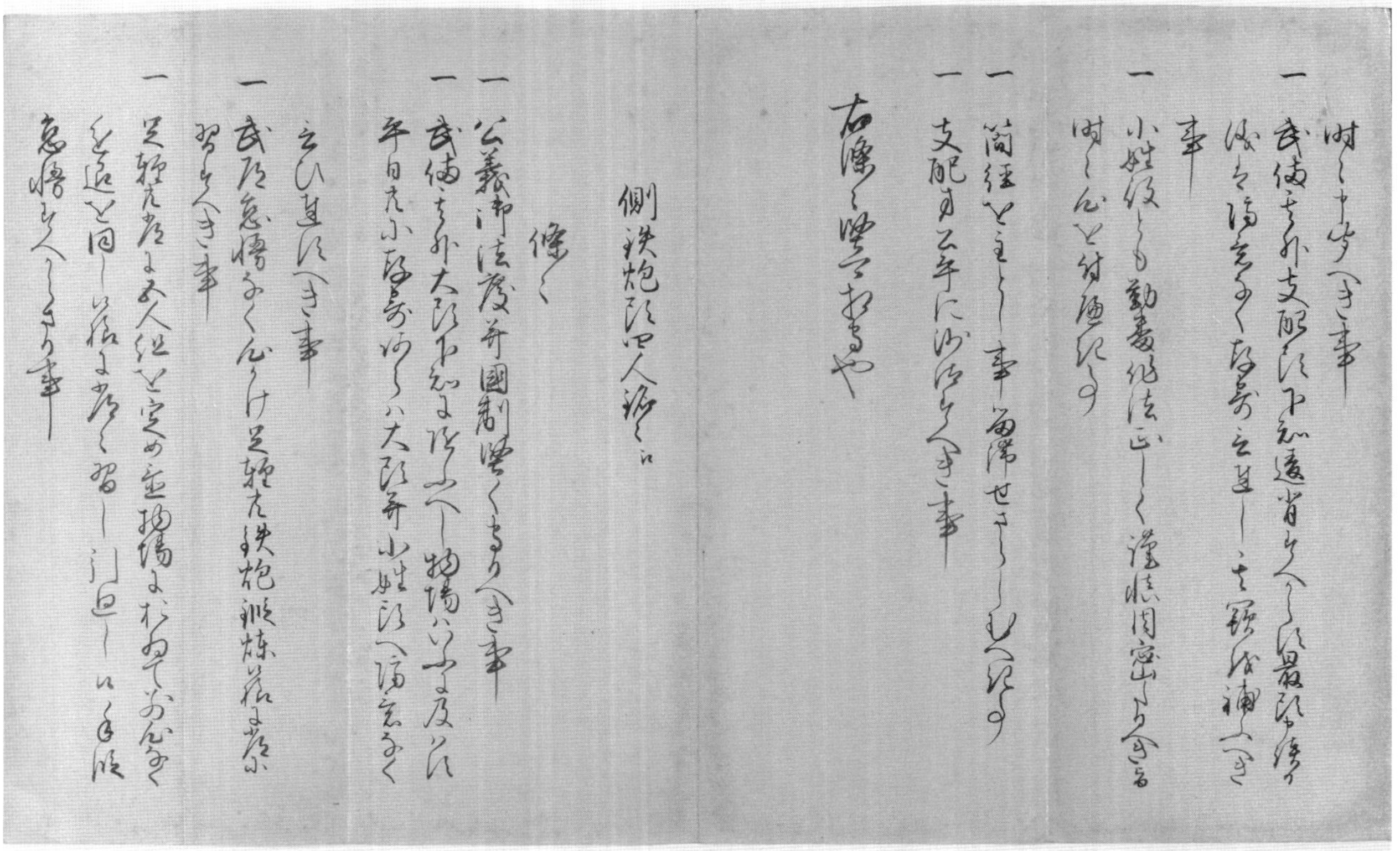

（21）側鉄炮頭

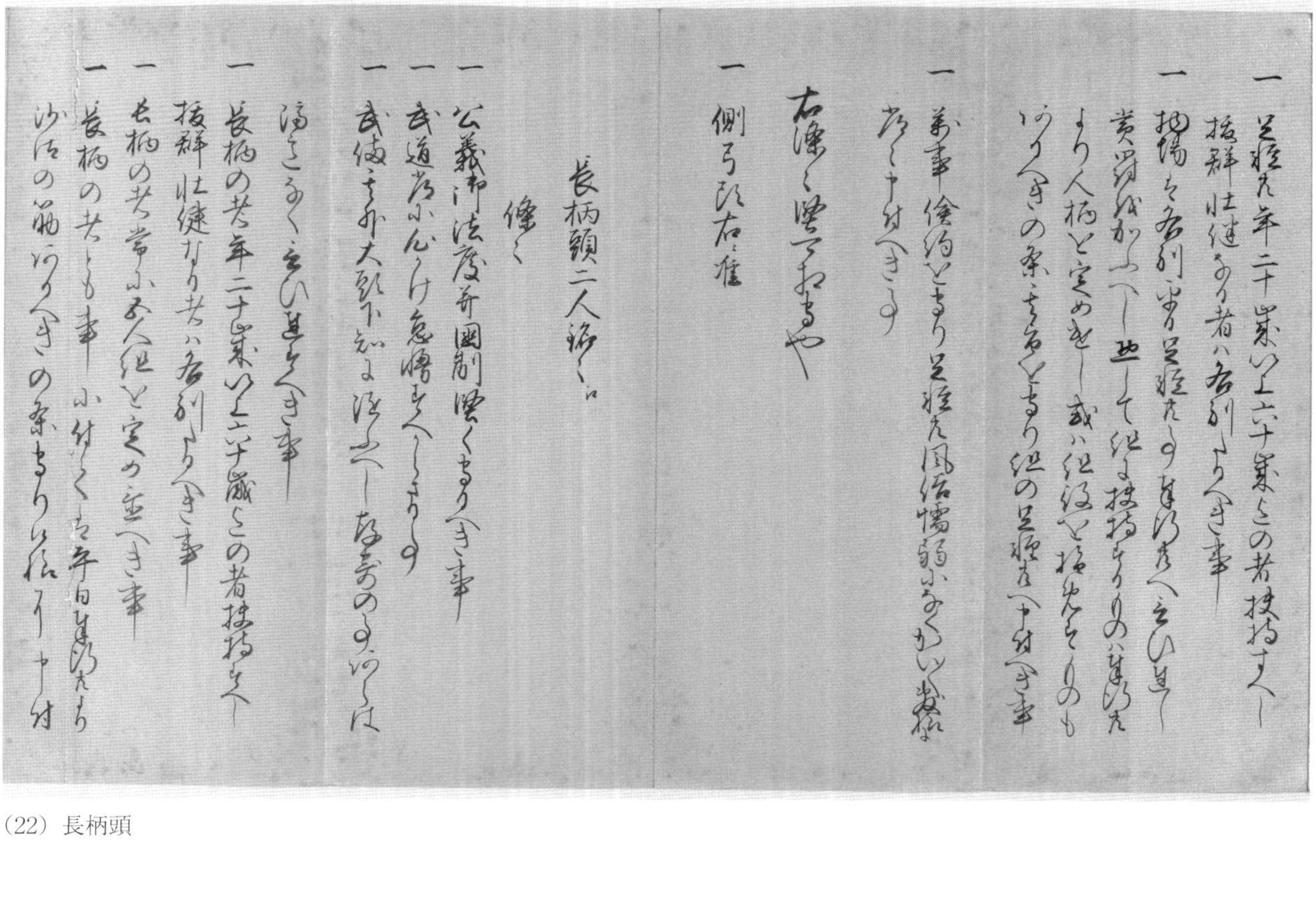

（22）長柄頭

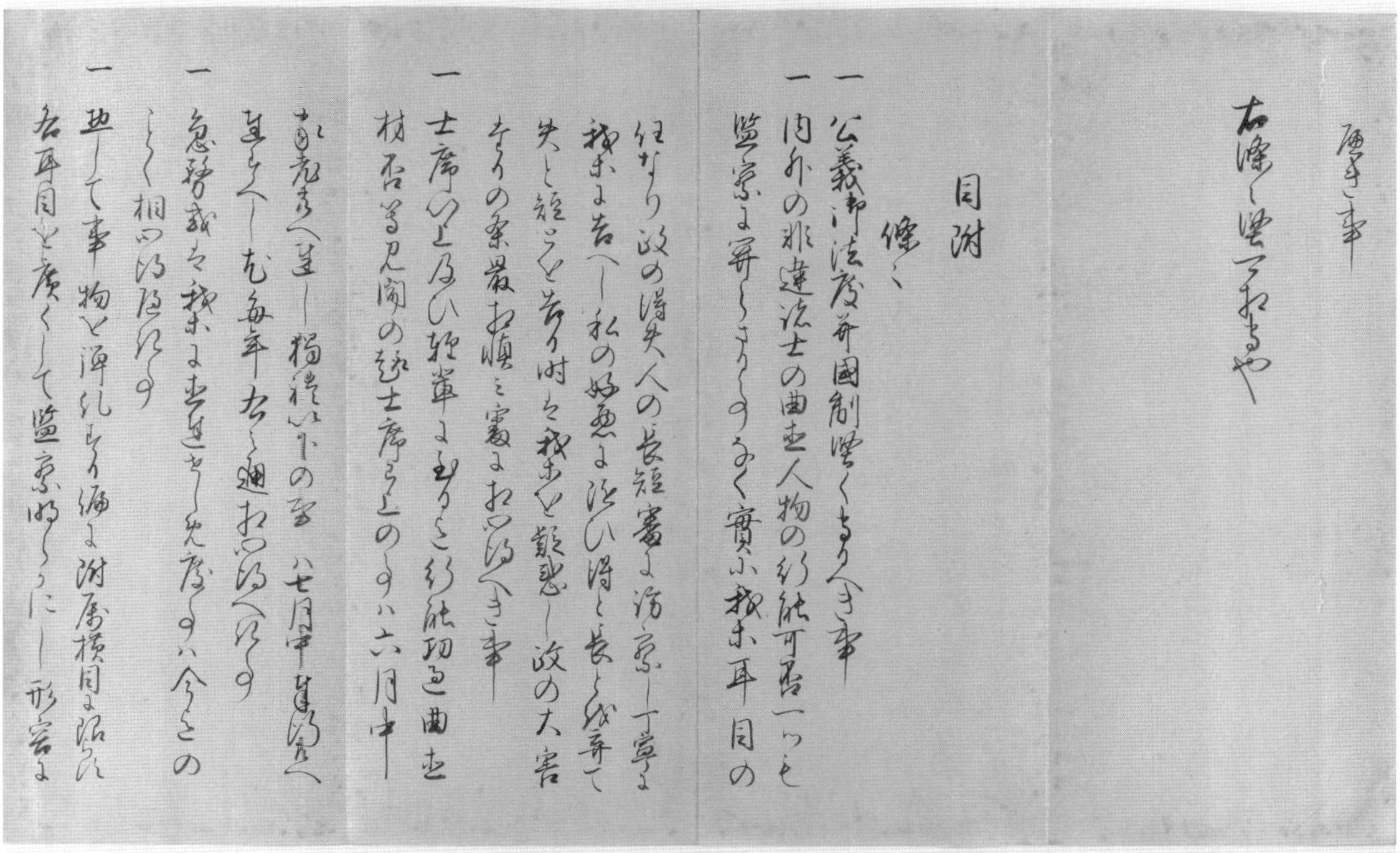
右條々堅可相守者也

目附

條々

一 公義御法度并国制堅可相守事

（23）目附

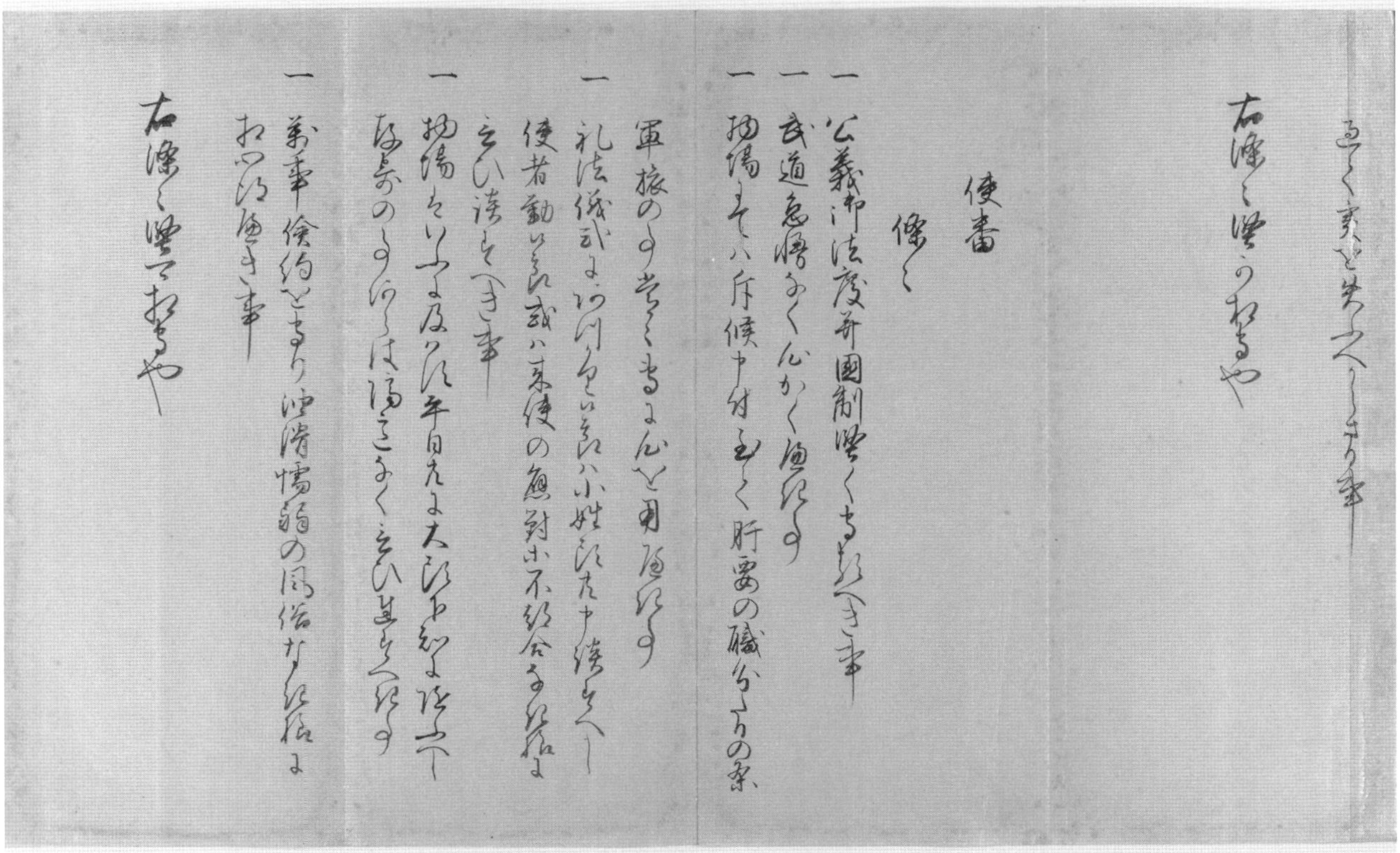
右條々堅可相守者也

使番

條々

一 公義御法度并国制堅可相守事

右條々堅可相守者也

（24）使番

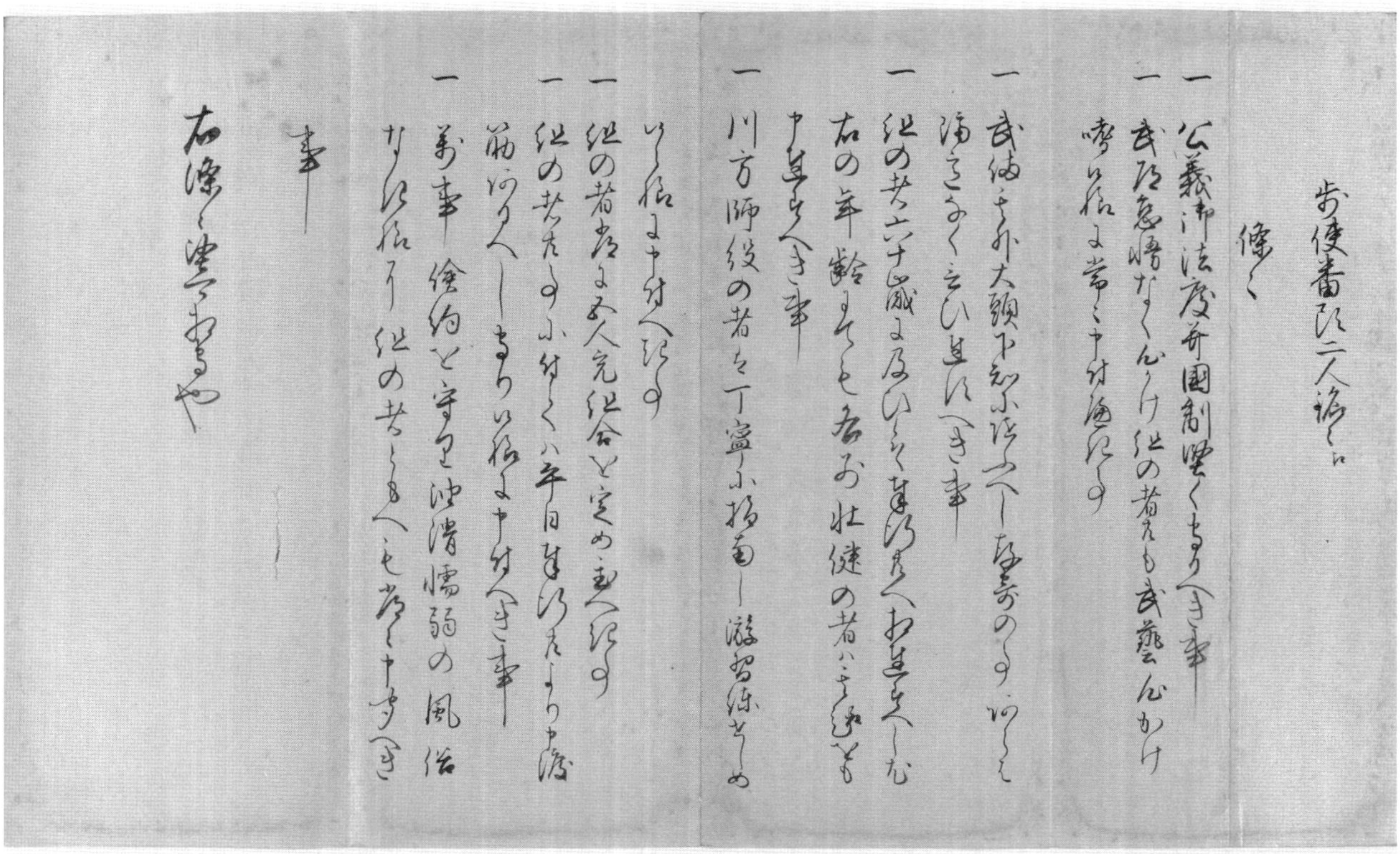

（25）歩使番頭

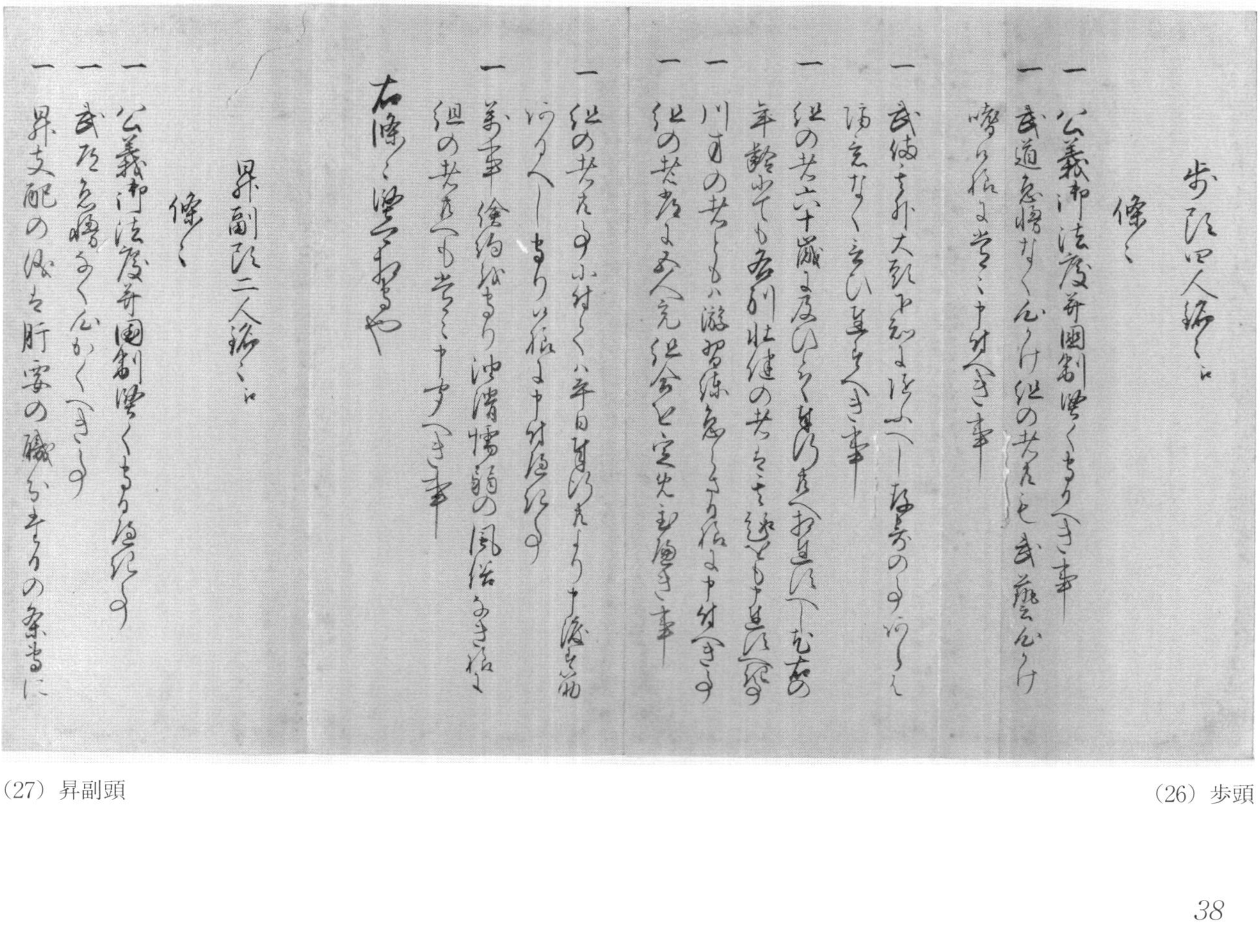

（27）昇副頭

（26）歩頭

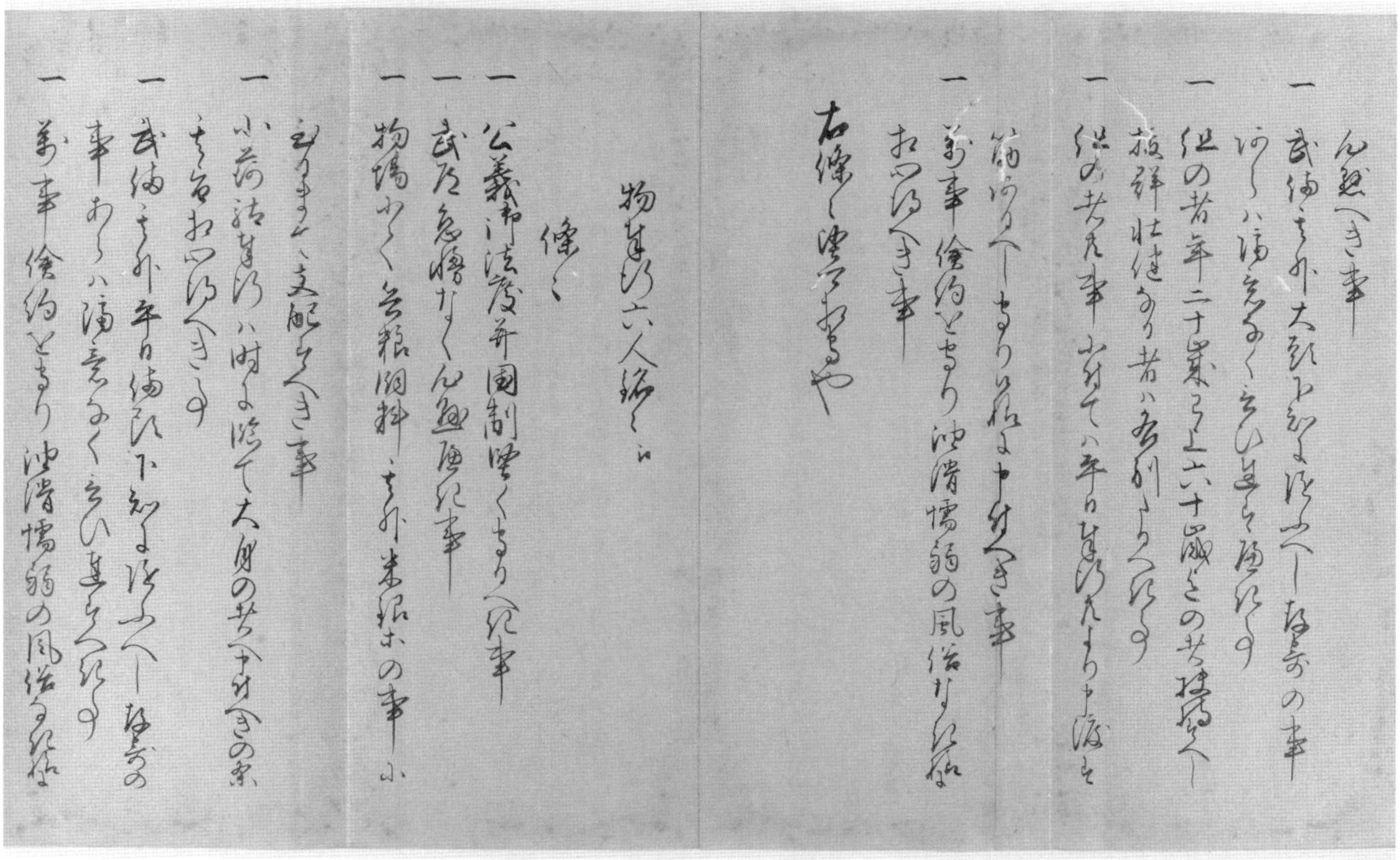

（28）物奉行

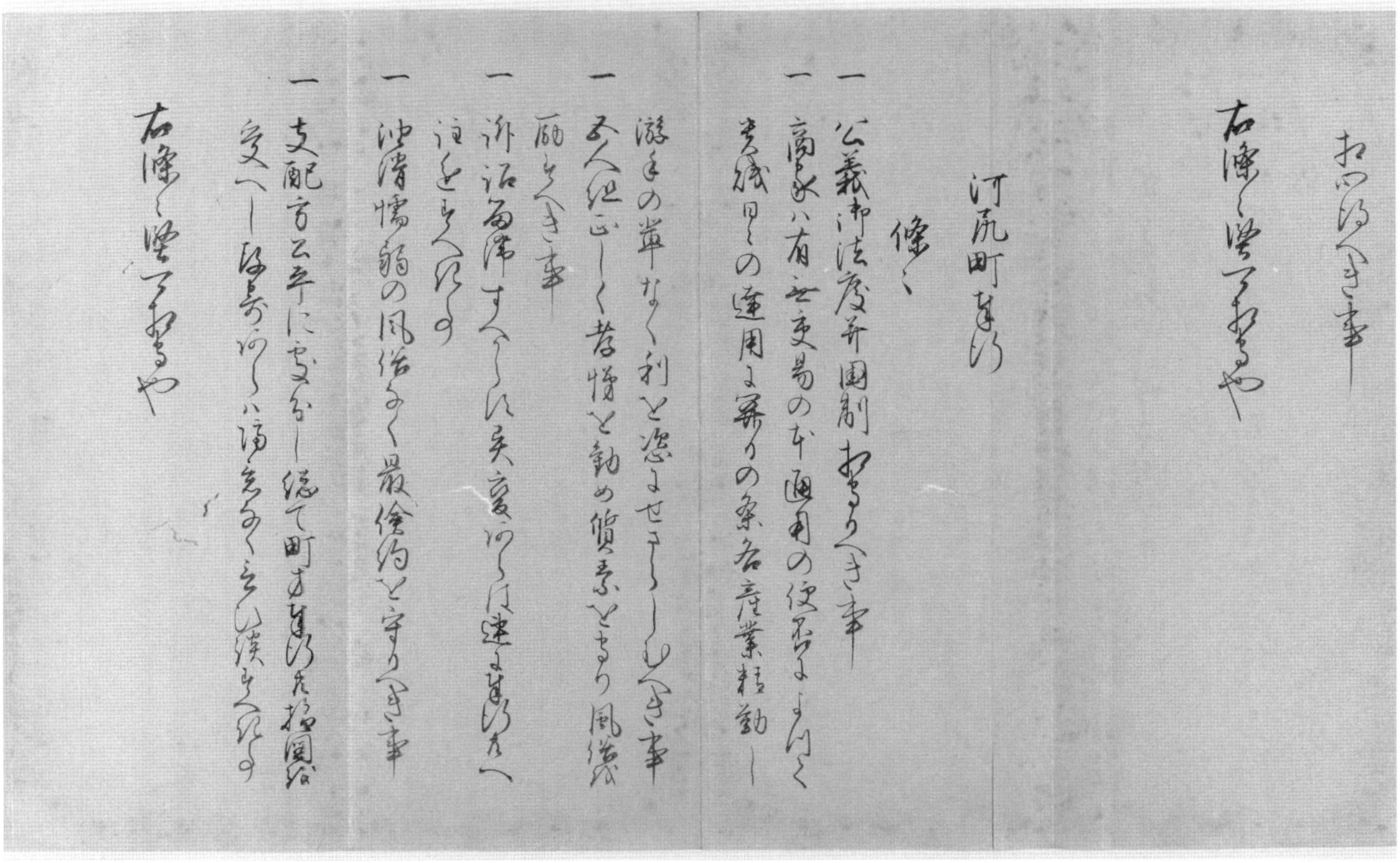

（29）河尻町奉行

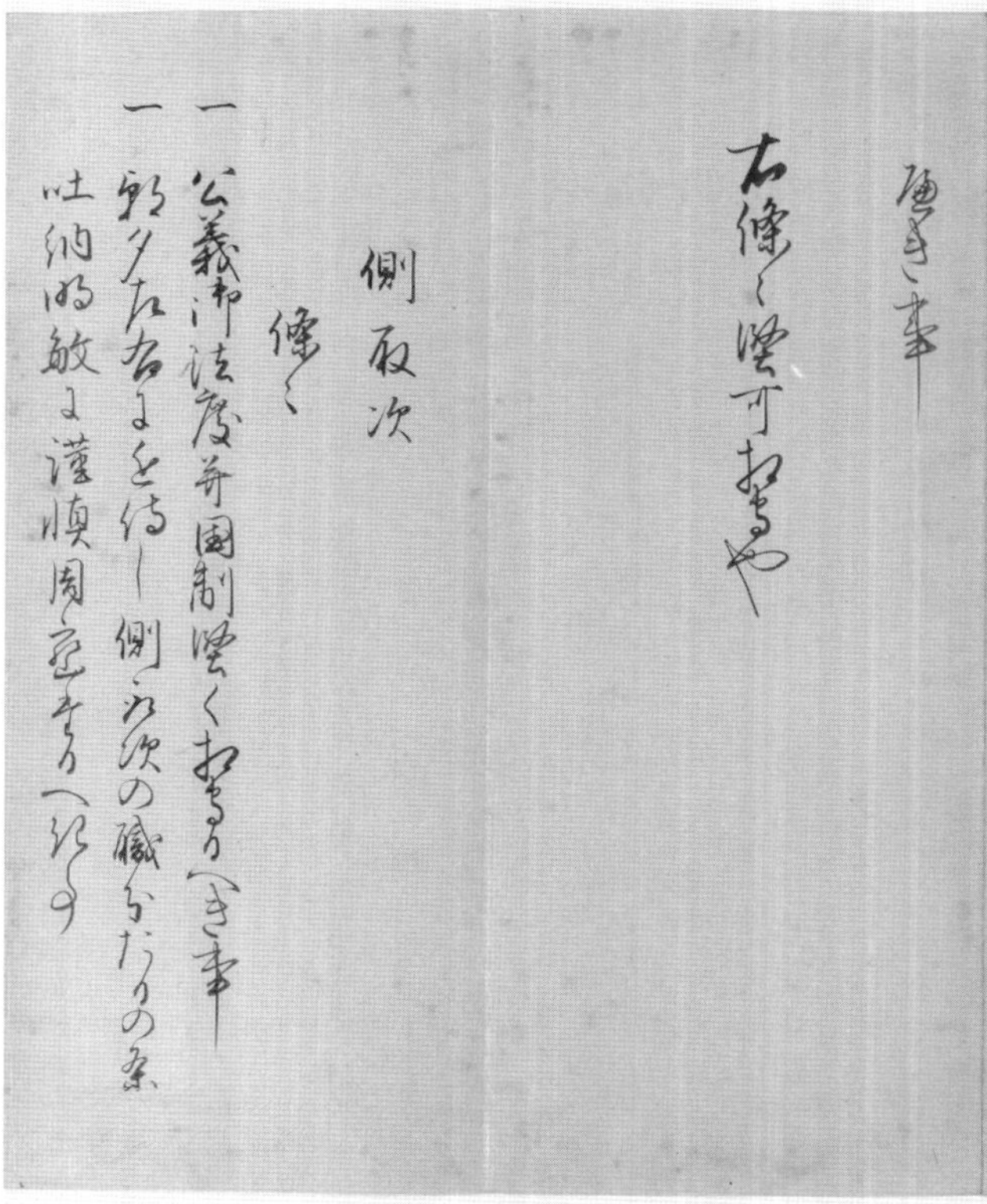

(31) 側取次

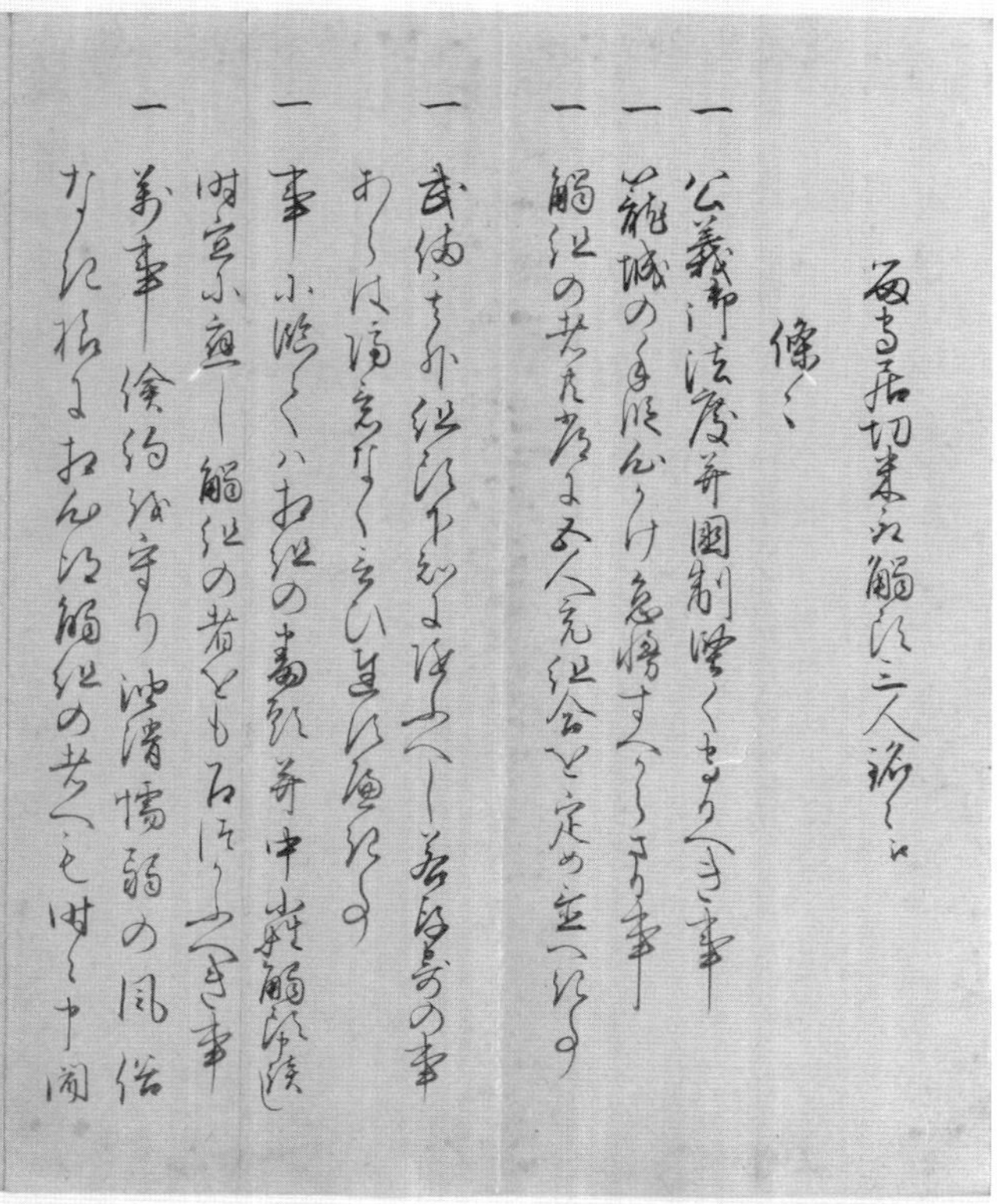

(30) 留守居切米取触頭

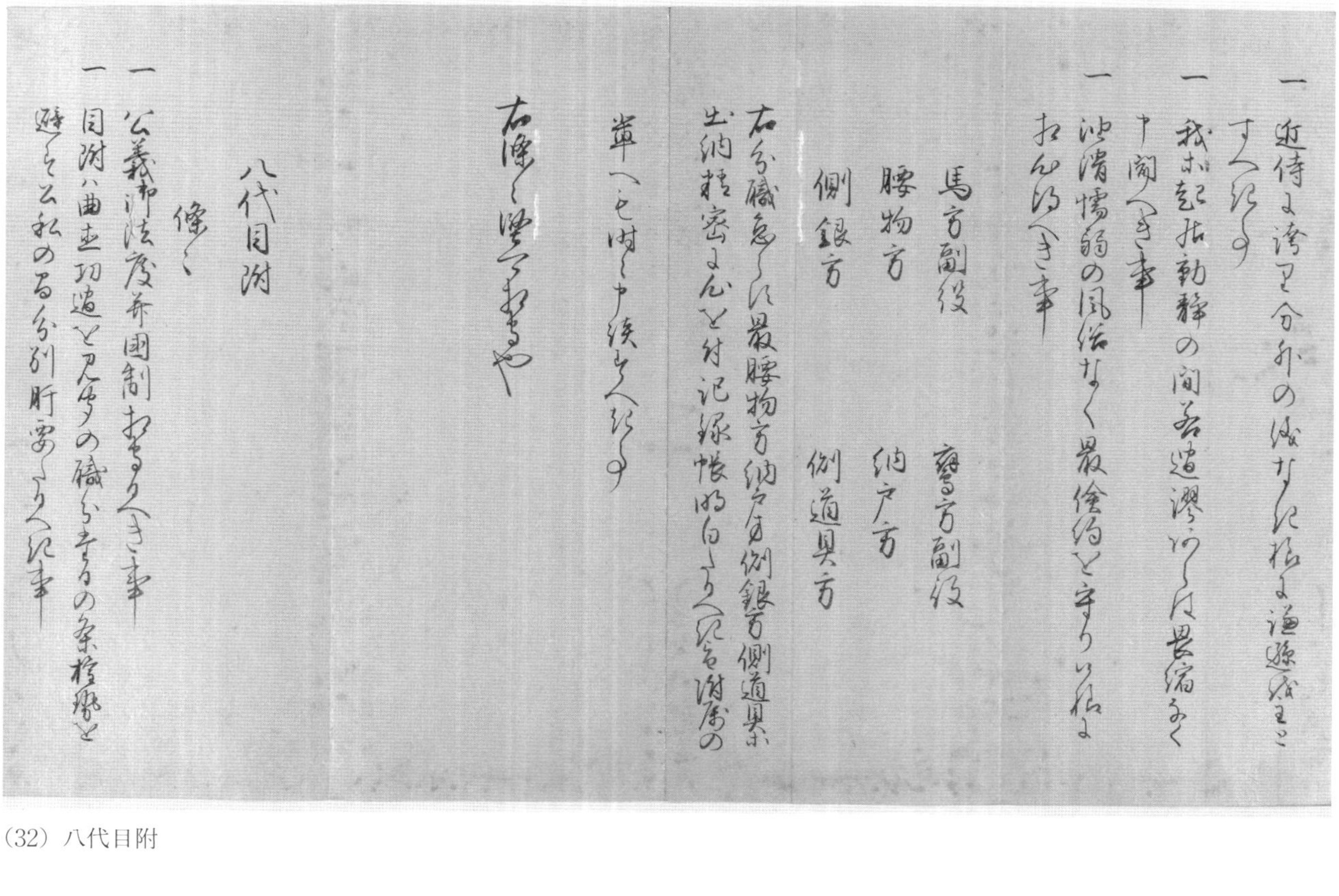

(32) 八代目附

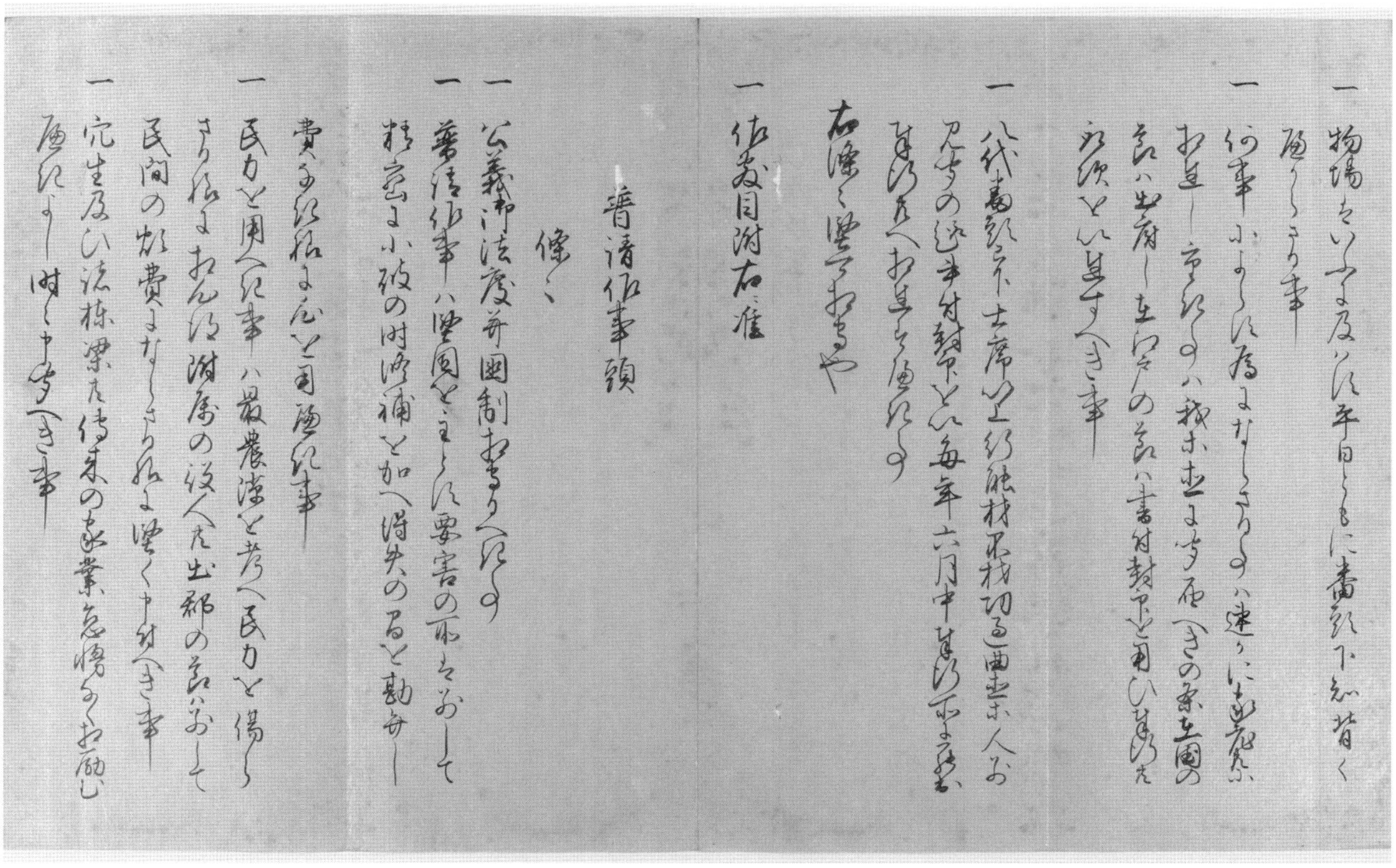

（33）普請作事頭

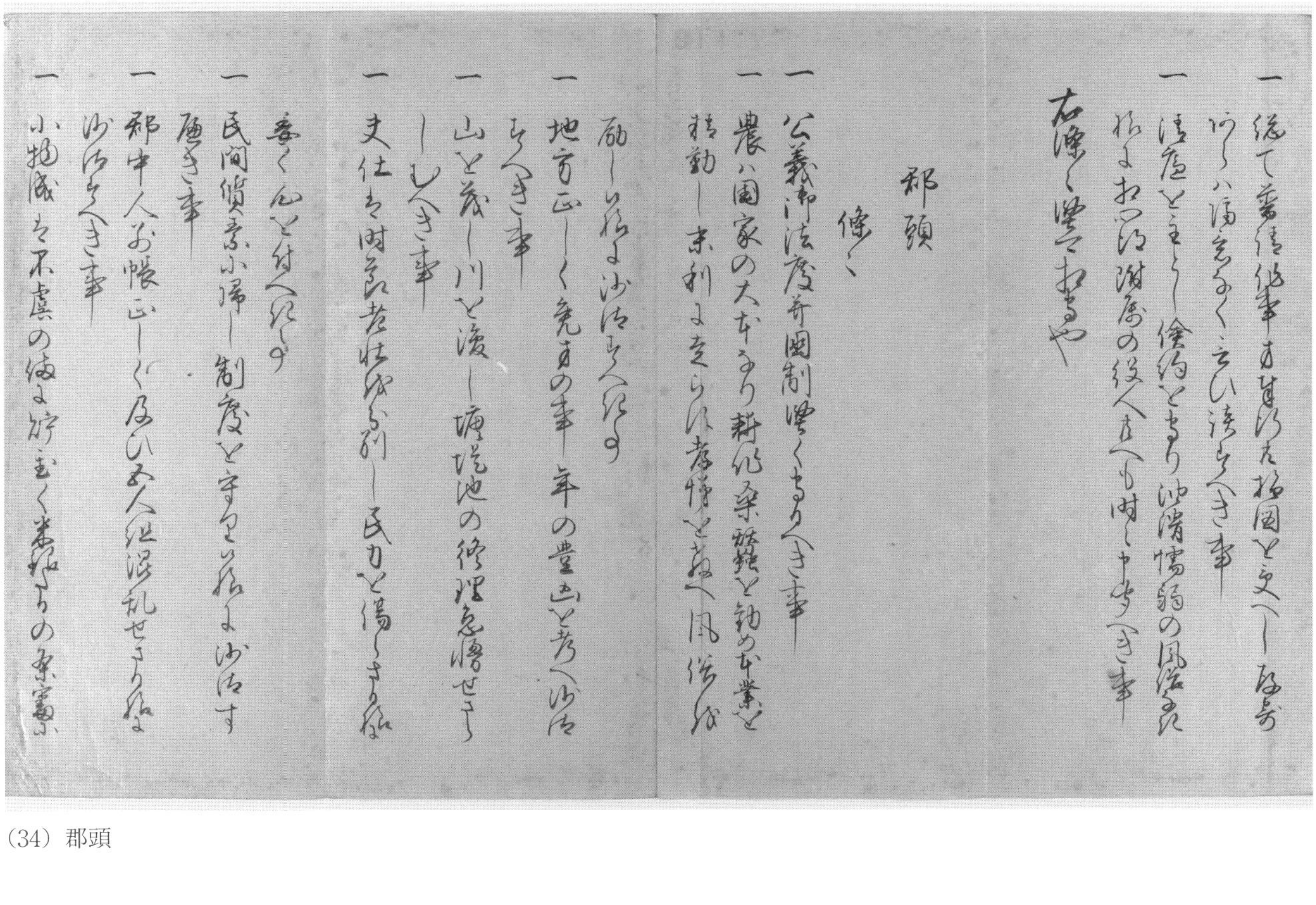

（34）郡頭

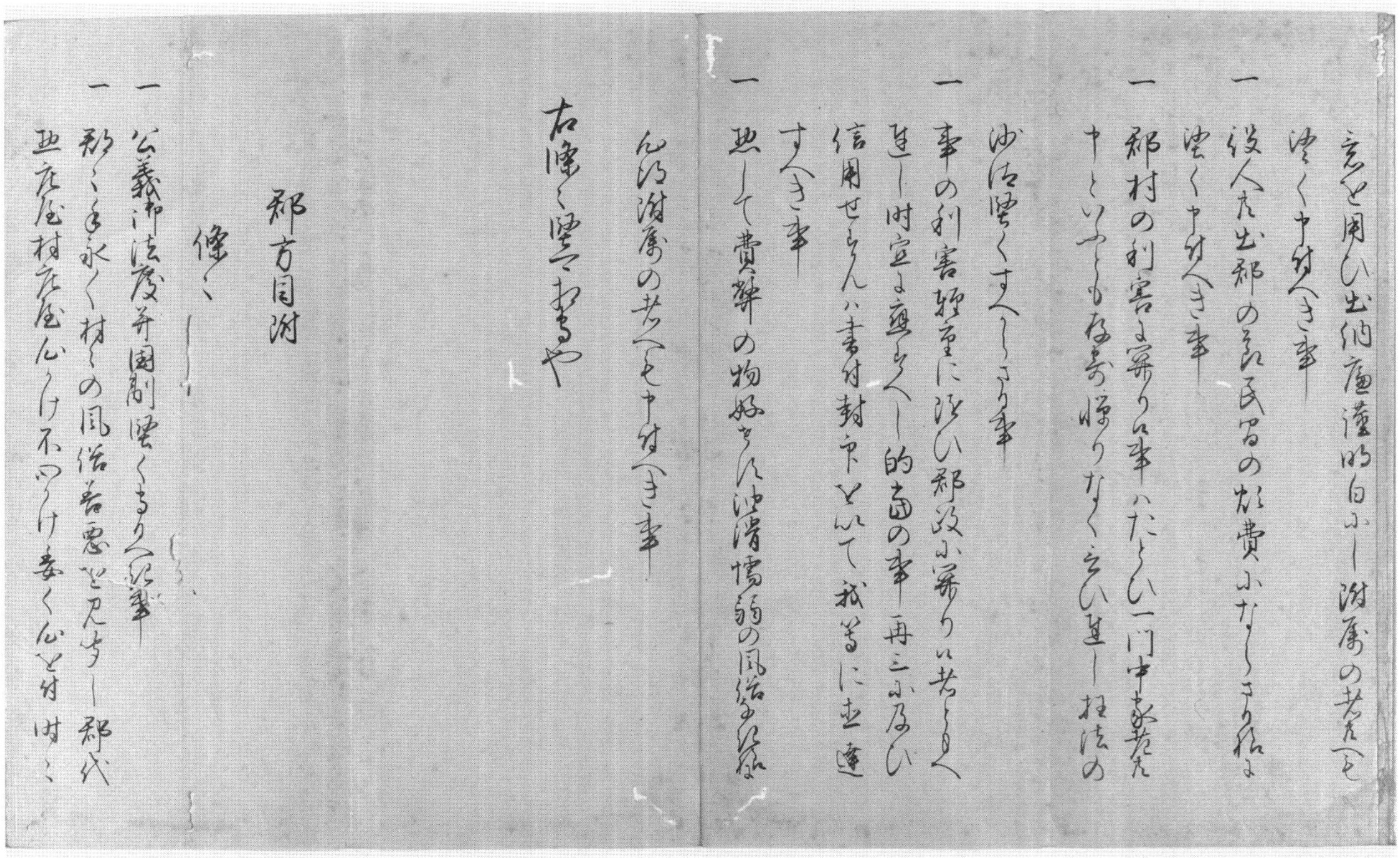

（35）郡方目附

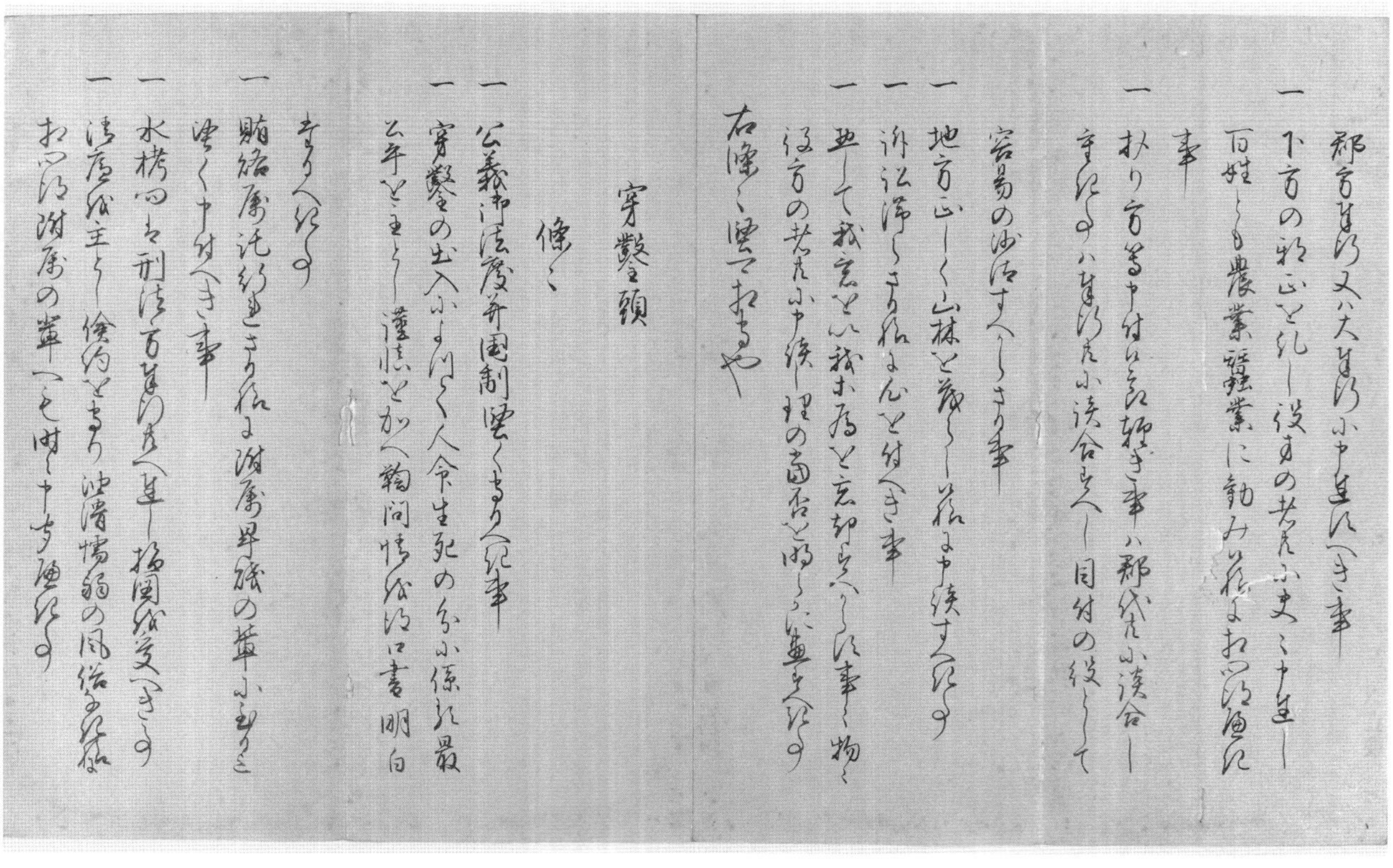

（36）穿鑿頭

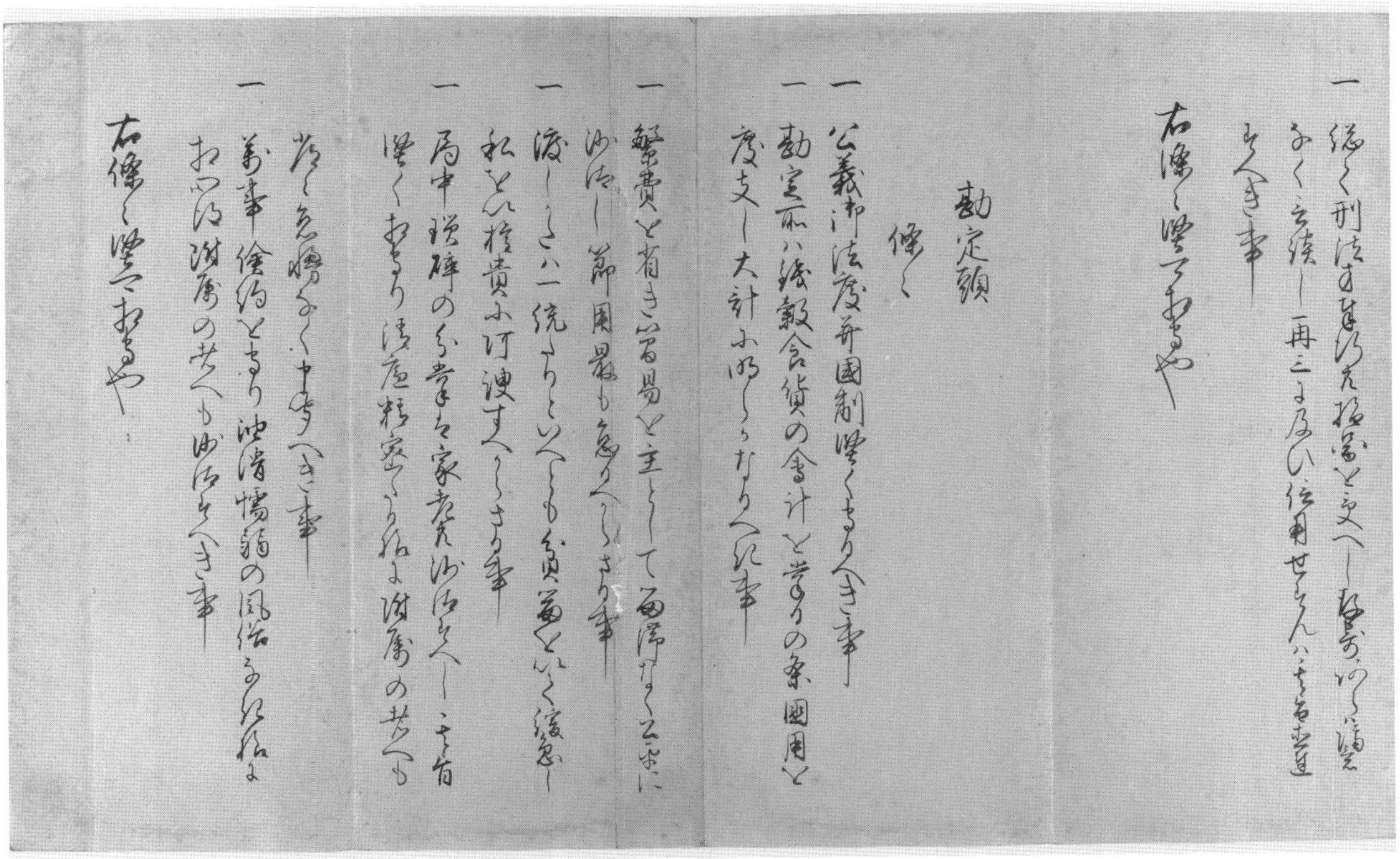

（37）勘定頭

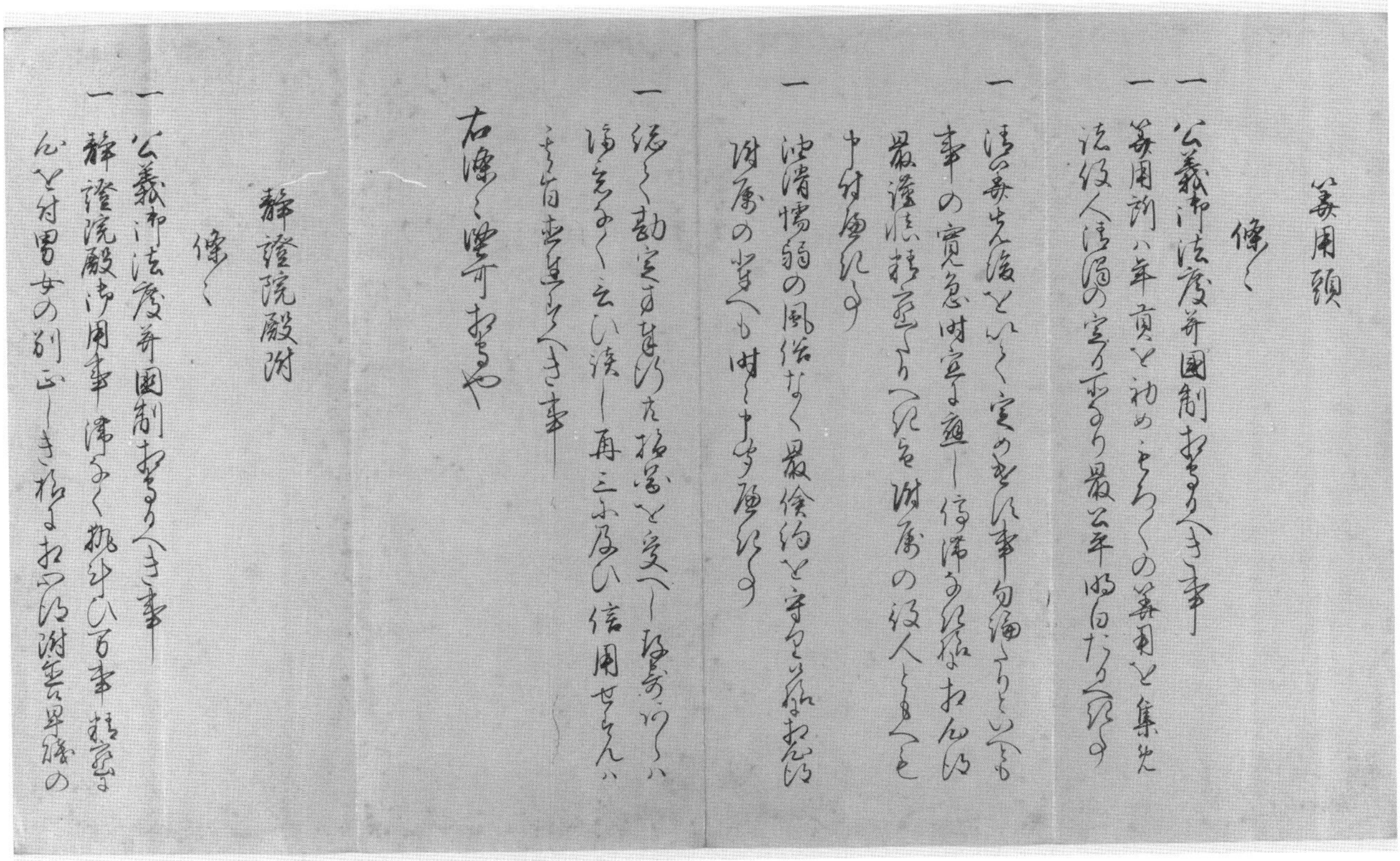

（39）静證院殿附

（38）算用頭

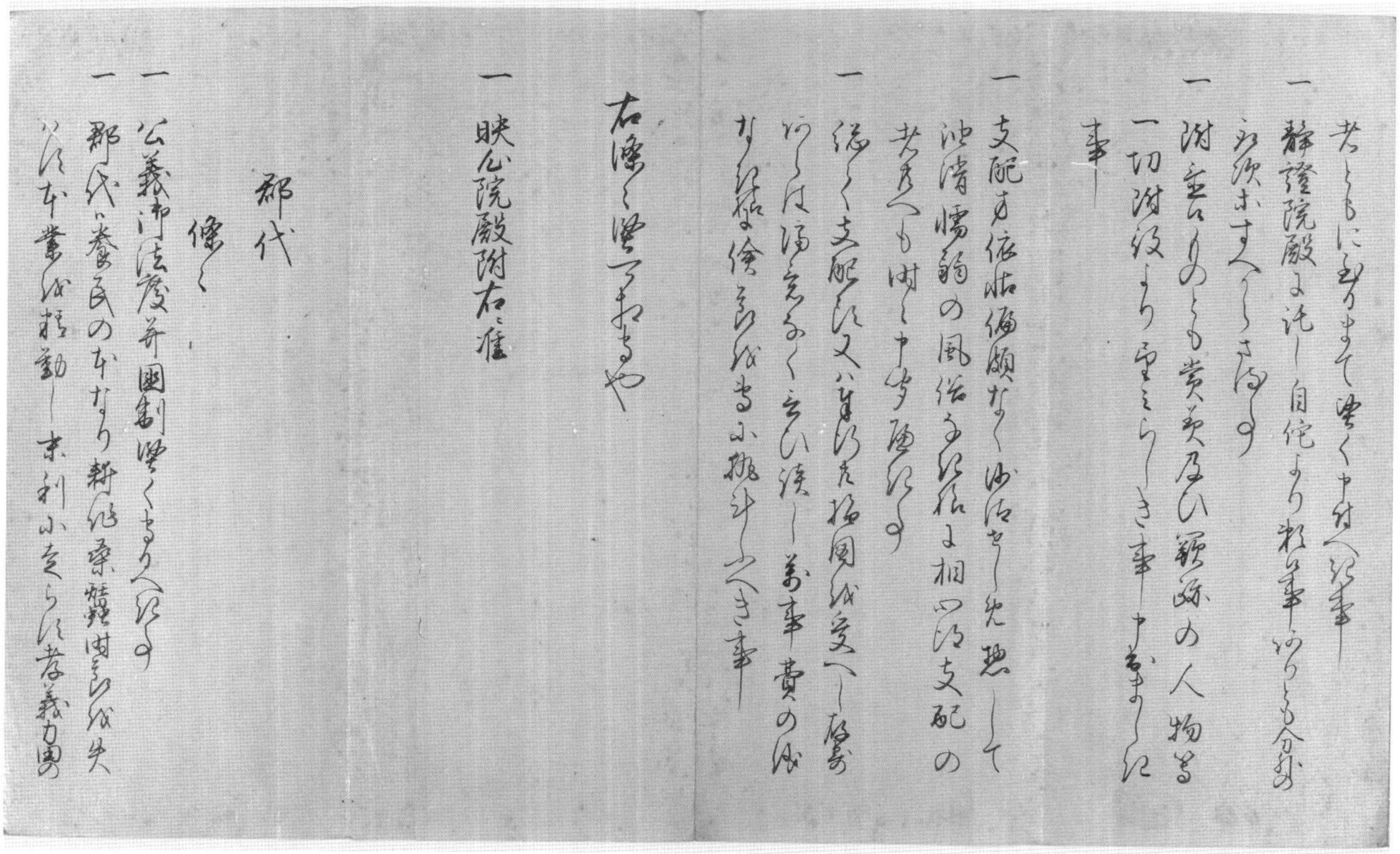

（40）郡代

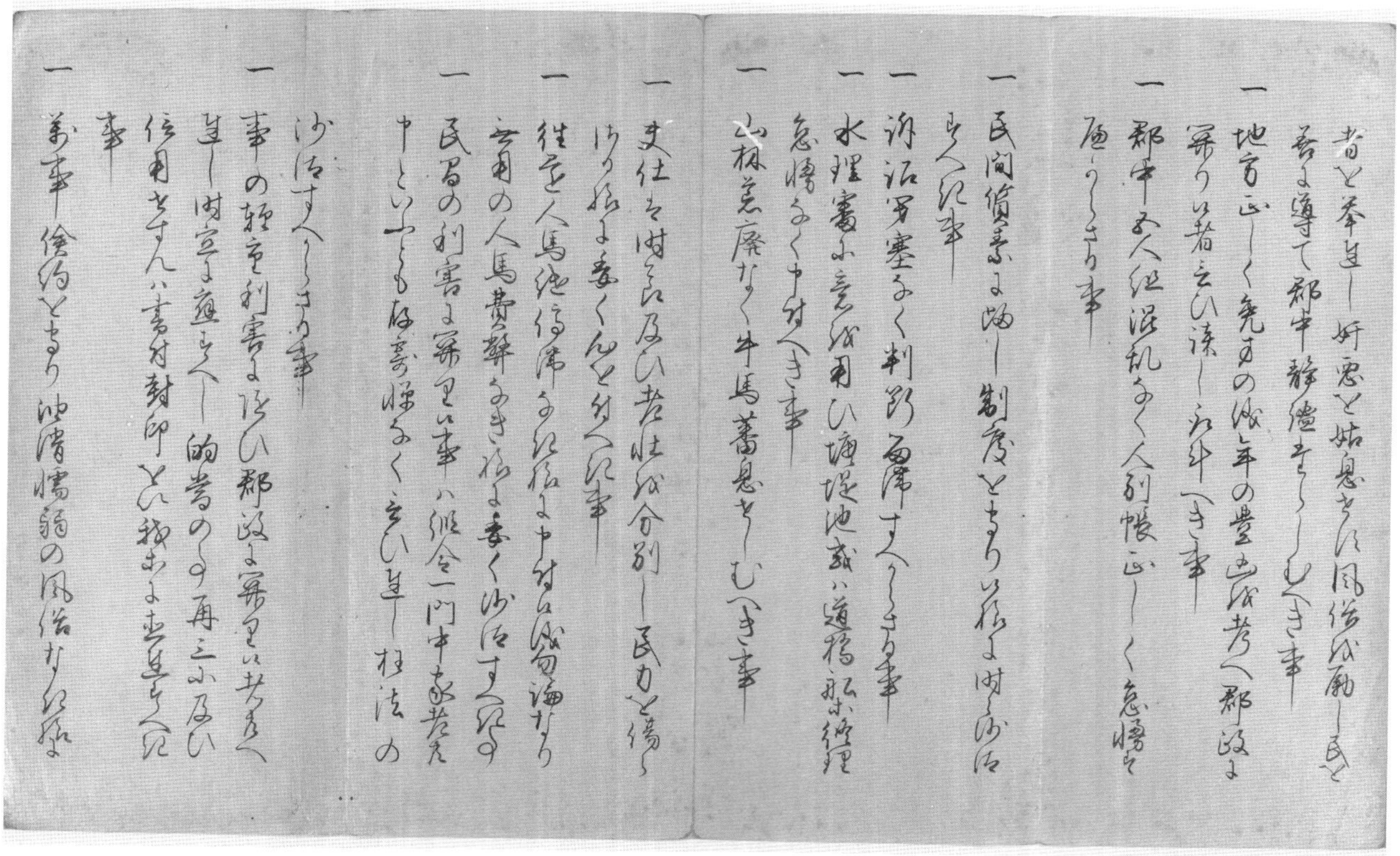

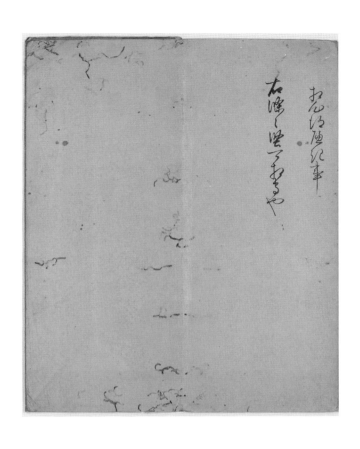

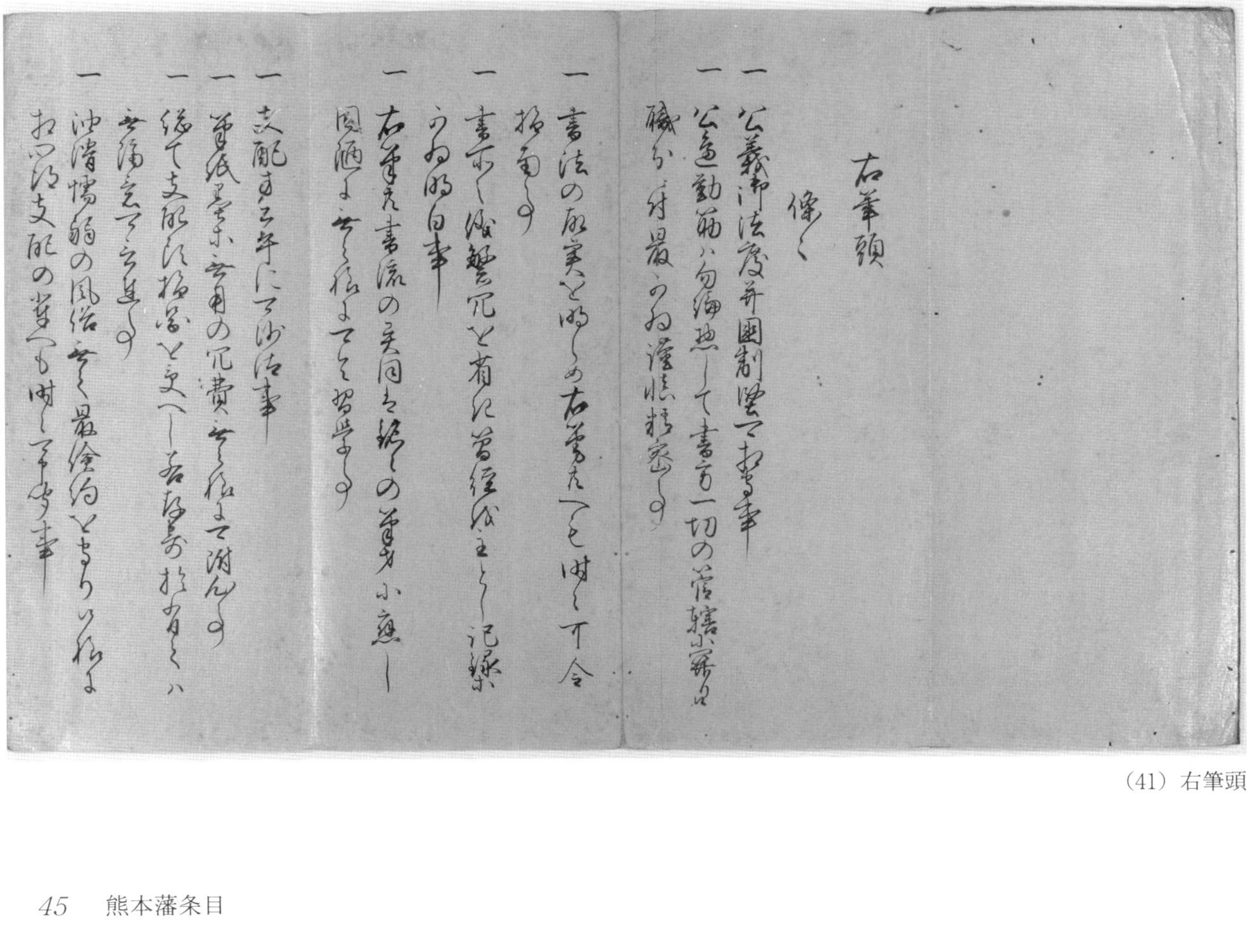

（41）右筆頭

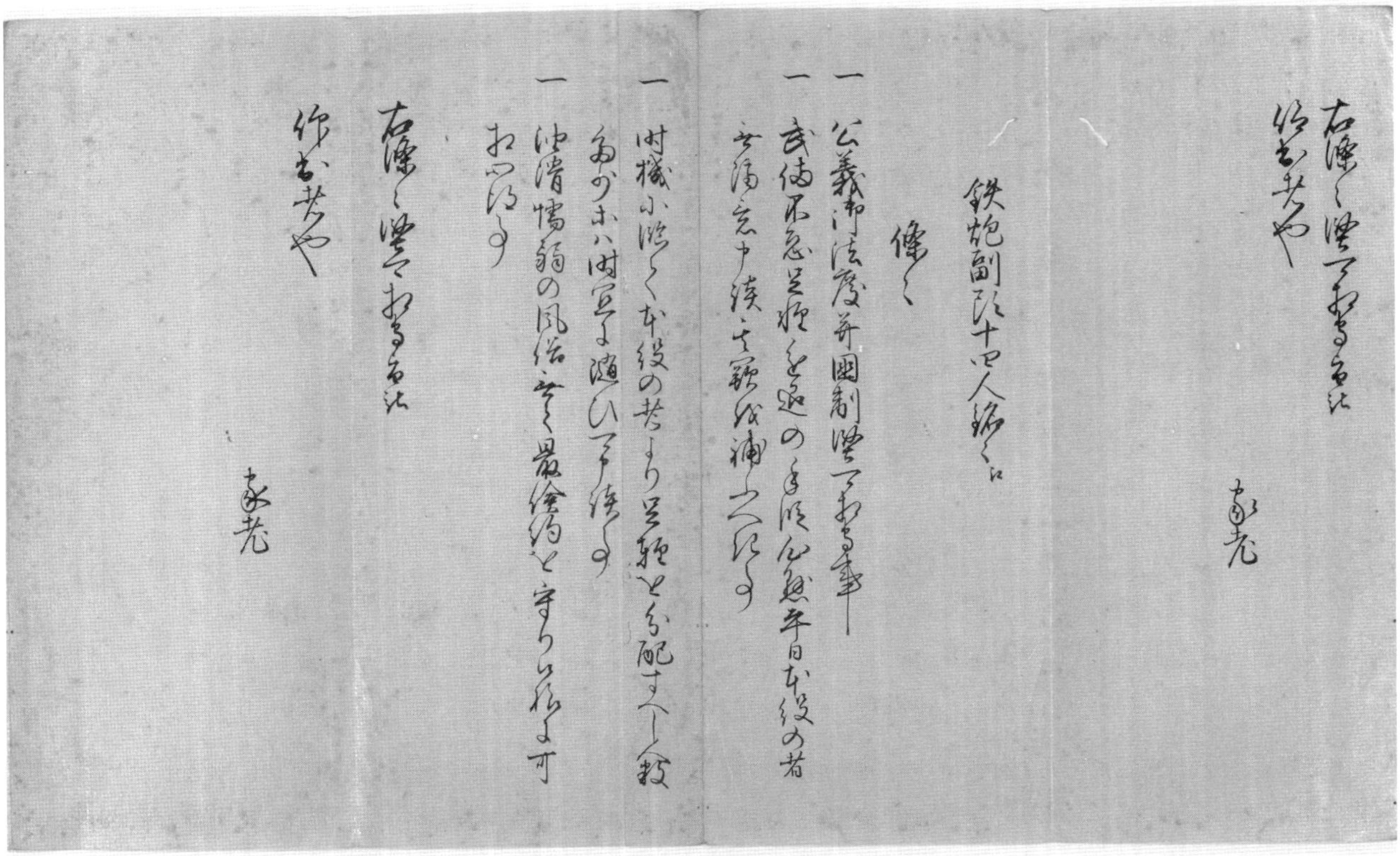

（42）鉄炮副頭

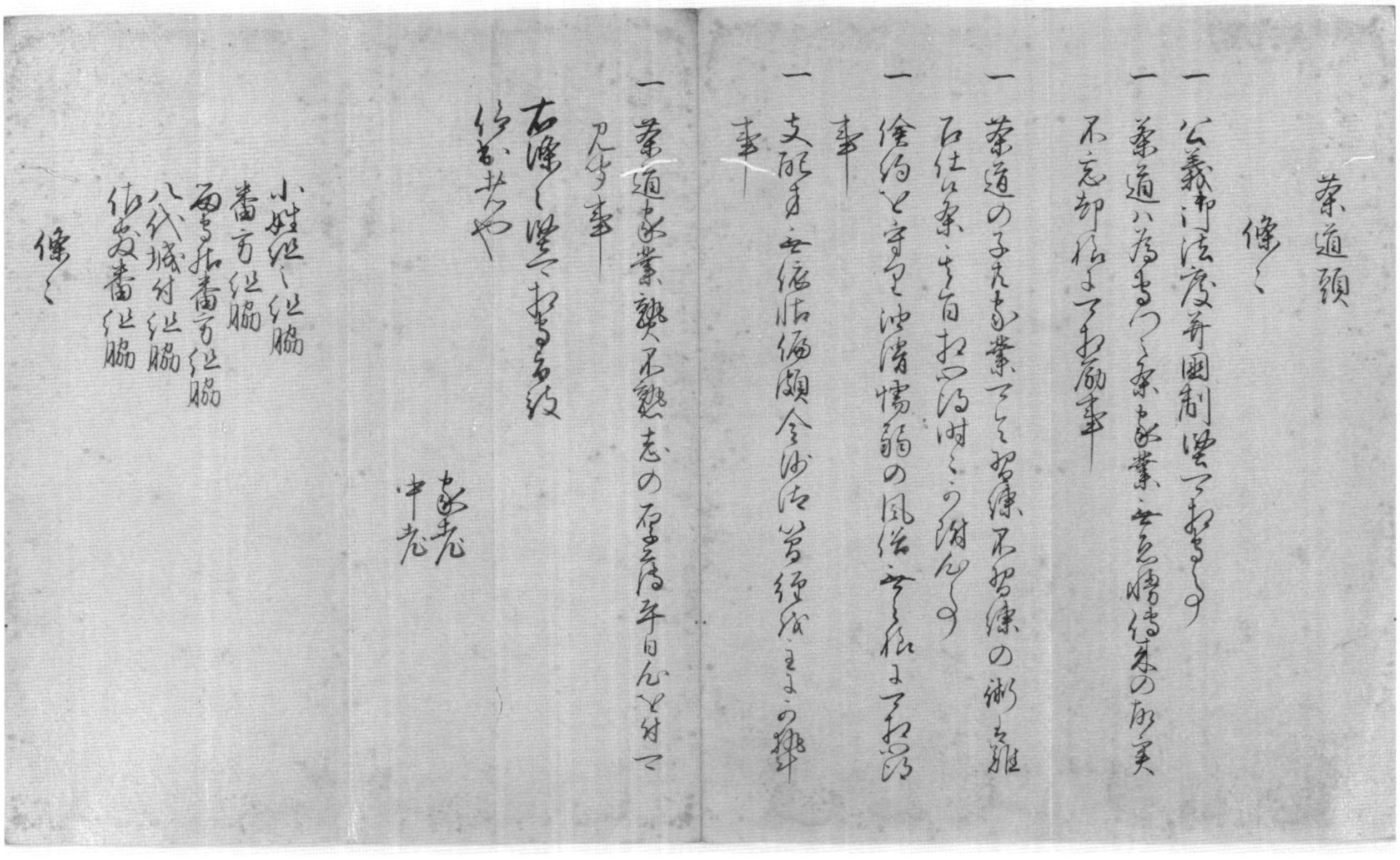

（44）小姓組之組脇・番方組脇・留守居番方組脇・
八代城付組脇・佐敷番組脇

（43）茶道頭

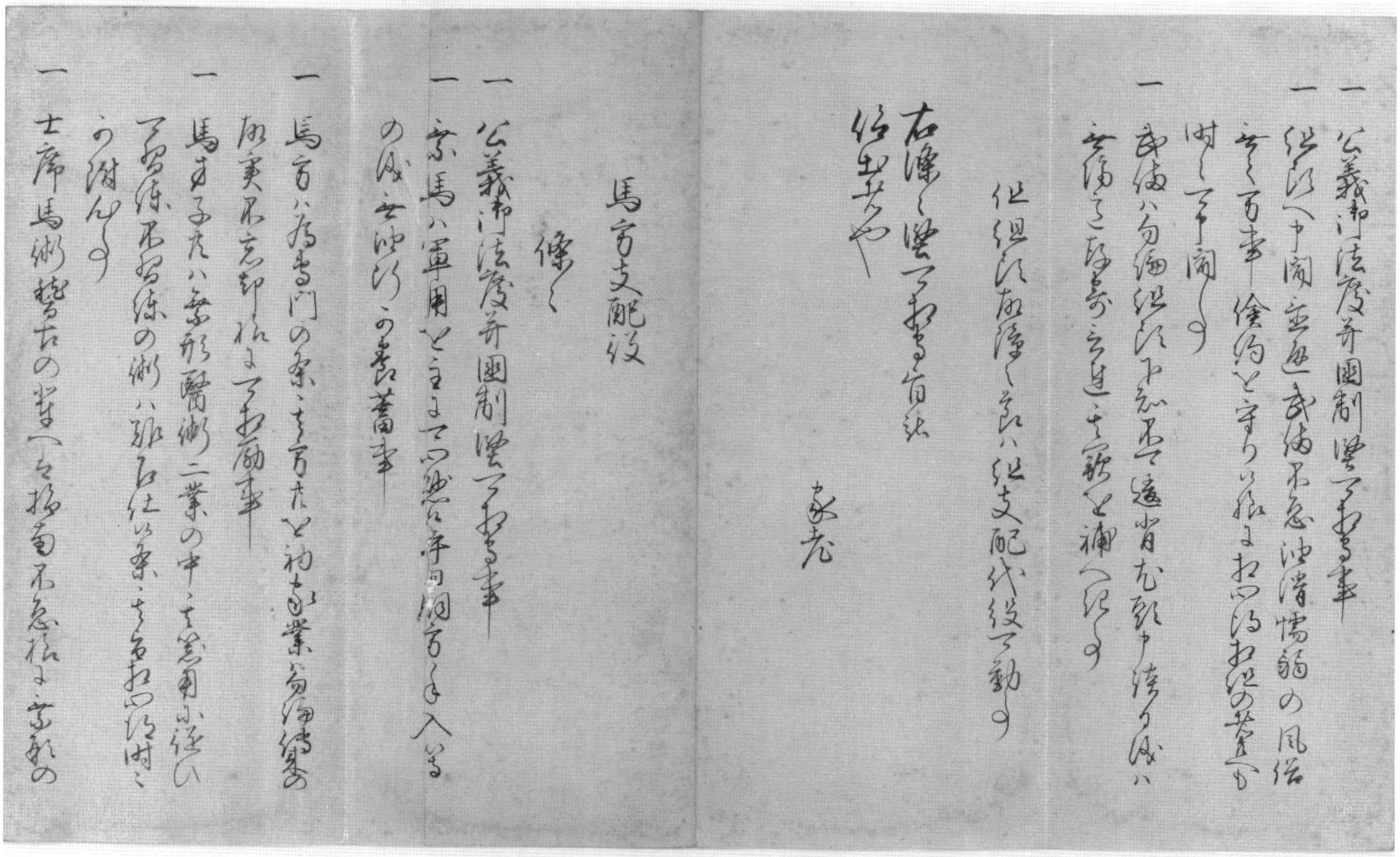

（45）馬方支配役

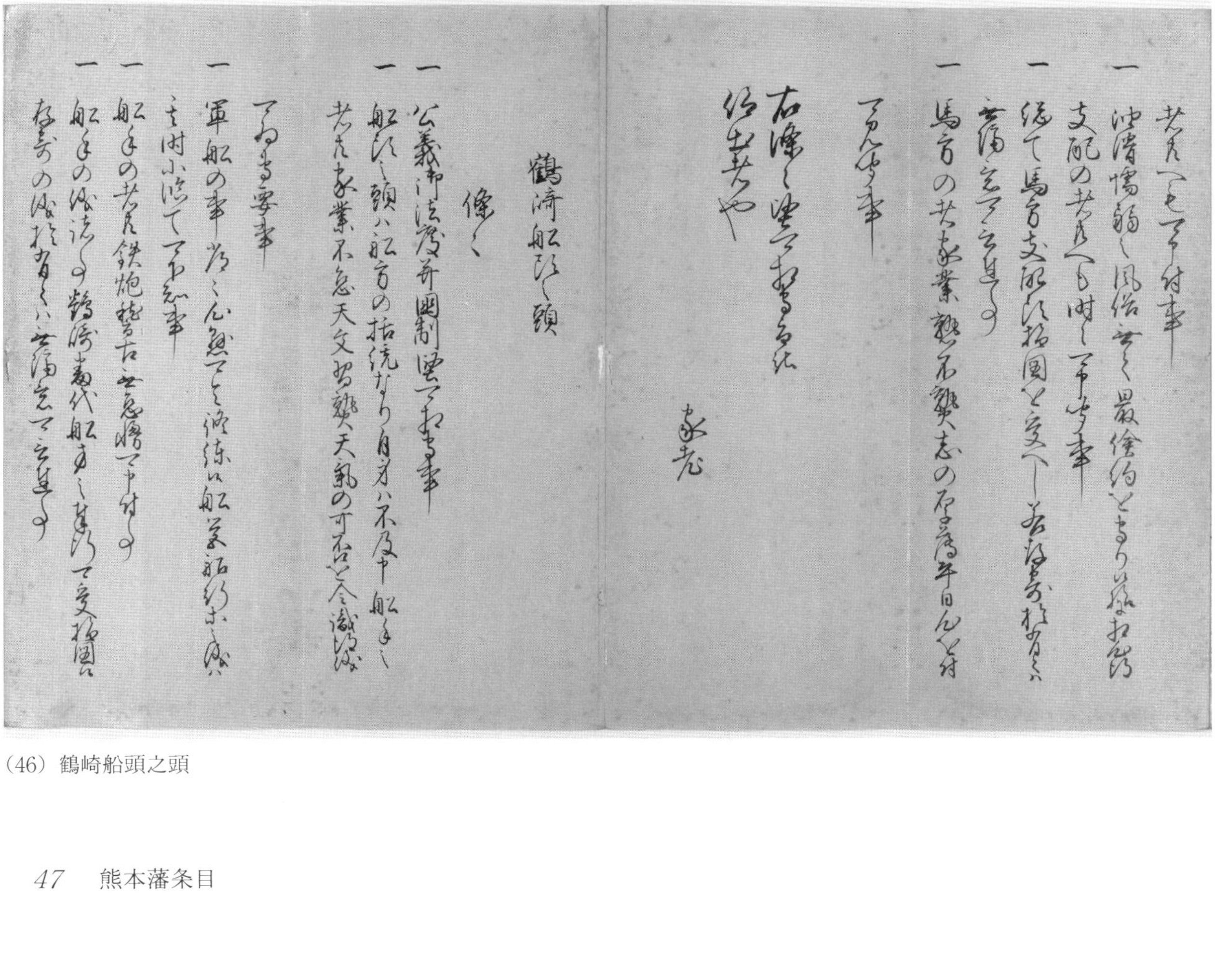

（46）鶴崎船頭之頭

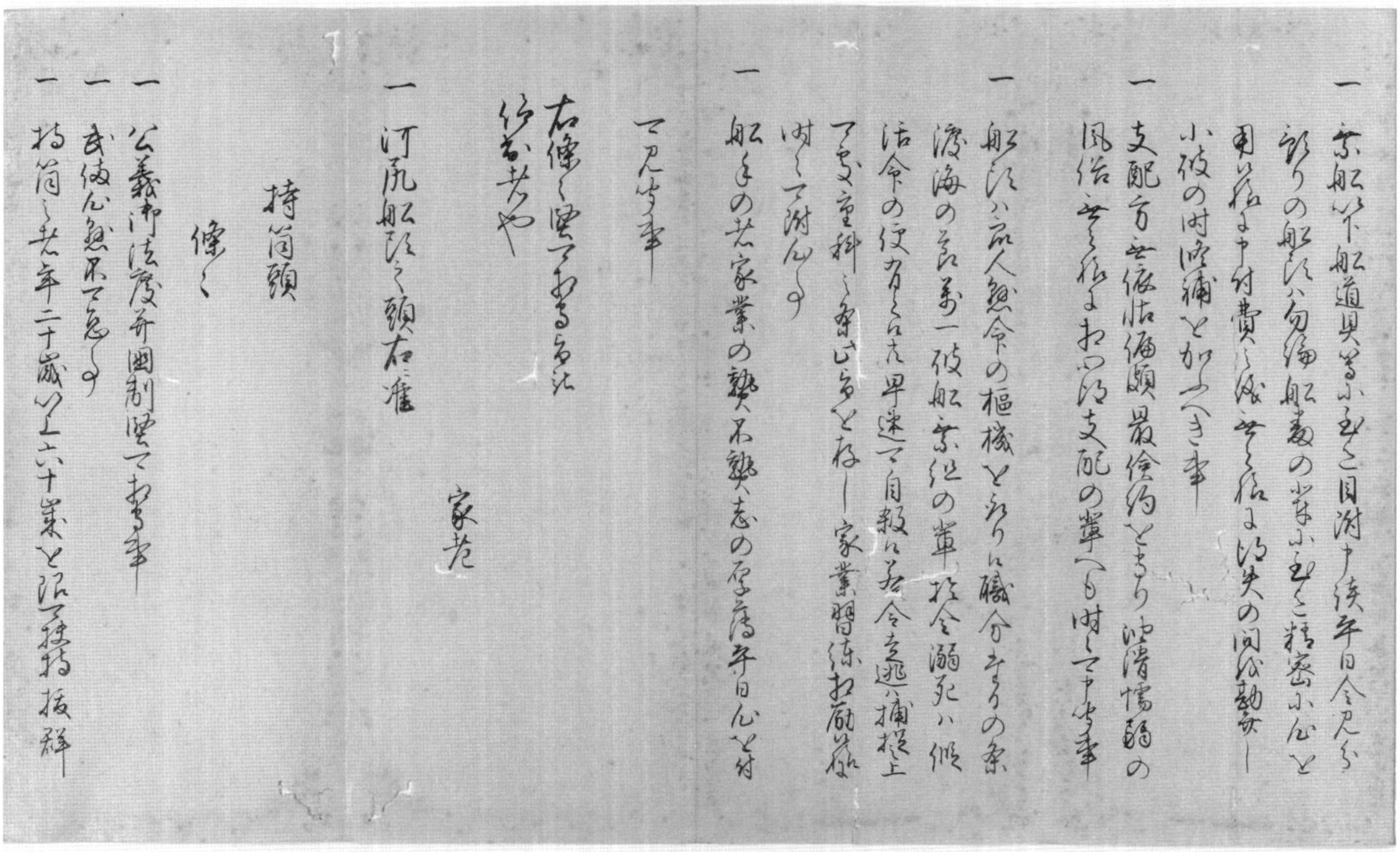

（47）持筒頭

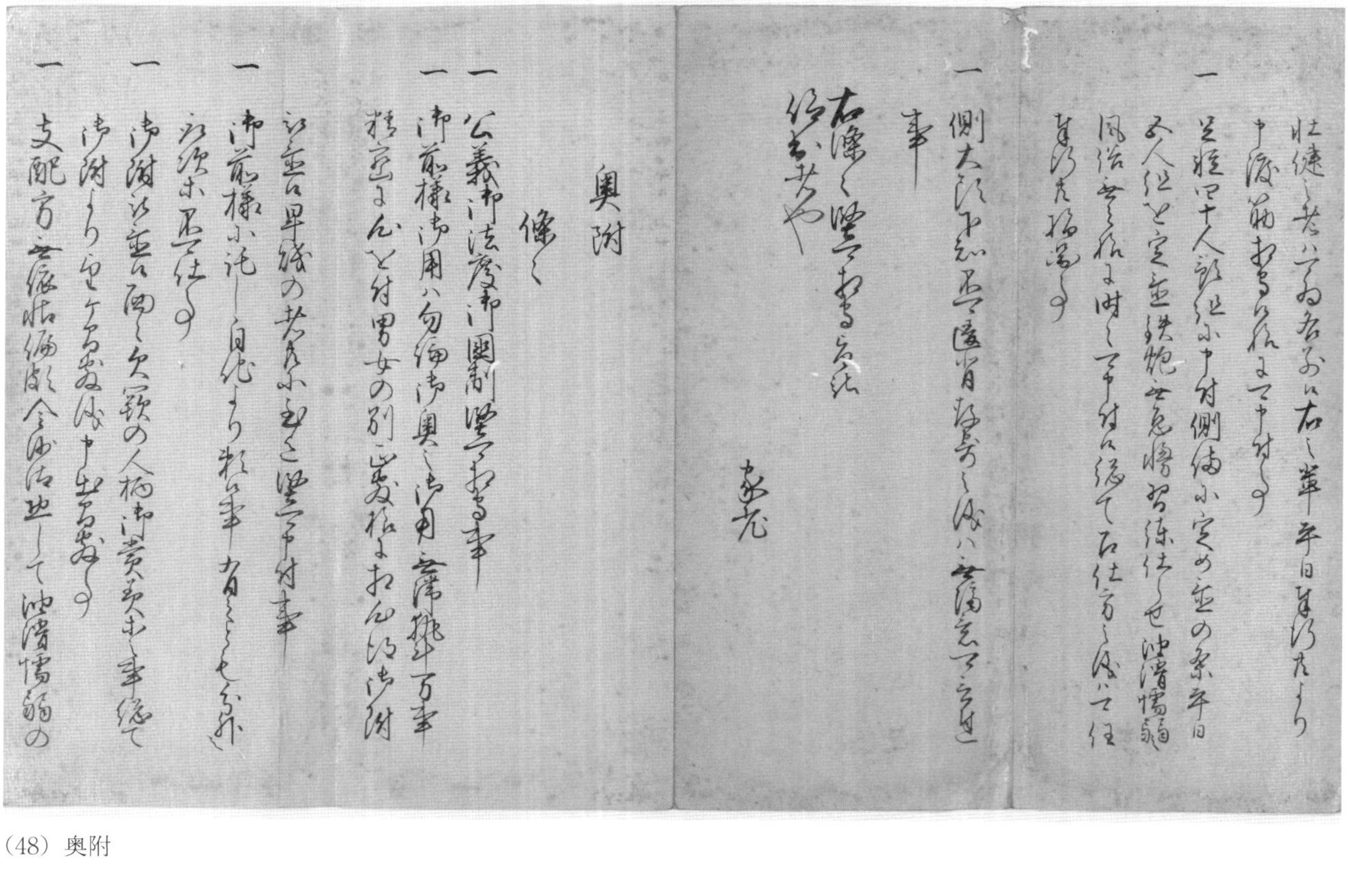

（48）奥附

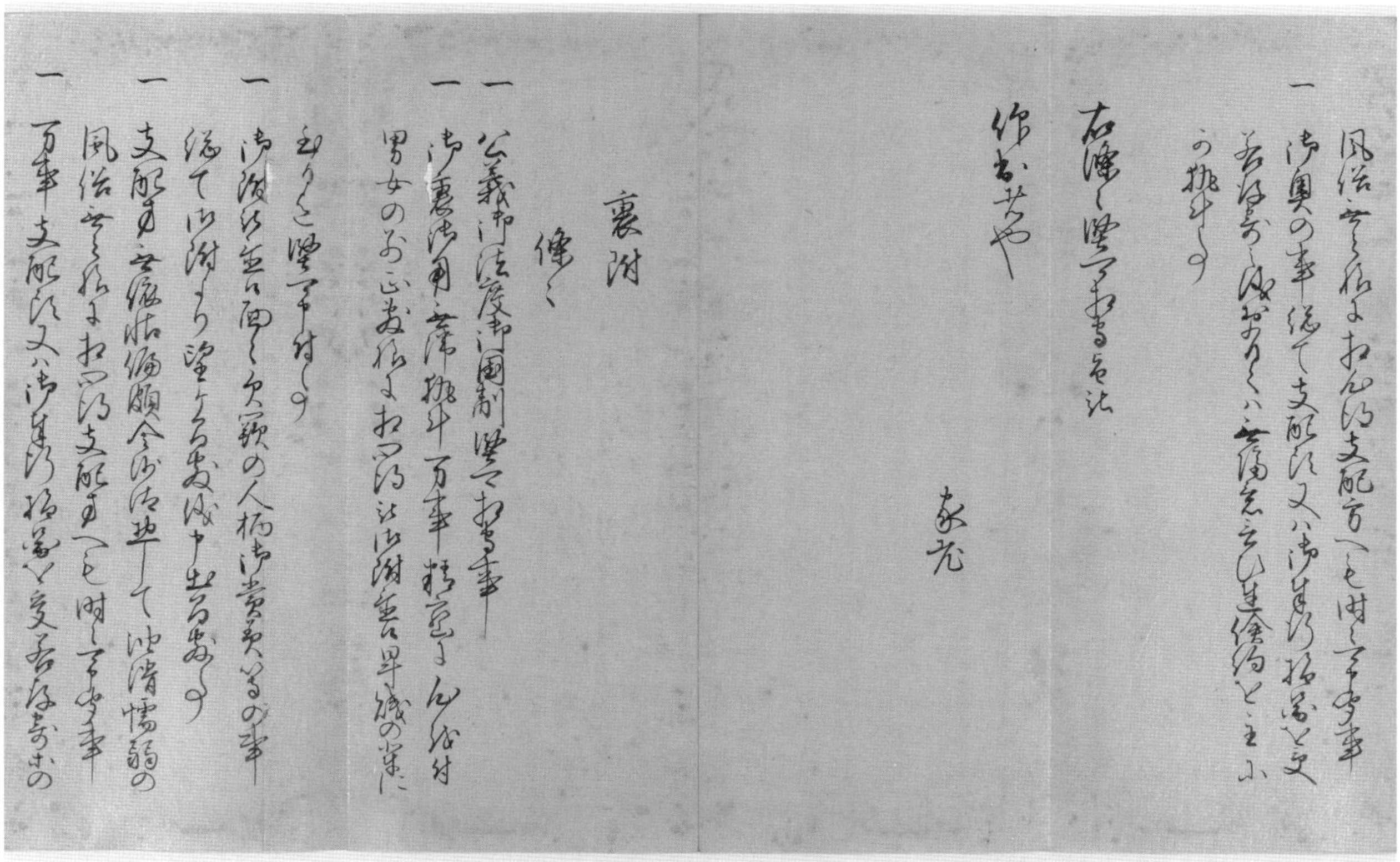

（49）裏附

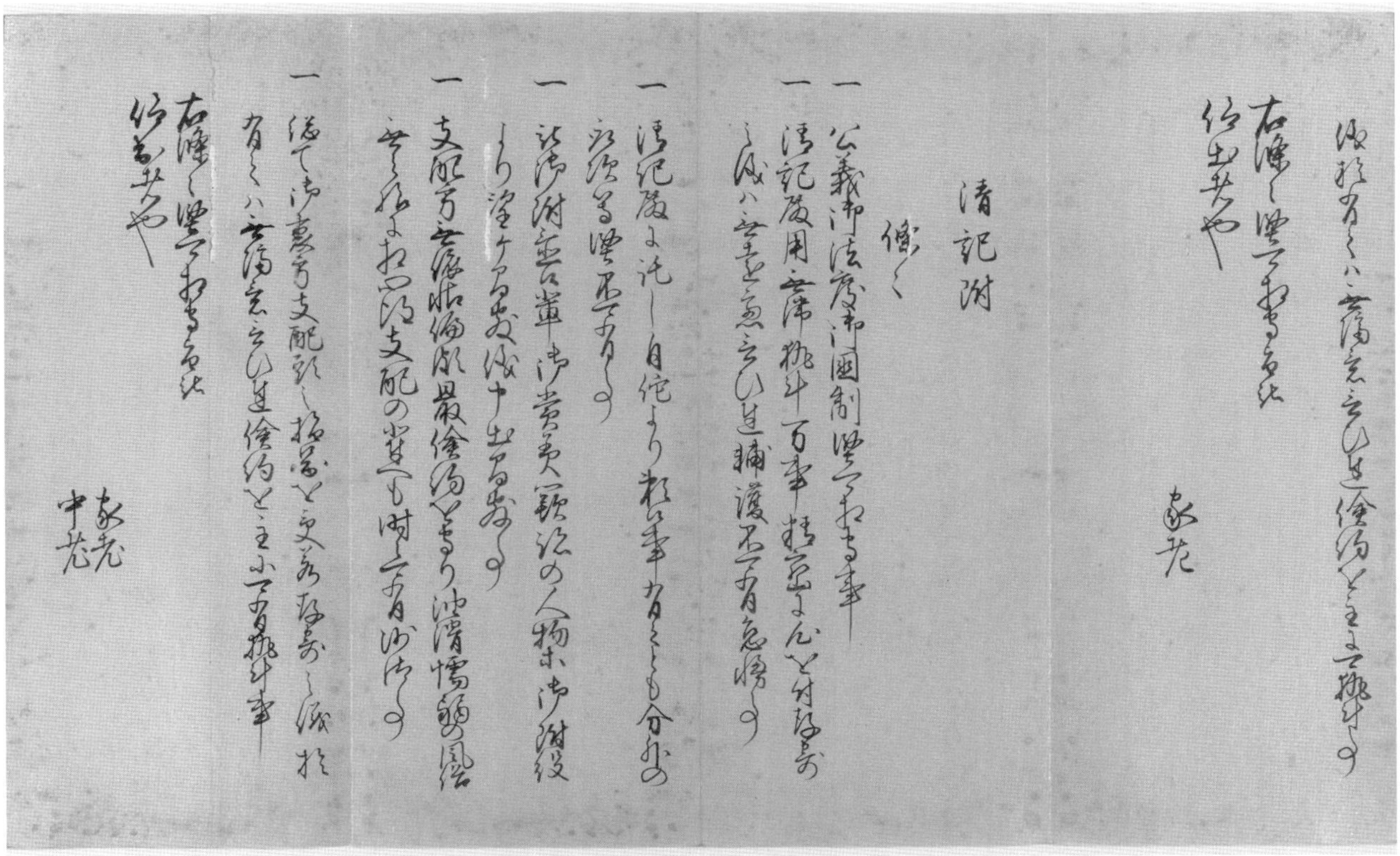

（50）清記附

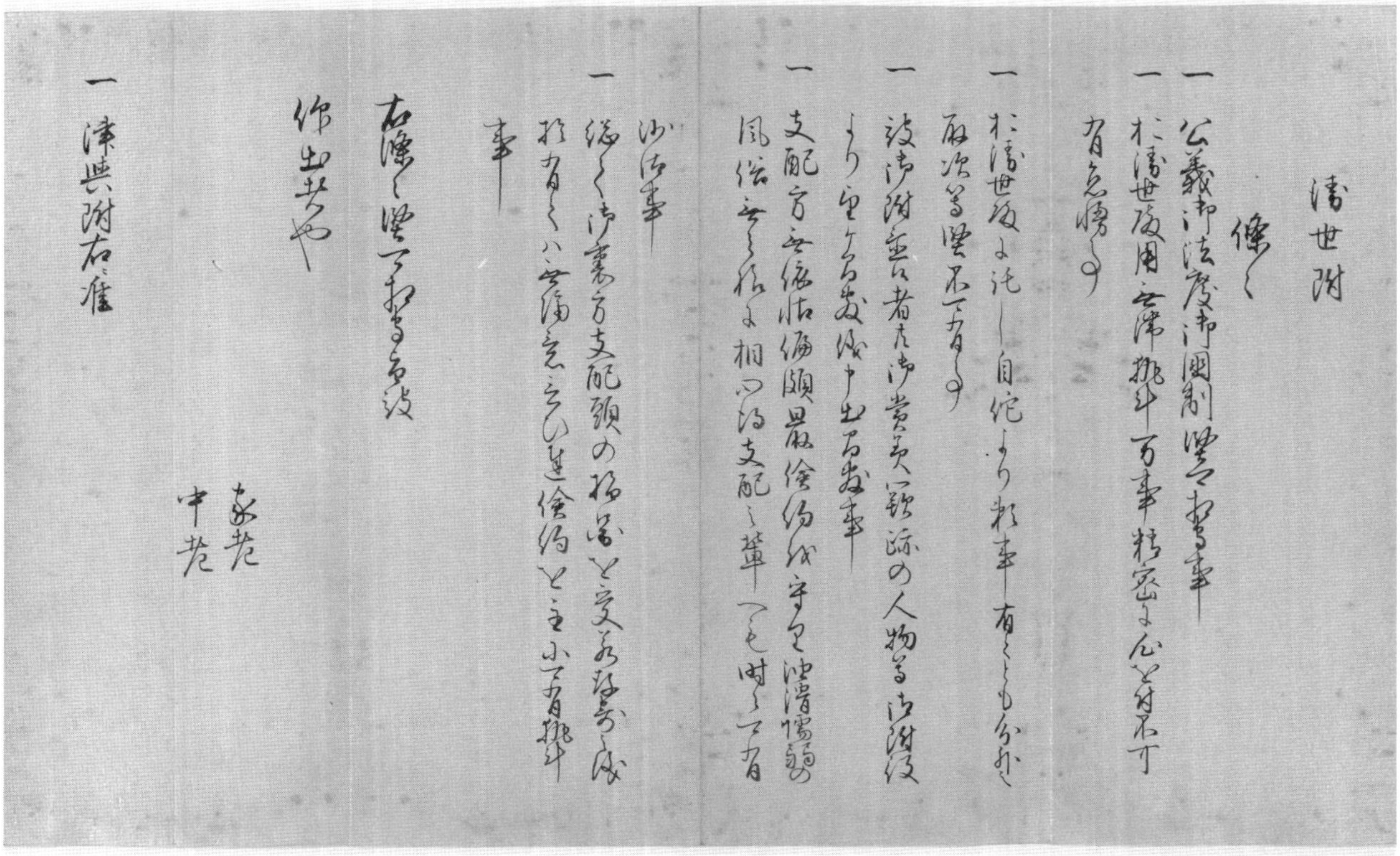

（51）衛世附

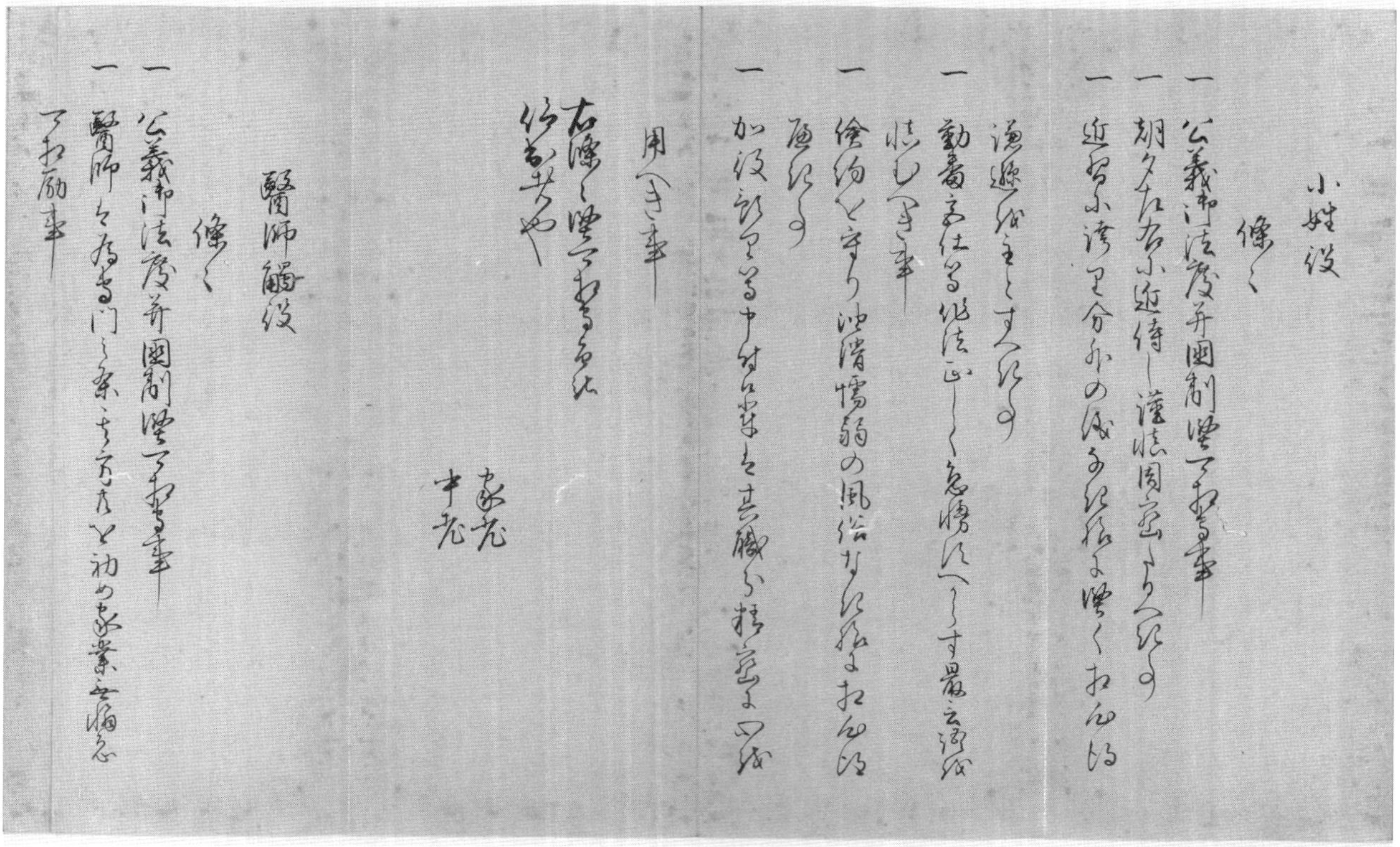

（53）医師触役

（52）小姓役

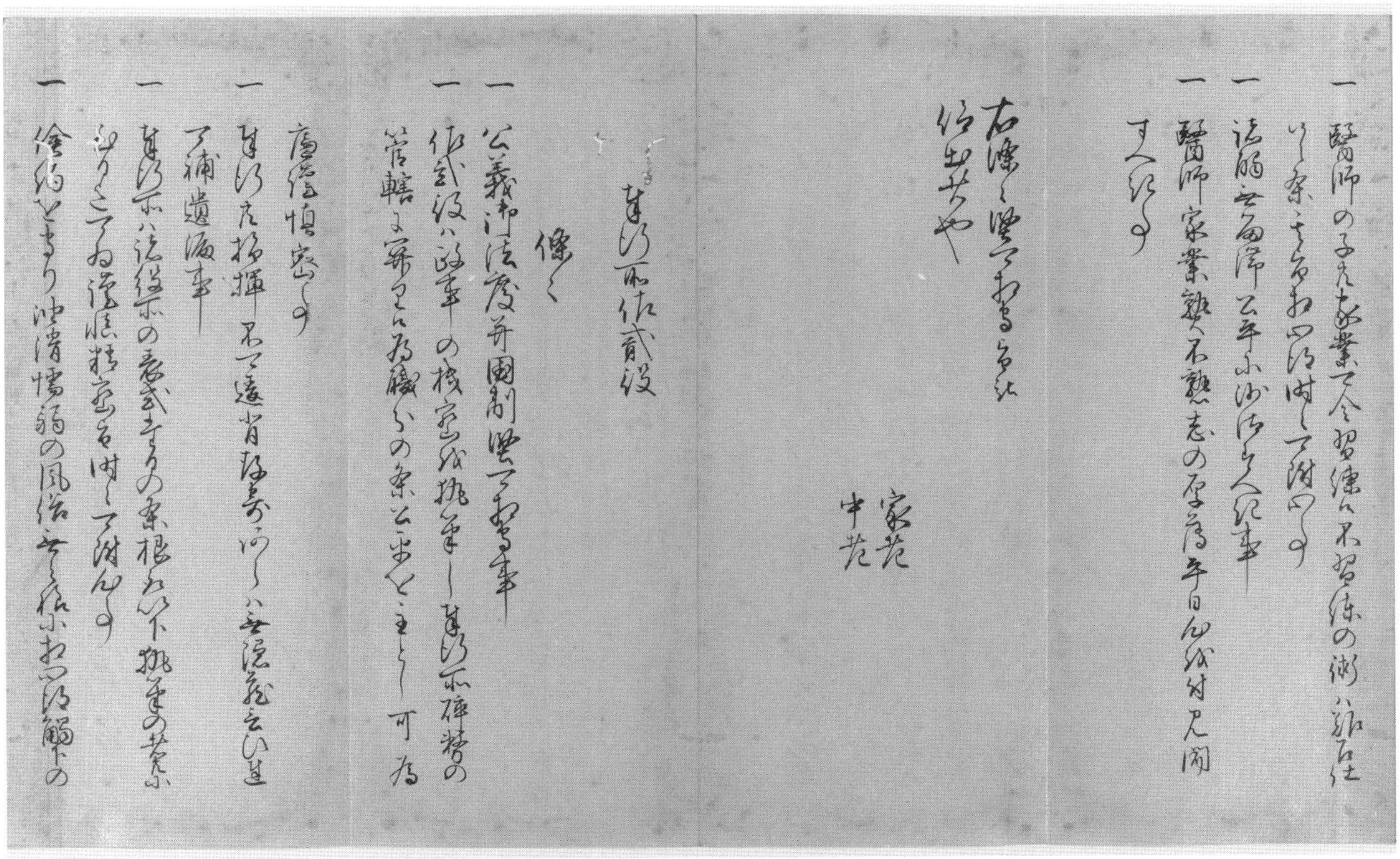

（54）奉行所佐弐役

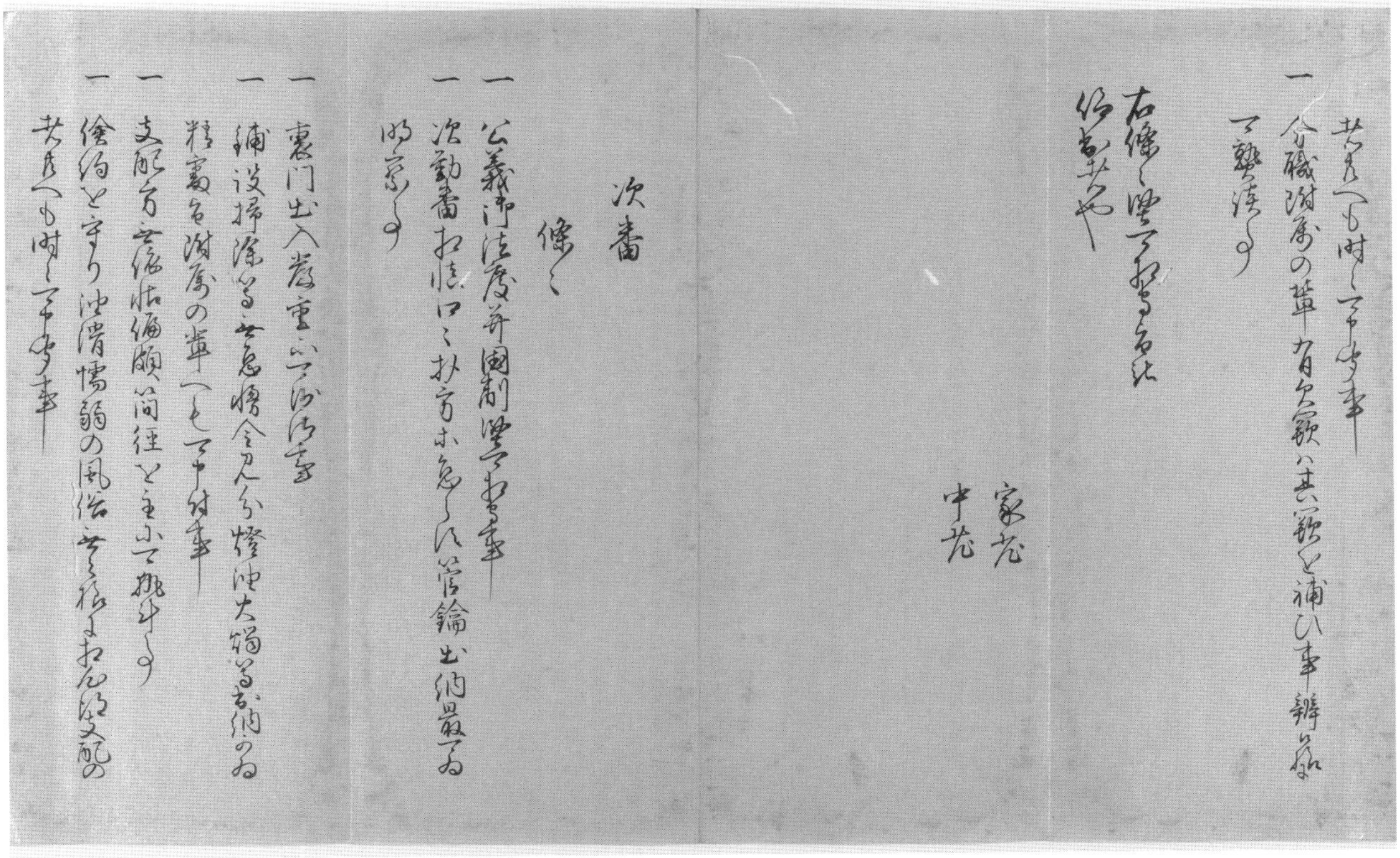

（55）次番

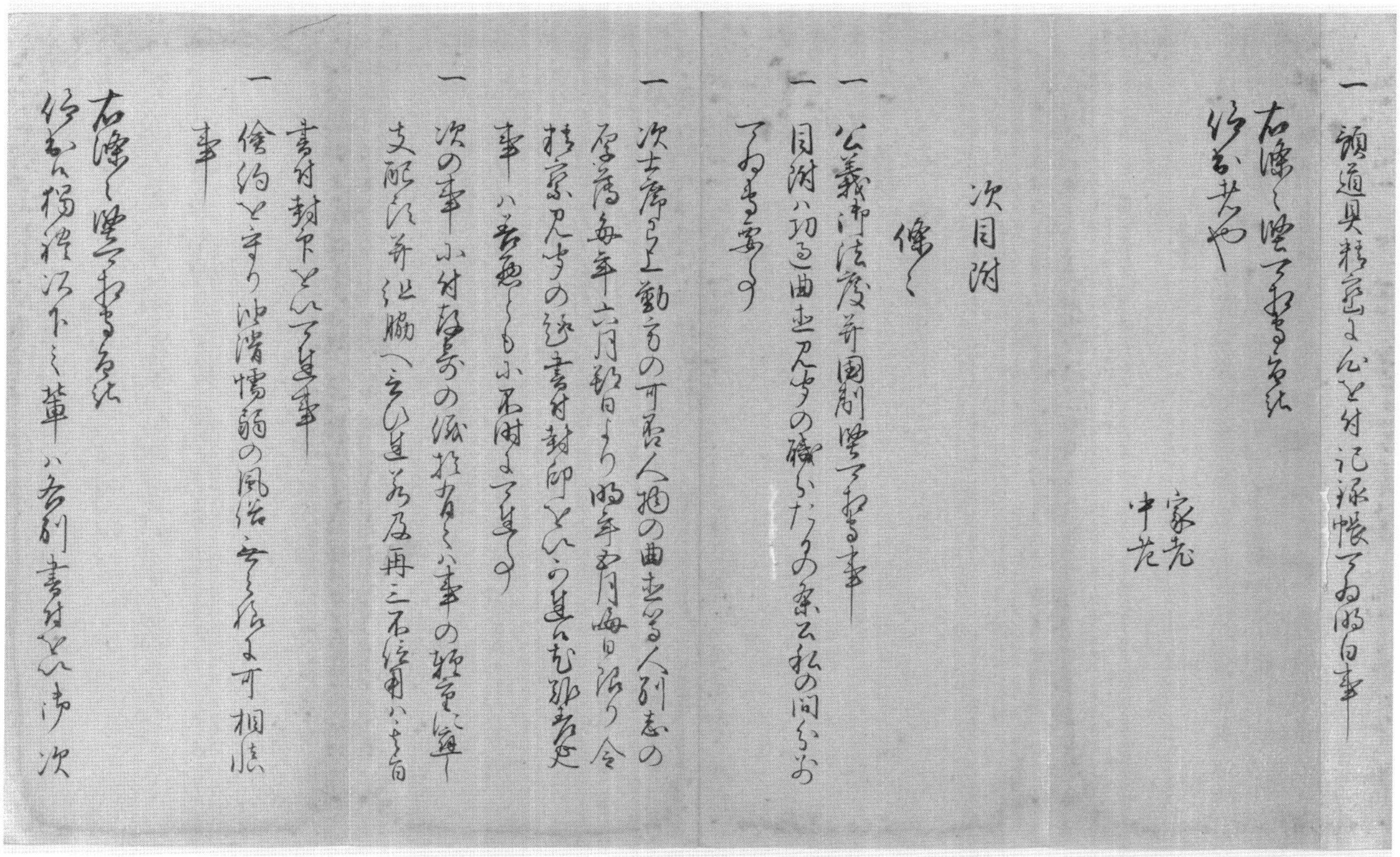

（56）次目附

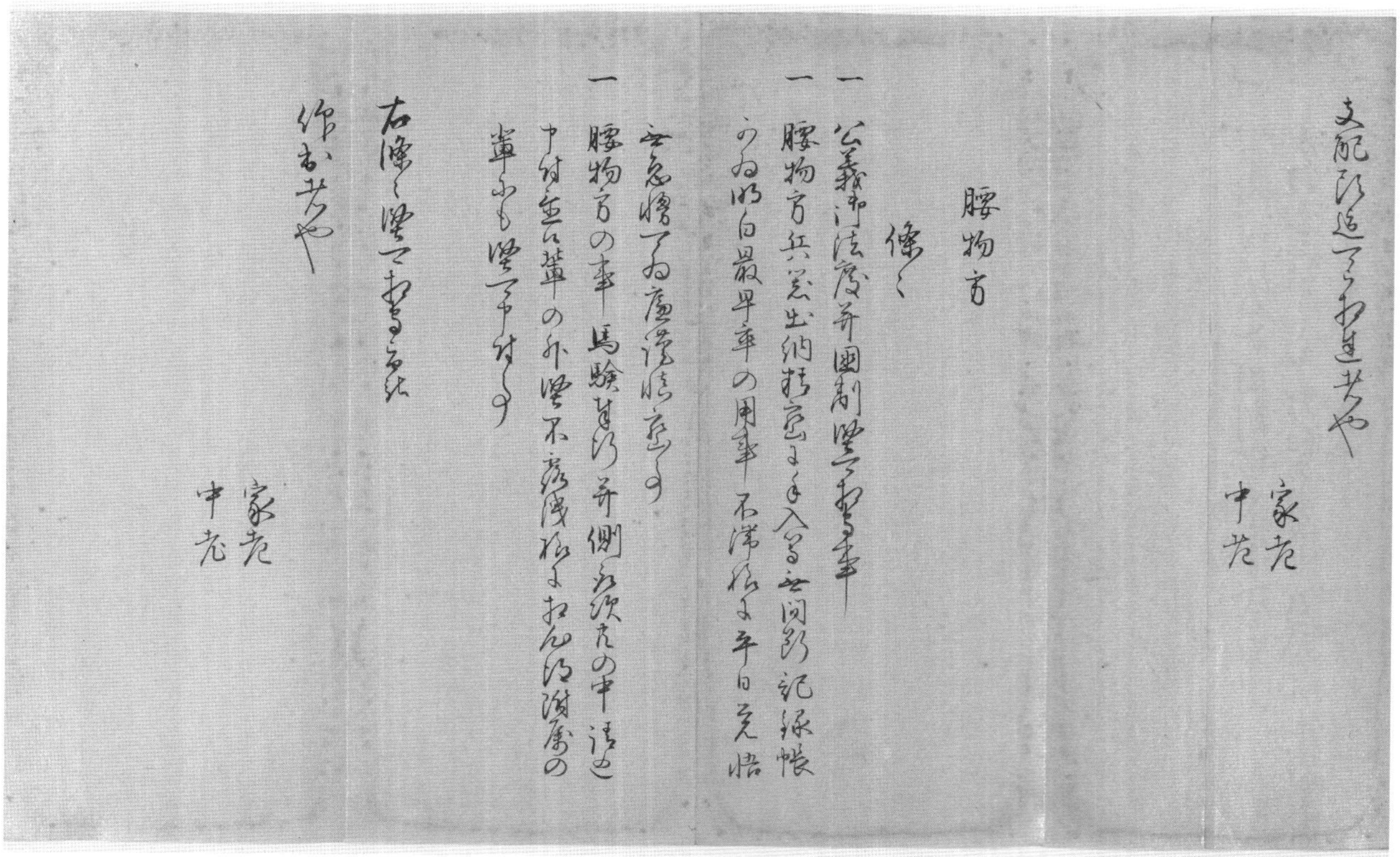

（57）腰物方

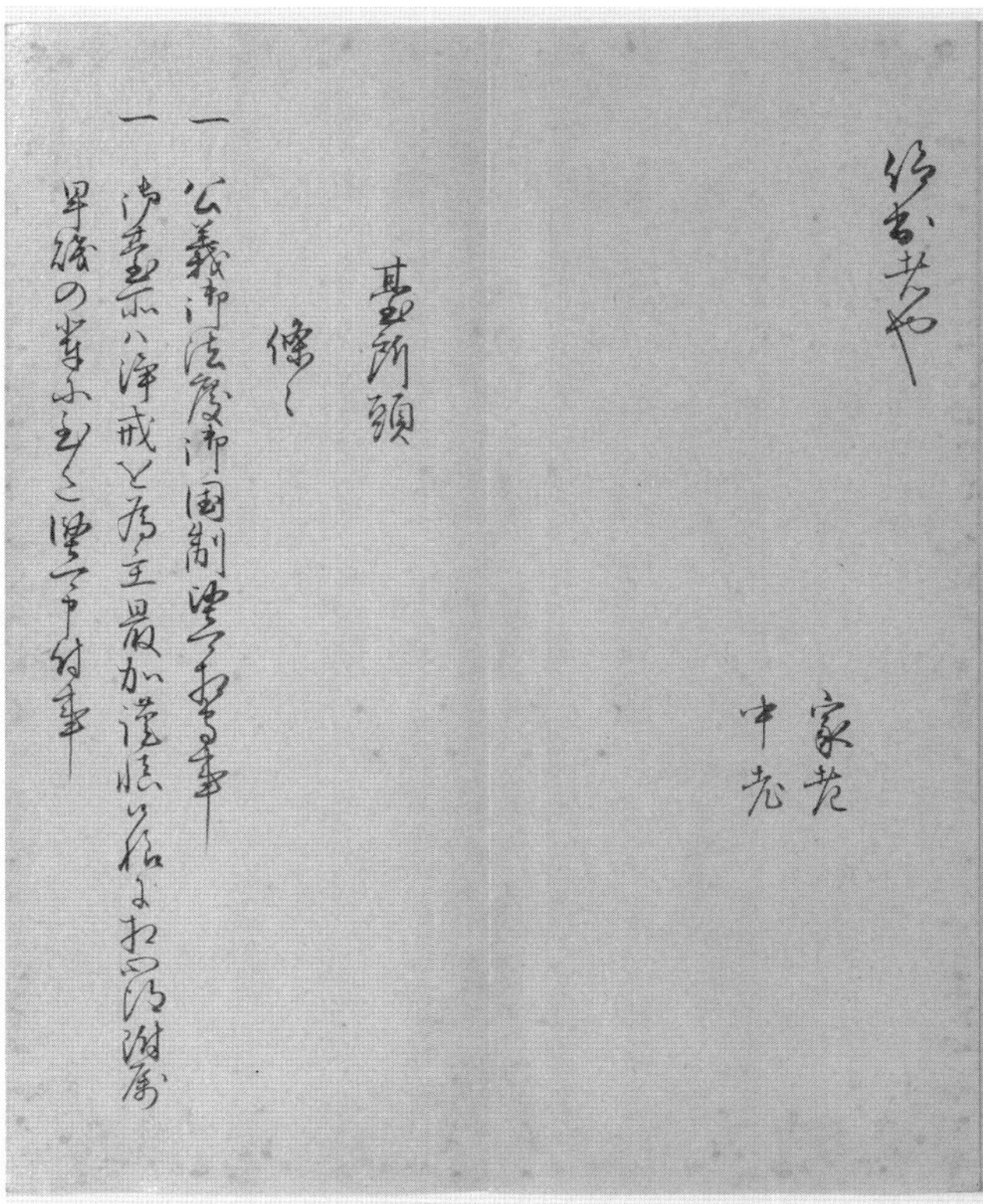

(59) 台所頭

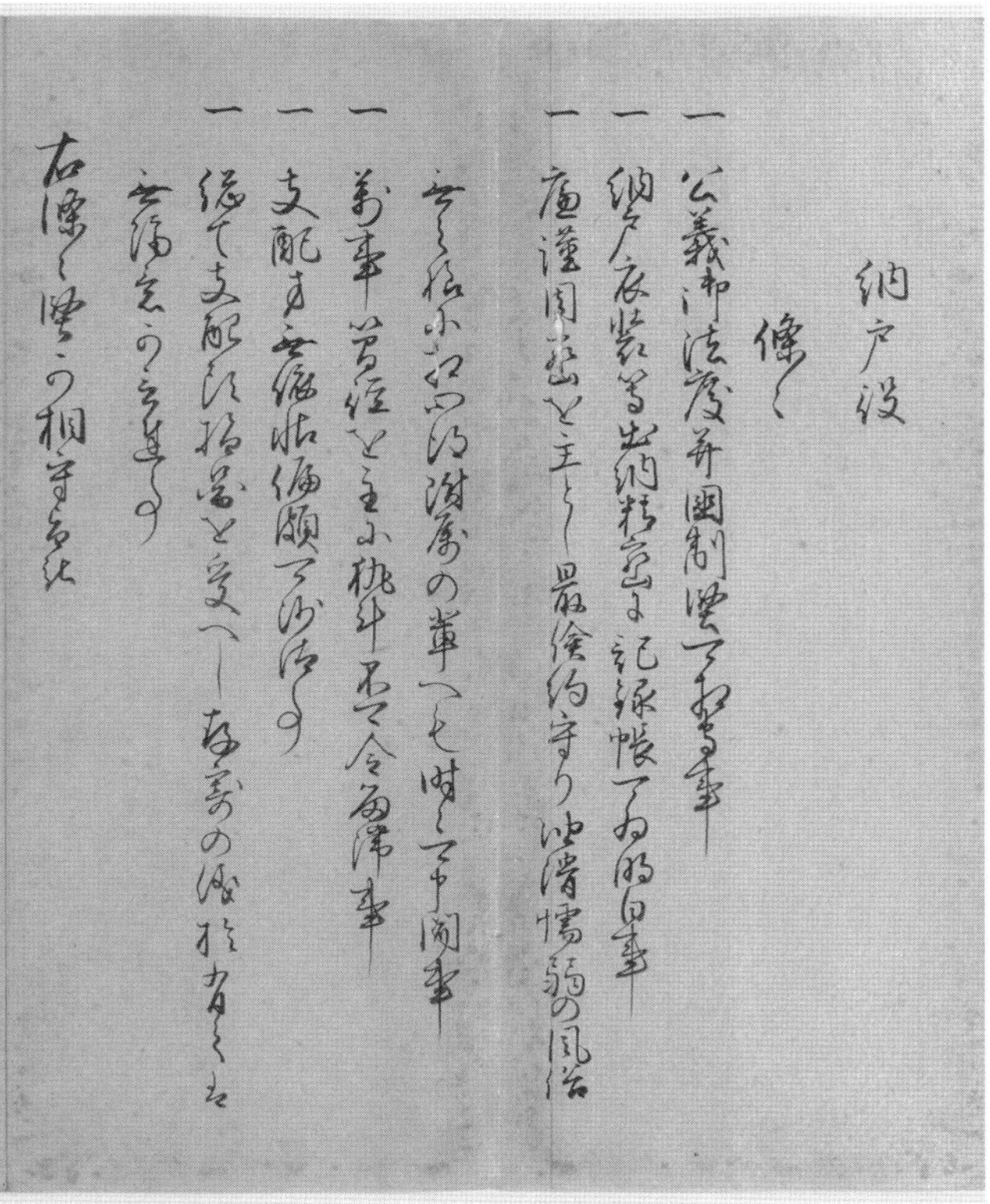

(58) 納戸役

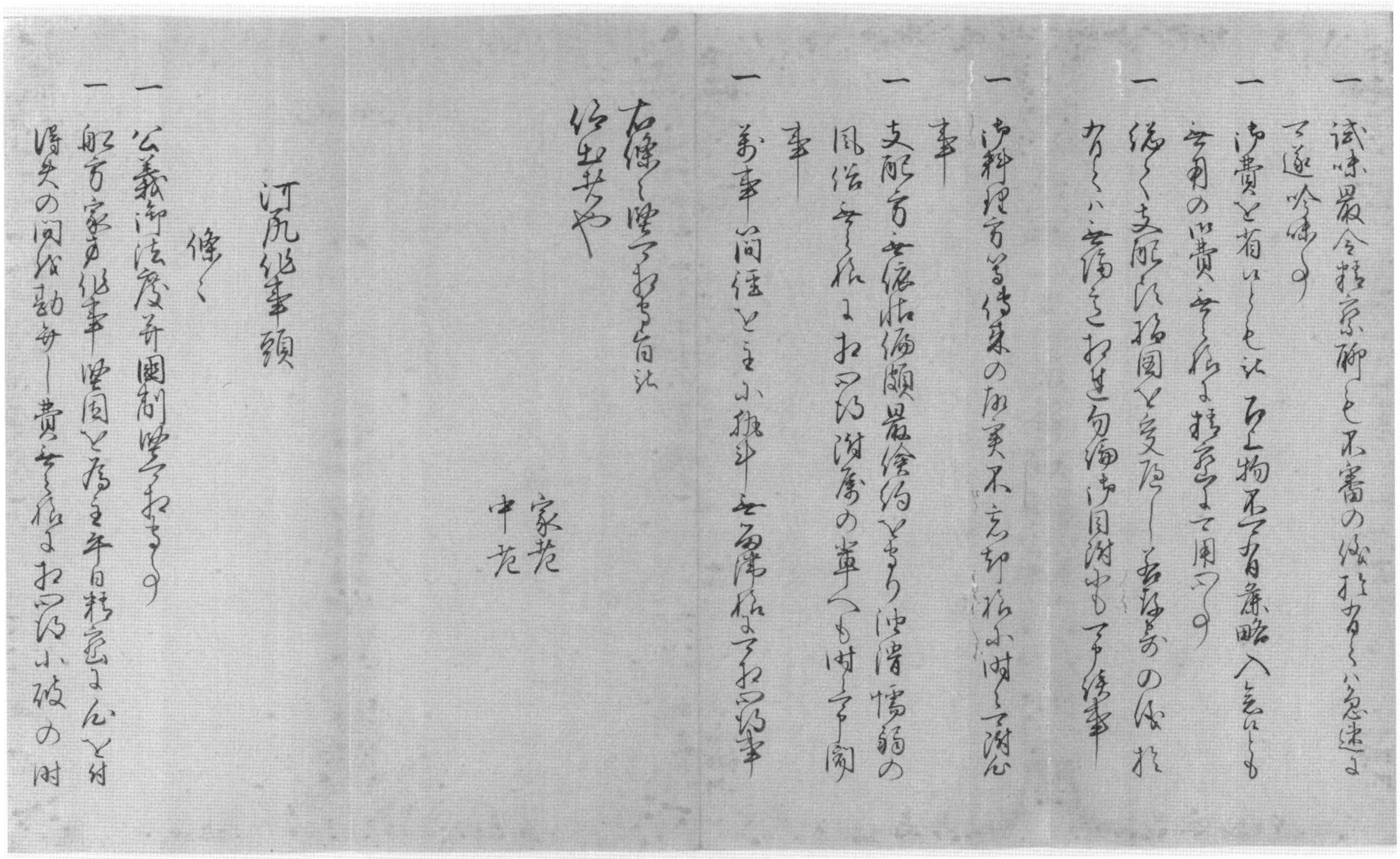

(60) 河尻作事頭

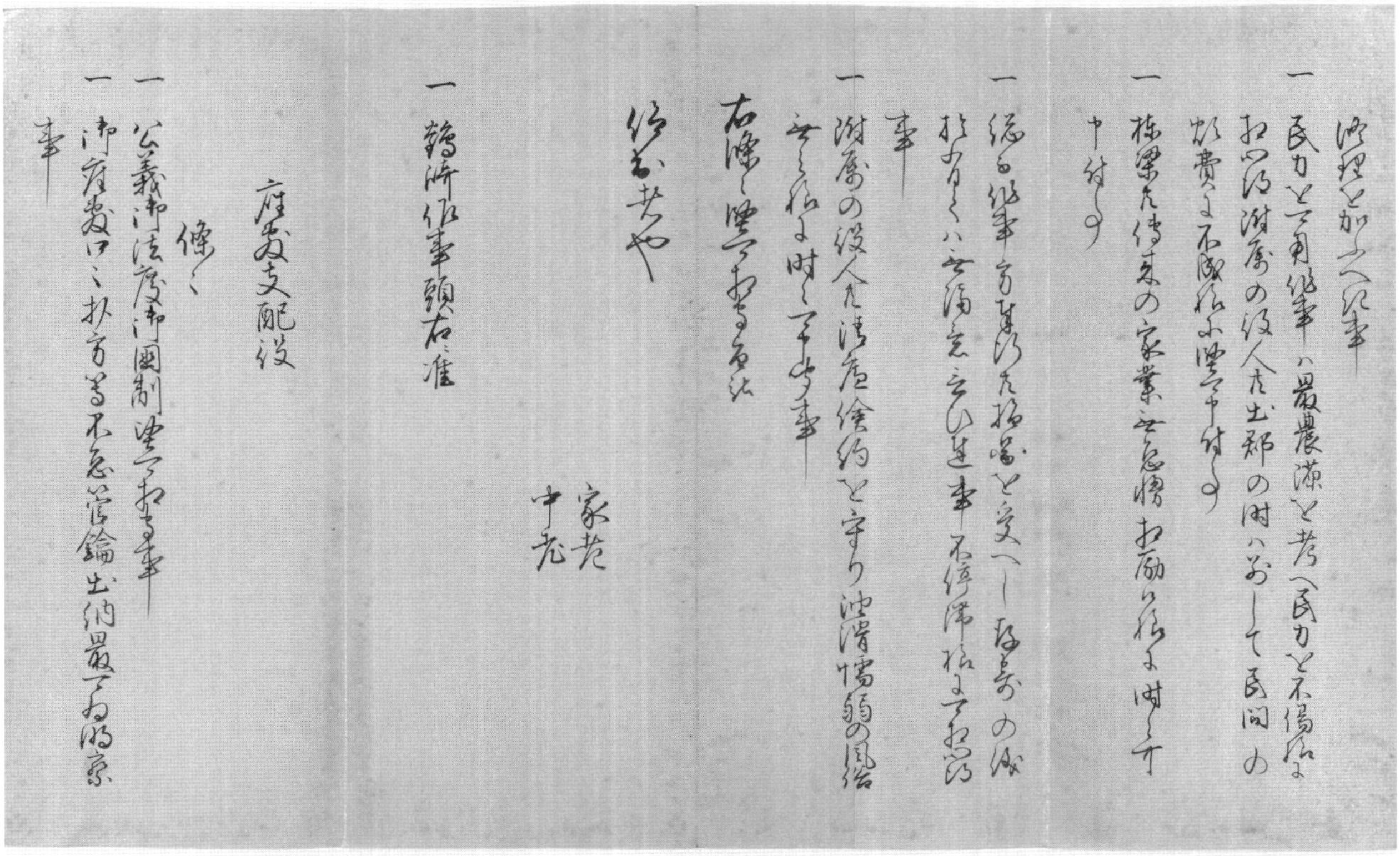

（61）座敷支配役

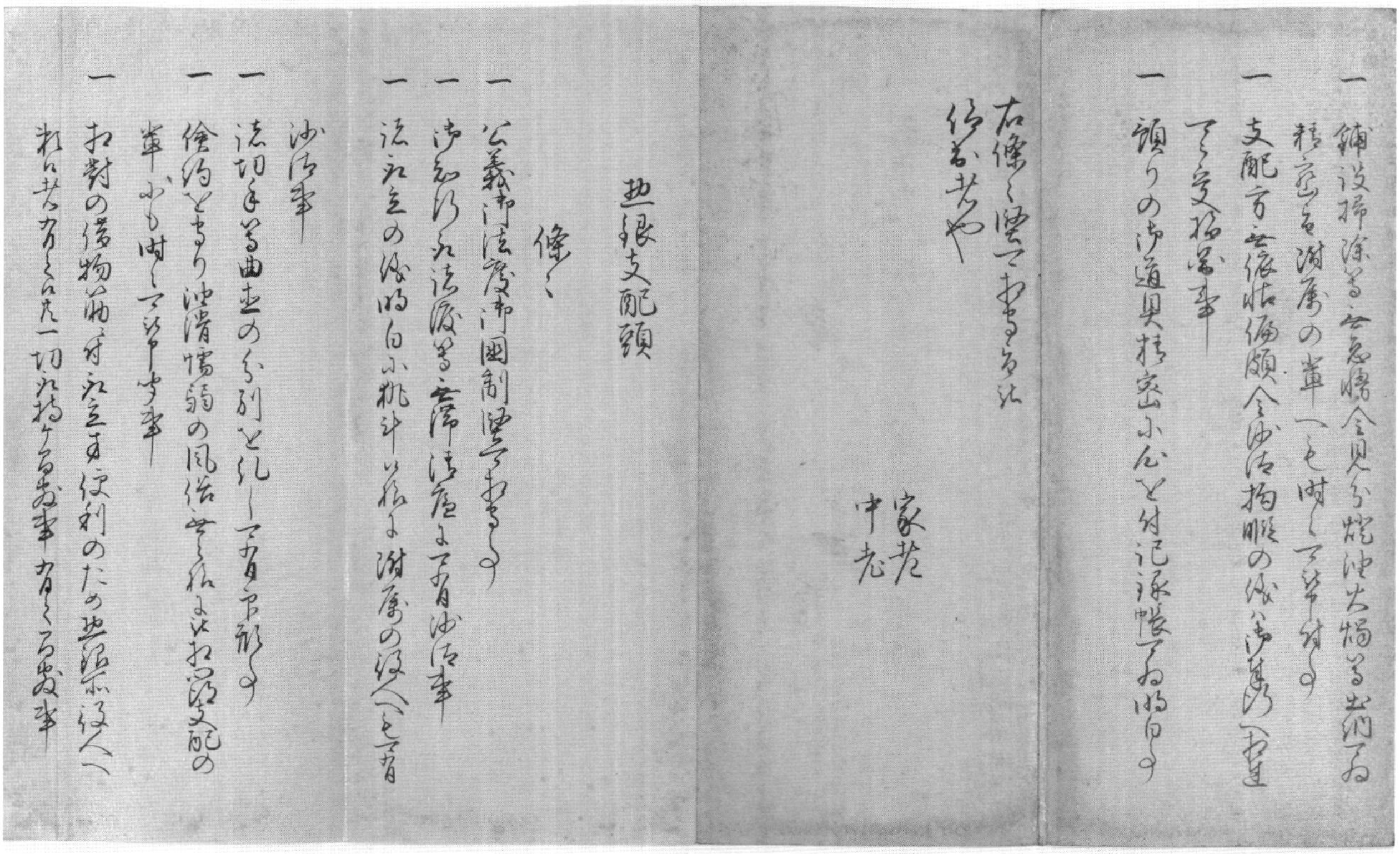

（62）惣銀支配頭

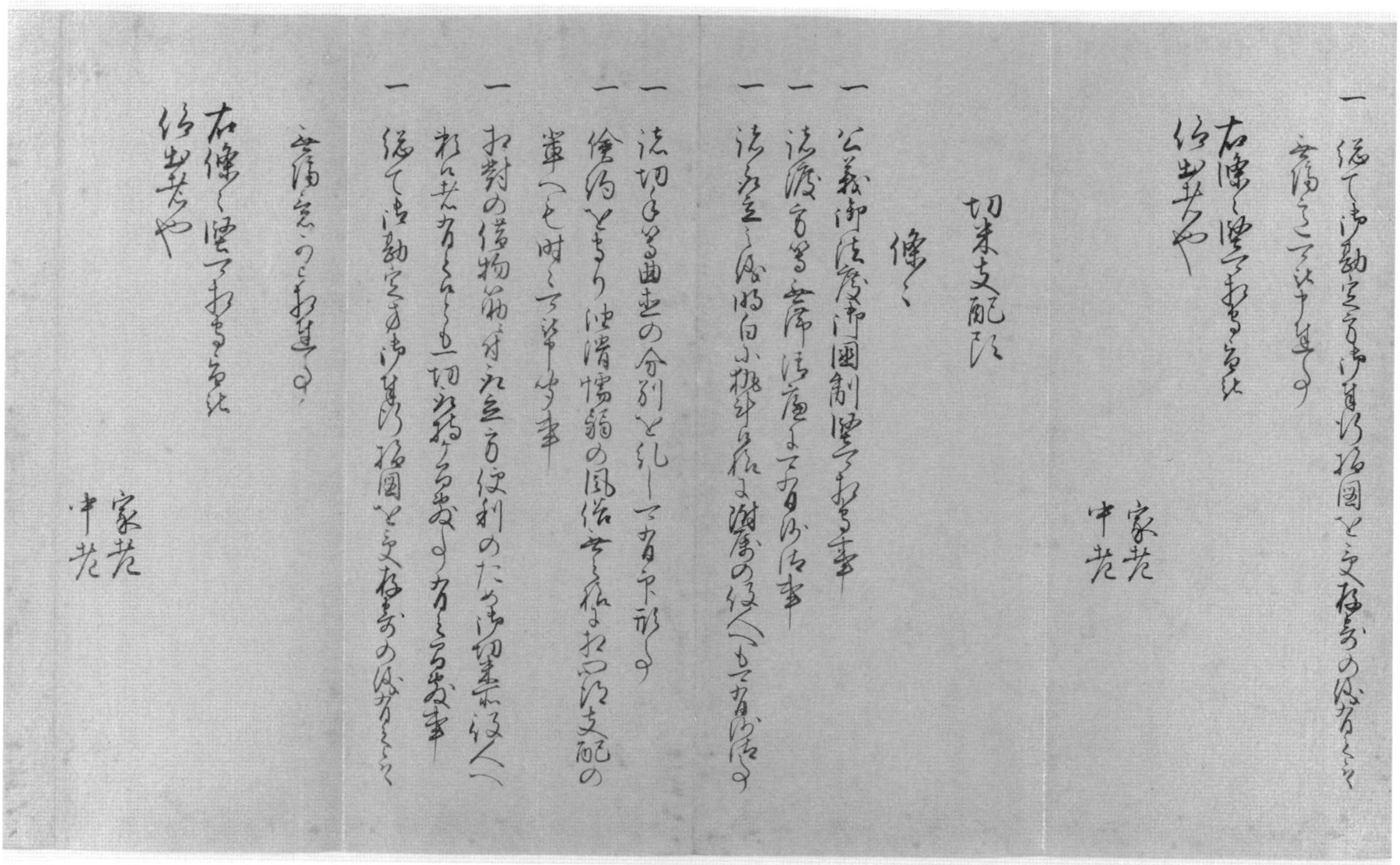

（63）切米支配頭

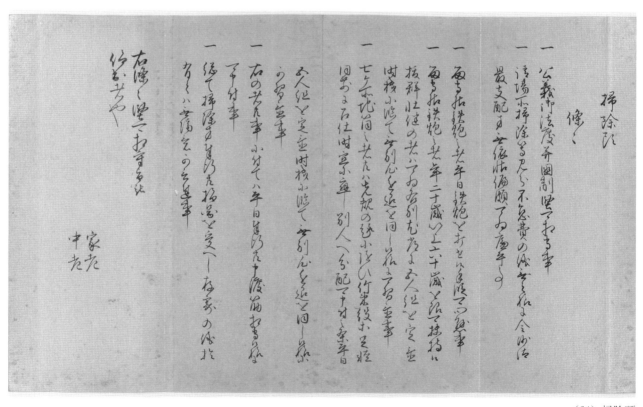

（64）掃除頭

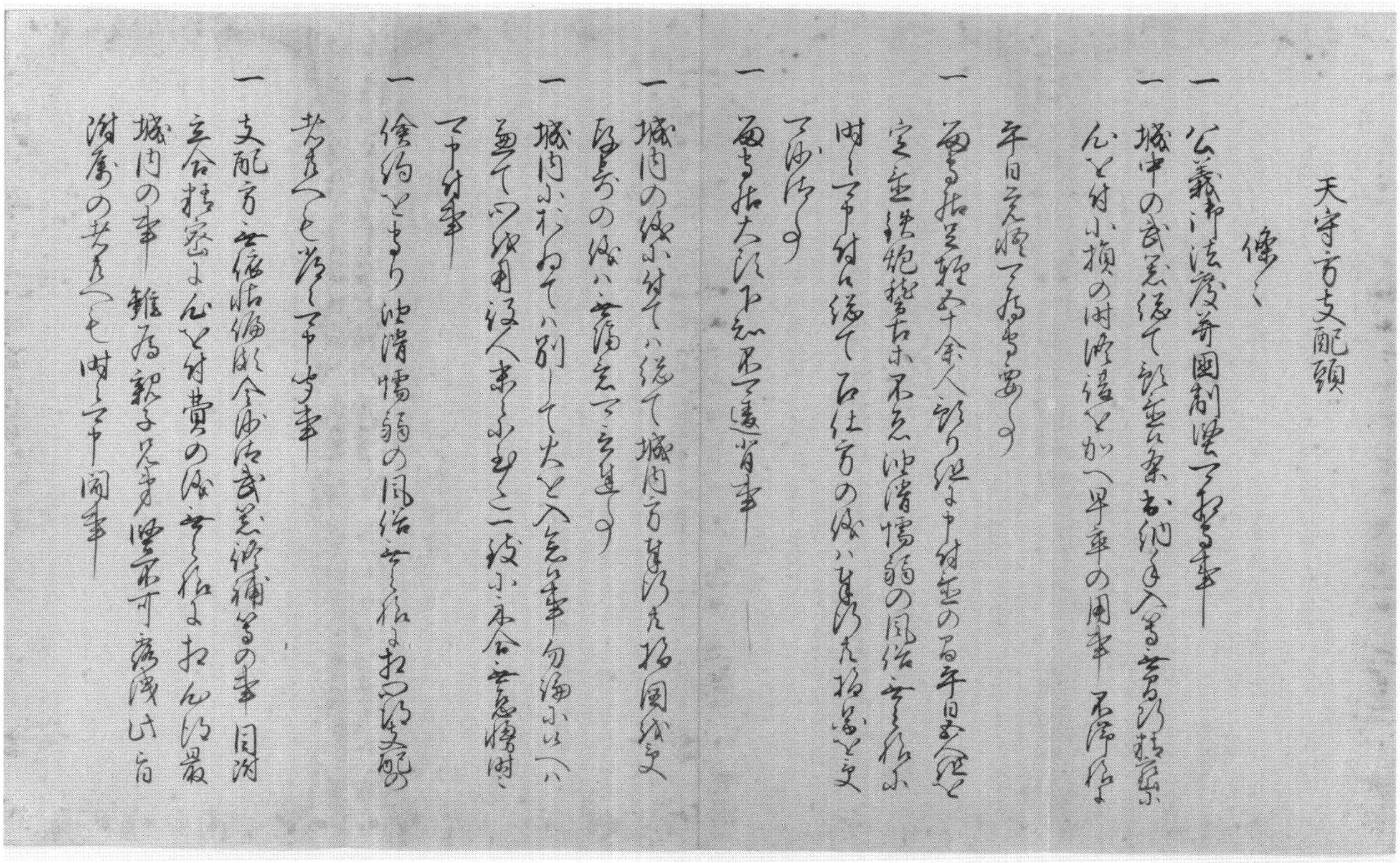

（65）天守方支配頭

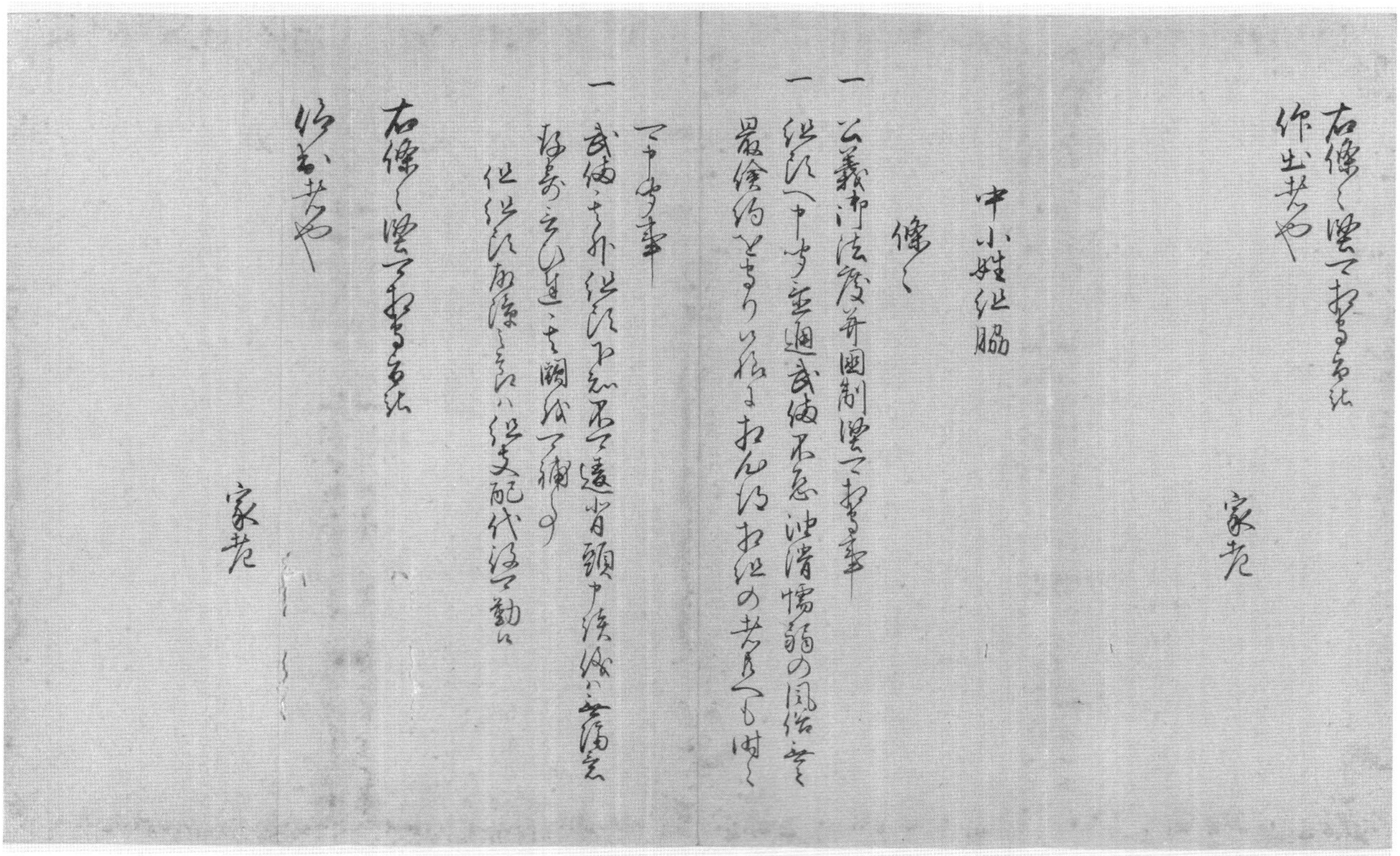

（66）中小姓組脇

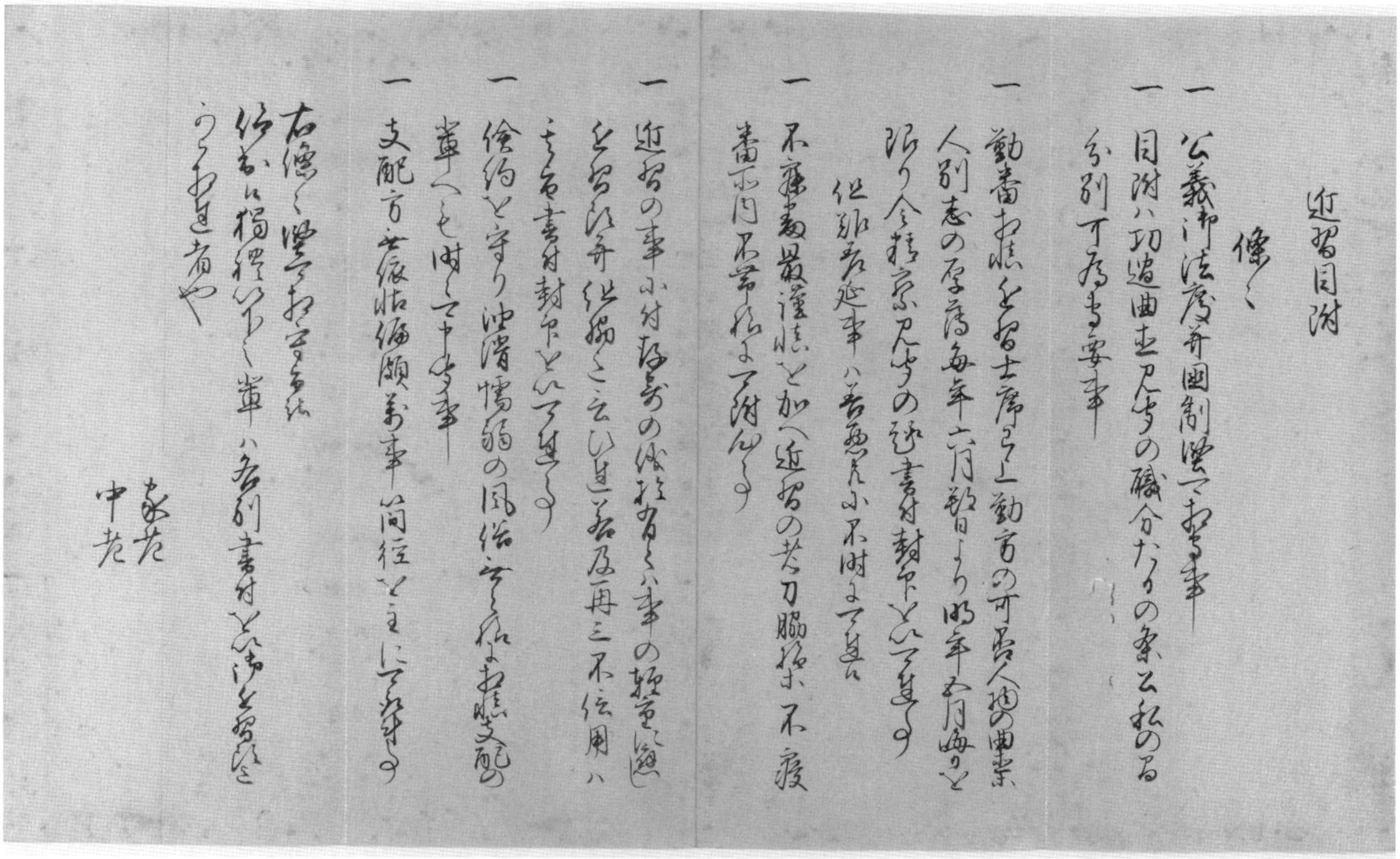

（67）近習目附

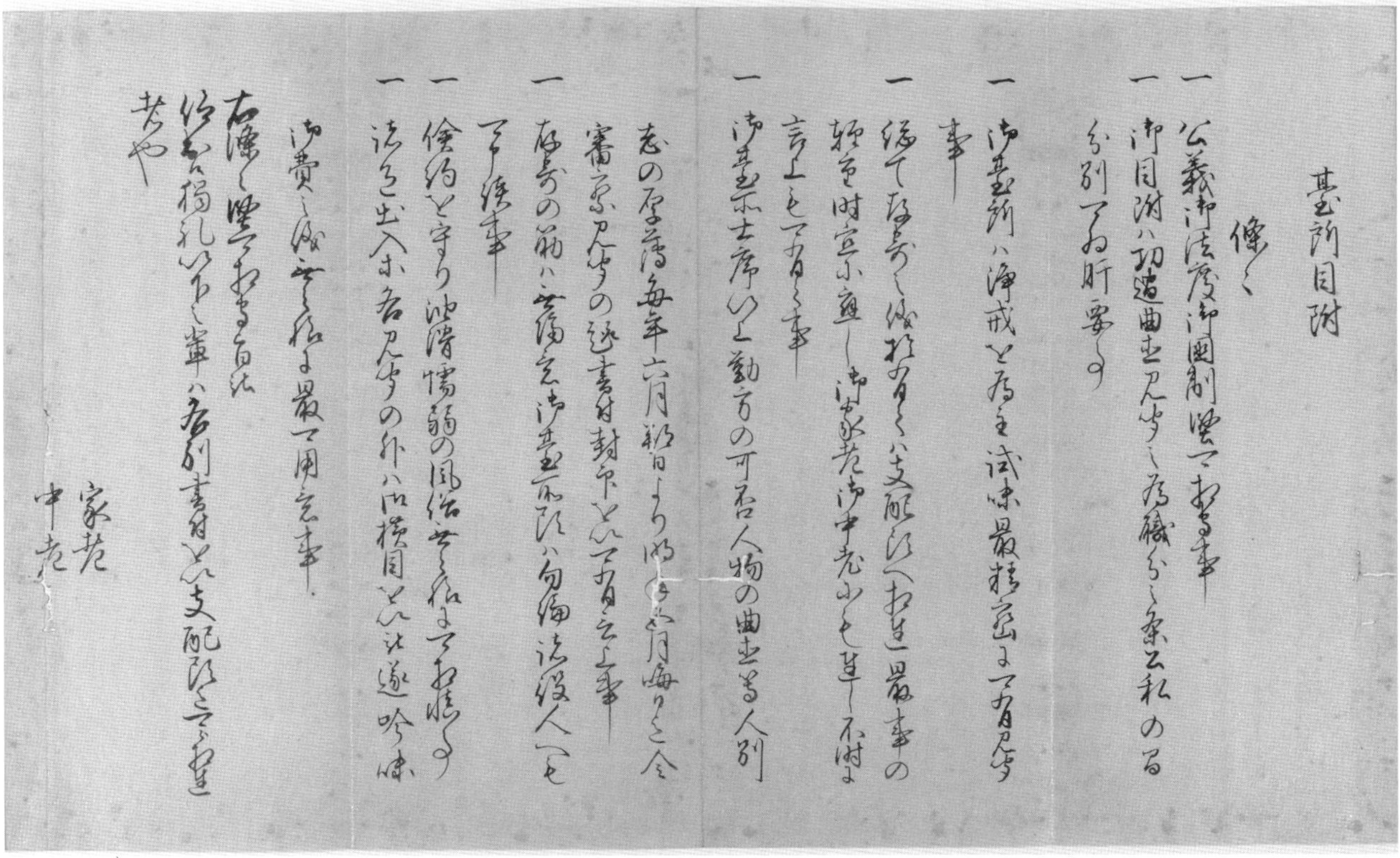

（68）台所目附

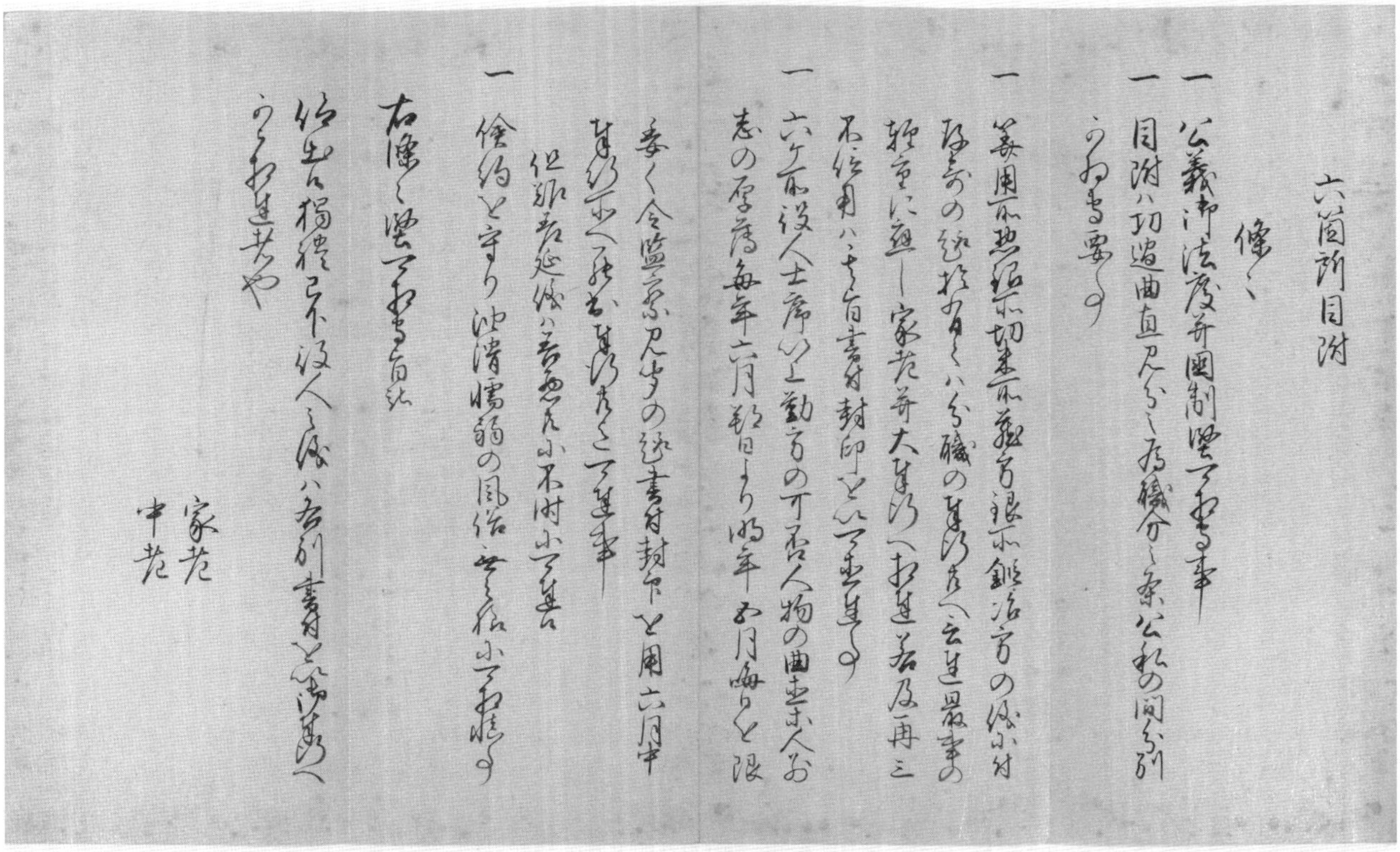

（69）六箇所目附

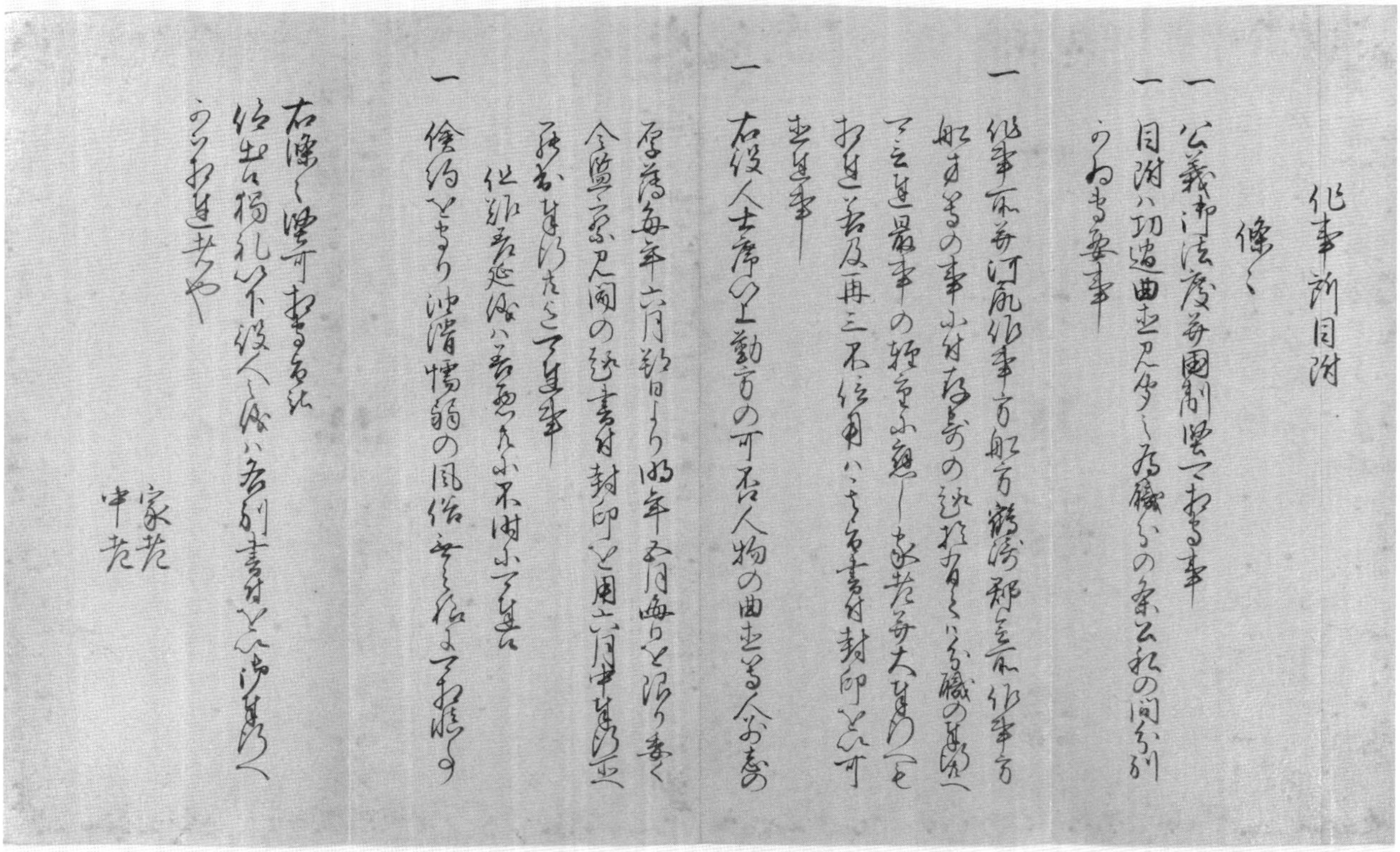

（70）作事所目附

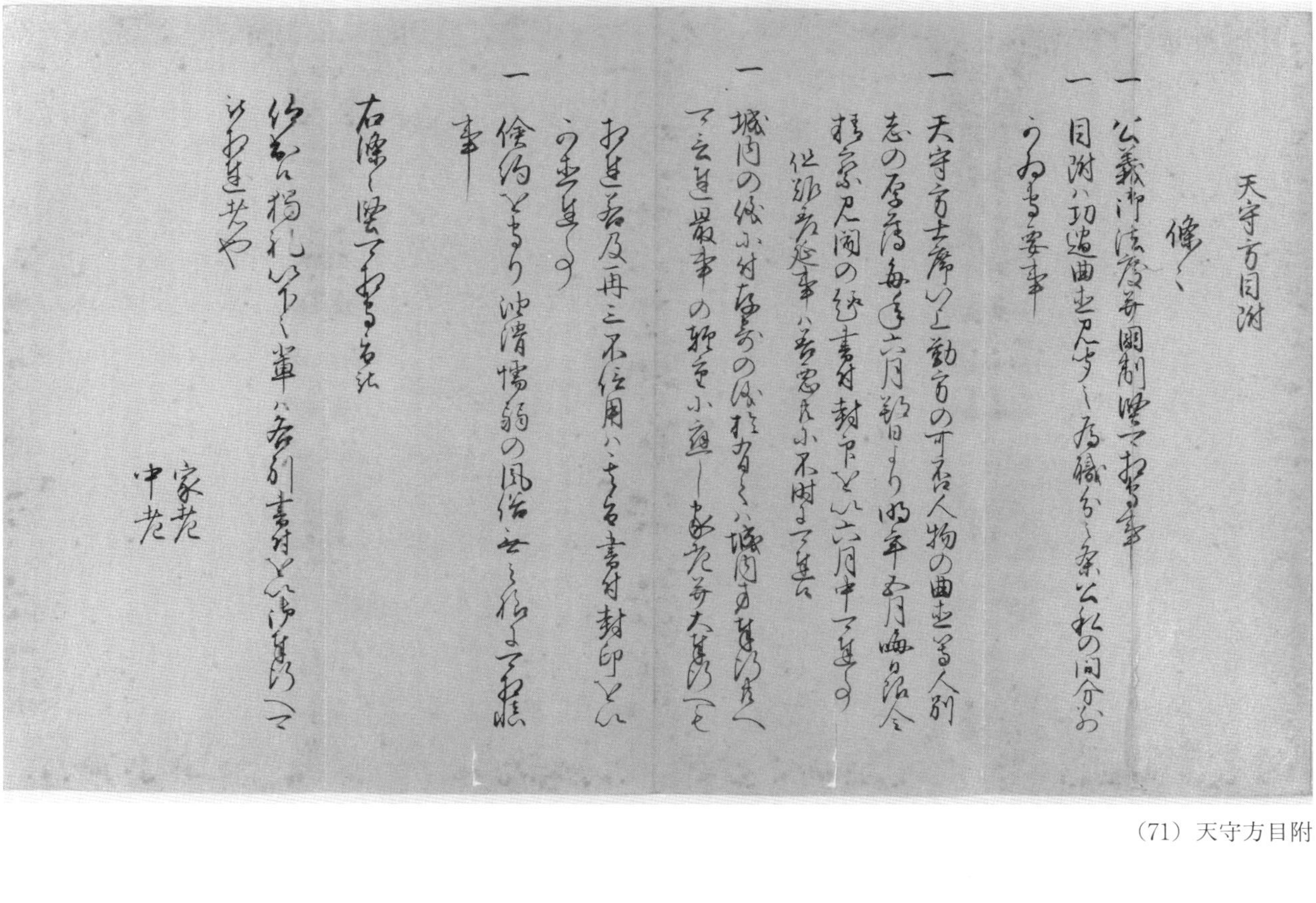

（71）天守方目附

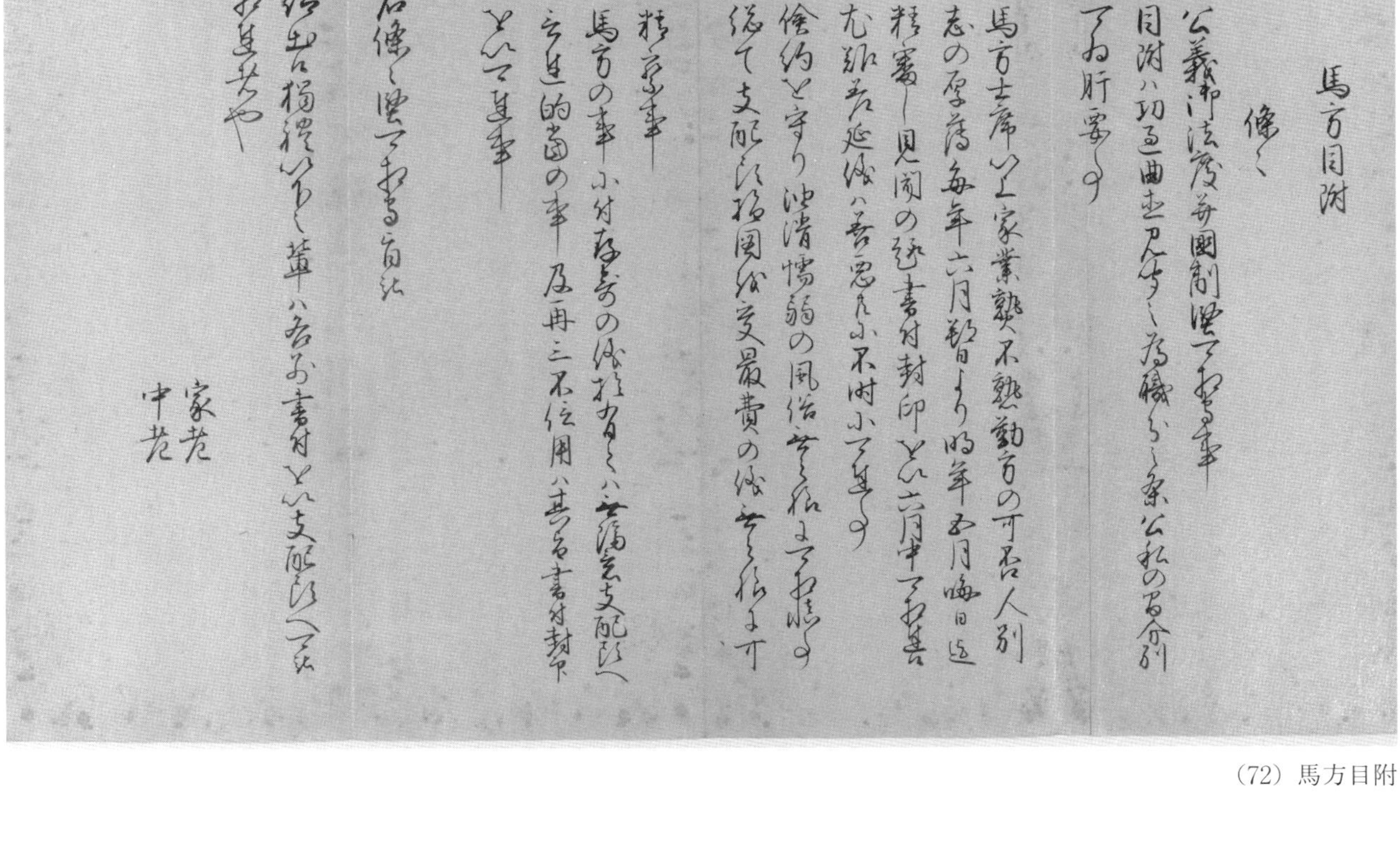

（72）馬方目附

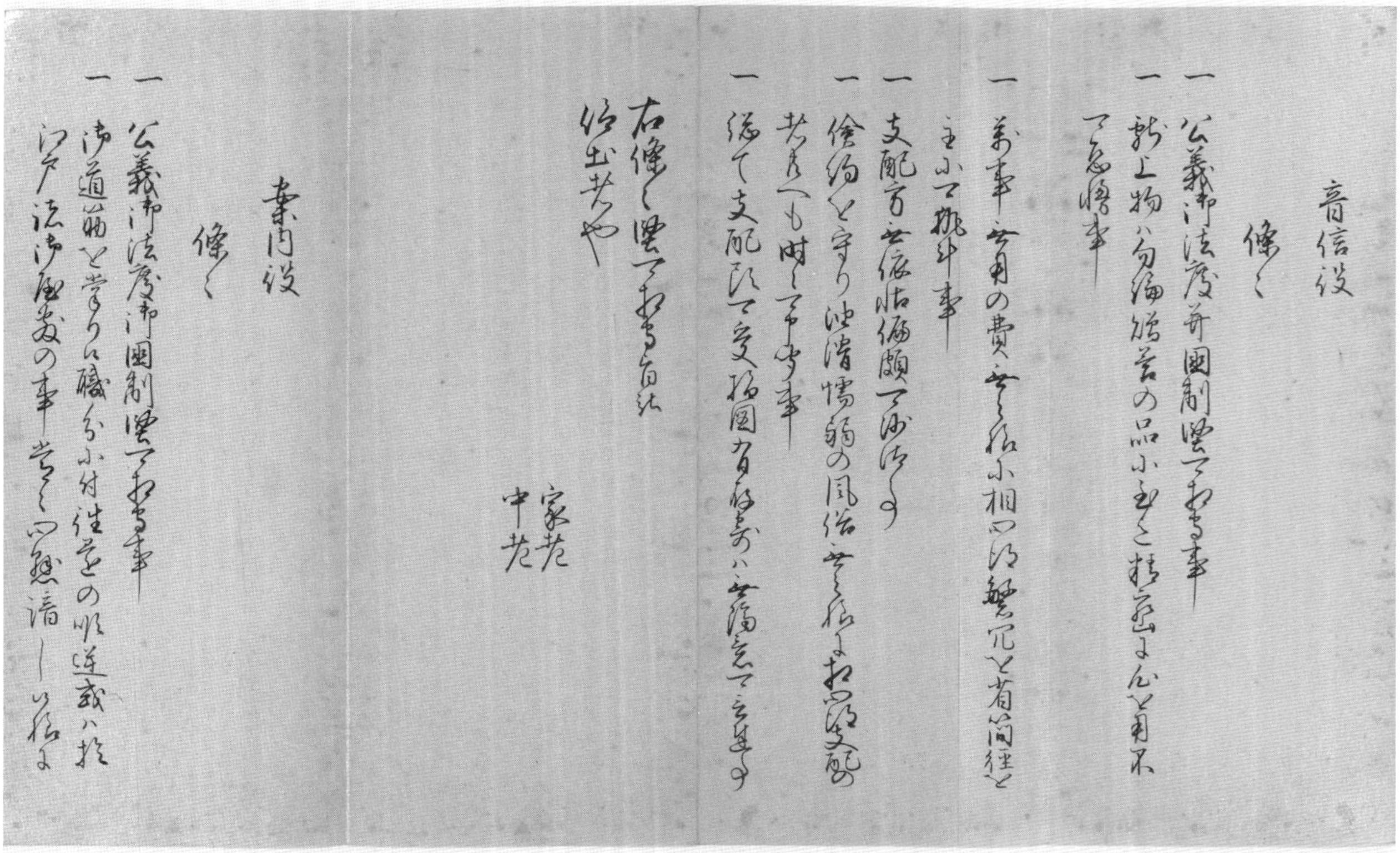

(74) 案内役　　(73) 音信役

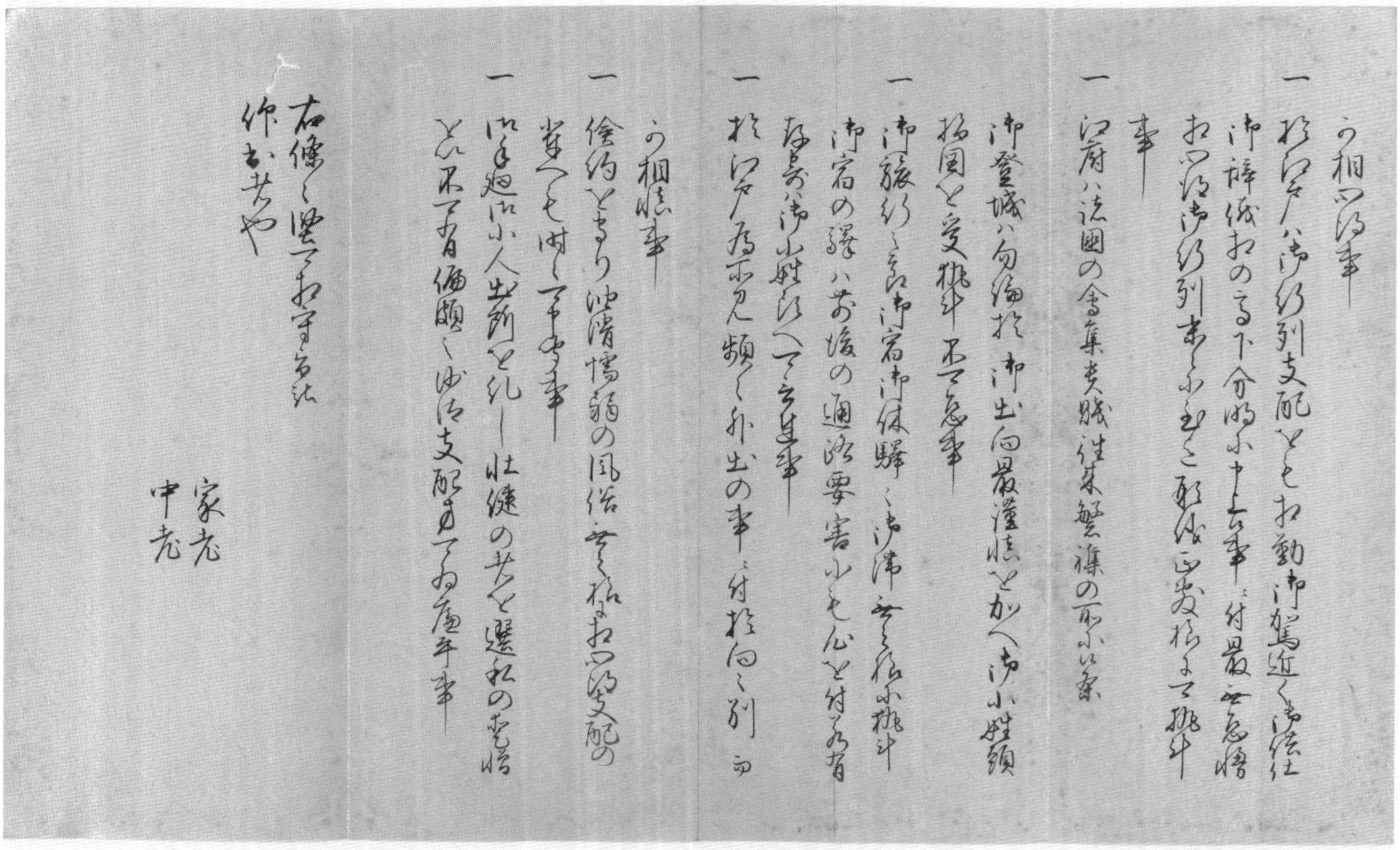

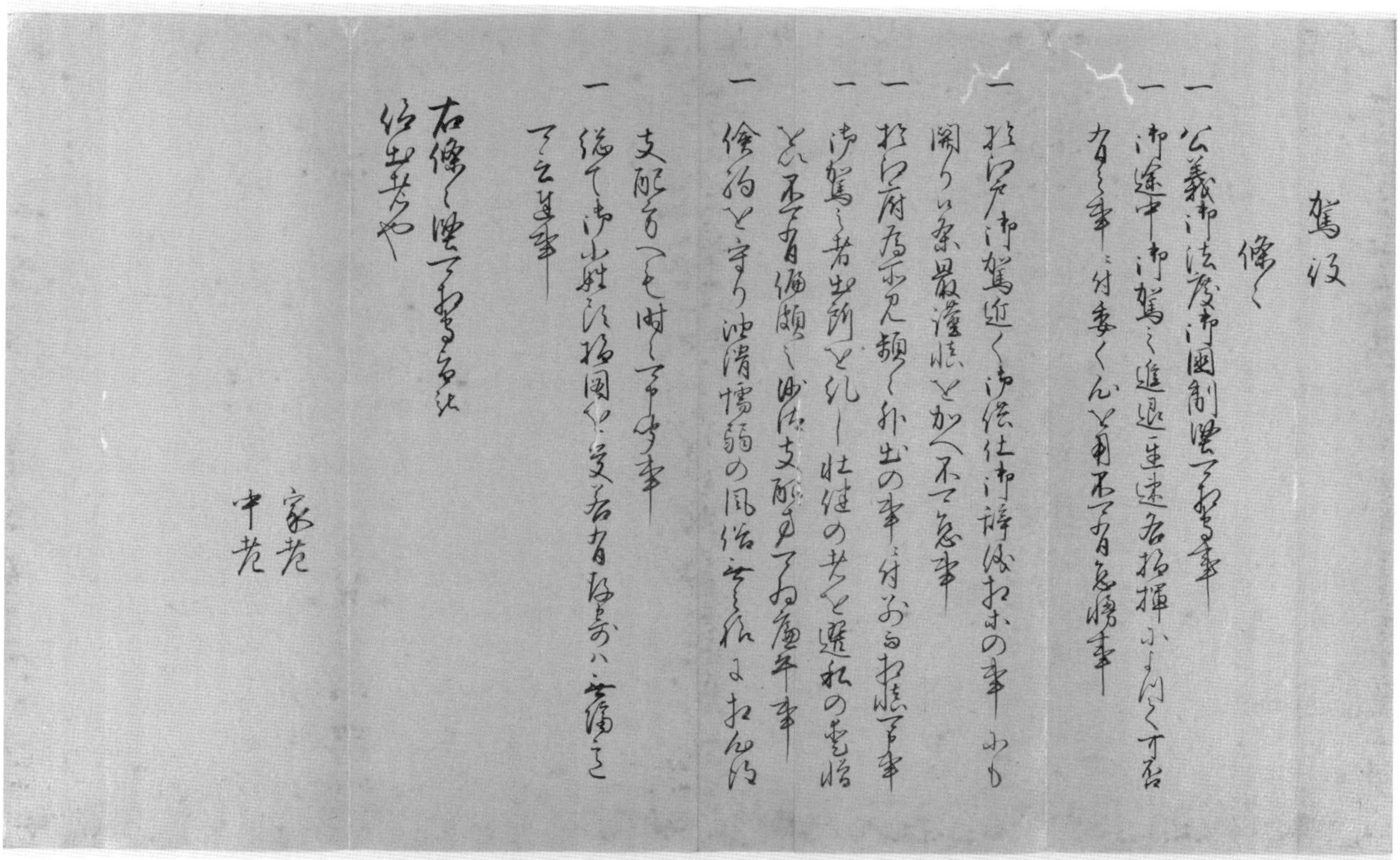

（75）駕役

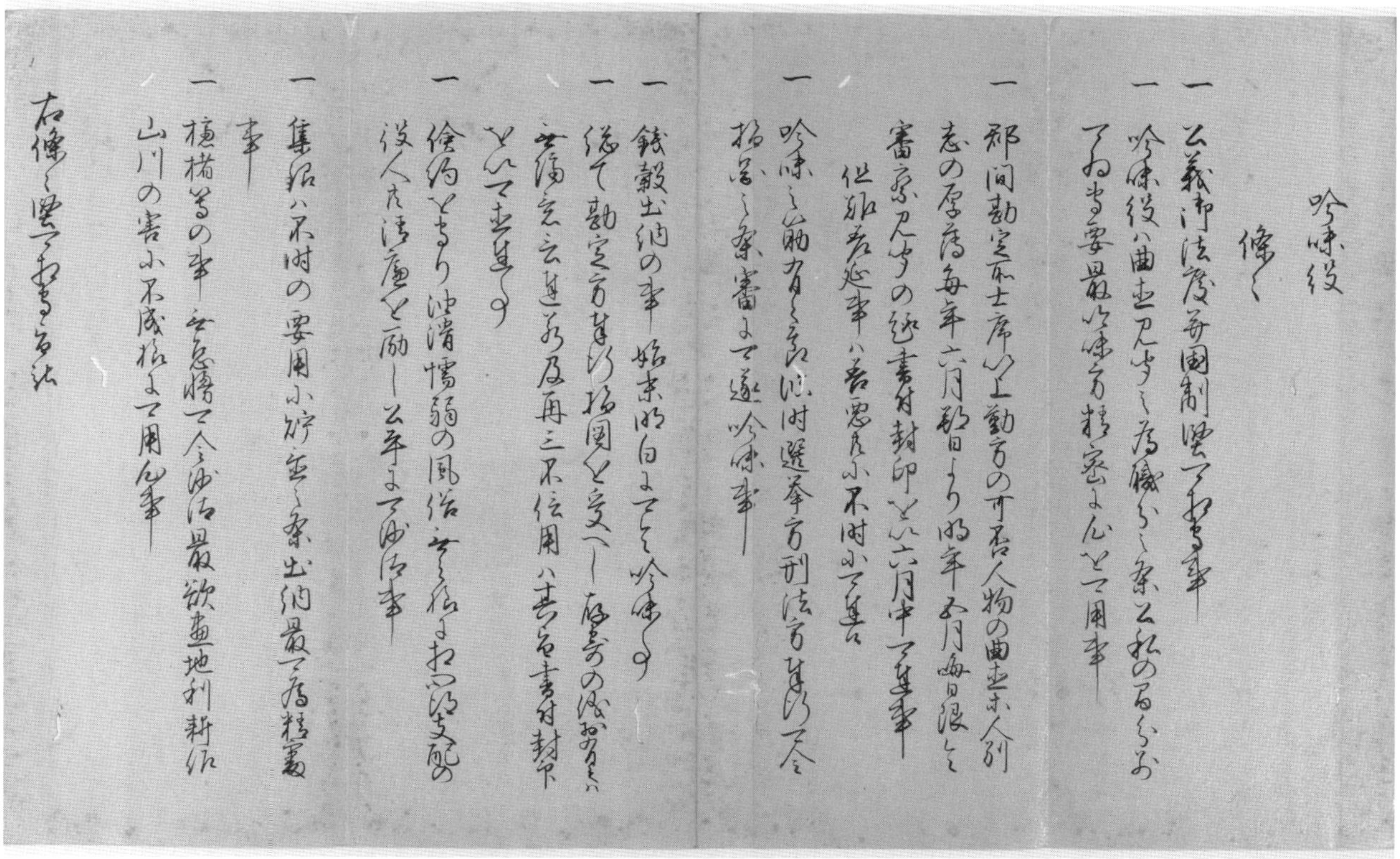

（76）吟味役

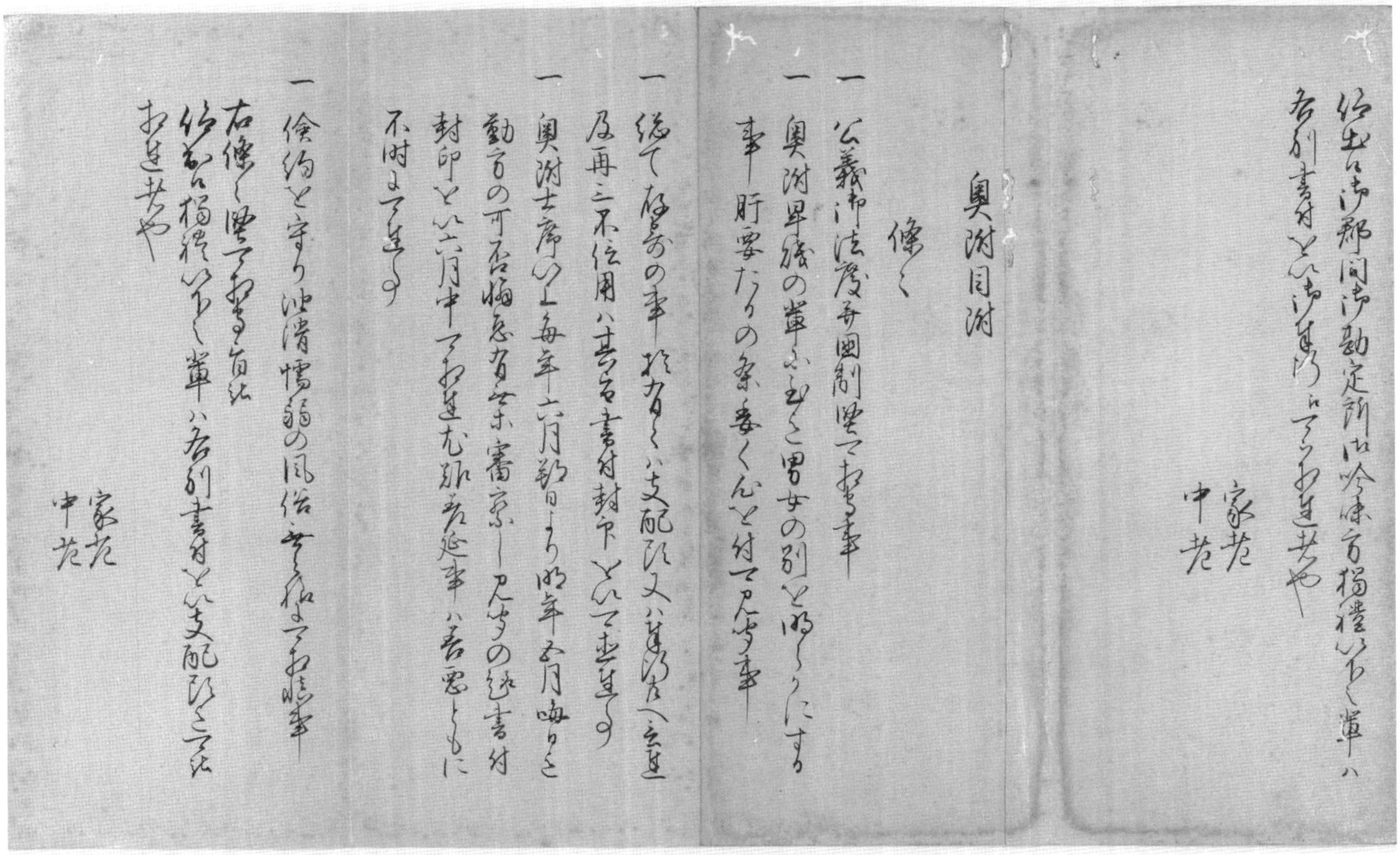

（77）奥附目附

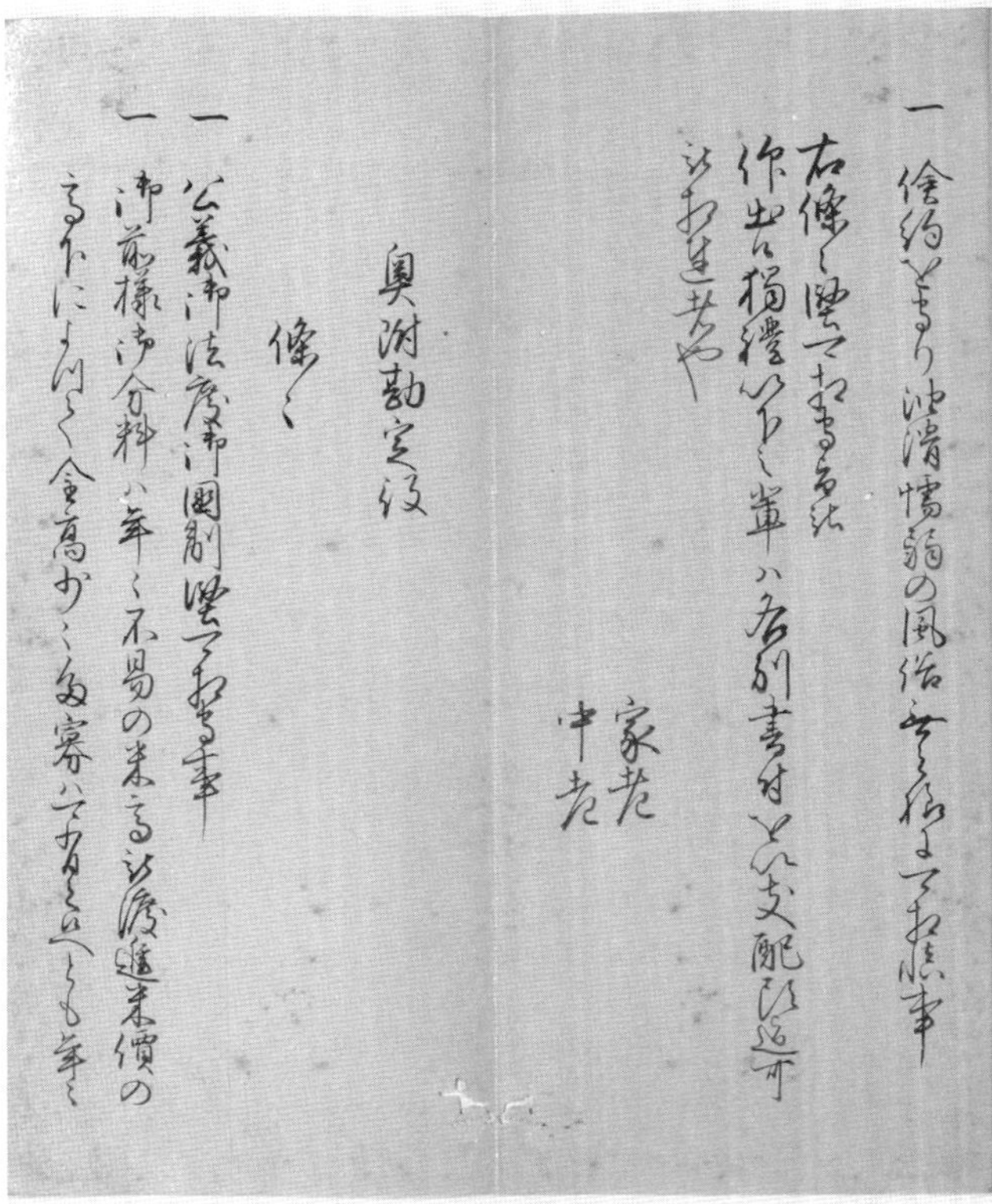

（79）奥附勘定役

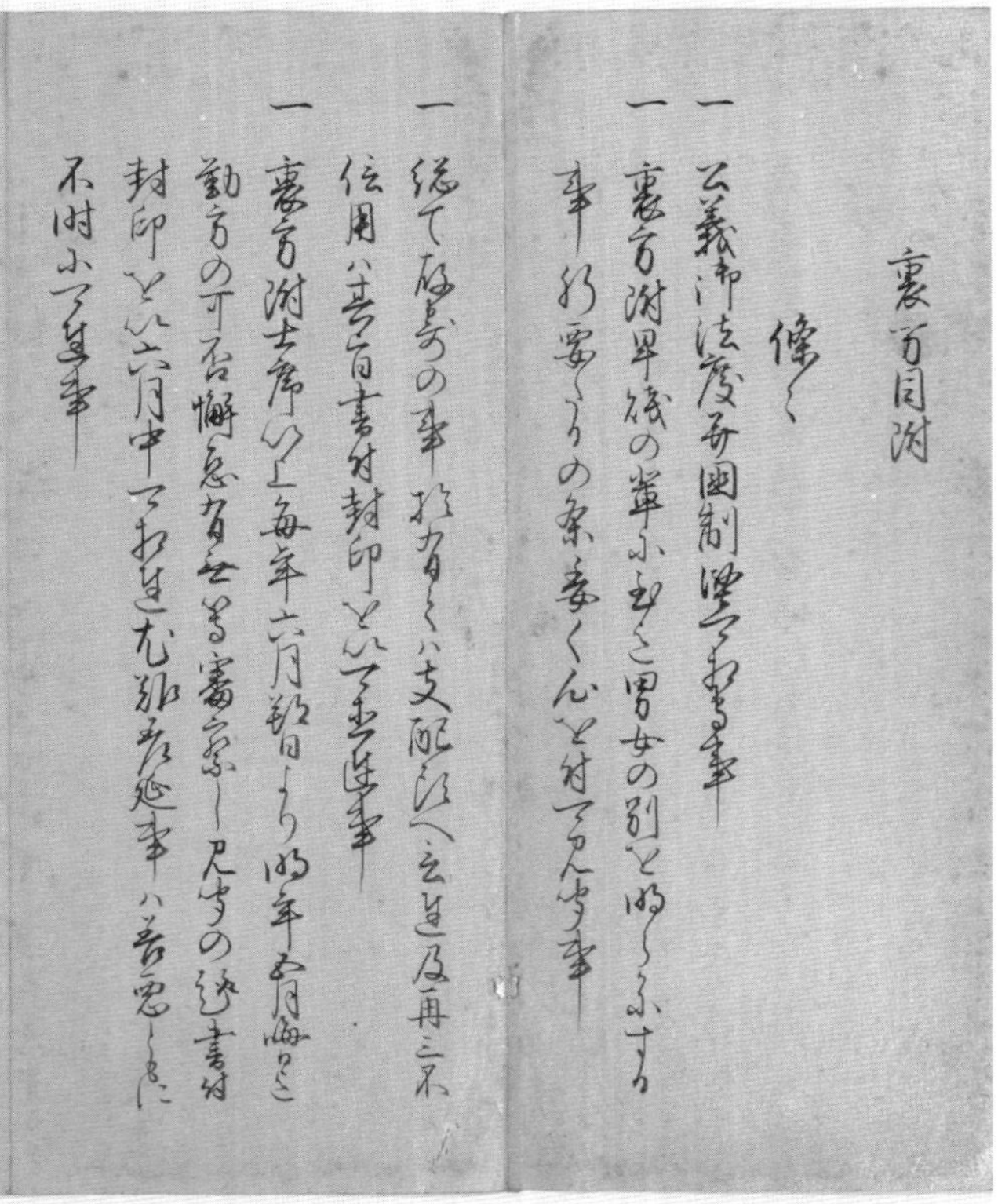

（78）裏方目附

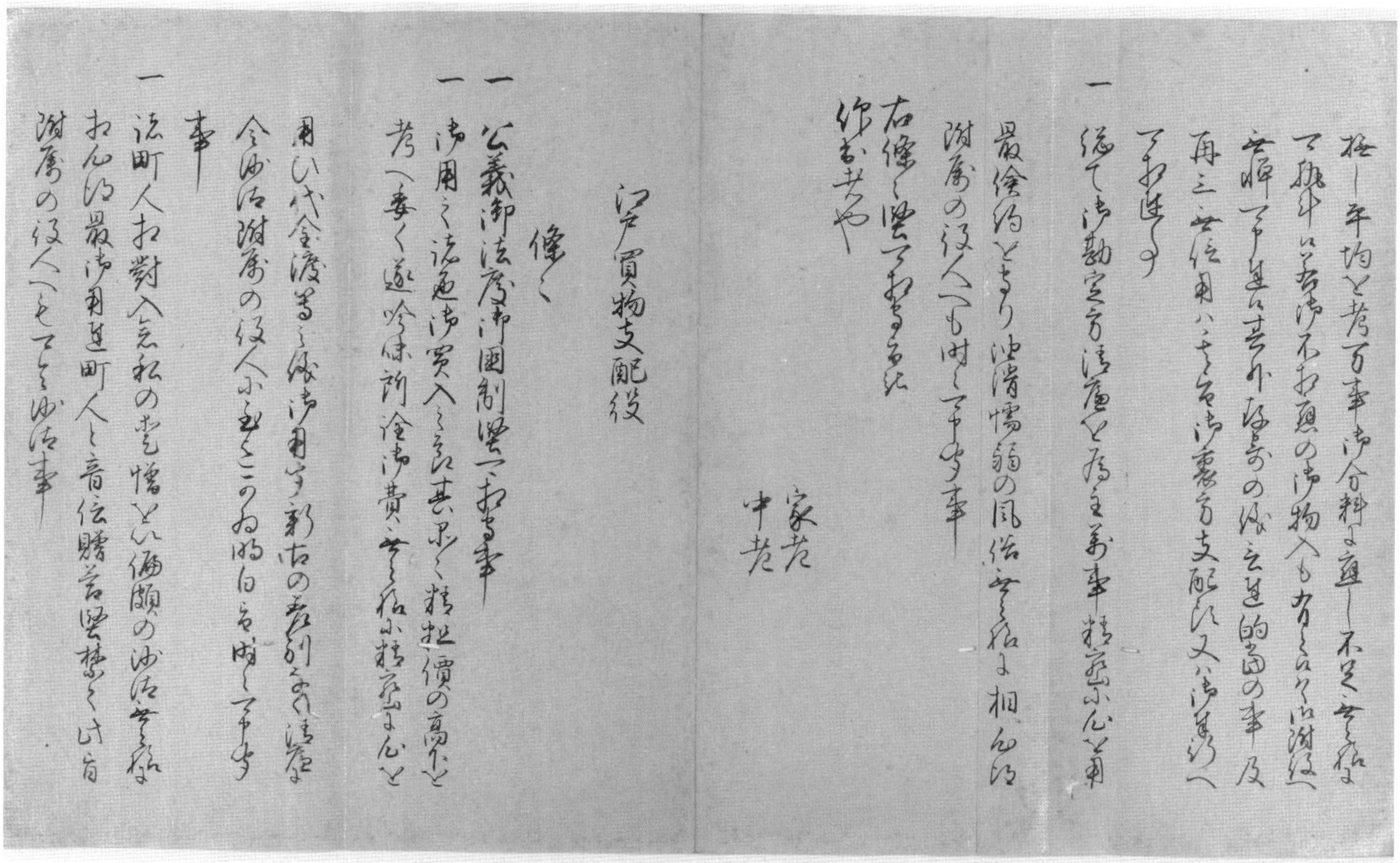

（80）江戸買物支配役

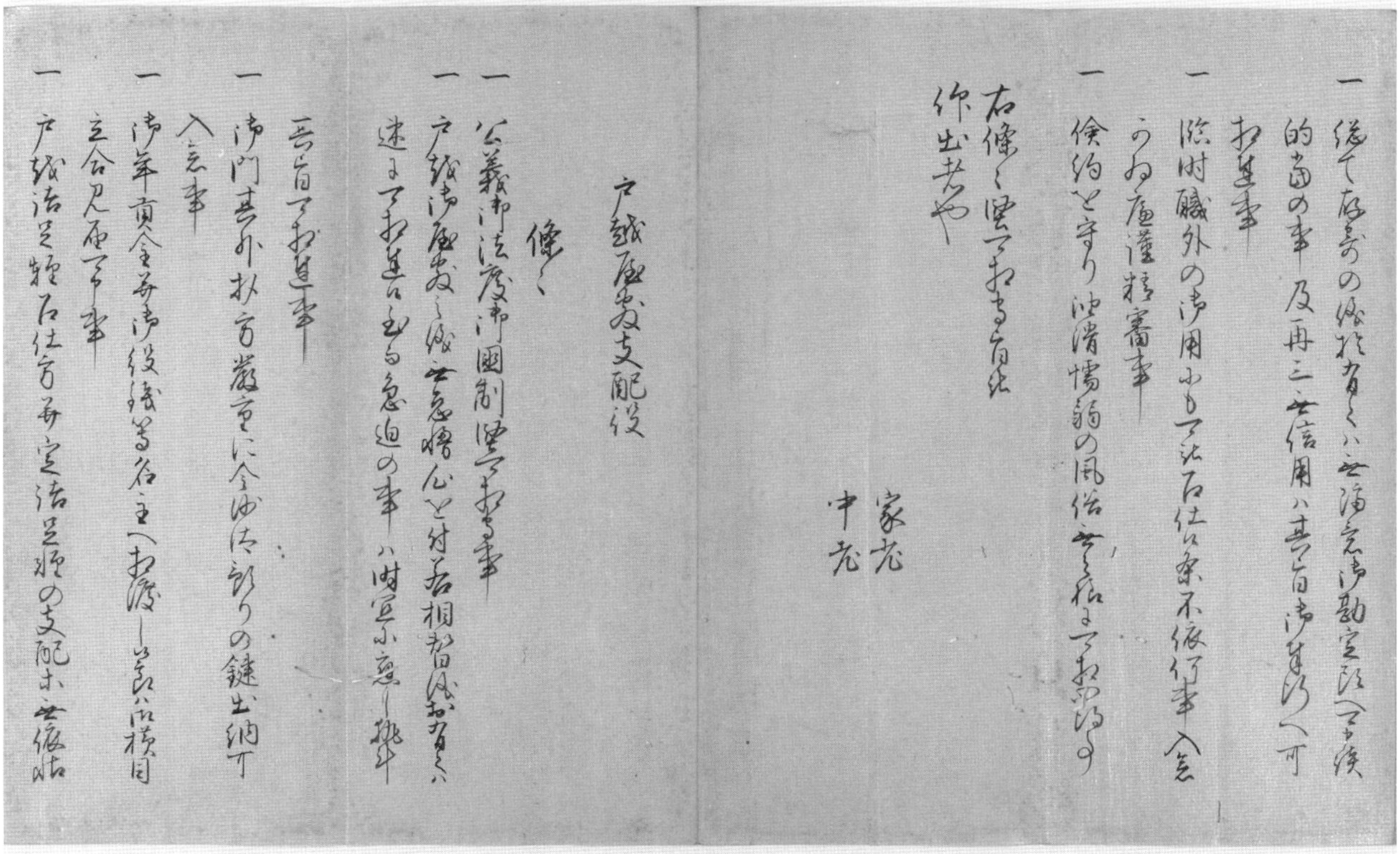

（81）戸越屋敷支配役

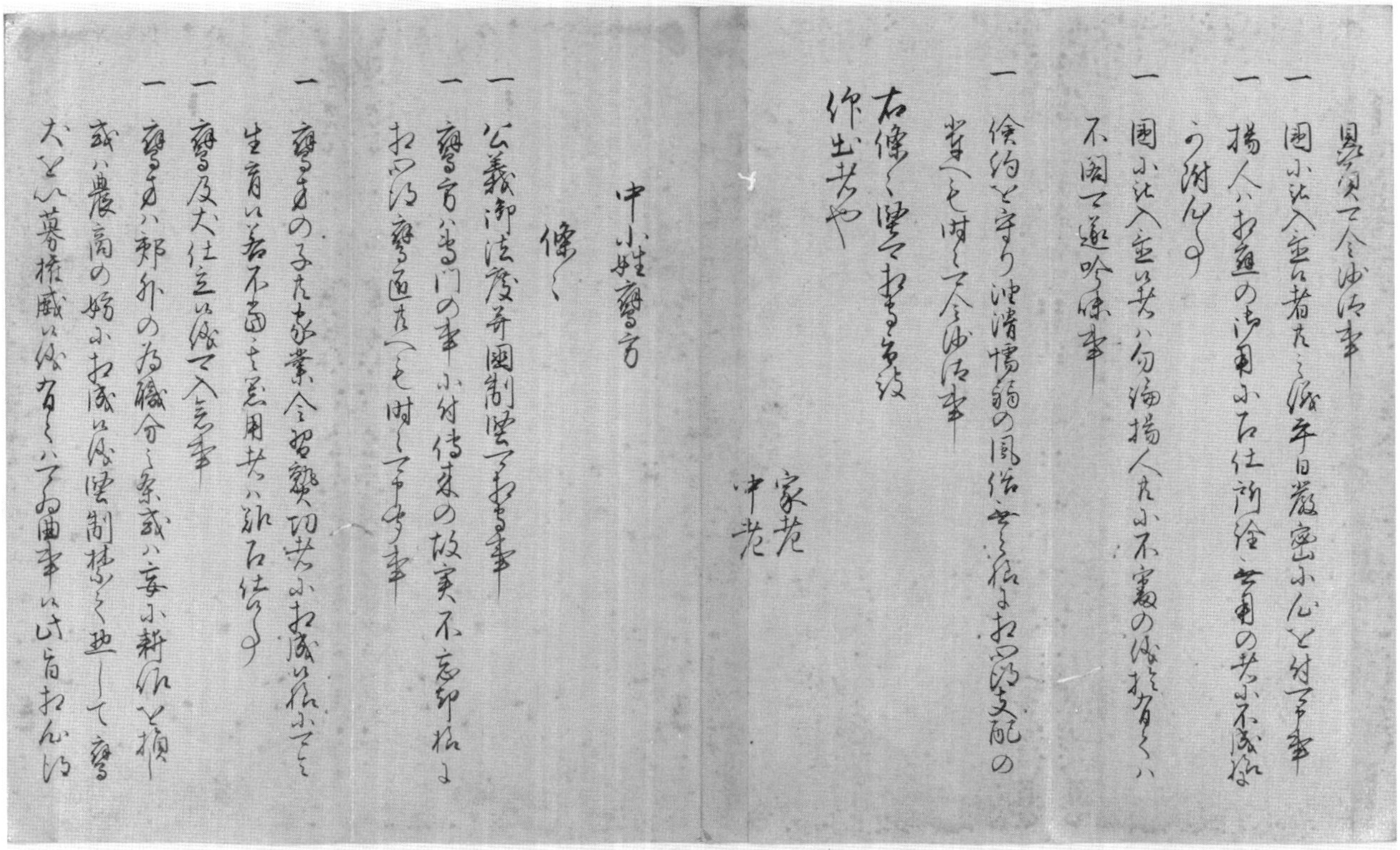

（82）中小姓鷹方

7 条目（抄）

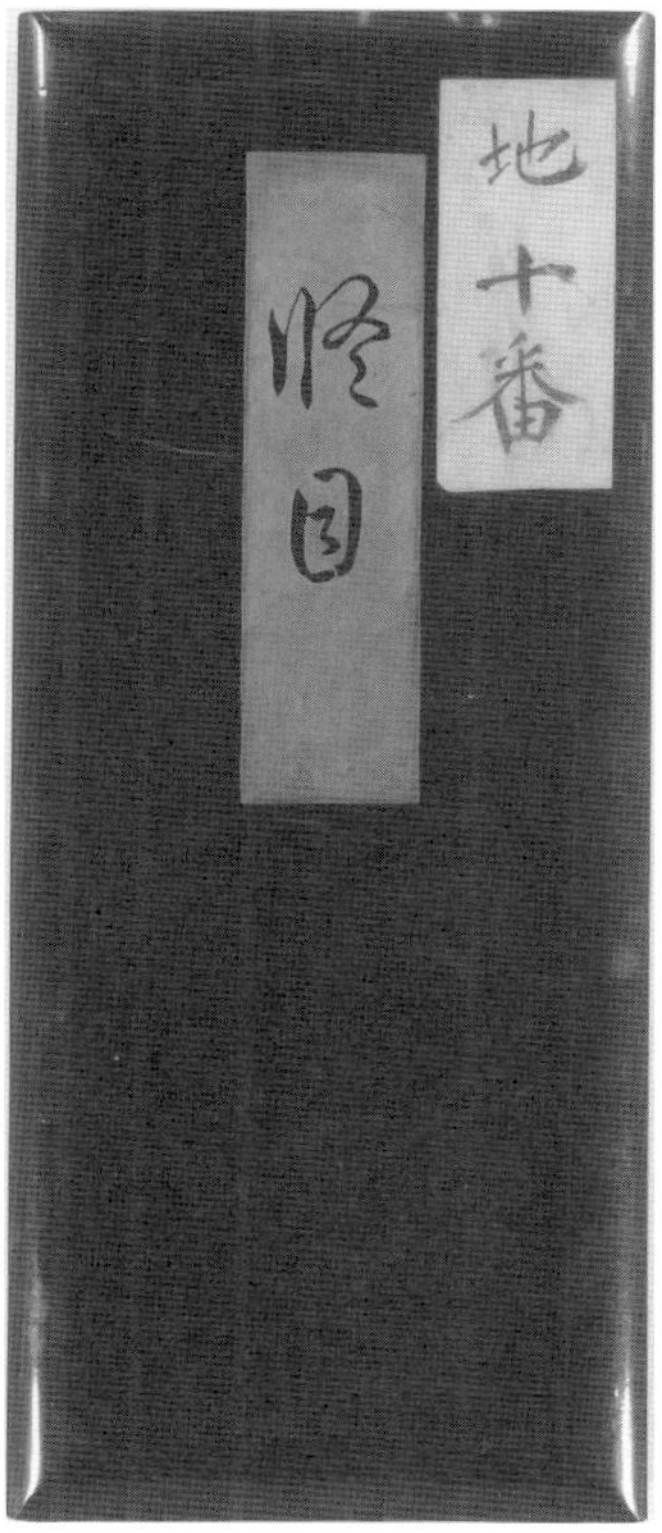

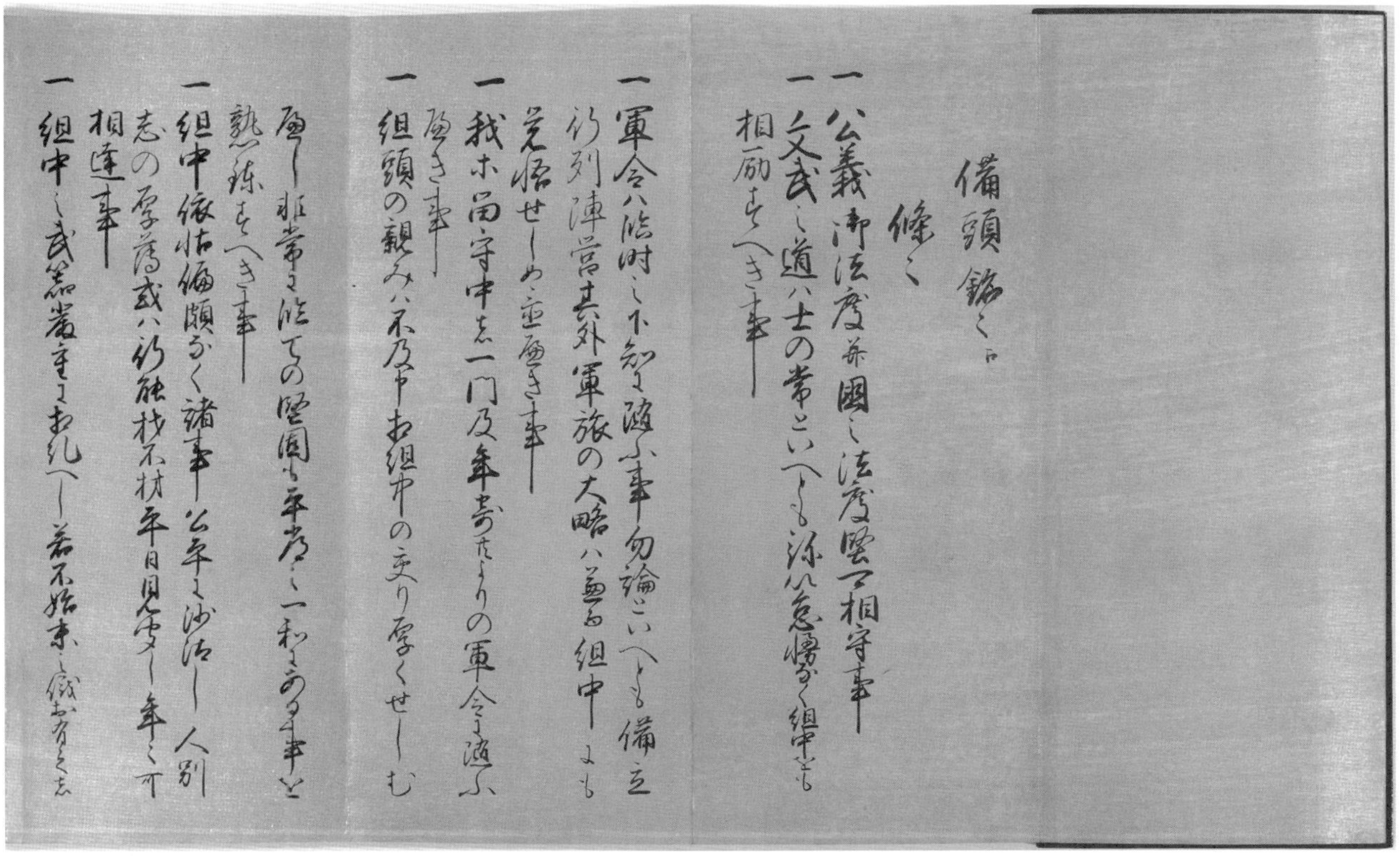

備頭銘々江

條々

一 公義御法度并國之法度堅ク相守事

一 文武之道ハ士の常といへとも添而怠慢なく組中ニも相励ますへき事

一 軍令ハ臨時之下知ニ随ふ事勿論といへとも備立行列陣営其外軍旅の大略ハ兼而組中ニも覚悟せしめ置へき事

一 我ホ留守中并一門及年寄よりの軍令ニ随ふへき事

一 組頭の親ミハ不及申并組中の交り厚くせしむへし非常之臨ての堅固ハ平素之一和ニある事ニ候熟練をもへき事

一 組中縁組偏頗なく諸事公平ニ沙汰し人別志の厚薄或ハ行能技不材平日見分し年々可相達事

一 組中之武器嵩ニ至まて紀へし若不始末之儀於有之ハ

（1）備頭

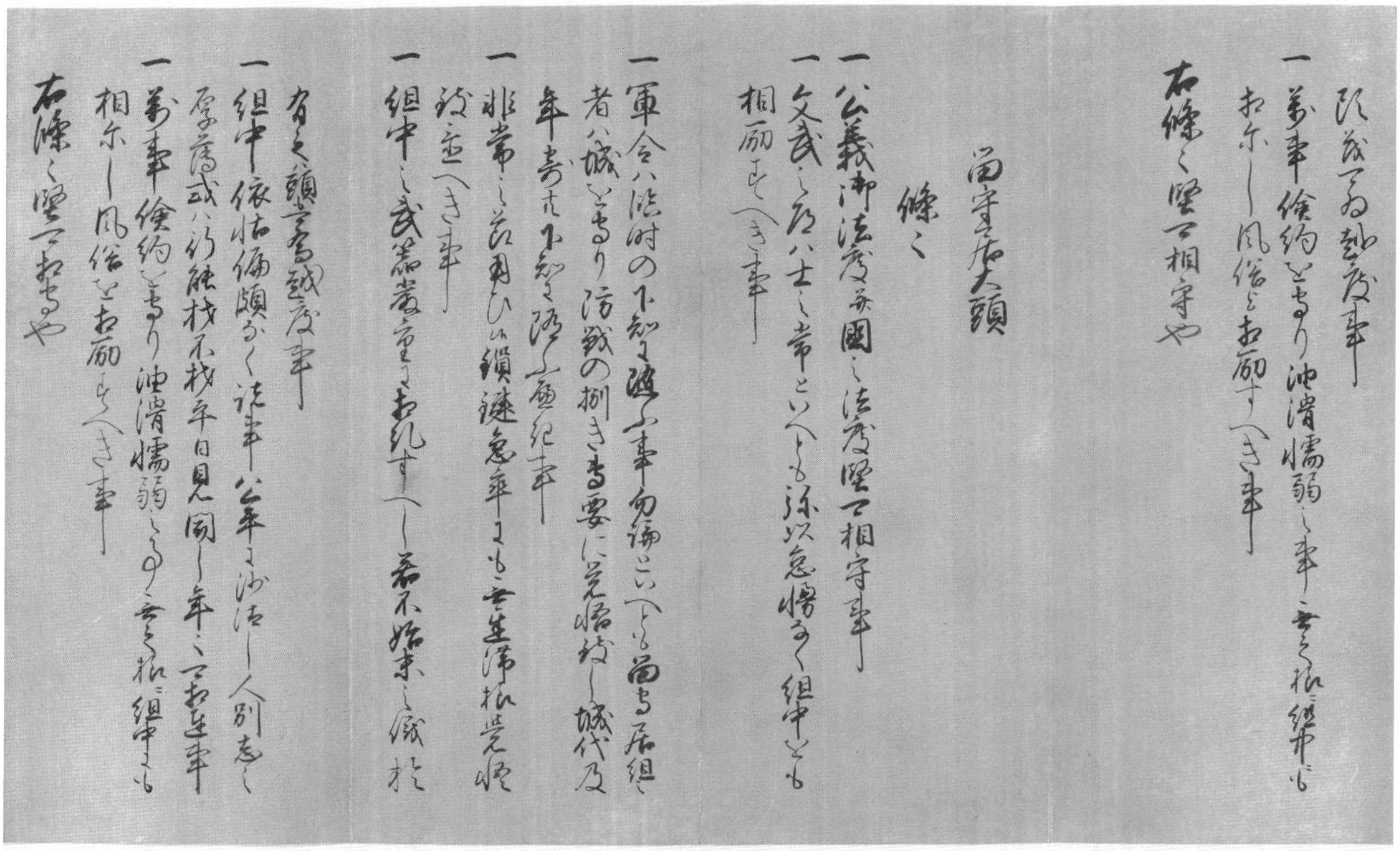

（2）留守居大頭

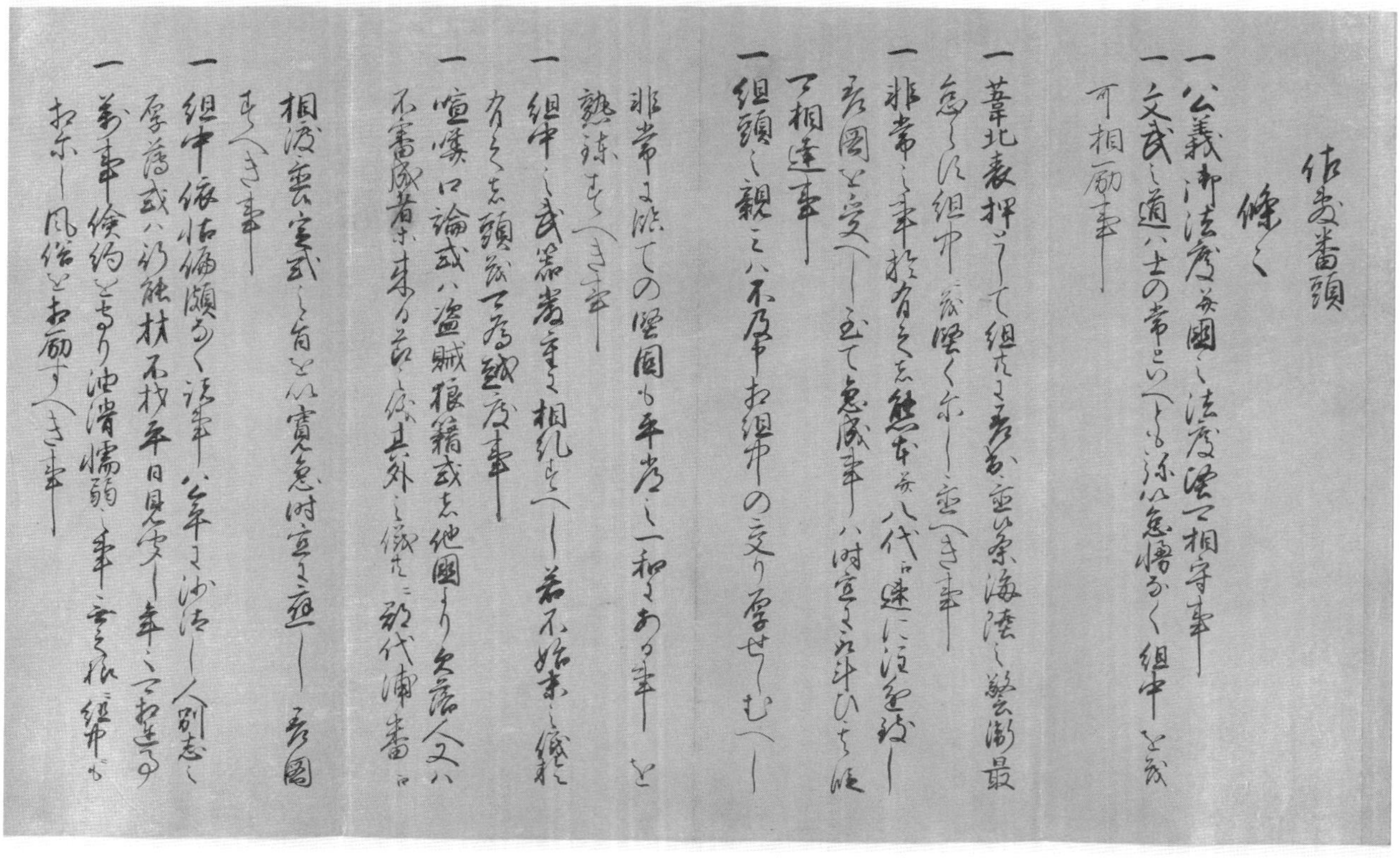

（3）佐敷番頭

右條々堅く相守可申事

巧拙小平目以下別に
一萬事倹約を守り油断懦弱之事無之様心掛
　風俗を相励可申事
右條々堅く相守可申事

　　番頭條々
一公儀御法度幷御国之法度堅く相守事
一文武之道士之常とて忽に不致練心懇懇々組中へ義
　相励可申事
一軍令は臨時に不斗之事勿論といへとも備頭走
　指圖を受軍旅の大略は萬々其悟被成組中へ繁
　壺無き事
一組頭に親しみ不及申組中の更り等能く存し
　正く非常に臨ての壁固等平常一和さある事
　熟練可申事
一組中礒祐備頭敷く諸事は萬事沙汰之人別志
　屋蘆或は行跡不株不株平日は人家工程表申事
一組中し武器拾乃行跡不株或は家業
　有之き志頭松下居越度事
一萬事倹約を守り油断懦弱之事無之様に
　相応之風俗を相励可申事

(5) 番頭

---

(4) 鶴崎番代

　　鶴崎番代
　　條々
一公儀御法度幷御国之法度堅く相守事
一鶴崎表は熊本を隔り取扱諸役人及船を一切の司
　として若重要諸事公平に沙汰之人可殊に

大分郡海邊幷領分之義御代官幷他代入より之
所分別占て入念事
一日田御代官幷人粒之用之候中来之迷々無之
　相達事
一日田役用箱爾に親切に知者は連濡をへつくせ
　事
一御代官幷近領相要事非分之志迷に態可
　相達事
一領分の境領分湊之義に関連之お渡雲定式と古さん
　敷代浦番不々若国え可き事
一敷代浦書度注注又は船よし者仮祐備頼各公事
　油活し人別志し屋蘆行跡不株或は家業の

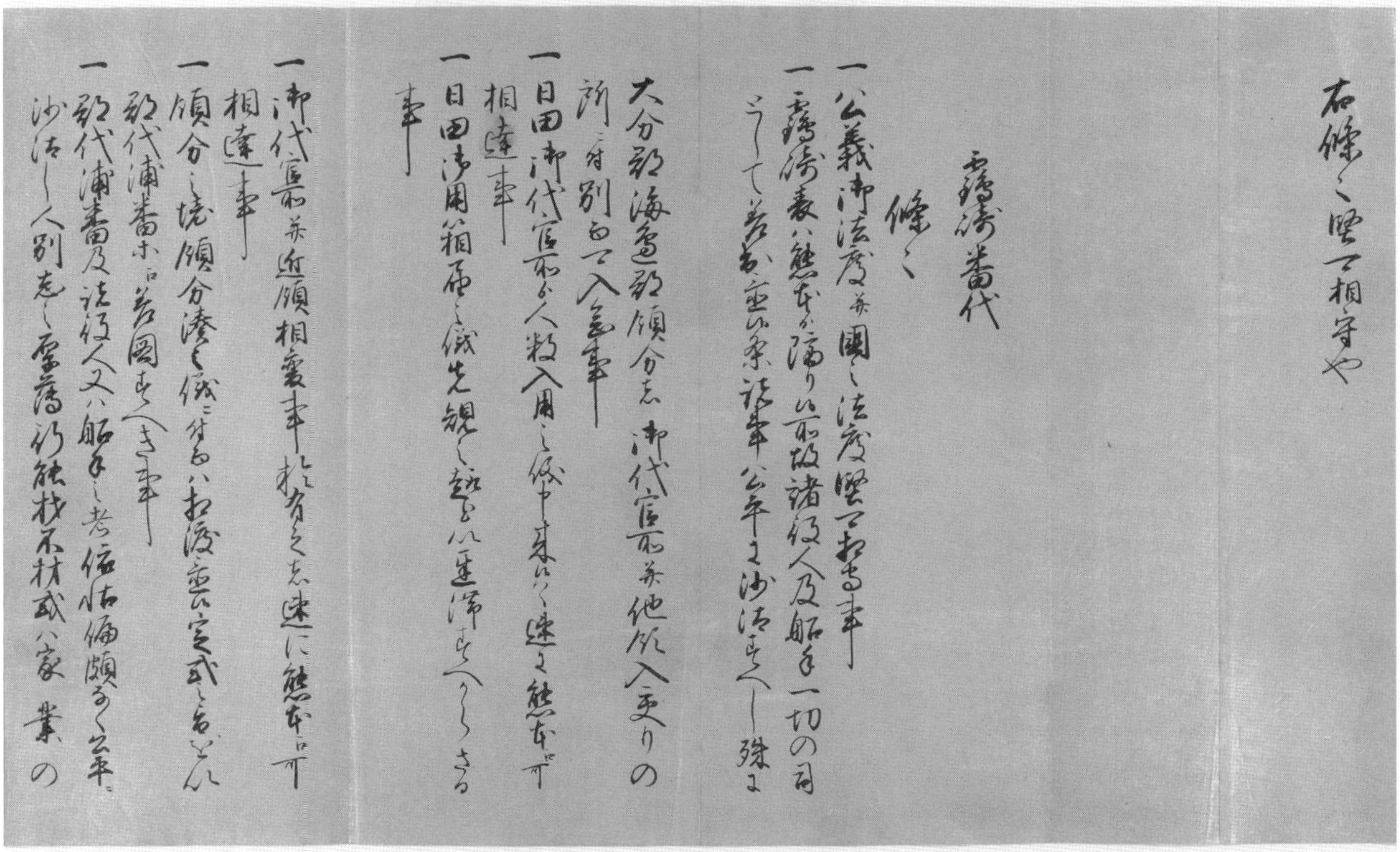

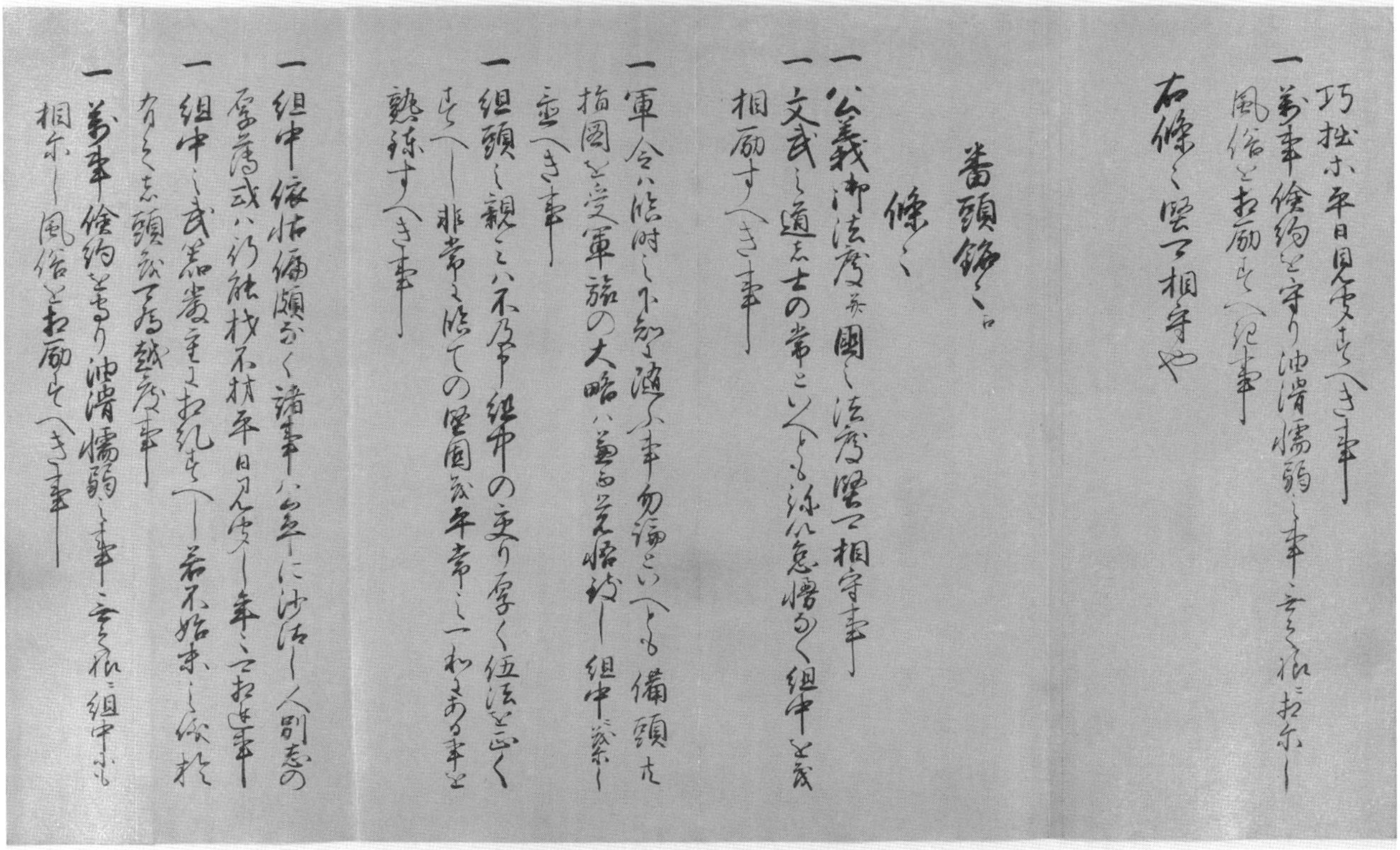

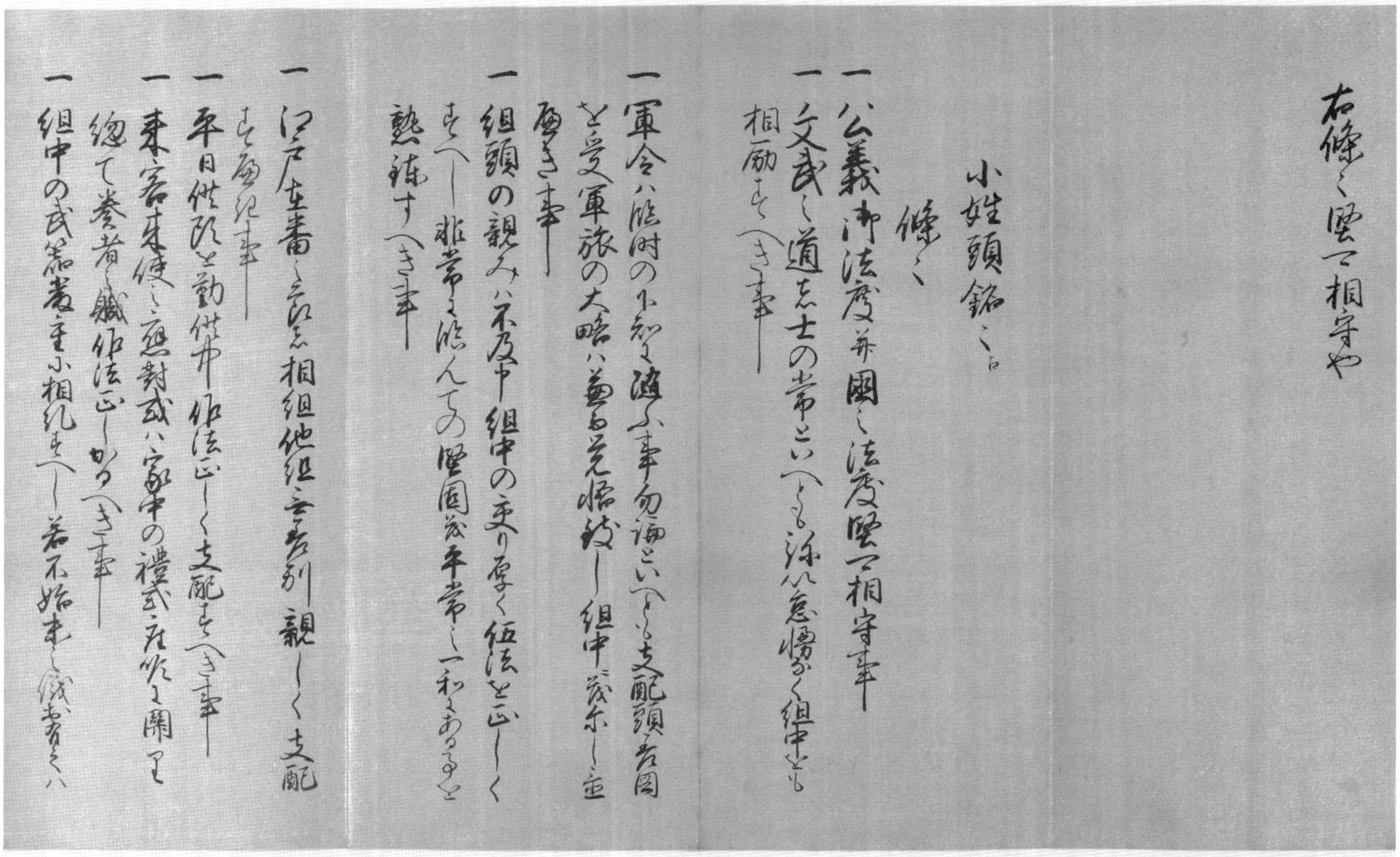
右條々堅可相守也

小姓頭銘々

條々

一 公義御法度并国之法度堅可相守事

一 文武之道者士の常といへとも弥不怠懈組中ともに相励ますへき事

一 軍令ハ臨時の下知ニ随ふ事勿論といへとも支配頭之差図を受軍旅の大略ハ兼而覚悟致し組中ニも常ニ示し置へき事

一 組頭の親ミハ不及申組中の交り厚く伍法を正しく守へし非常ニ臨んての堅固ハ平常ニ一和なる事を熟練すへき事

一 江戸在番之節ハ相組他組之無差別親しく支配を守へき事

一 平日供既之勤仕并作法正しく支配すへき事

一 来客取次之応対或ハ家中の礼式を先々聞て總て参着之職作法正しくかつへき事

一 組中の武器畫并小相紀すへし若不始末之儀有之者ハ

（6）小姓頭

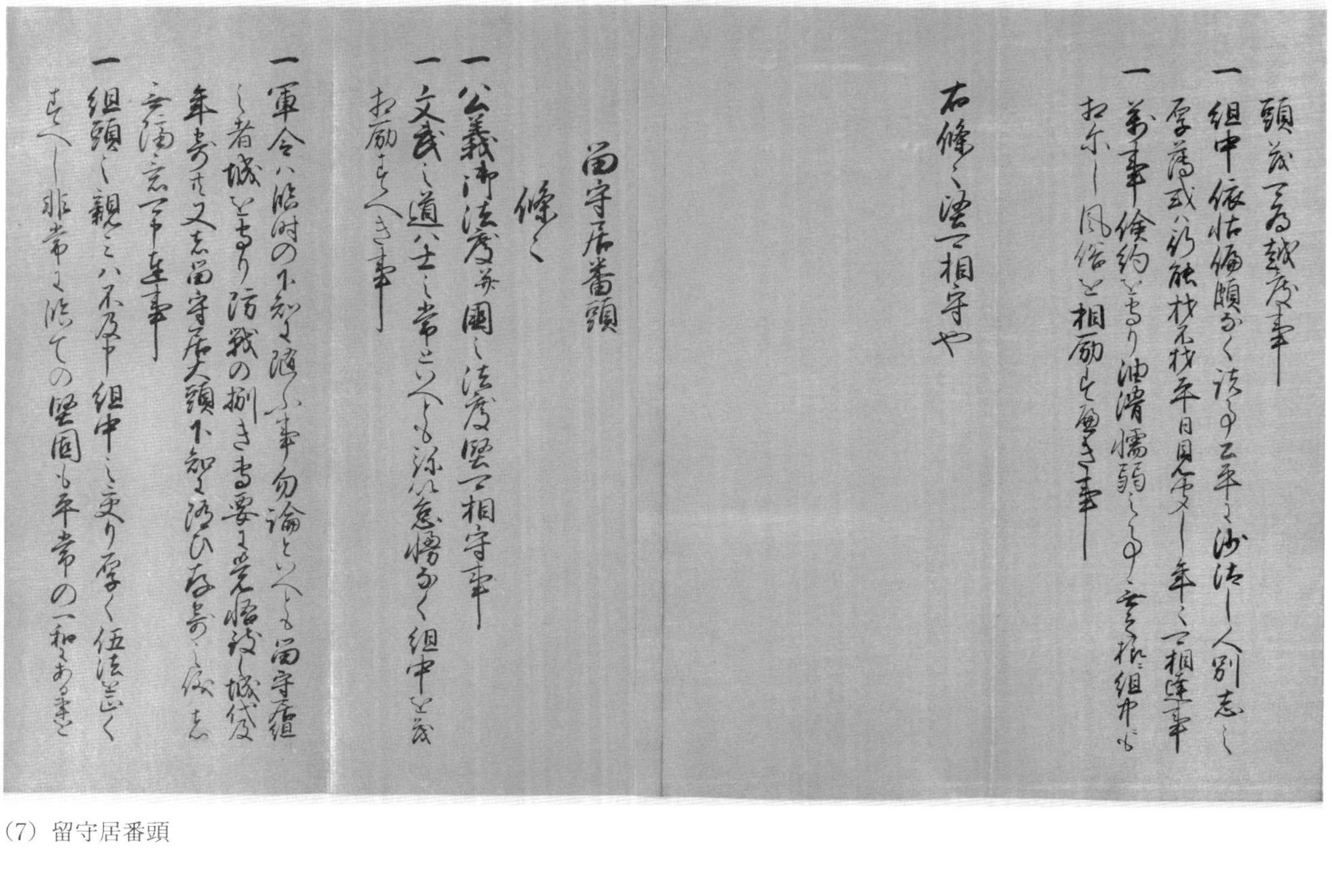
頭ニ可為越度事

一 組中依怙偏頗なく諸事正平ニ沙汰し人別志之厚薄或ハ能不能平日見分置一年ニ一度相達事

一 万事倹約を守り油滑懦弱之中ニ至らは組中ともに示し風俗を相励まし可申事

右條々堅可相守也

留守居番頭

條々

一 公義御法度并国之法度堅可相守事

一 文武之道ハ士之常といへとも弥不怠懈組中ともに相励すへき事

一 軍令ハ臨時の下知ニ随ふ事勿論といへとも留守居之者城をもり防戦の捌き専要之覚悟致し城代年寄并又者留守居大頭下知ニ随ひ存寄も有之候はゝ無遠慮可申達事

一 組頭之親ミハ不及申組中之交り厚く伍法正しく守へし非常ニ臨ての堅固も平常の一和なる事を

（7）留守居番頭

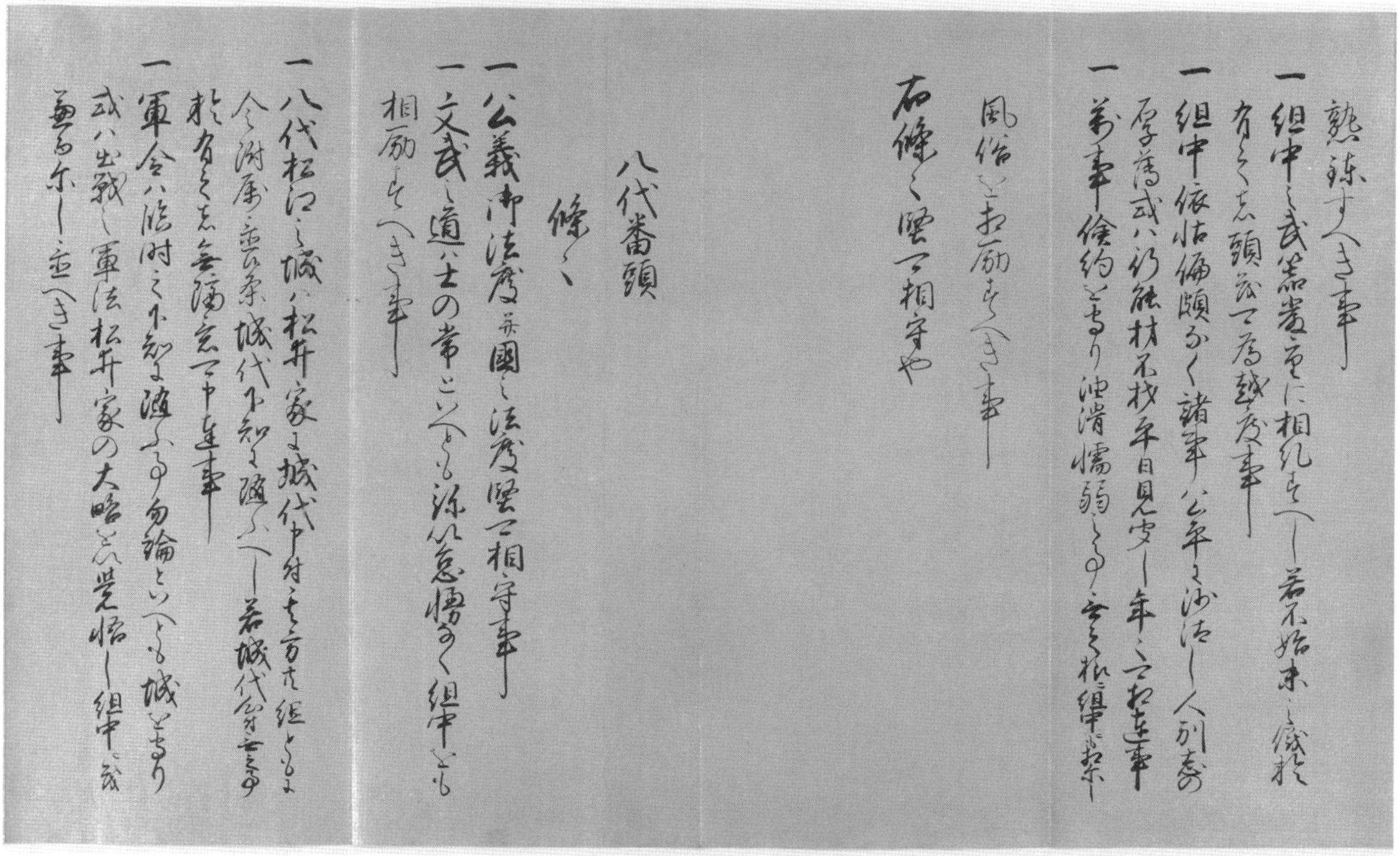
熟練すへき事
一 組中之武芸嗜候様ニ相礼すへし若不始末之儀於
有之ハ頭迄可届越事
一 組中依怙偏頗なく諸事公平ニ沙汰し人別志
厚薄武ハ勿論材不材平日見定し年々可相達事
一 万事倹約を守り浮滑懦弱之風無之様組中ニ申示し
風俗を相励すへき事
右條々堅可相守者也

八代番頭
條々
一 公義御法度并国之法度堅可相守事
一 文武之道ハ士の常といへとも疎ニ怠慢なく組中とも
相励すへき事
一 八代松江之城ハ松井家之城代申付置候方ニ候と雖
今度屋舗并城代下知之通ニ可仕若城代不在之時ハ
於有之ハ無論支配方ニ可申達事
一 軍令ハ臨時之下知之通ニ可為勿論といへとも城を守り
或ハ出戦之軍法松井家の大略を以覚悟し組中ニ茂
無油断申示し置へき事

（8）八代番頭

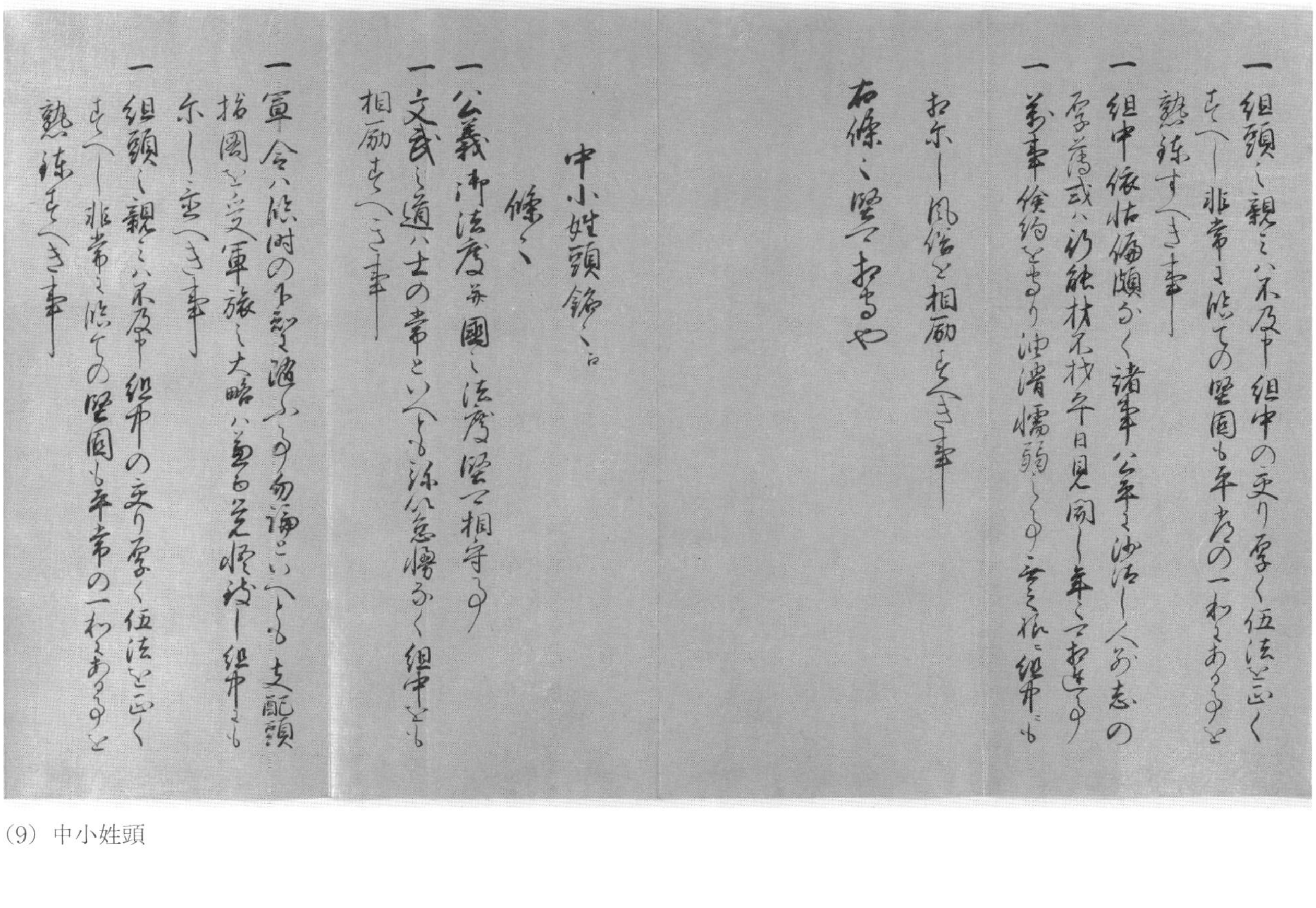
一 組頭之親しミハ不及申組中の交り厚く伍法を正しく
すへし非常之臨ての堅固も平常の一和ニあるゝを
熟練すへき事
一 組中依怙偏頗なく諸事公平ニ沙汰し人々志の
厚薄武ハ勿論材不材平日見聞し年々可相達事
一 万事倹約を守り浮滑懦弱之風無之様組中ニも
申示し風俗を相励すへき事
右條々堅可守者也

中小姓頭
條々
一 公義御法度并国之法度堅可相守事
一 文武之道ハ士の常といへとも疎ニ怠慢なく組中とも
相励すへき事
一 軍令ハ臨時の下知之通ニ可為勿論といへとも支配頭
指図を受軍旅之大略ハ兼而覚悟致し組中ニも
示し置へき事
一 組頭之親しミハ不及申組中の交り厚く伍法を正しく
すへし非常之臨ての堅固も平常の一和ニあるゝを
熟練すへき事

（9）中小姓頭

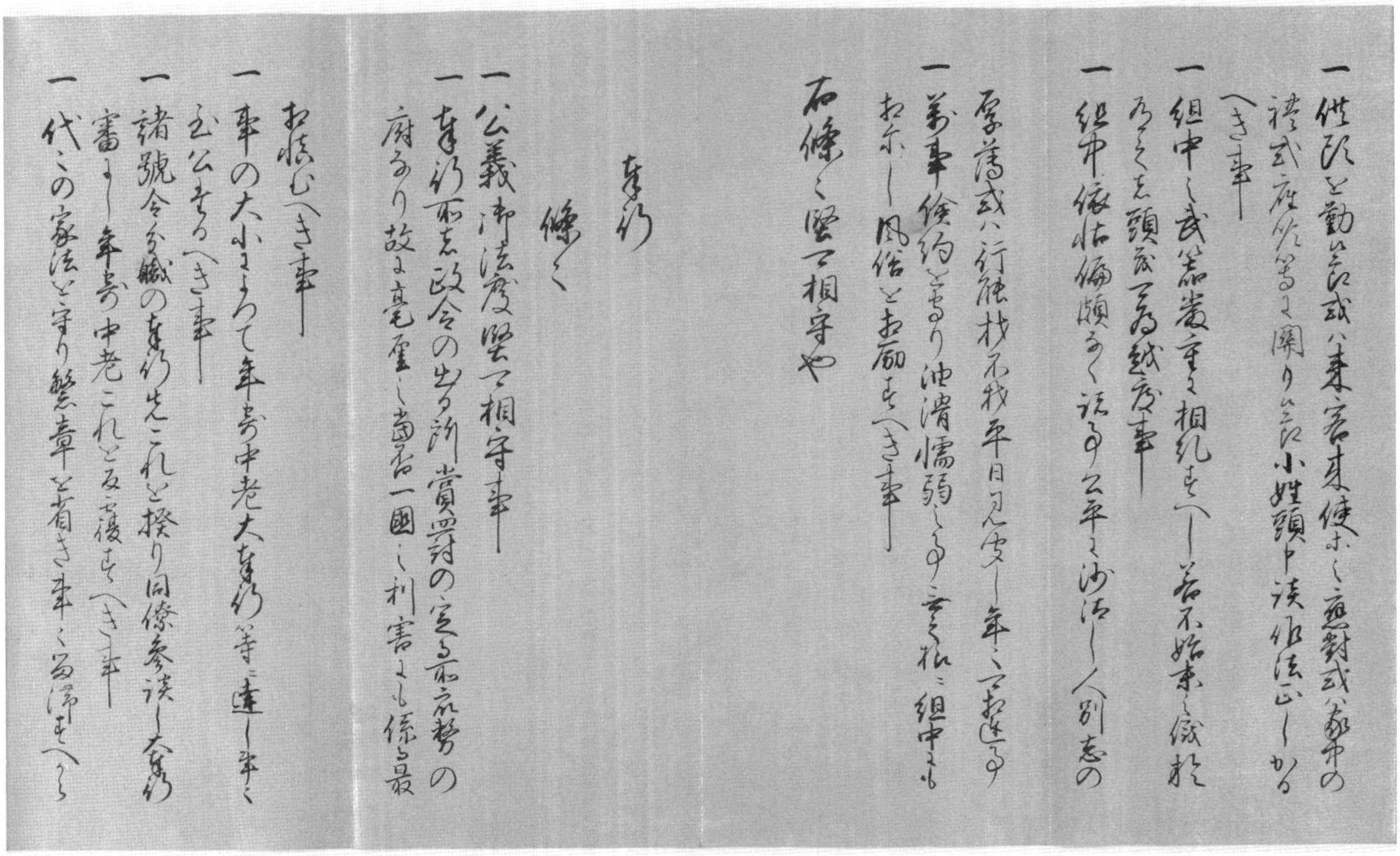

一 供所と勤ハ式ハ来客来使ホ之應對式ハ家中の
禮式府外ニ於て関りに於小姓頭中法作法正しかる
へき事
一 組中之武器炭薬之相糺まへし若不始末之儀於
ハ之を頭家て為越度事
一 組中依怙偏頗なく諸事公平之沙汰し人別志の
厚薄式ハ行能枝不枝平日ニ心を尽し年々ニ可相達事
一 万事倹約を守り油滑懦弱ならす之様ニ組中をも
相示し風俗を正励まへき事
右條々堅て相守や

奉行
條々
一 公義御法度堅て相守事
一 奉行所ハ政令の出る所賞罰の定るある勢の
府なり故ニ毫釐之差も一国之利害ニも係る最
おそむへき事
一 事の大小よろて年寄中老大奉行等ニ達し事々
ニ公ならるへき事
一 諸號令分職の奉行先これと撰り同僚参談し大奉行
審ニし年寄中老これと反覆まへき事
一 代々の家法と守り紊章と省き事々留滞まへから

(10) 奉行

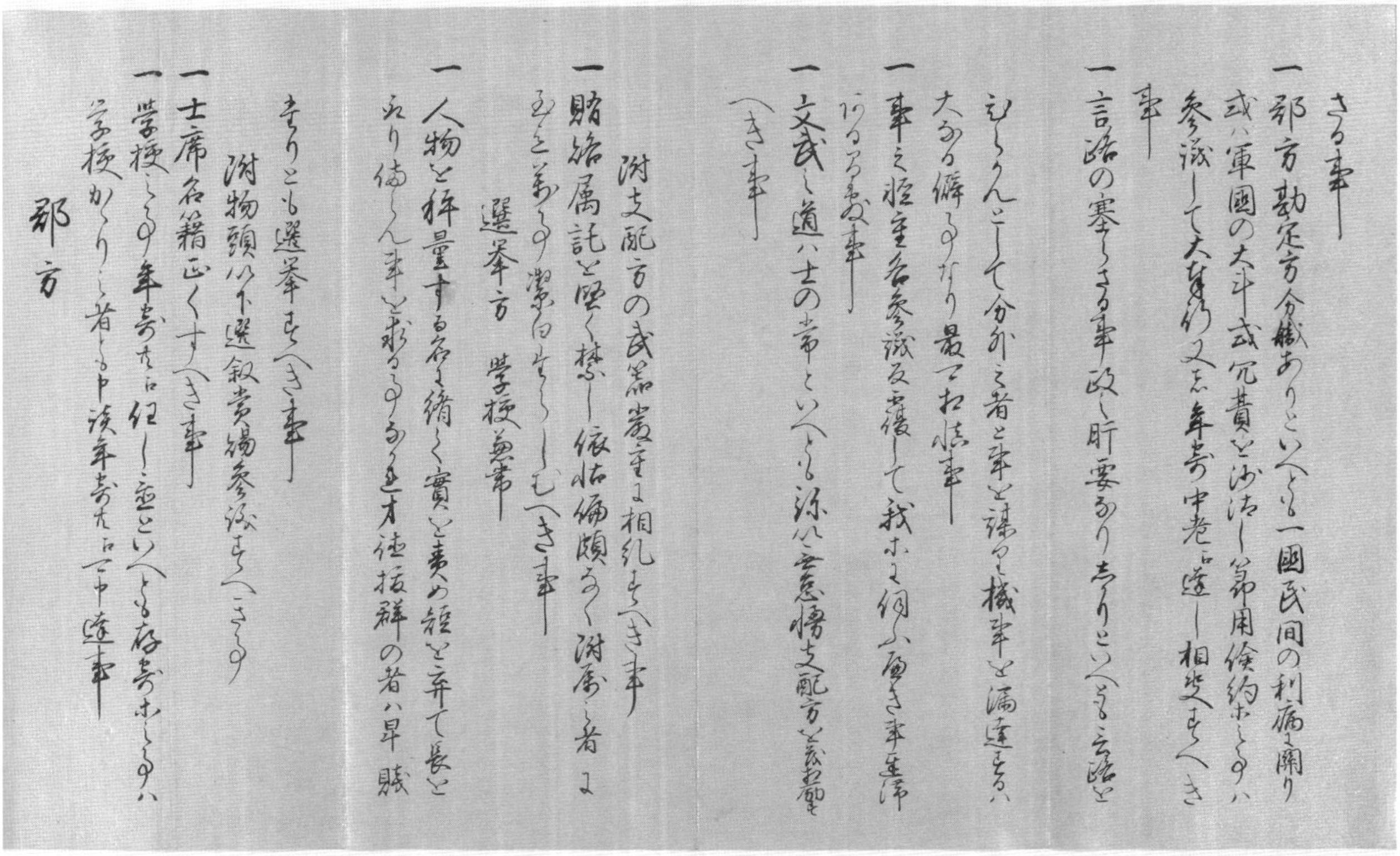

さる事
一 郡方勘定方分職ありといへとも一国民間の利病ニ関り
或ハ軍国の大計或ハ冗費を沙汰し節用倹約ホニ至りてハ
参議して大奉行又ハ年寄中老ニ達し相決すへき
事
一 言路の塞らさる事政之肝要なり去りといへとも言路と
もうろんニして分外之者と事を謀り機事を漏達するハ
大なる弊なり最ておそむ事
一 事之軽重を参議反覆して我ホ之得ル所なき事を留滞
ならさる事
一 文武之道ハ士の常といへとも猶ハ尚支配方を勧むへ
へき事
附支配方の武器炭薬ニ相糺まへき事
一 賄賂属託を堅く禁し依怙偏頗なく附属之者ニ
至る迄も潔白ならしむへき事
選挙方 学校兼帯
一 人物を称量するニハ常ニ徳く実を責め虚を棄て長を
取り偏らん事を求めて適才徳抜群の者ハ早賤
まりとも選挙まへき事
附物頭以下選叙黄觴参議まへからす
一 士席名籍正しくすへき事
一 学校ニ至りて年寄たる紀し正といへとも存寄ホ之事ハ
学校かかりの者ニ申談年寄たるニ申達事
郡方

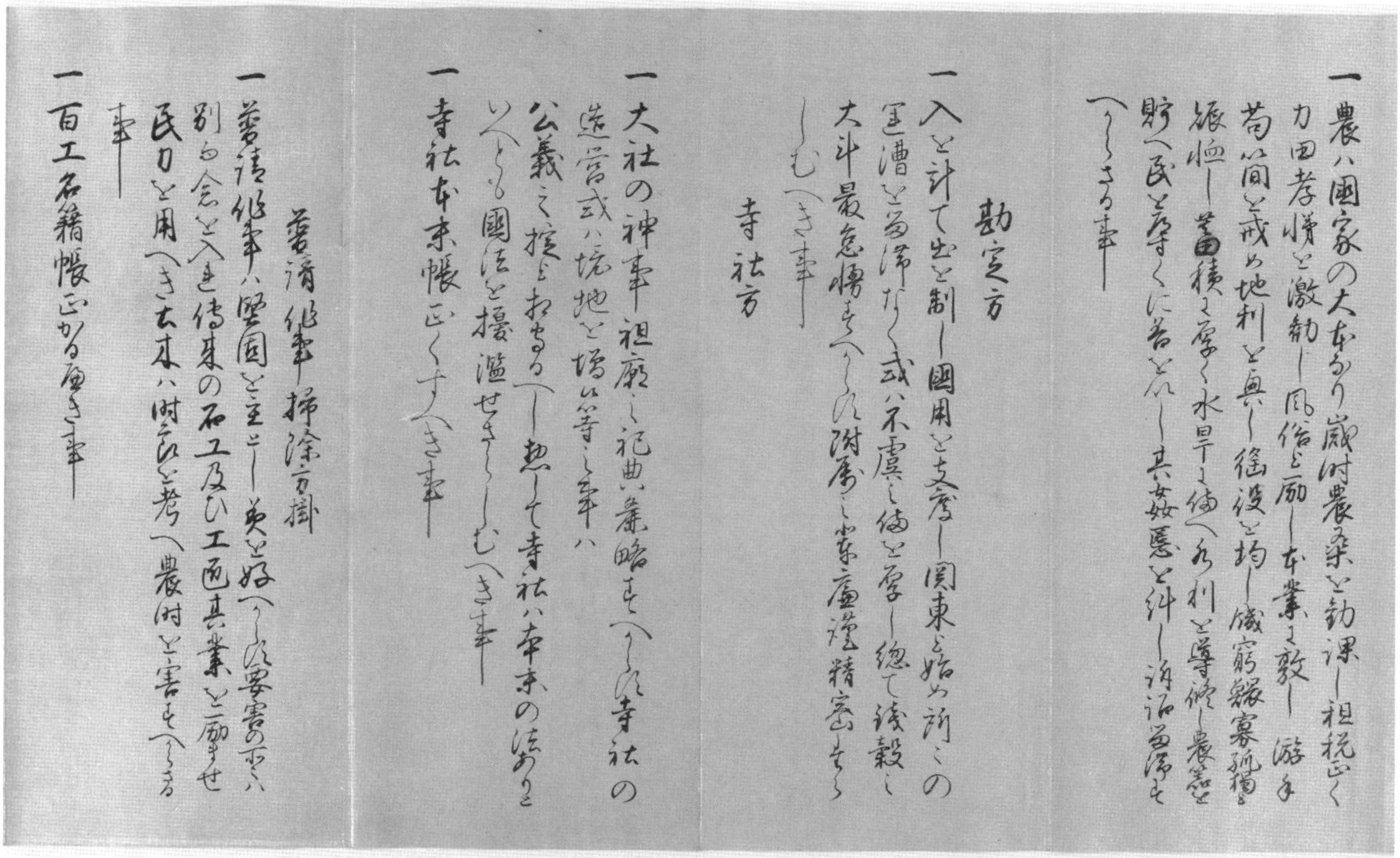

一 農ハ国家の大本なり歳々農桑を勧課し租税正く
力田孝悌を激勧し風俗を励し本業を敦し遊手
苟偷を戒め地利を興し徭役を均し鰥寡孤独を
賑恤し蓄積を厚く水旱を備へ民利を導き農を
貯へ民を安すくに着さし其姦悪を糾し訴訟留滞を
へからさる事

勘定方

一 入を計て出を制し国用を支度し関東を始め所々の
運漕を留滞なく或ハ不虞の備を厚し総て銭穀の
大斗最怠惰なからしめ附属の者廉潔精密なら
しむへき事

寺社方

一 大社の神事祖廟の祀典ハ兼略なからしめ寺社の
造営或ハ境地を増益等の事ハ
公義の掟を相守り熟して寺社ハ本末の法ありと
いへとも国法を擾濫せさらしむへき事

一 寺社本末帳正くすへき事

普請作事掃除方掛

一 普請作事ハ堅固を主とし美を好へからす要害の外ハ
別而念を入ま伝来の名工及ひ工匠其業を励ませ
民力を用へき末々ハ時を考へ農時を害すへからさる
事

一 百工名籍帳正かるへき事

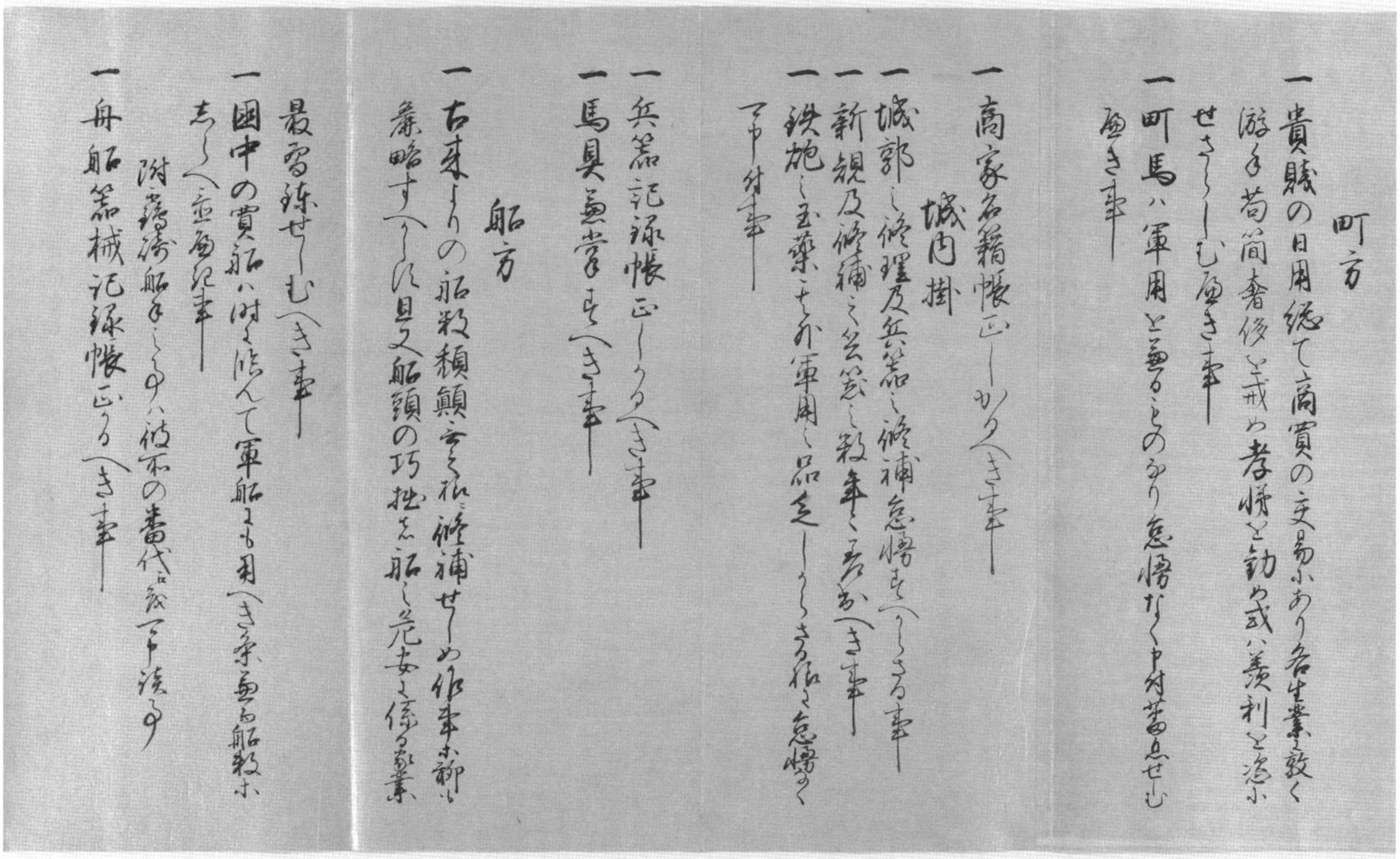

町方

一 貴賤の日用総て商賈の交易にあり各生業を敦く
遊手苟偷奢侈を戒め孝悌を勧め或ハ義利を混に
せさらしむへき事

一 町馬ハ軍用を要することなり怠惰なく申付蓄息せしむ
へき事

一 商家名籍帳正しかるへき事

城内掛

一 城郭の修理及兵器の修補怠惰あるへからさる事

一 新規及修補の器械の数年々点検すへき事

一 鉄炮の玉薬そのほか軍用の品乏しからさる様怠惰なく
可申付事

一 兵器記録帳正しかるへき事

一 馬具益堅牢たるへき事

船方

一 古来よりの船数積類を合し修補せしめ作事の節々
兼略すへからす且又船頭の巧拙ハ船の危安に係る家業
最習錬せしむへき事

一 国中の賈船ハ時に臨んて軍船にも用へき様兼而船数に
志るへく並毎に記事

附漂流船之事ハ彼所の蕃代ニ而可下渡事

一 舟船器械記録帳正しかるへき事

71　熊本藩条目

一公義御用人及諸家領内通行或ハ他國之来使ノ等
總而客座之客應之官延小姓頭用人並ニ石案内ニ中渡候様ニ
相達候様ニ仕ルへき事

　　客座掛

一屋書ハ廣狹ハ祿の多少によりて相渡を（一家作と
約さ）そを用ひ屋書ハ家作を別に作るへき者ニ相渡し城下ニ
暖しくうくすれハ斟酌すへき事
附呈するも諭し殺さむか（詳殺お渡すき事

　　屋書掛

一屋書絵図面ニ正る（き事

　　刑法方

一刑ハ暴邪を禁止して刑（るきと）するよりの沈湎罪と
成らさる者ハ宜しく従ふ令（猛きれ八人を備り
寬をる迄六法を廢し特に死刑を廢さるもの刑法
舍涂し大を約して番り年寄中老及友議して行ふ
（我ハ立府ニ詰八年寄中老又ハ友議して斷药

　　類族方

一切支丹宗門改
公義御帳示へ若宝つか年寄うへむそ八遲うく

宵鑿を過年寄年寄へニ口達ス我ハ立府之沙八急を遲つ
江戸ニ詰候様ニ仕（き事
右條々墮下相守や

　　用人

一公義御法度並國之法度墮下相守事
一文武之道ハ士之本とつ沿以急惰なく支配中之義
相勵（き事
一政事の大小總を身に任そ参謀ス（き事ハ
惰附之中付事
一我ハ過誤之事ハ不憚中同諫正最急惰（へもを
事
一内馬ハ人命の捶而あり最風俗を慎ミ多事後約と
守り油滑懦弱こなきれ支配中之者ハ義得ぬ屋心

　　軍事

一軍令ハ臨時の下知ニ渡ふ事勿論とつへも軍旅の大畧ハ
豫て支配之者共へ申述へも相示し置（き事
一名分職さ之ハ精密に沙汰し附属之者ハ義急惰
なきれ相示を（き事
一支配之者ハ武器甲冑まを相紀すへ（一若不始末之儀あ

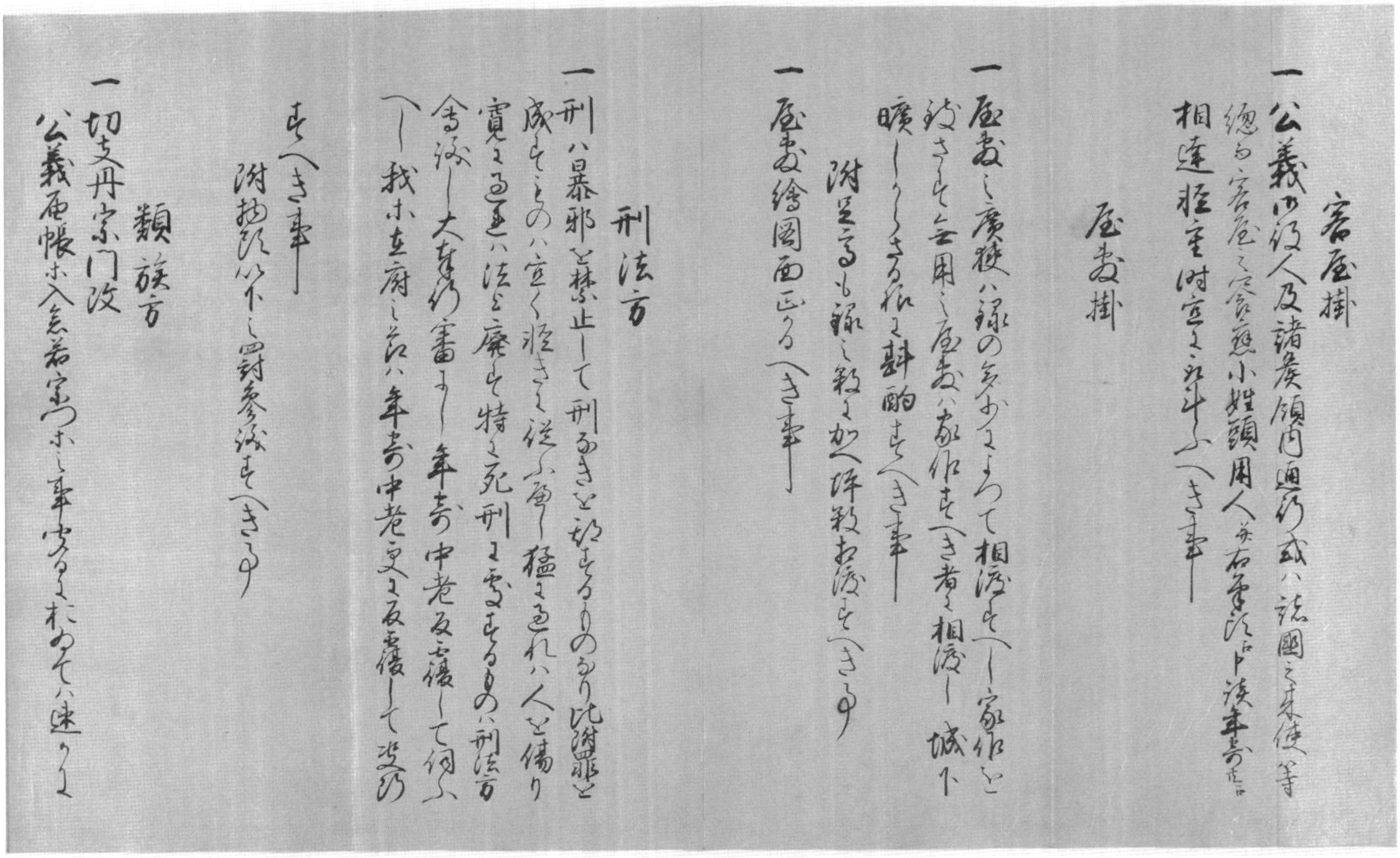

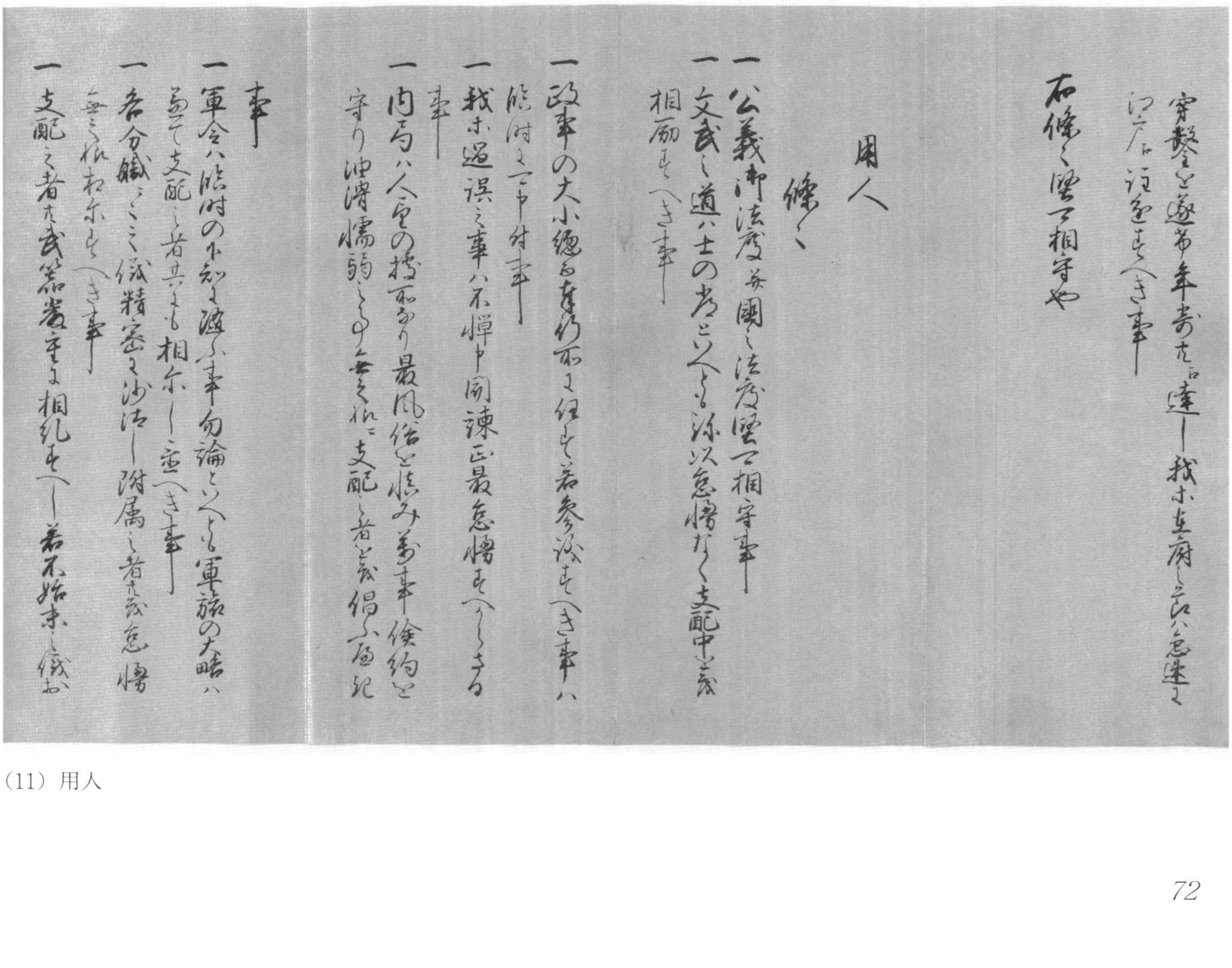

(11) 用人

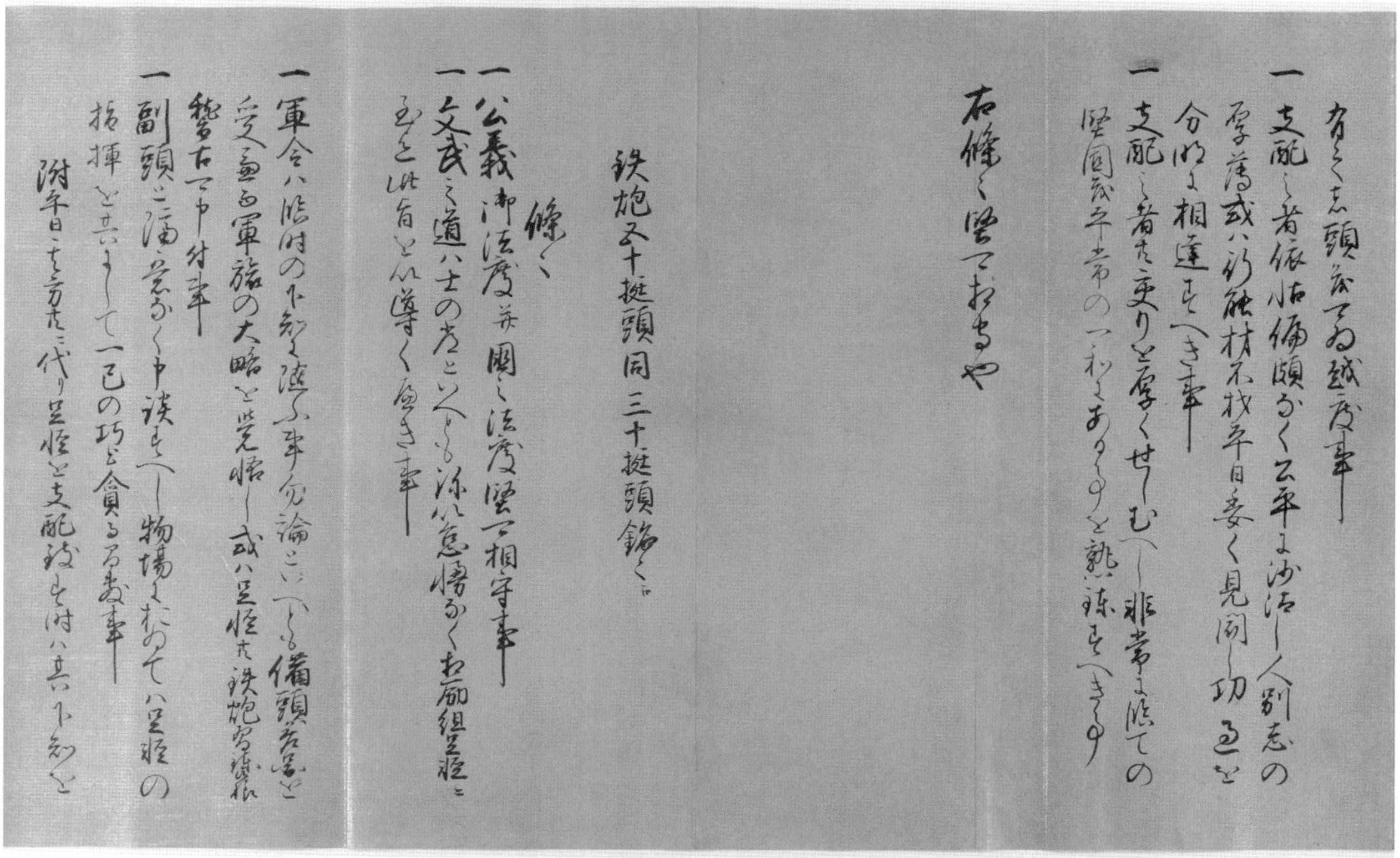
右之者頭ゟ可為越度事
一 支配之者依怙偏頗なく公平ニ沙汰し人別志の厚薄或ハ所能材不材平日委く見聞し功過を分明ニ相達すへき事
一 支配之者者更りを厚くせしむへし非常ニ臨ての堅固ハ平常の一和ニあるものと熟味すへきもの
右條々堅可相守者也
鉄炮五十挺頭同三十挺頭錄々
條々
一 公義御法度并国之法度堅可相守事
一 文武之道ハ士の常としてゆるかせに怠慢なく相励組足軽ニ至るまて能々導くへき事
一 軍令ハ隊附の下知を随ふ事勿論ニ候へとも備頭者共之受持有て軍旅の大略を覚悟し或ハ足軽共鉄炮打様之稽古可申付事
一 副頭之儀ハ兼々申談すへし物場ニおゐてハ足軽の指揮を共にして一己の功を貪るまじき事
附 平日ニも万事ニ代り足軽を支配致すへく付ハ其下知を

73 熊本藩条目

8　御留守詰江被渡置候御書付案

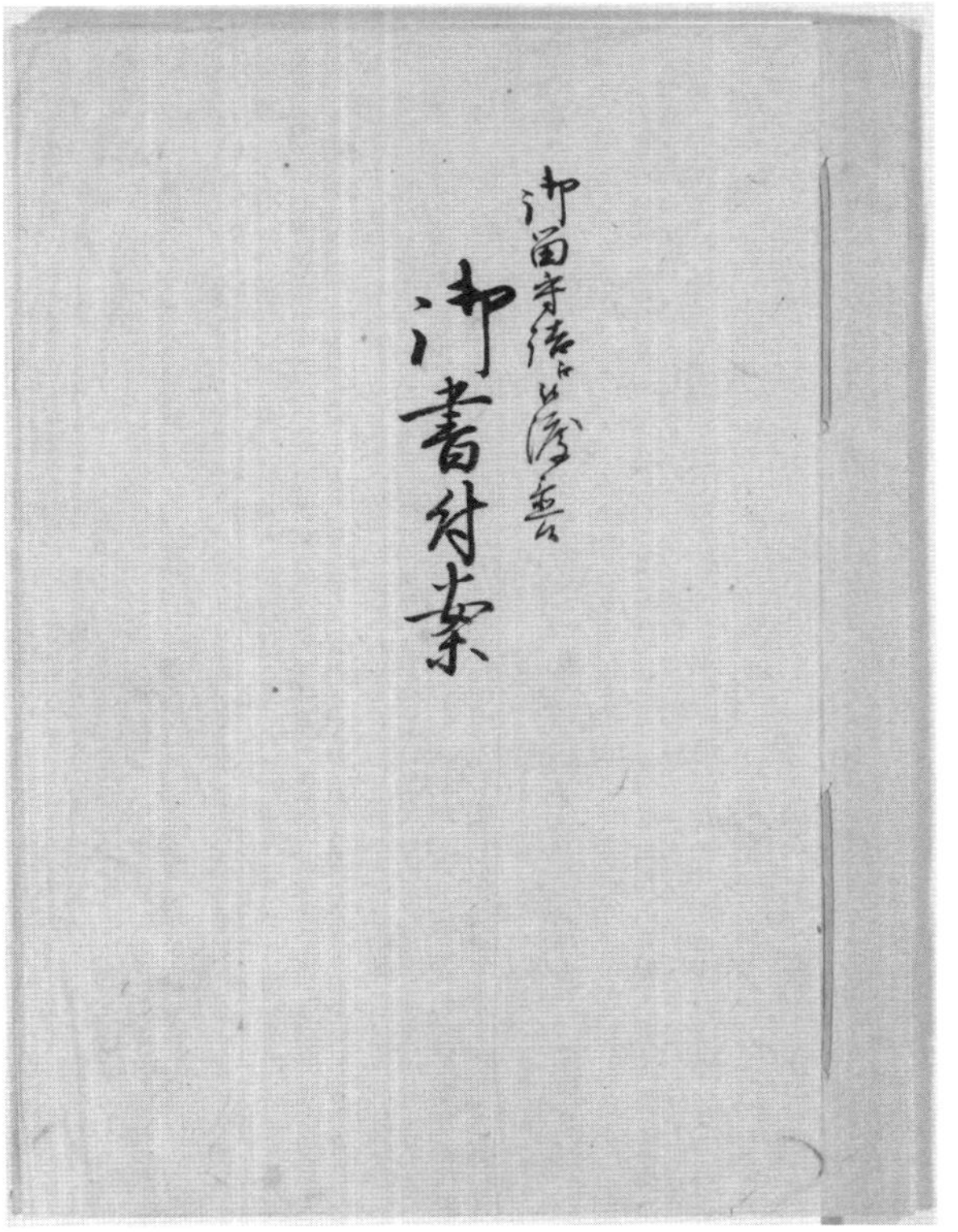

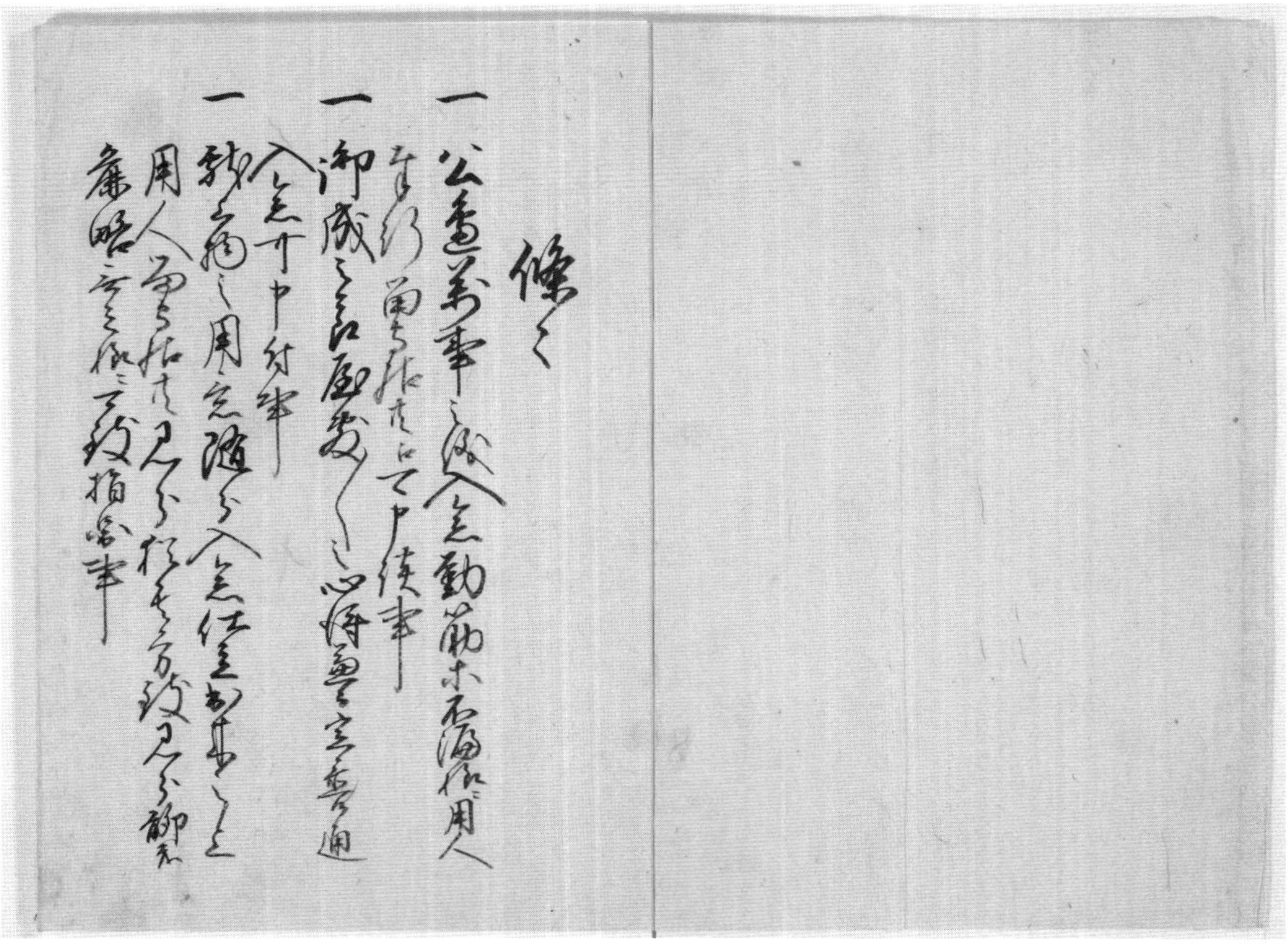

（1）家老

一、立国中　御目書相添ゟ...其方...
　今...通人...白金...納...
　...

一、所...大用心...
　...御丸目...事...入...

一、...白金...別火...異...
　...段損...率

一、...白金...二...人

一、有藩...殿率...段損...率
　...御用...

一、...奥...白金...有藩...殿
　...用人...

一、...白金...弟一...人

一、...国中...率...人...率

一、病用...他...医師...
　...用人...

一、立年...二...事

一、門出入...定...通...

一、行人...母病文...有...
　...国中...人...橋...撰...

一、弟事...有...例様...相守...若

一、...国絆...相向...

一、勘定方...定...通...

一、家中...着...風俗...付
　...通...

一、...五里...通...
　...中分...率

右...経済...相守者也

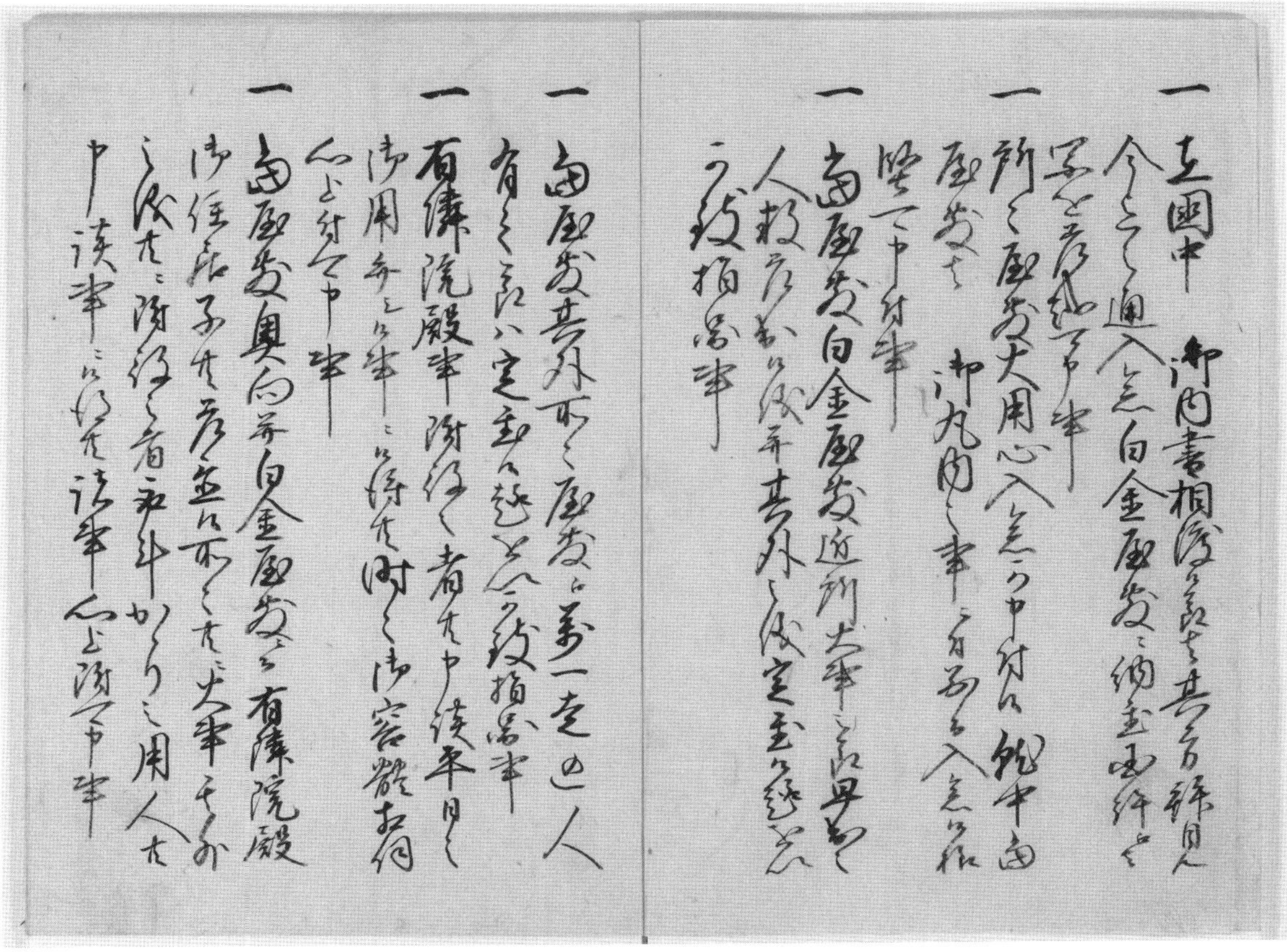

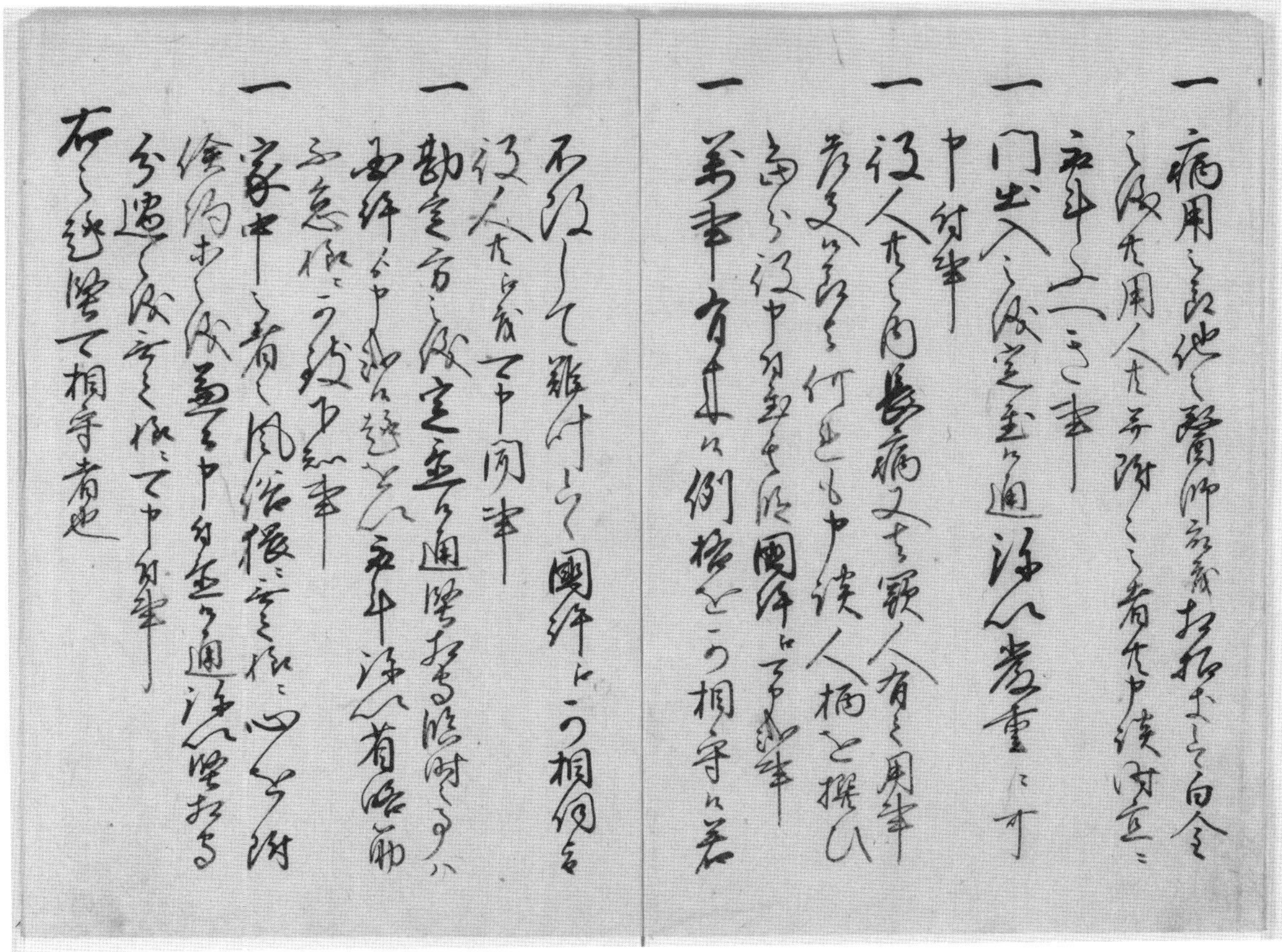

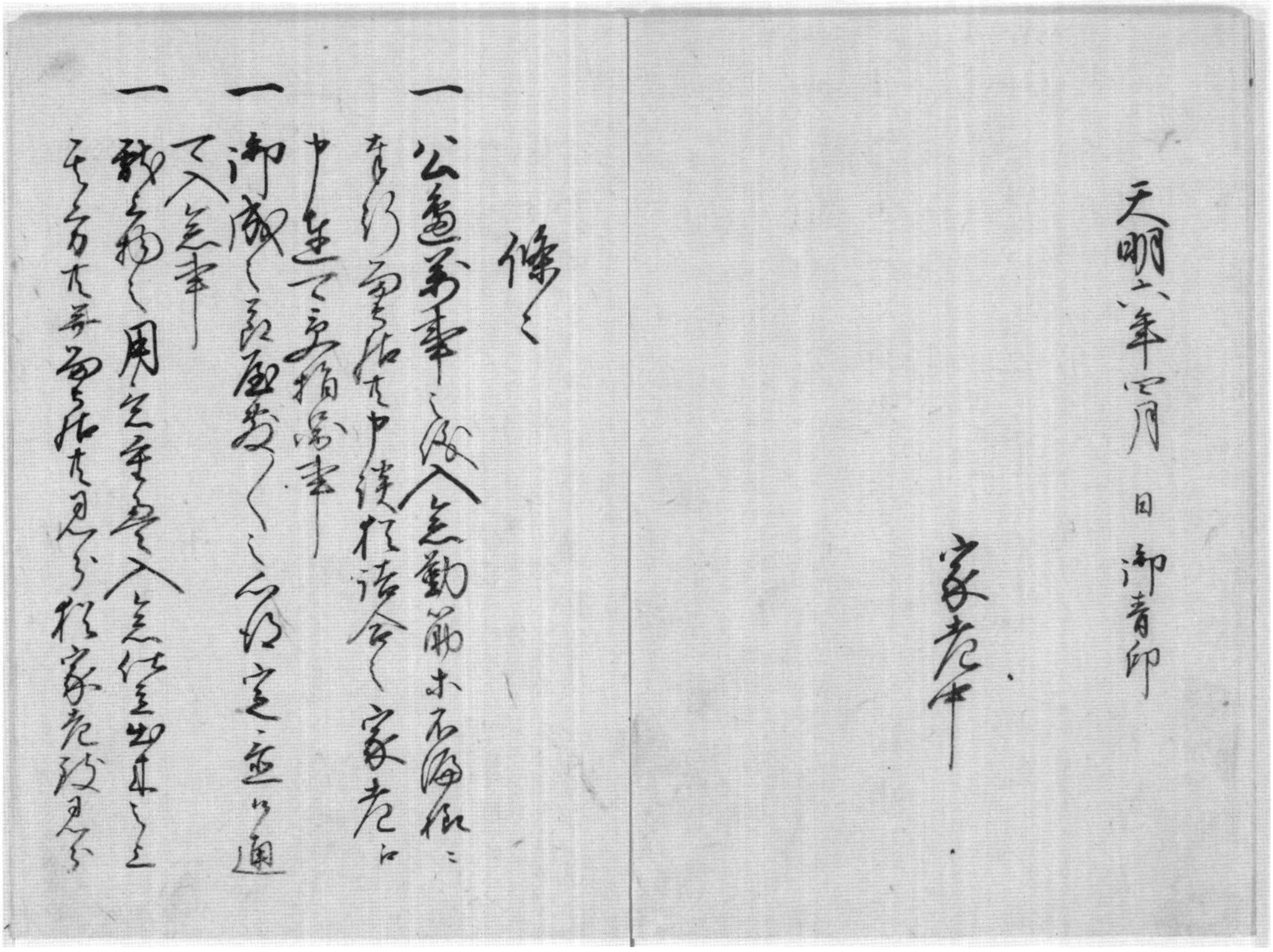

(2) 用人

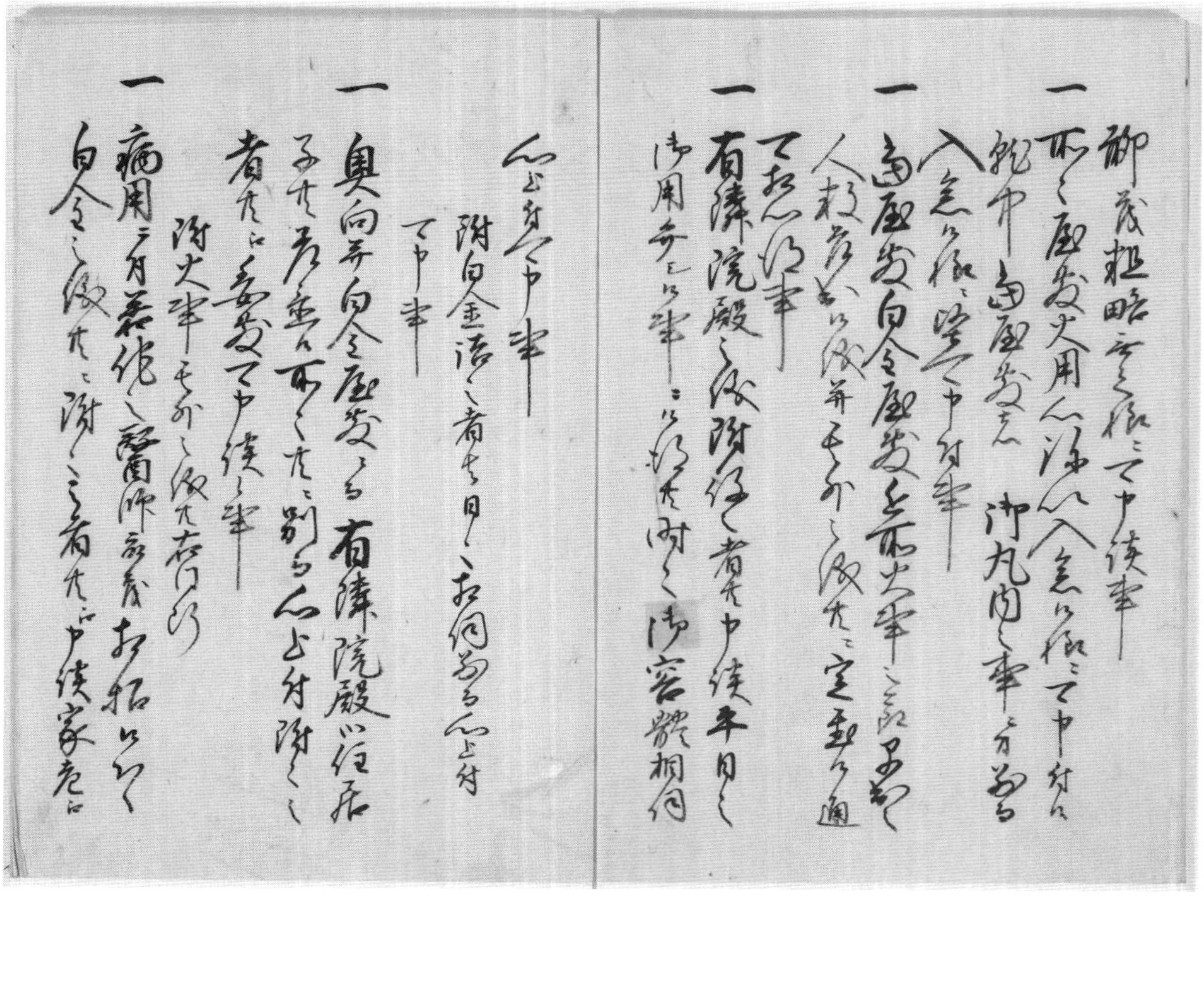

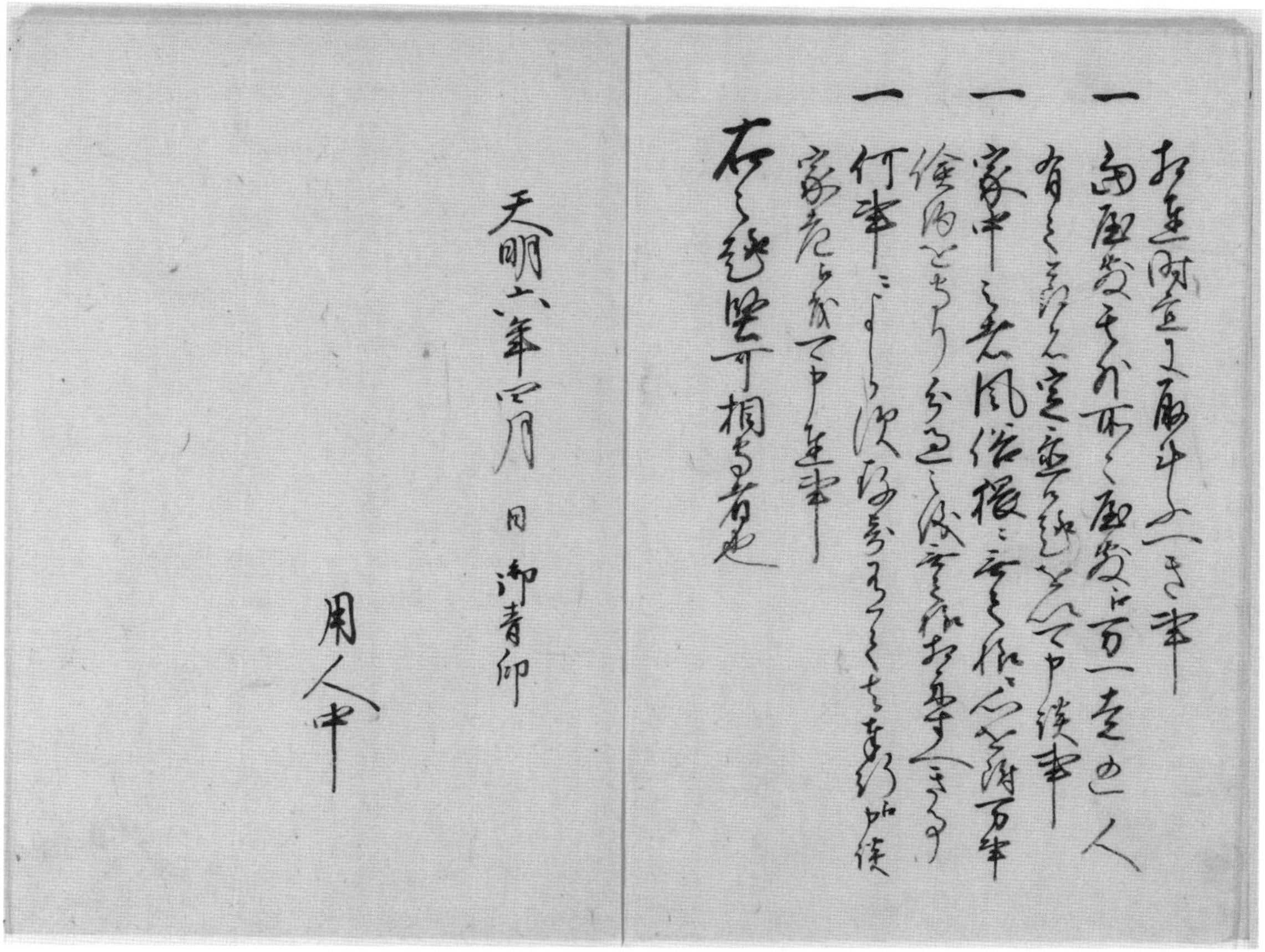

天明六年四月　日　御書印

用人中

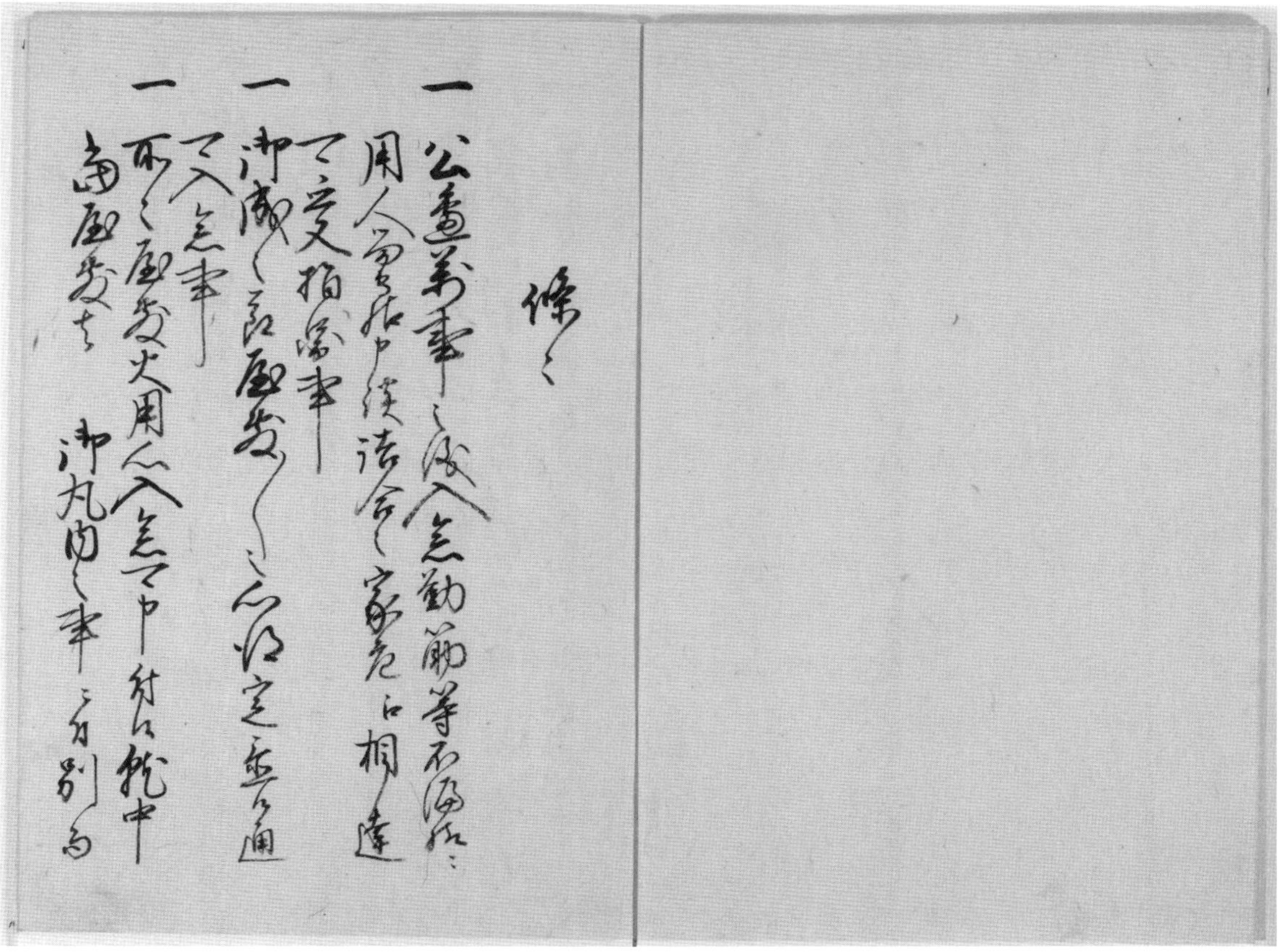

條々

(3) 奉行

天明六年　月　日　御青印

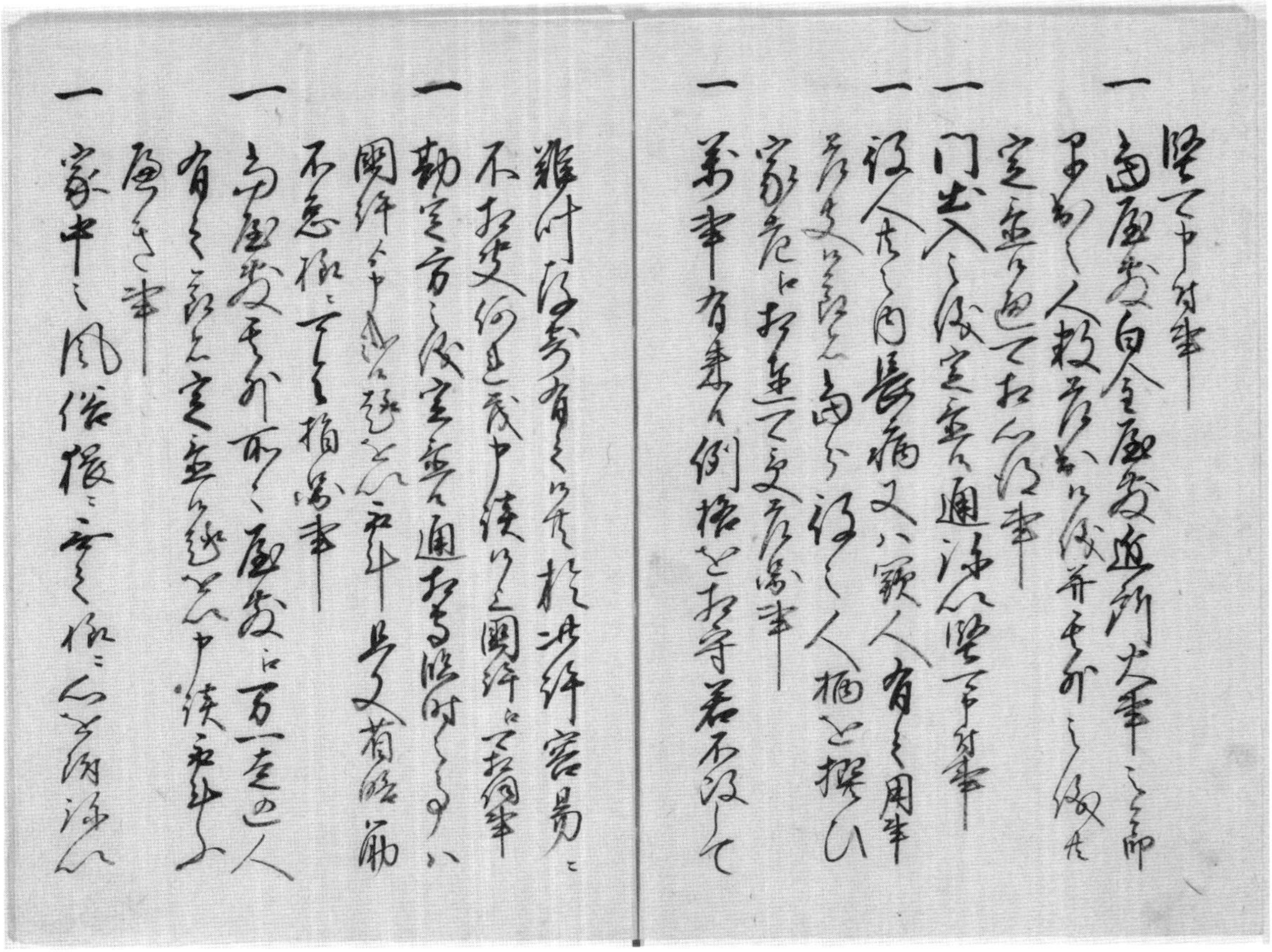

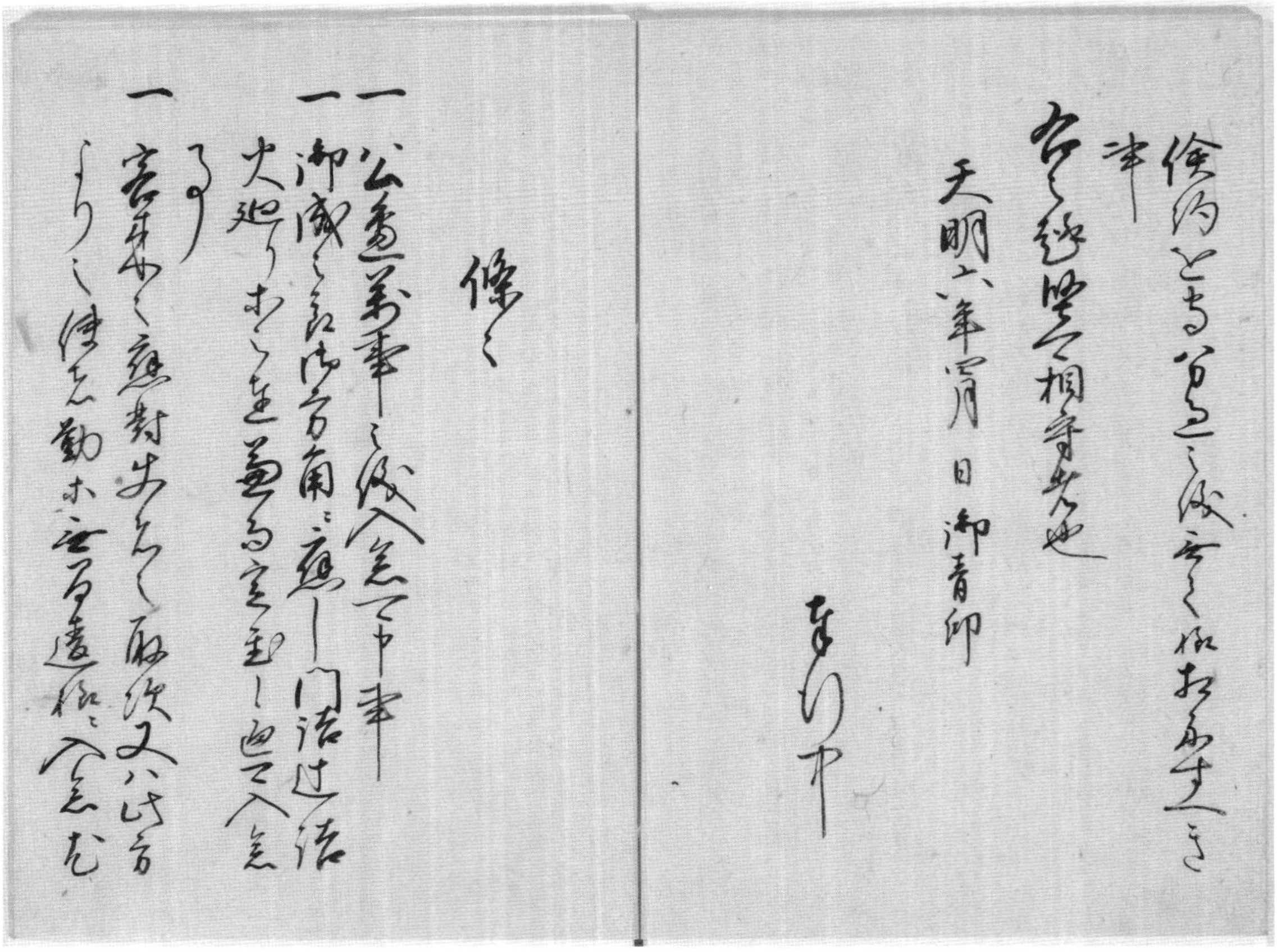

（4）小姓頭・中小姓頭

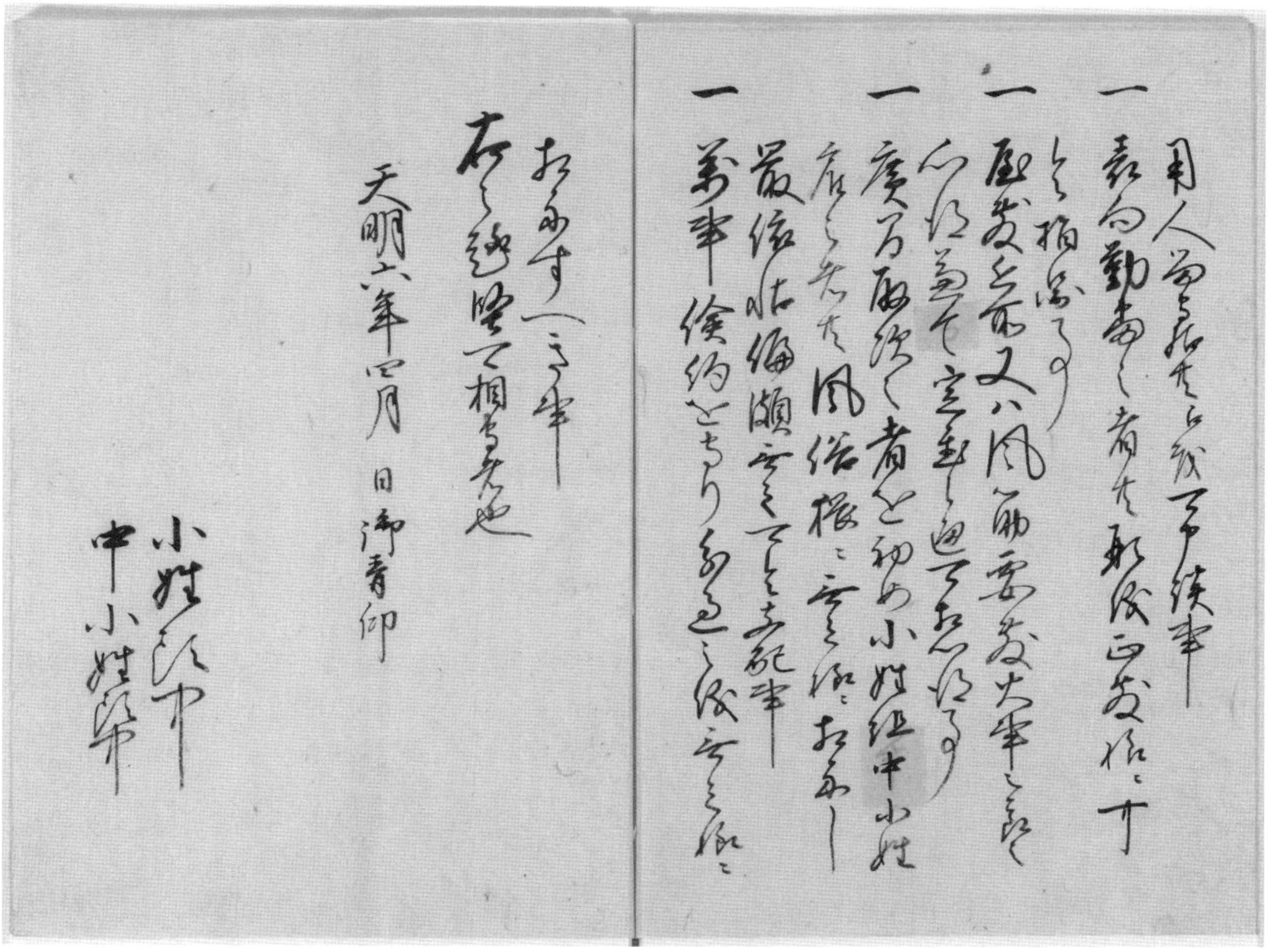

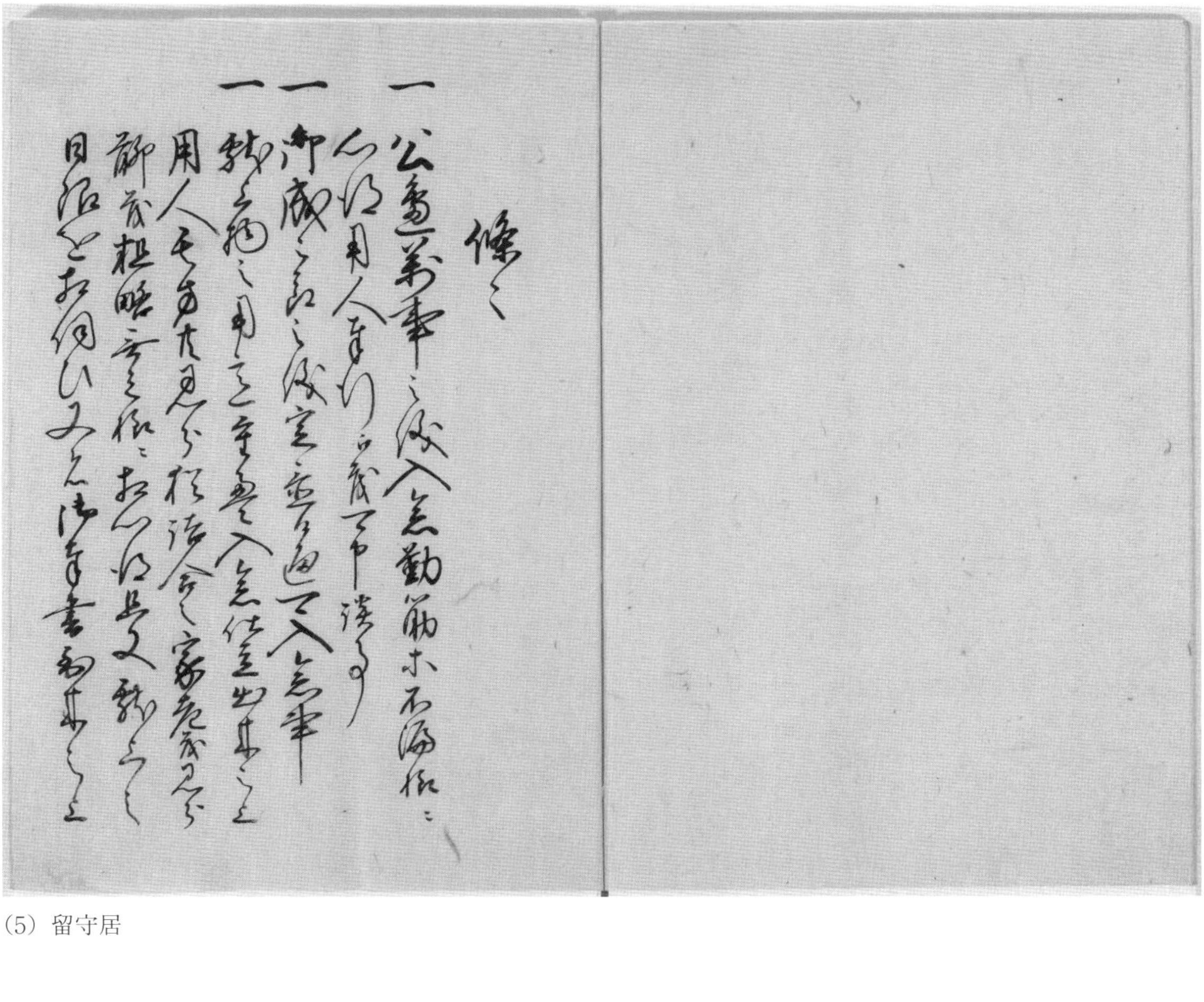

（5）留守居

天明六年四月　日　御青印

一　公儀と
　　　候ハ

一　頭くくと門跋之
　　三頭九くゝ

一　屋敷を長又ハ瓶跋
　　之跡又ハ戌走之人有之候ハ

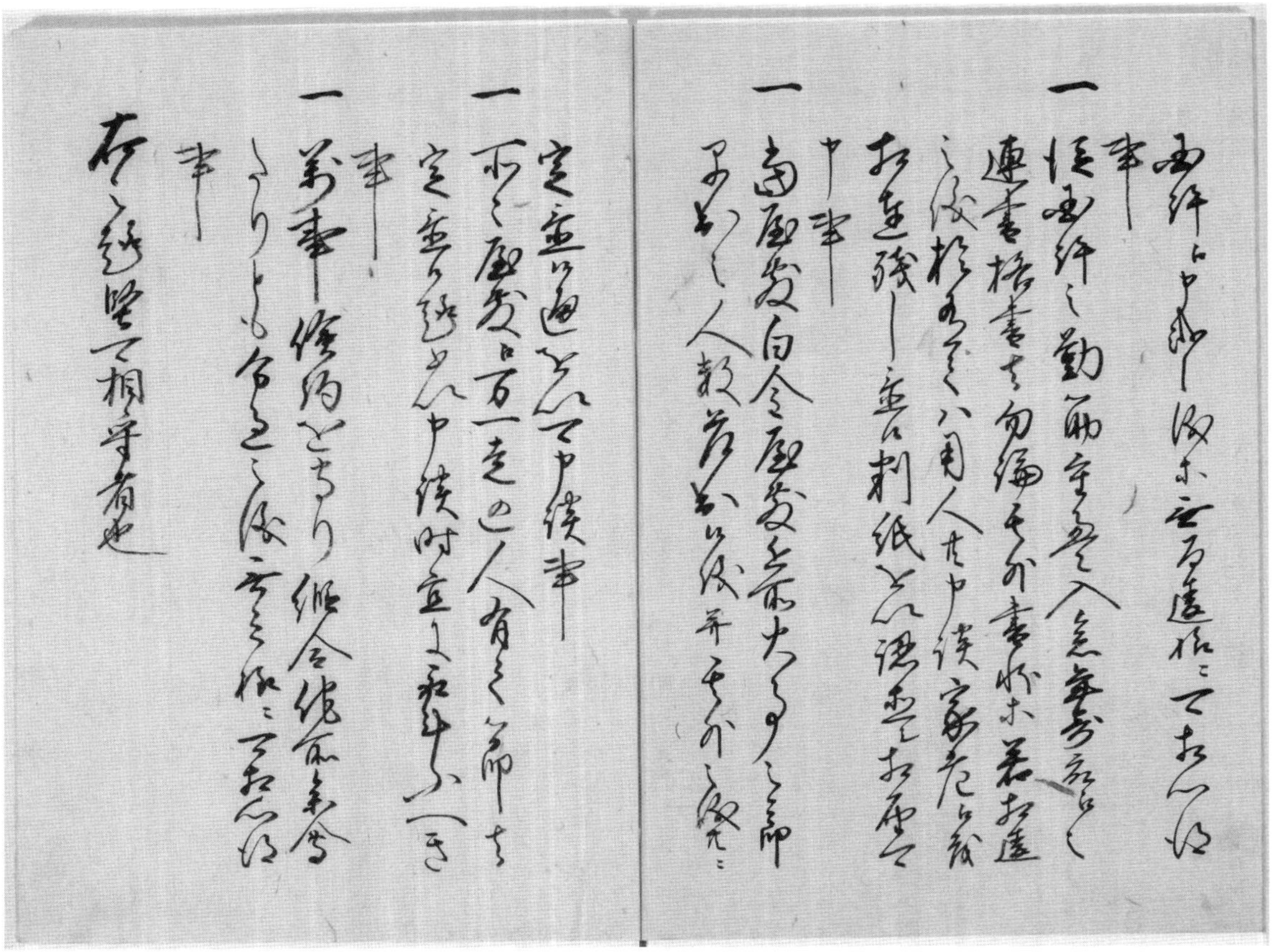

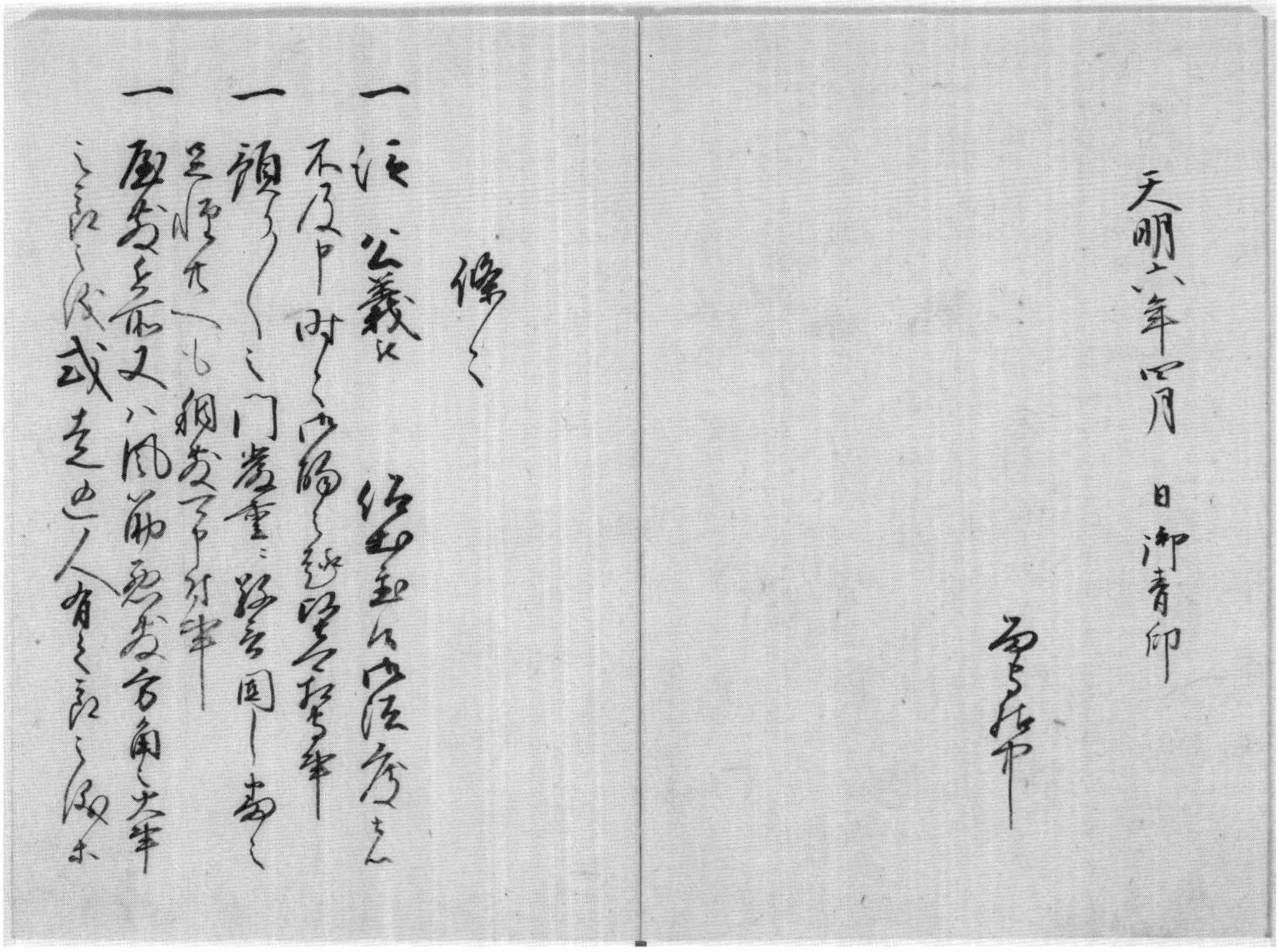

（6）物頭

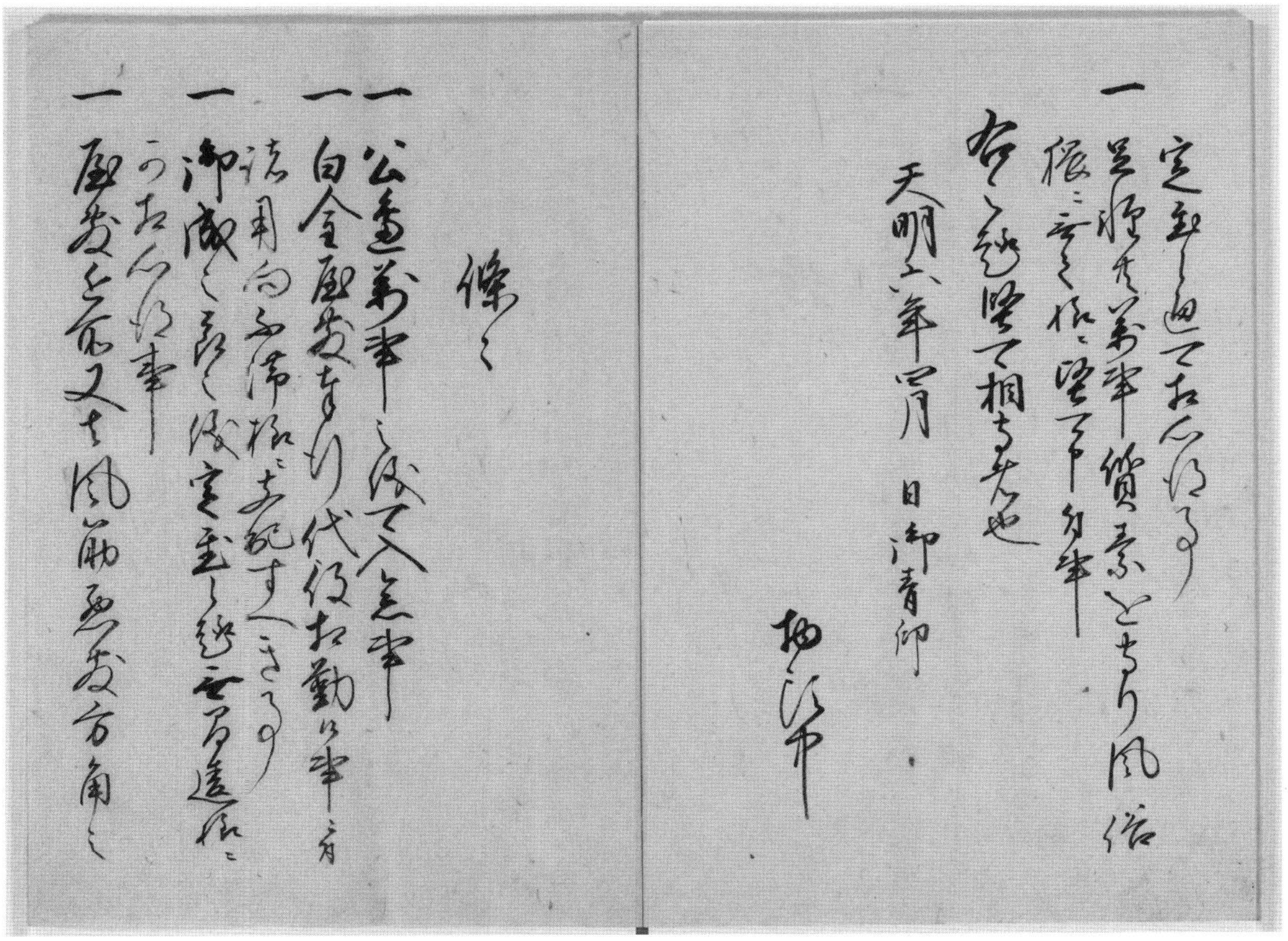

（7）白金屋敷詰目附

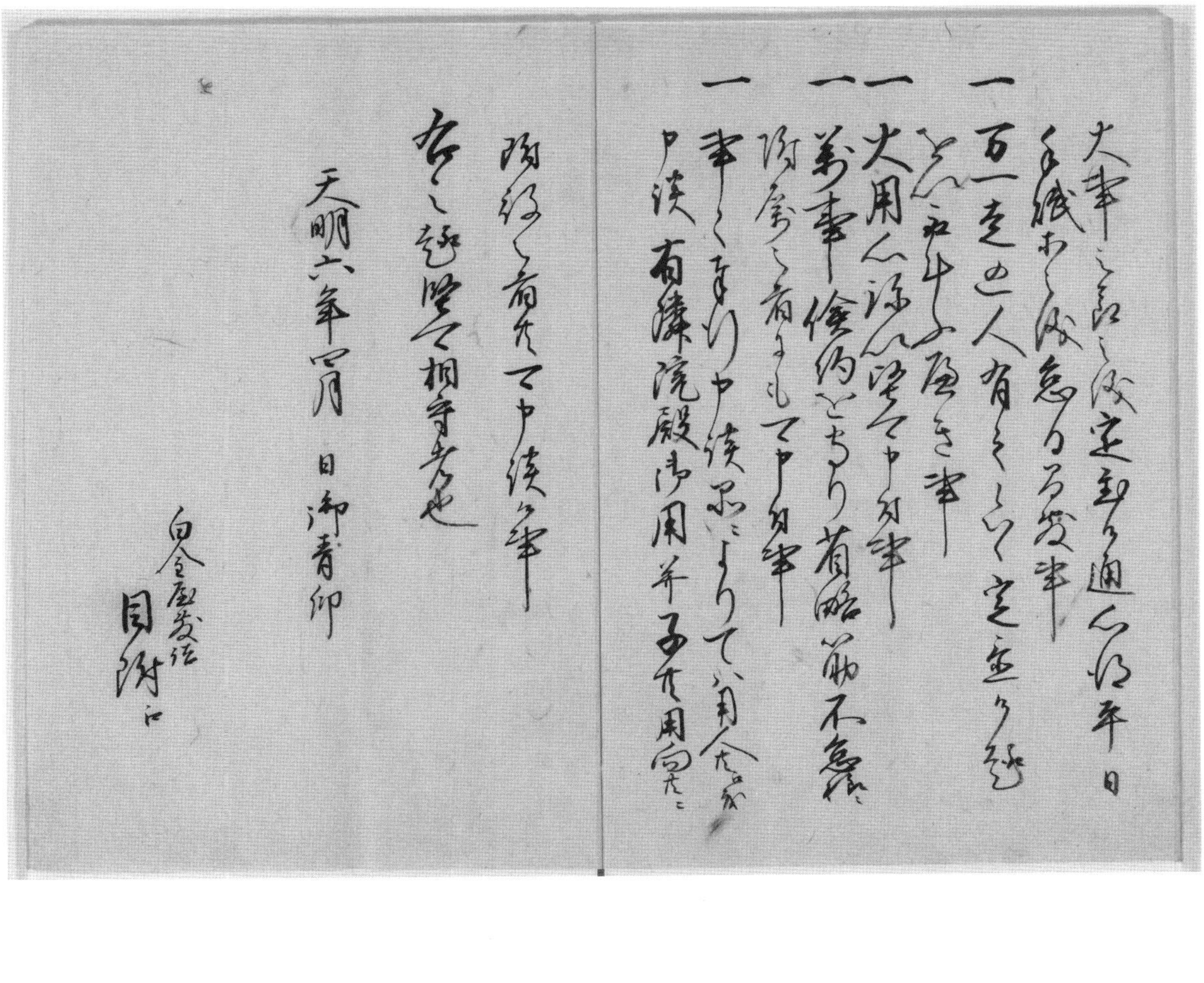

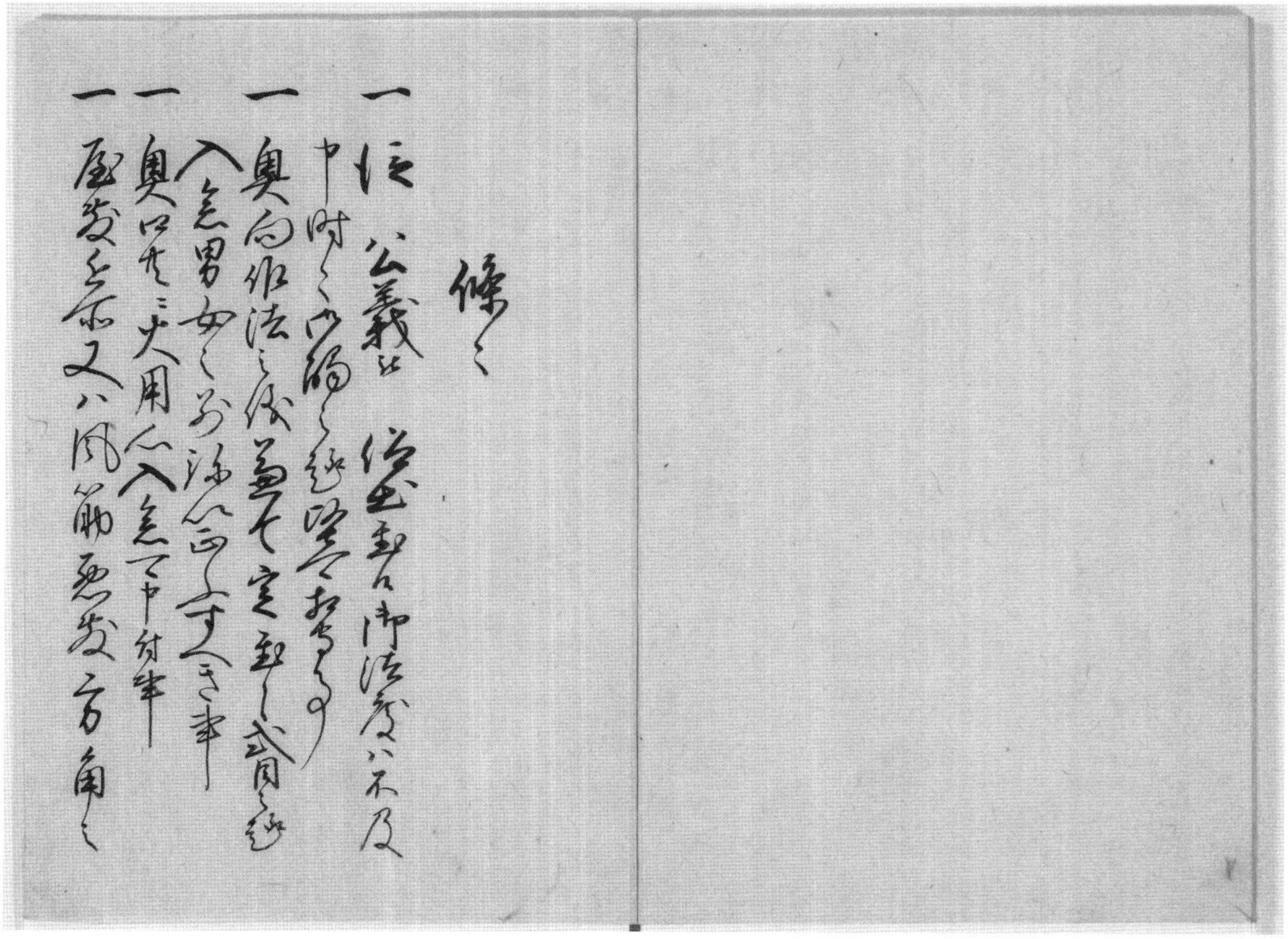

（8）奥附役

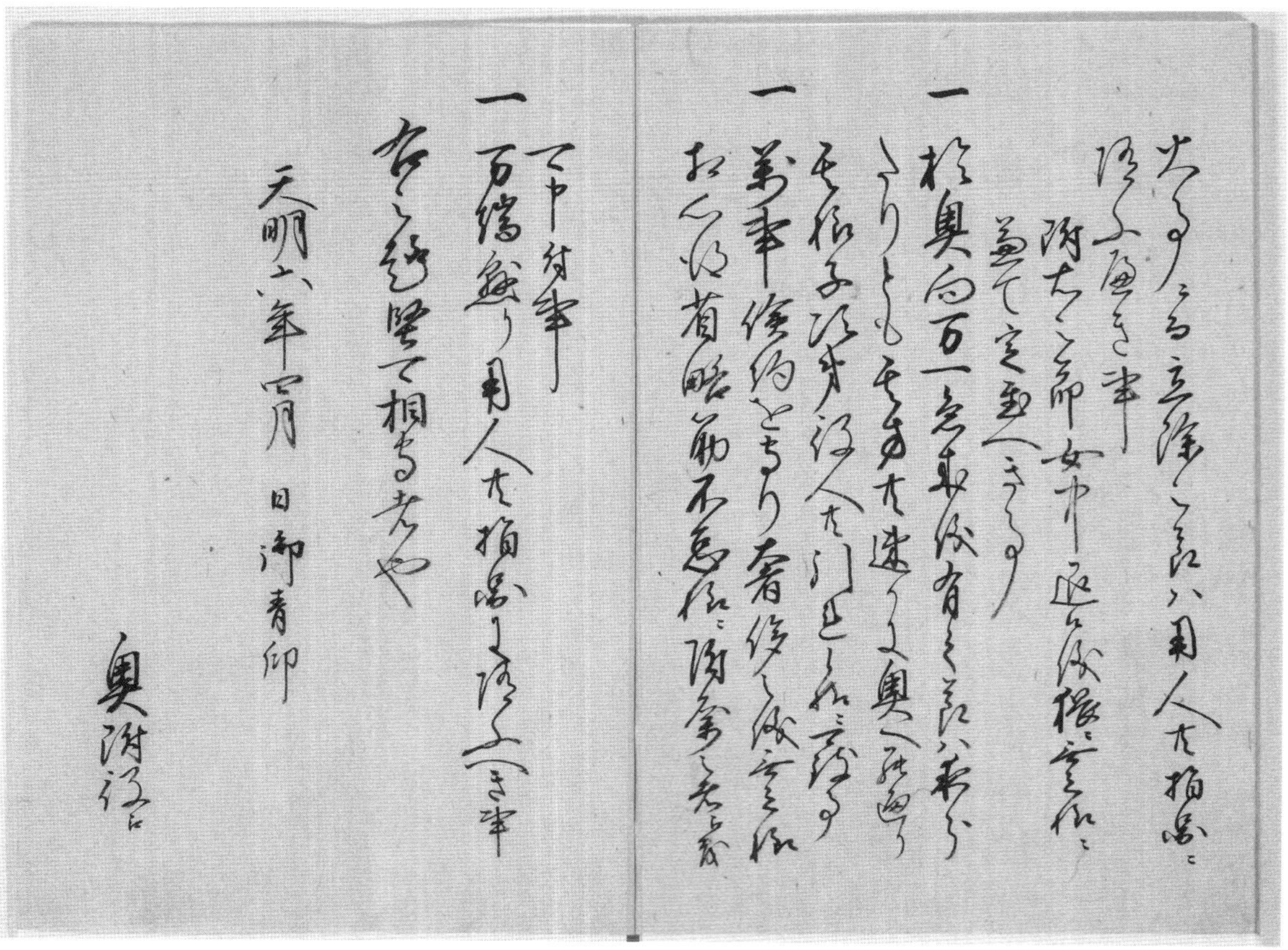

9　御印　御条目扣（抄）

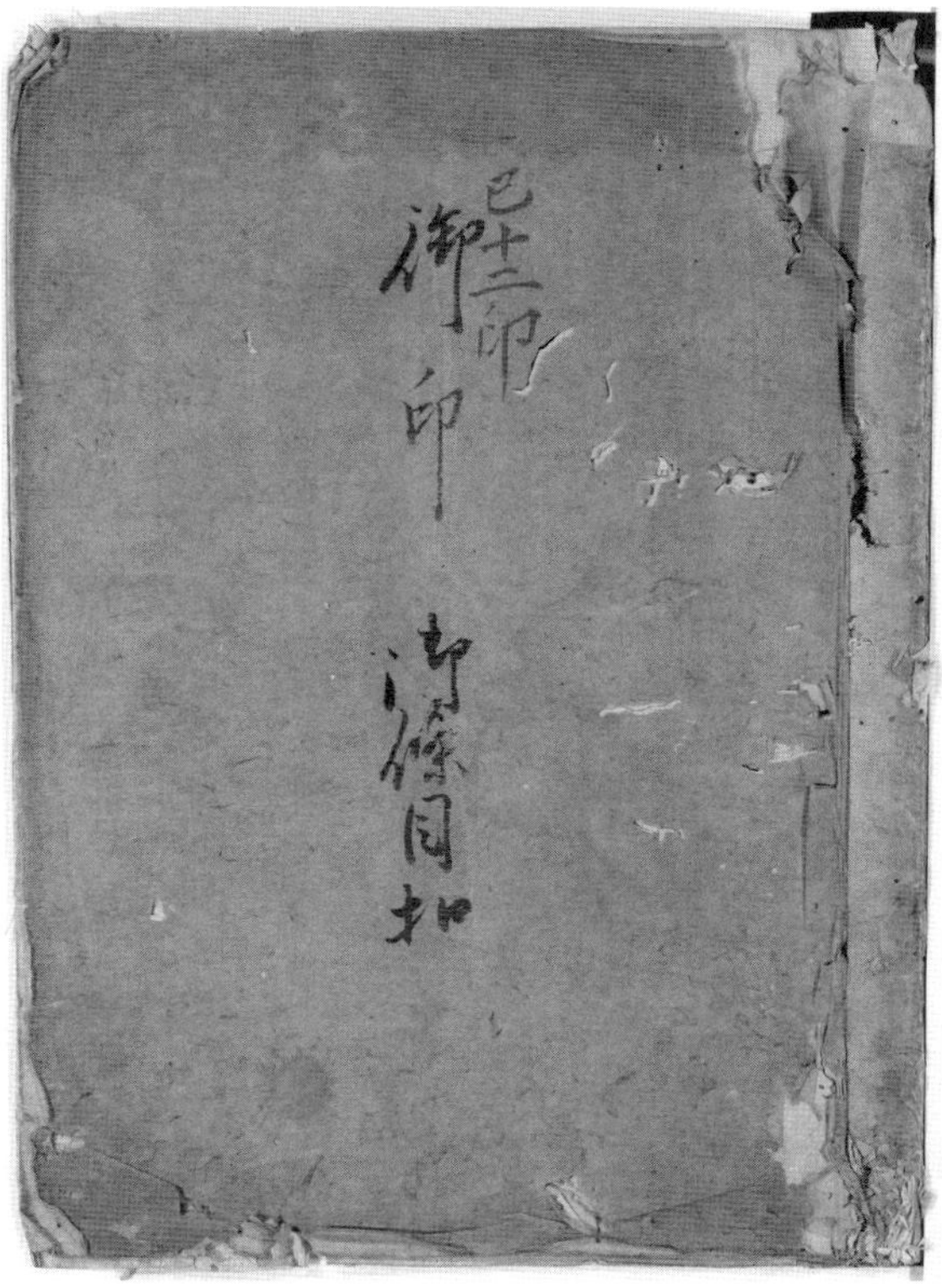

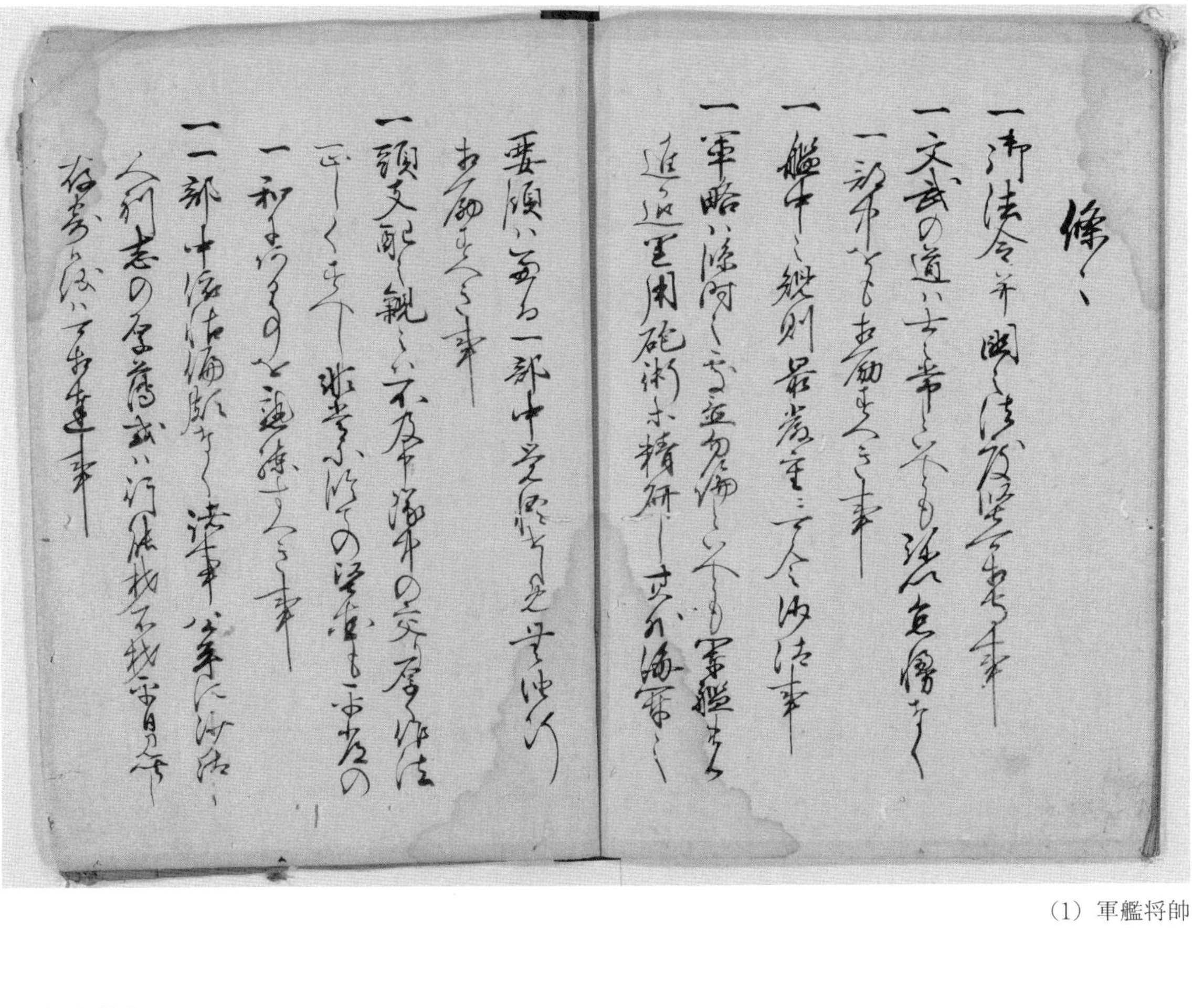

（1）軍艦将帥

一萬事儉約を守り油斷懈怠の事有まじく
一訛申出事もあらば一風治て吟味をとくる事
右條く堅く可相守者也
　　　　　　　御印
　　　　軍經奉行
　　　　　　　　殿

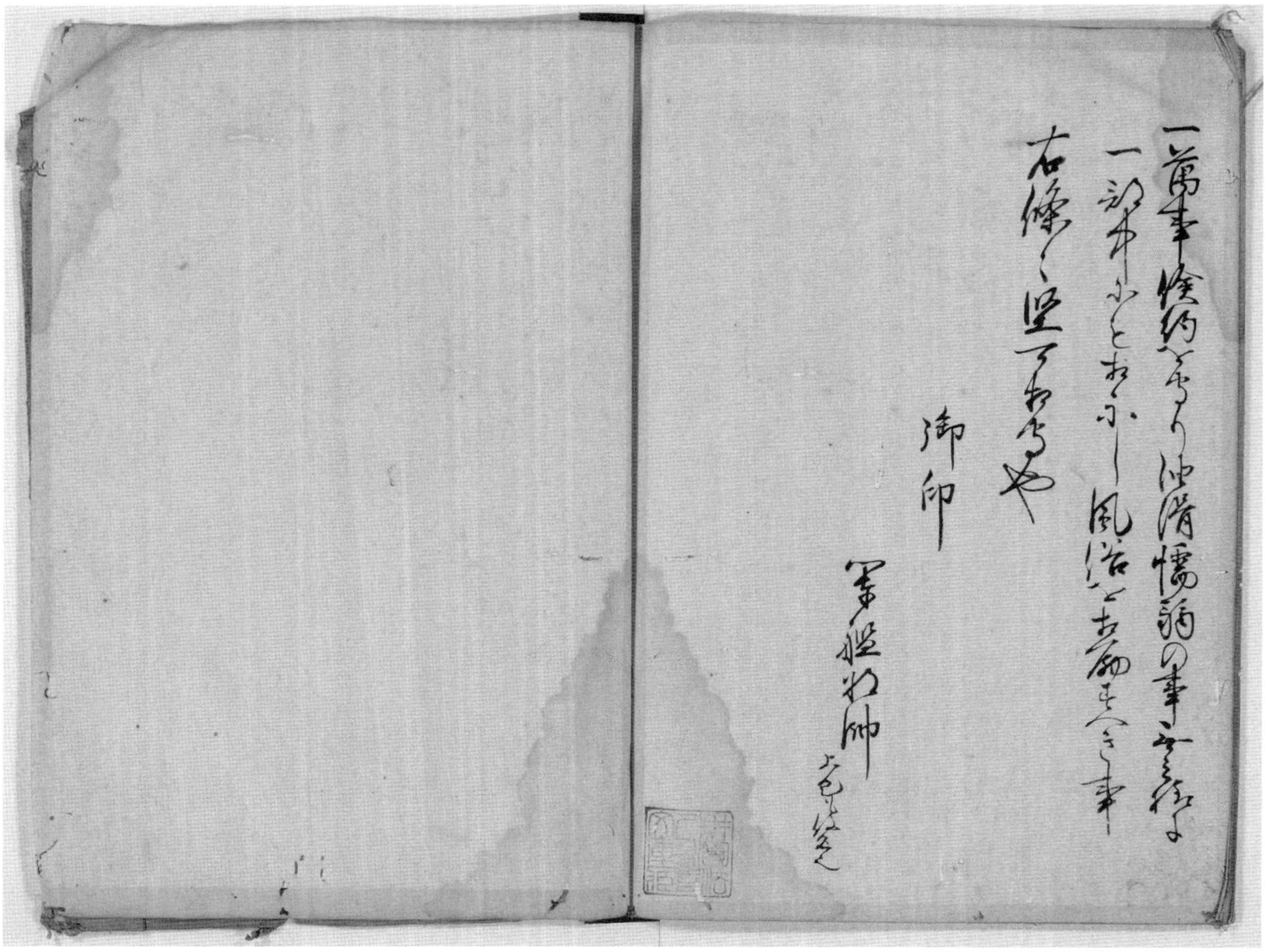

10　庁事印　御条目扣（抄）

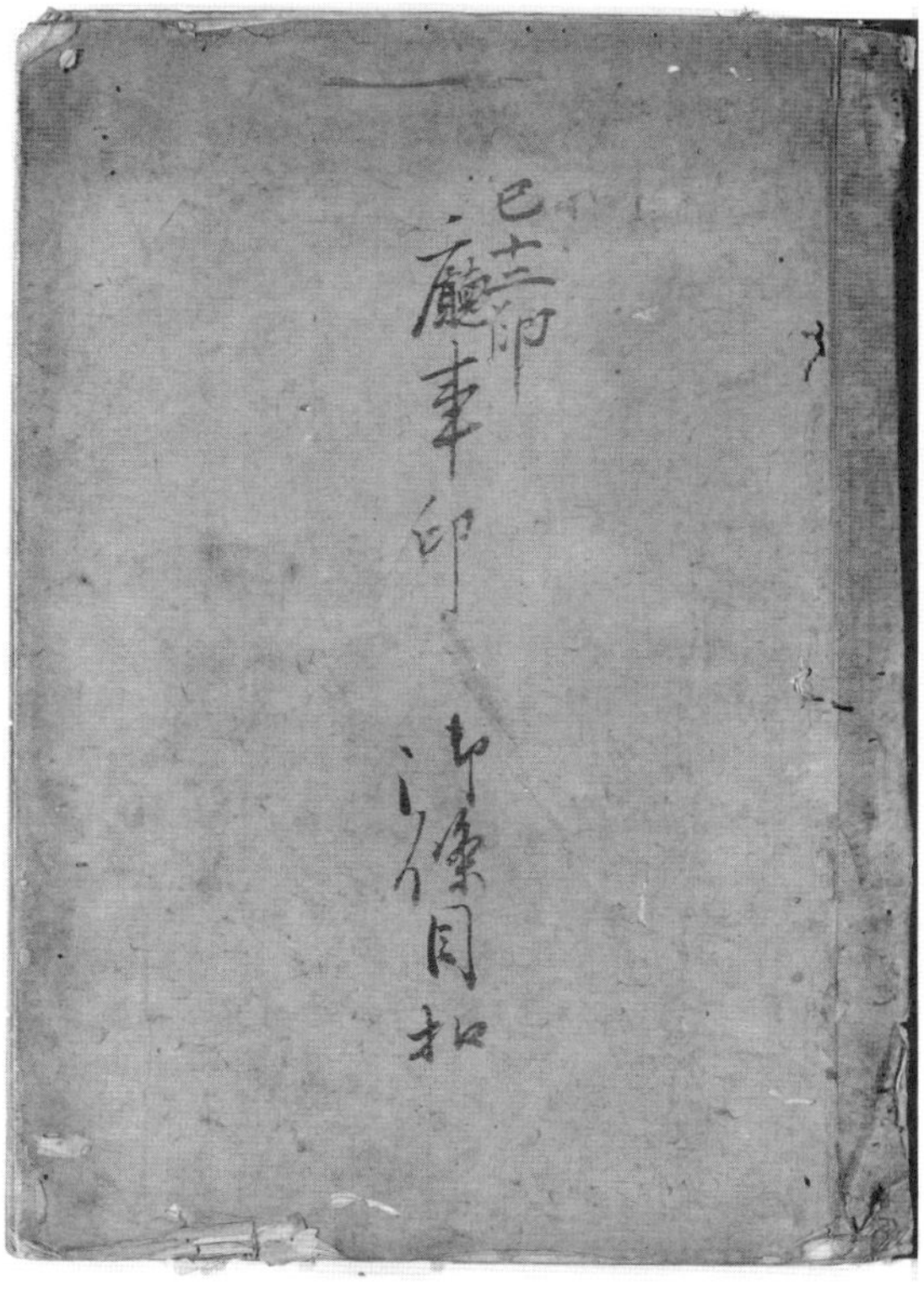

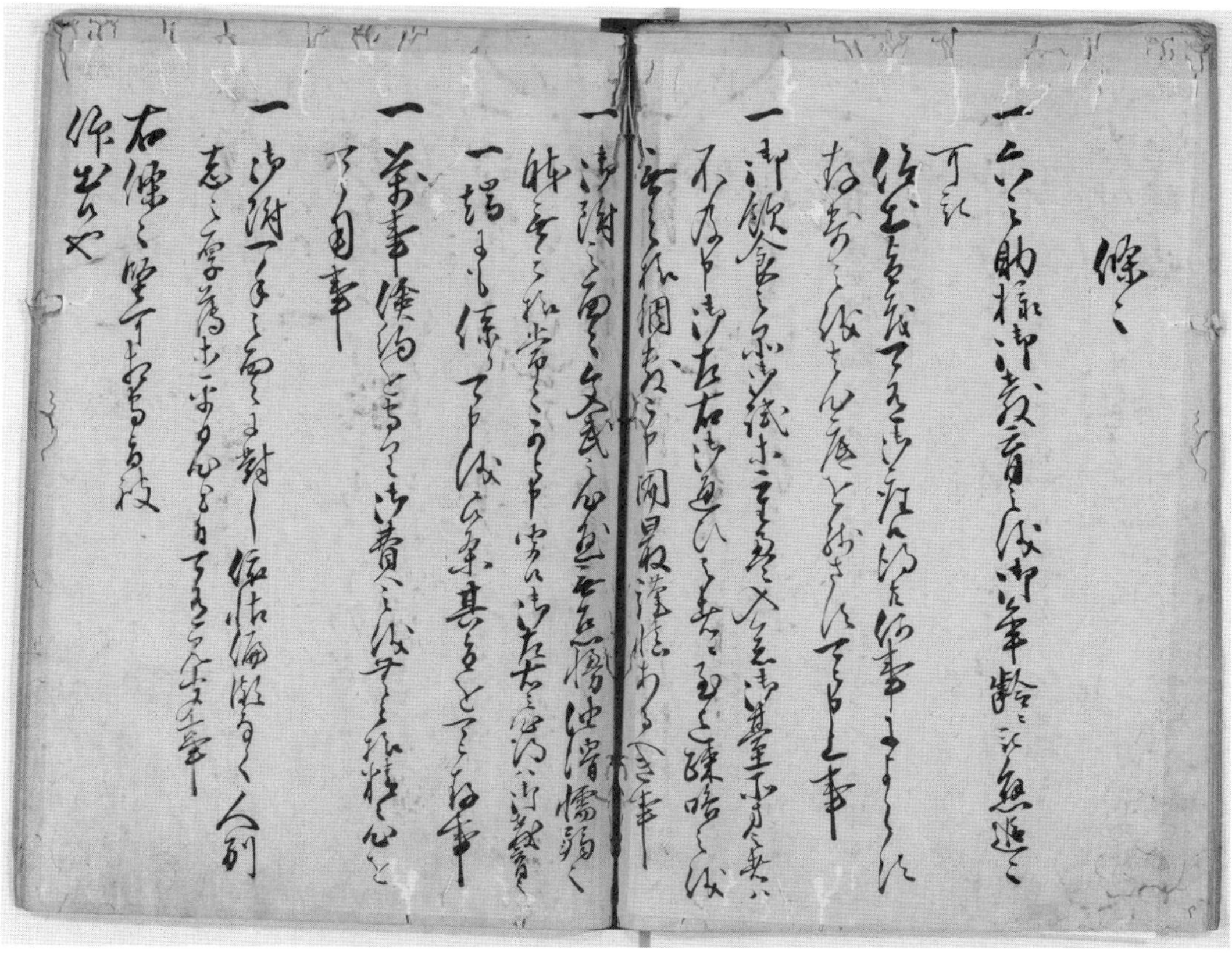

(1)（六之助様教育係）

(a)

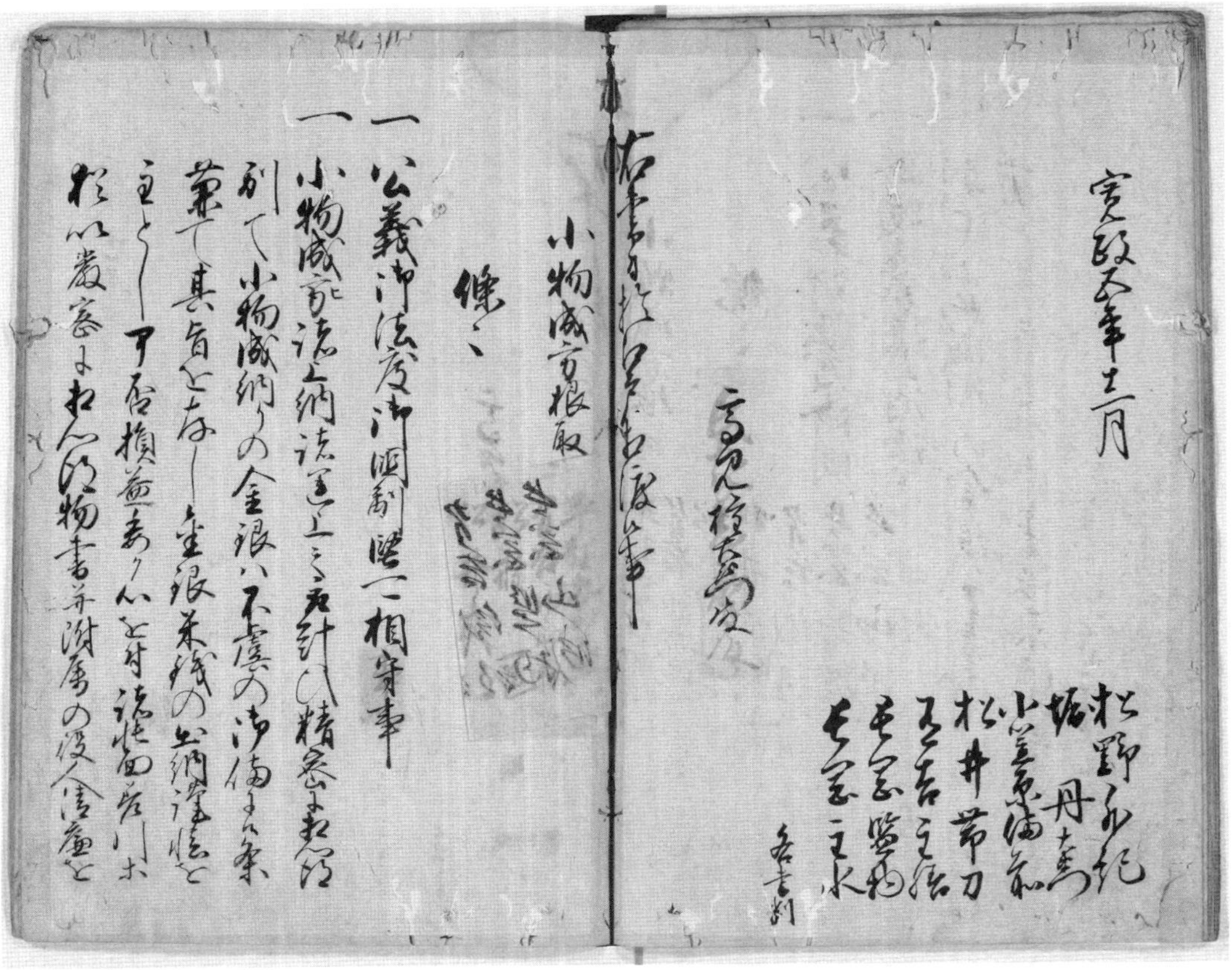

(2) 小物成方根取

(b)

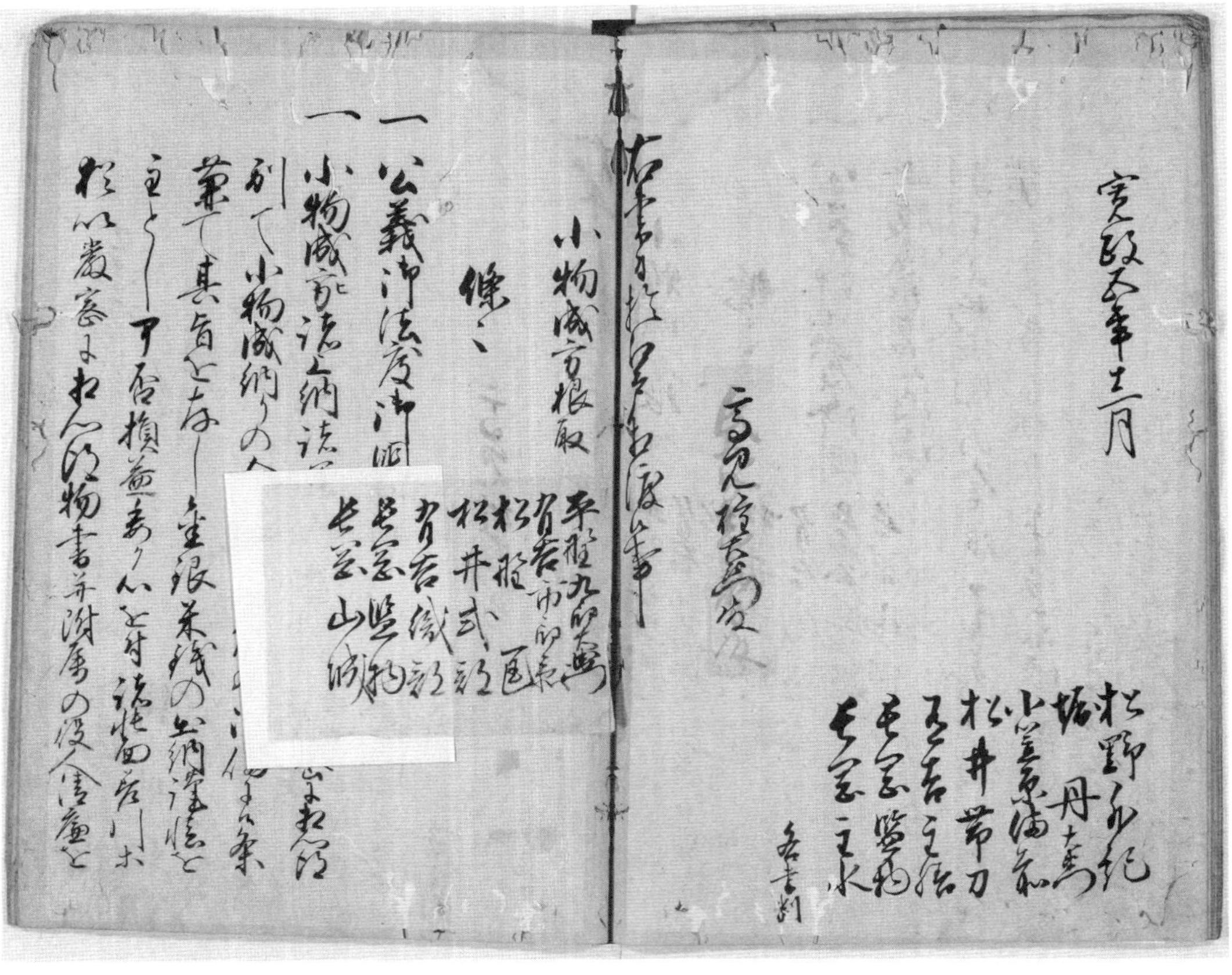

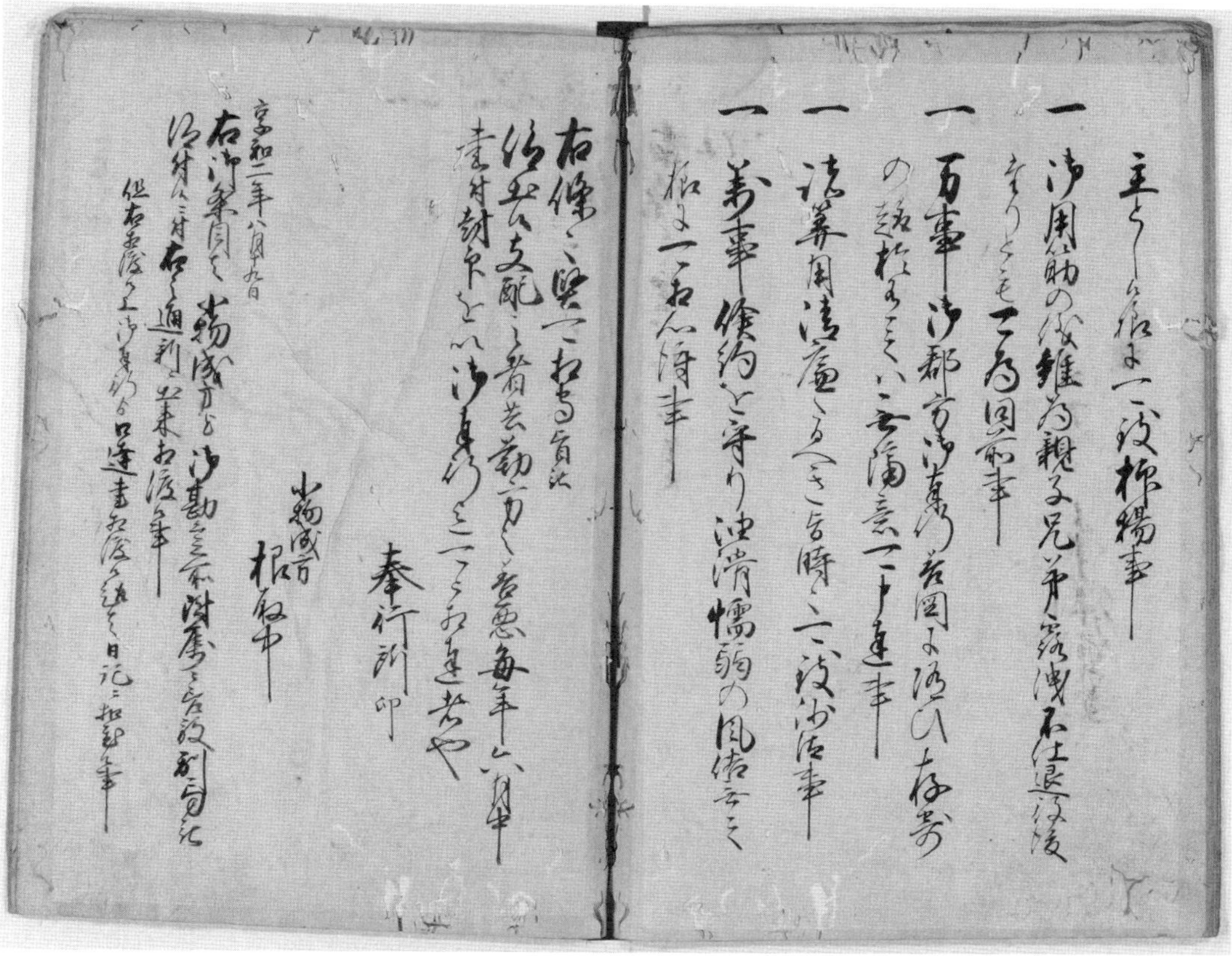

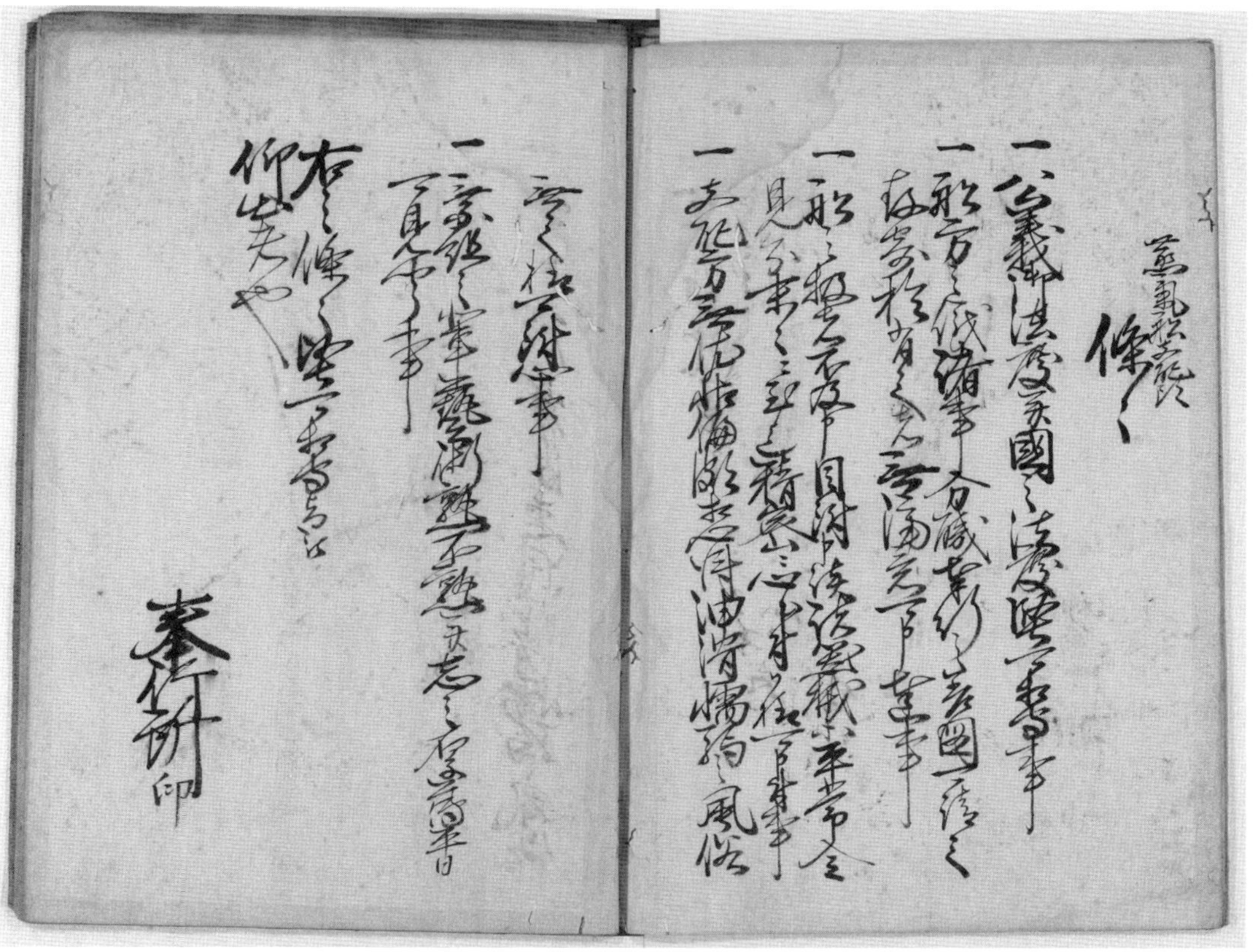

（3）蒸気船支配頭

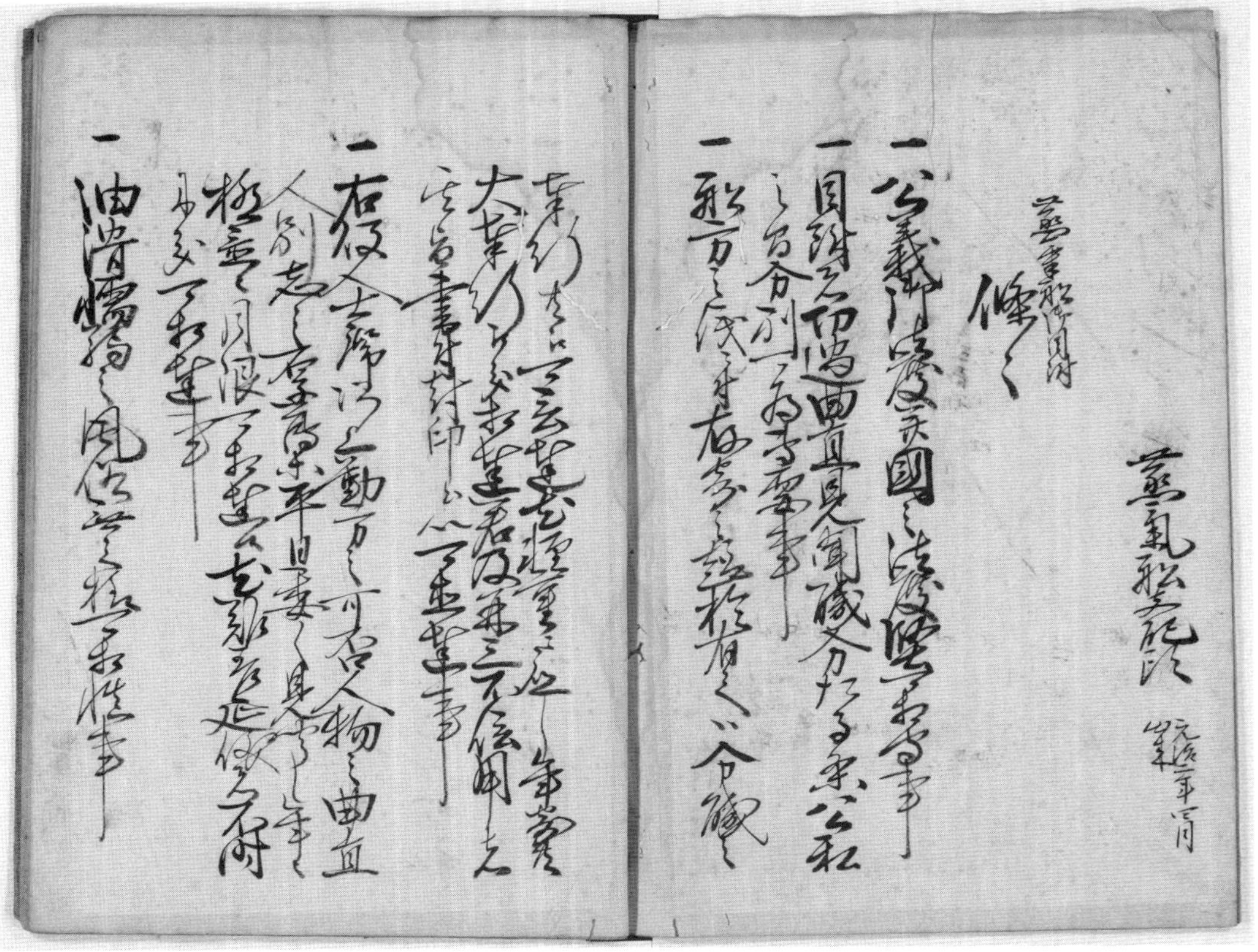

(4) 蒸気船目附

(5) 若殿様附役

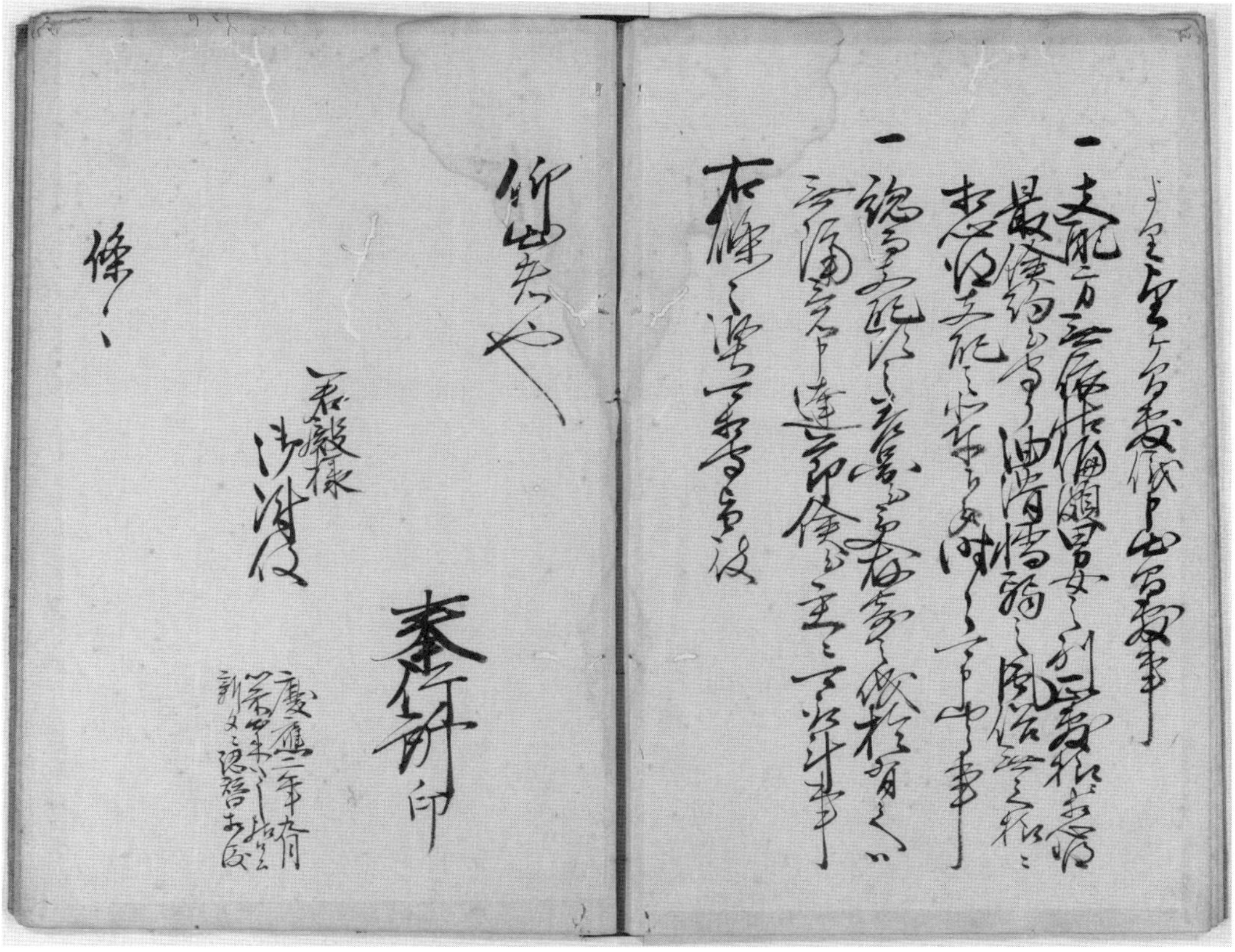

89　熊本藩条目

11　御条目之扣　御奉行中連判（抄）

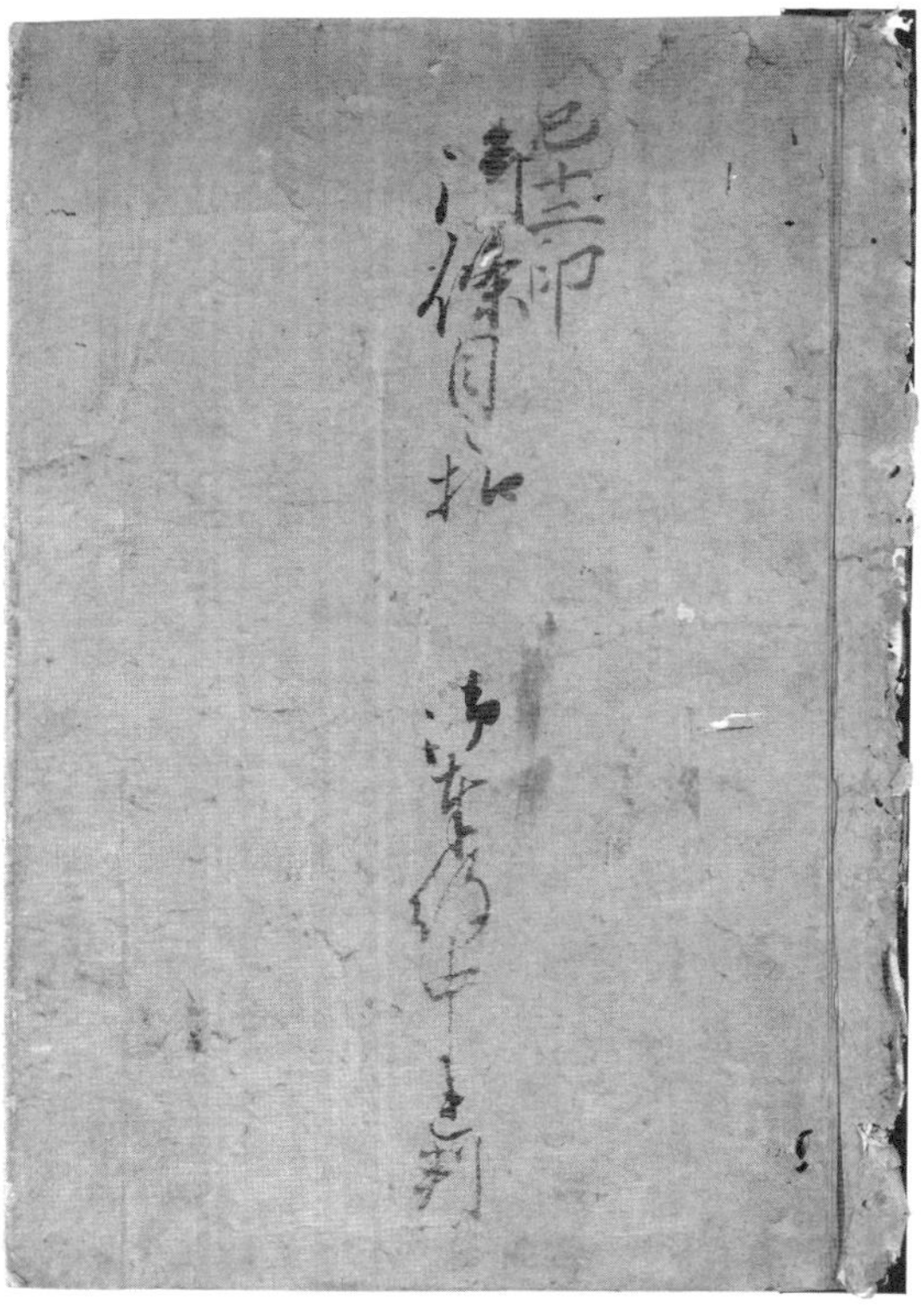

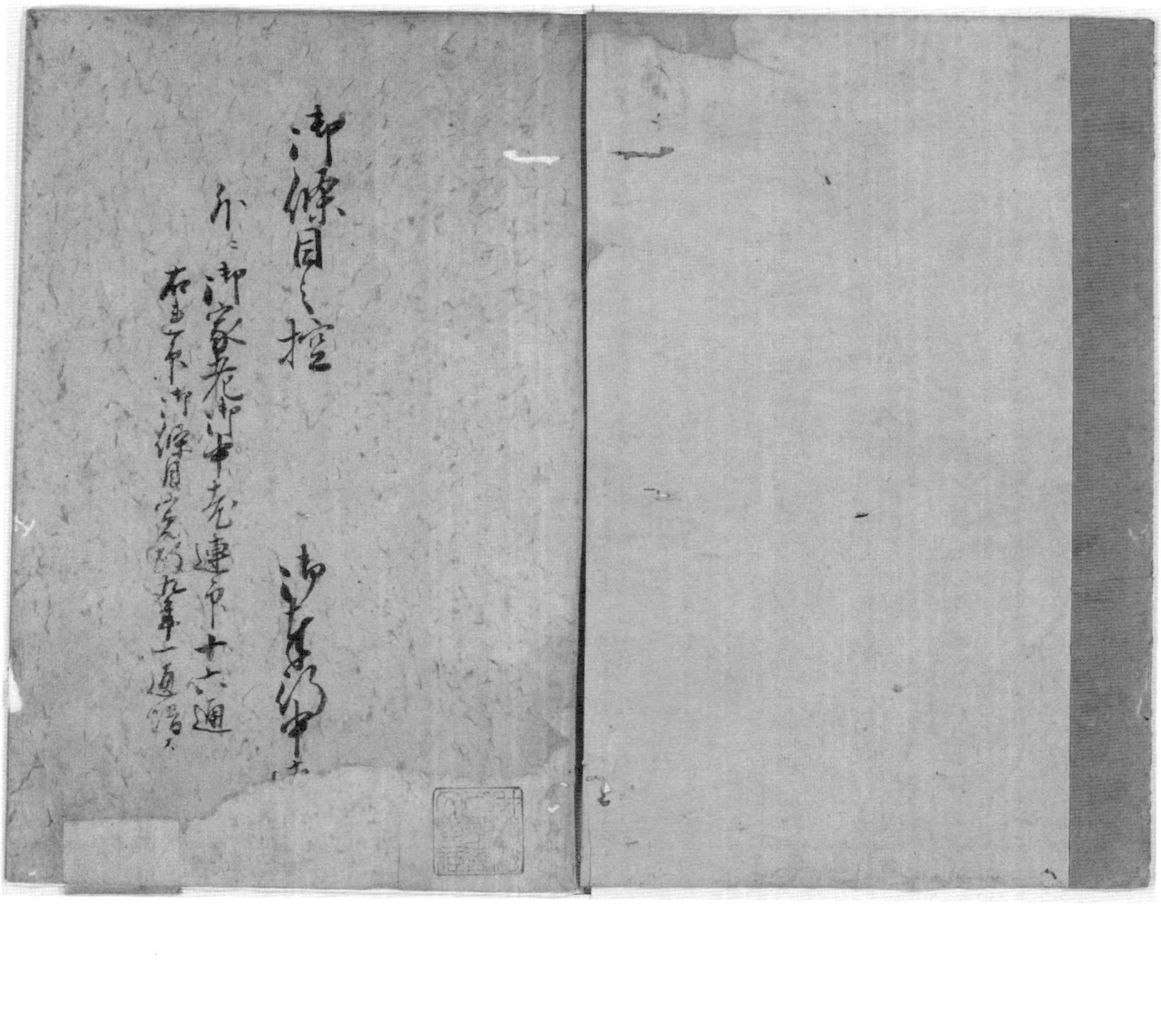

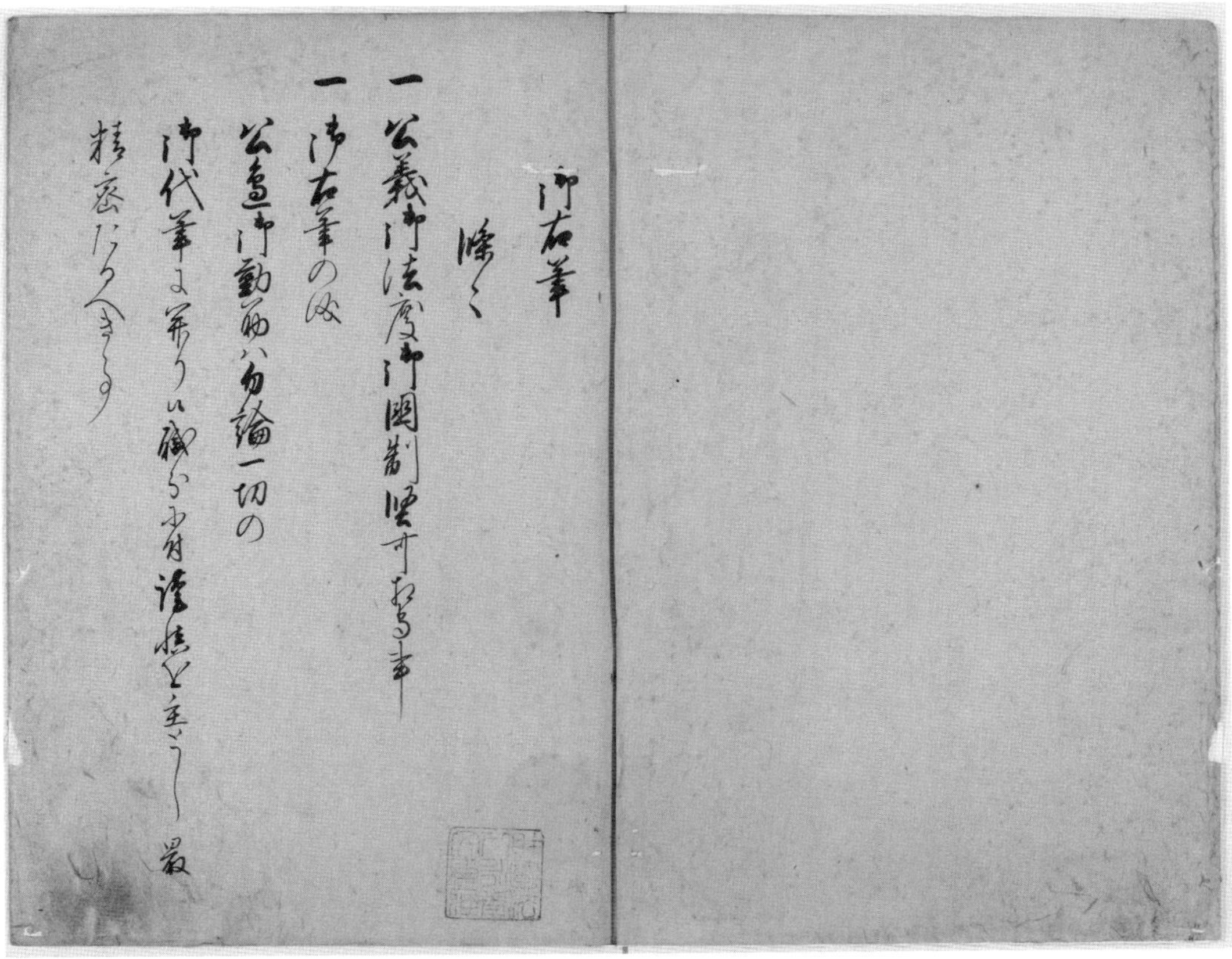

(1) 右筆

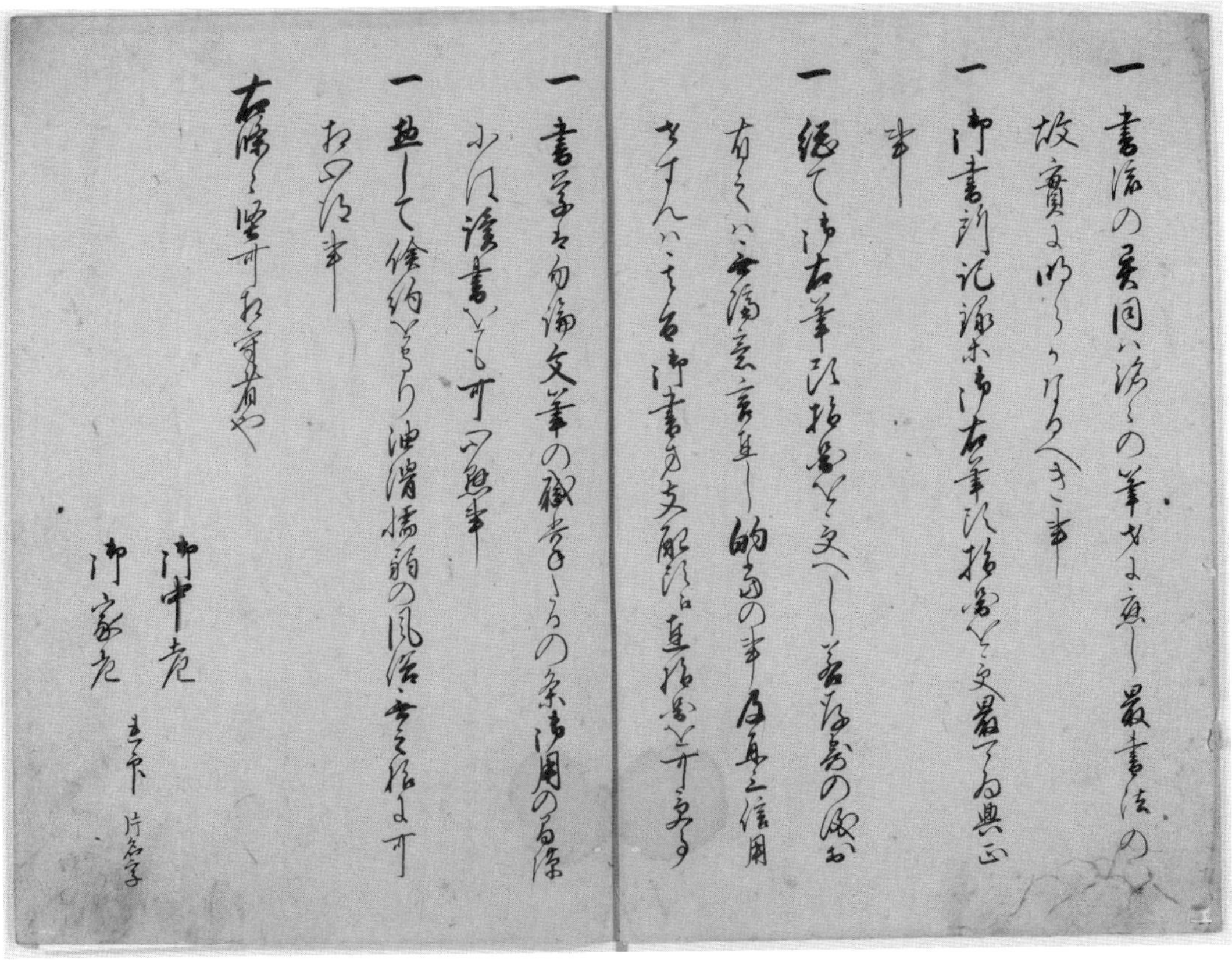

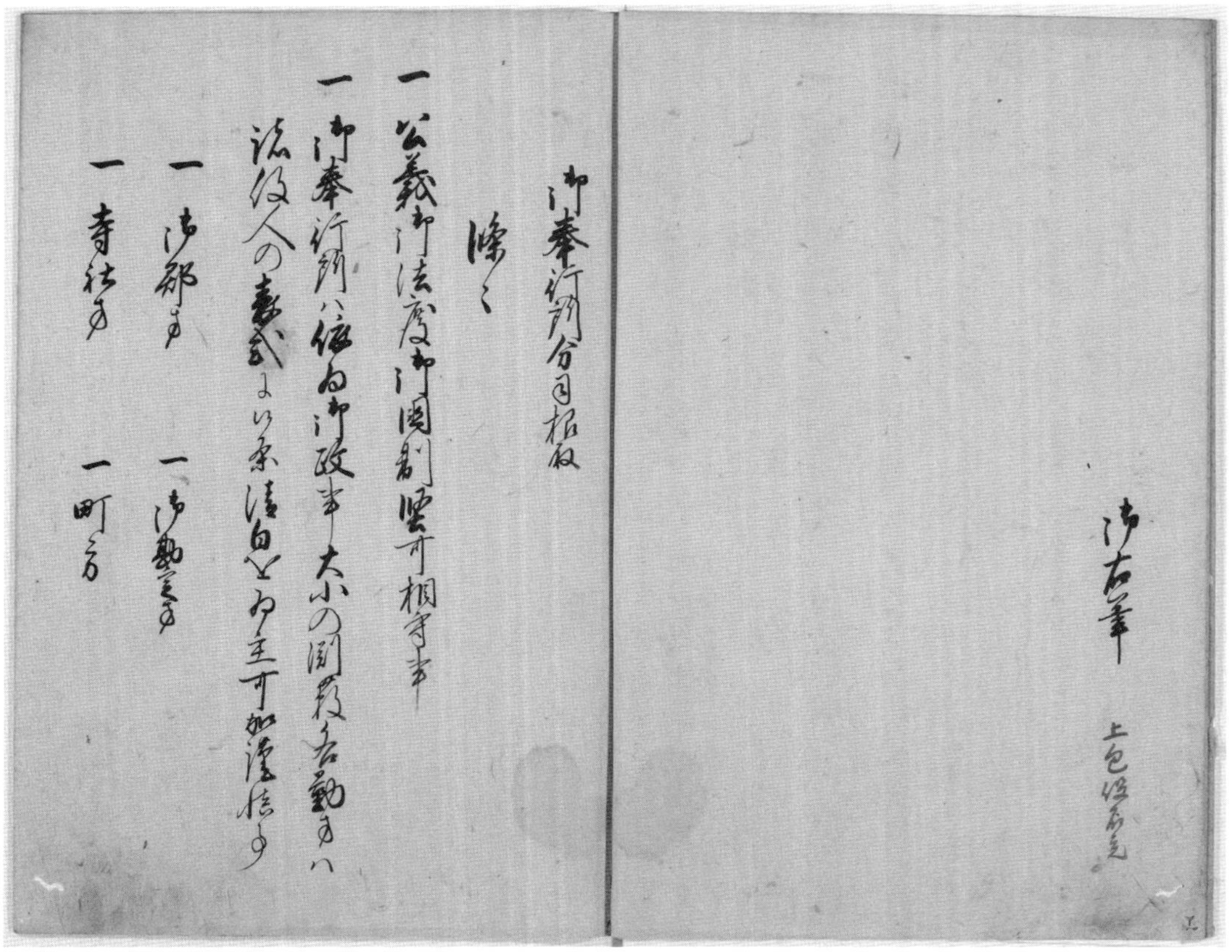

（2）奉行所分司根取

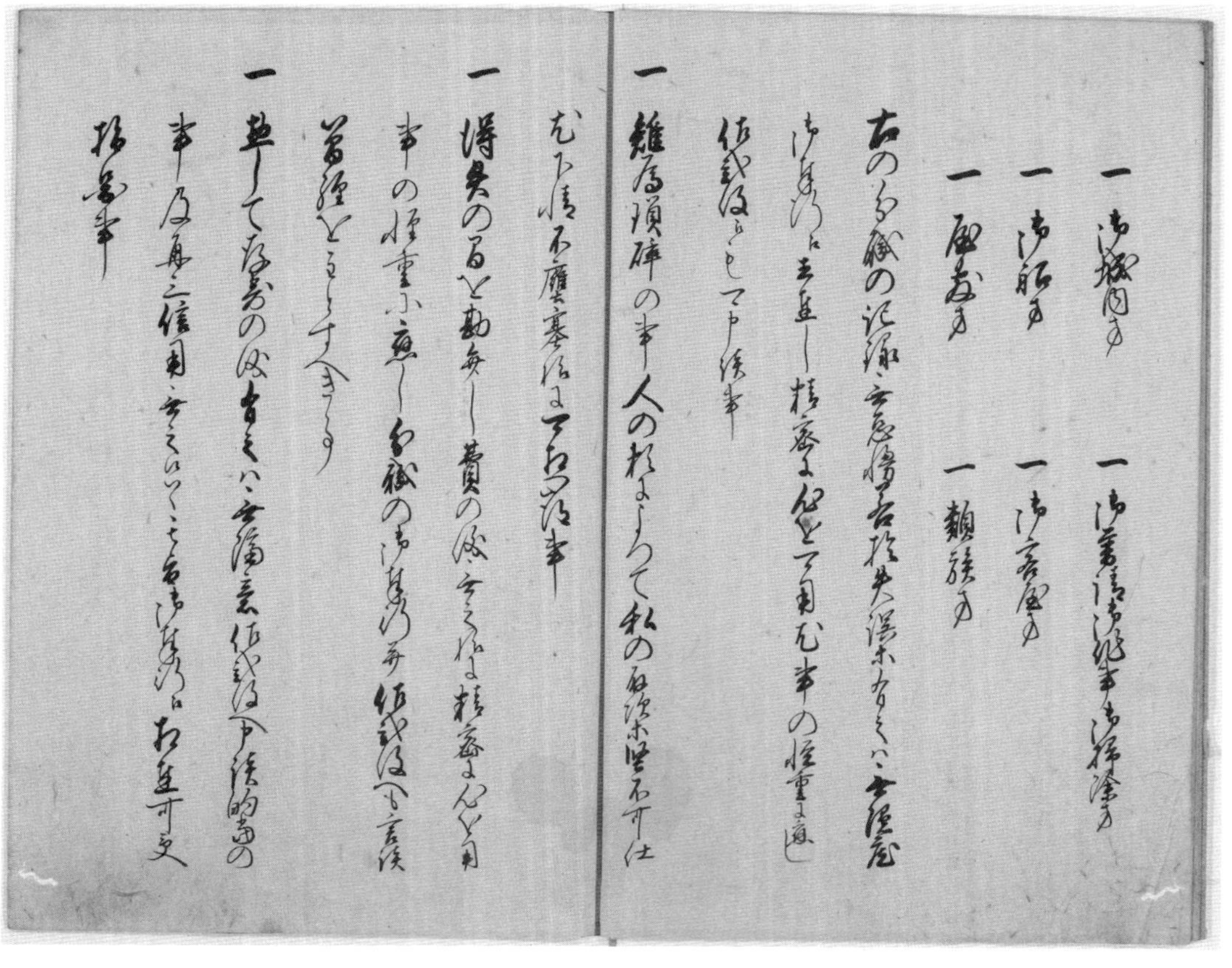

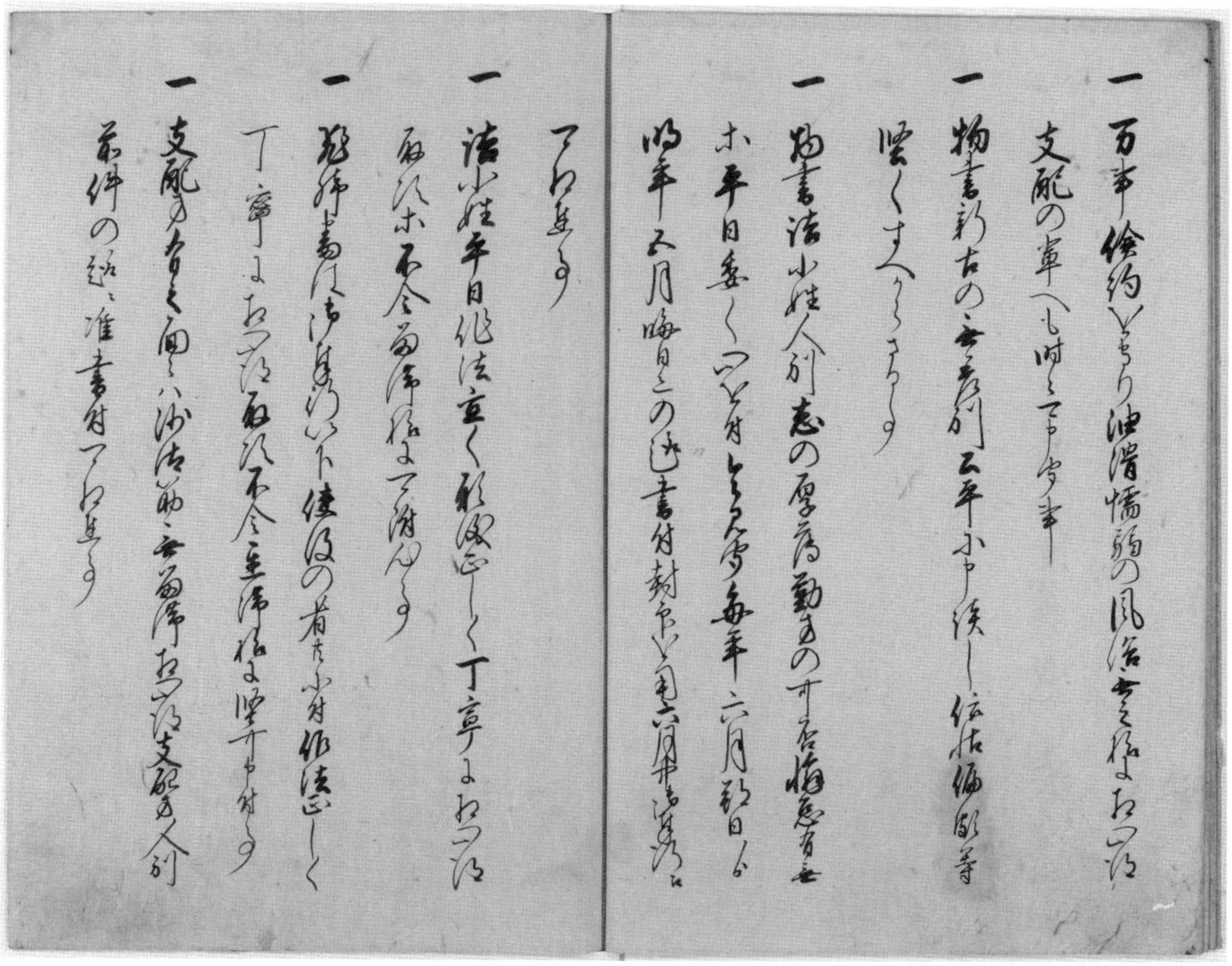

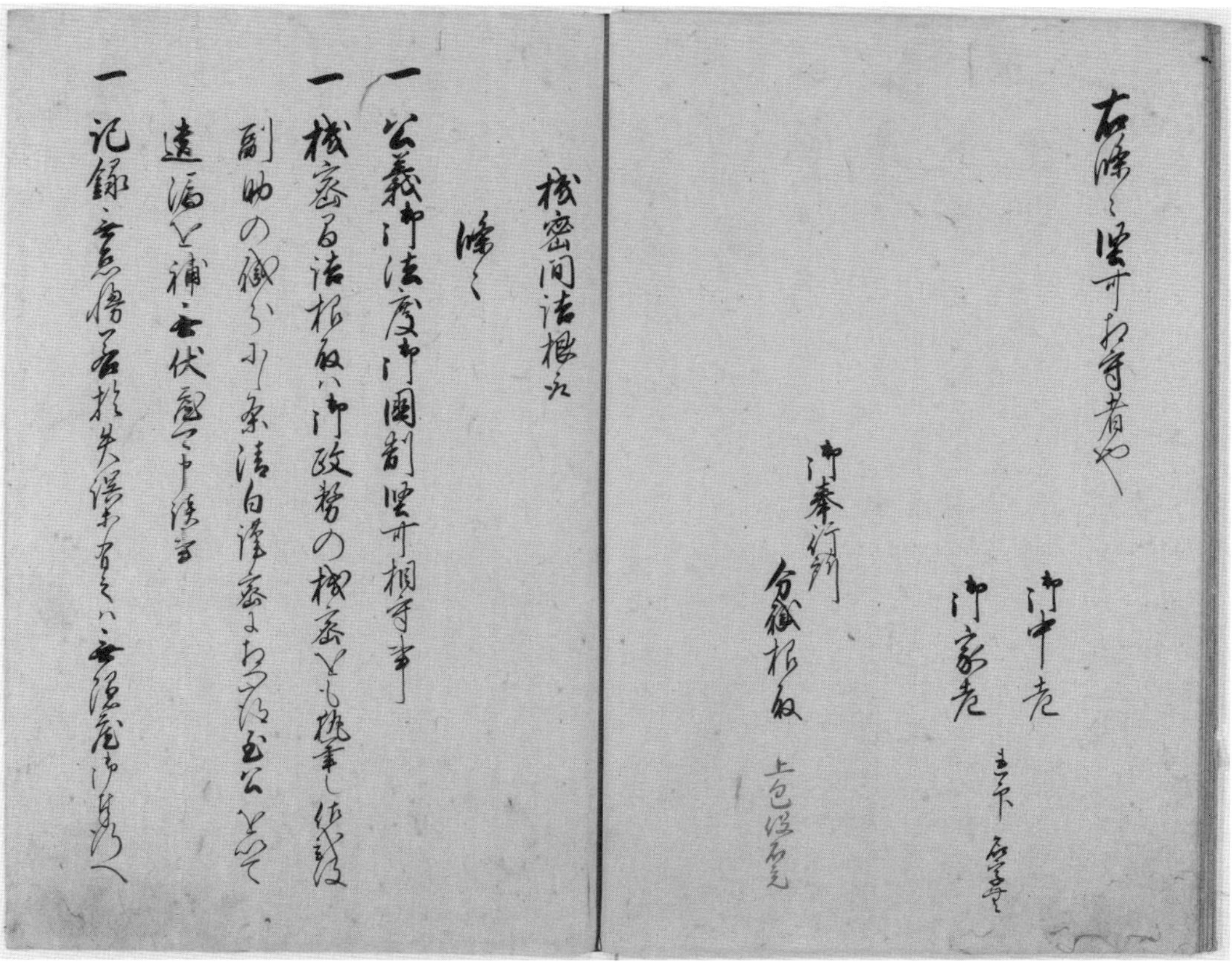

(3) 機密間詰根取

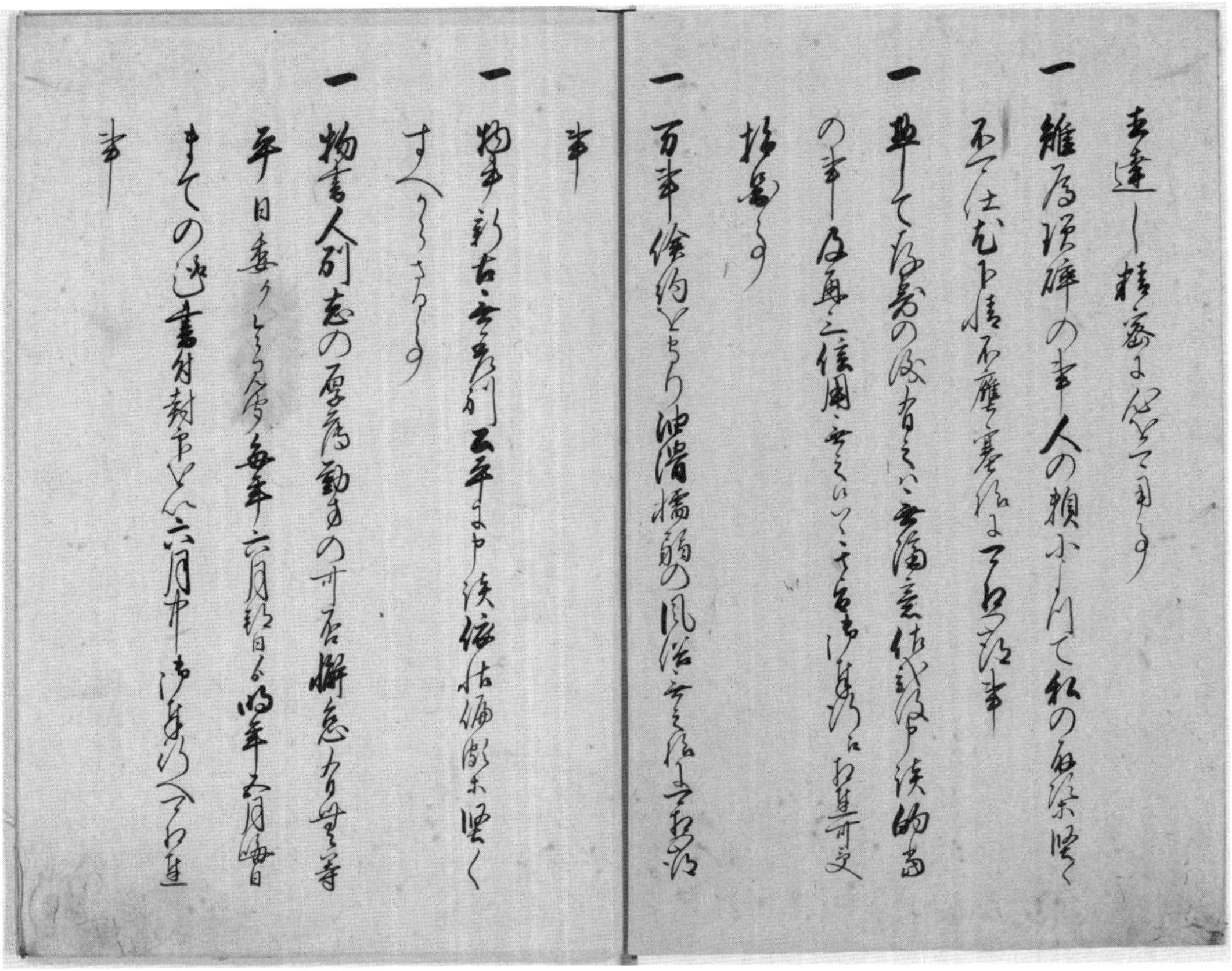

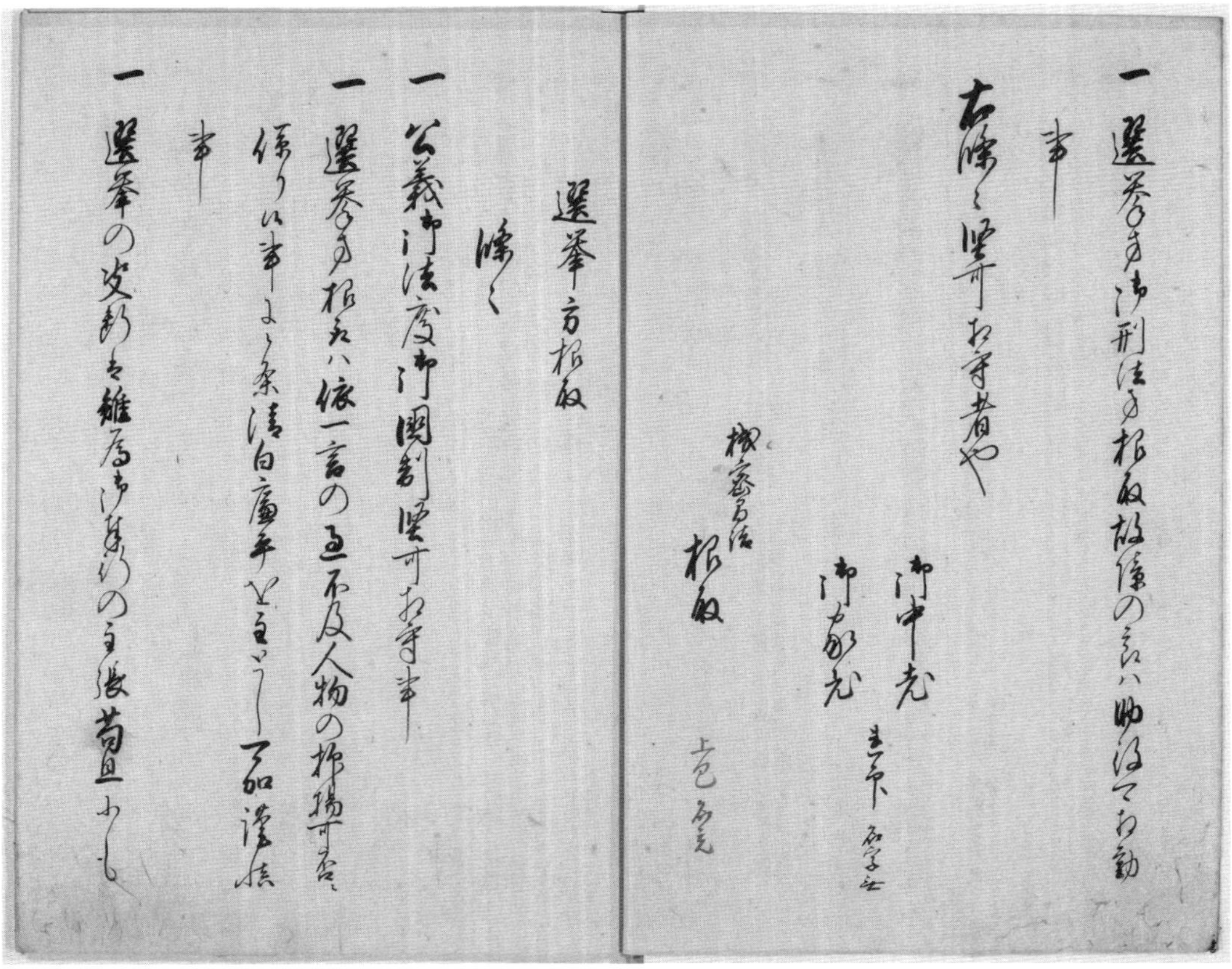

（4）選挙方根取

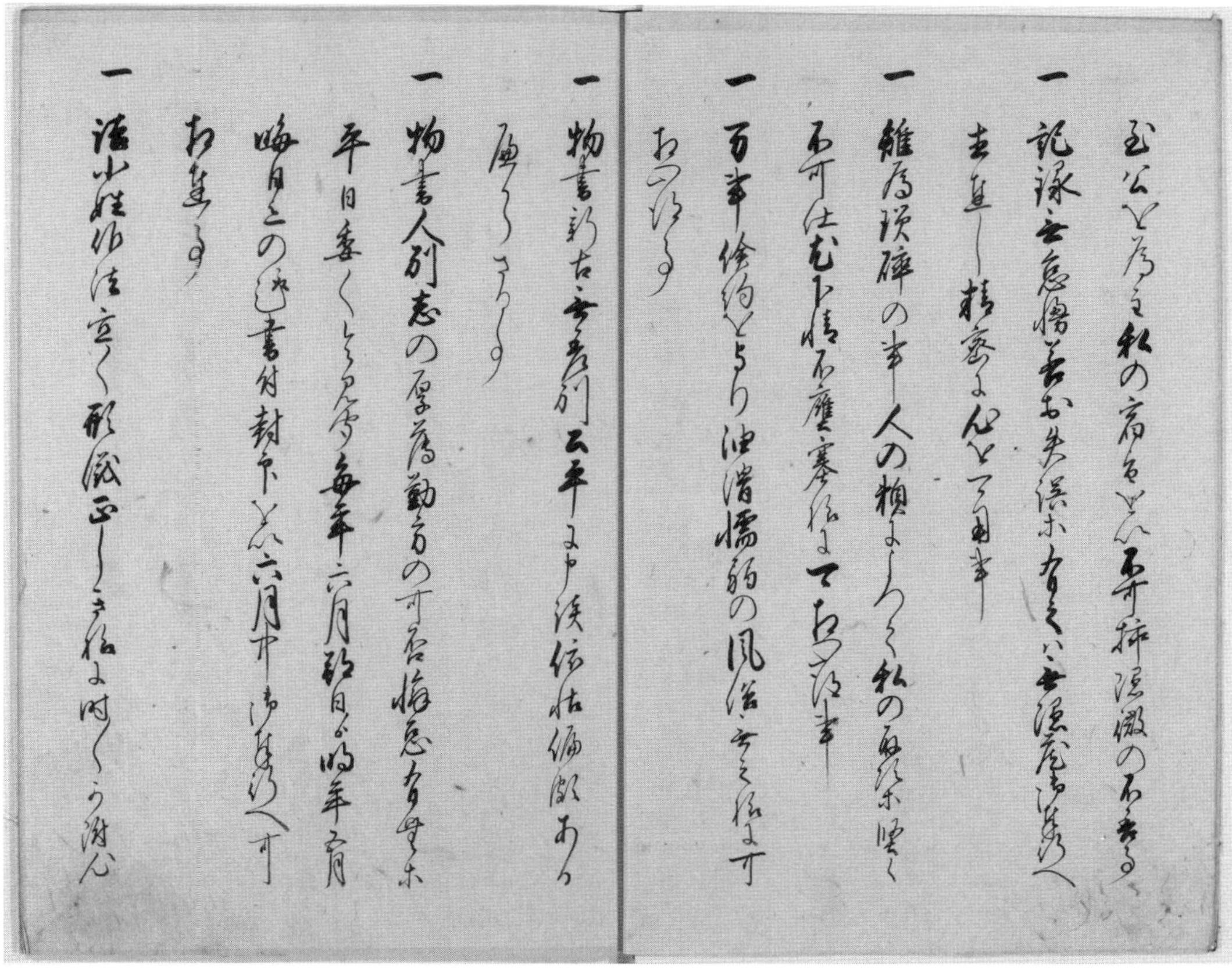

(5) 考績方根取

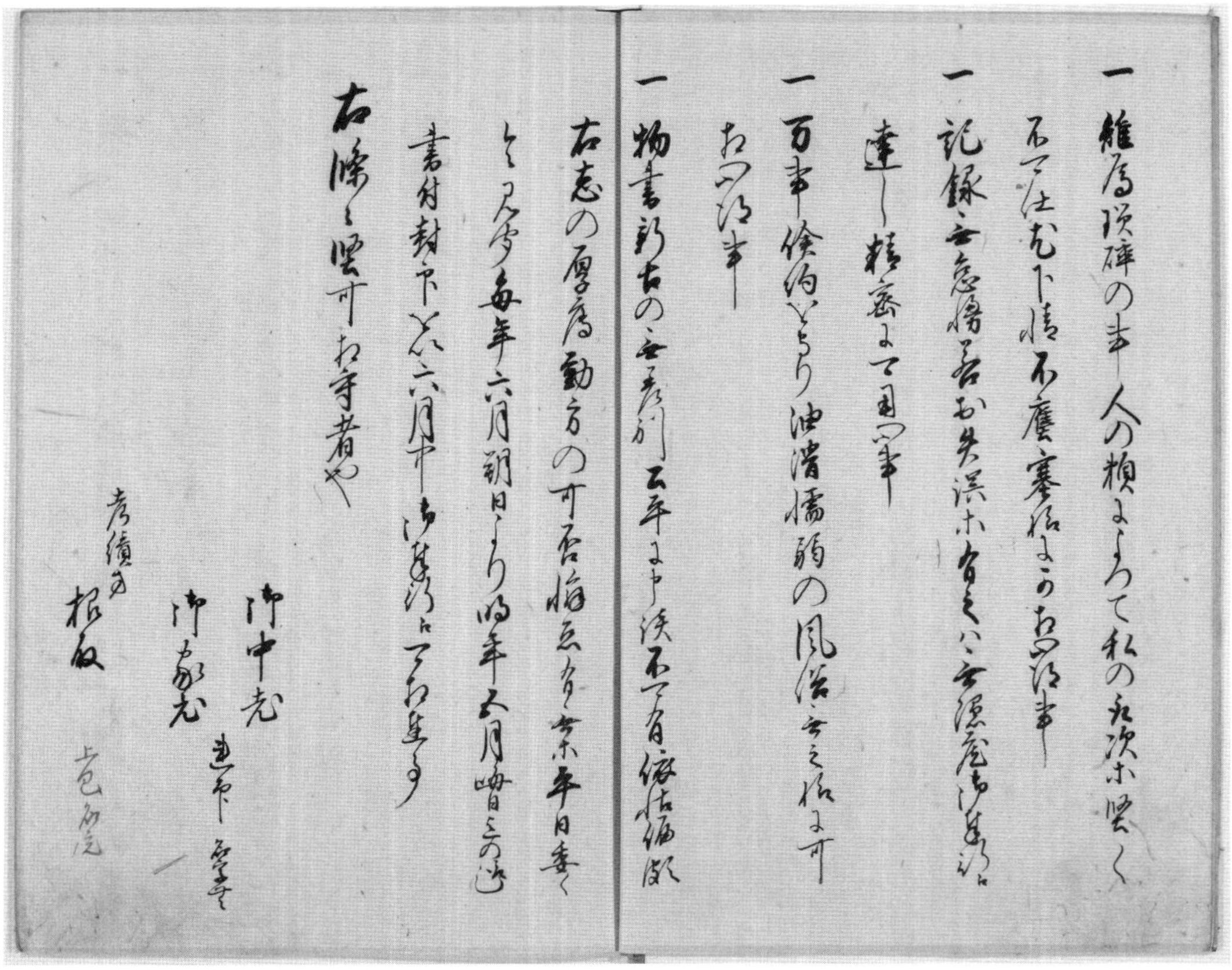

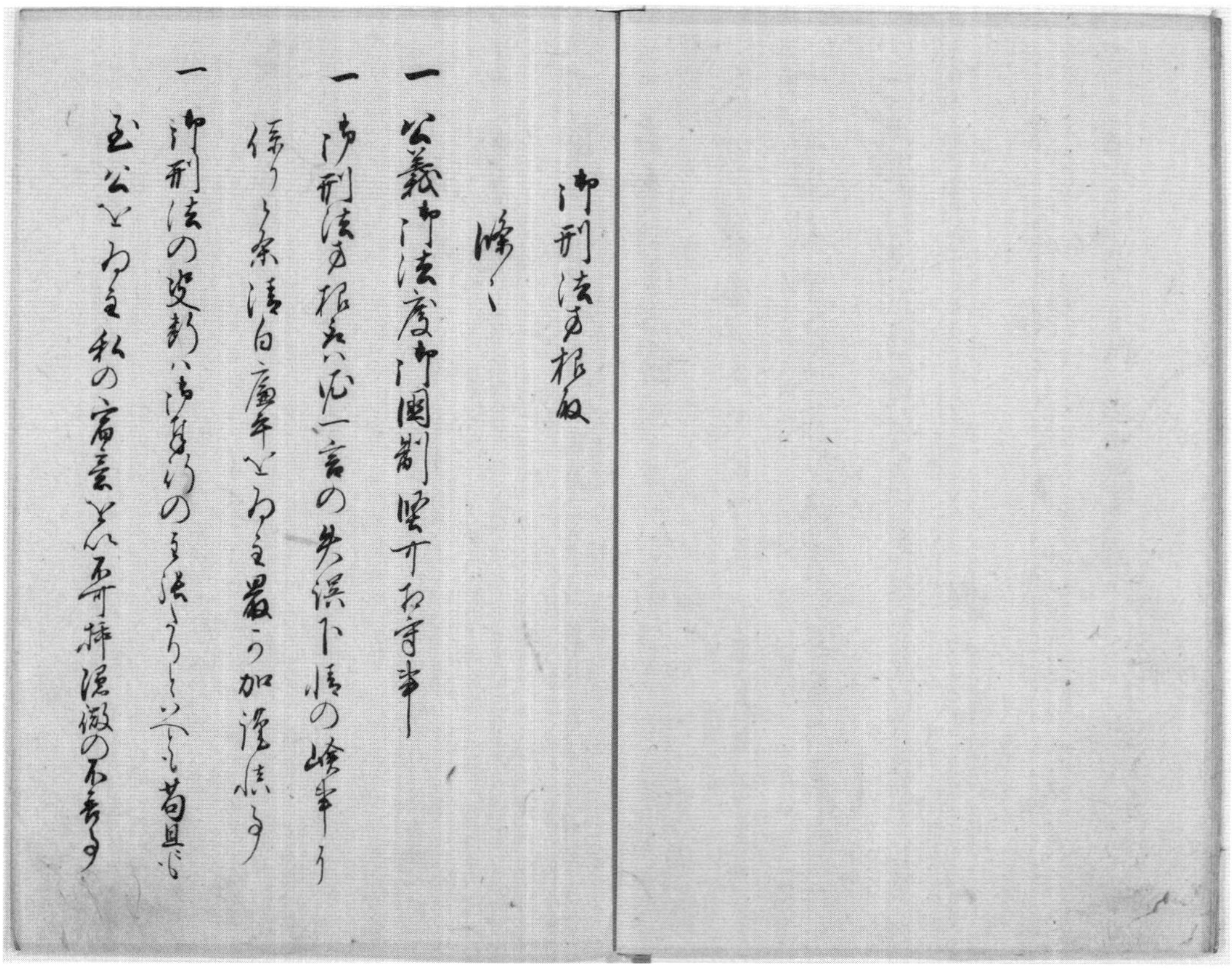

(6) 刑法方根取

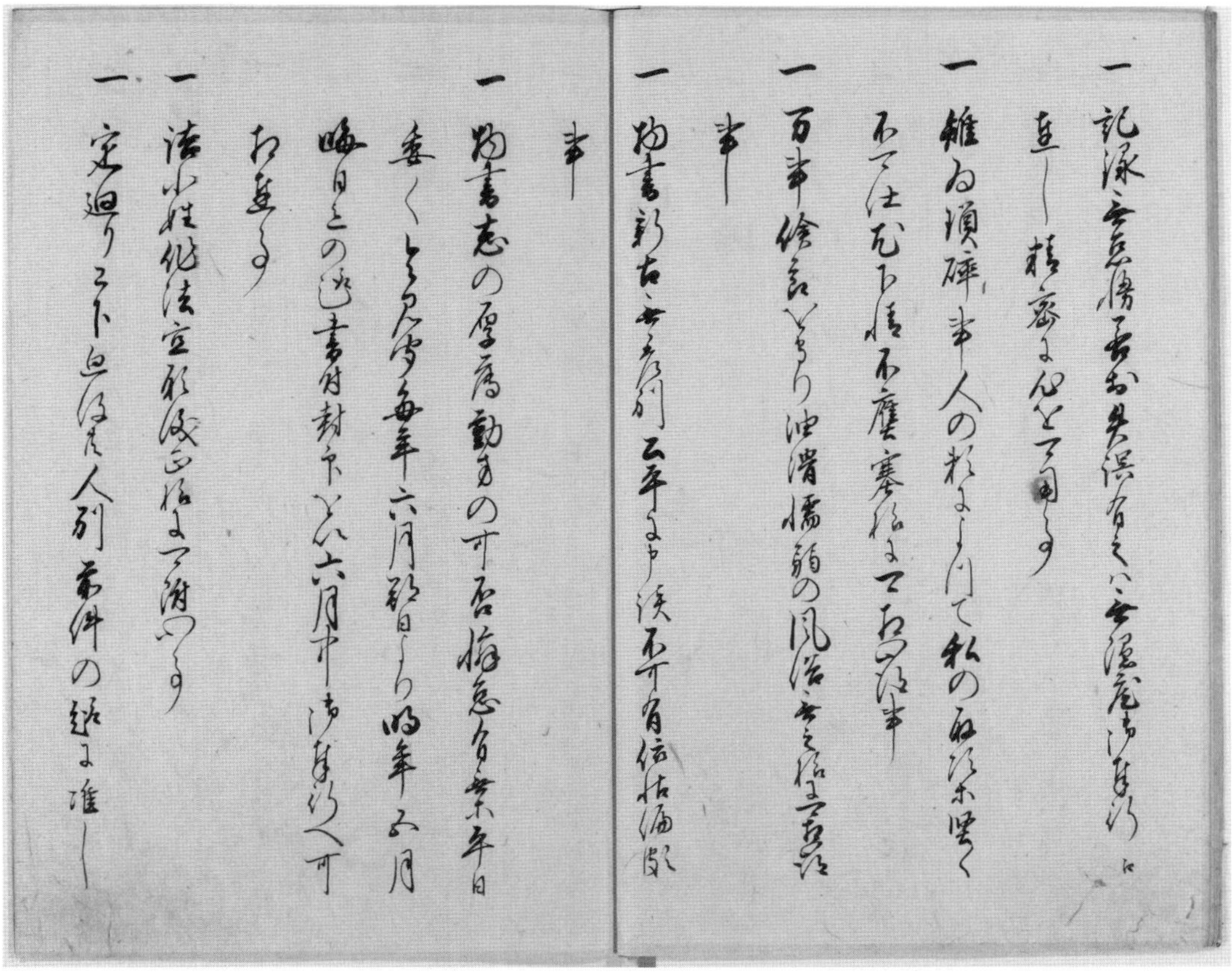

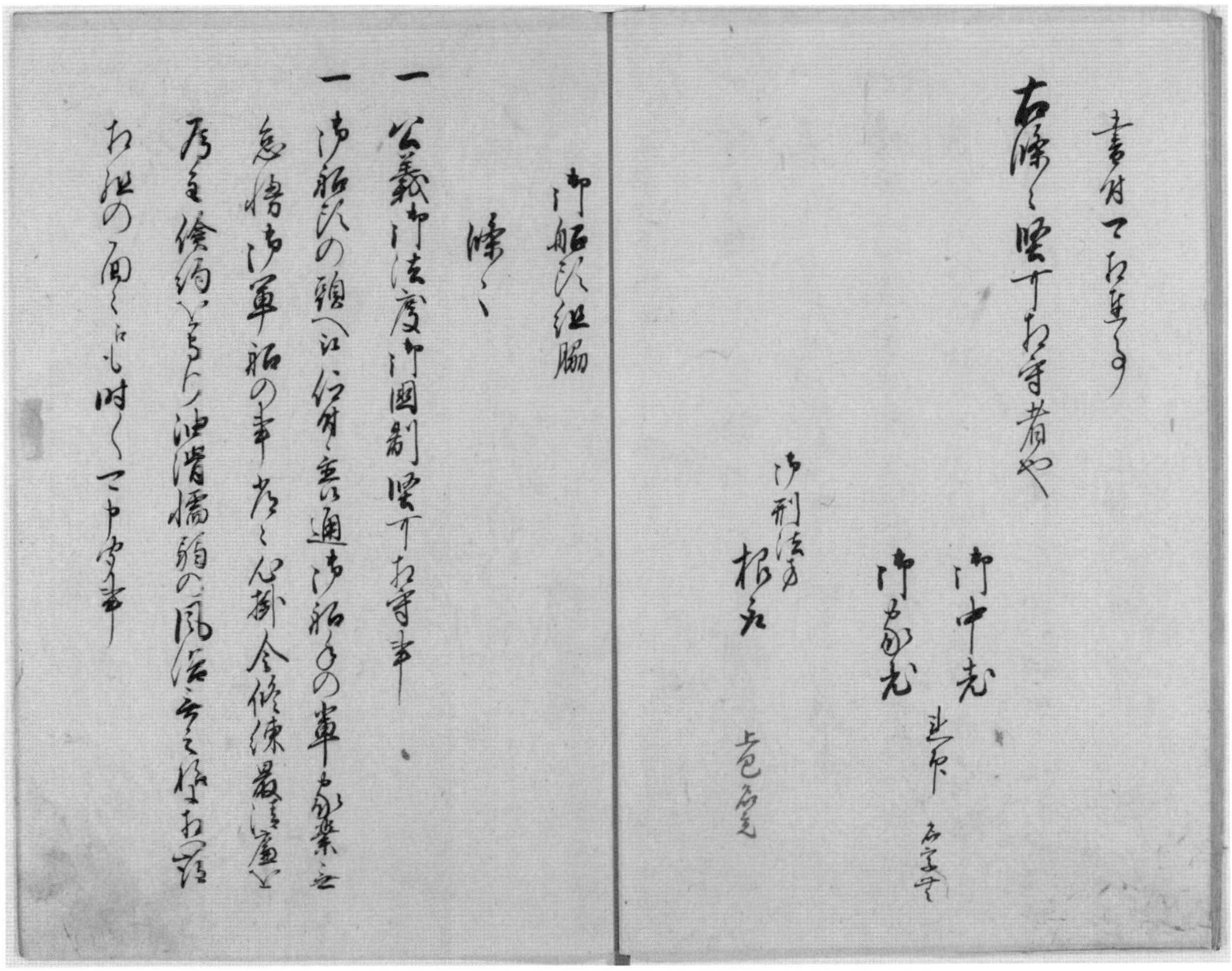

（7）船頭組脇

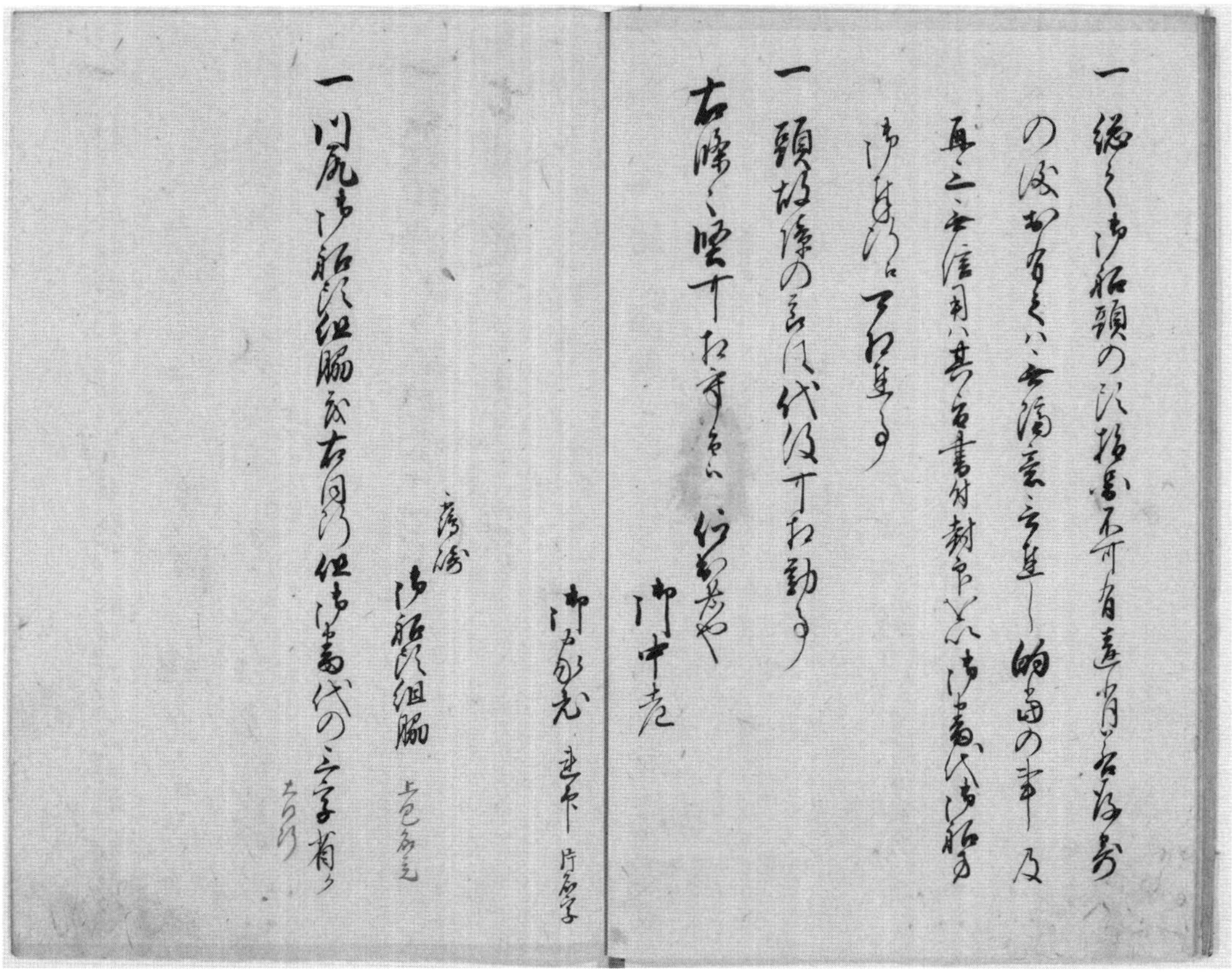

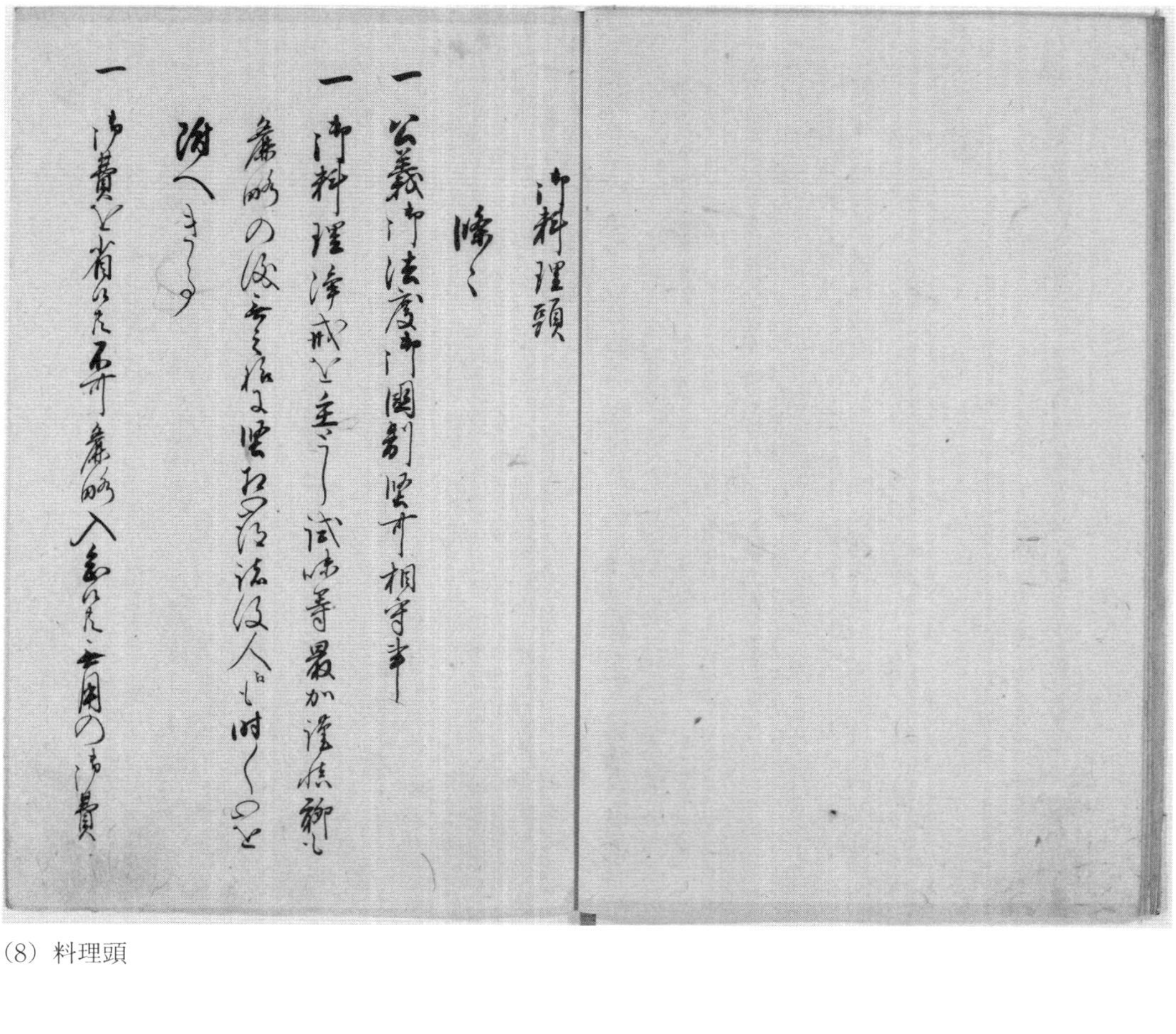

（8）料理頭

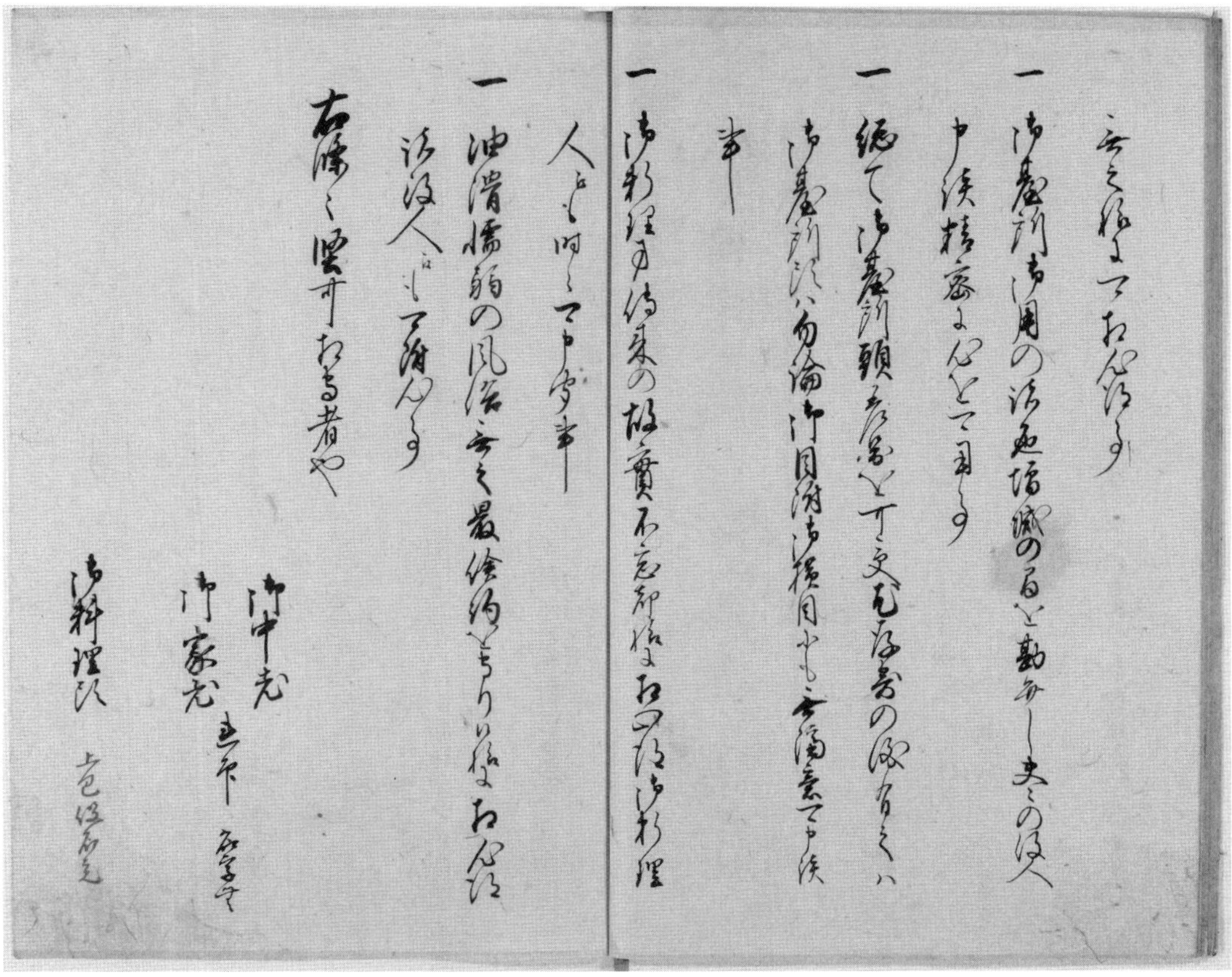

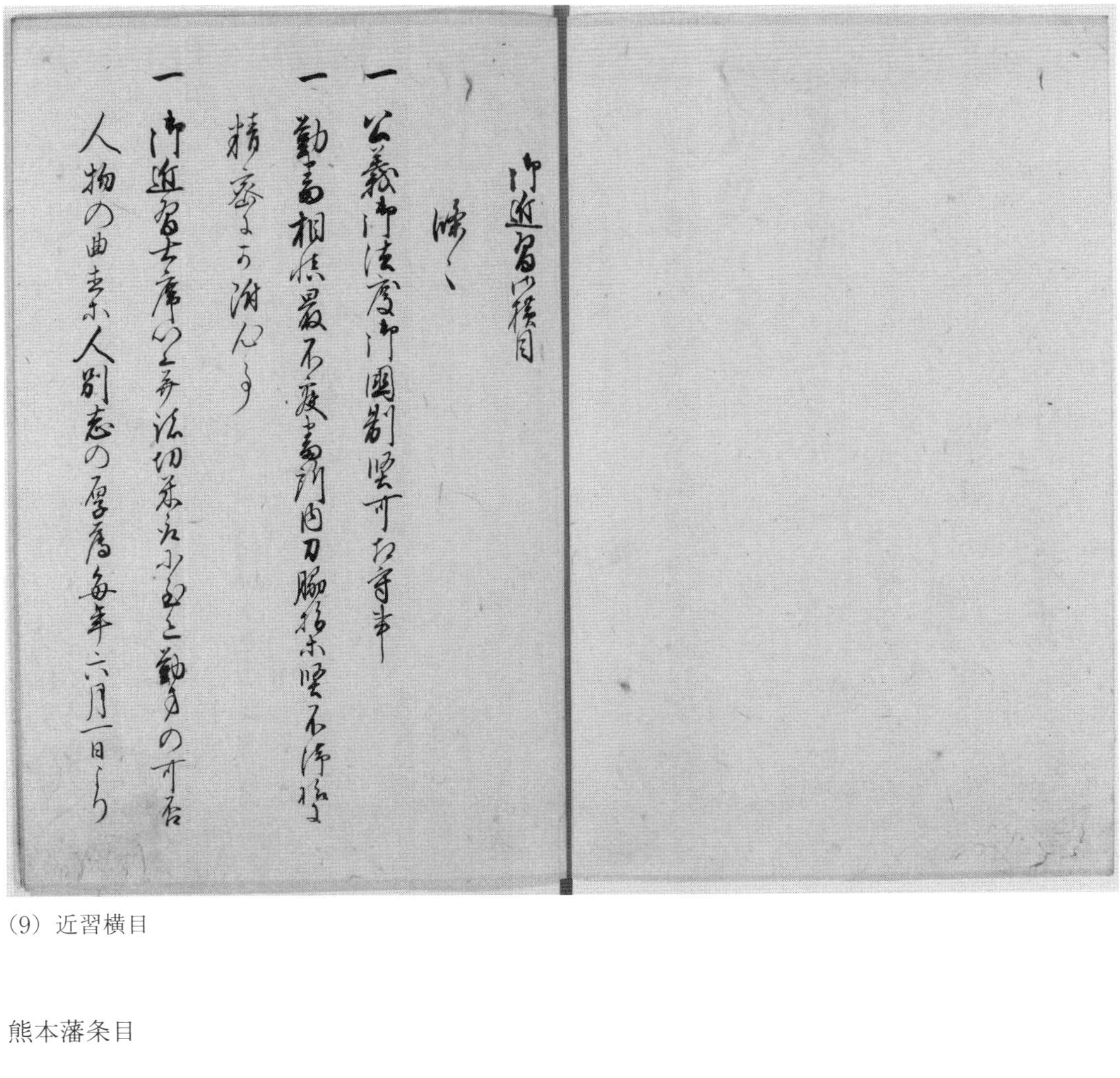
御近習御横目
條々
一 公義御法度御国制堅可相守事
一 勤番相慎最不寝番所内刀脇指等堅不帯様
精密ニ可相心得事
一 御近習士席以上者諸切米之小身ニ而勤方の可否
人物の曲直等人別志の厚薄毎年六月一日より

(9) 近習横目

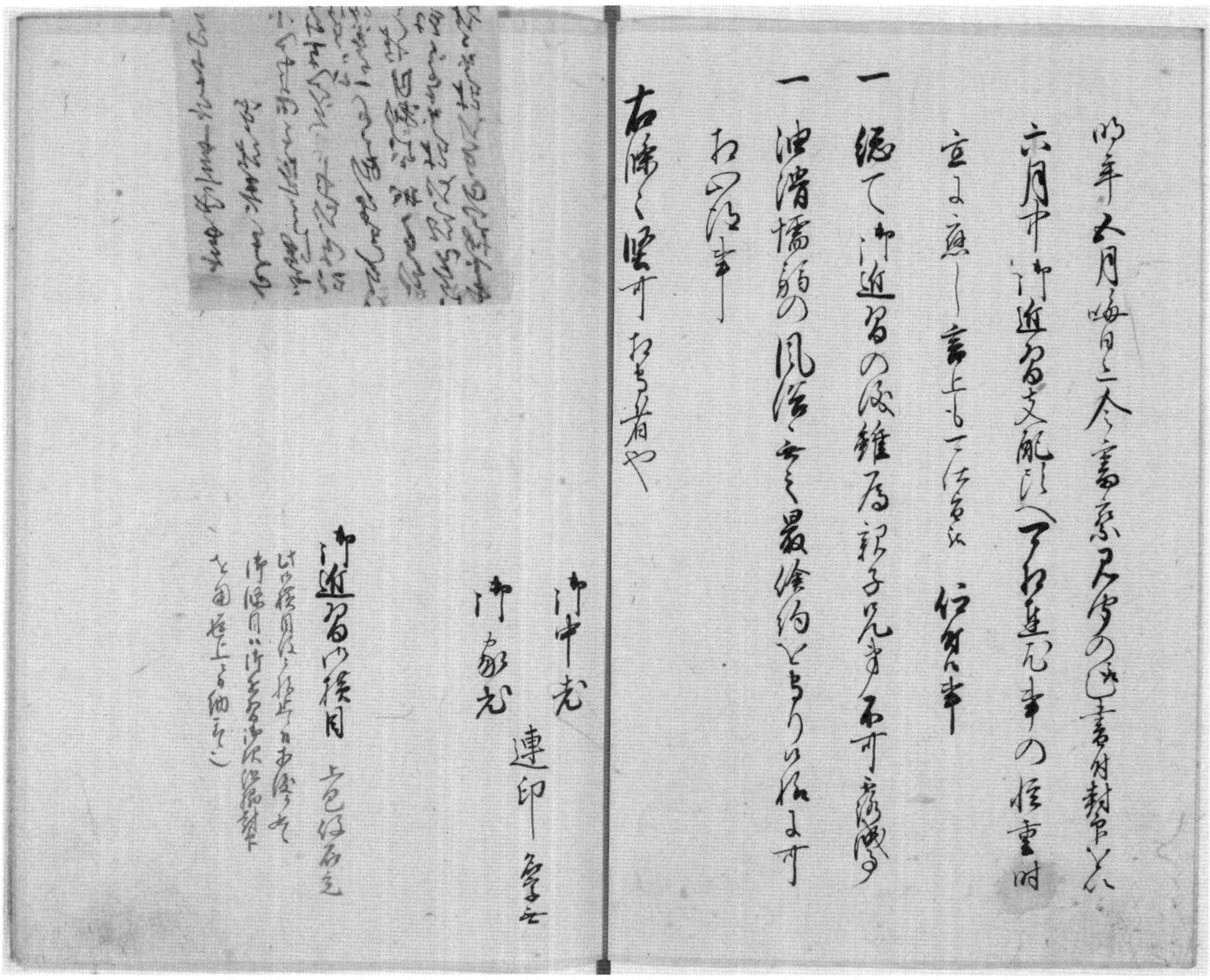

(a)

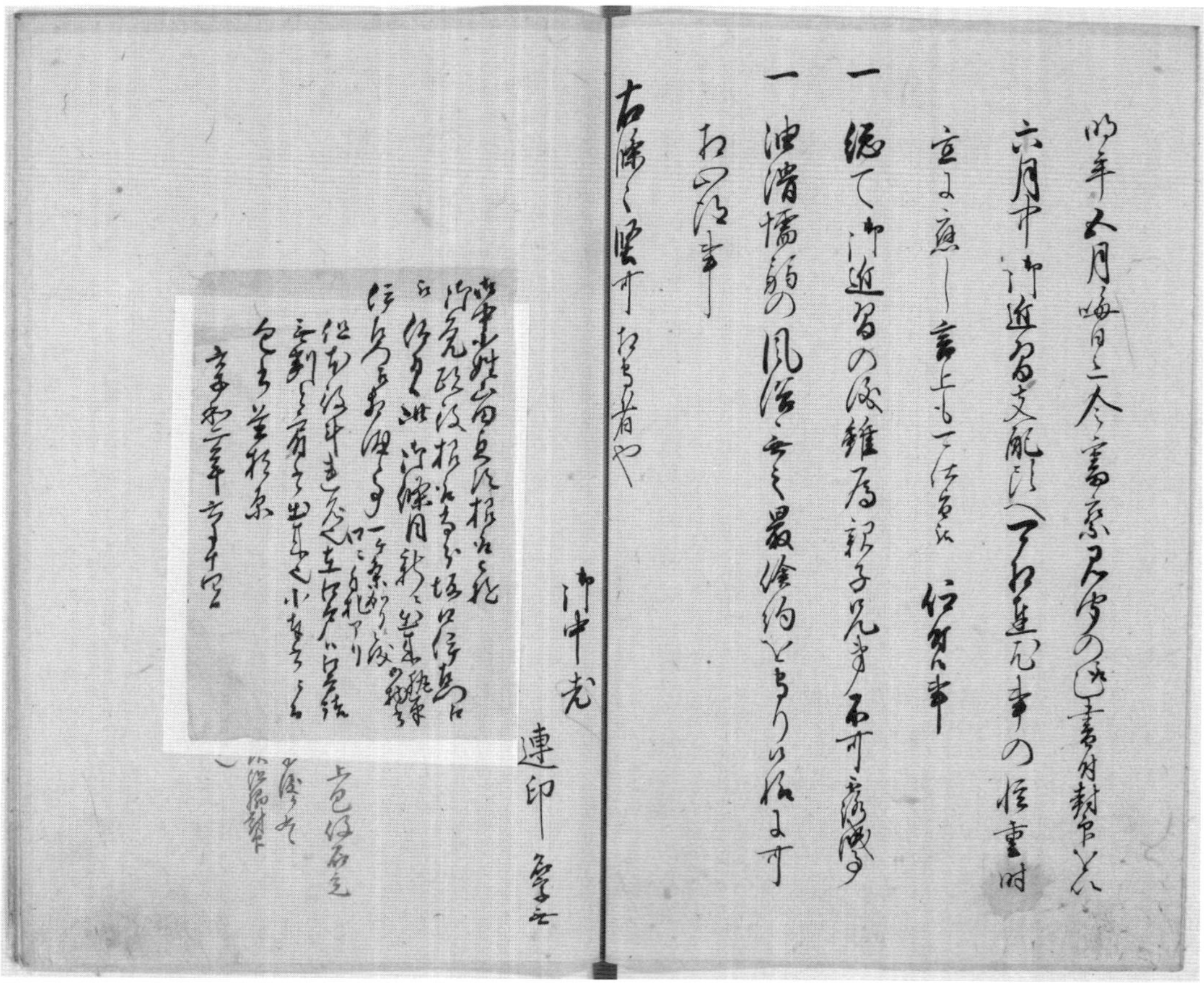

(b)

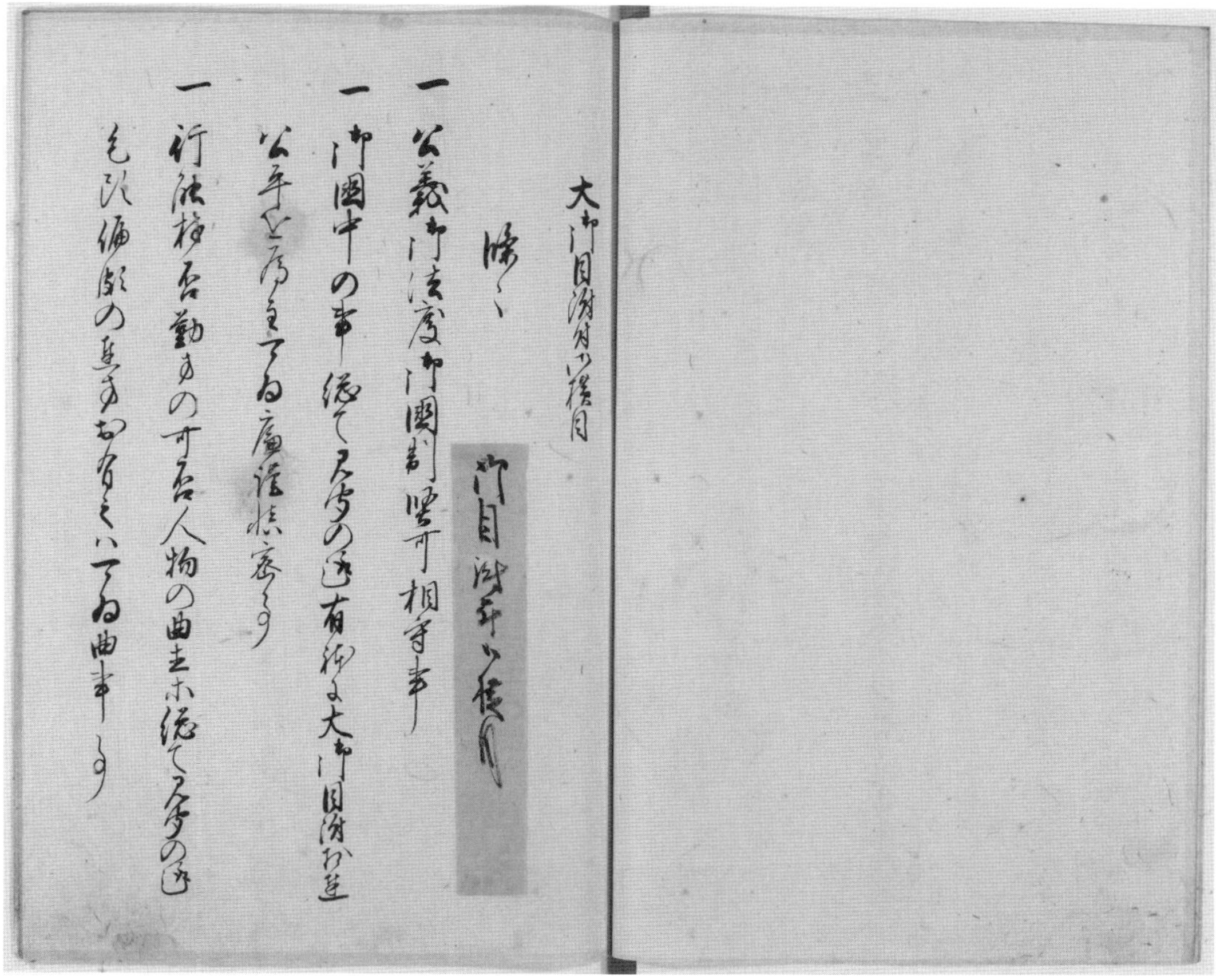

（10）大目附付横目

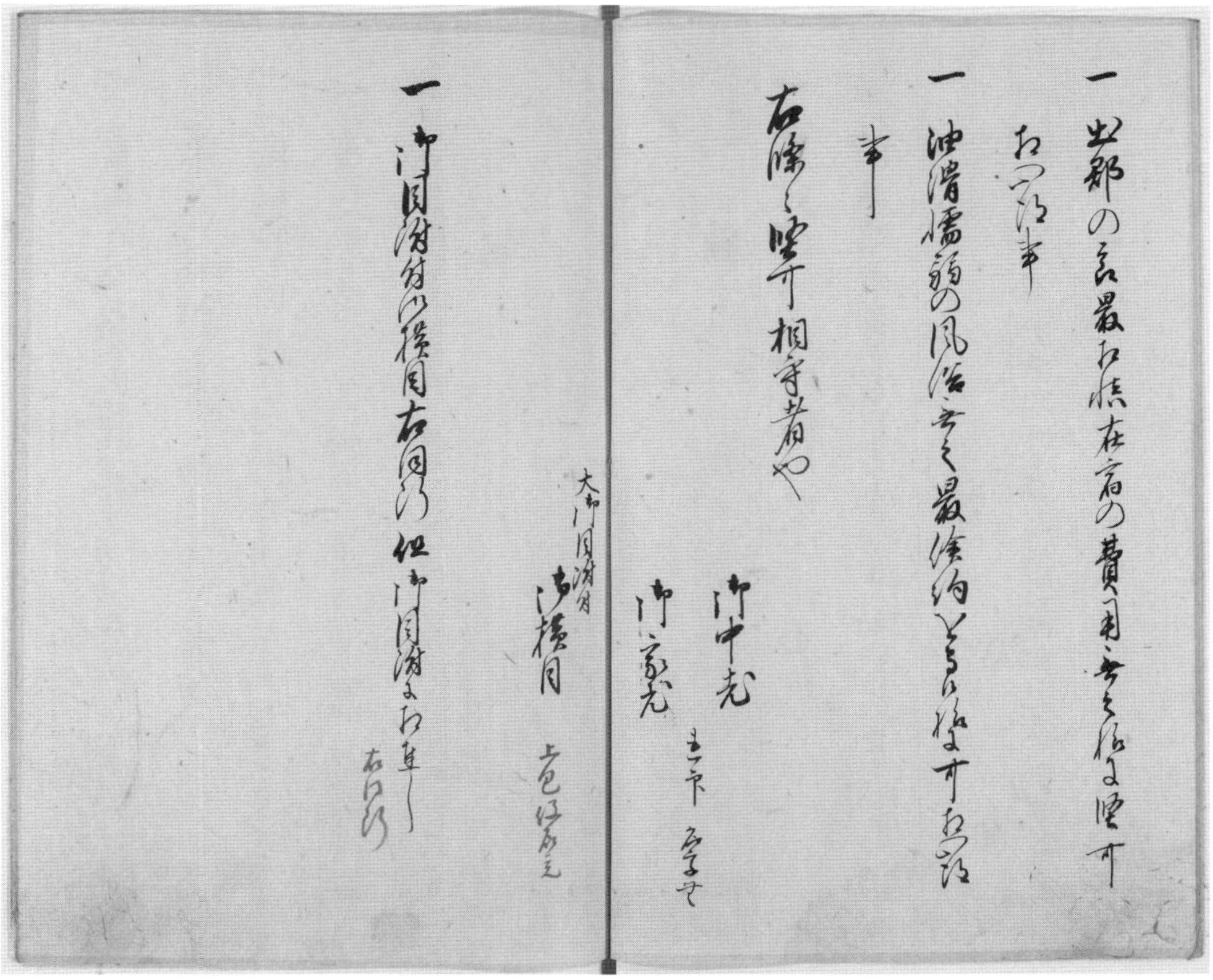

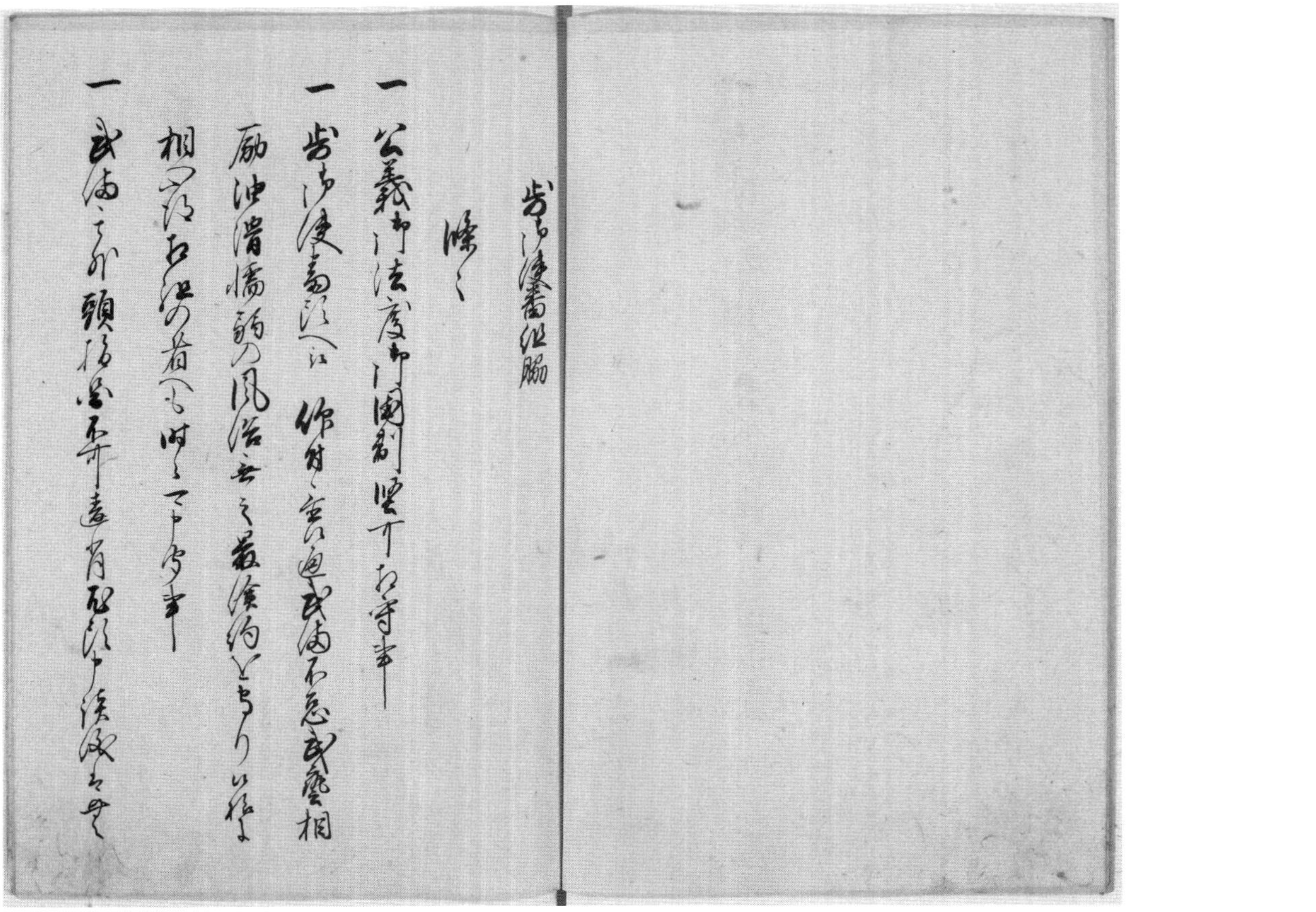

（11）歩使番組脇

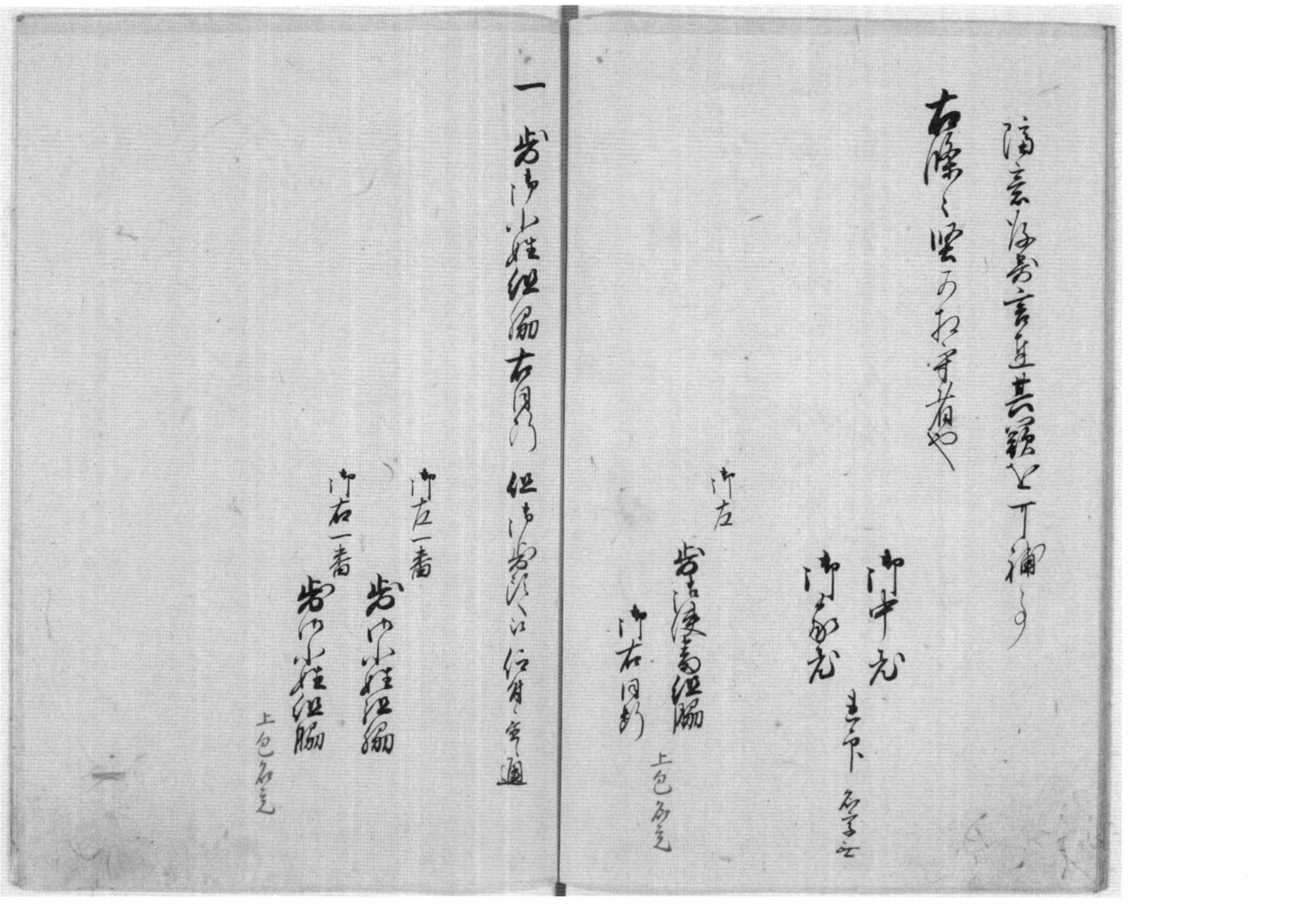

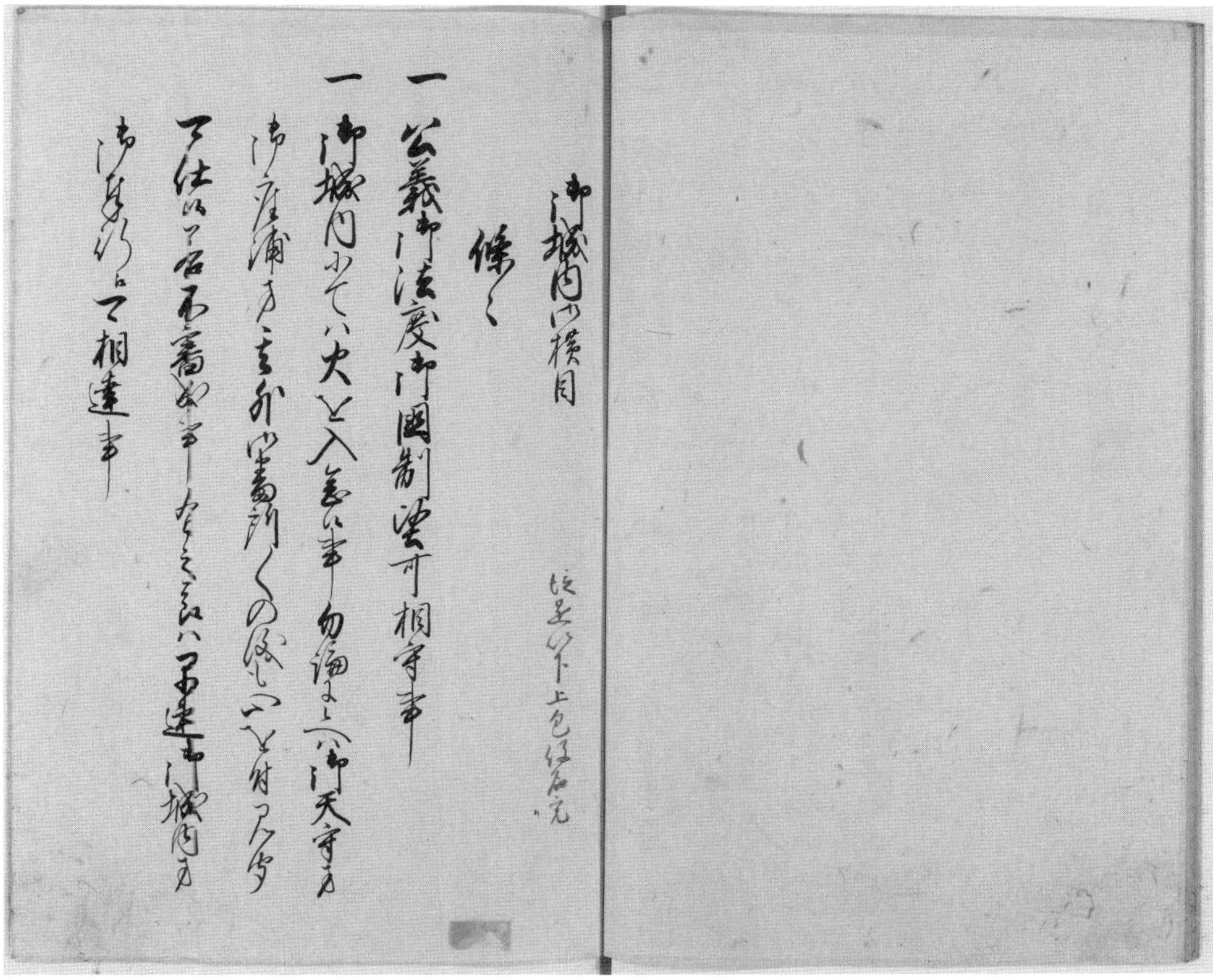

（12）城内横目

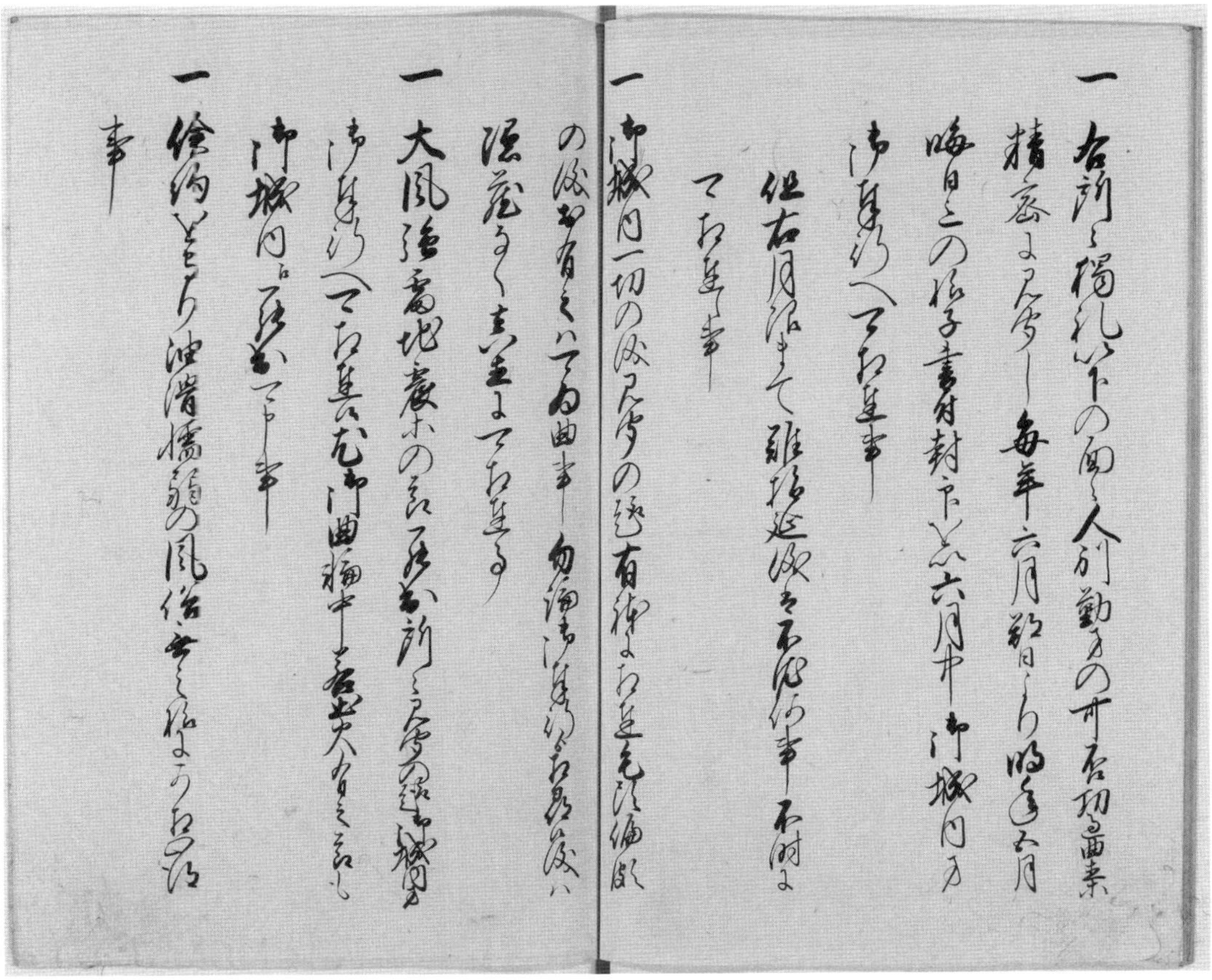

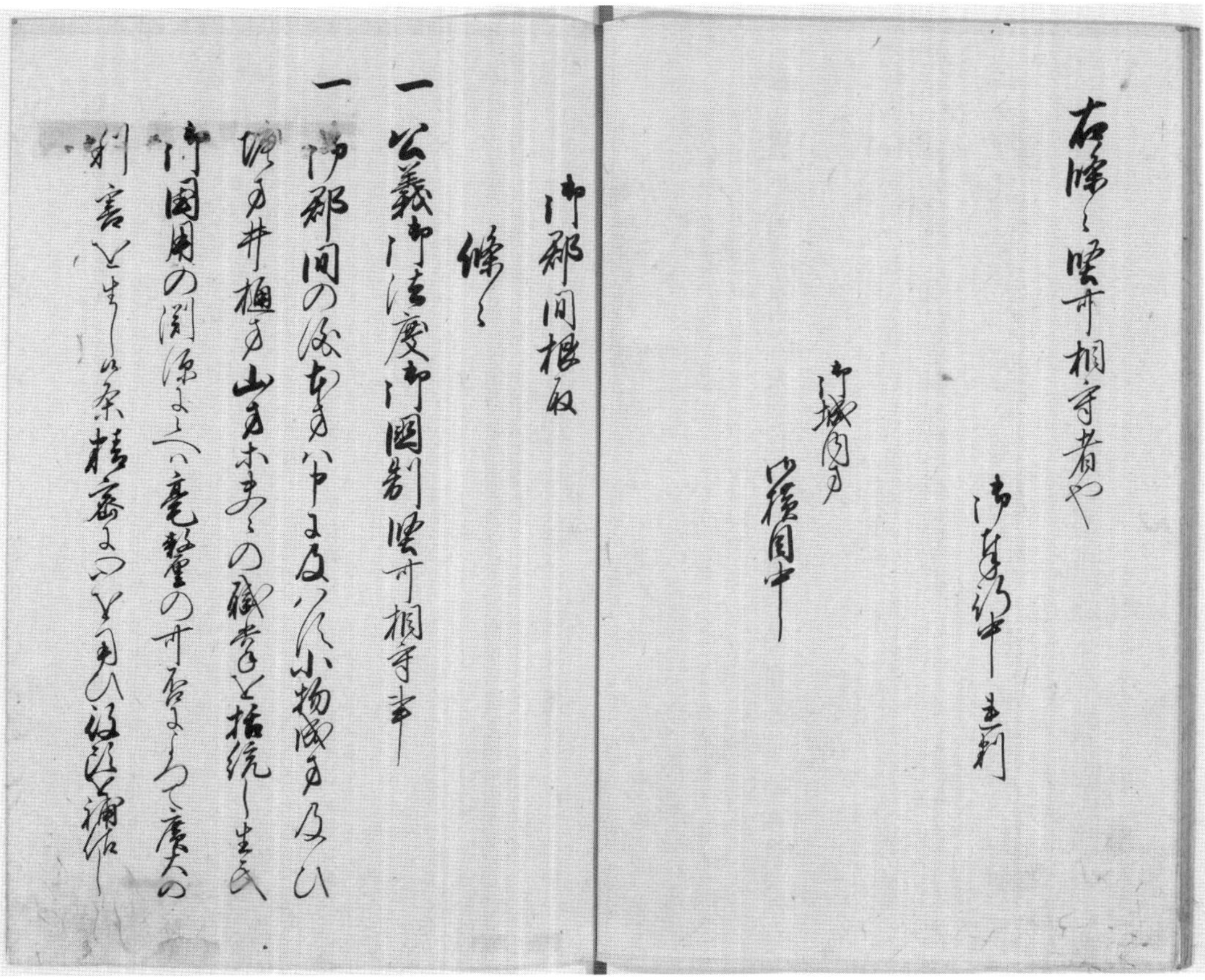

（13）郡間根取

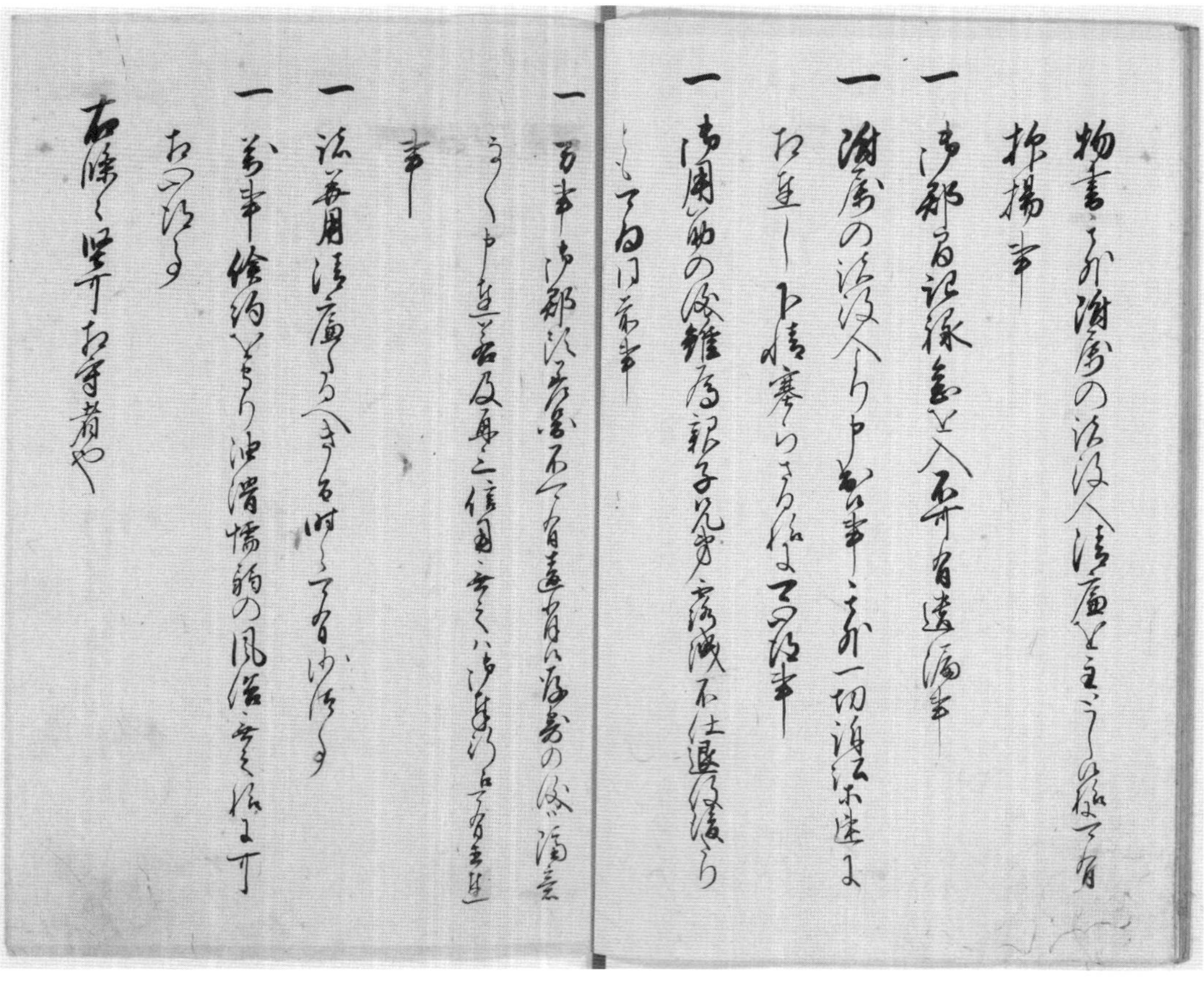

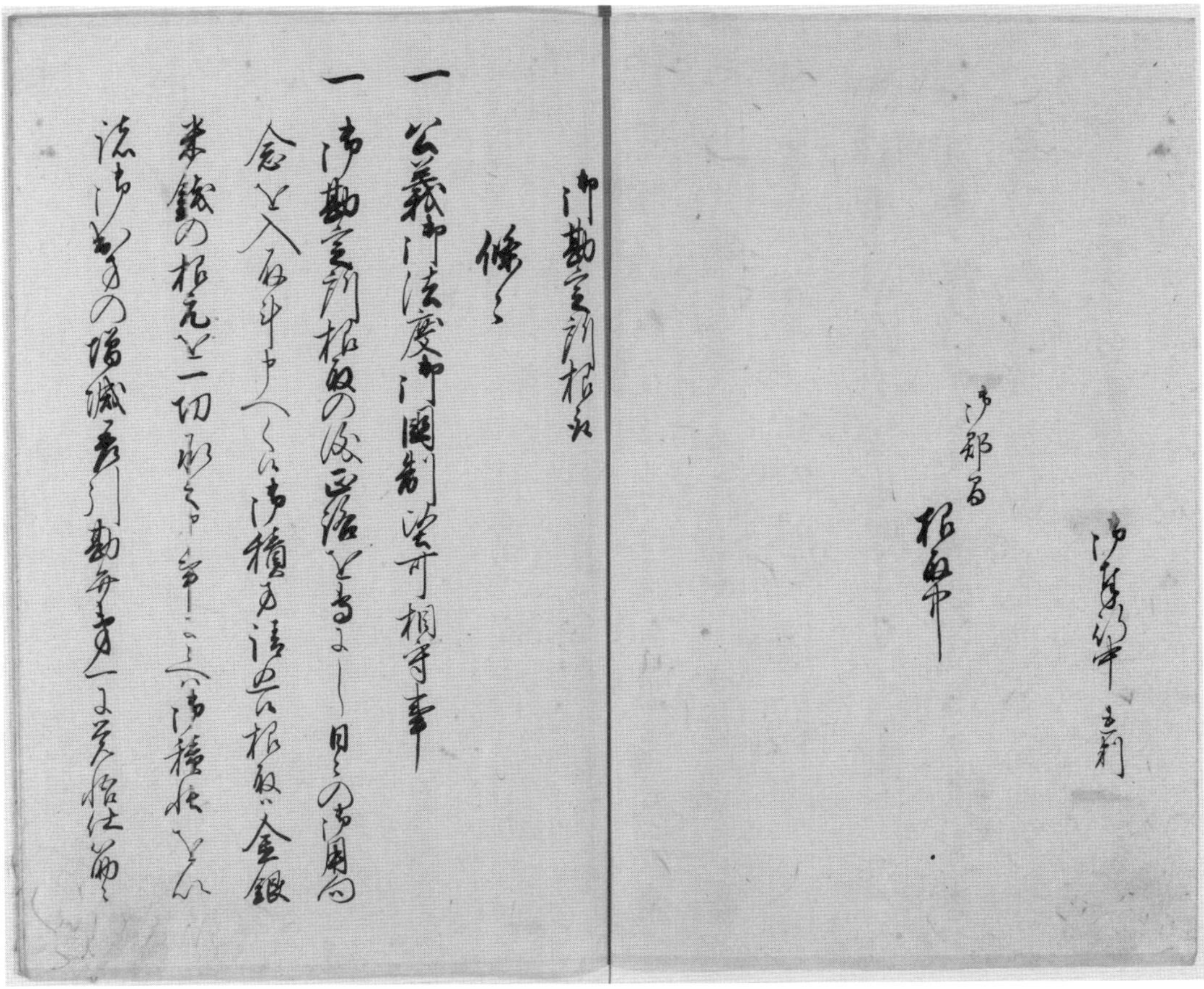

（14）勘定所根取

(a)

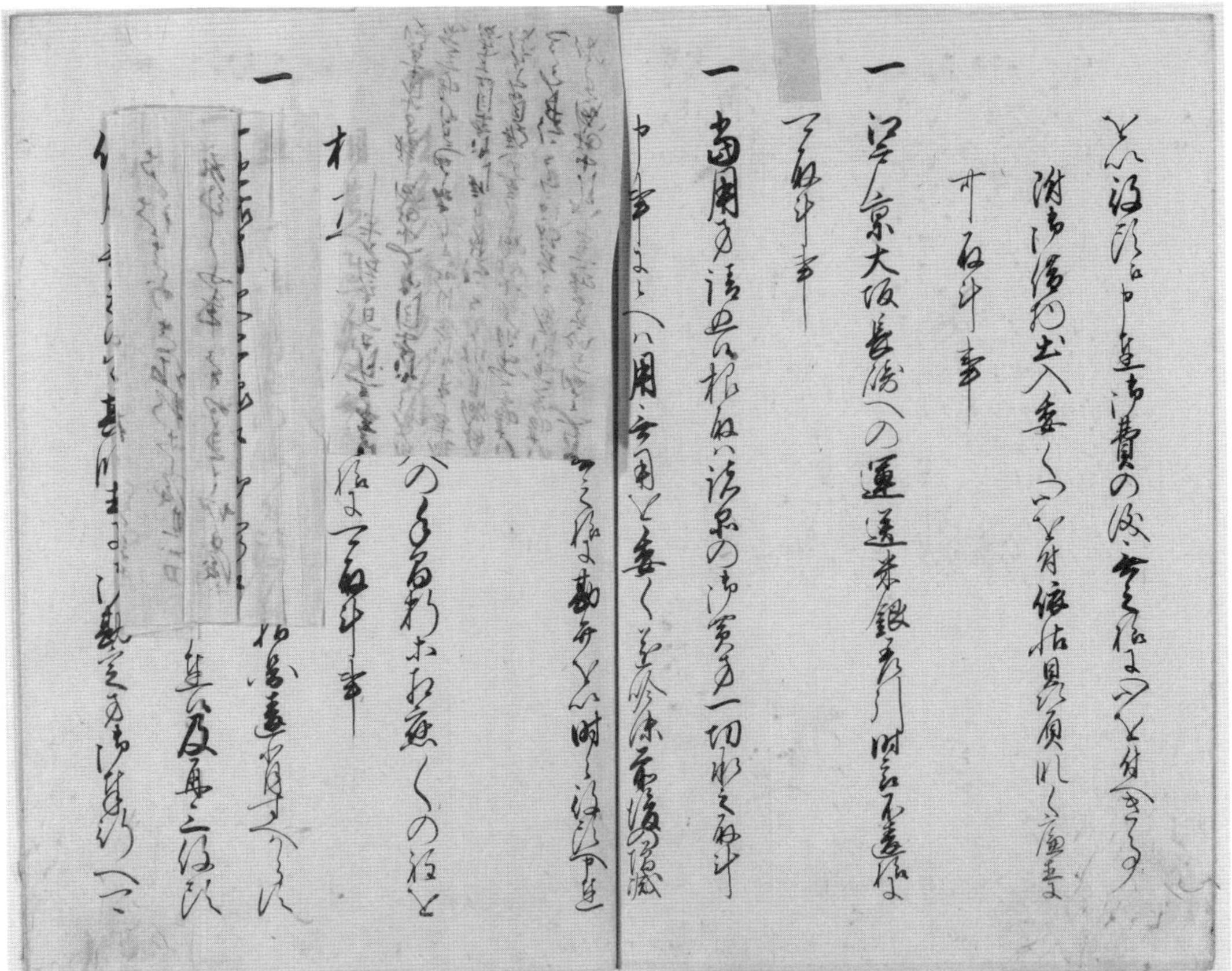

(b)

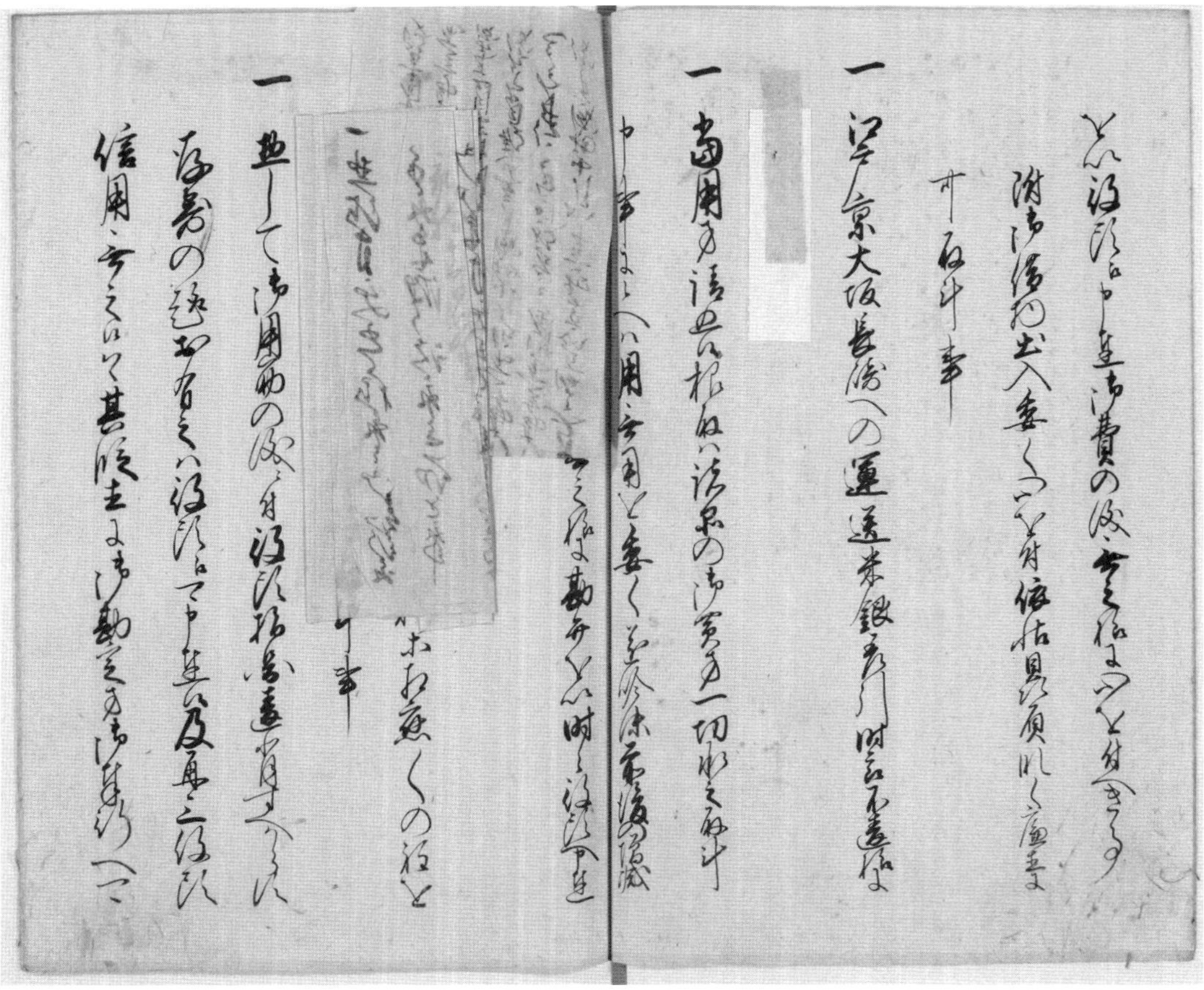

(c)

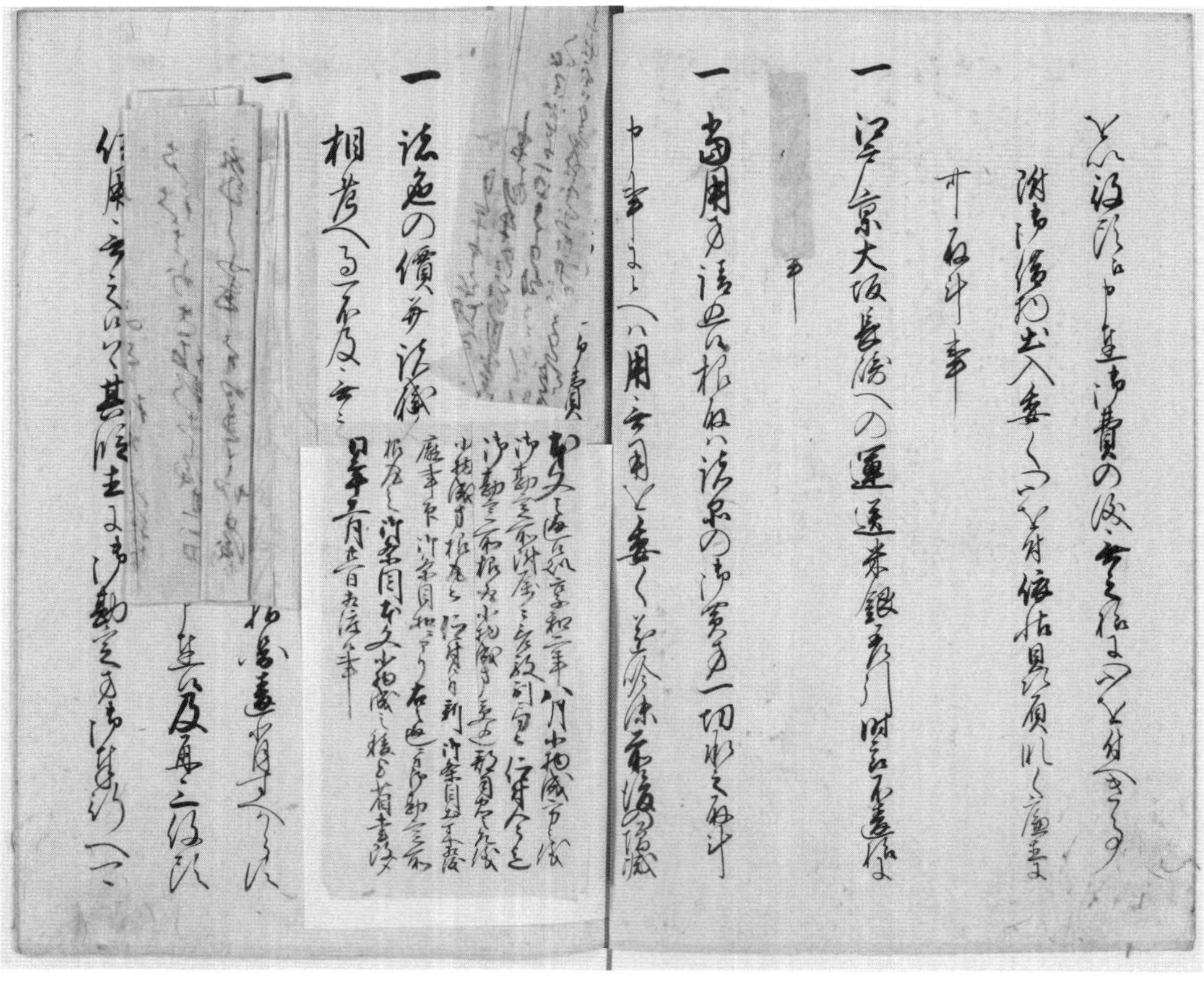

(d)

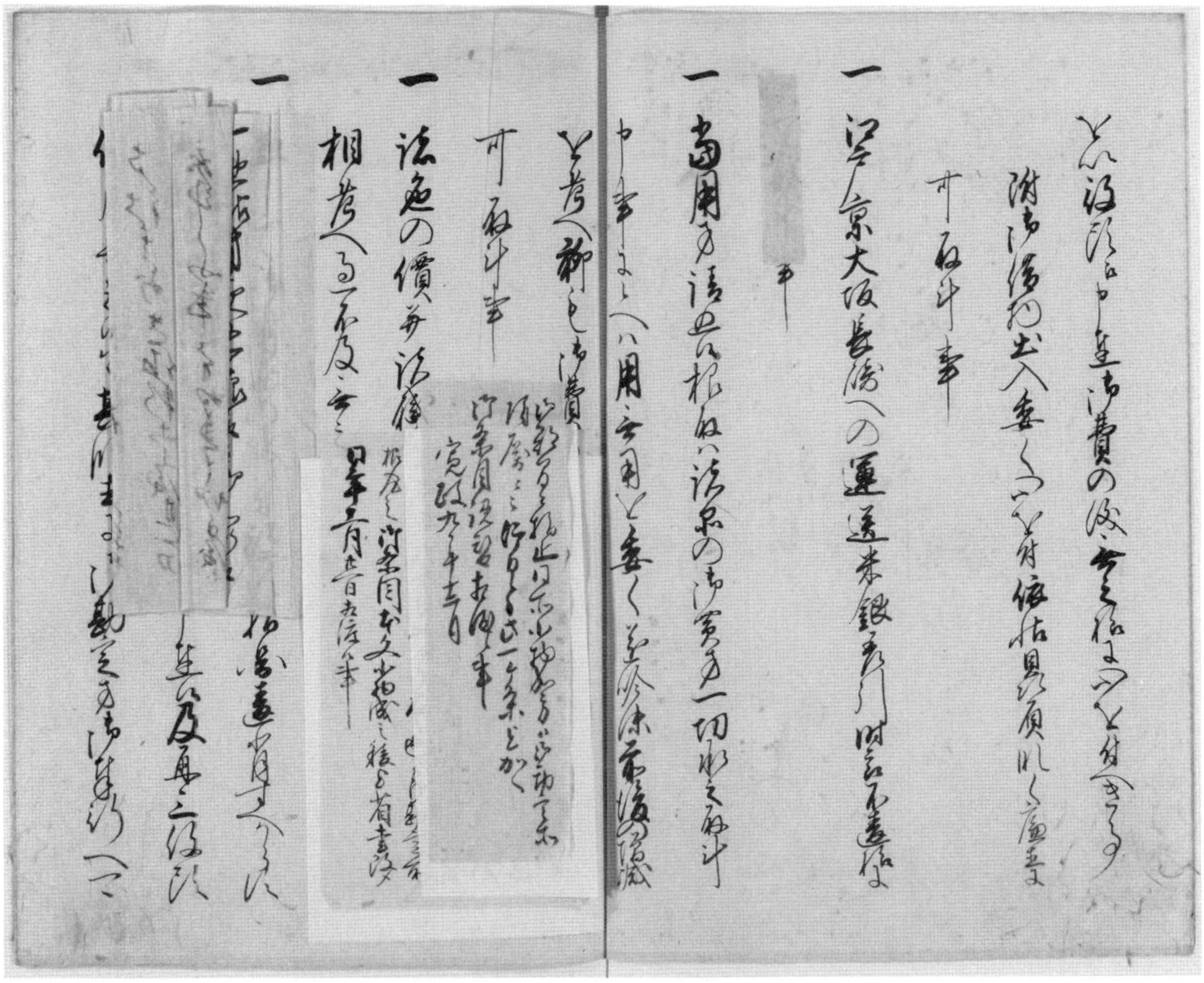

(e)

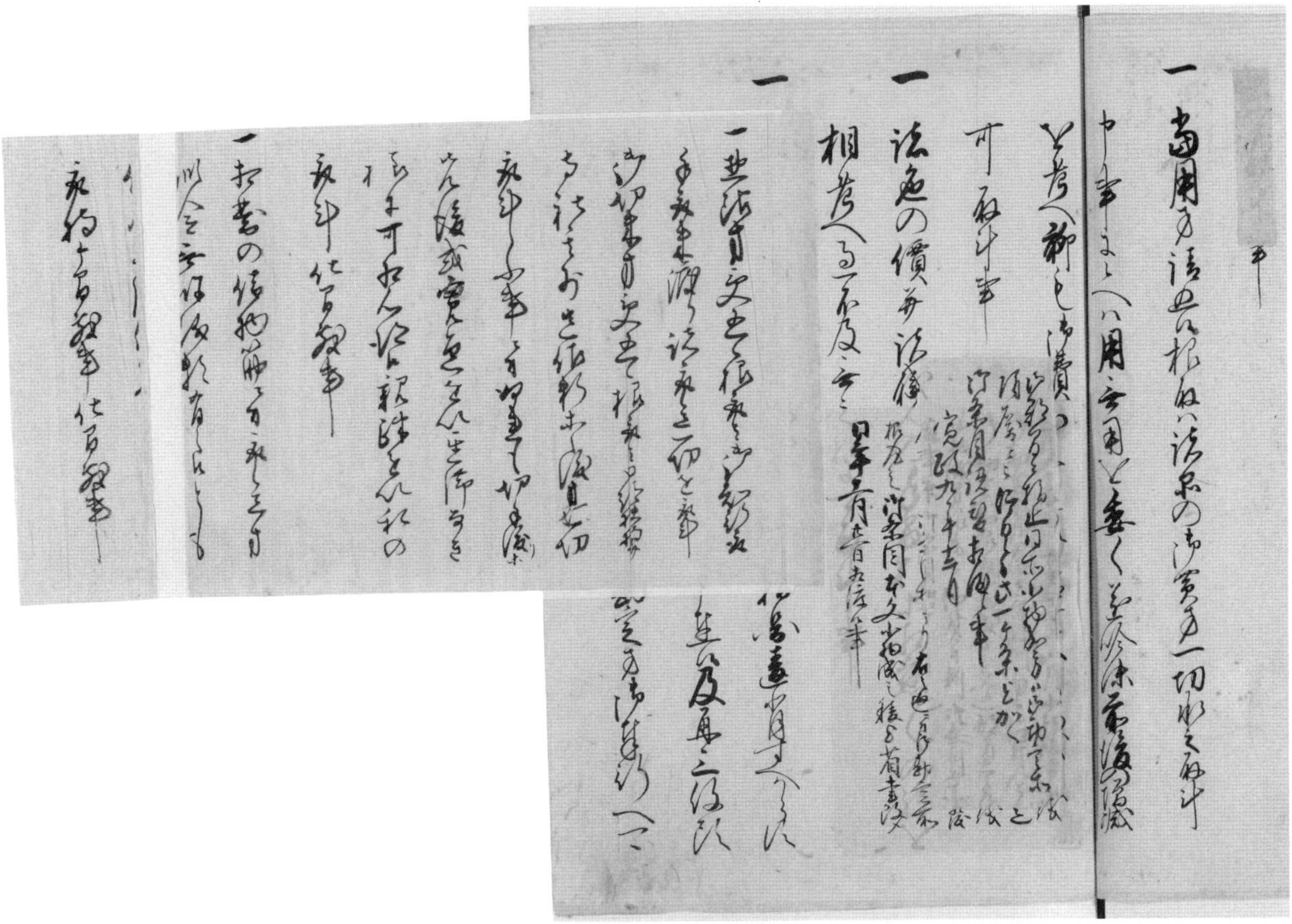

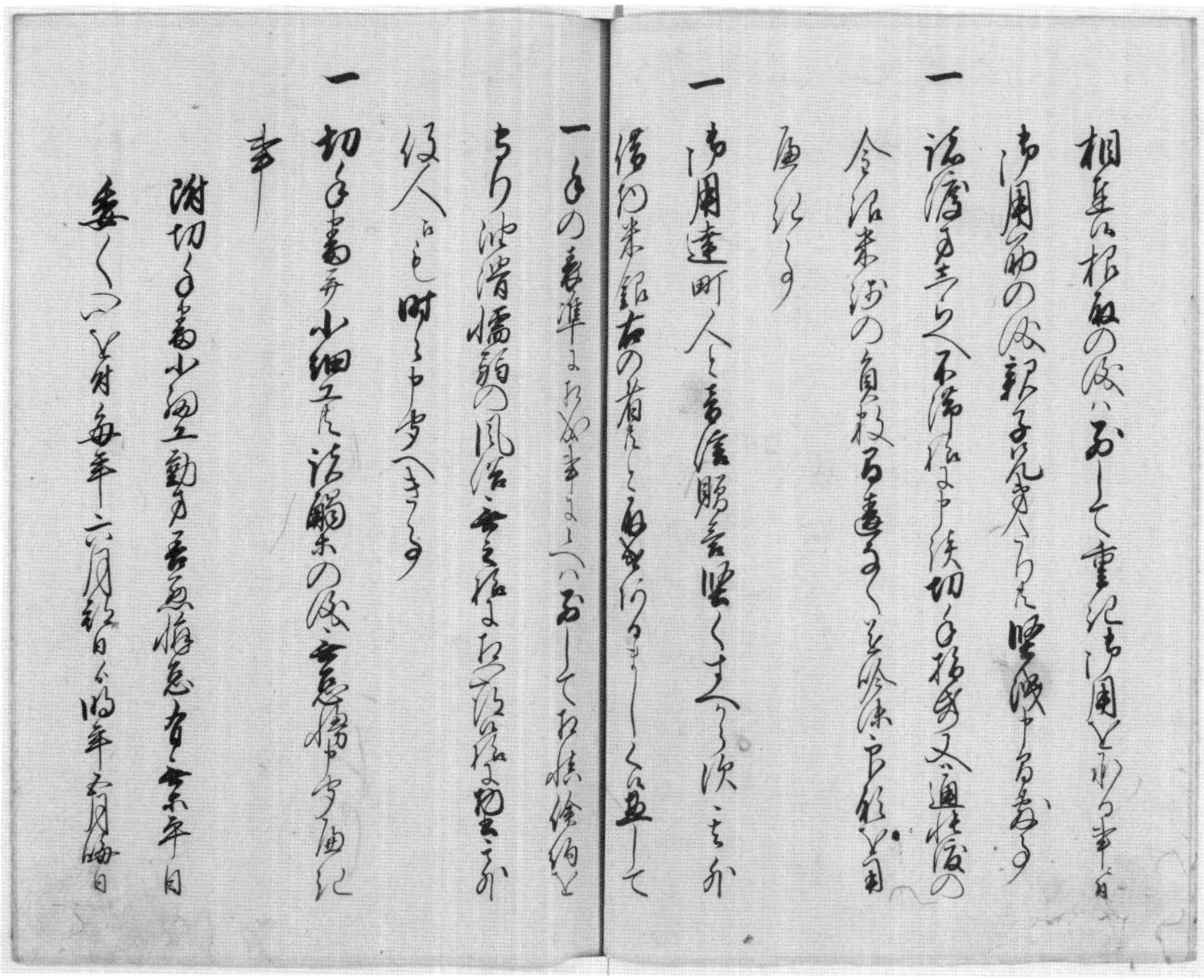

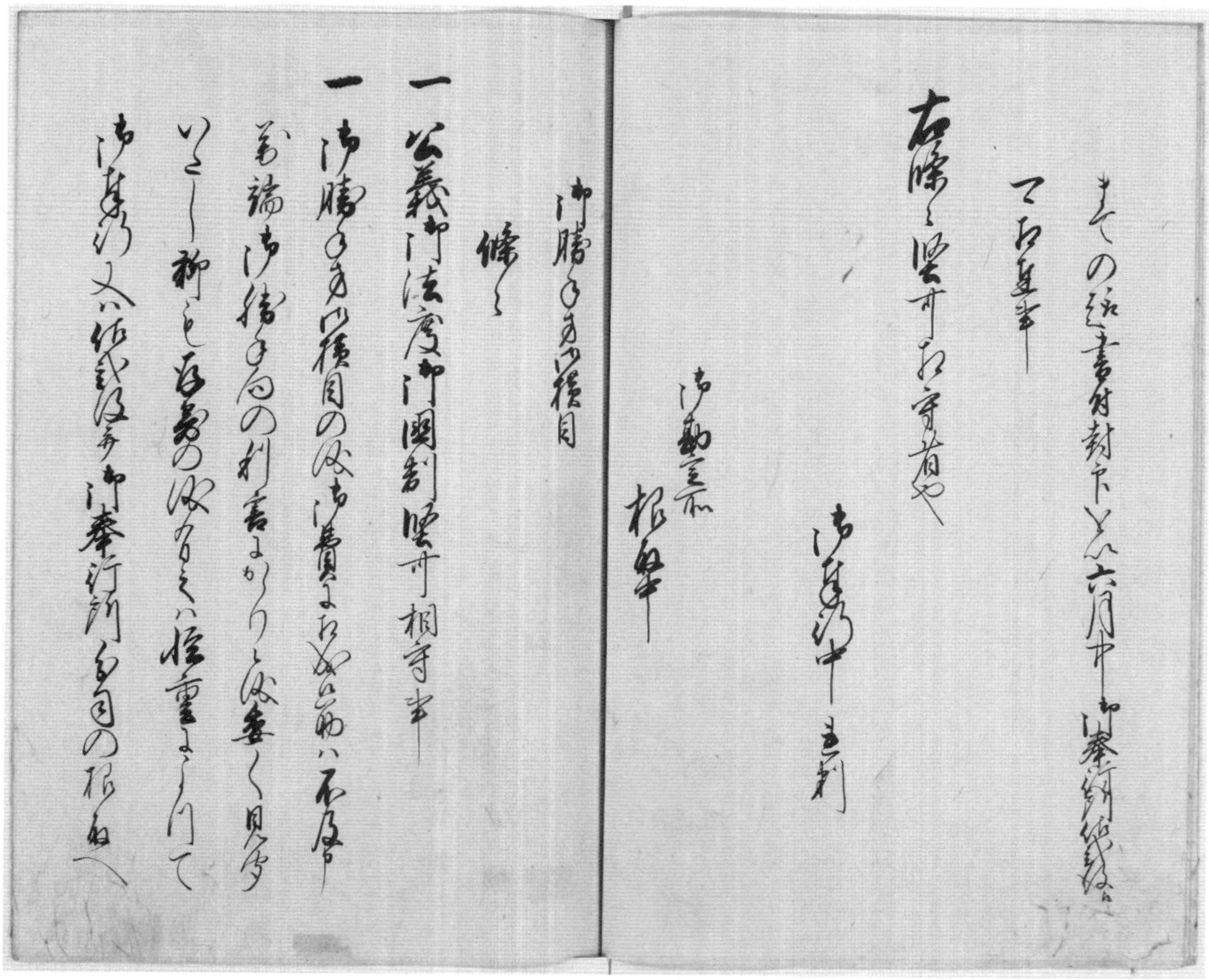

（15）勝手方横目

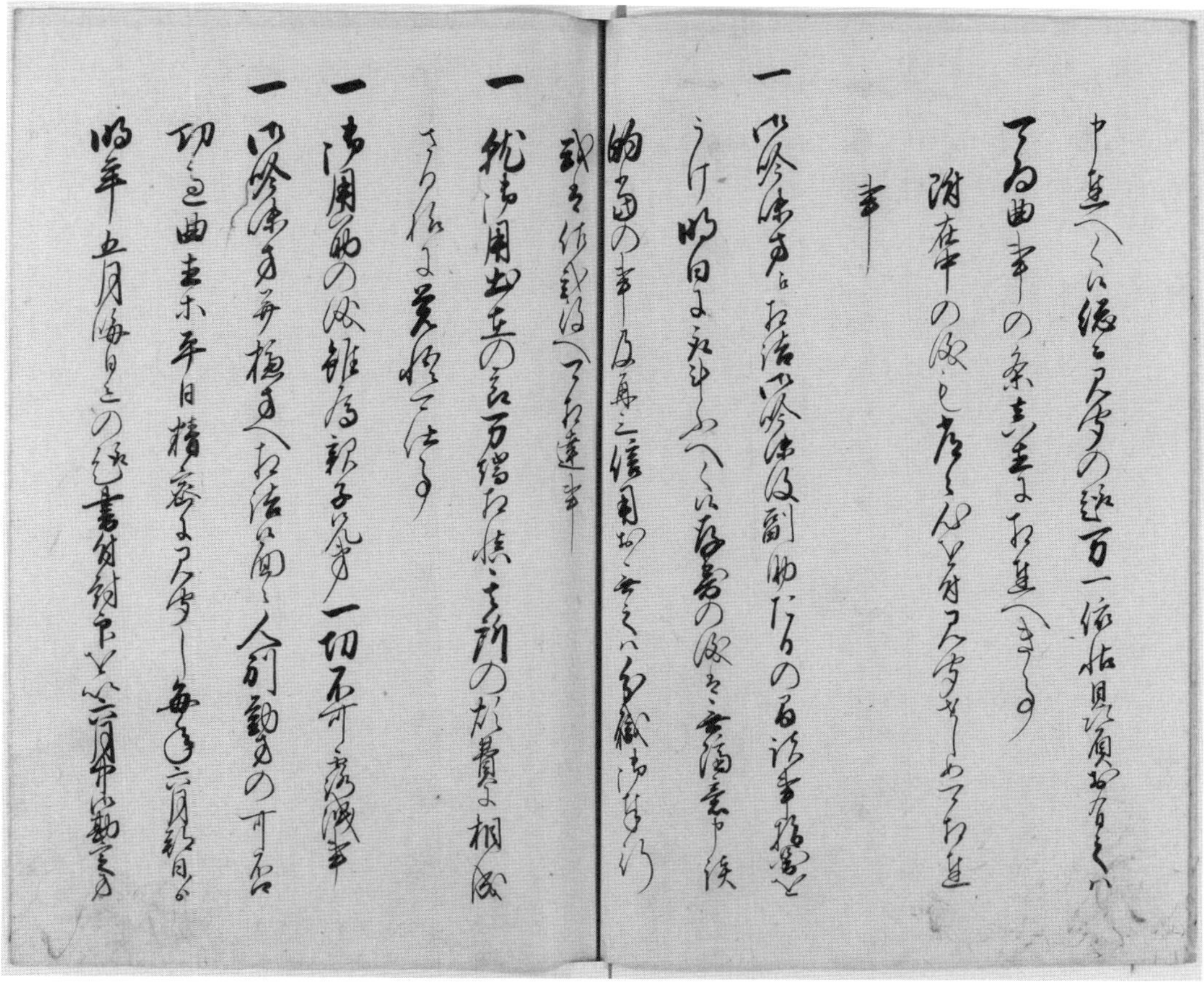

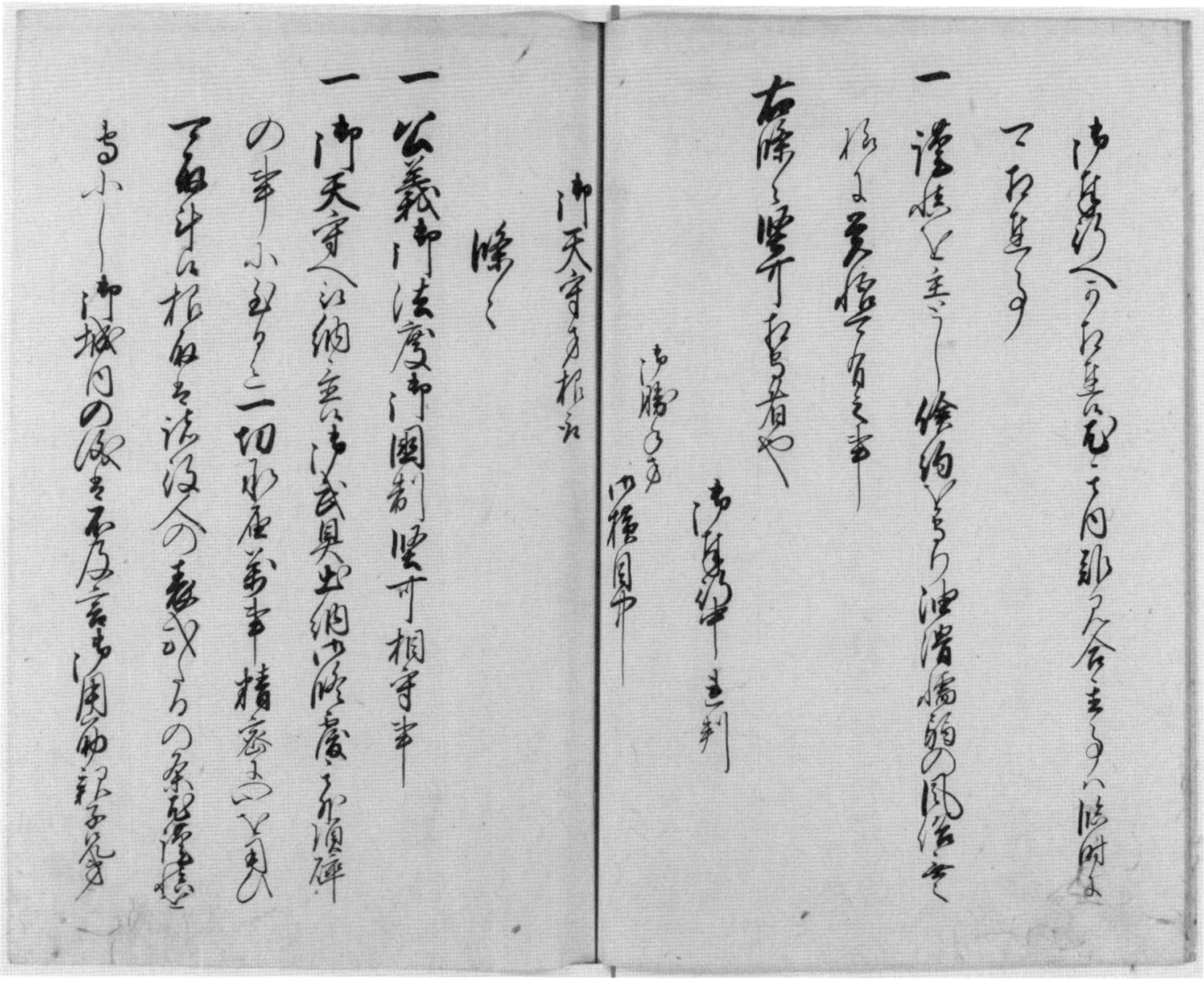

（16）天守方根取

（挟込1）

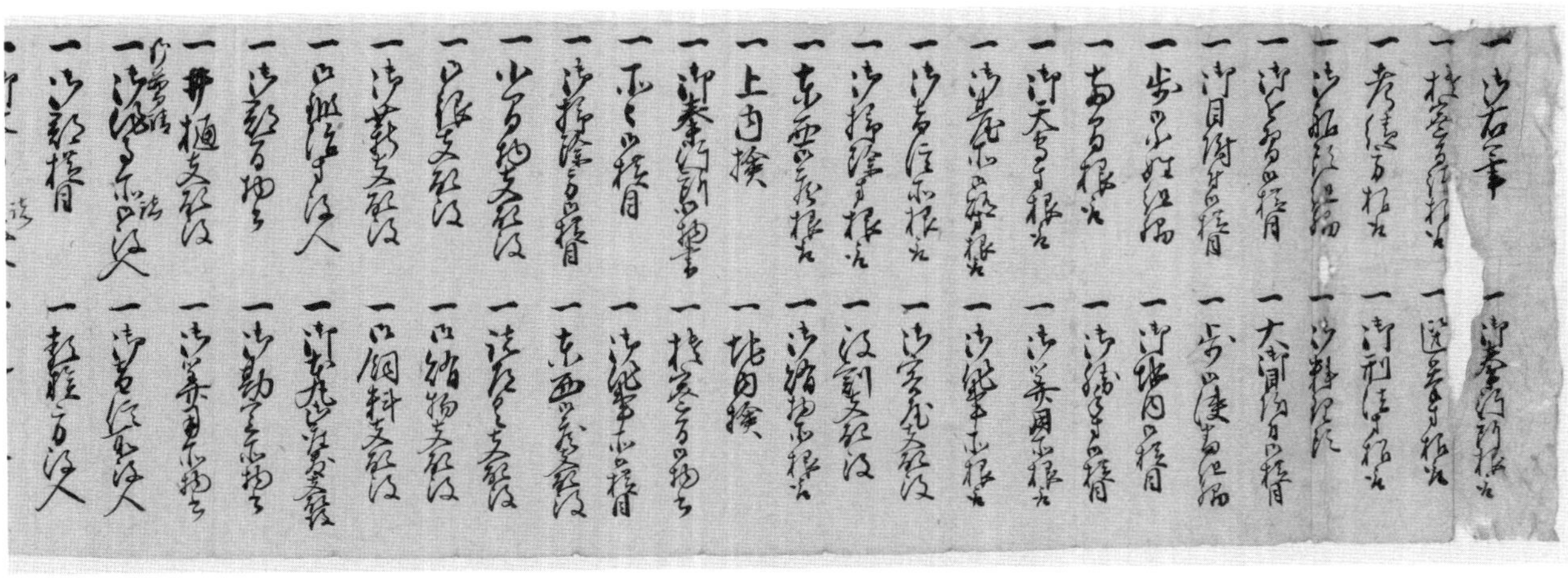

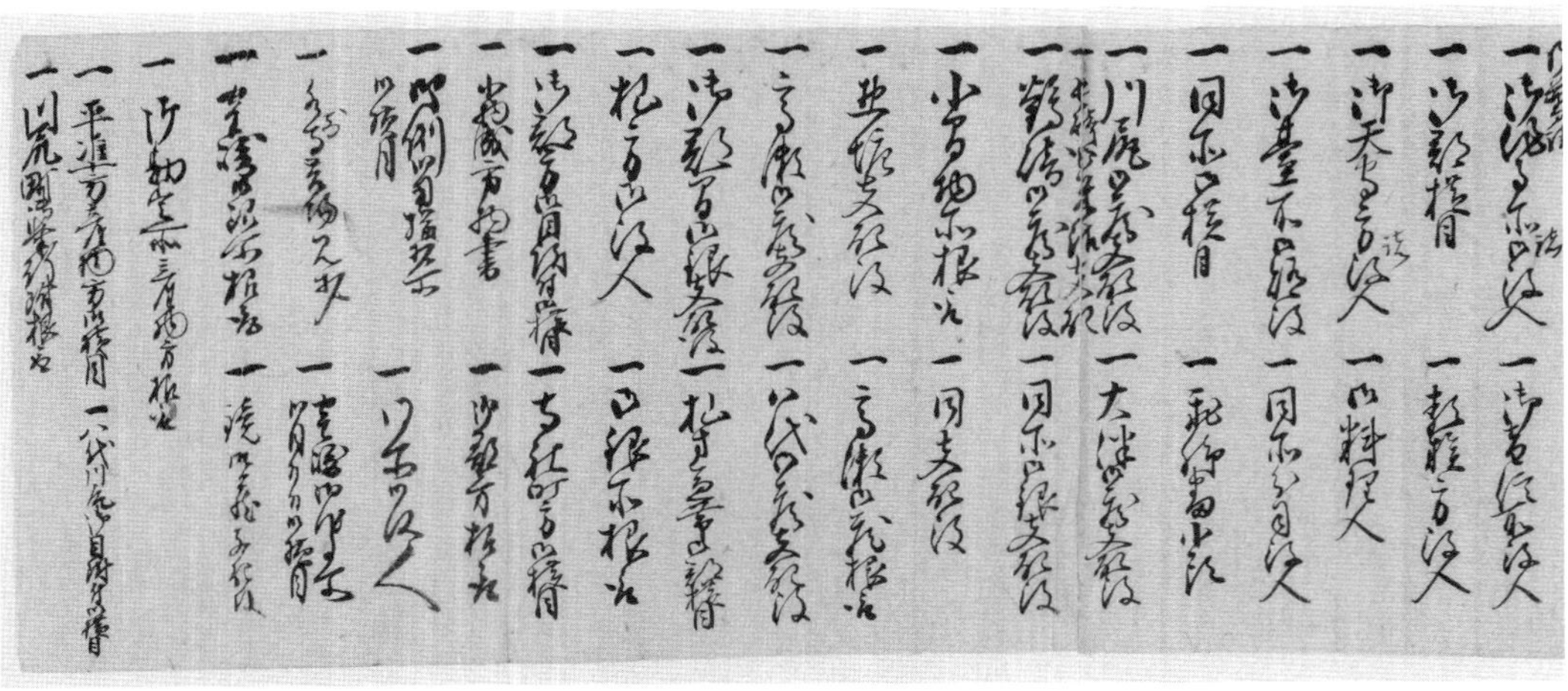

（挟込2）

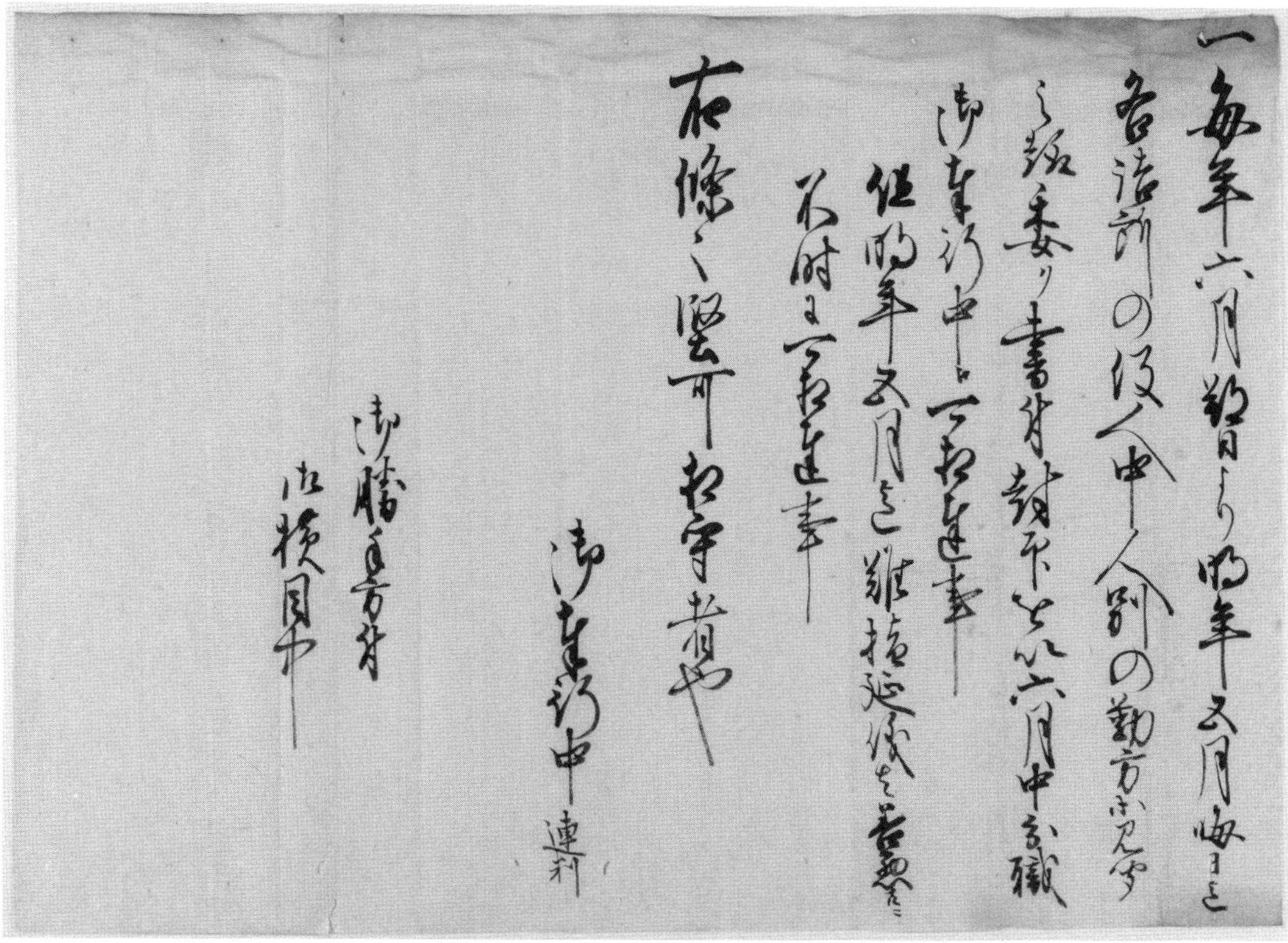

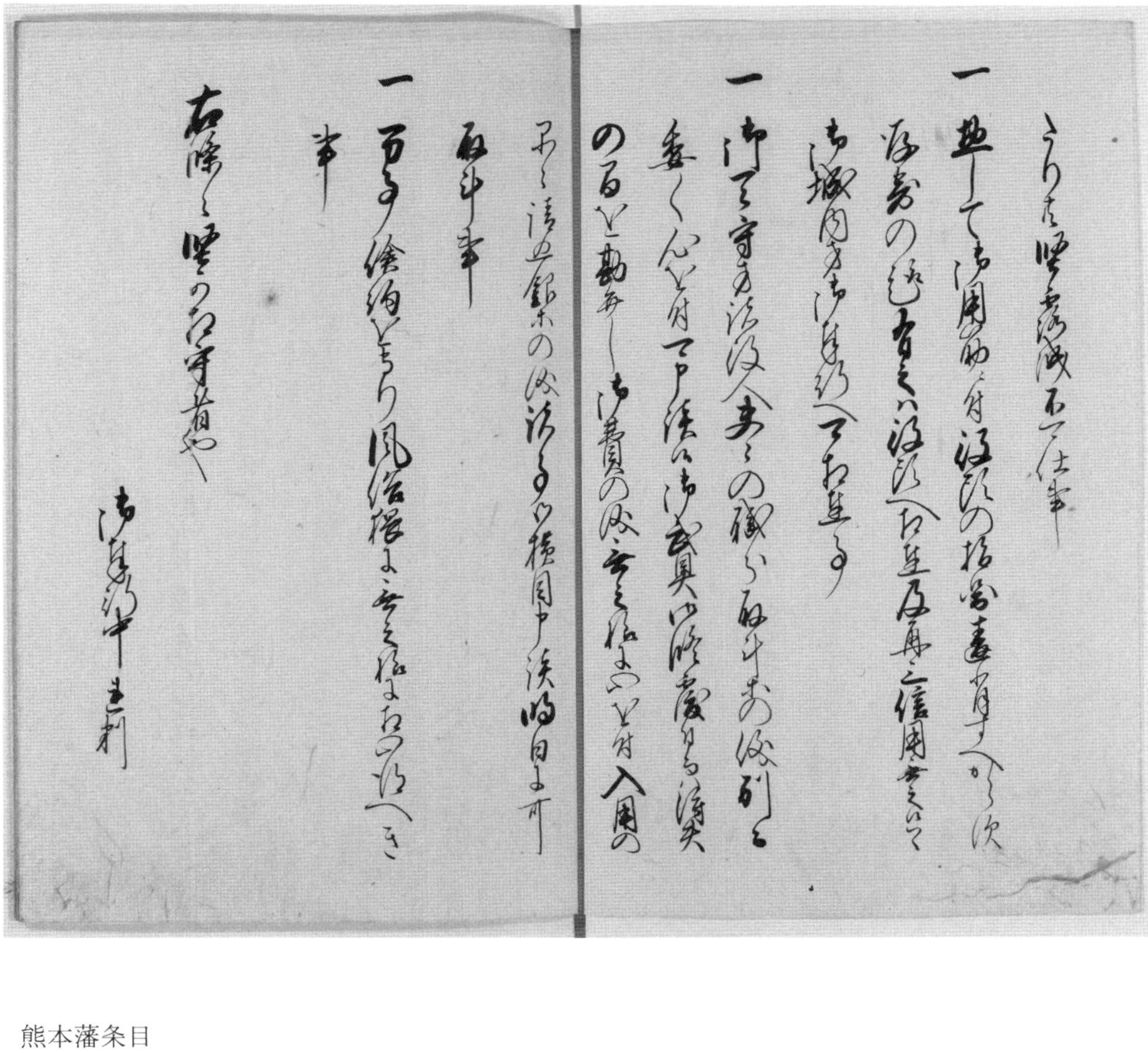

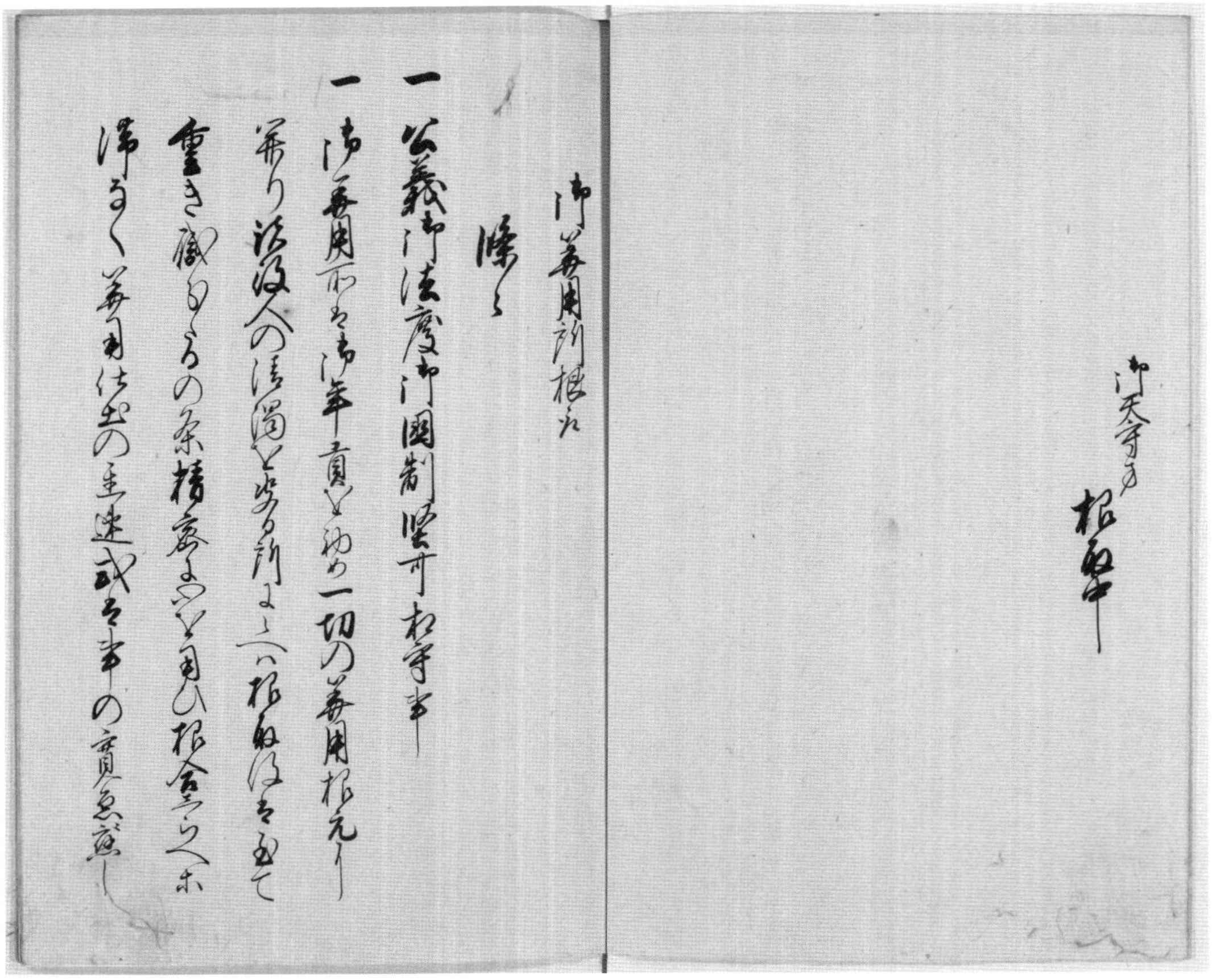

（17）算用所根取

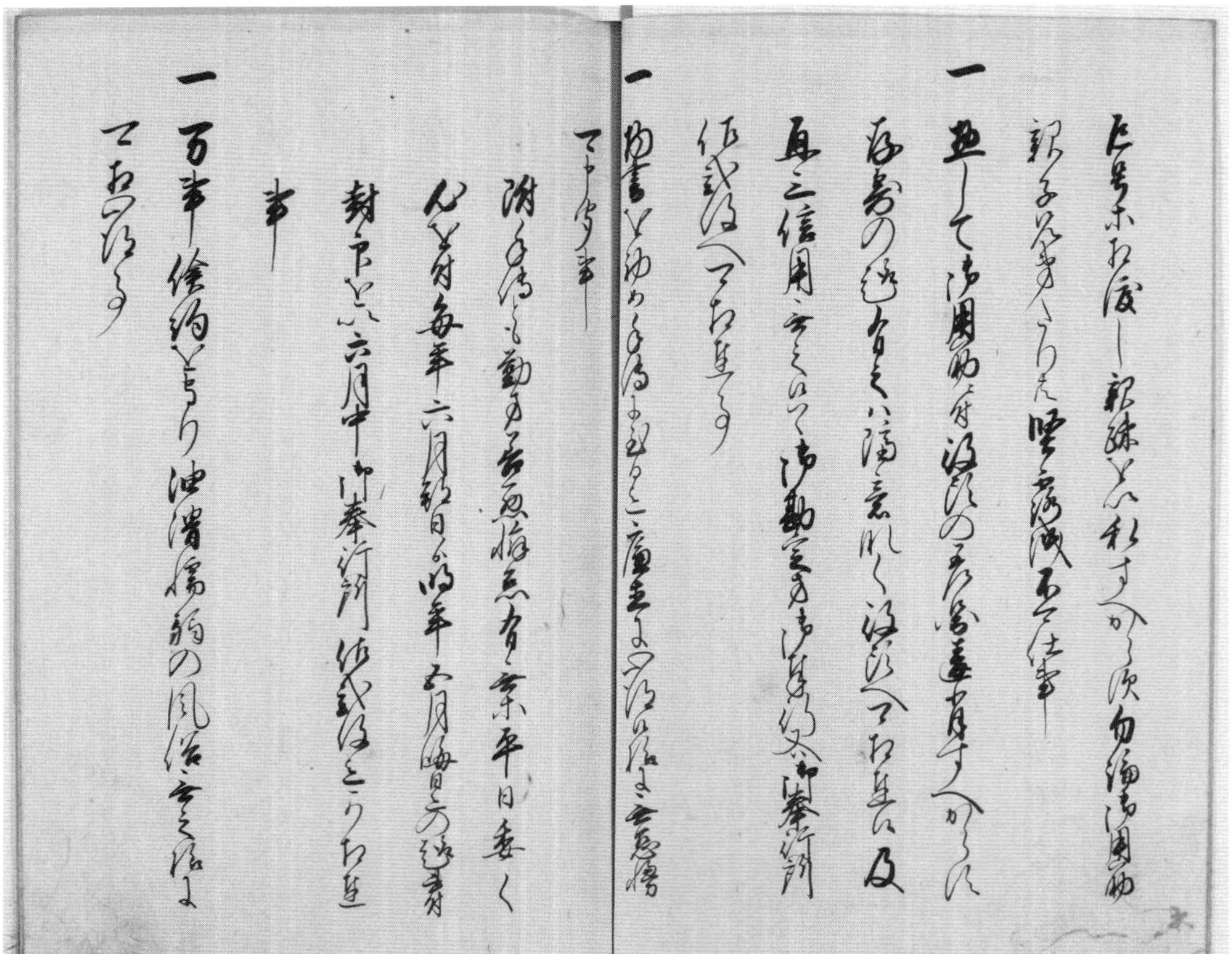

(a)

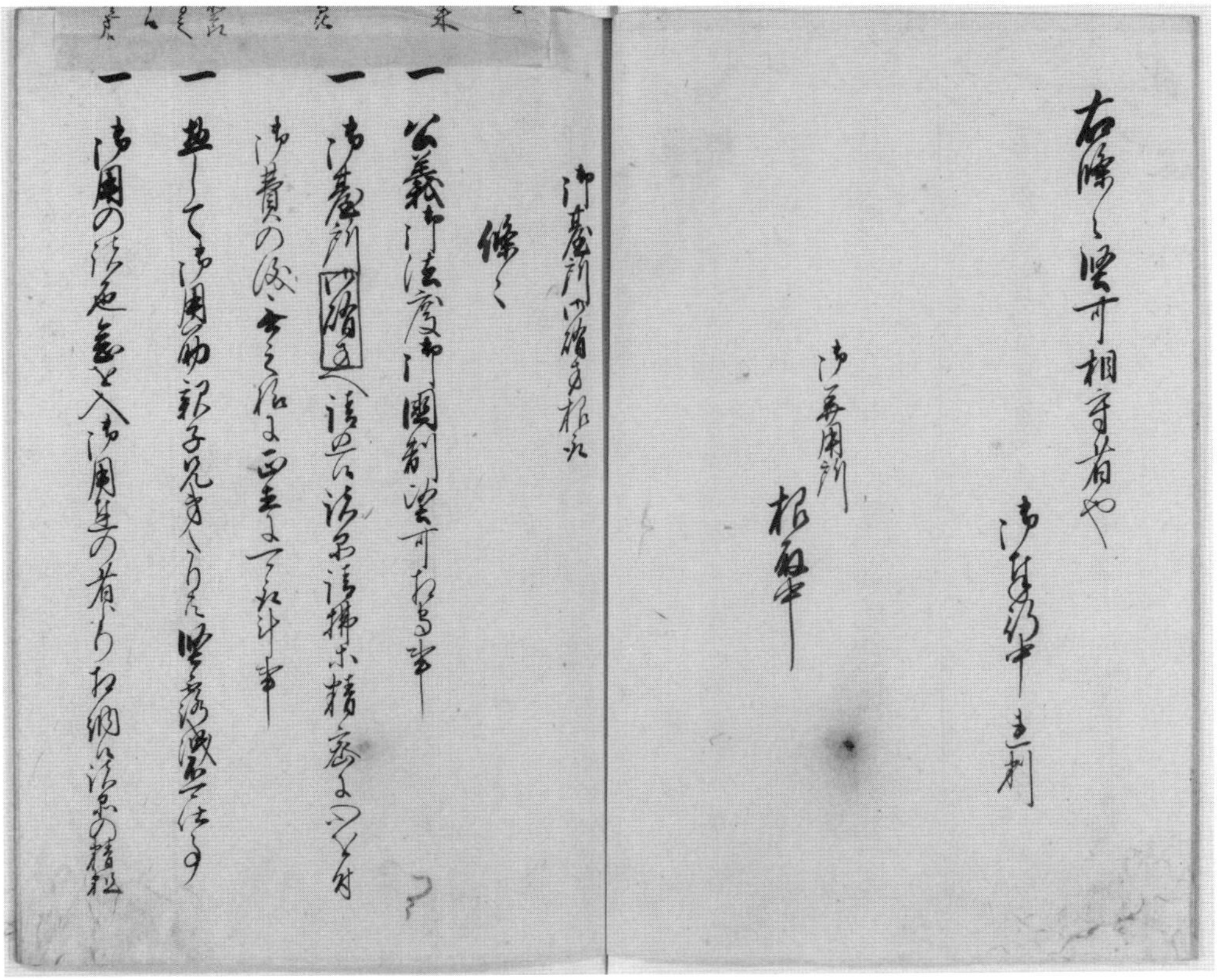

(18) 台所賄方根取

(b)

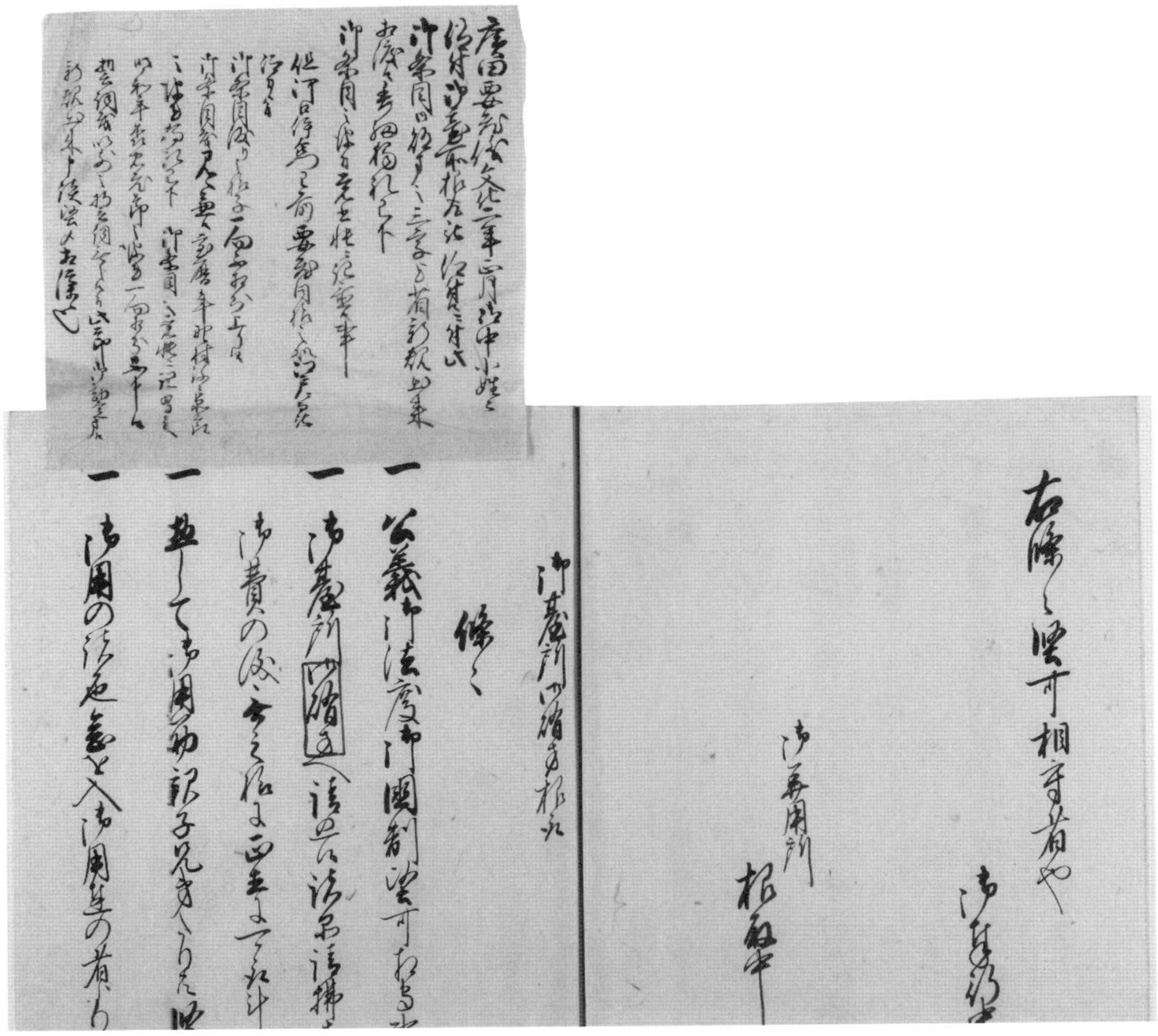

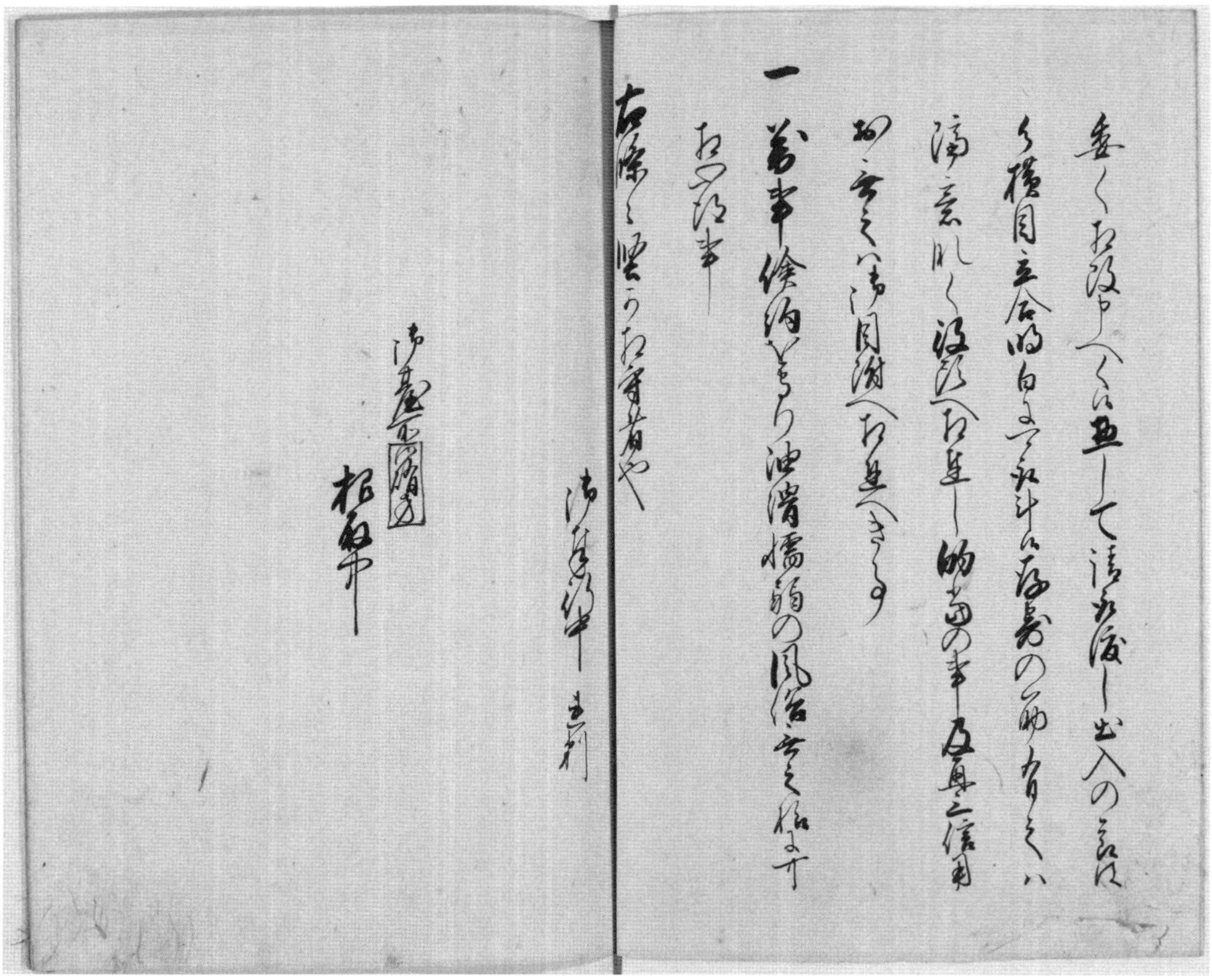

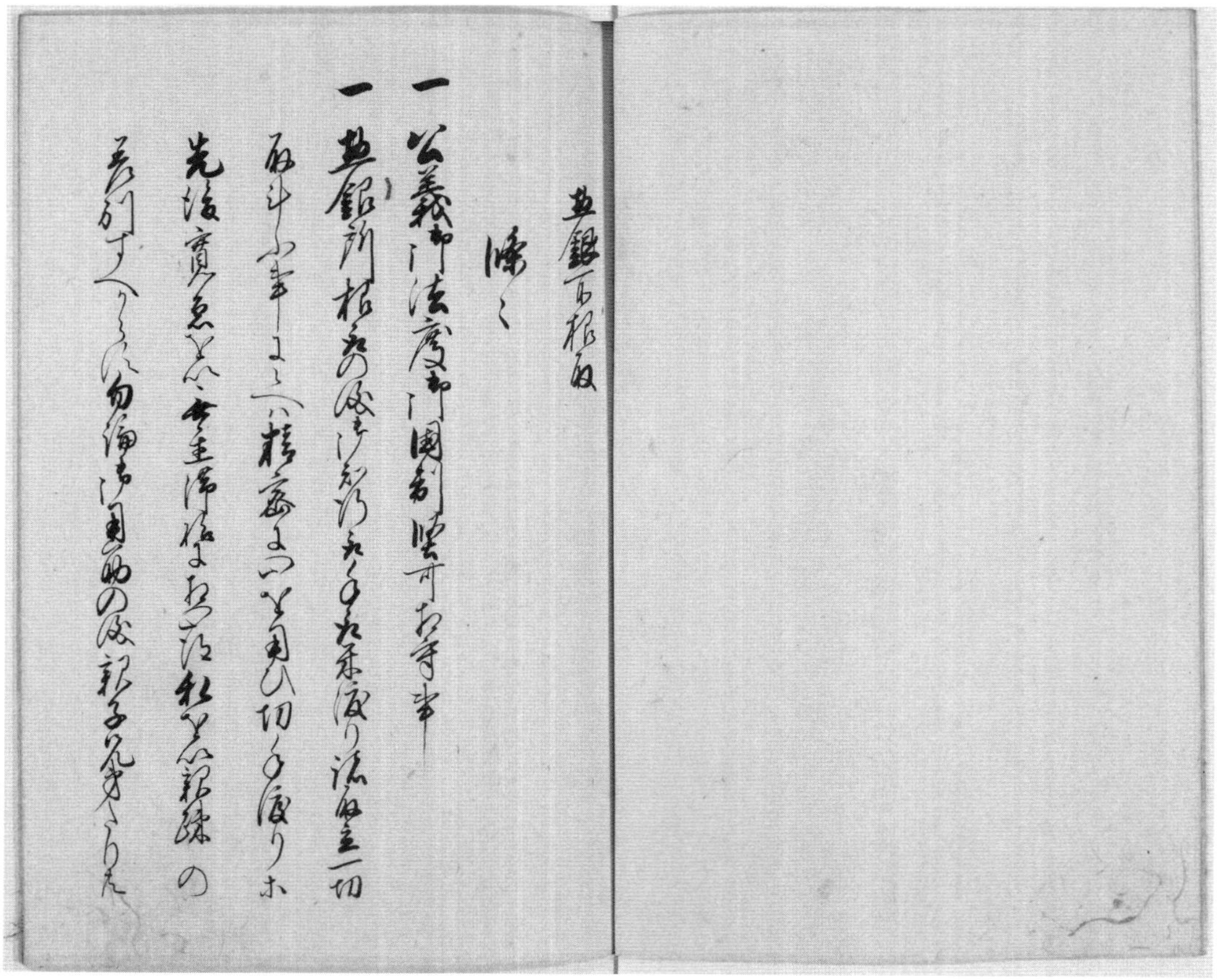

（19）惣銀所根取

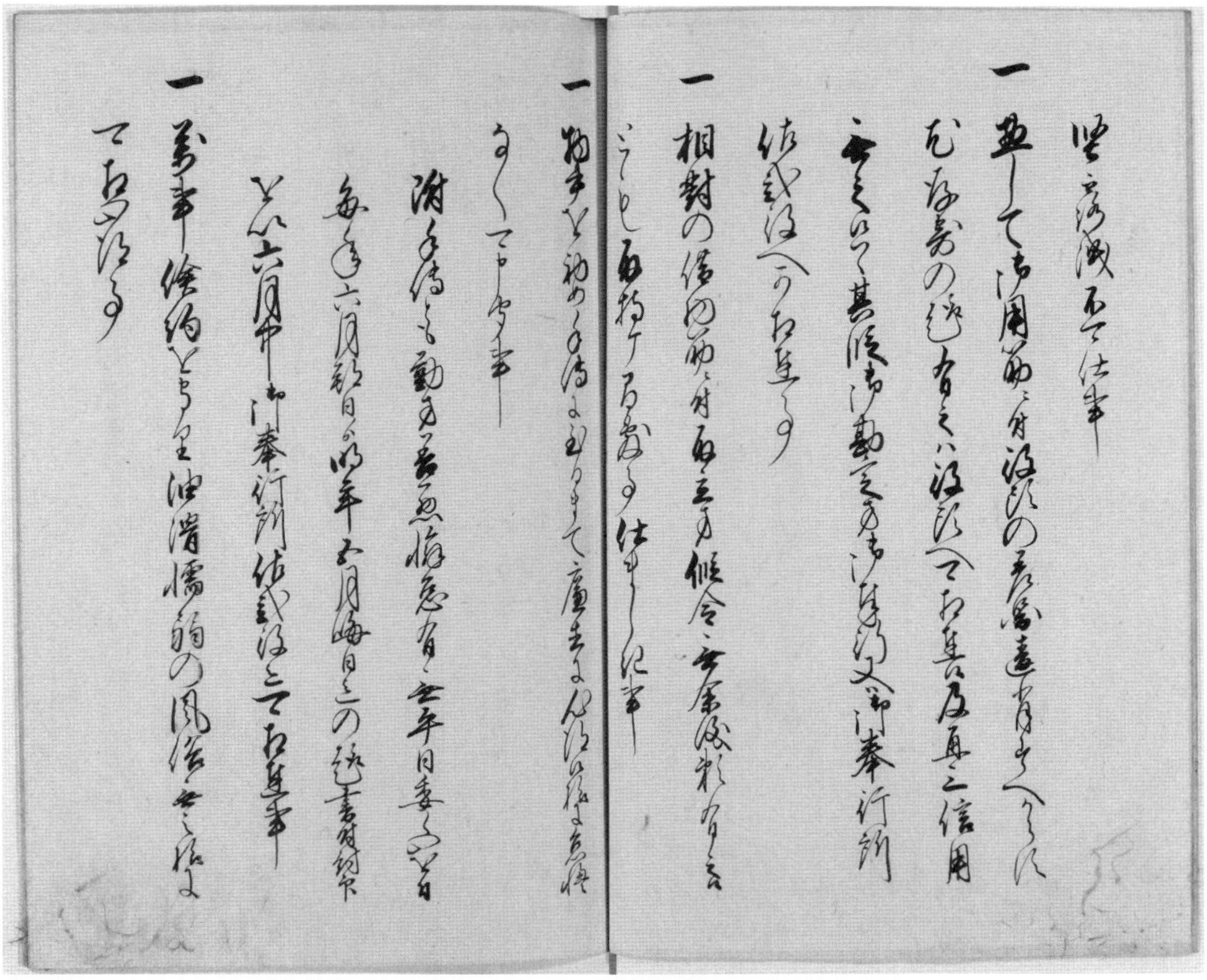

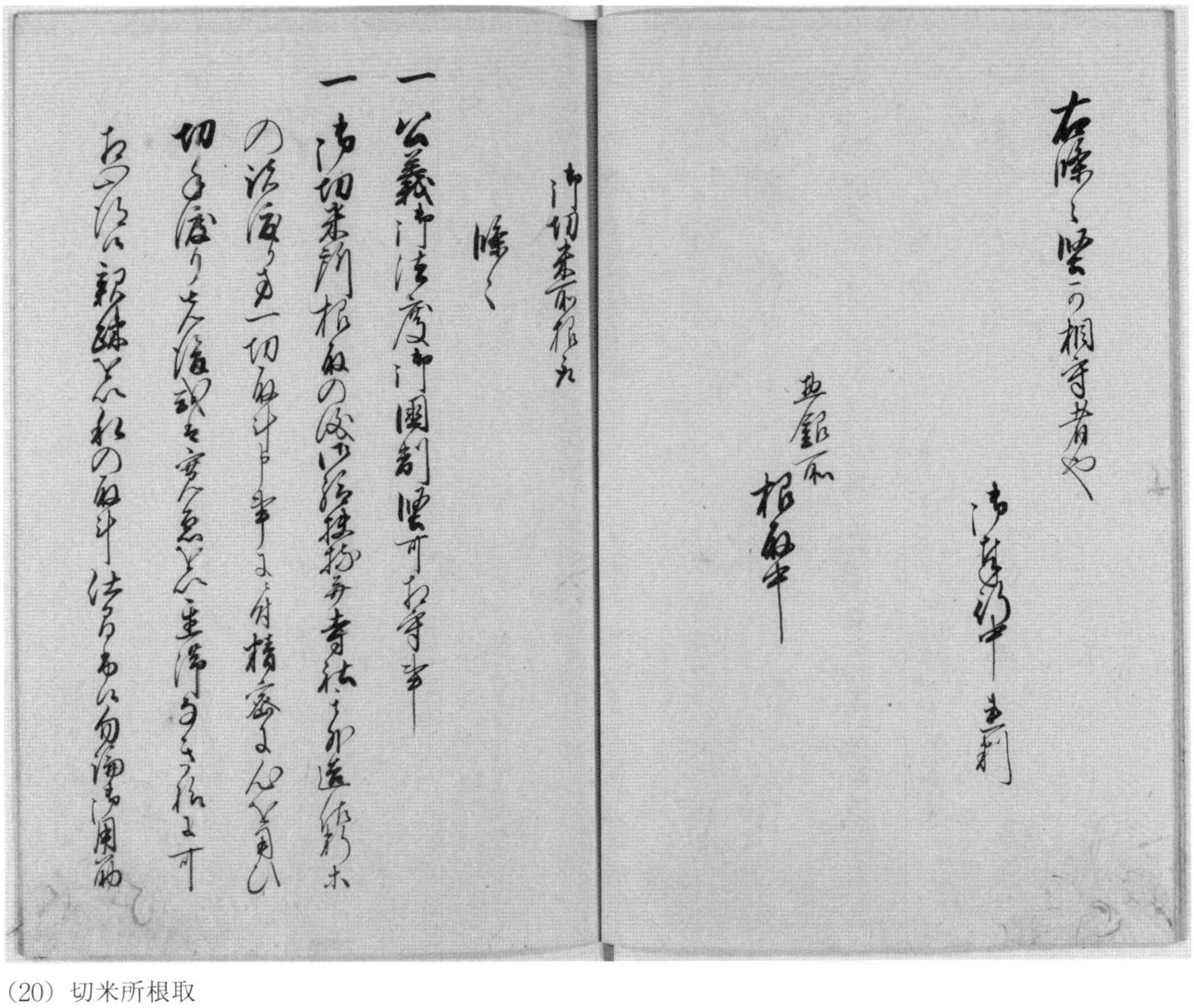

(20) 切米所根取

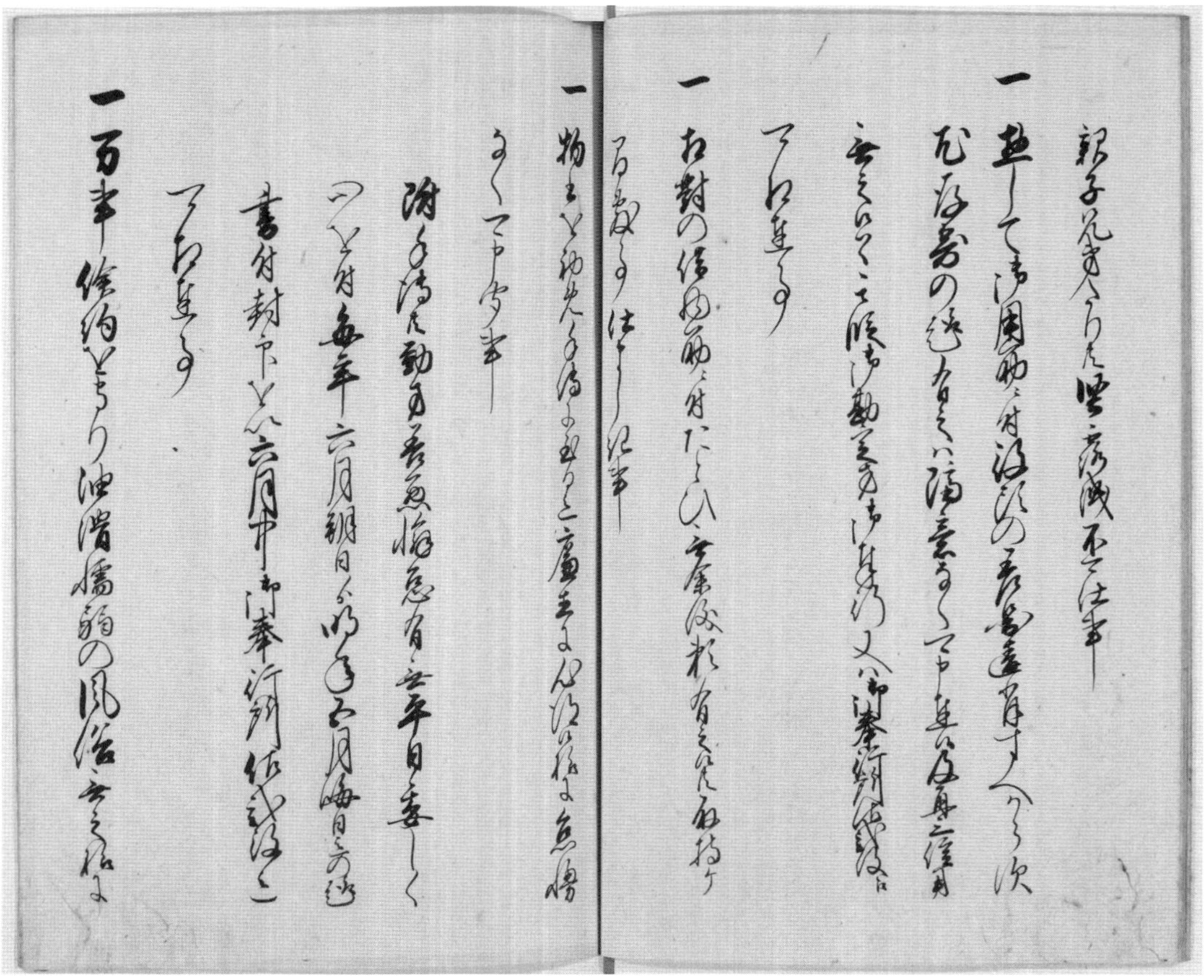

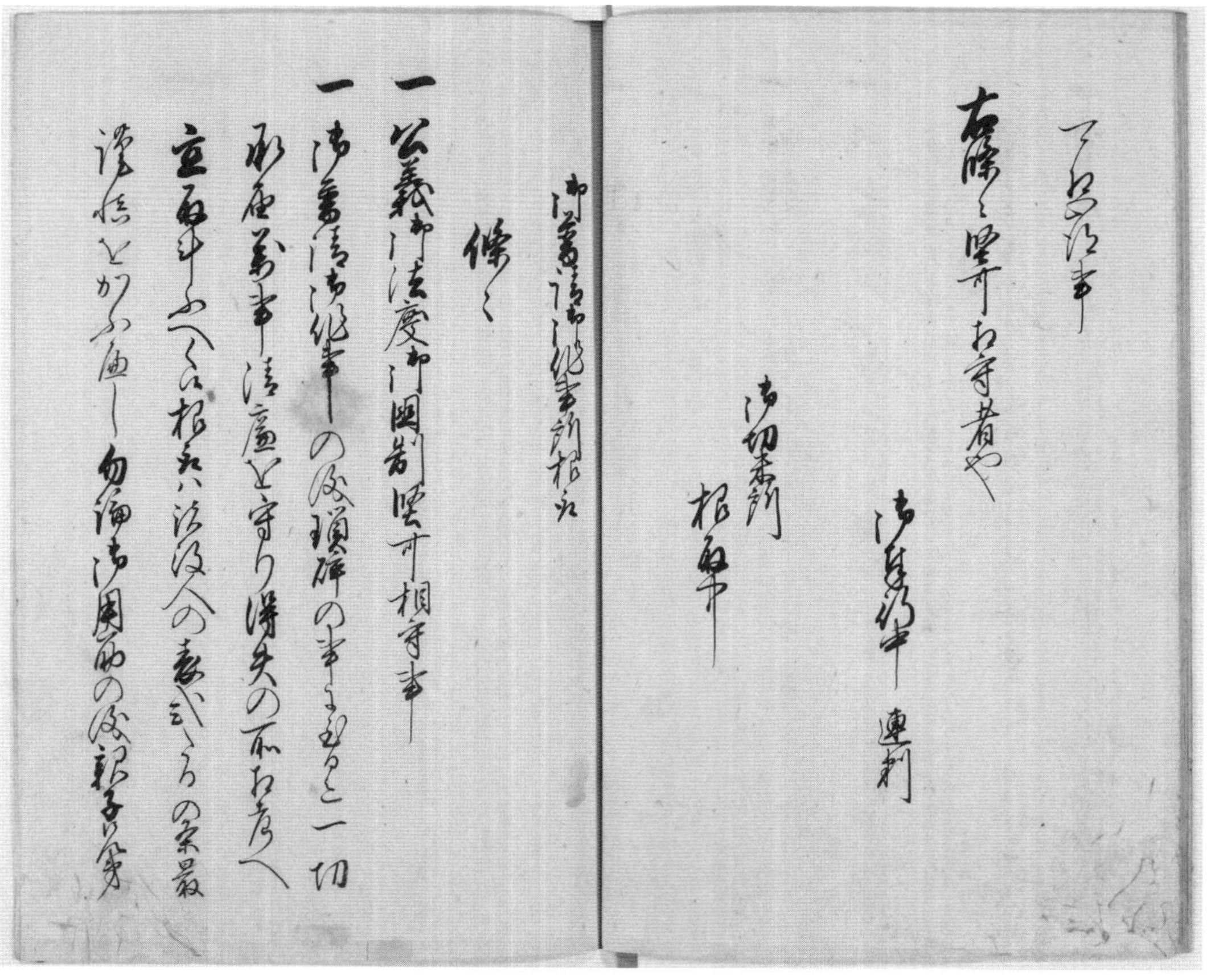

（21） 普請作事所根取

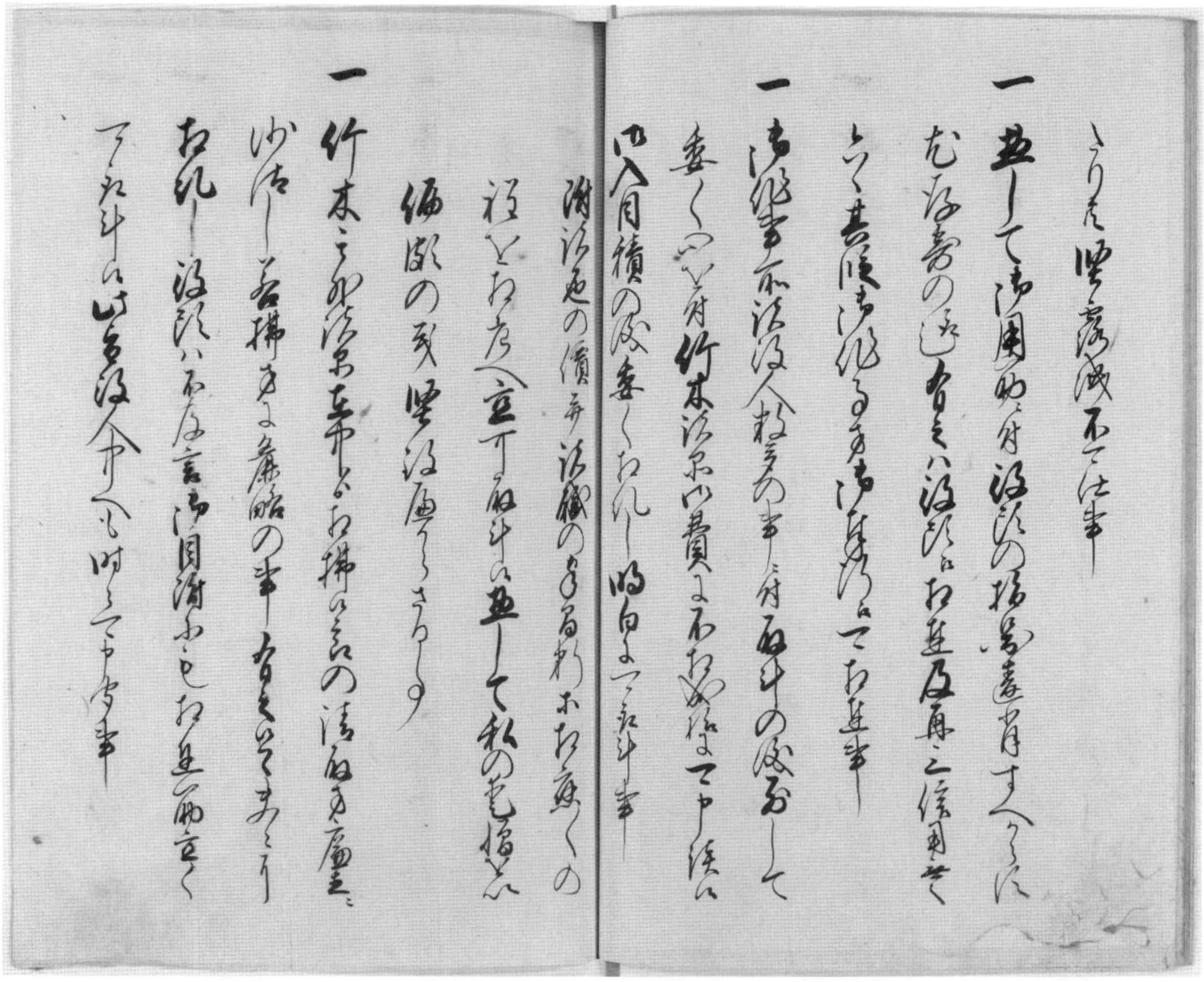

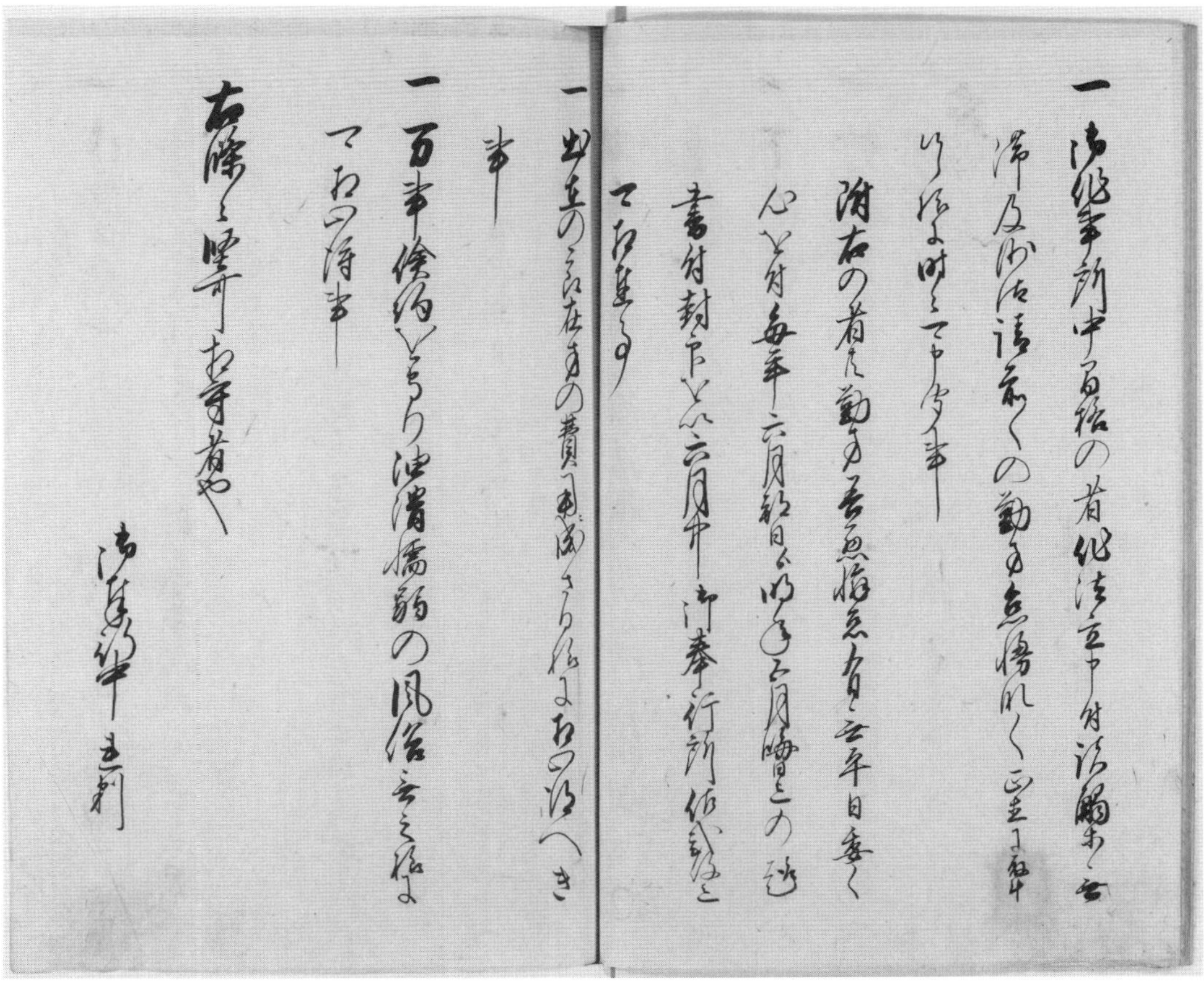

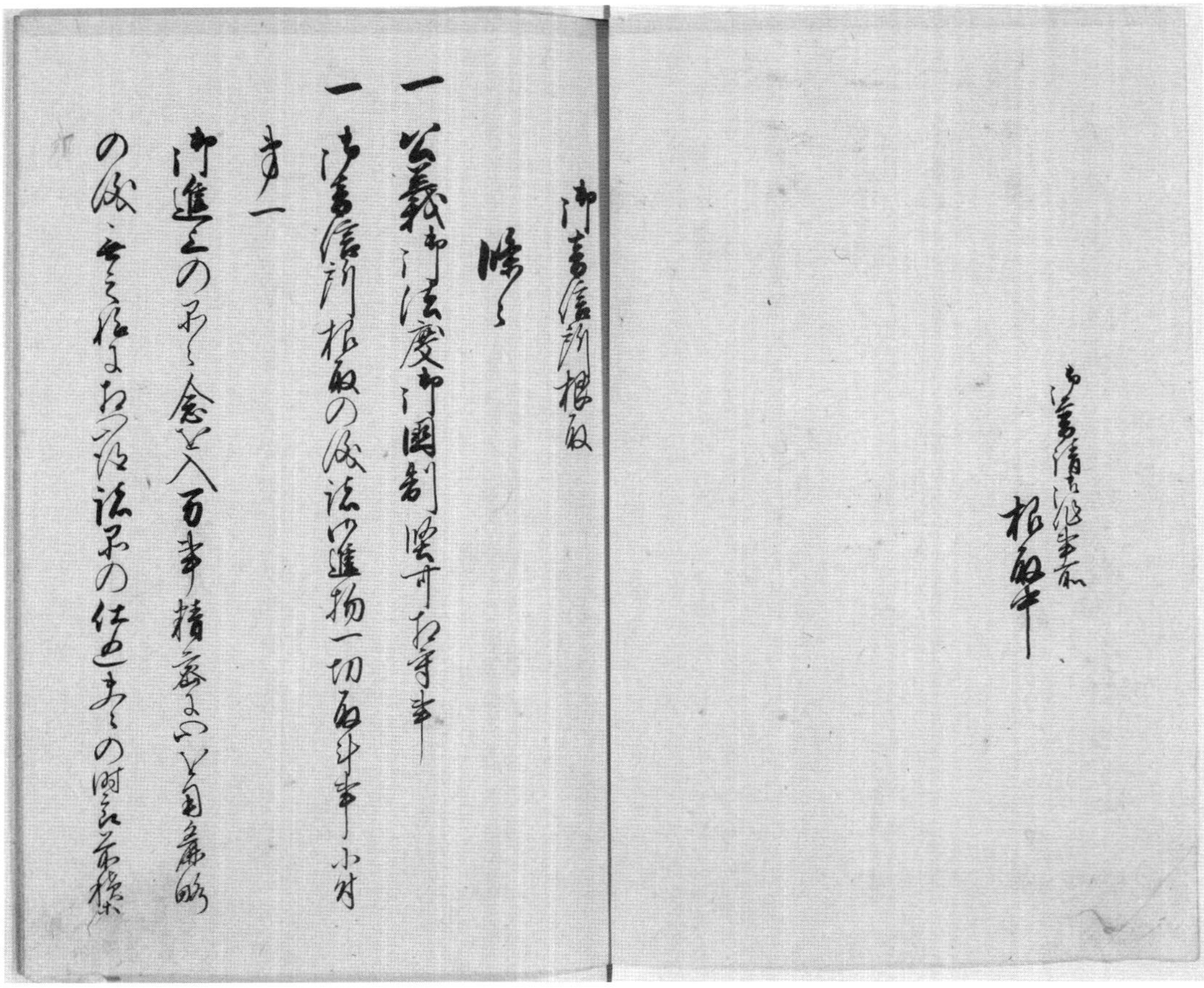

（22）音信所根取

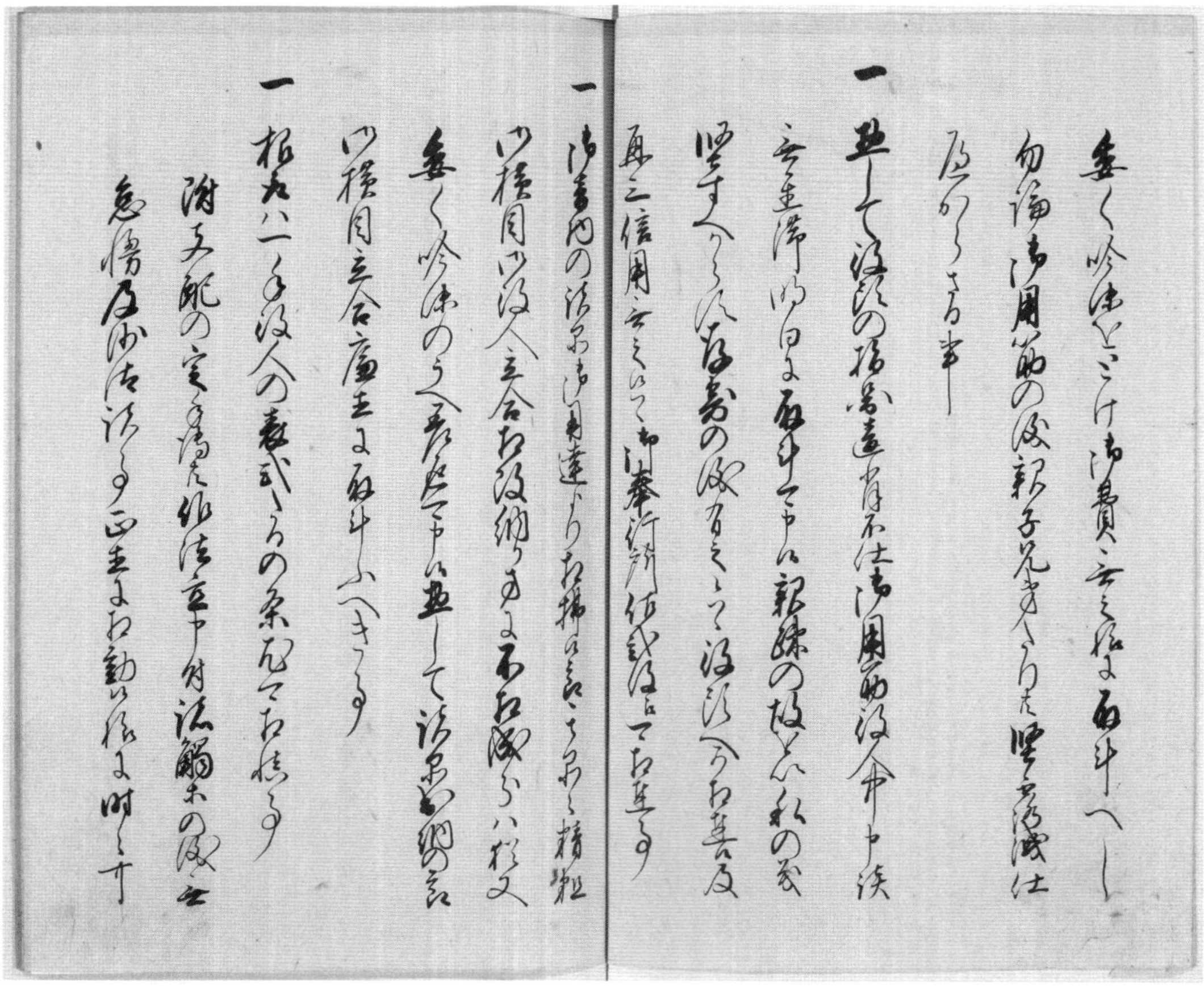

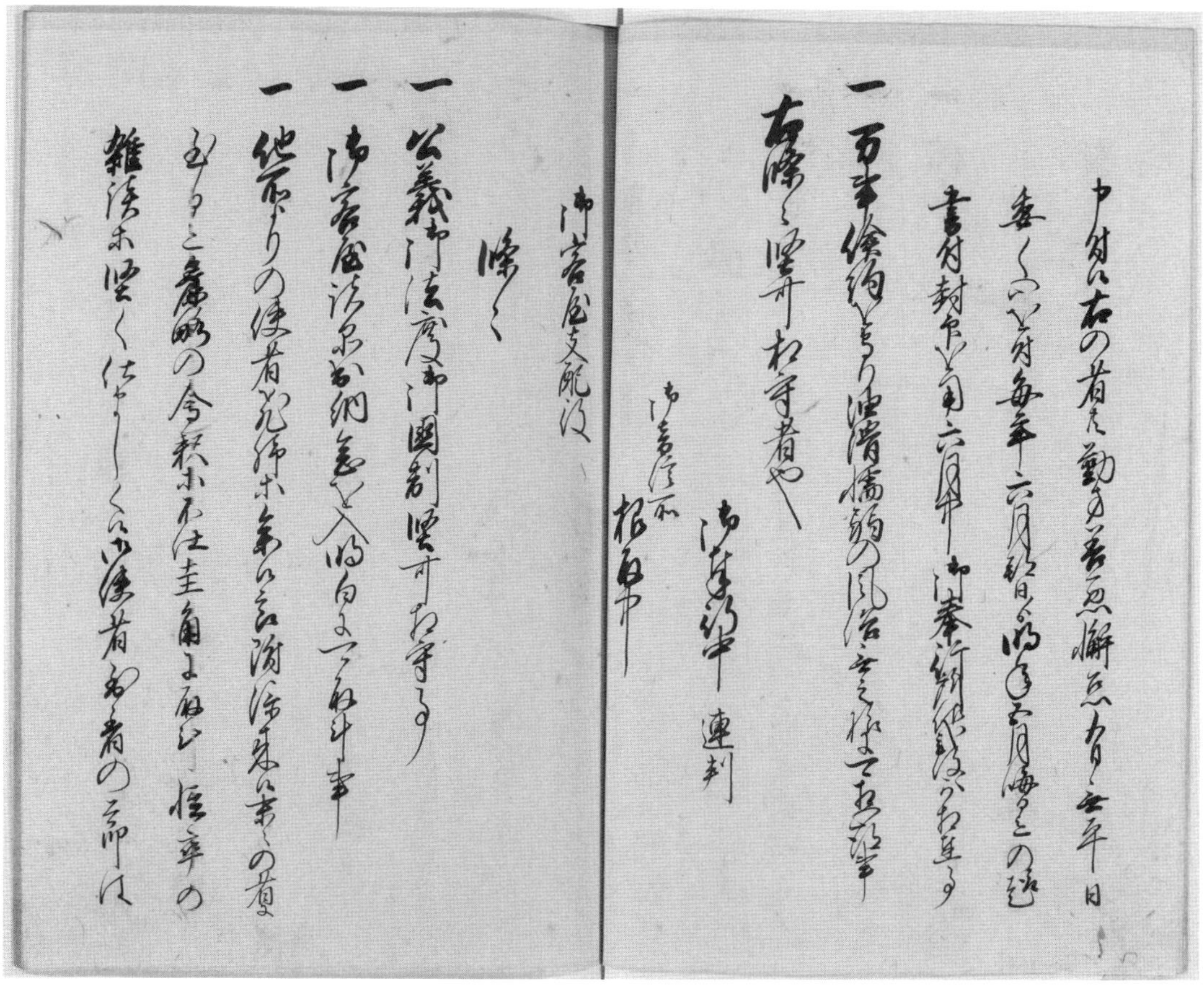

(23) 客屋支配役

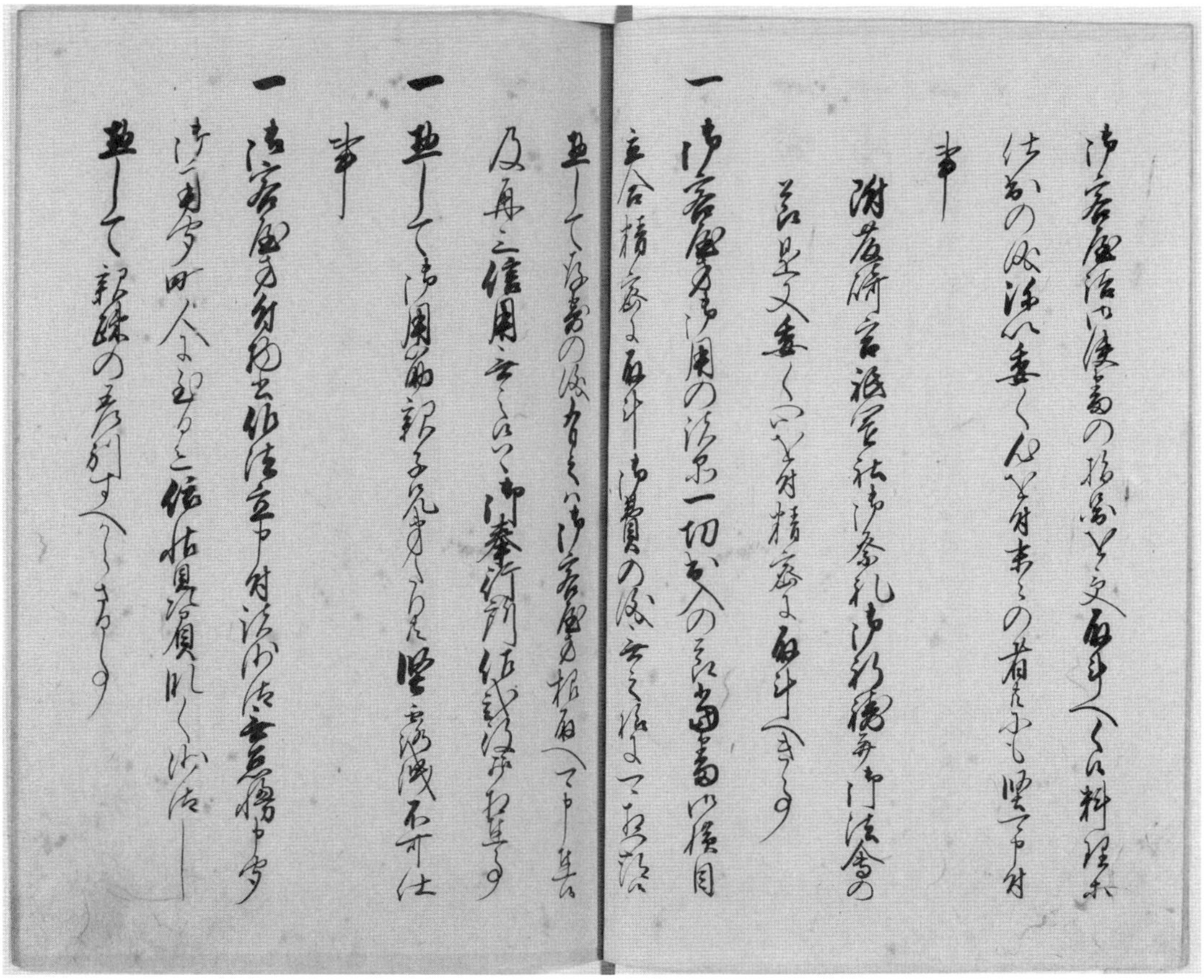

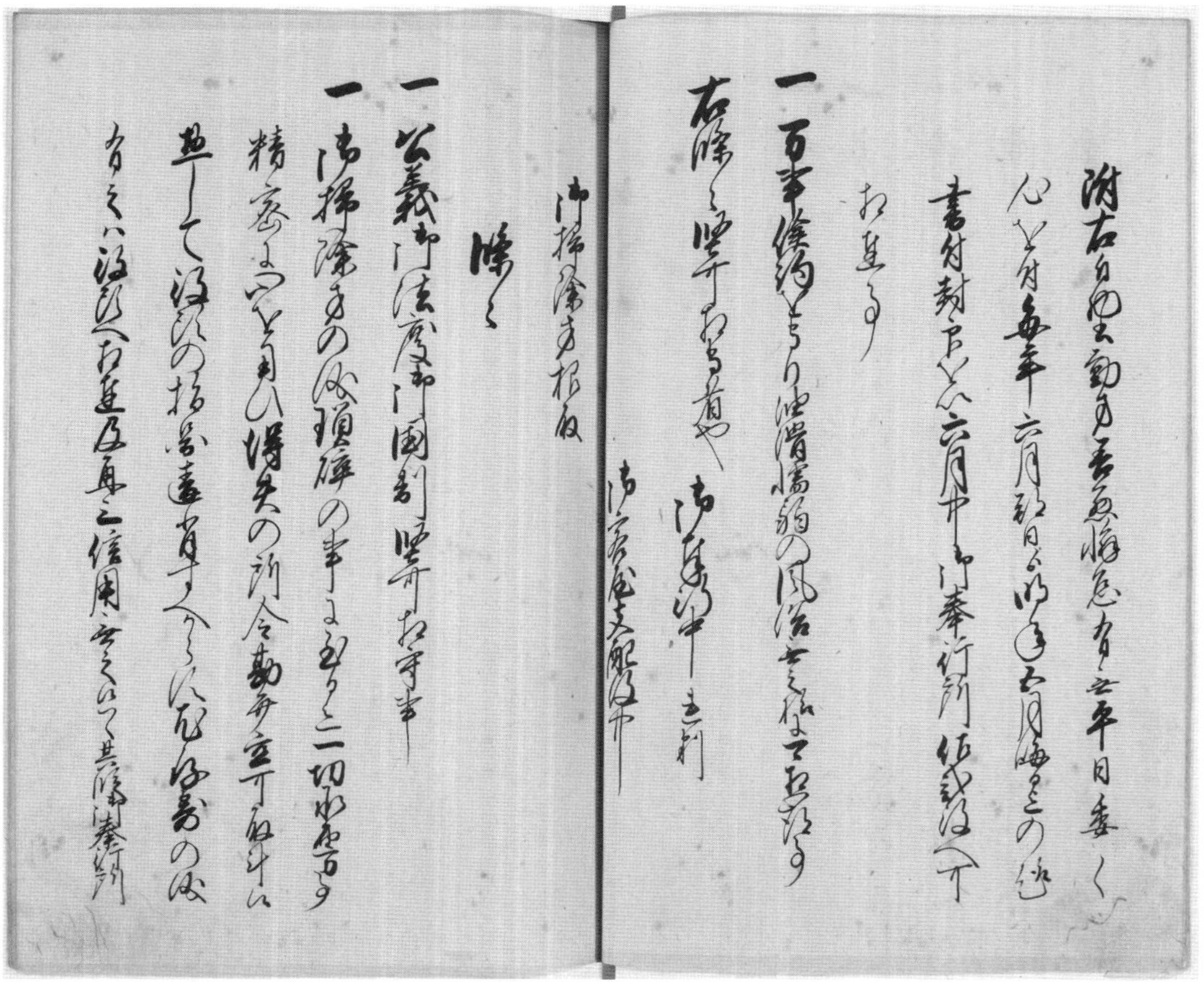

（24）掃除方根取

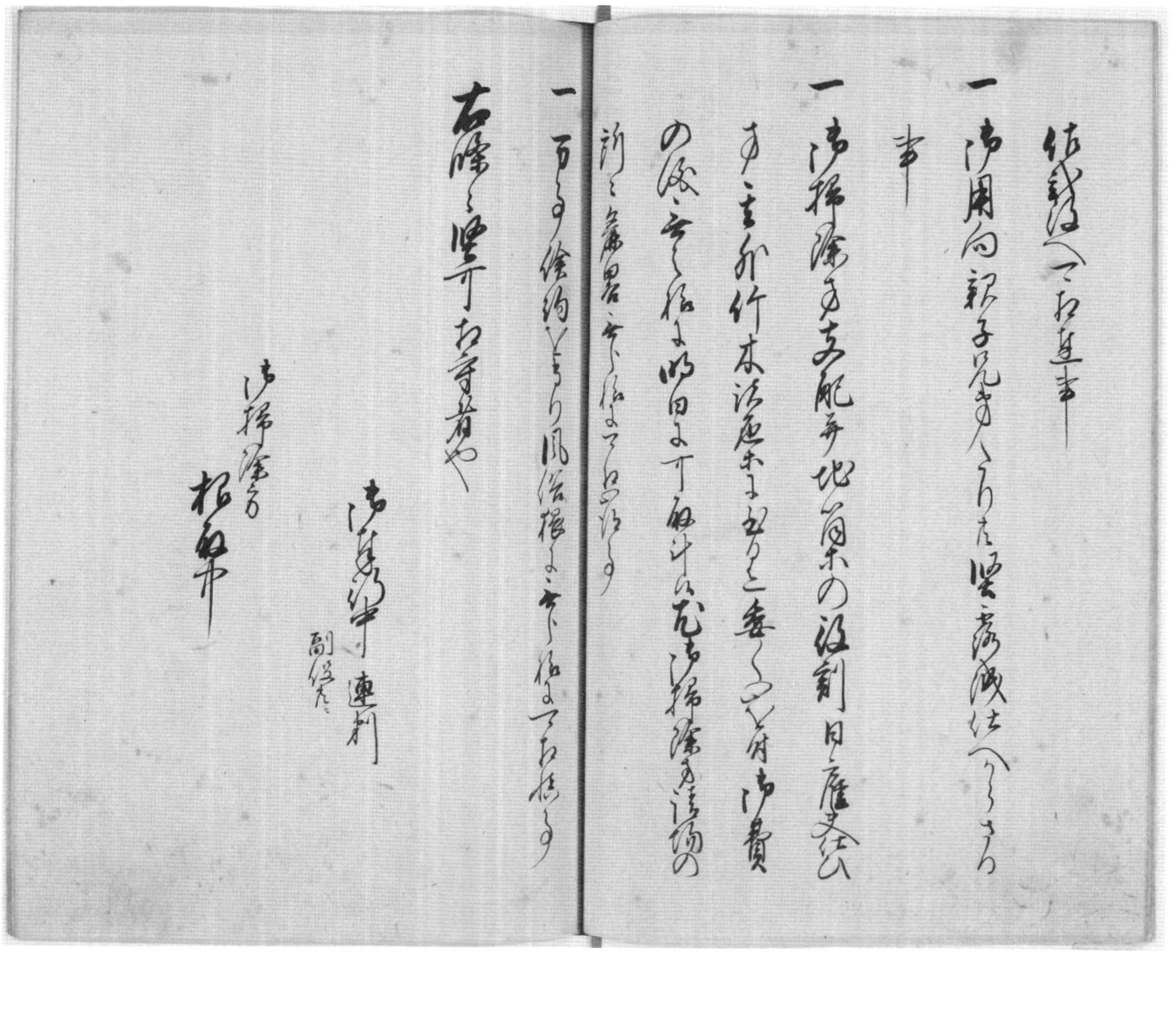

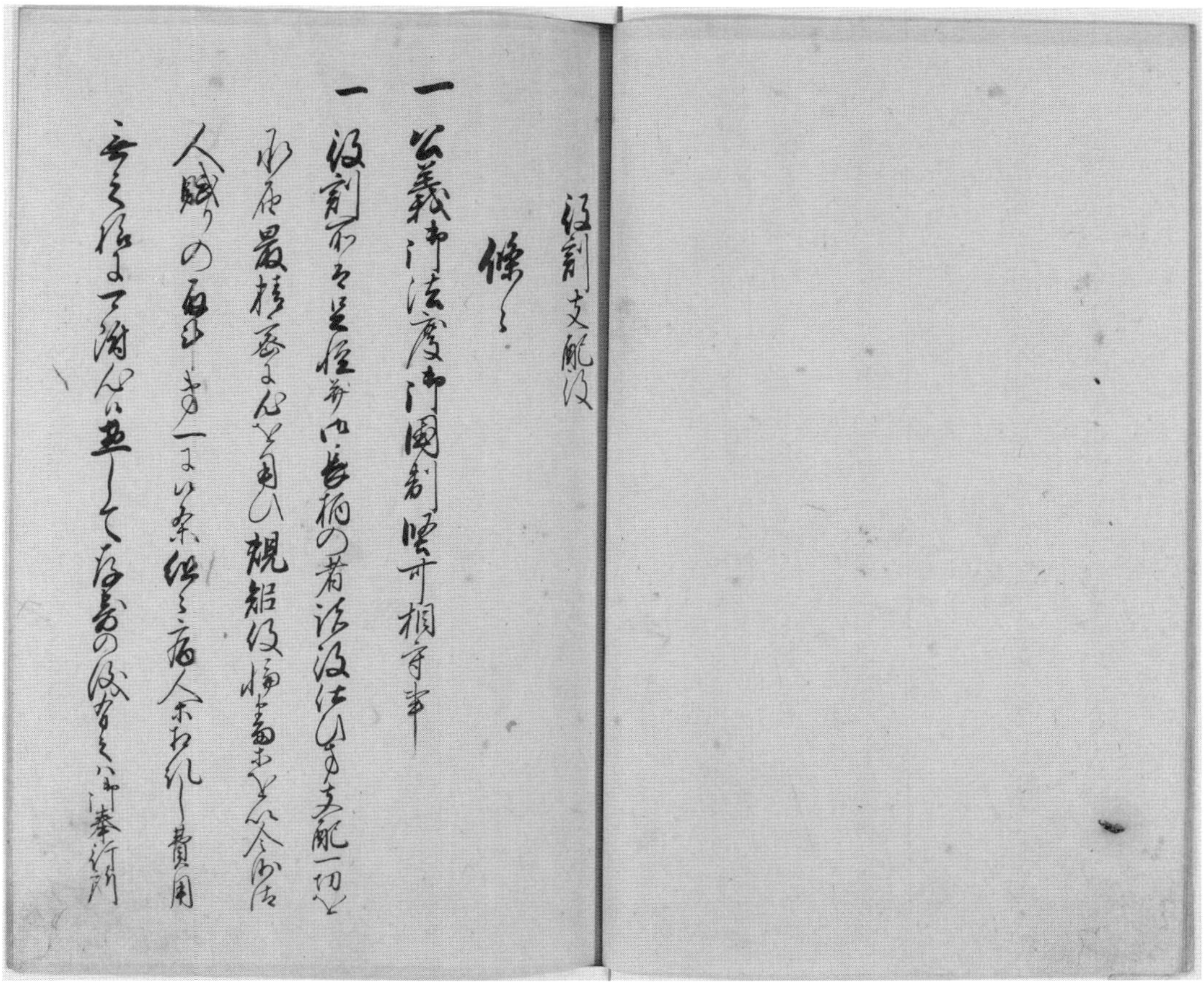

（25）役割支配役

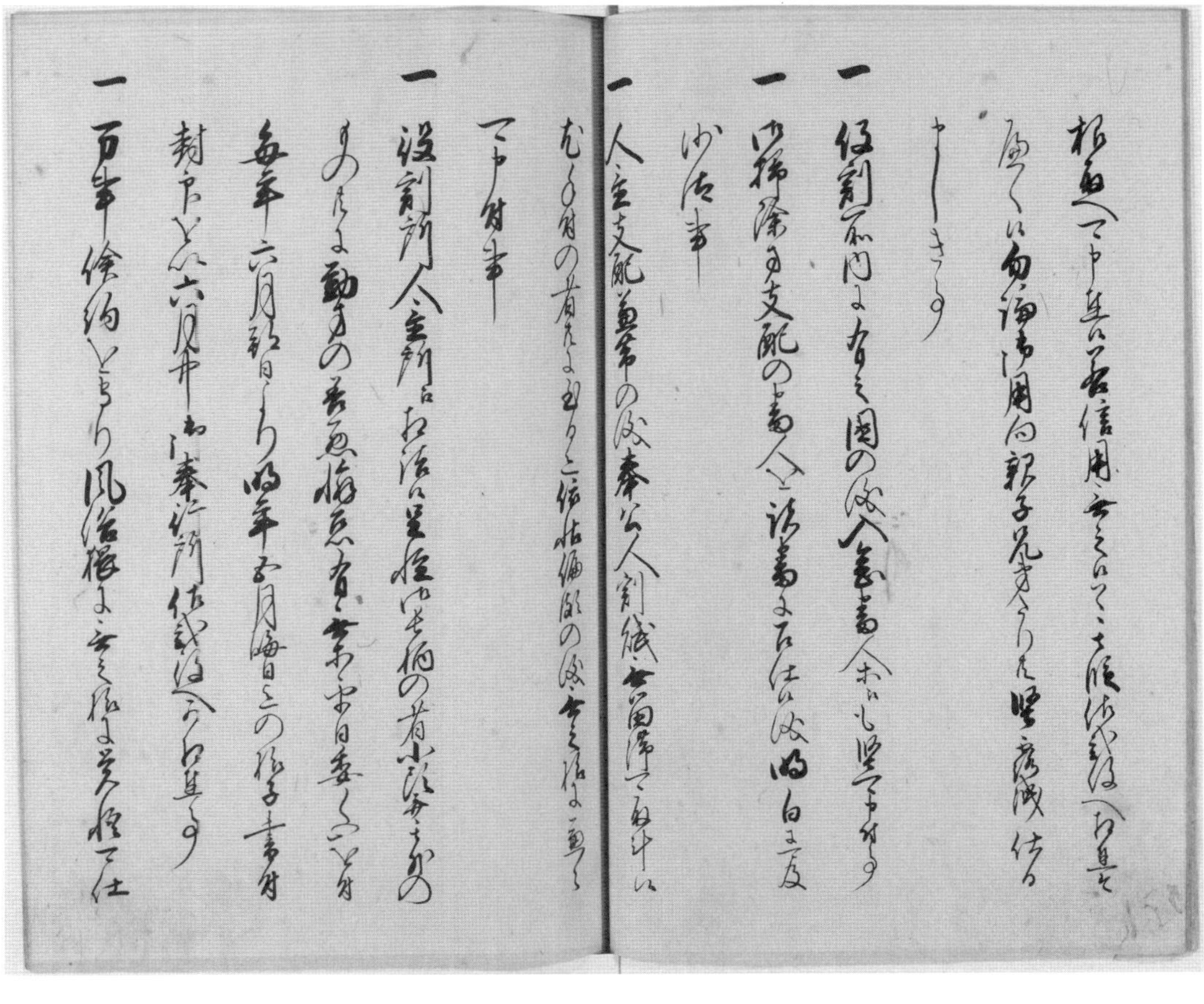

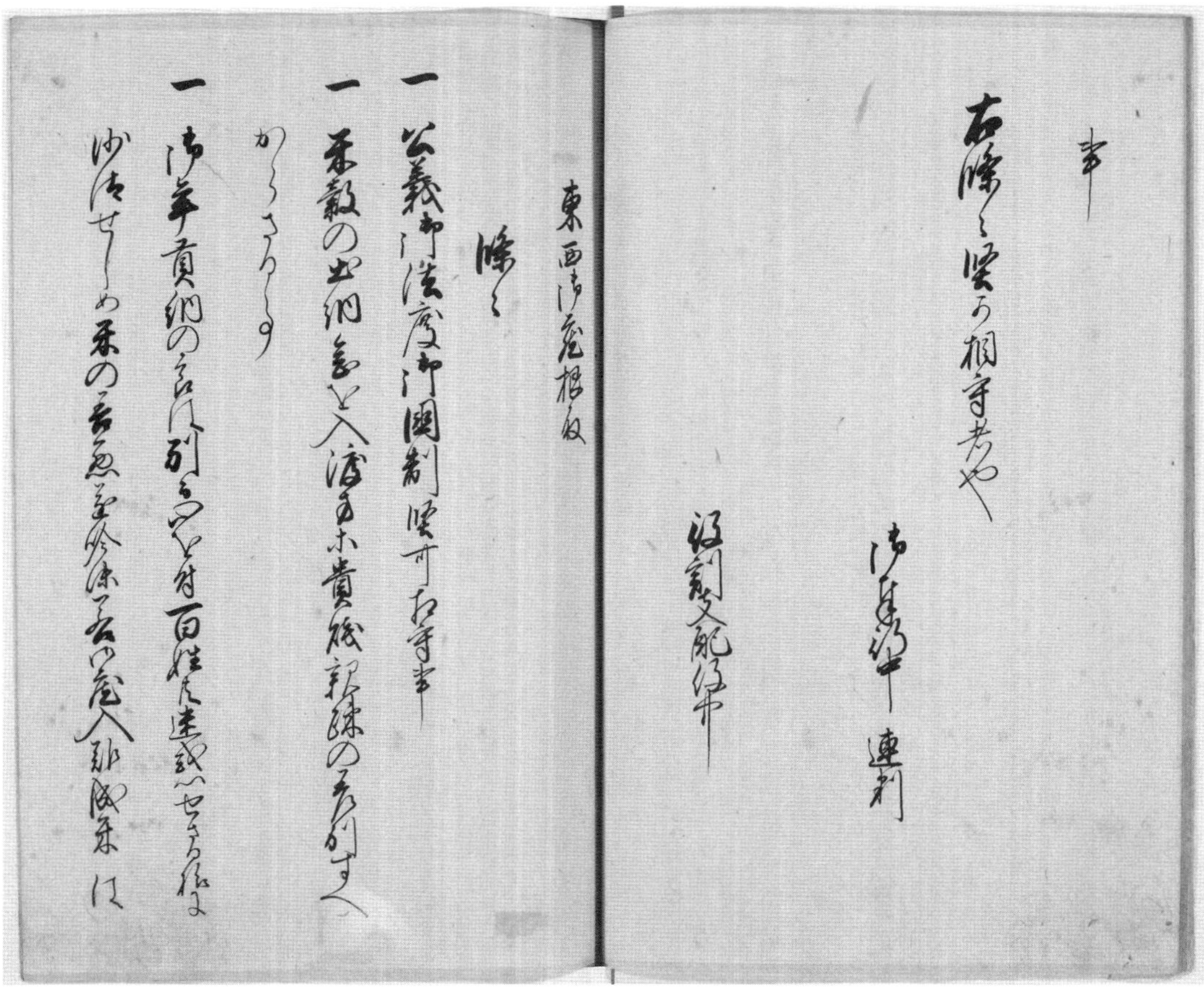

（26）東西蔵根取

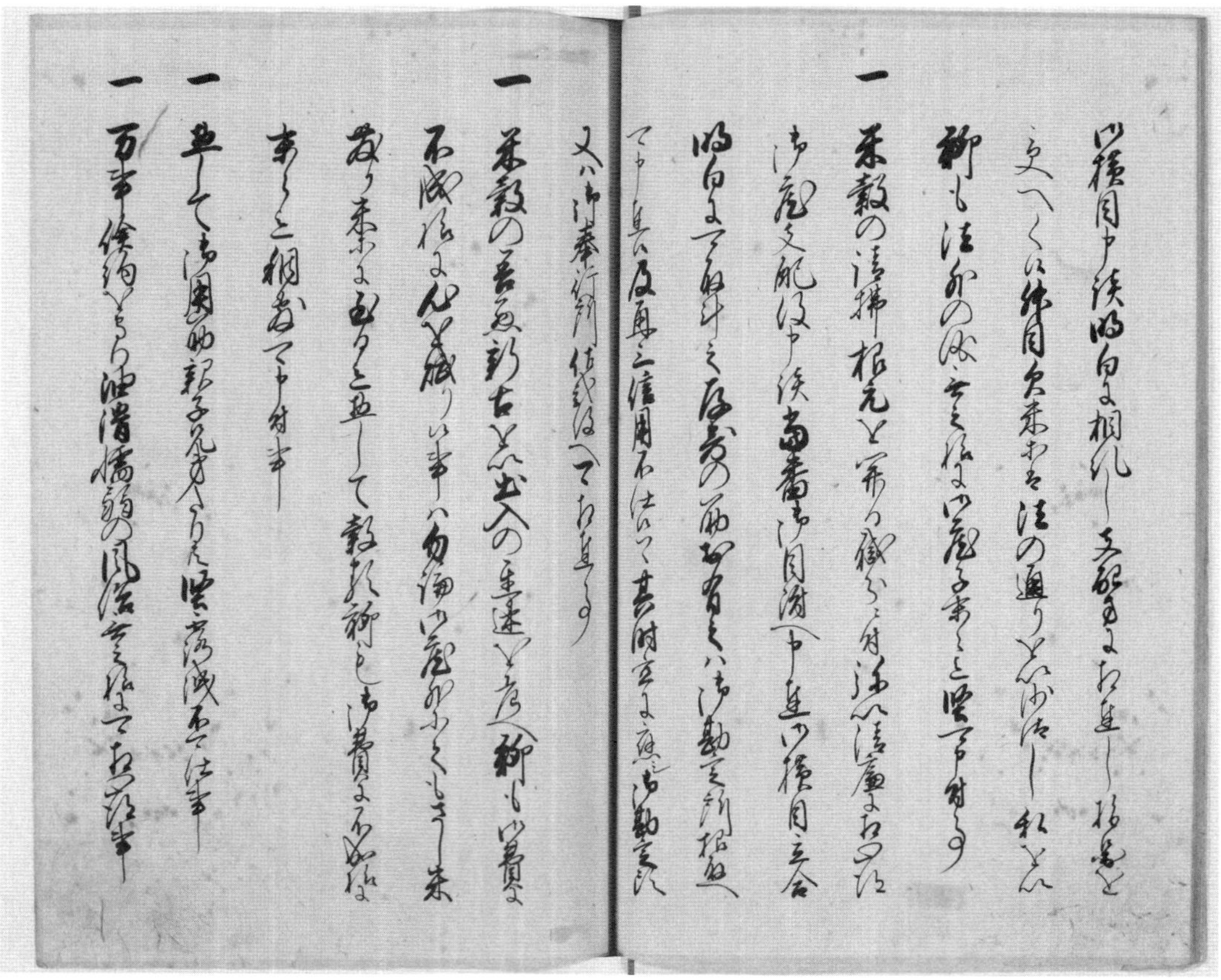

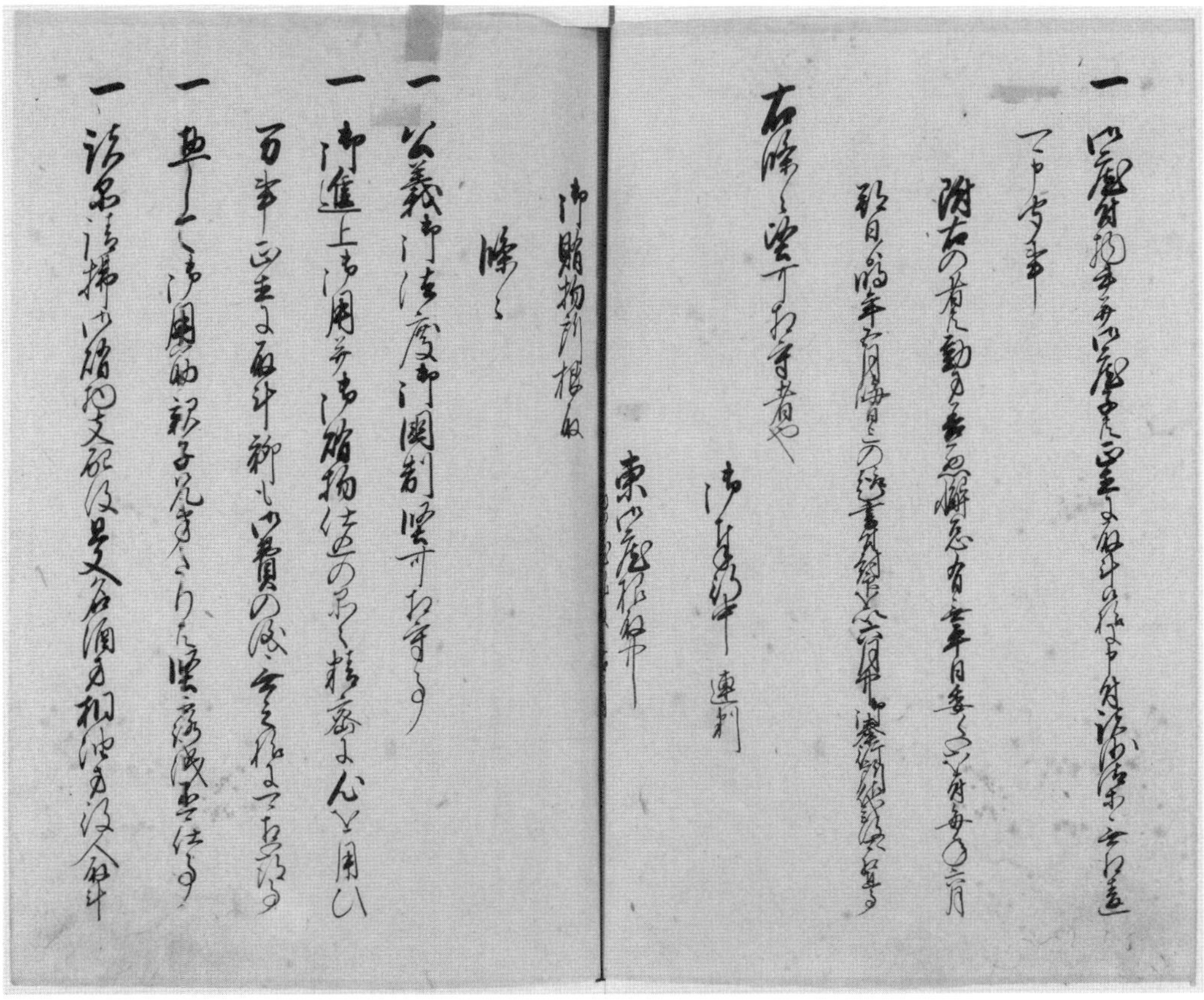

（27）賄物所根取

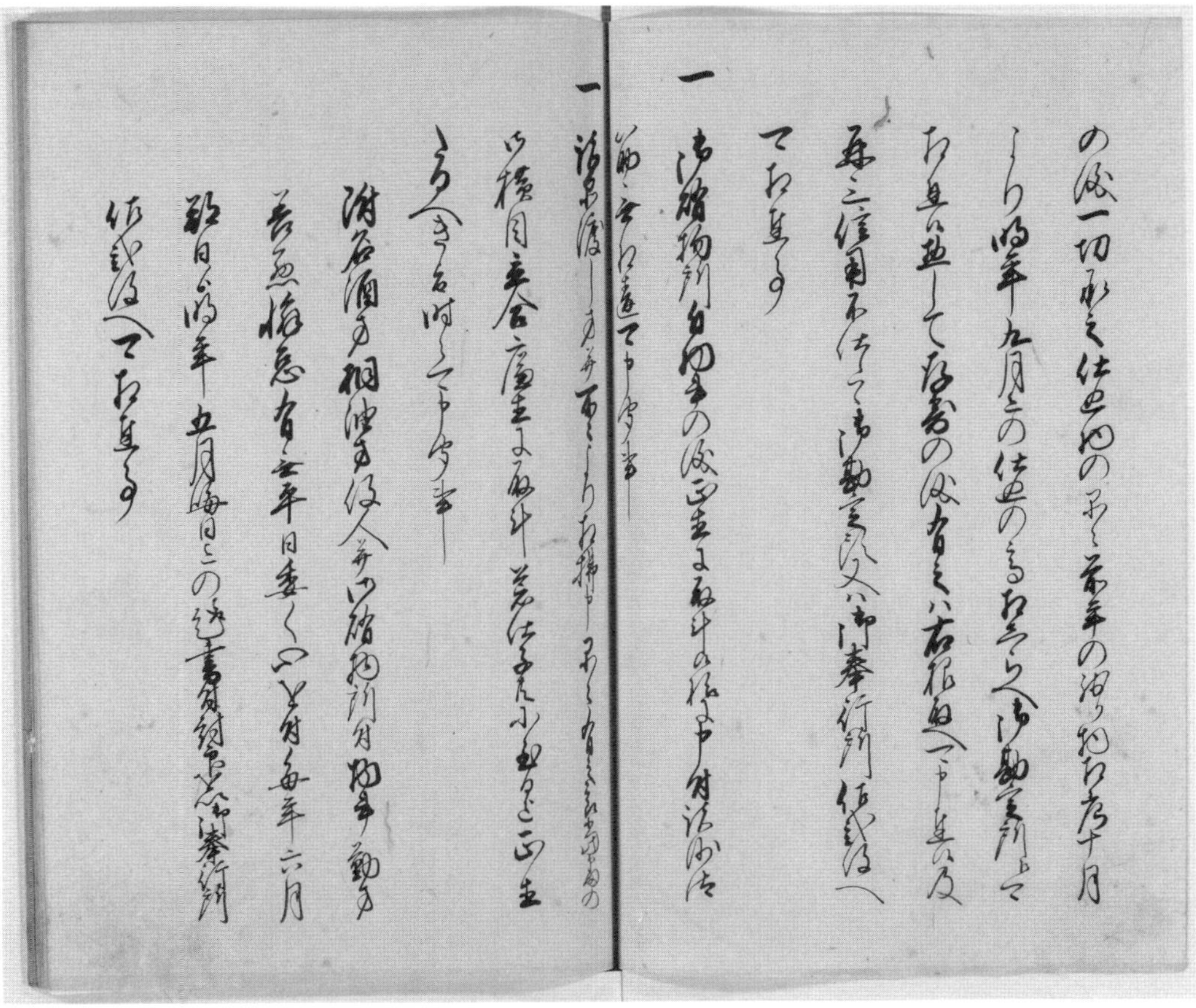

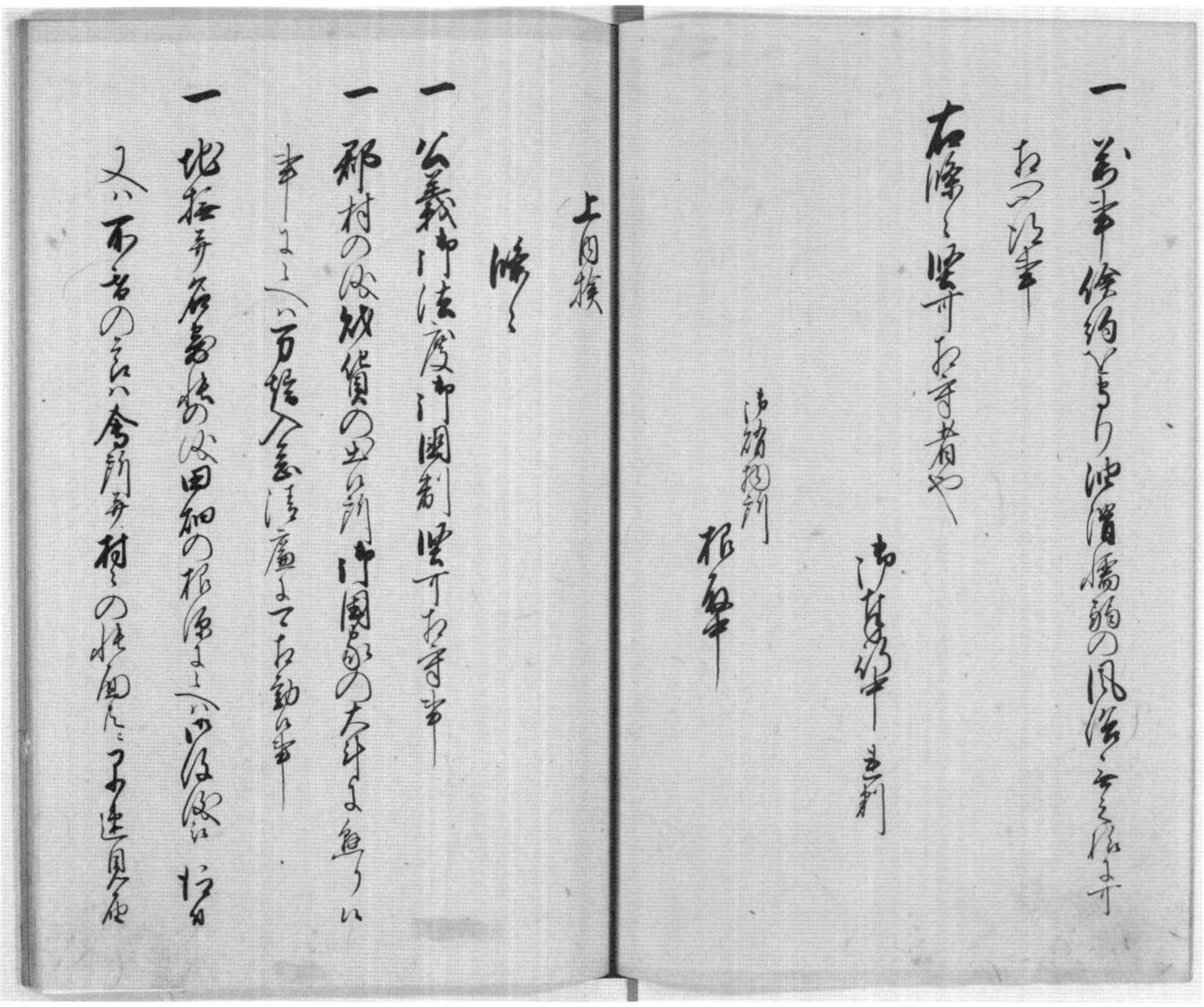

（28）上内検

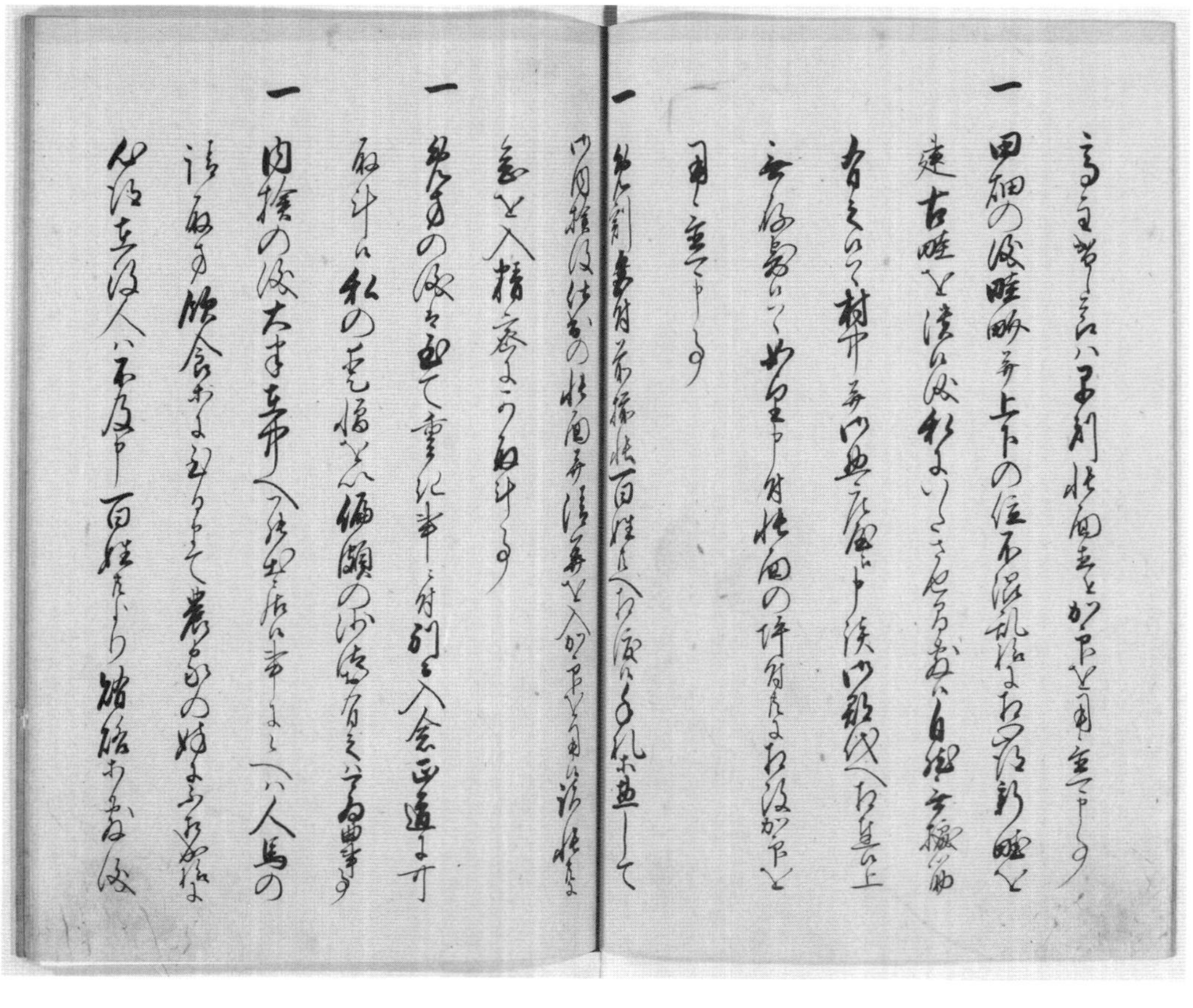

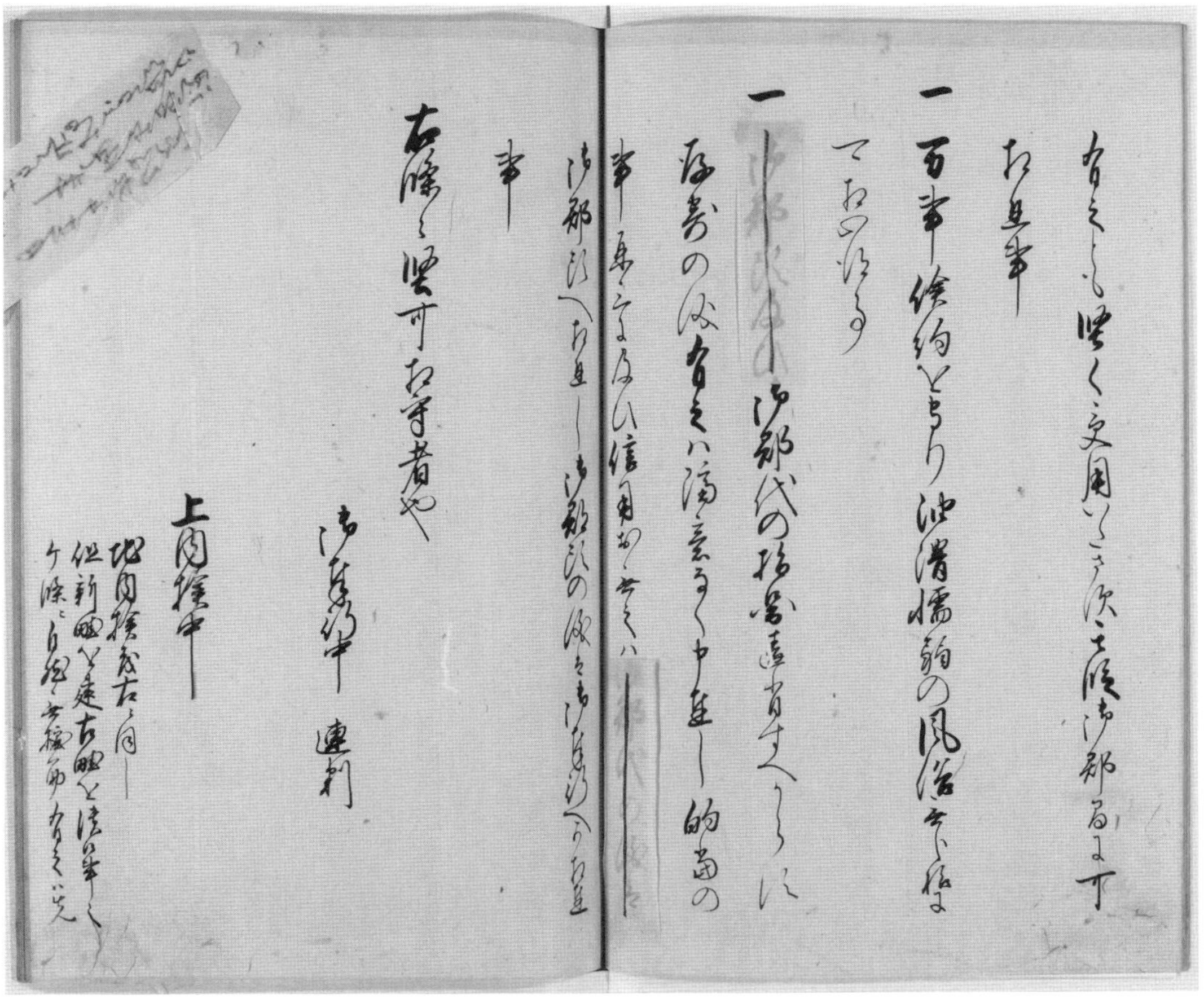

(a)

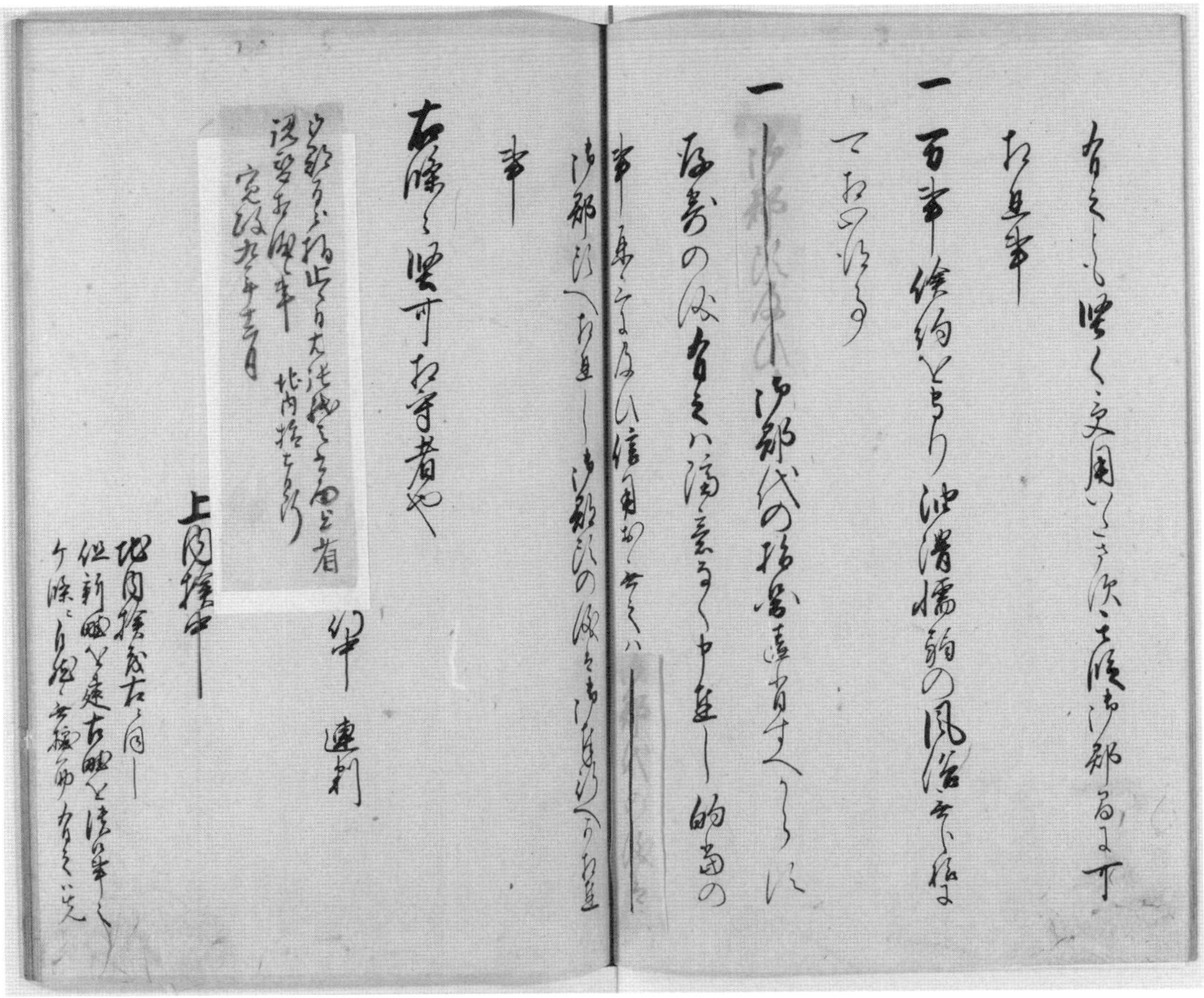

(b)

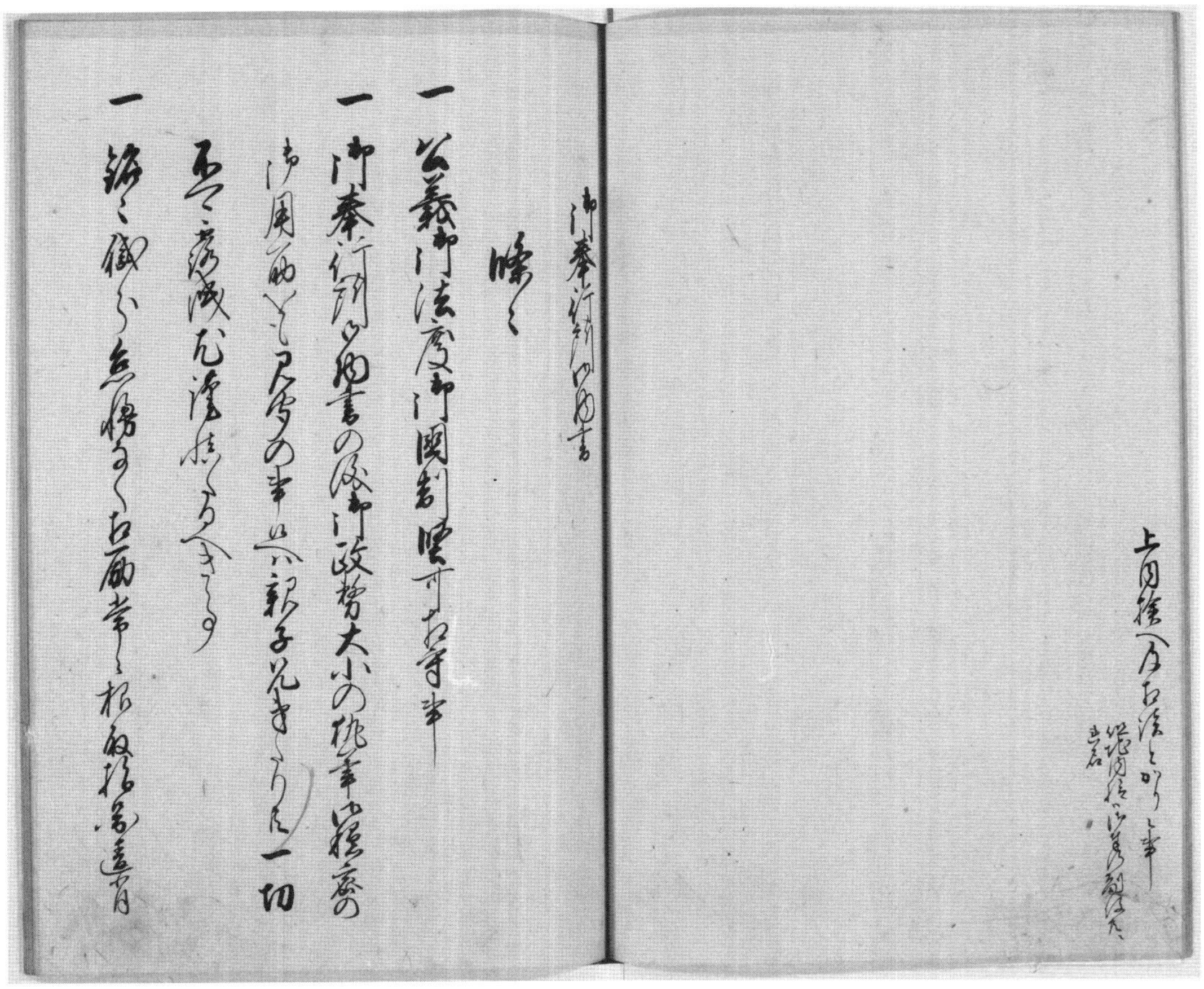

（29）奉行所物書

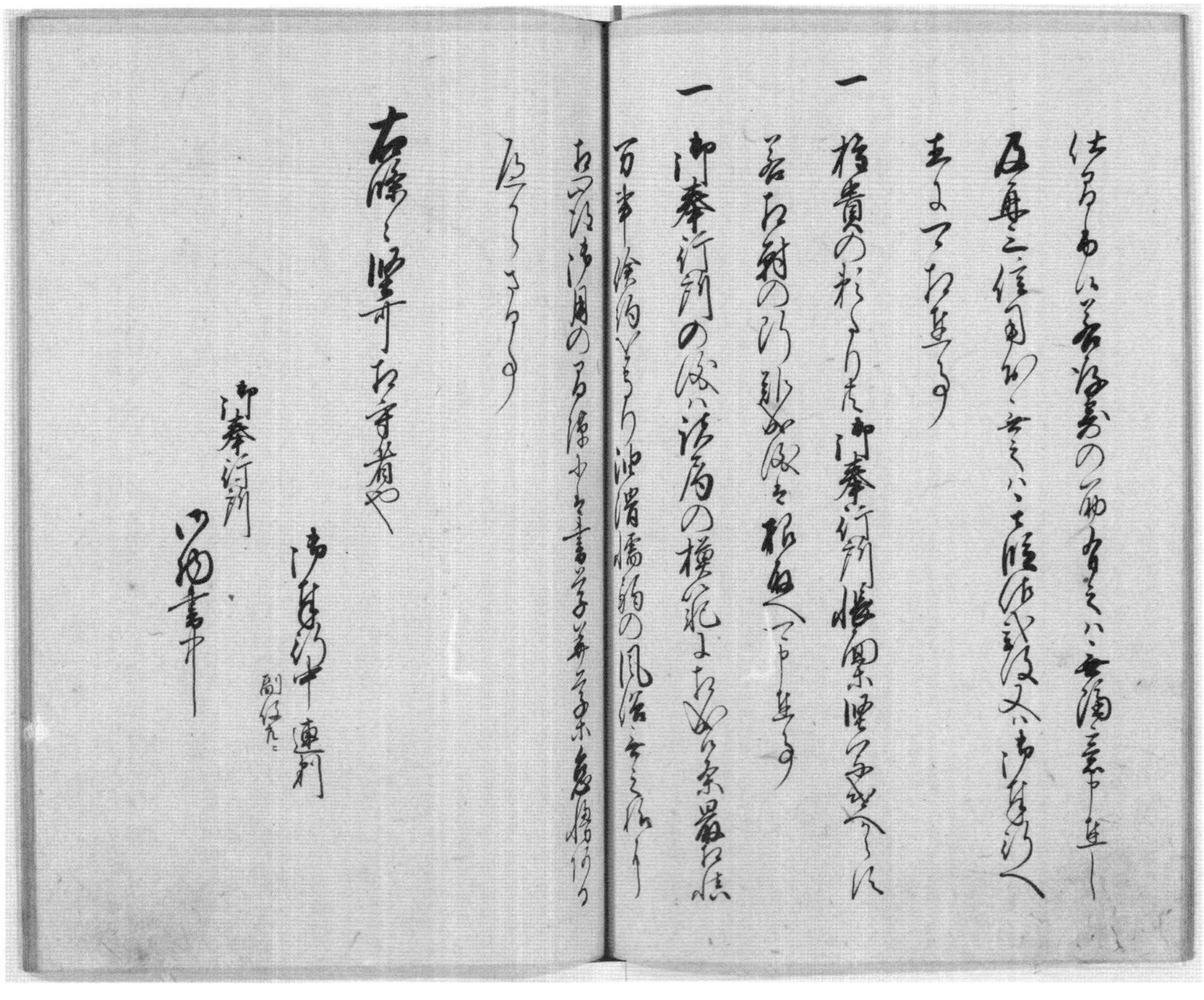

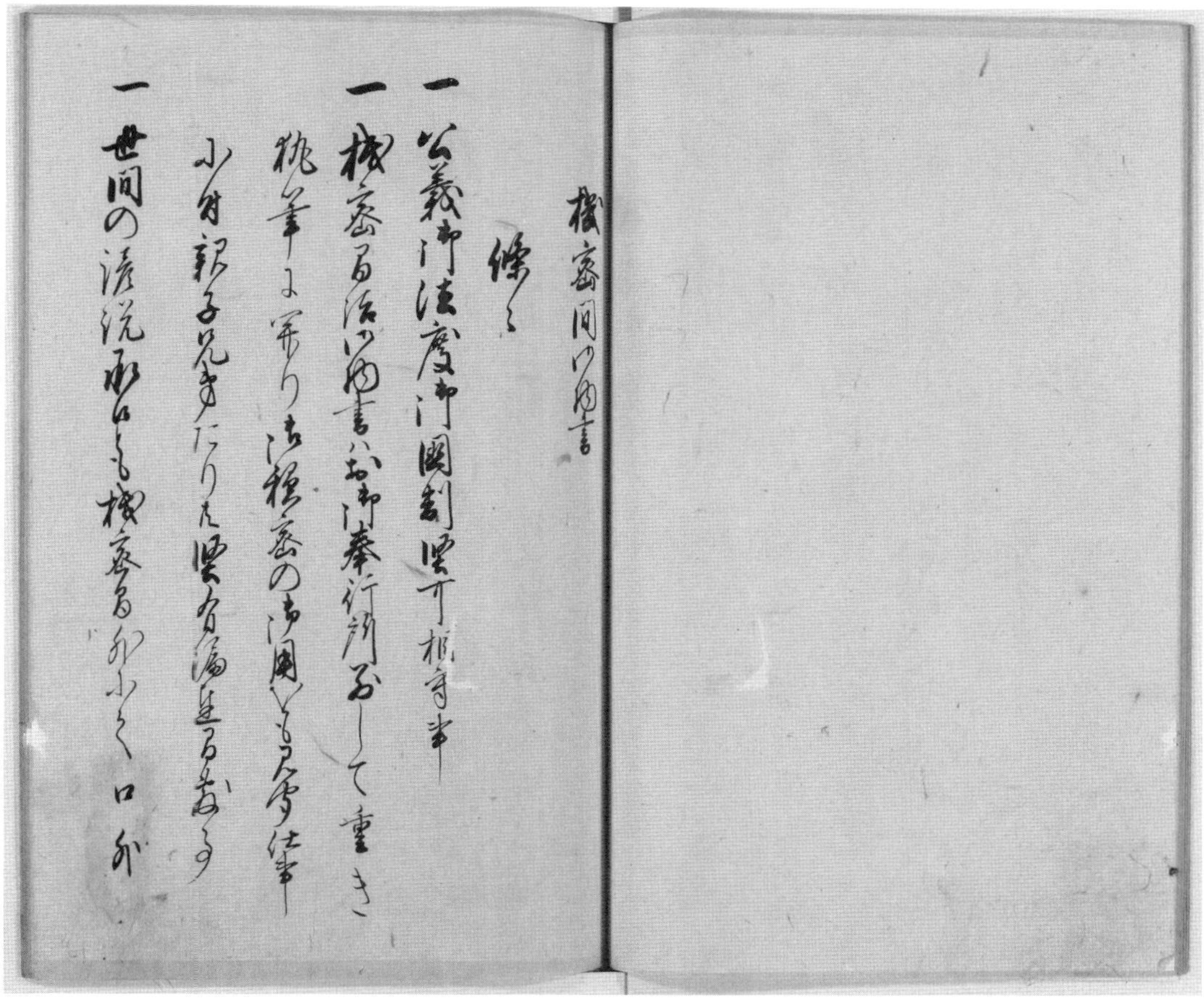

（30）機密間物書

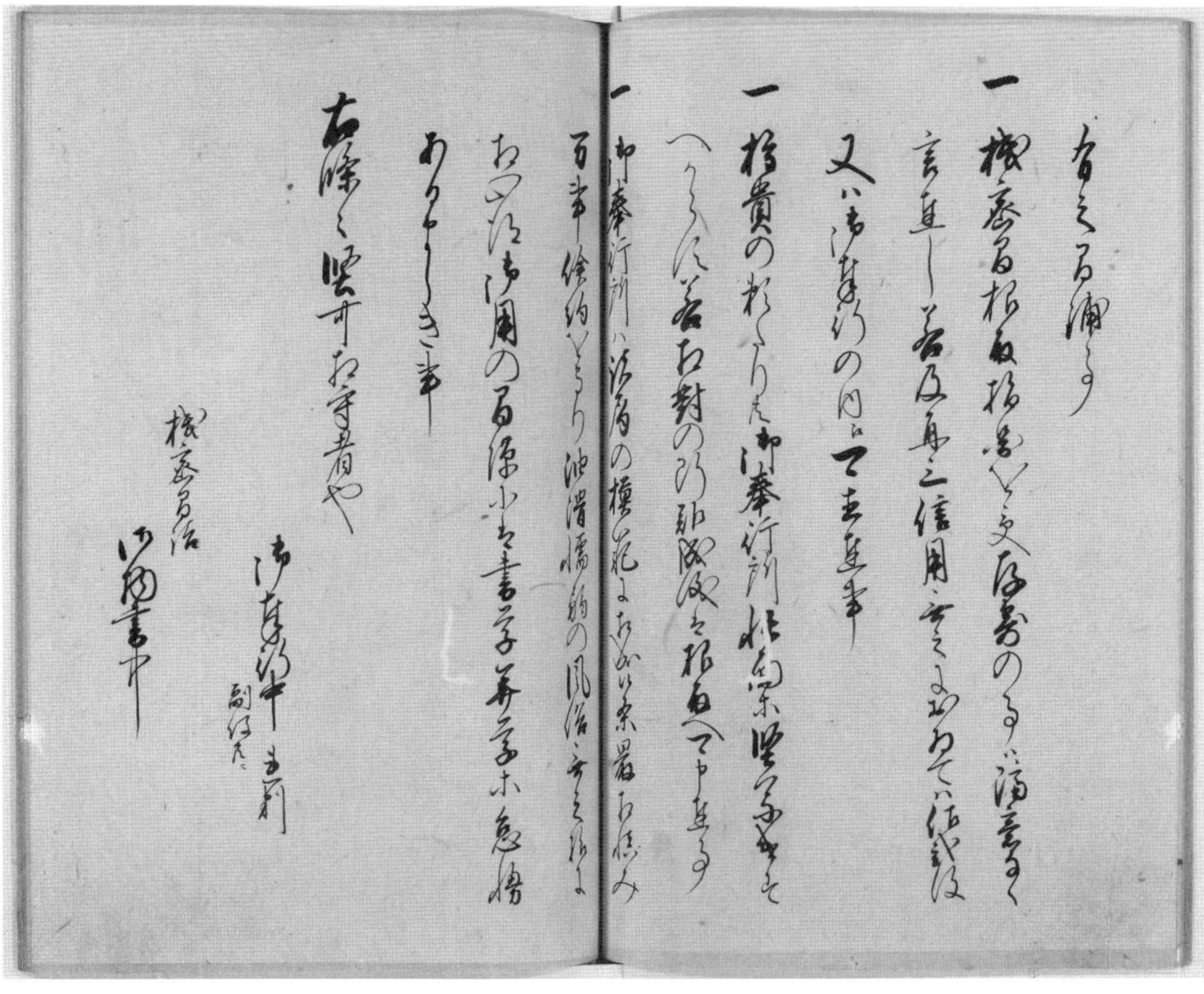

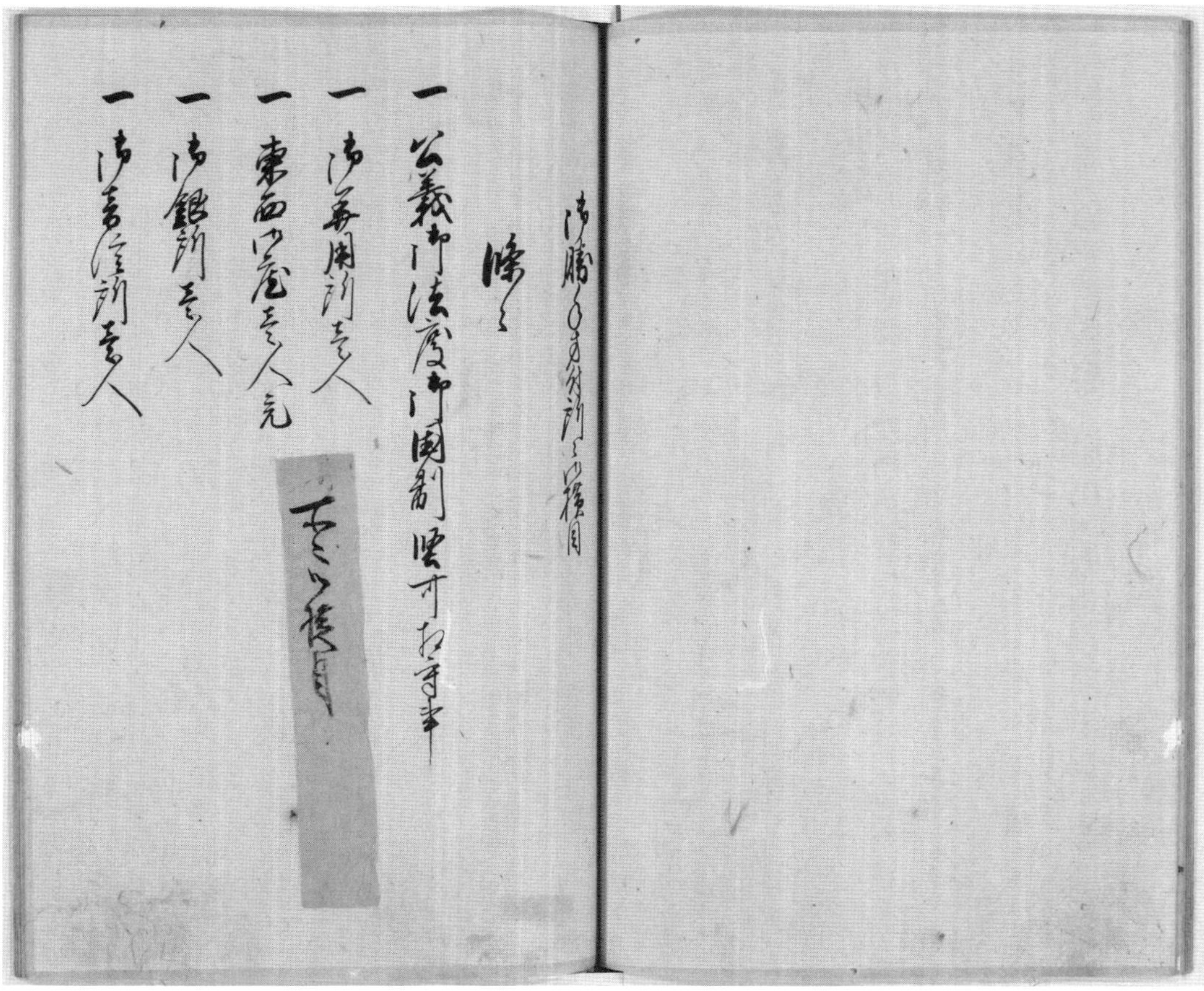

（31）勝手方付所々横目

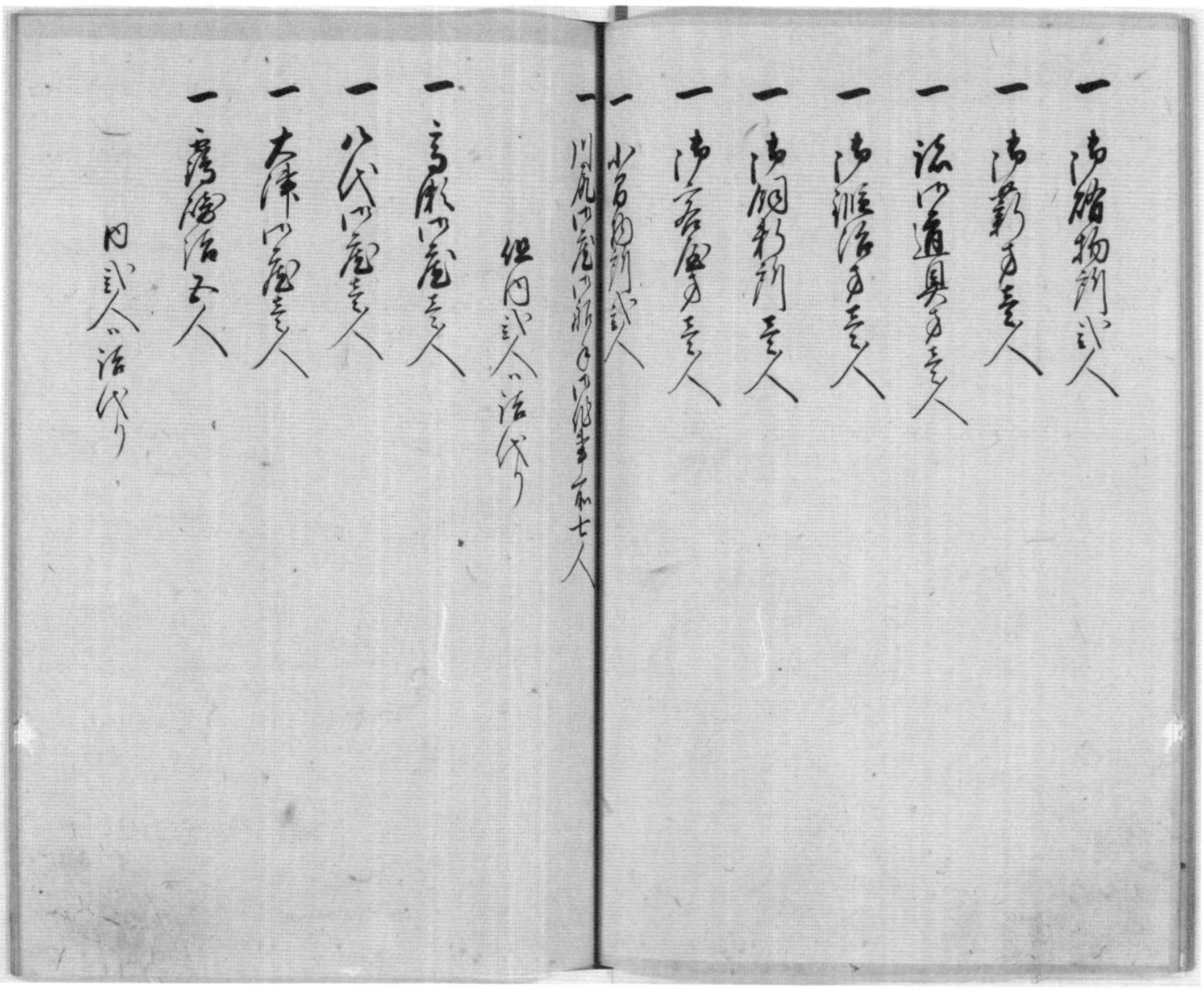

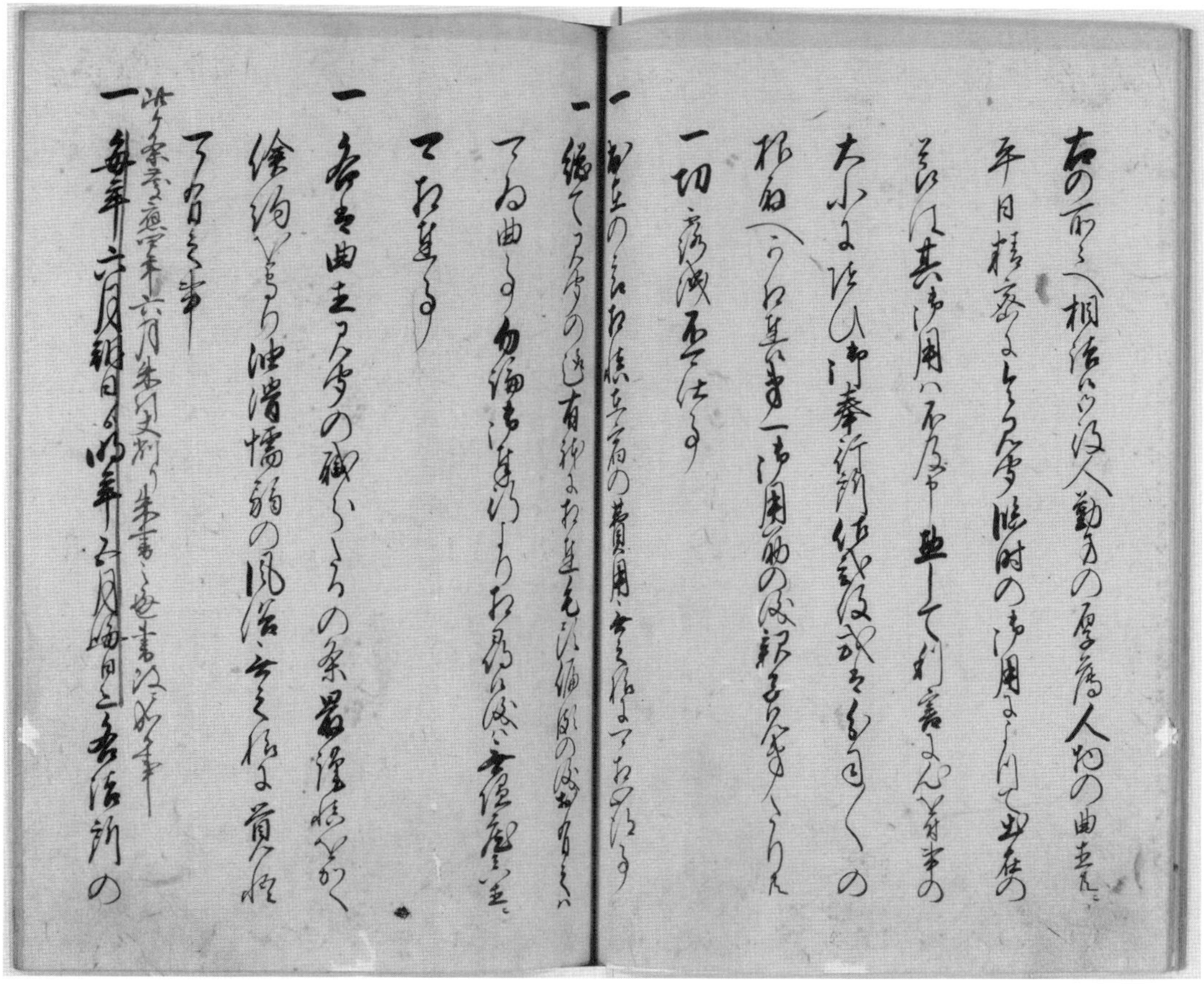

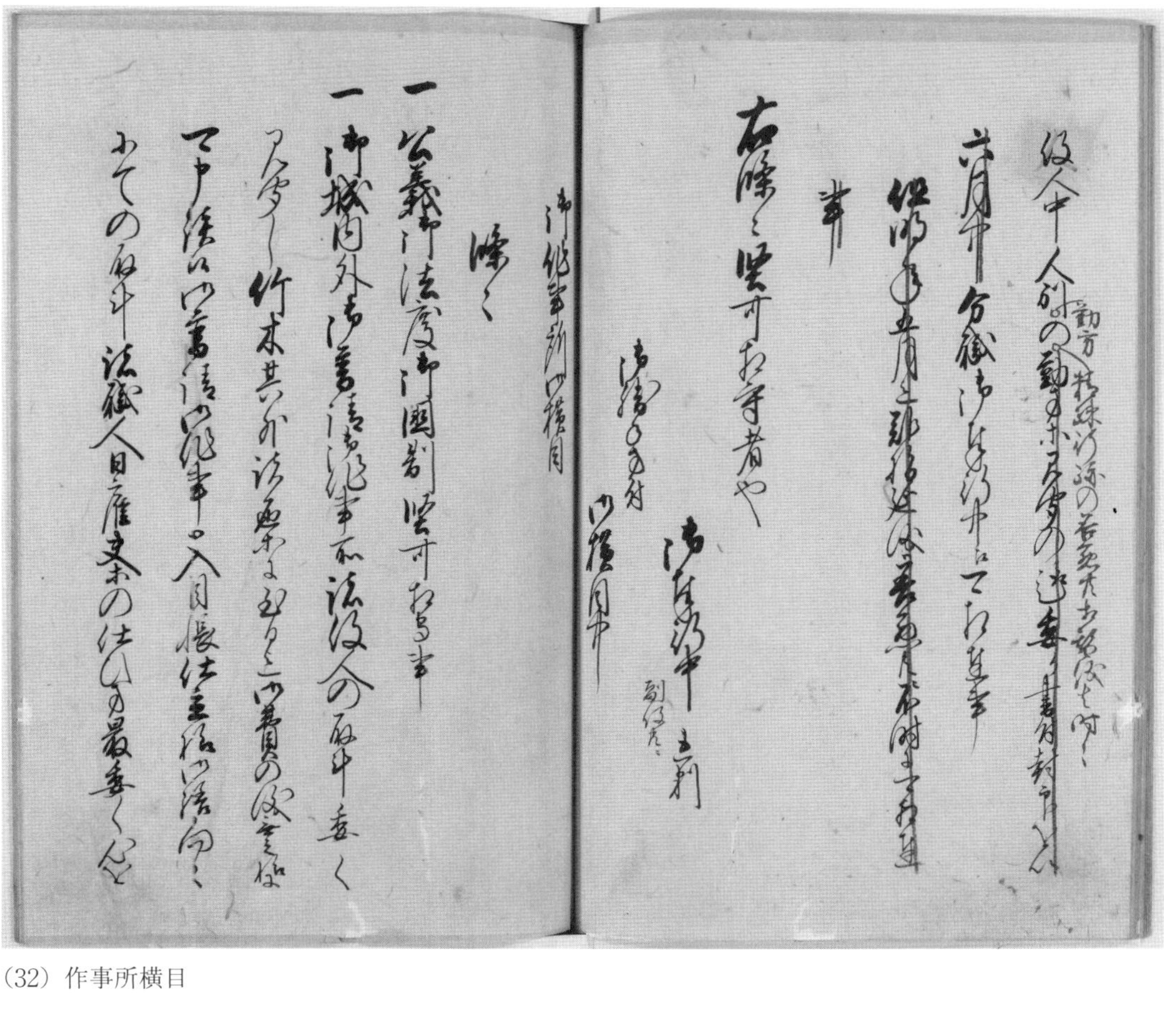

（32）作事所横目

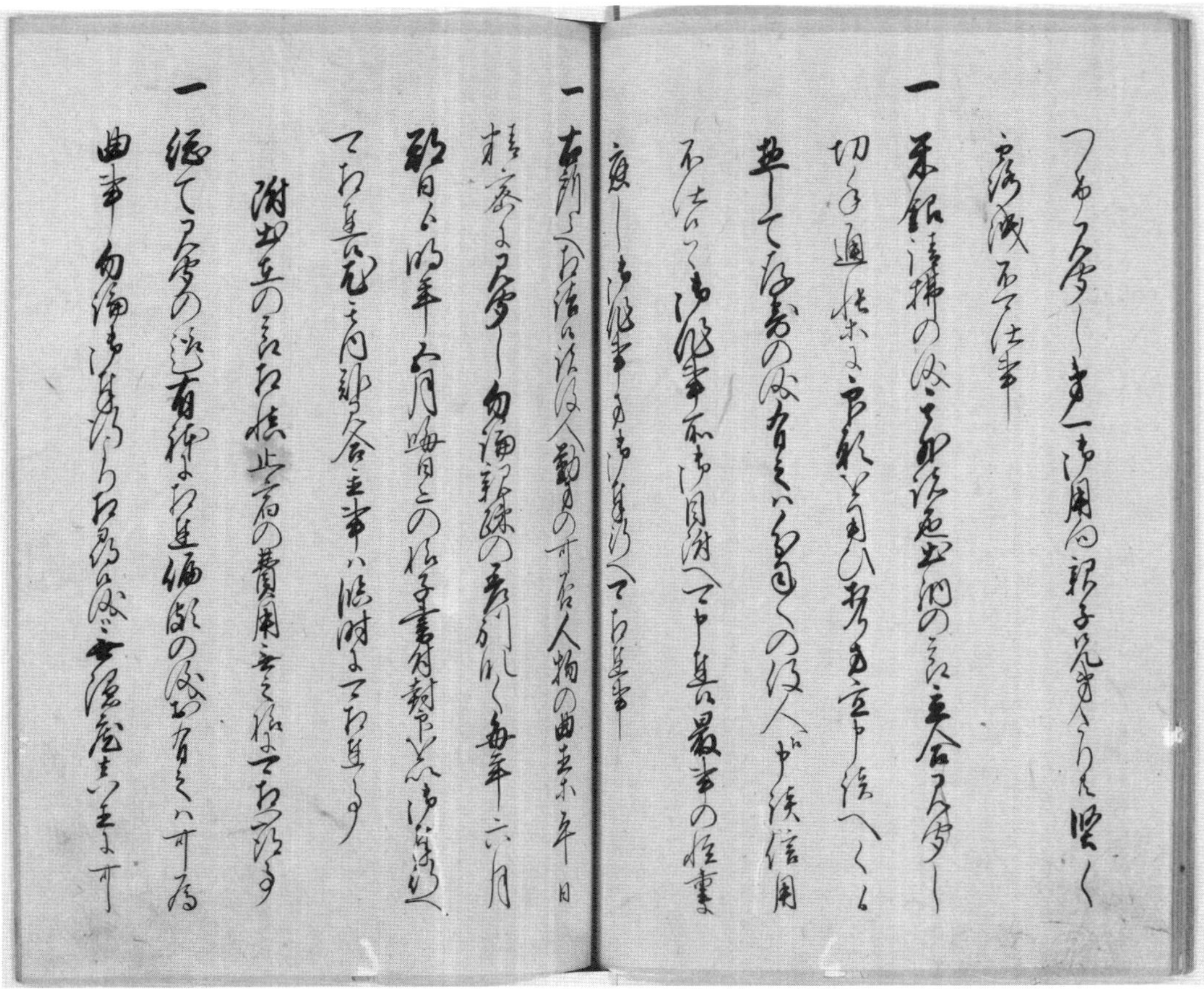

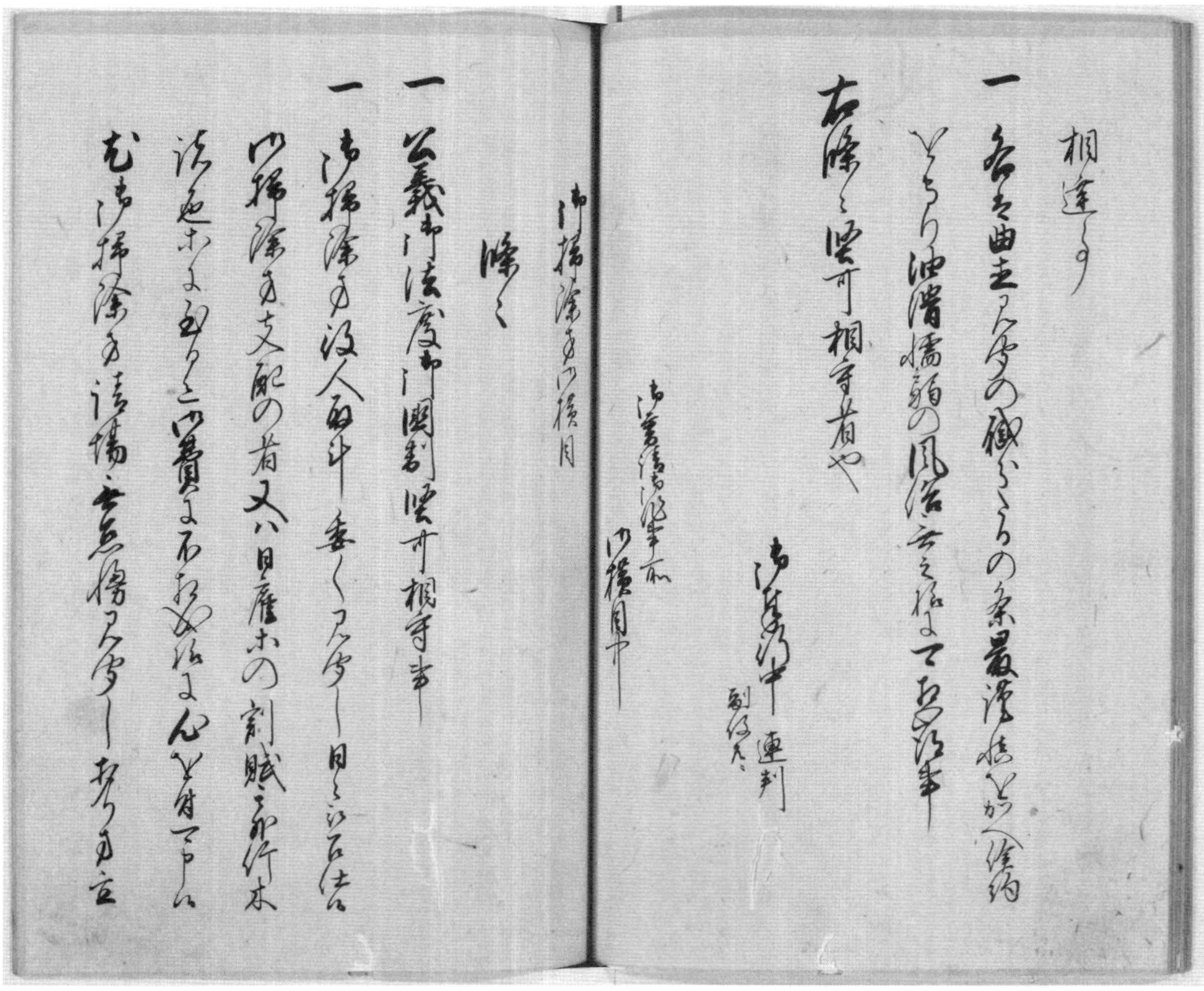

（33）掃除方横目

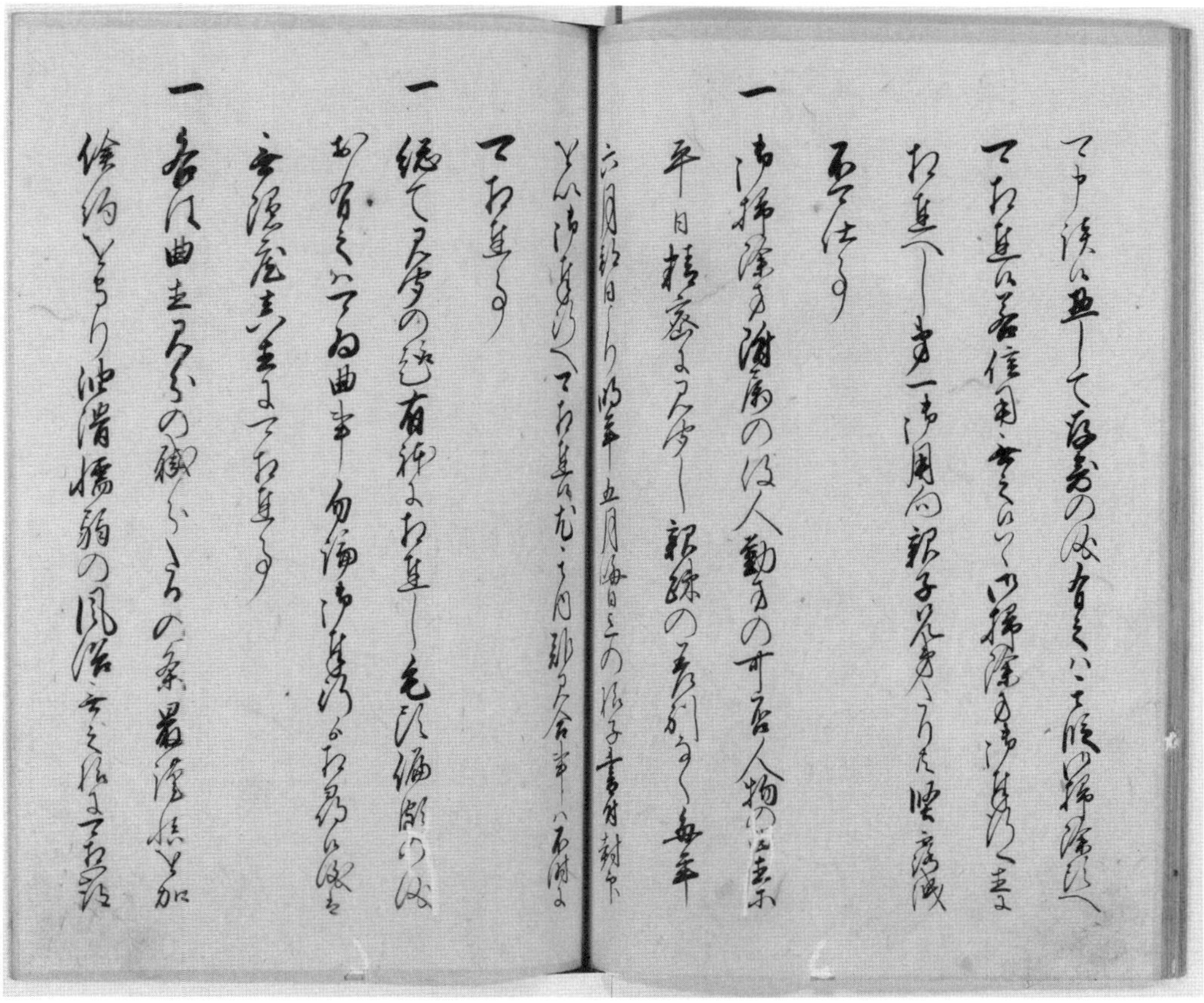

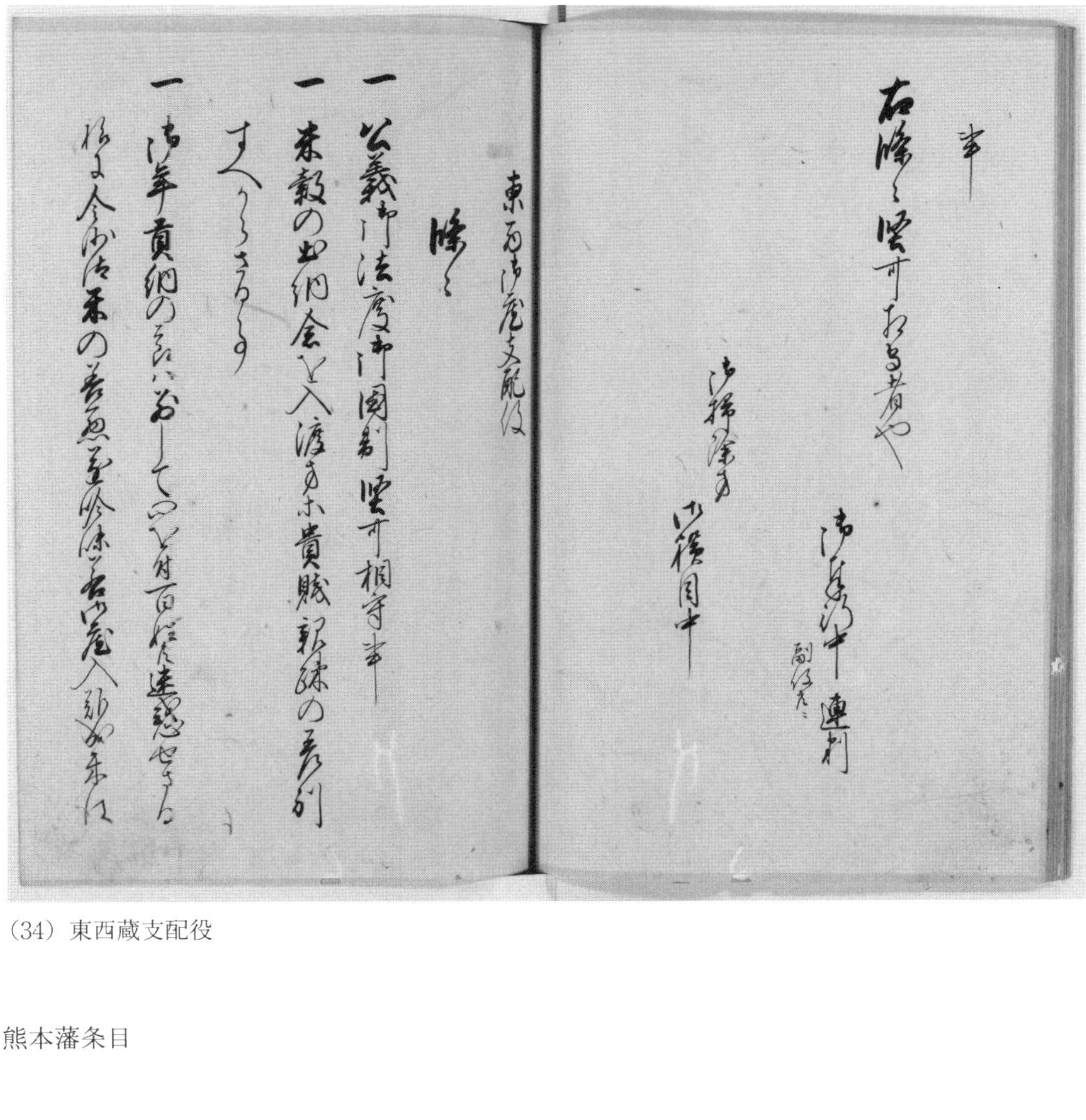

（34）東西蔵支配役

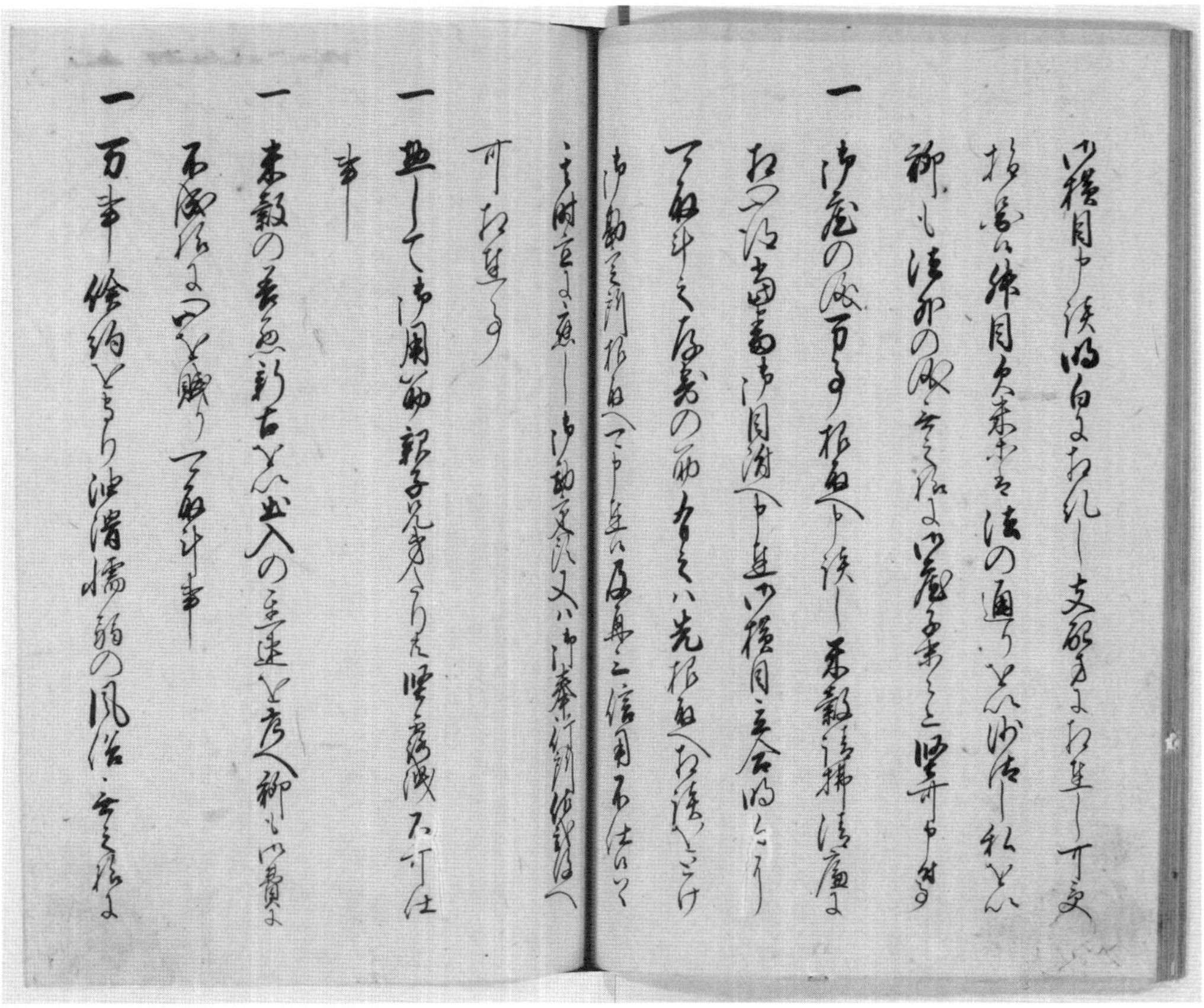

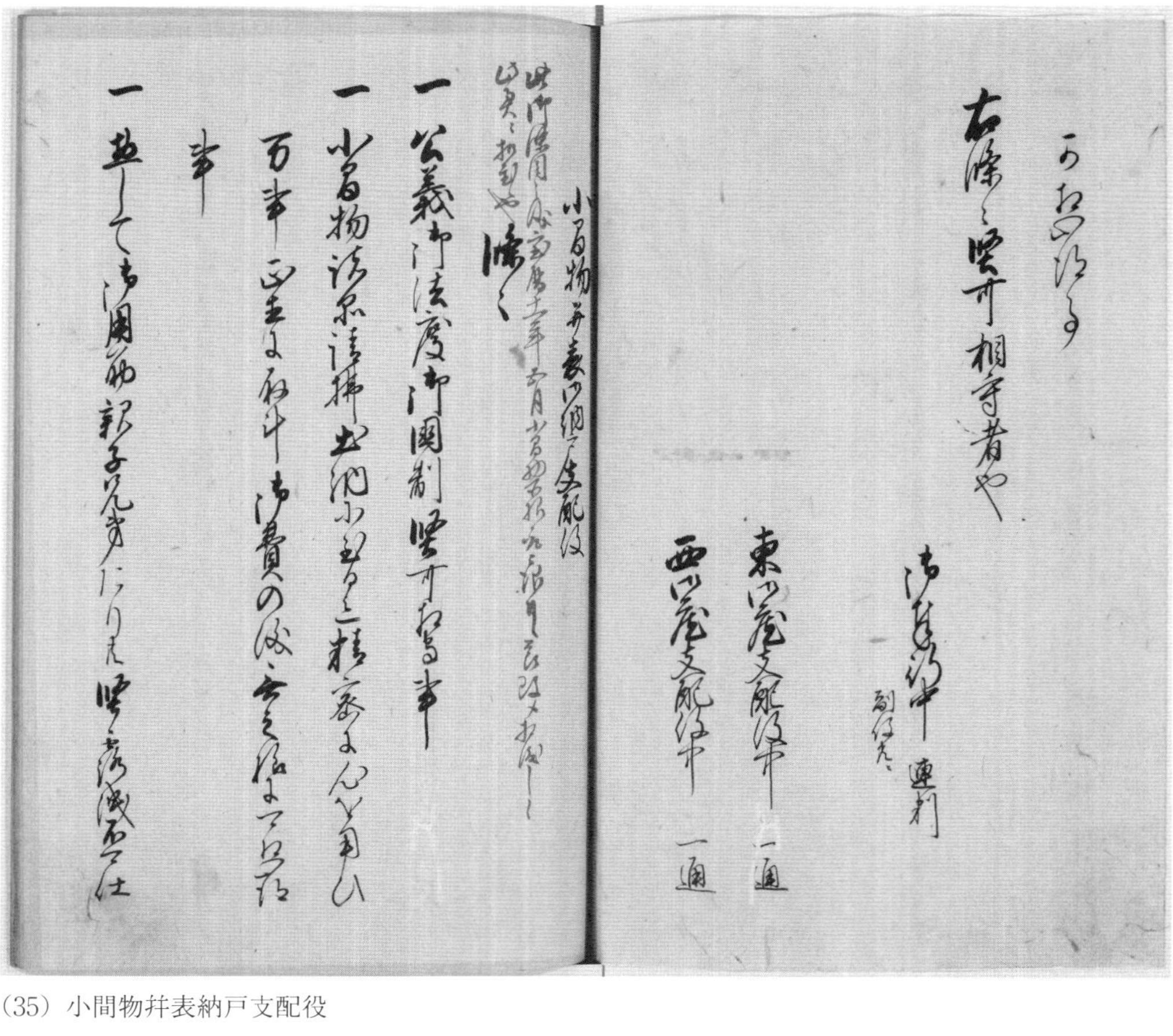

（35）小間物幷表納戸支配役

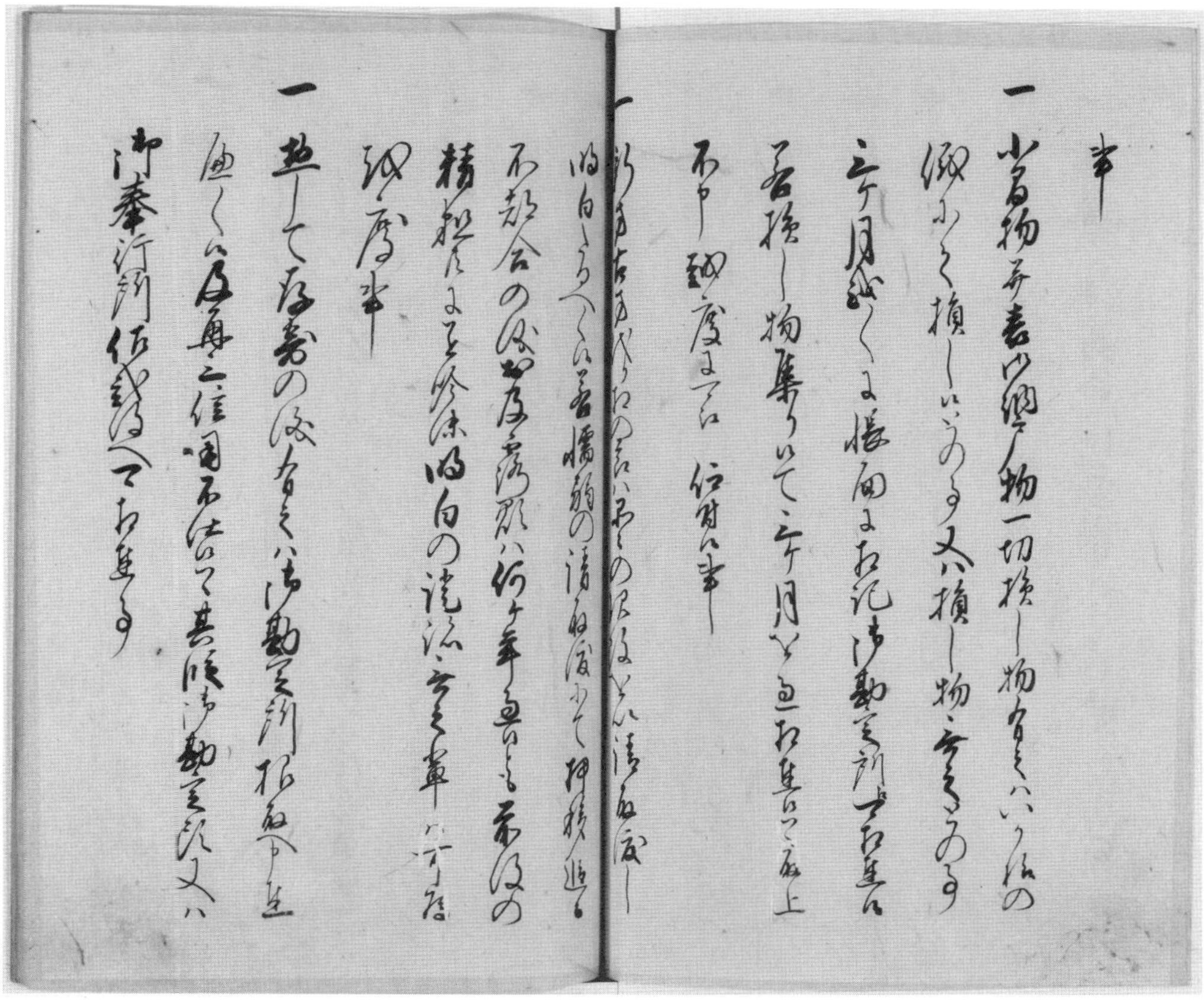

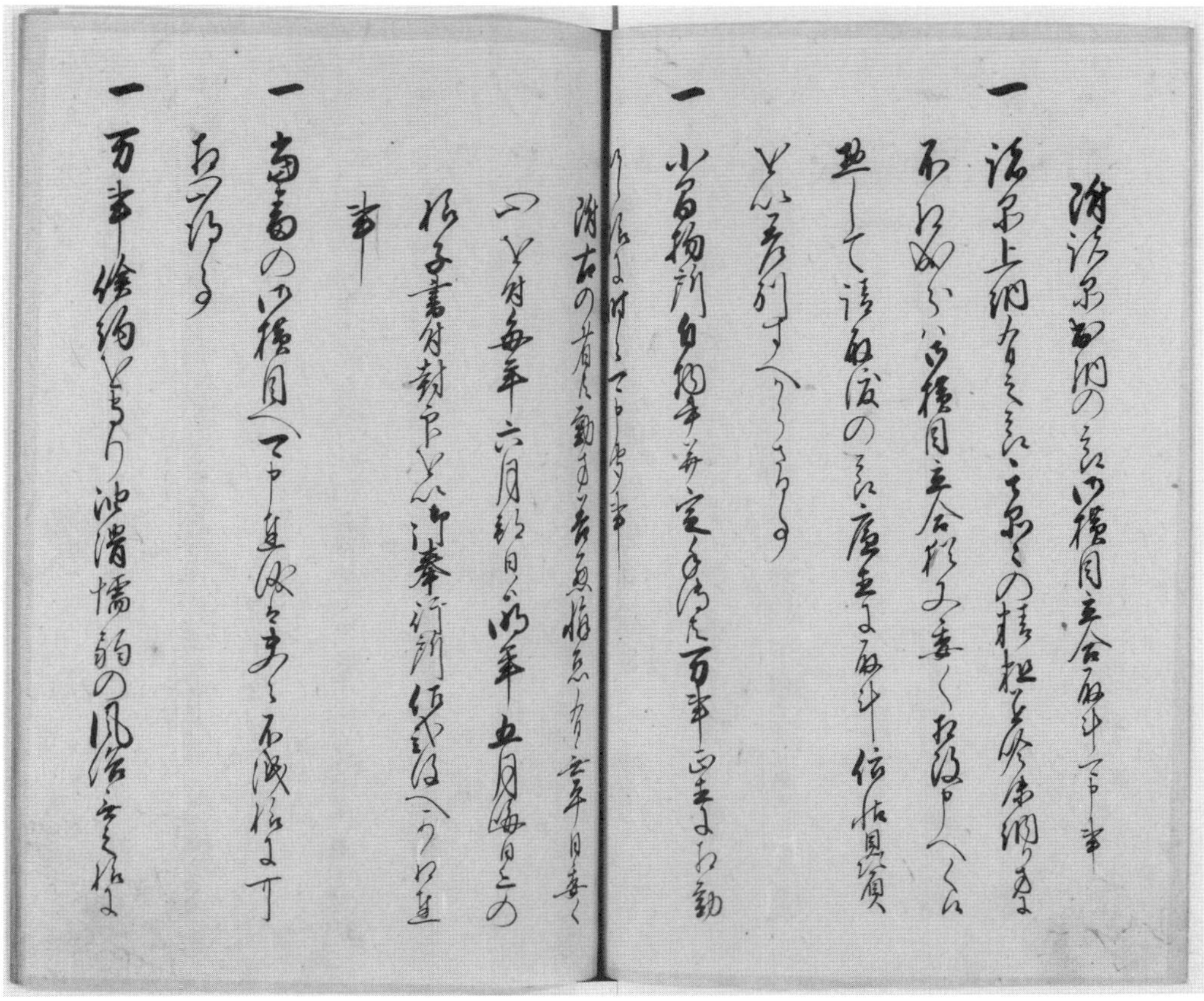

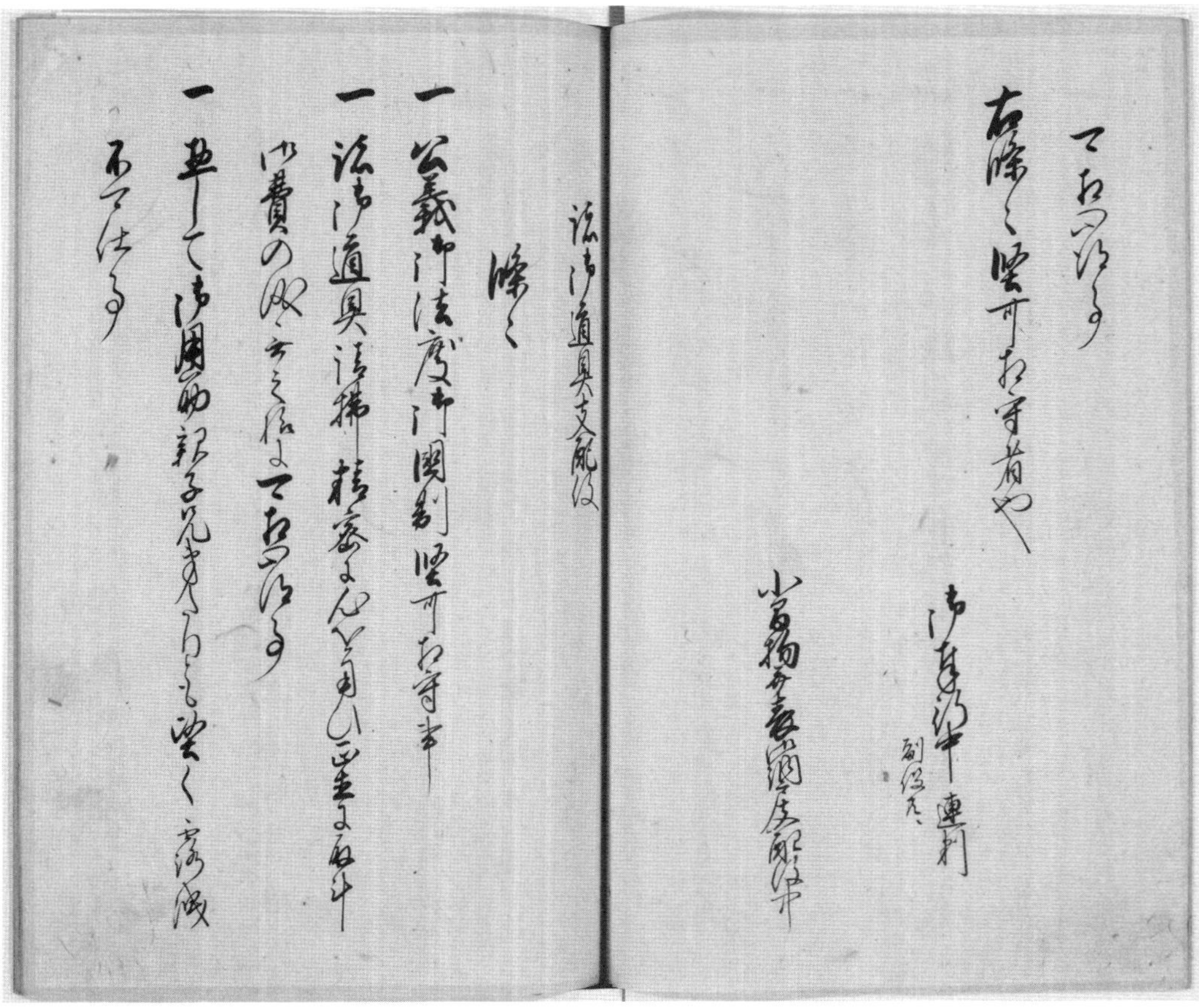

（36）諸道具支配役

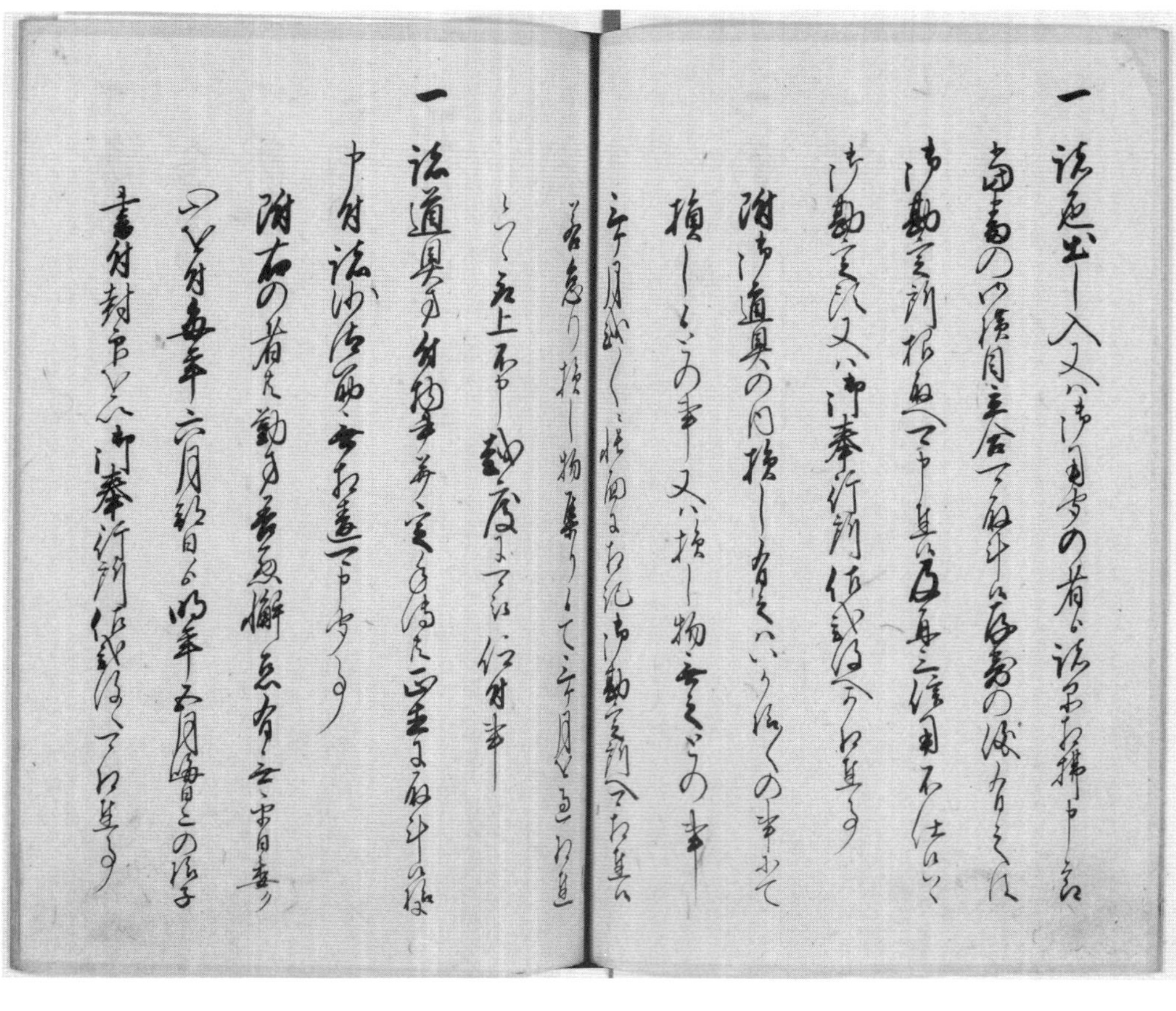

(a)

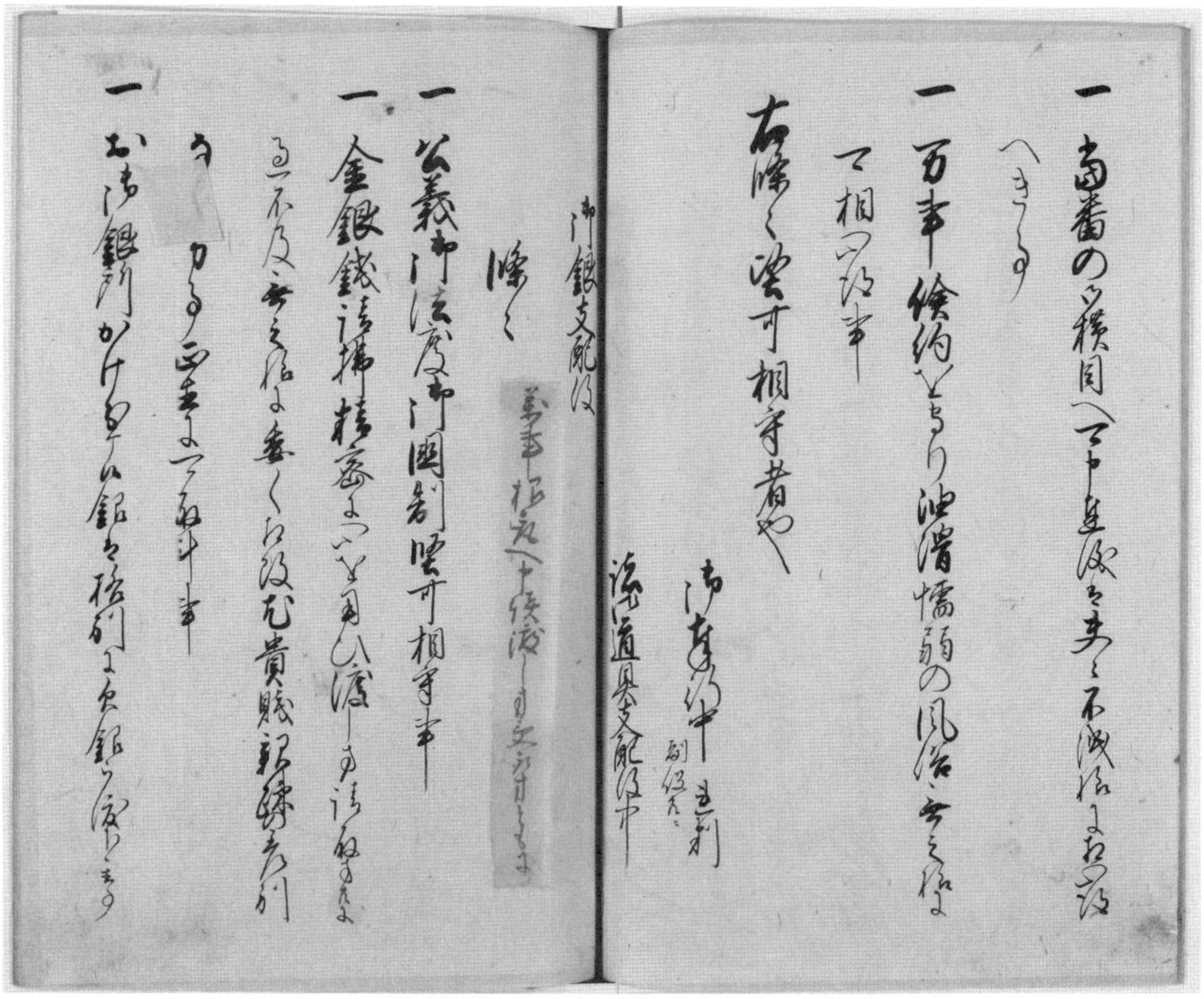

（37）銀支配役

(b)

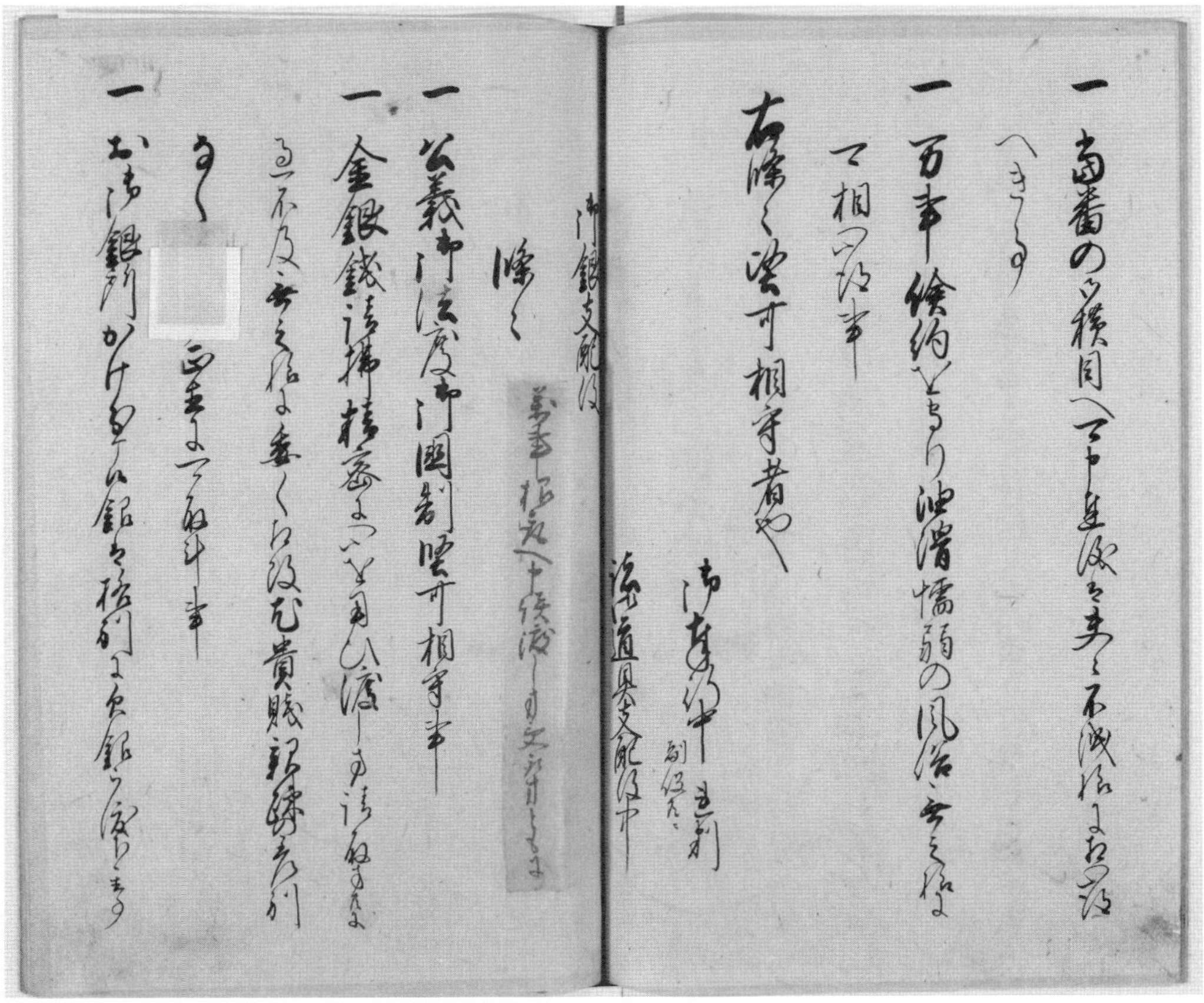

一　毎年十月節より清掃掃除並ニ御入用
　　川浚の儀を差急ぎ可申候事

　　但新古代うけの良参拾弐の清掃後なん
　　てあ候自らも幡節の清御後少々相後申て
　　不相合の儀も有之御猶予何ヶ年申上候

　　の積候らハ要条相候自の先法を以可申候

　一　並一て清掃御節子兄まより之僻御浚かゝ仁

　　事

　一　清御節の取候為の前有之先候文（を指候少勤文不行丸
　　てあを候毎ニ信國不仕にて其候沙勧文次又ハ
　御奉行所伝銭候てあ申す

　一　金弐拾壱の上國の云候廣主より納の有有建銭候
　　右の内多候小七畢か付八そめ上國か小庸明す

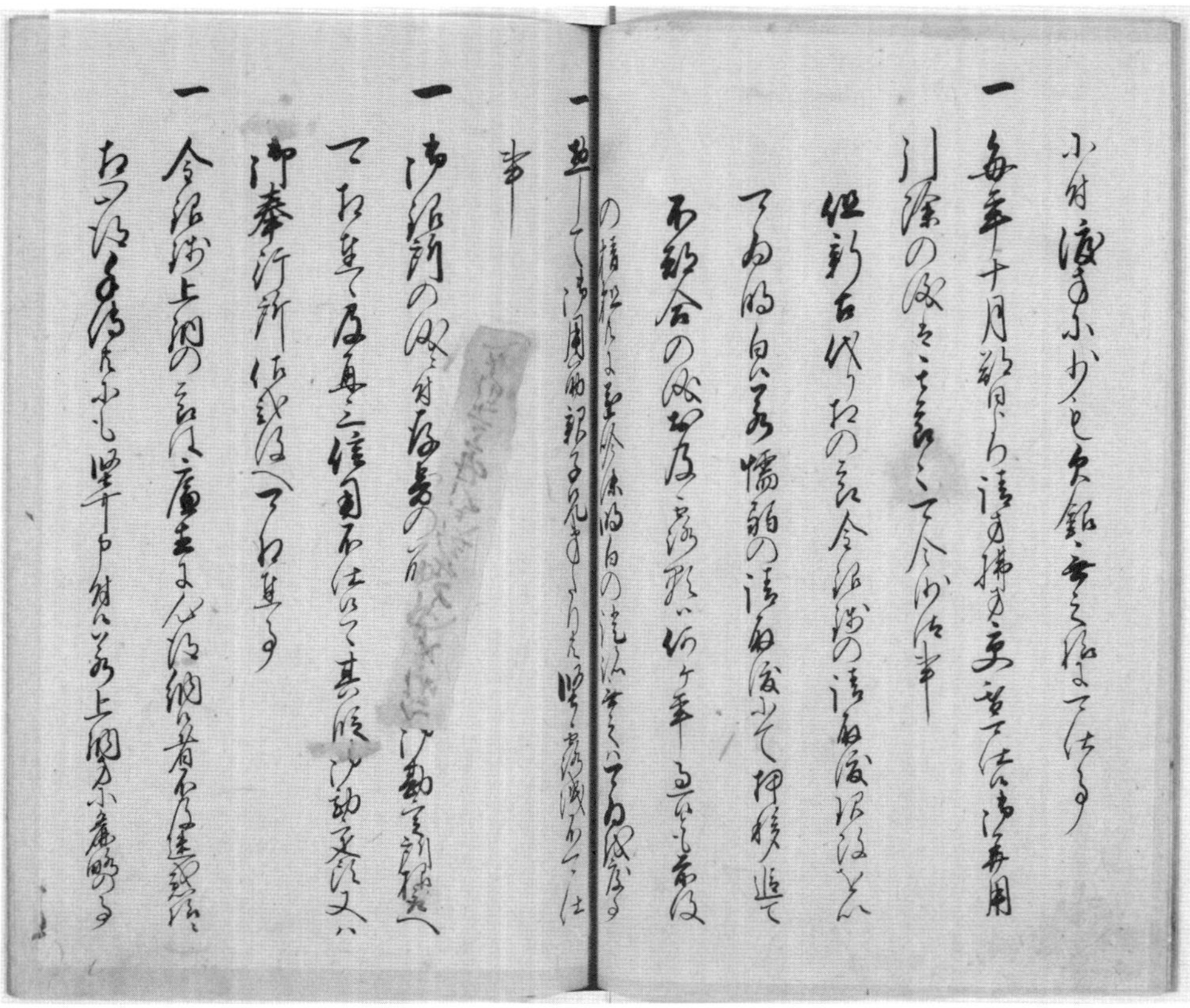

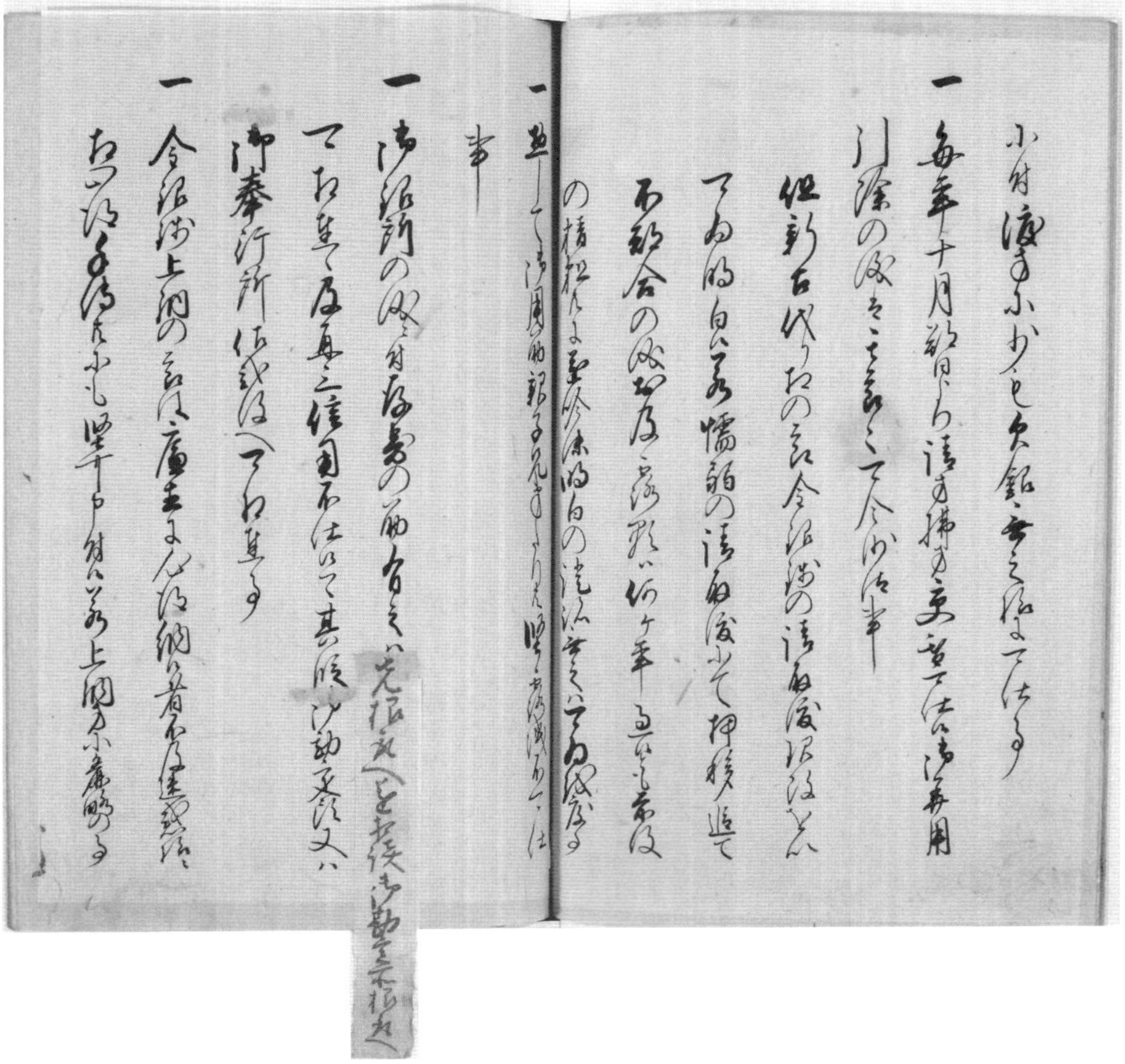

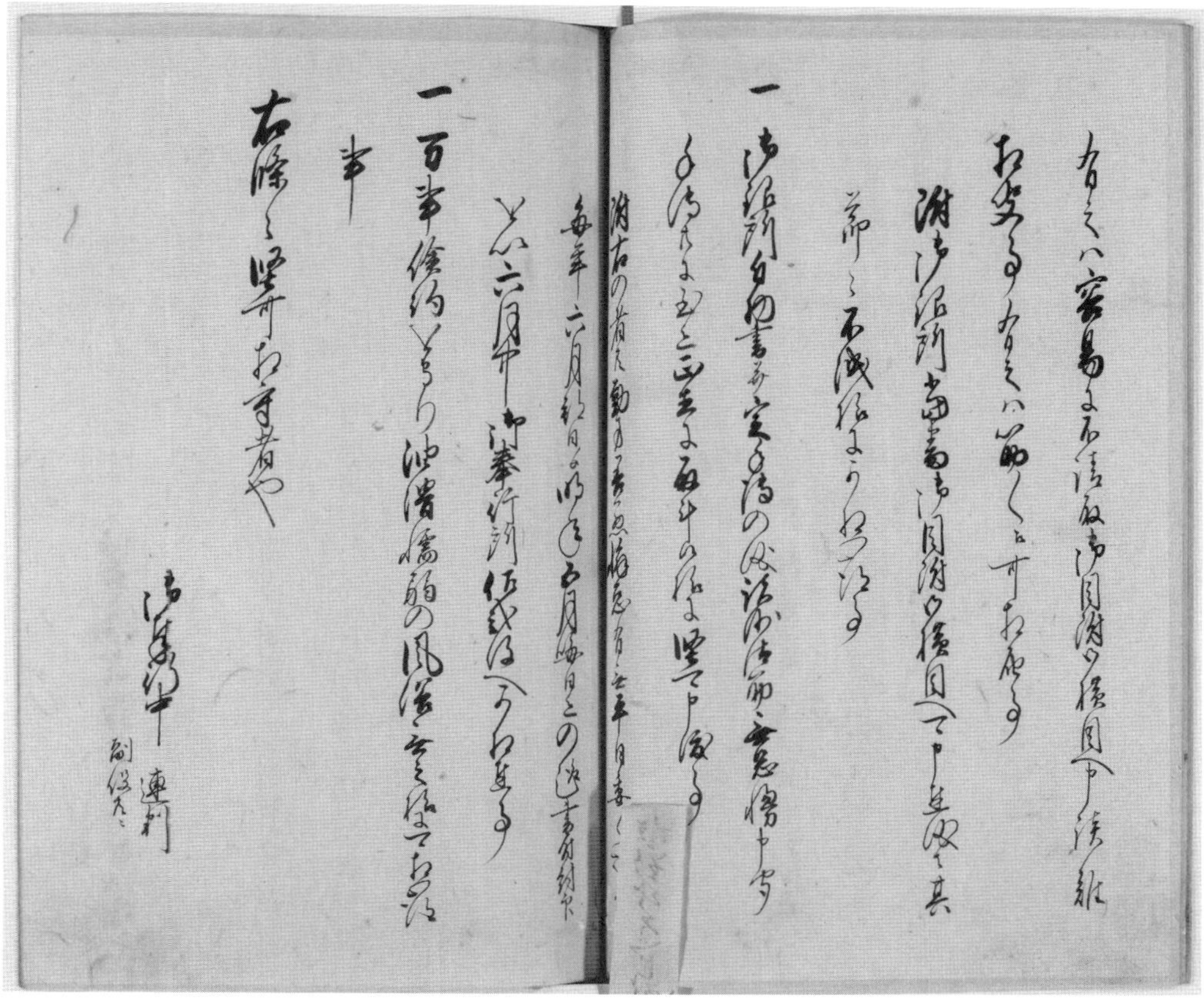

(a)

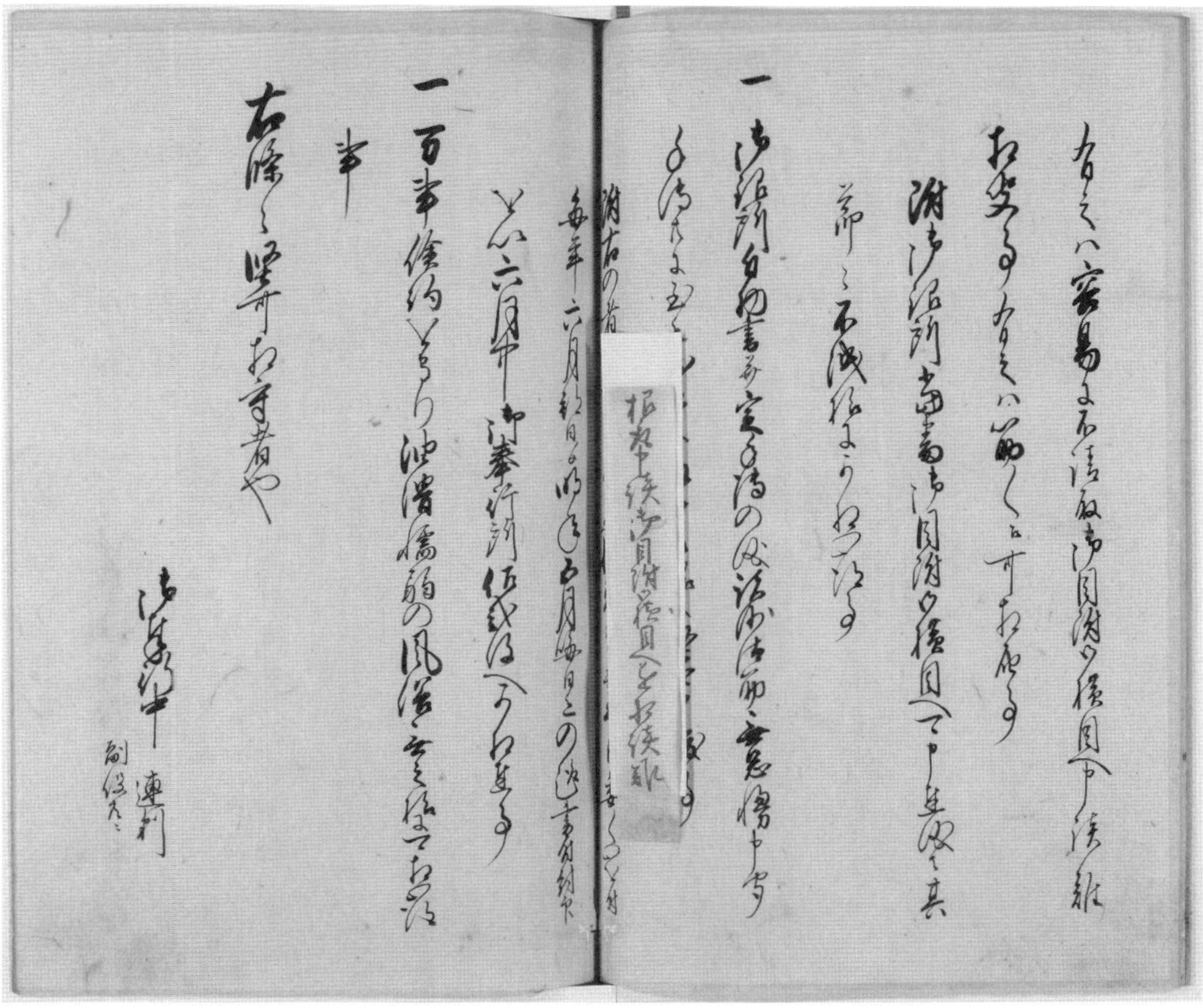

(b)

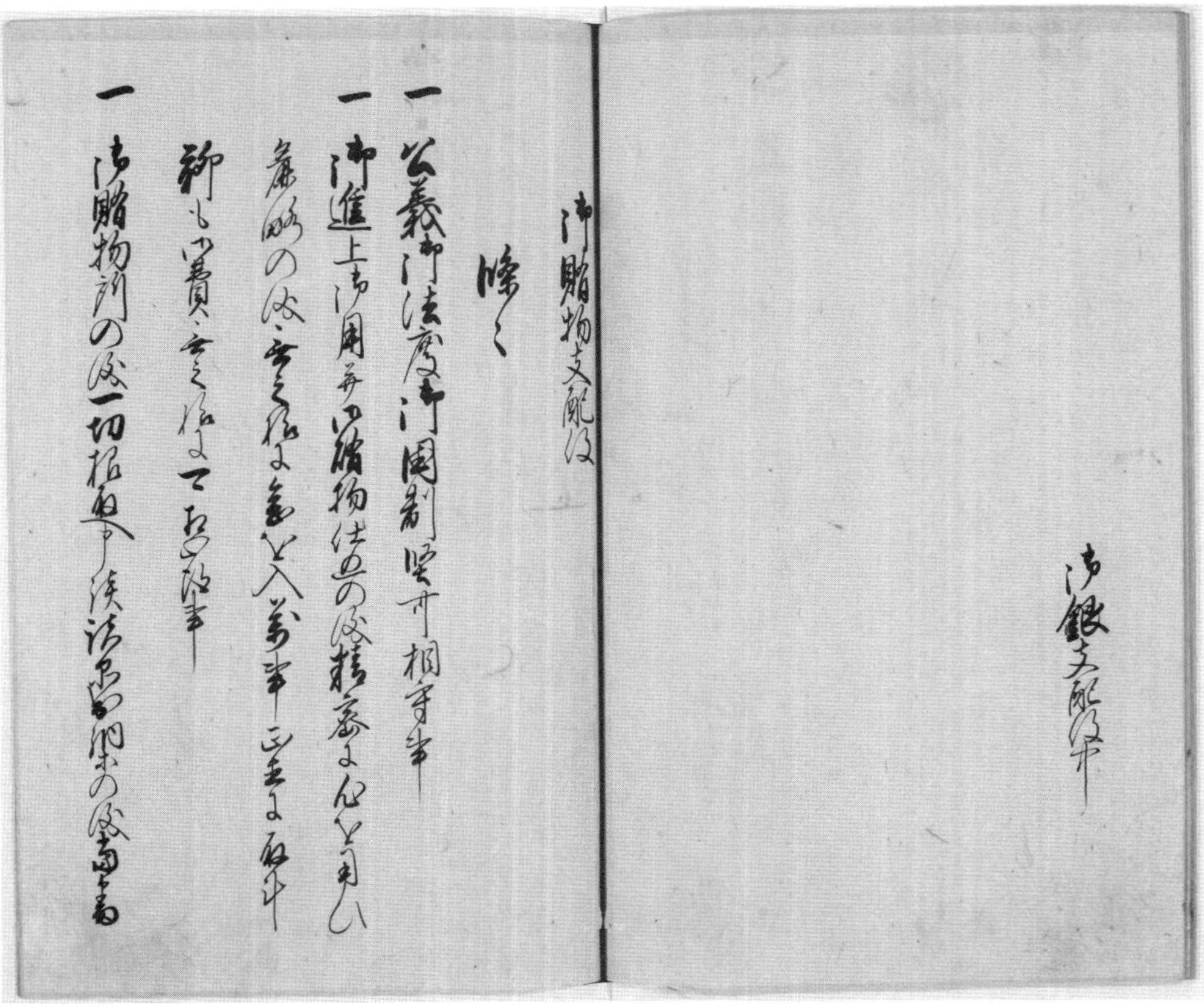

（38）賄物支配役

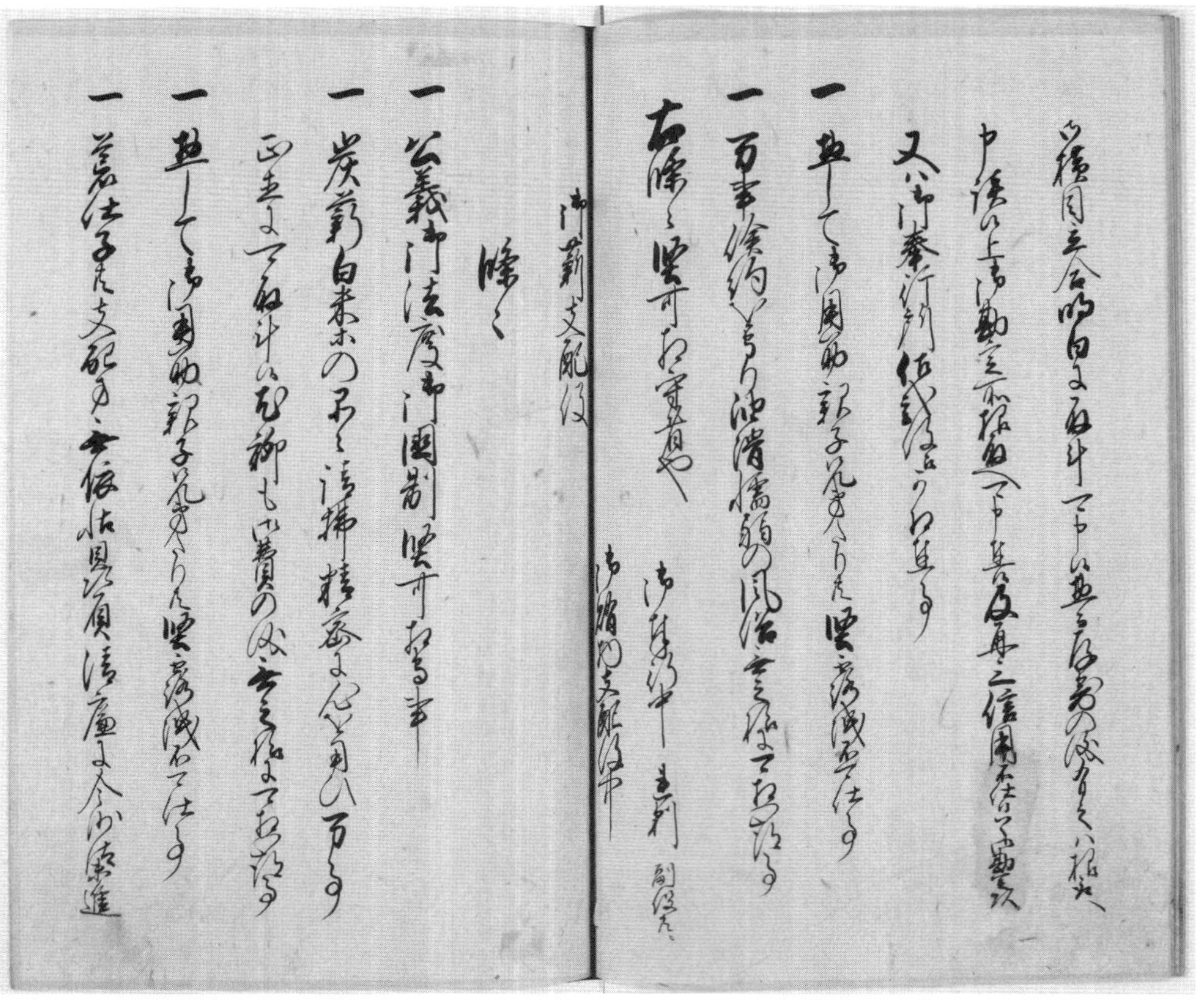

（39）薪支配役

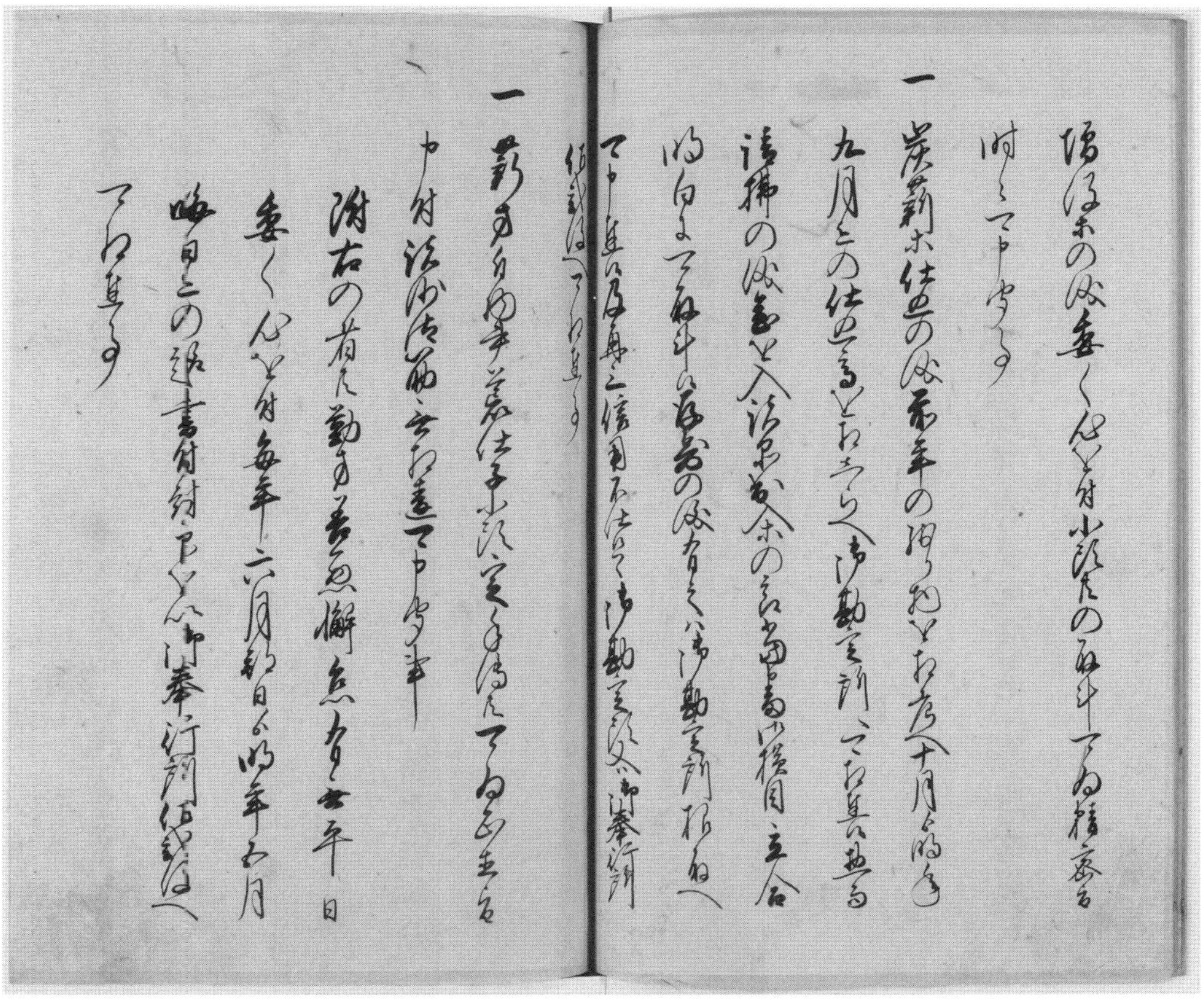

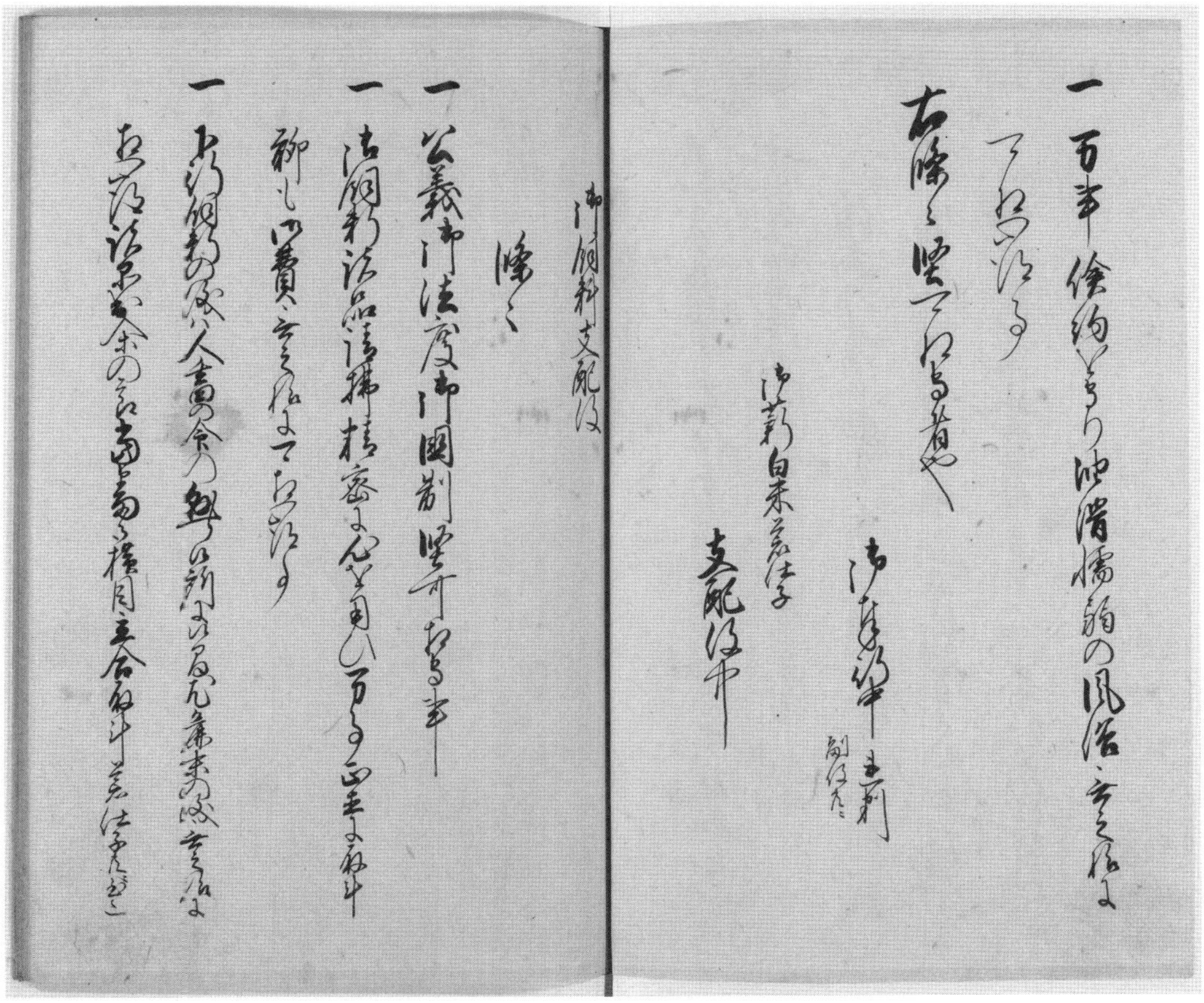

(40) 飼料支配役

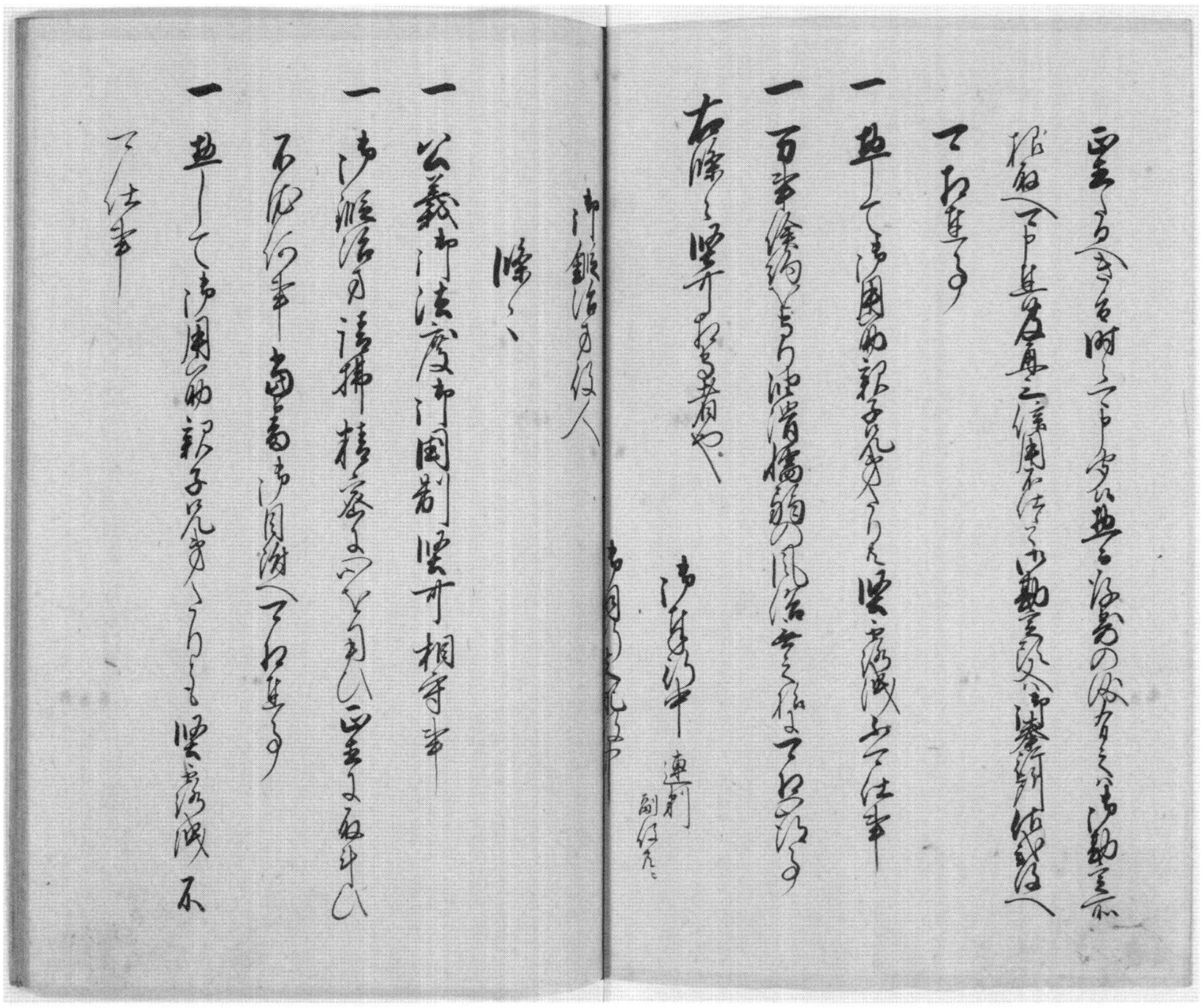

（41）鍛冶方役人

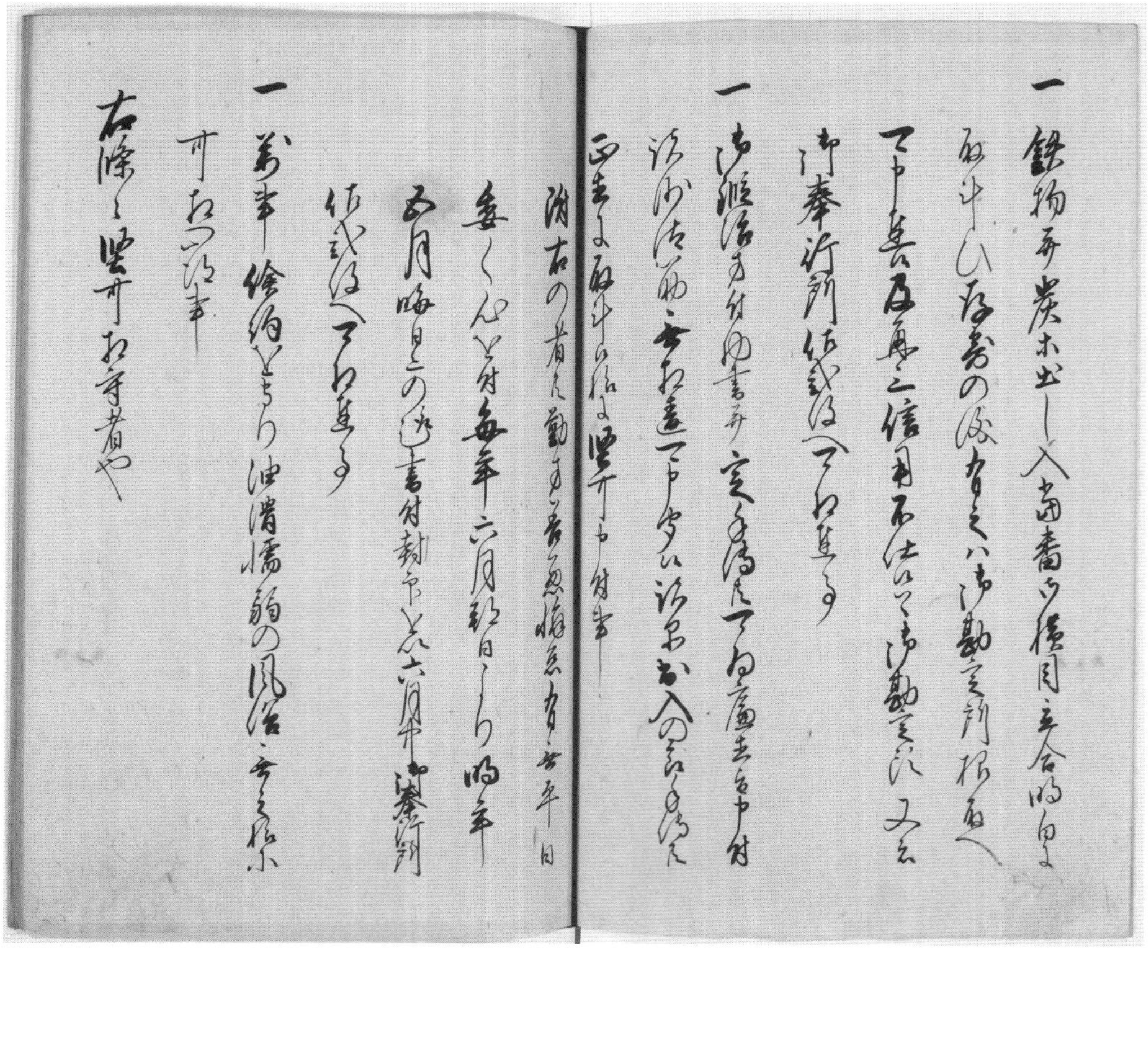

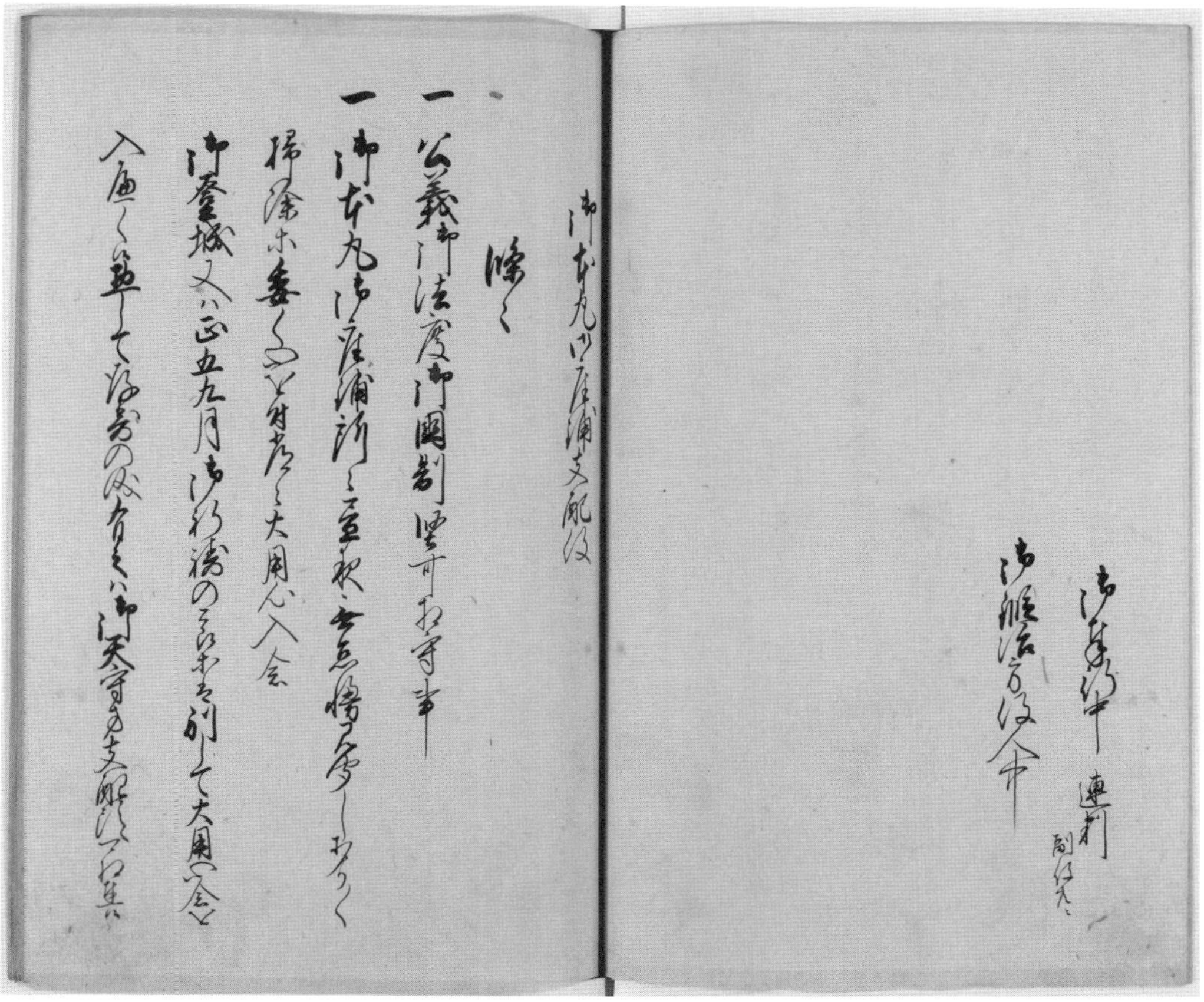

(42) 本丸座鋪支配役

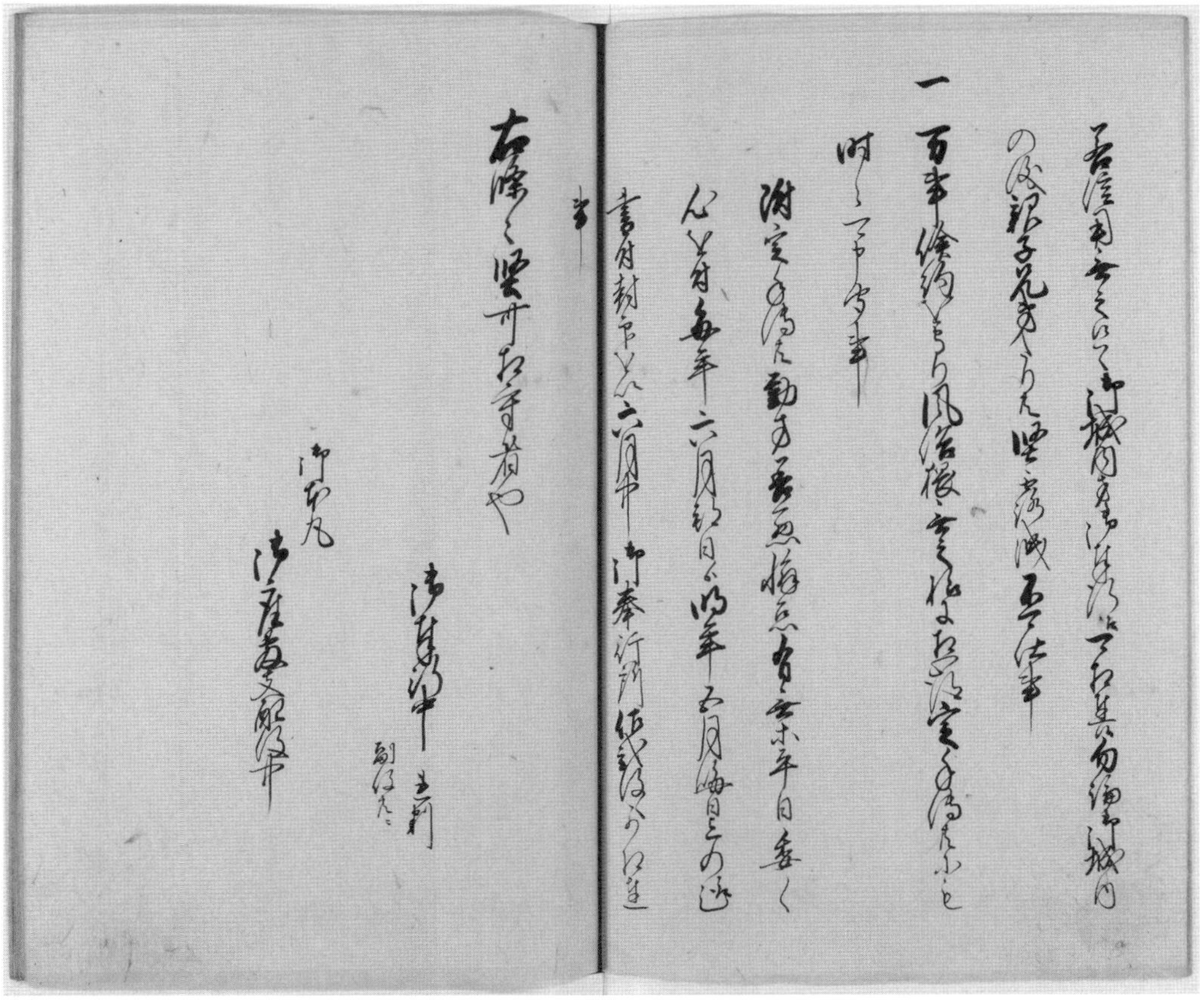

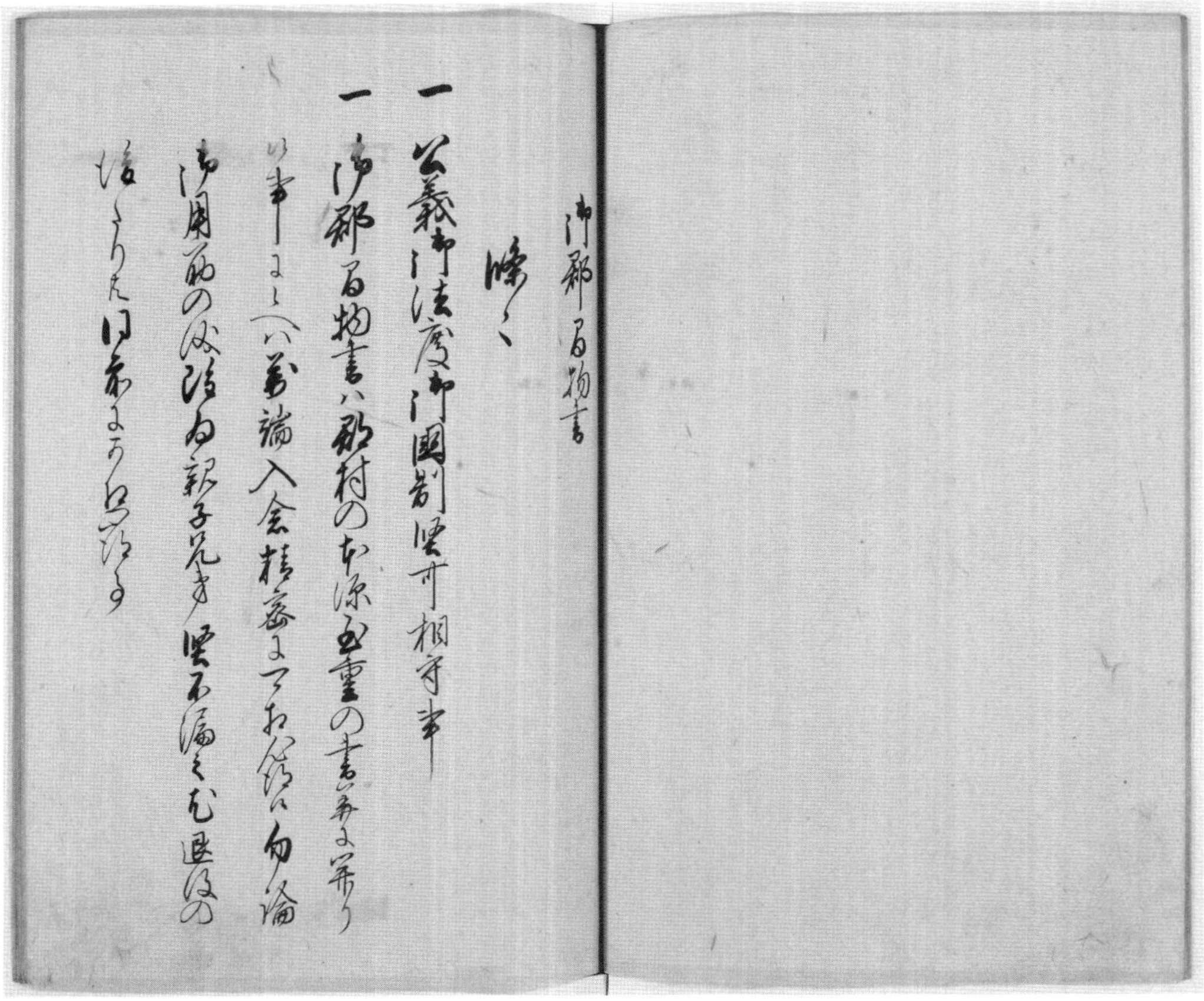

（43）郡間物書

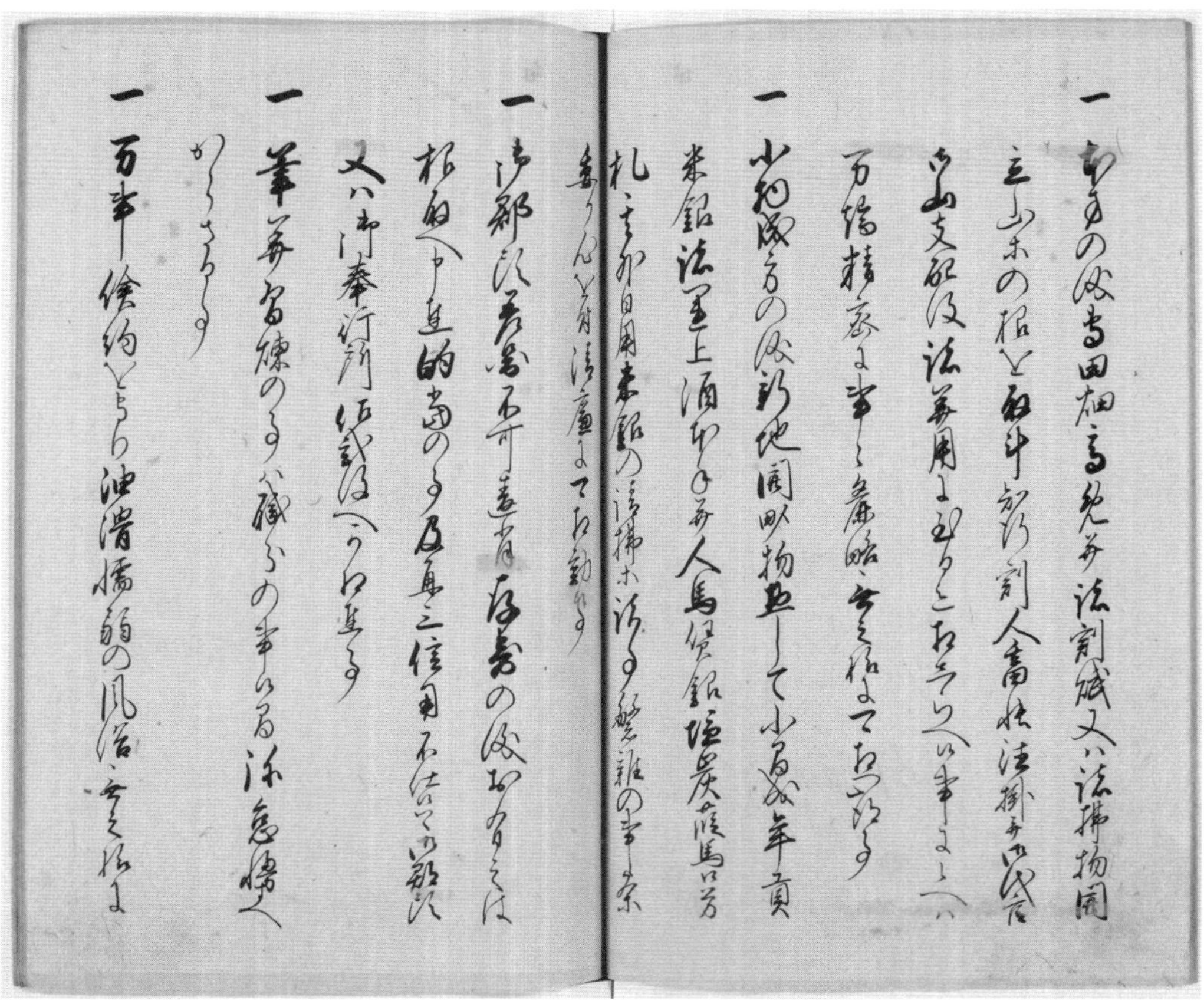

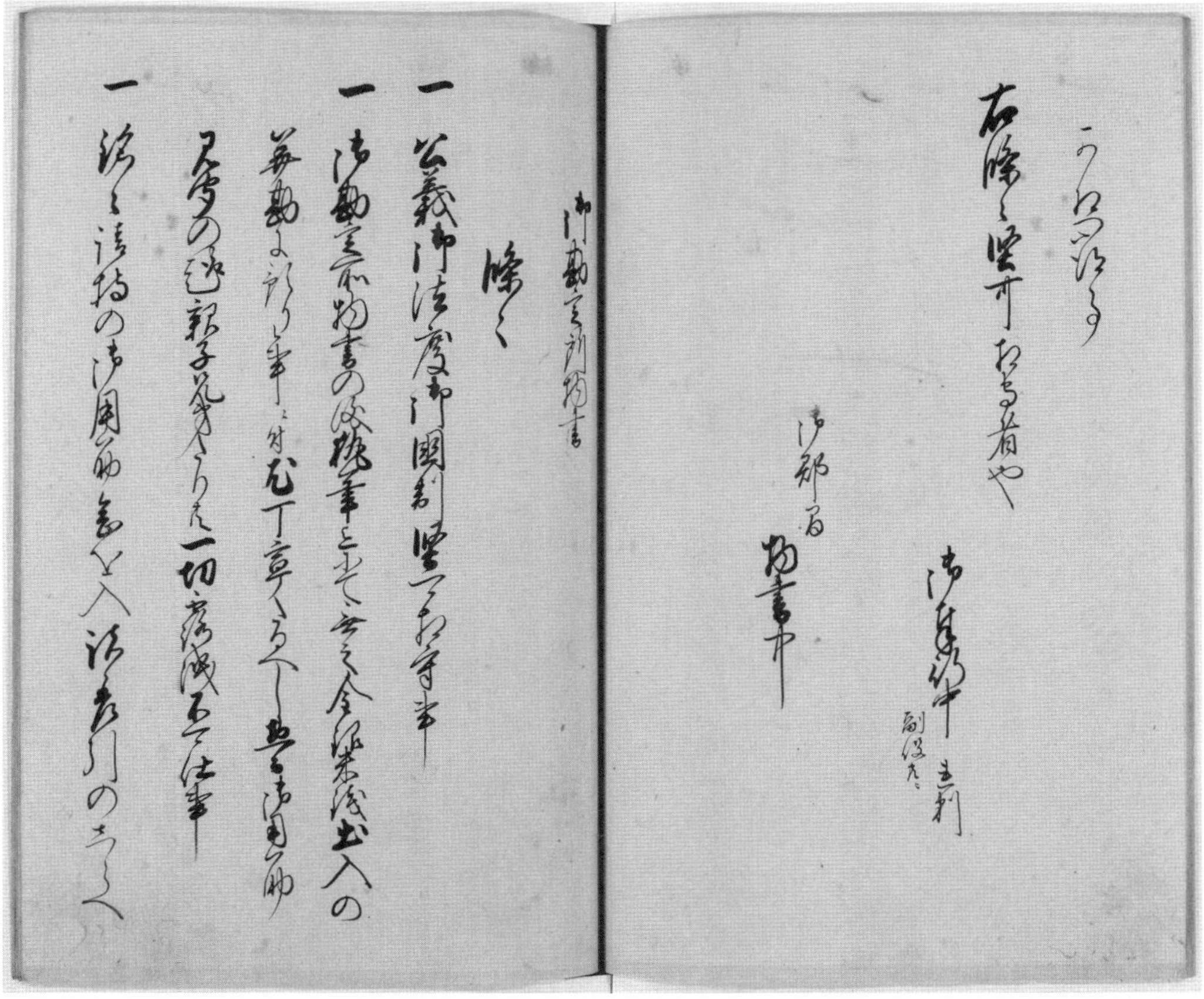

（44）勘定所物書

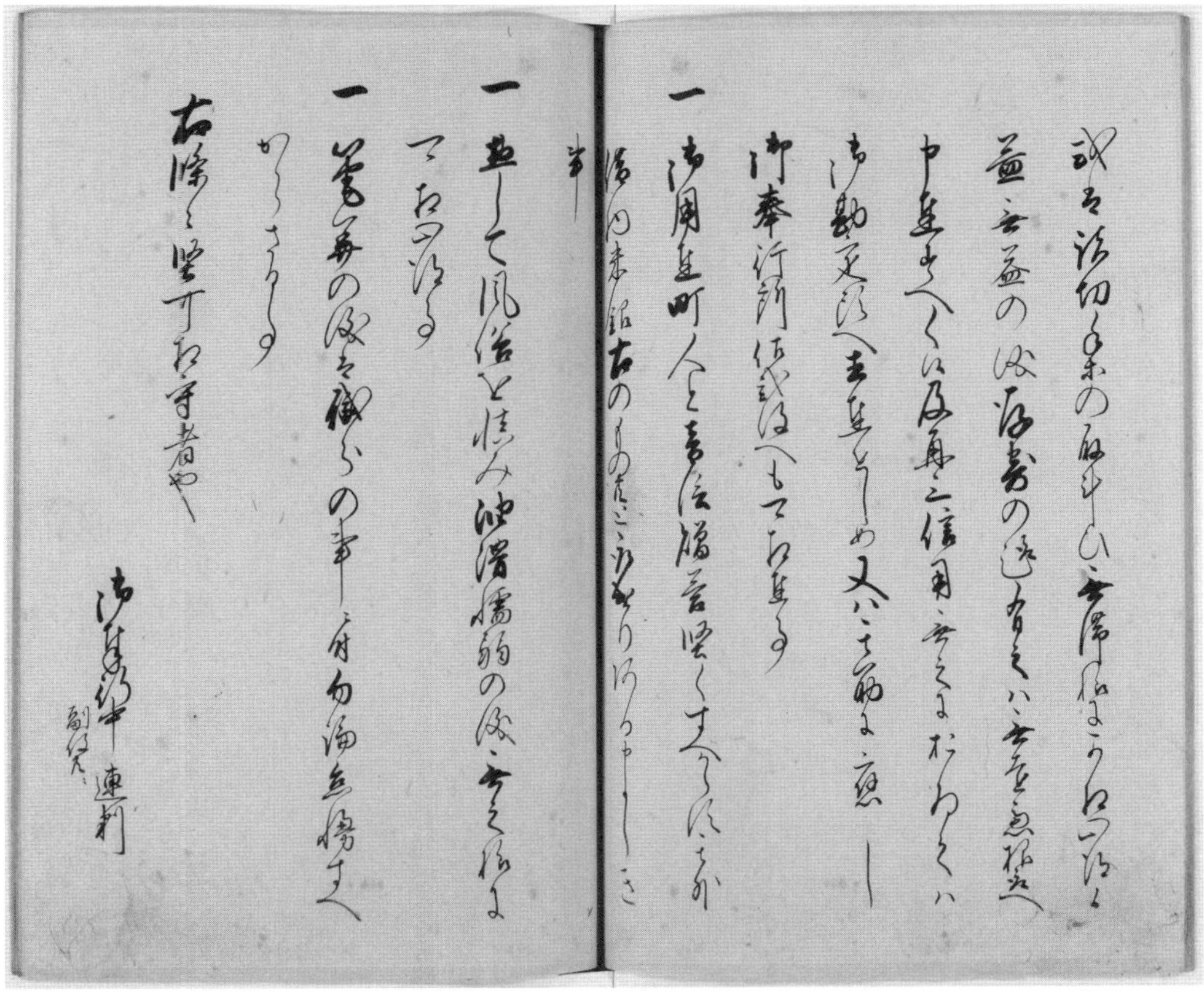

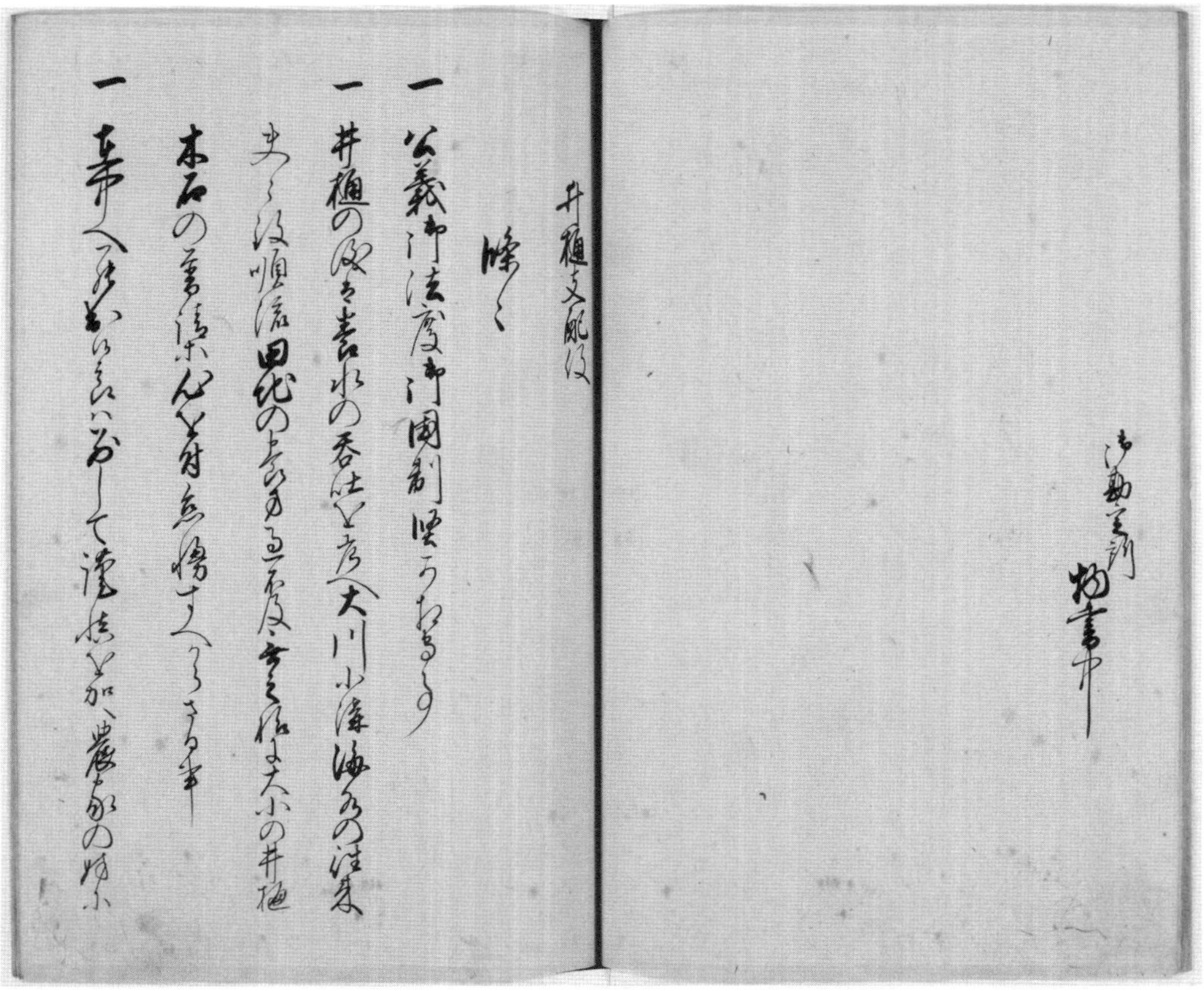

（45）井樋支配役

(a)

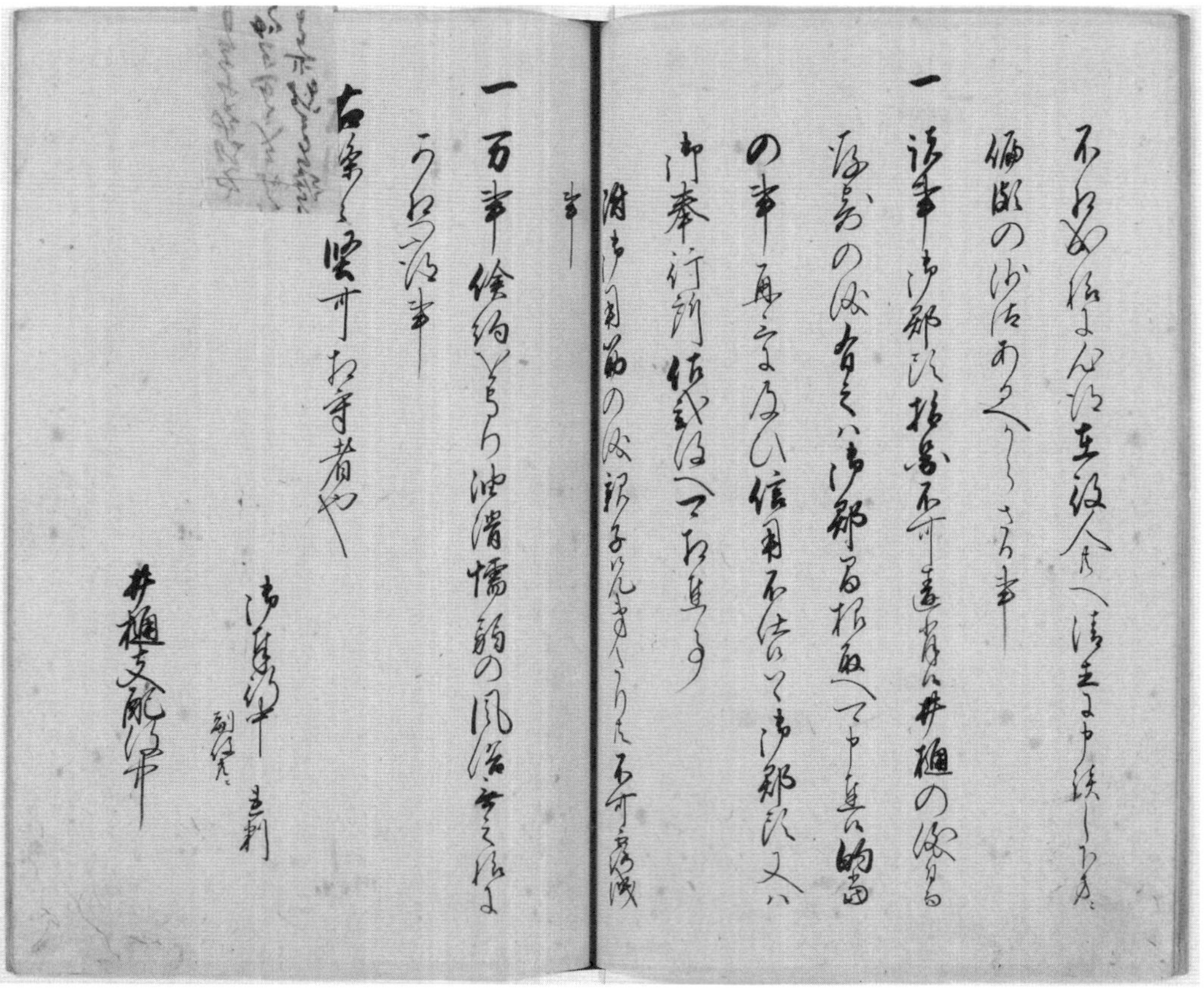

(b)

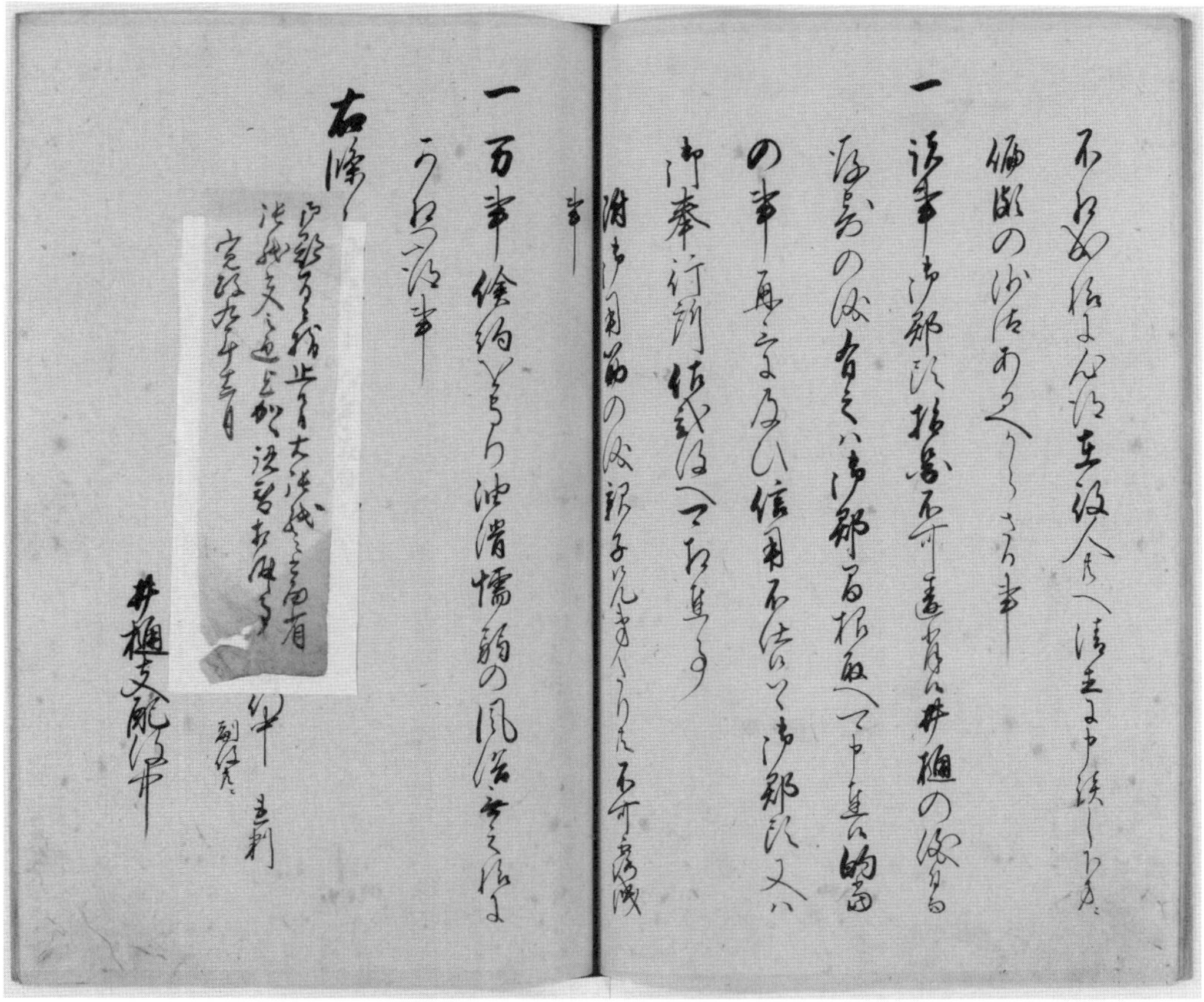

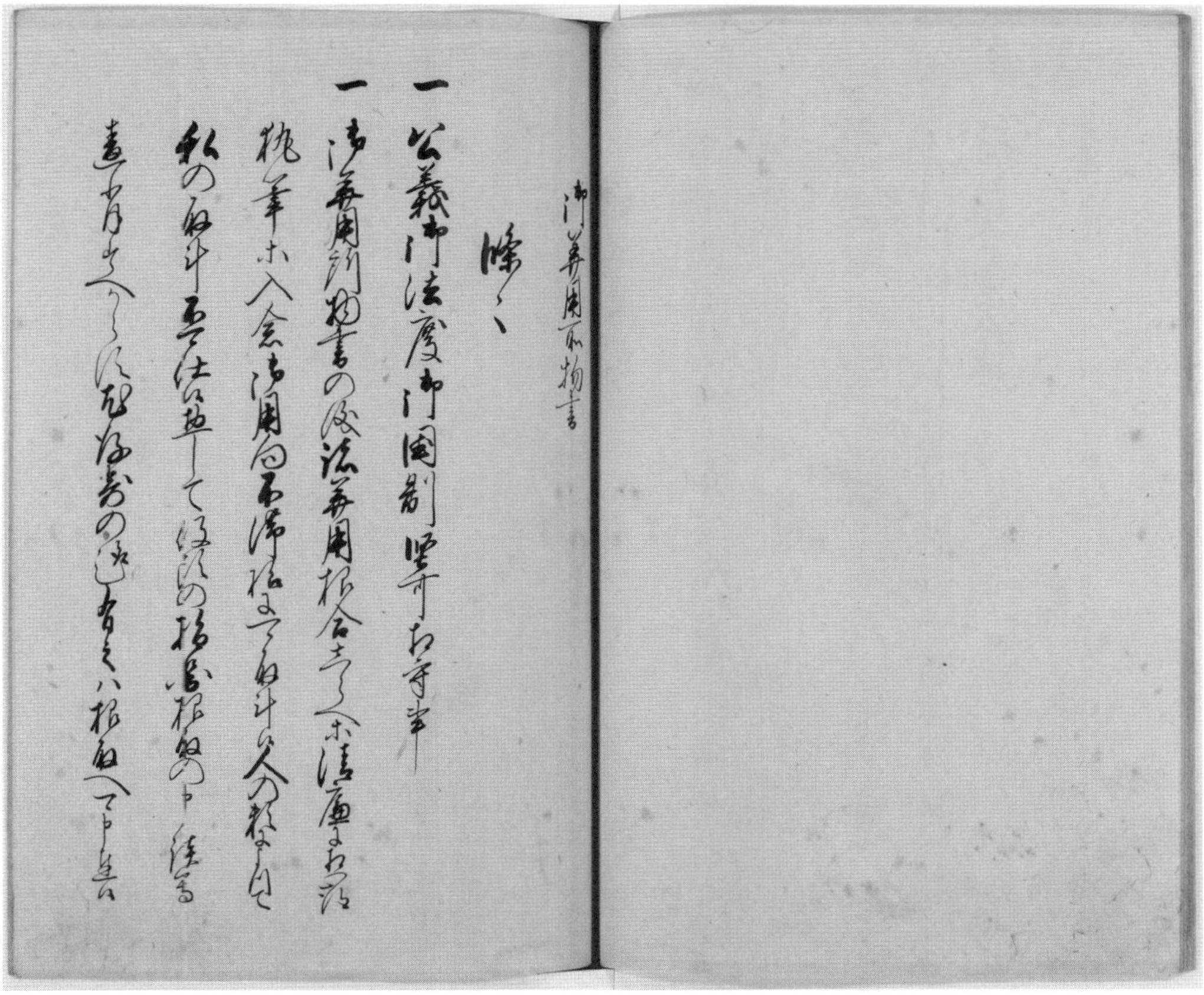

（46）算用所物書

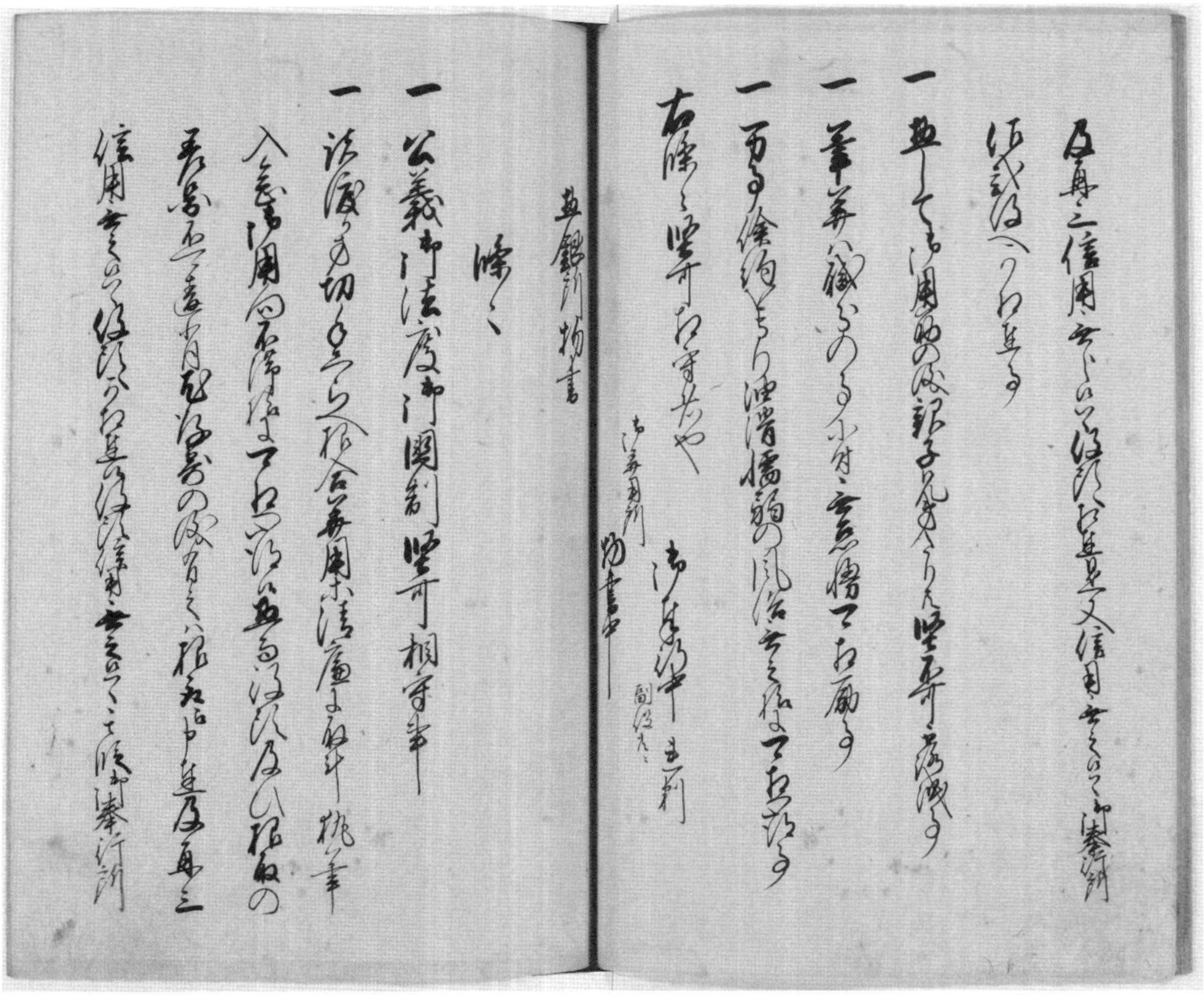

（47）惣銀所物書

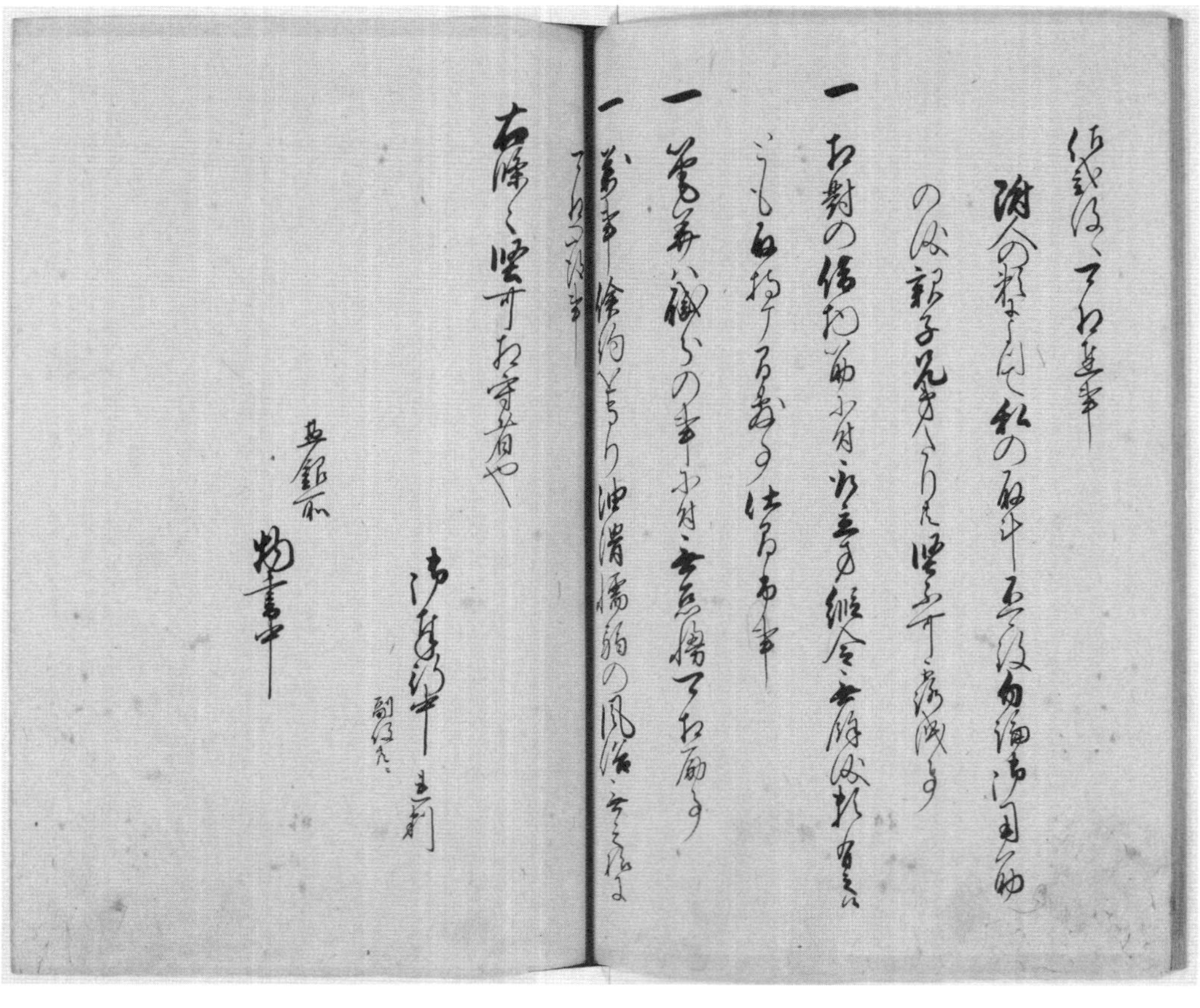

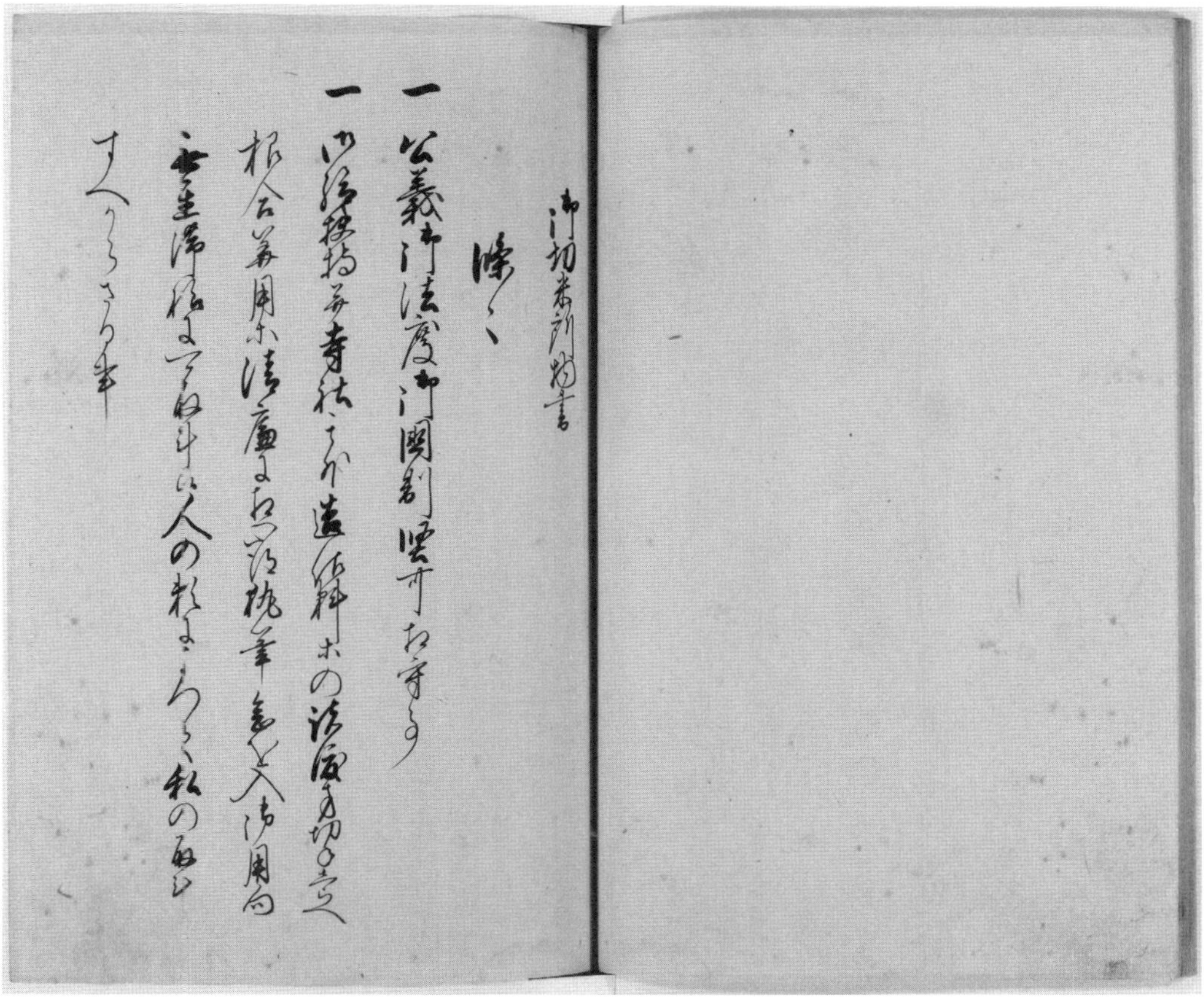

（48）切米所物書

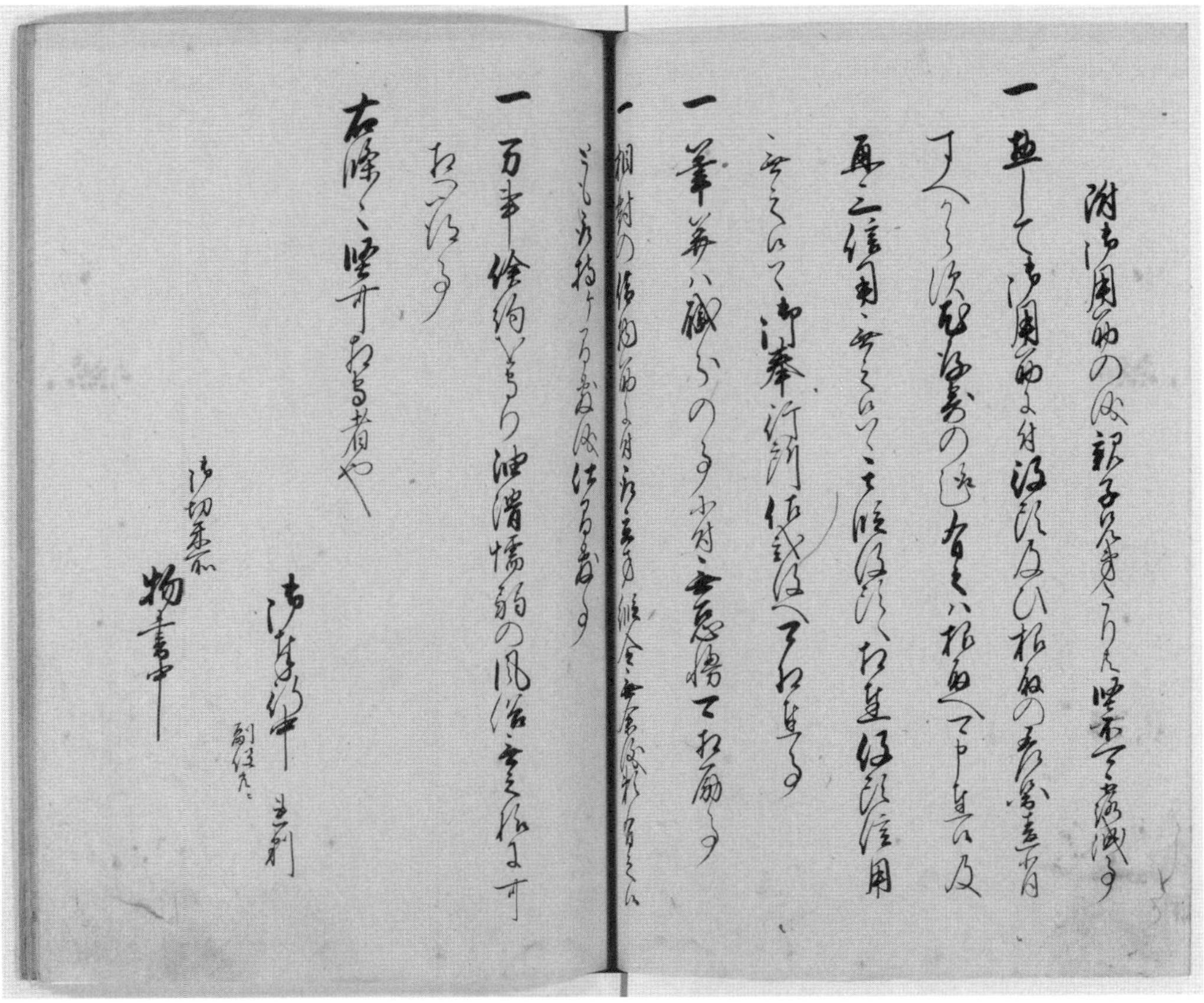

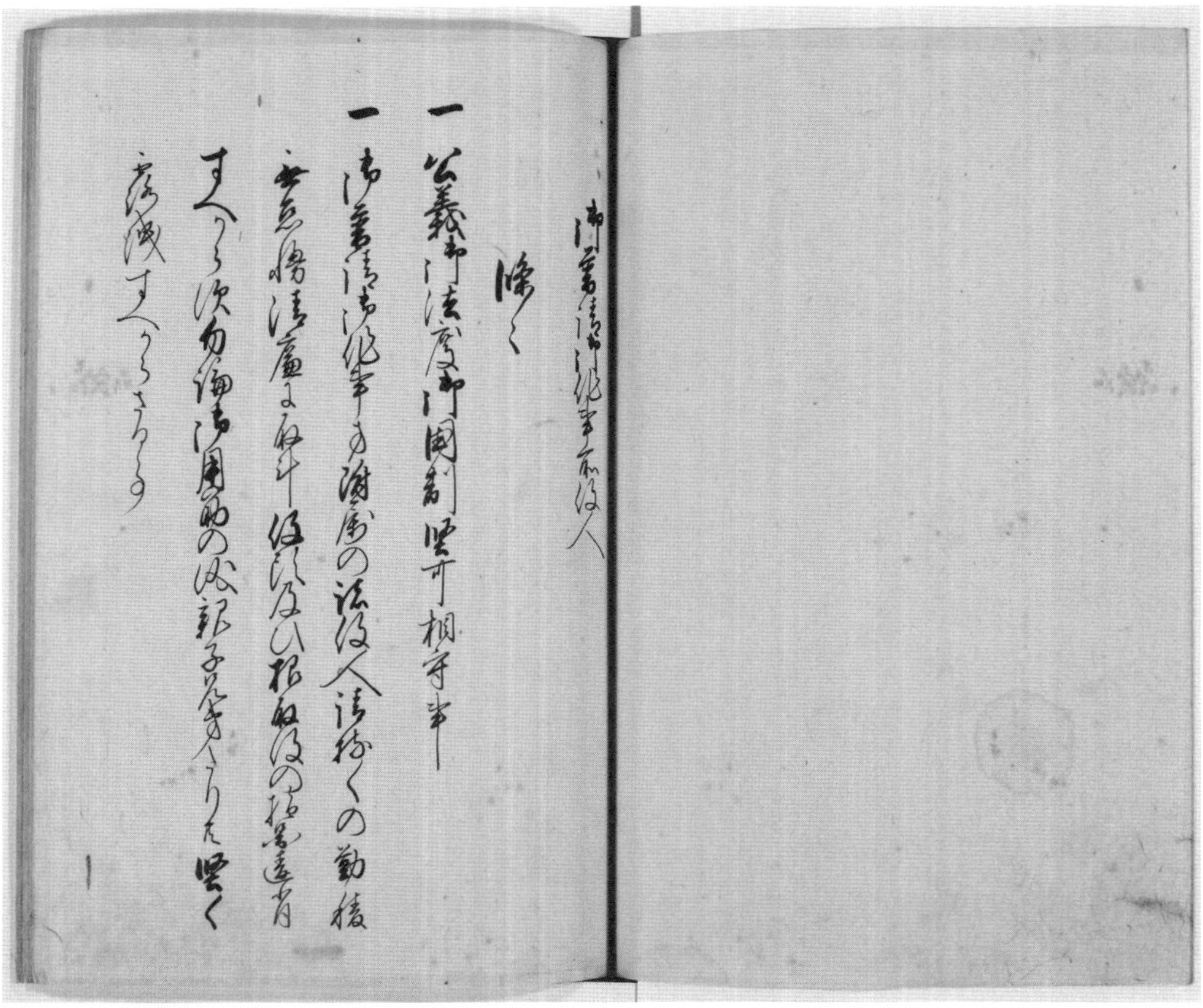

（49）普請作事所役人

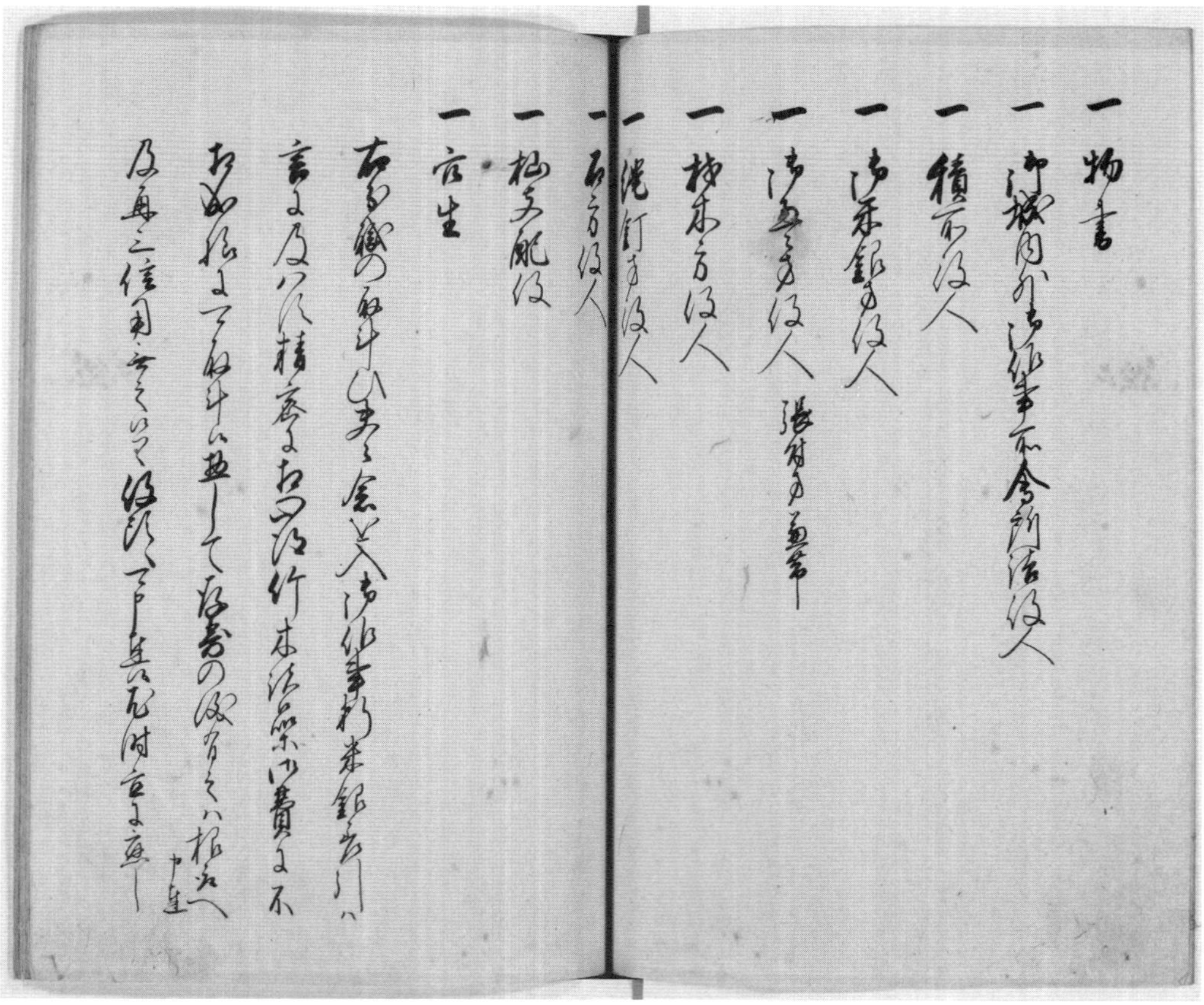

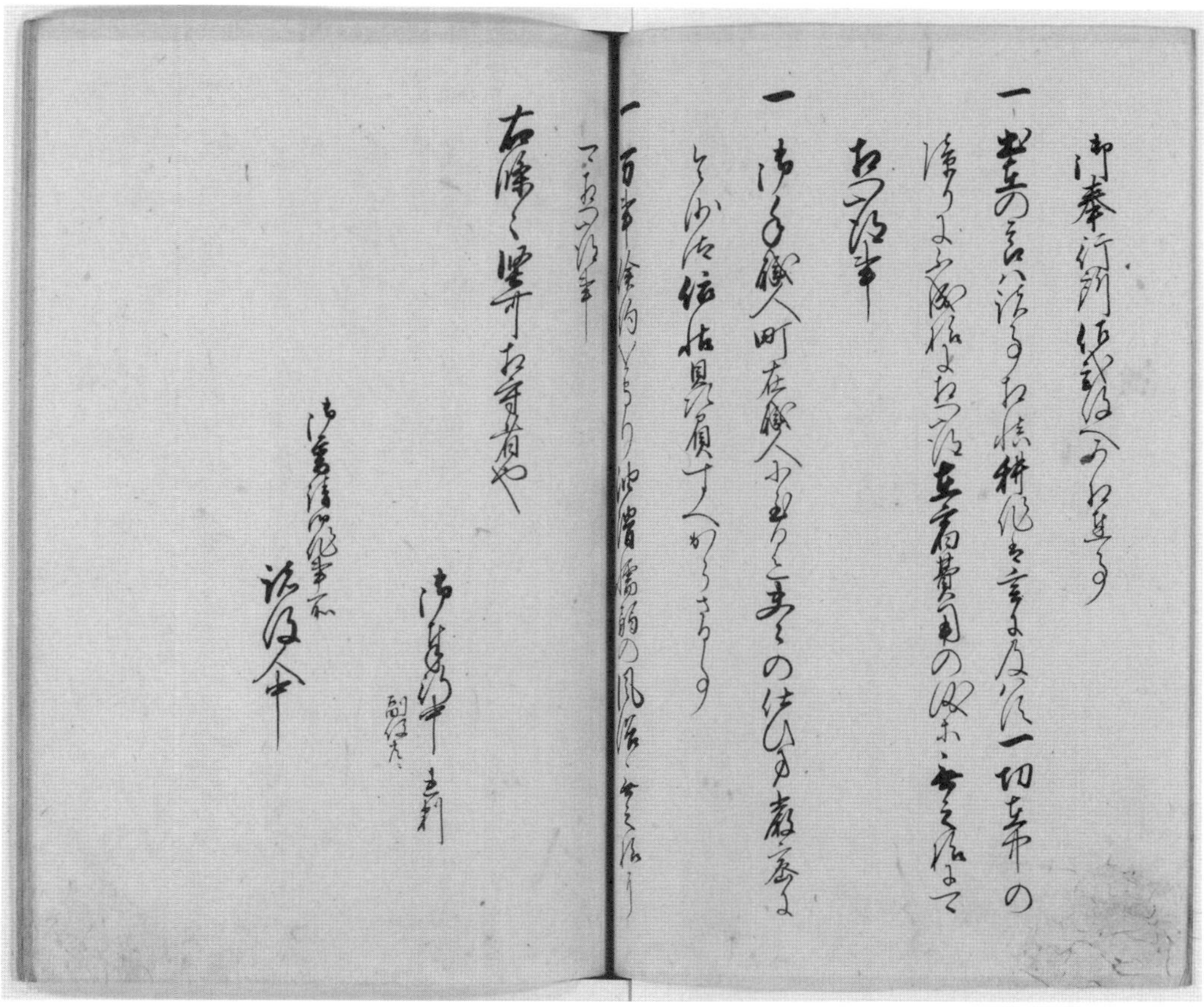

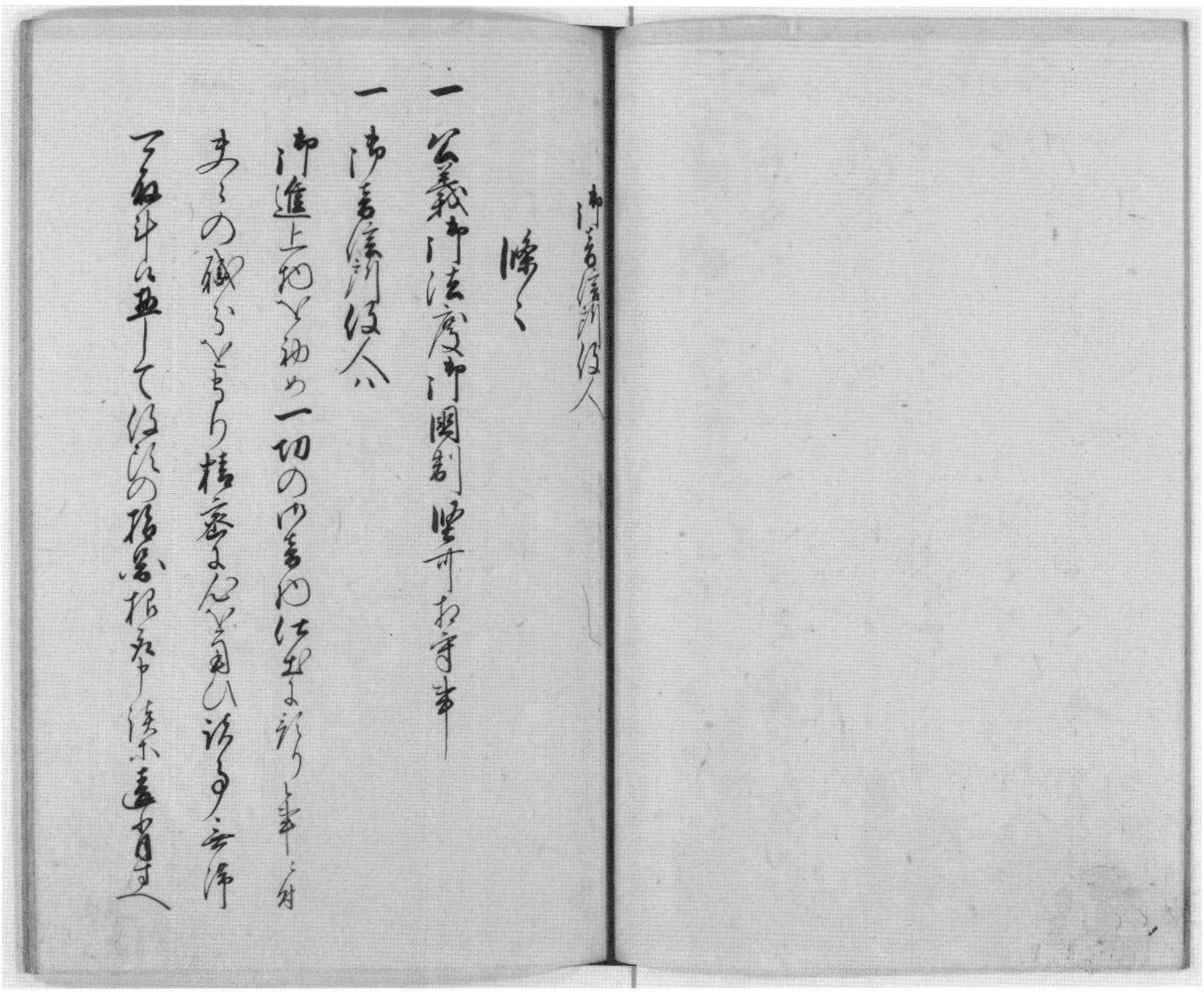

（50）音信所役人

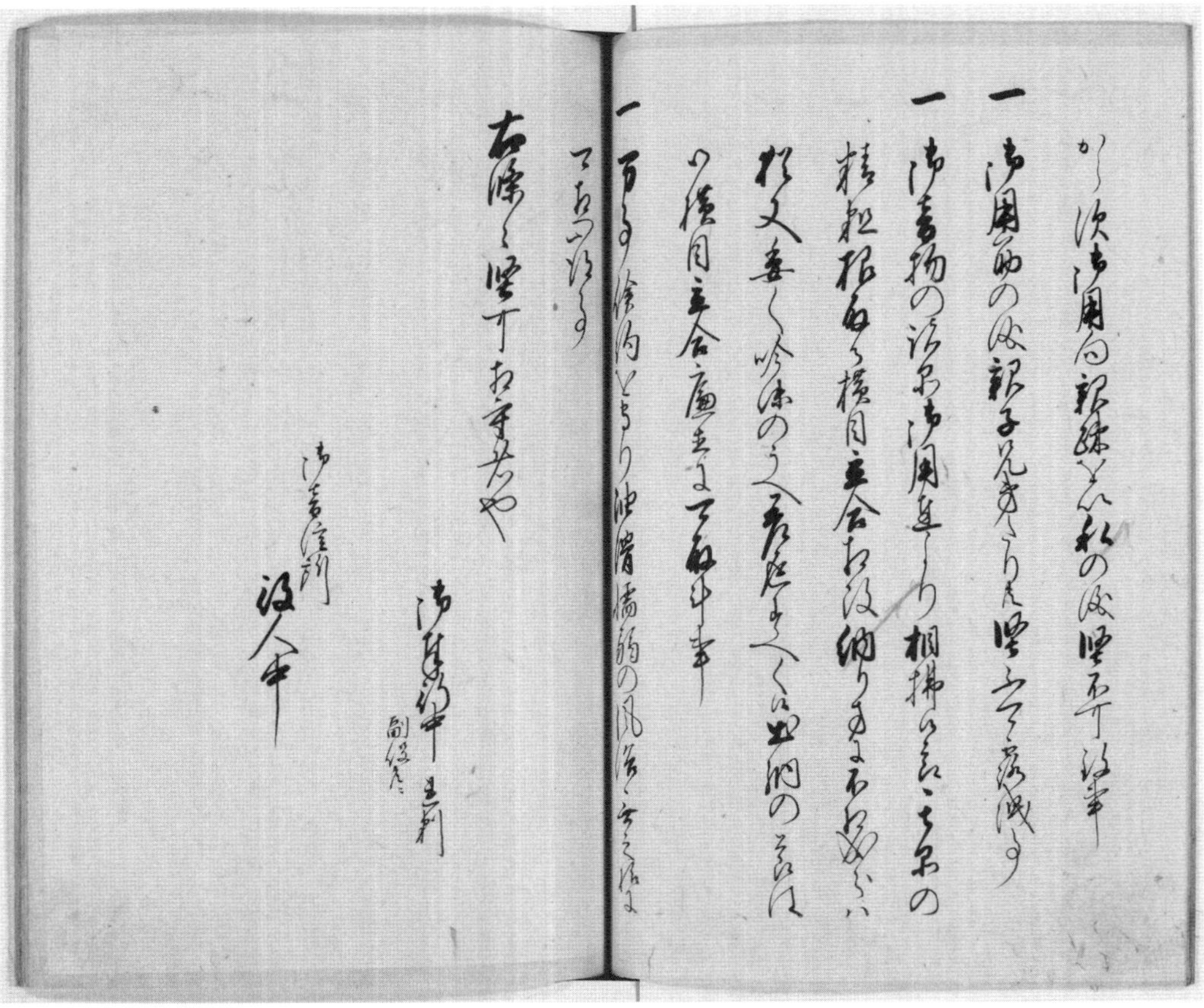

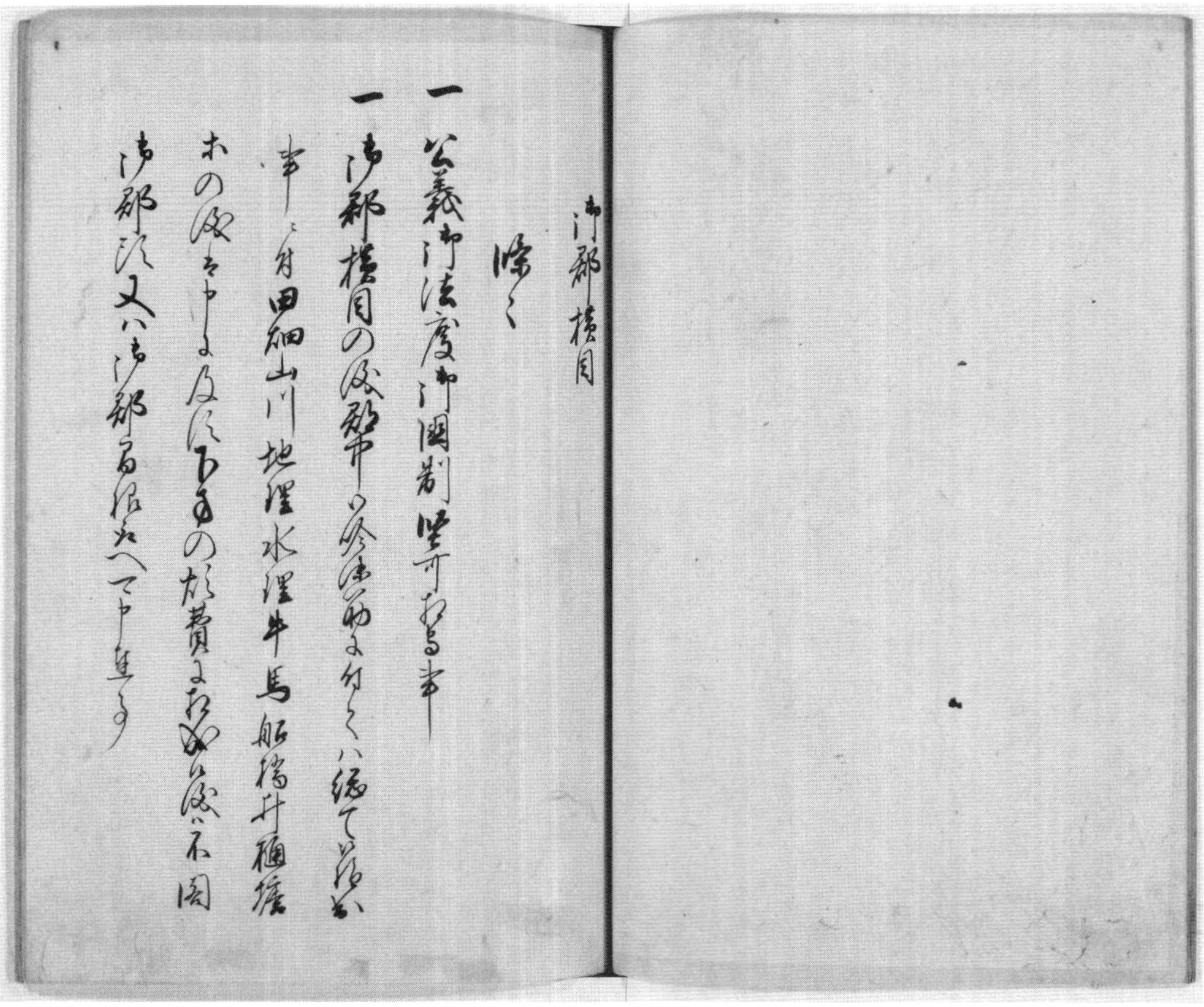

（51）郡横目

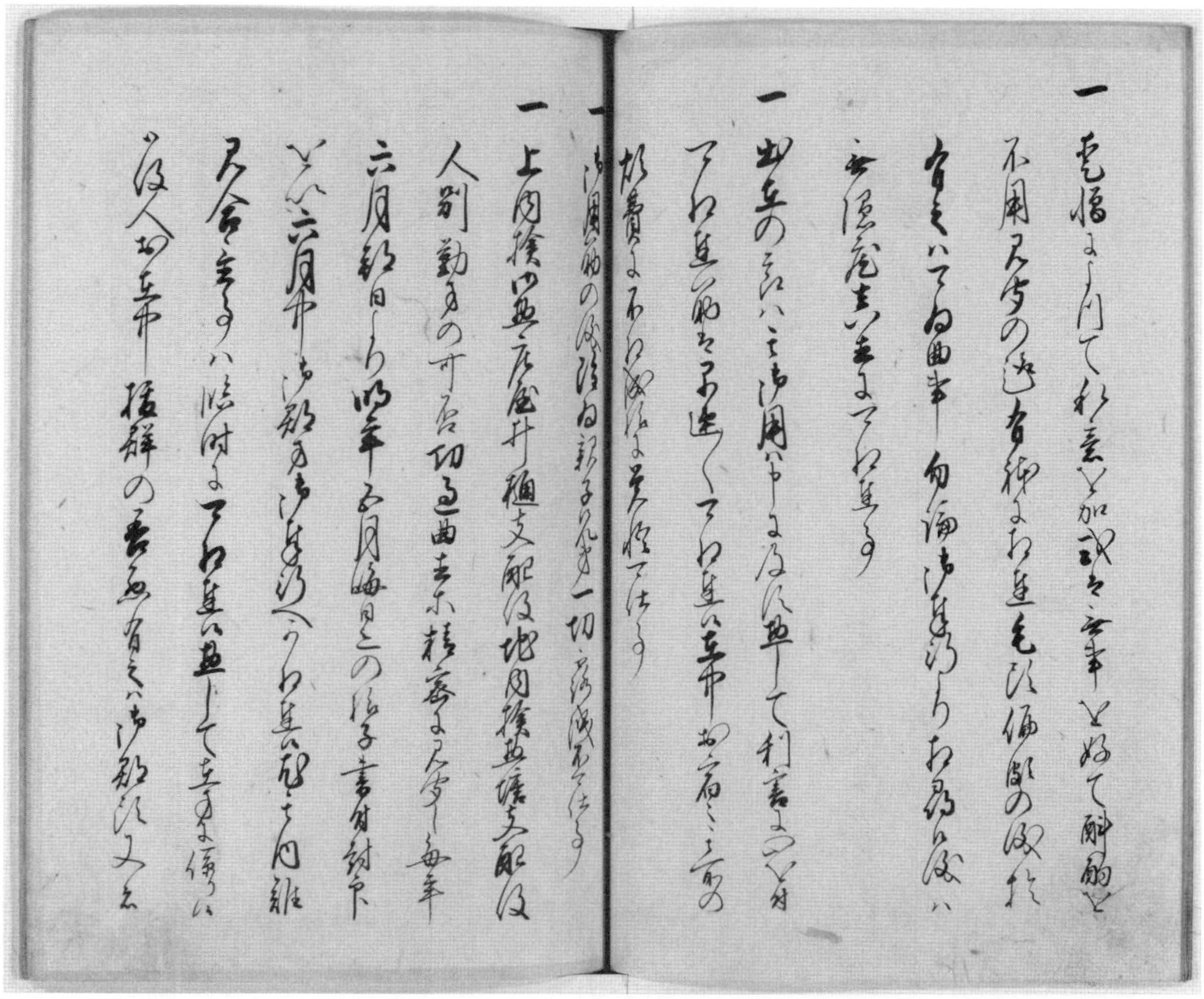

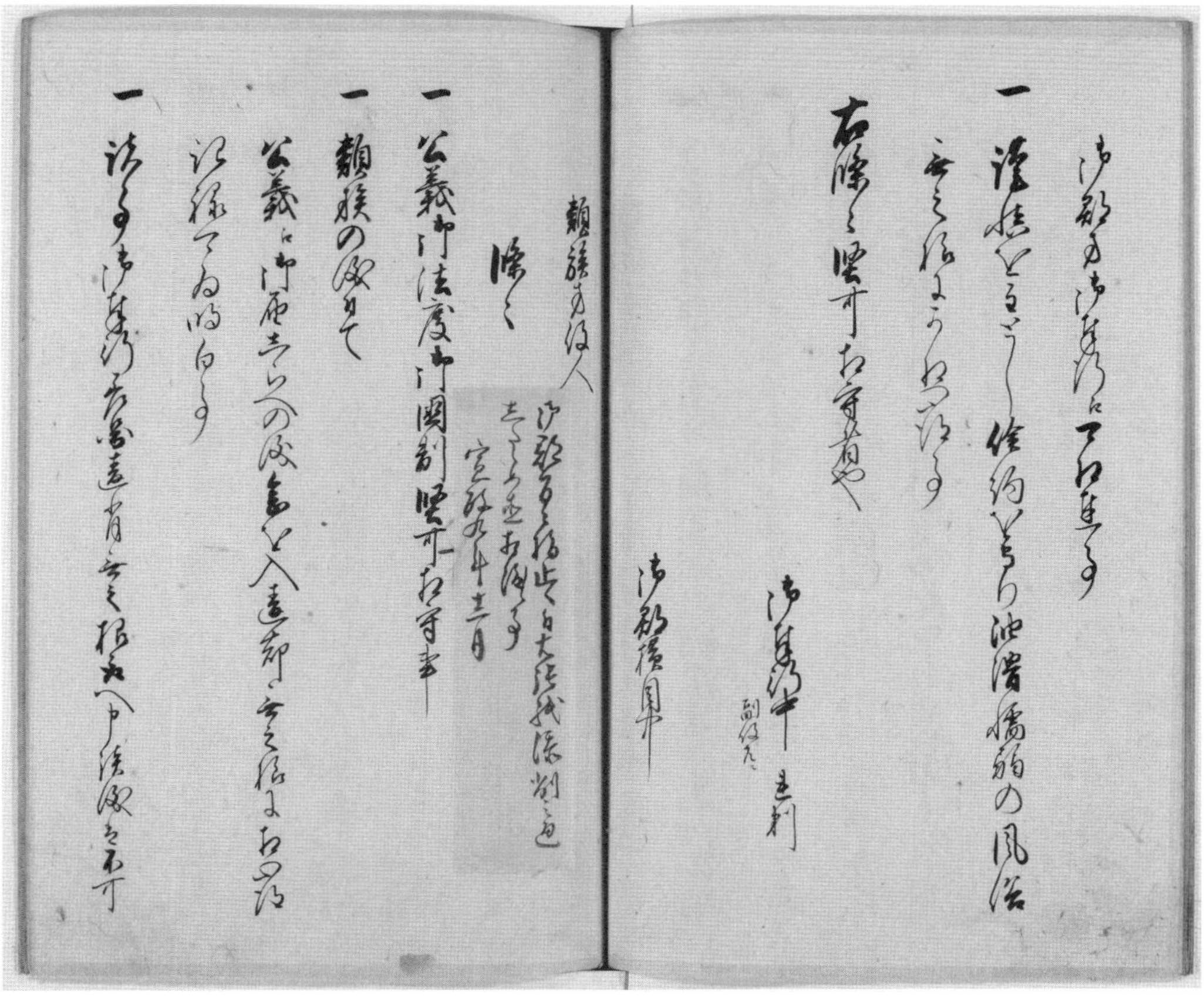

（52）類族方役人

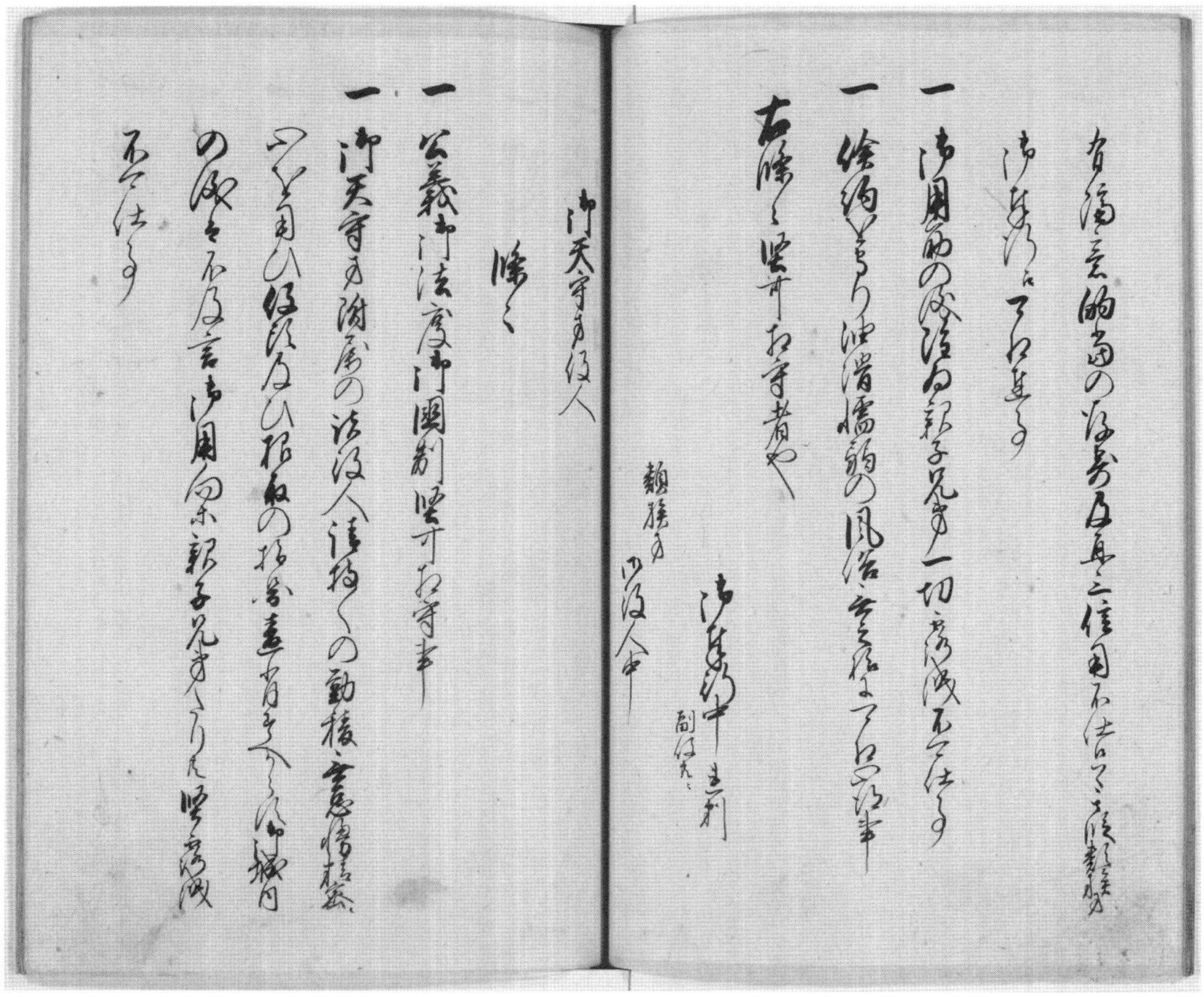

(53) 天守方役人

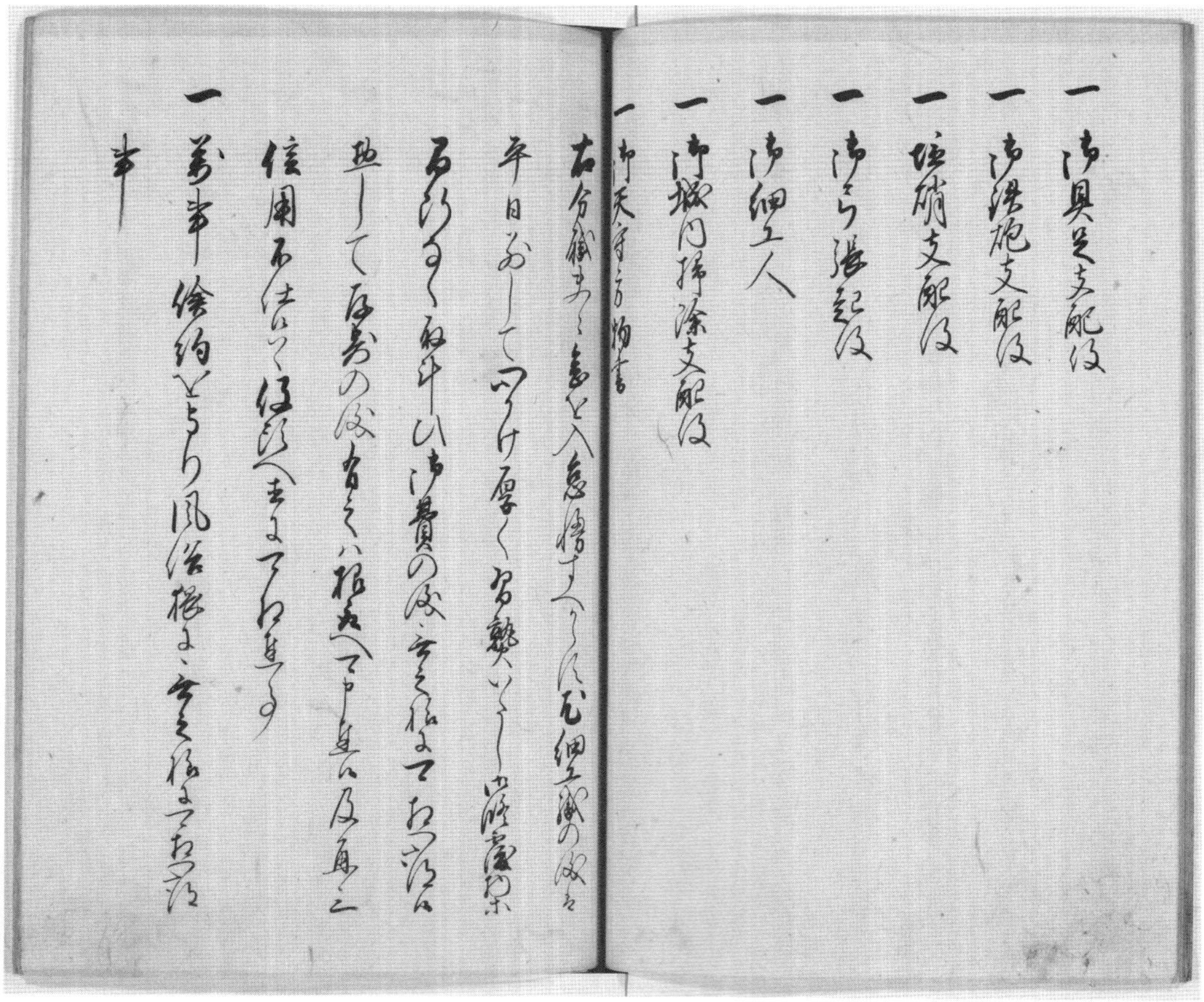

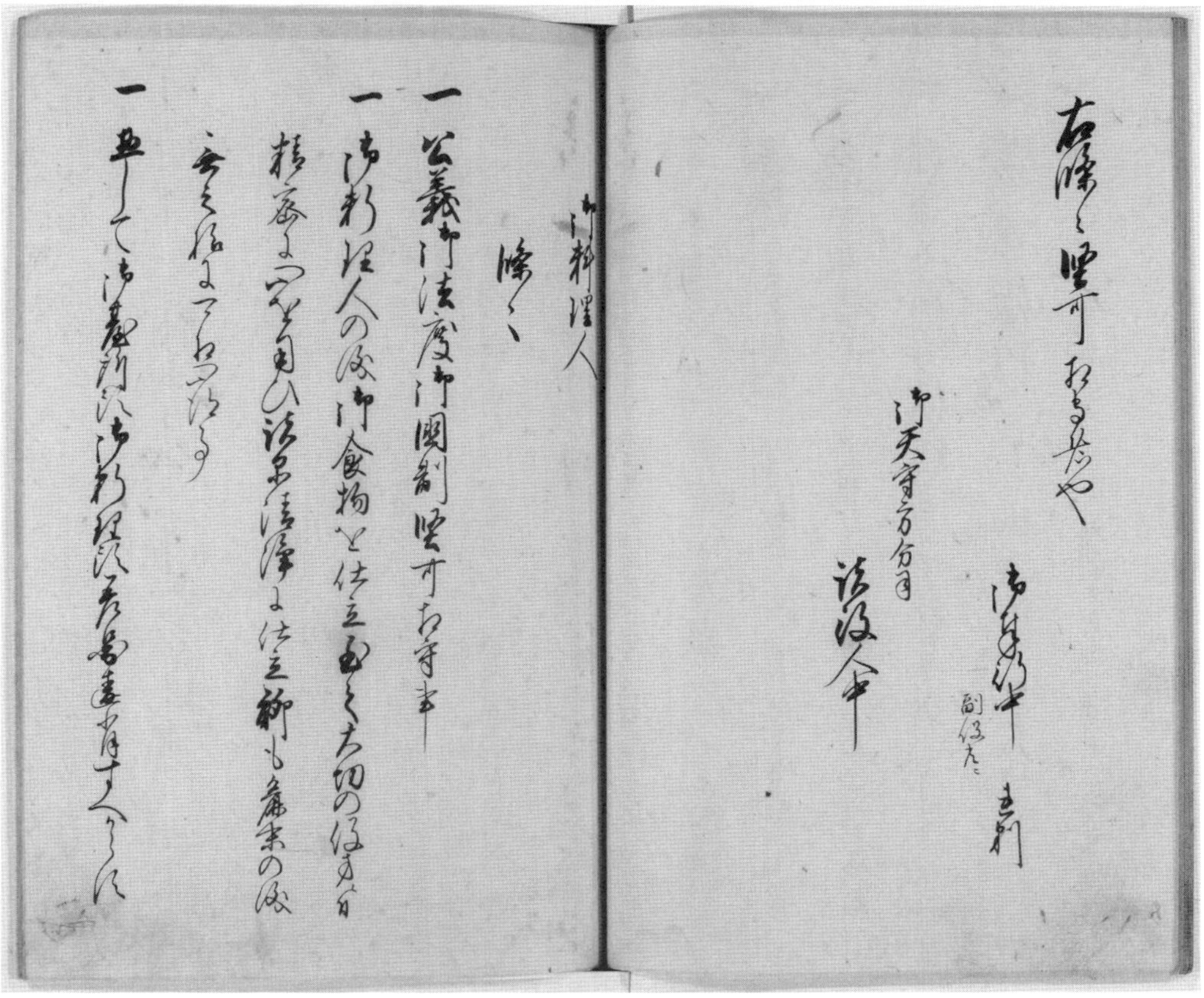

（54）料理人

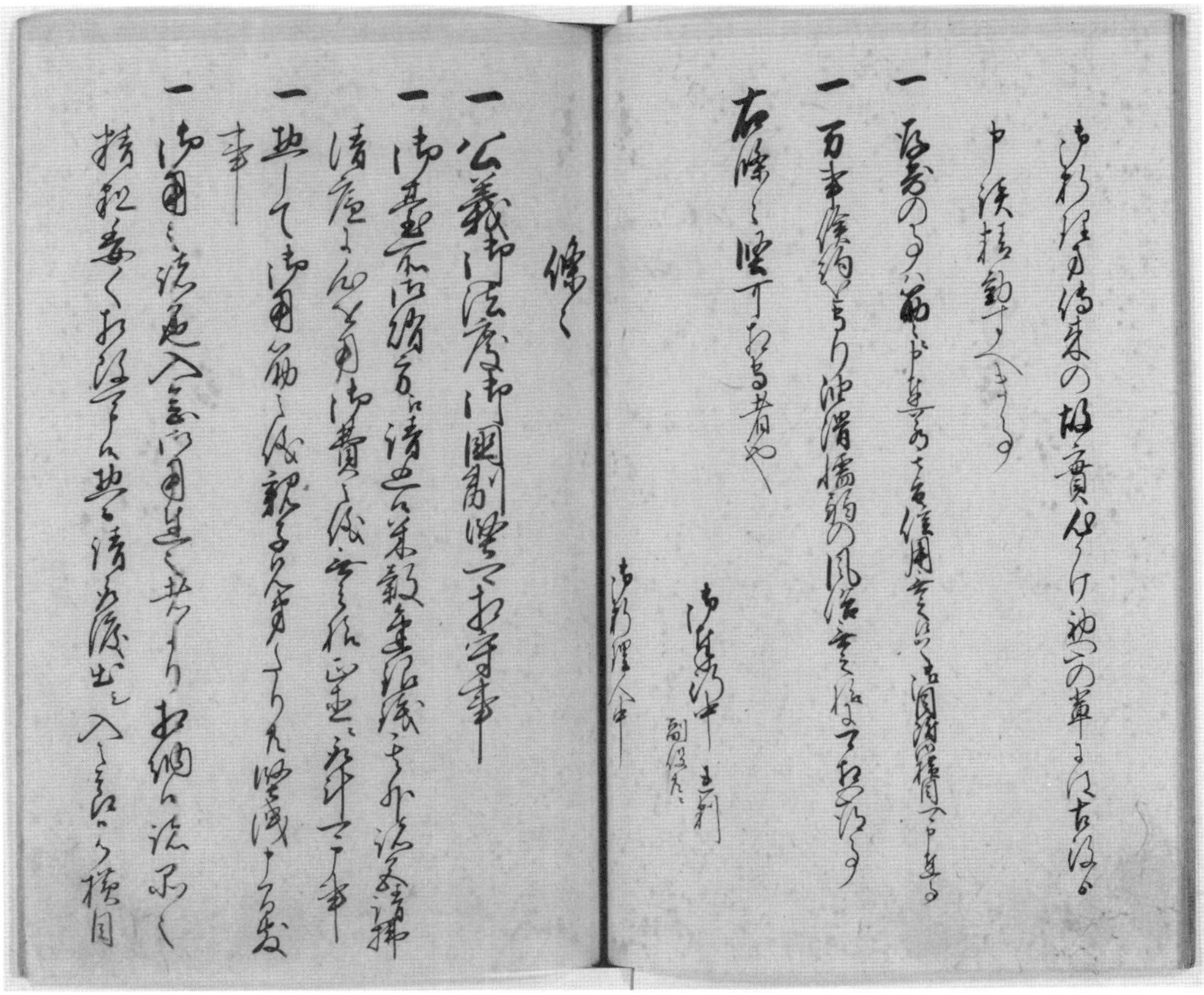

（55）台所賄役

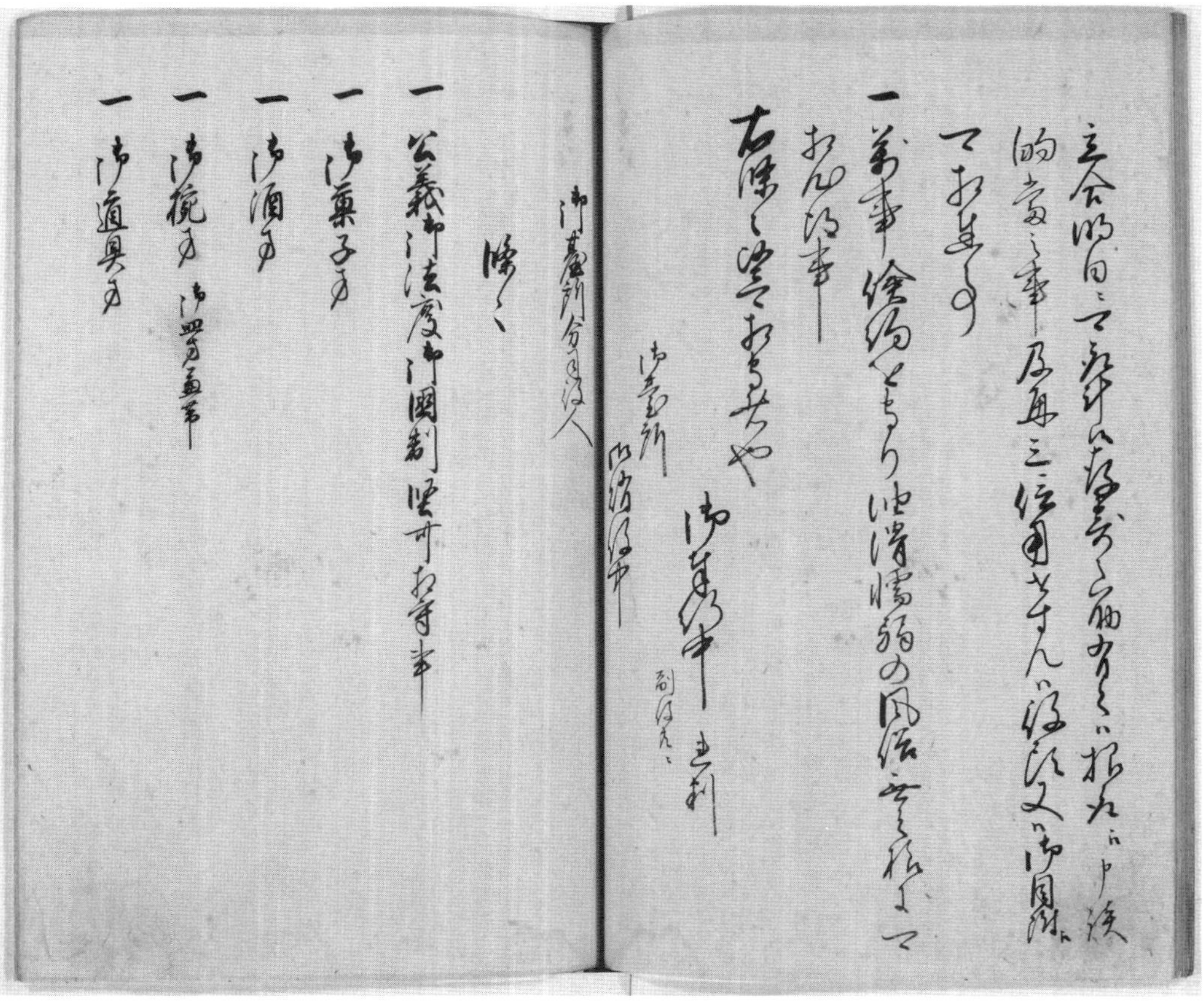

（56）台所分司役人

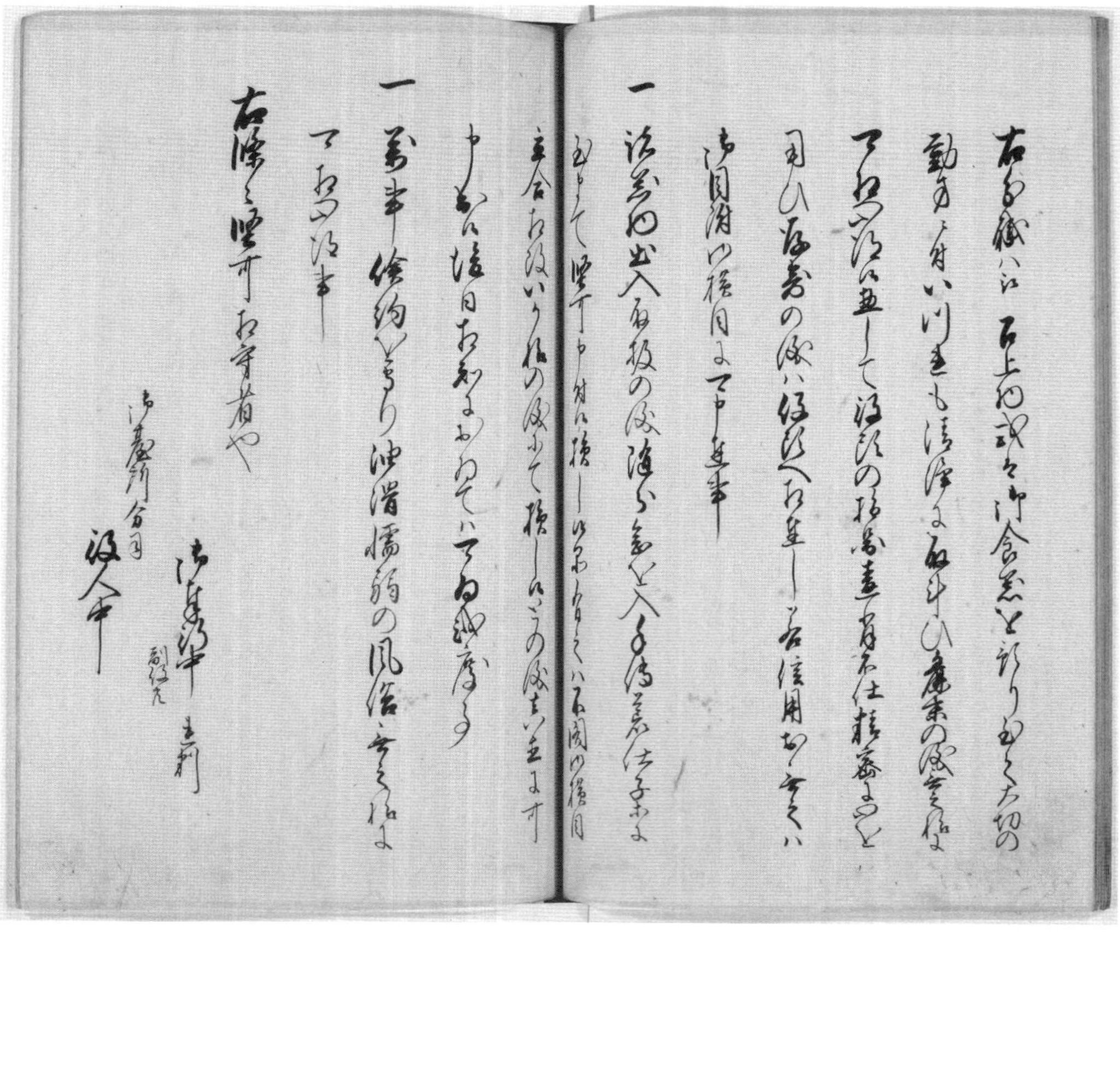

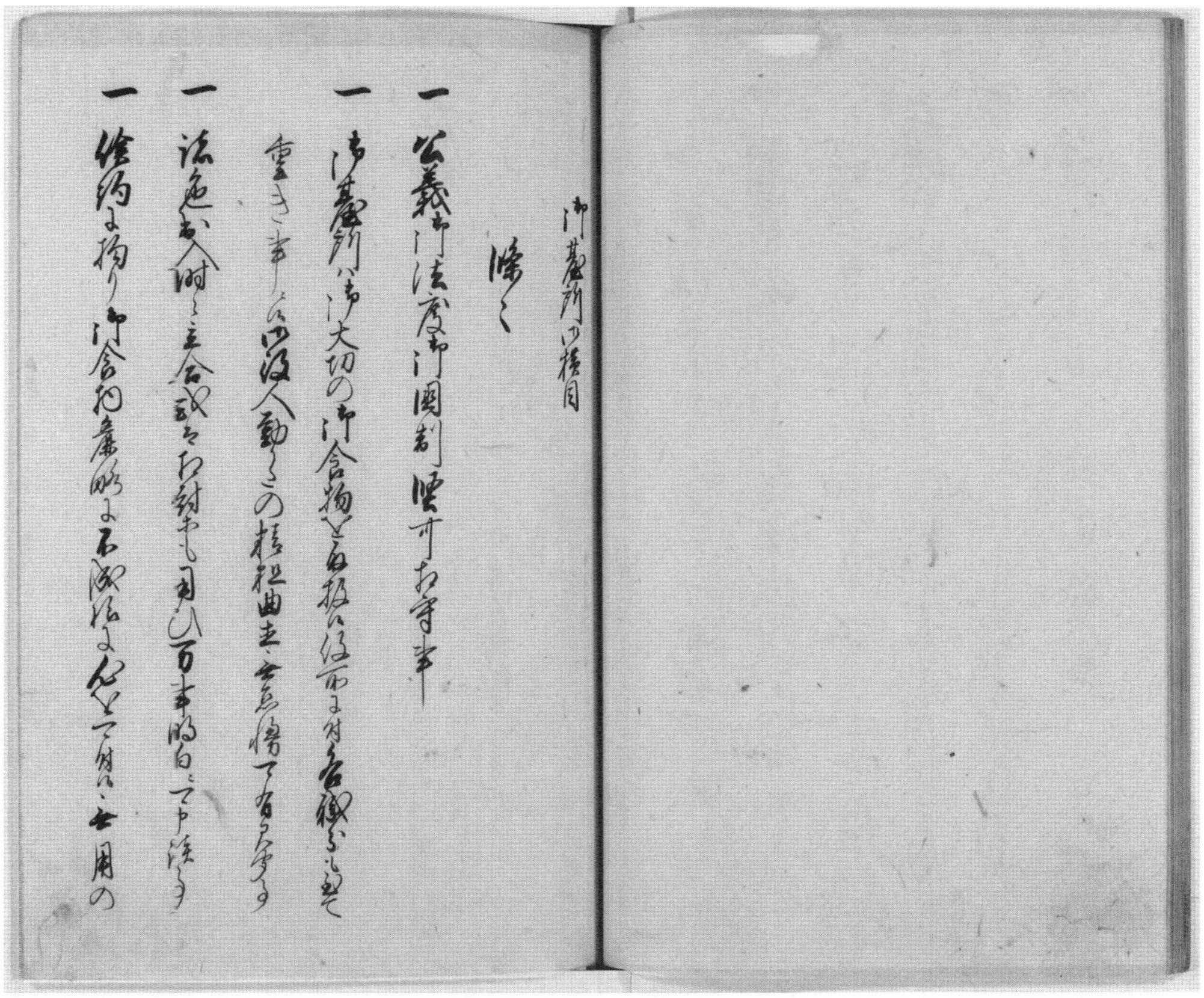

（57）台所横目

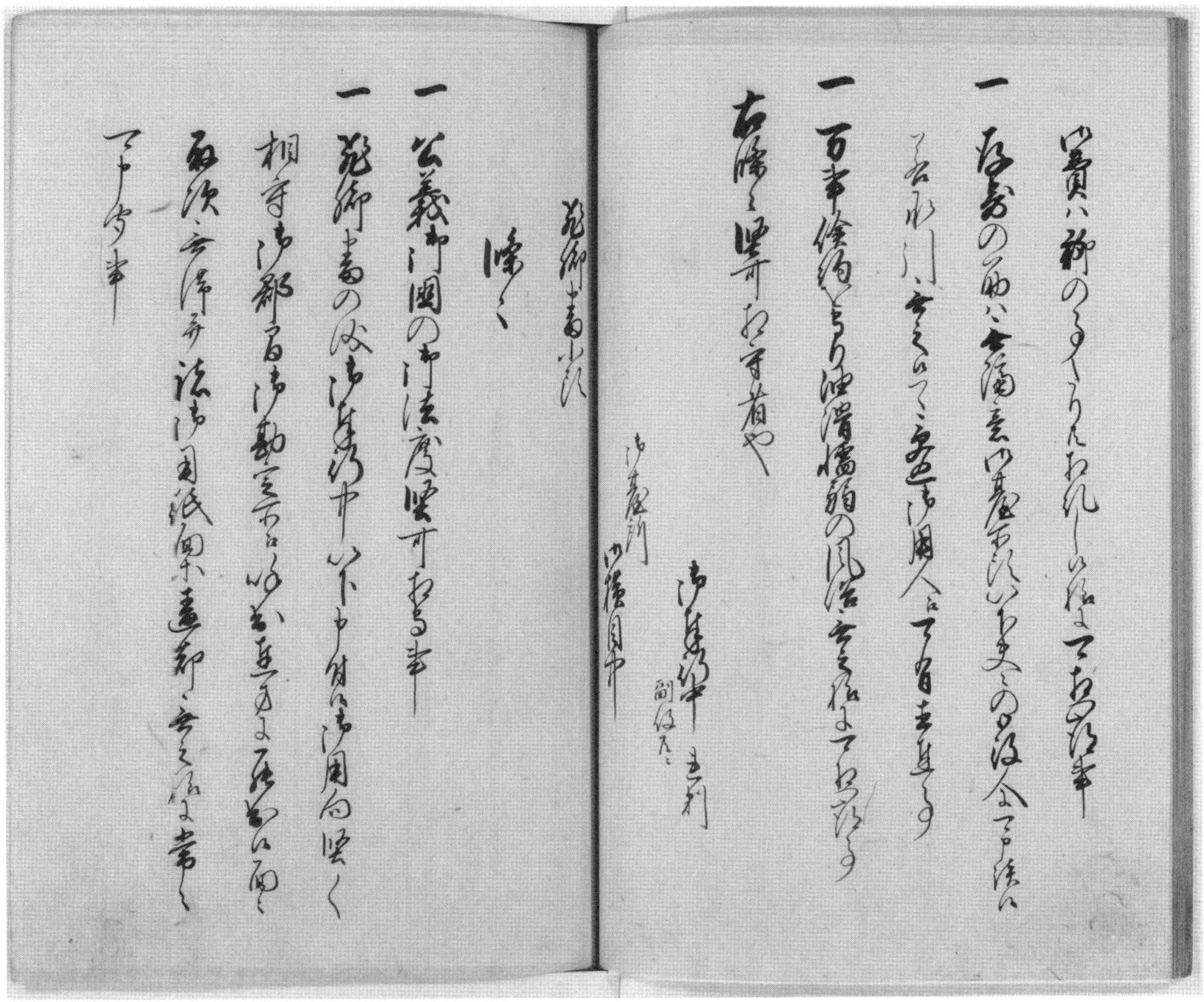

（58）飛脚番小頭

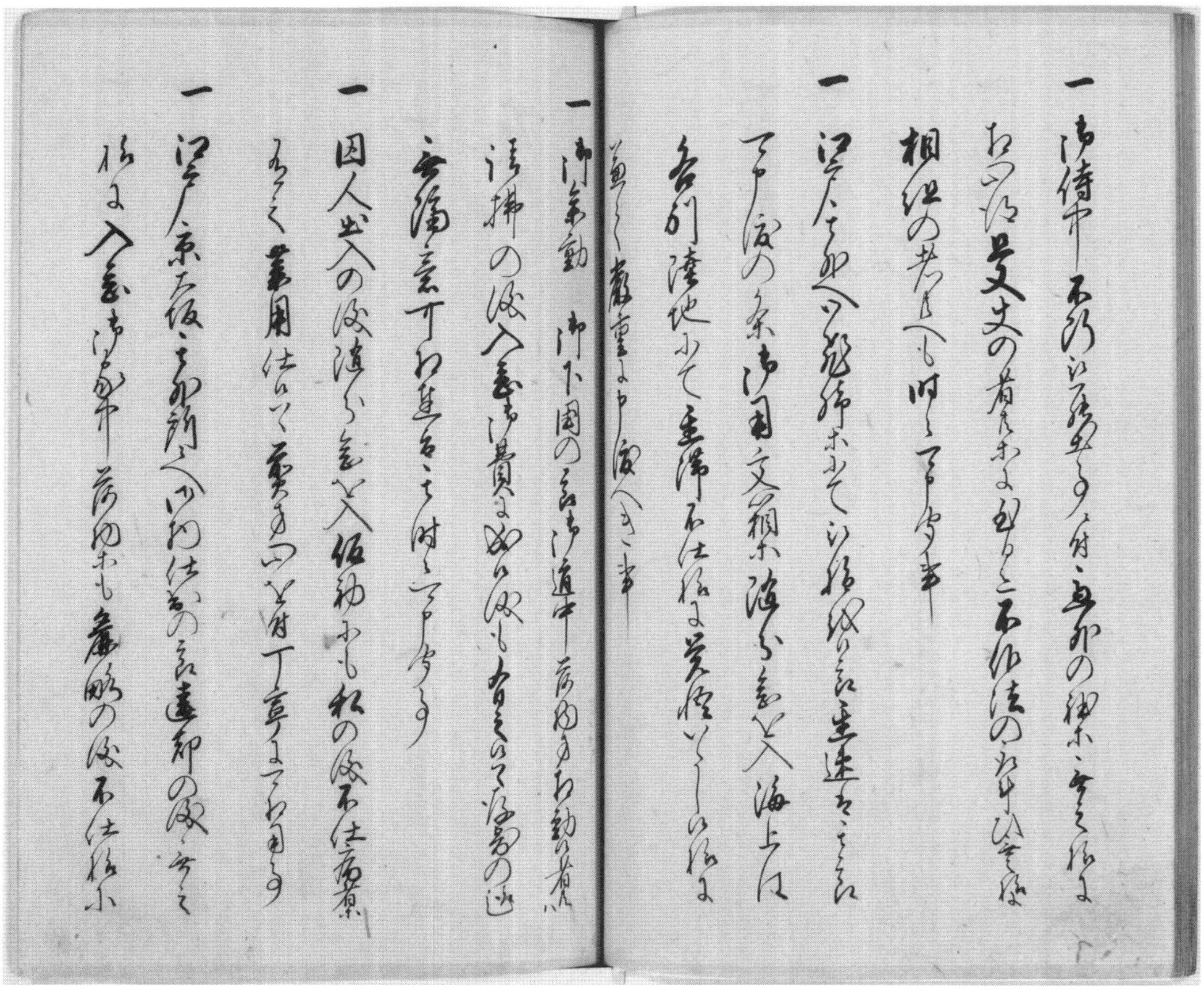

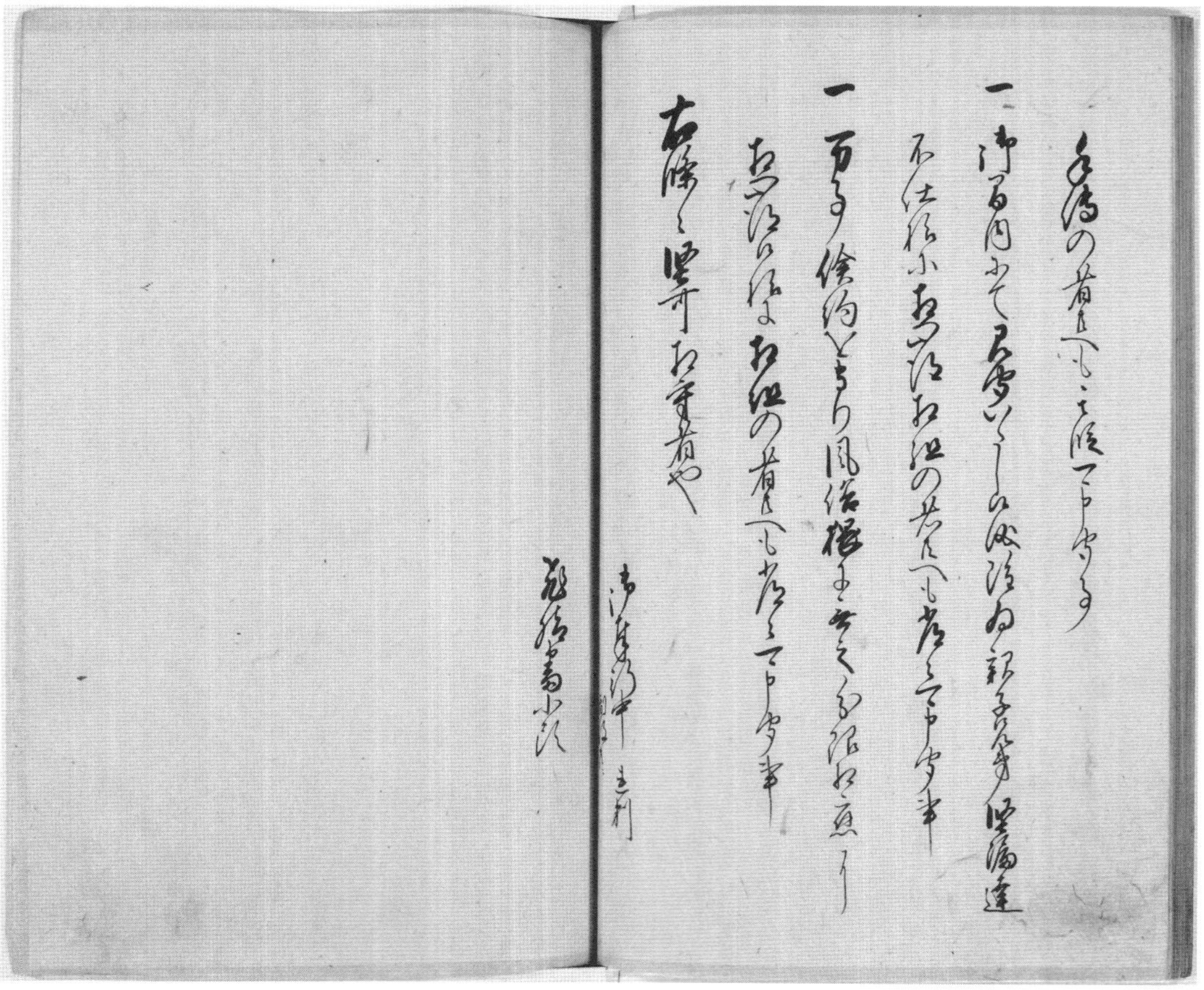

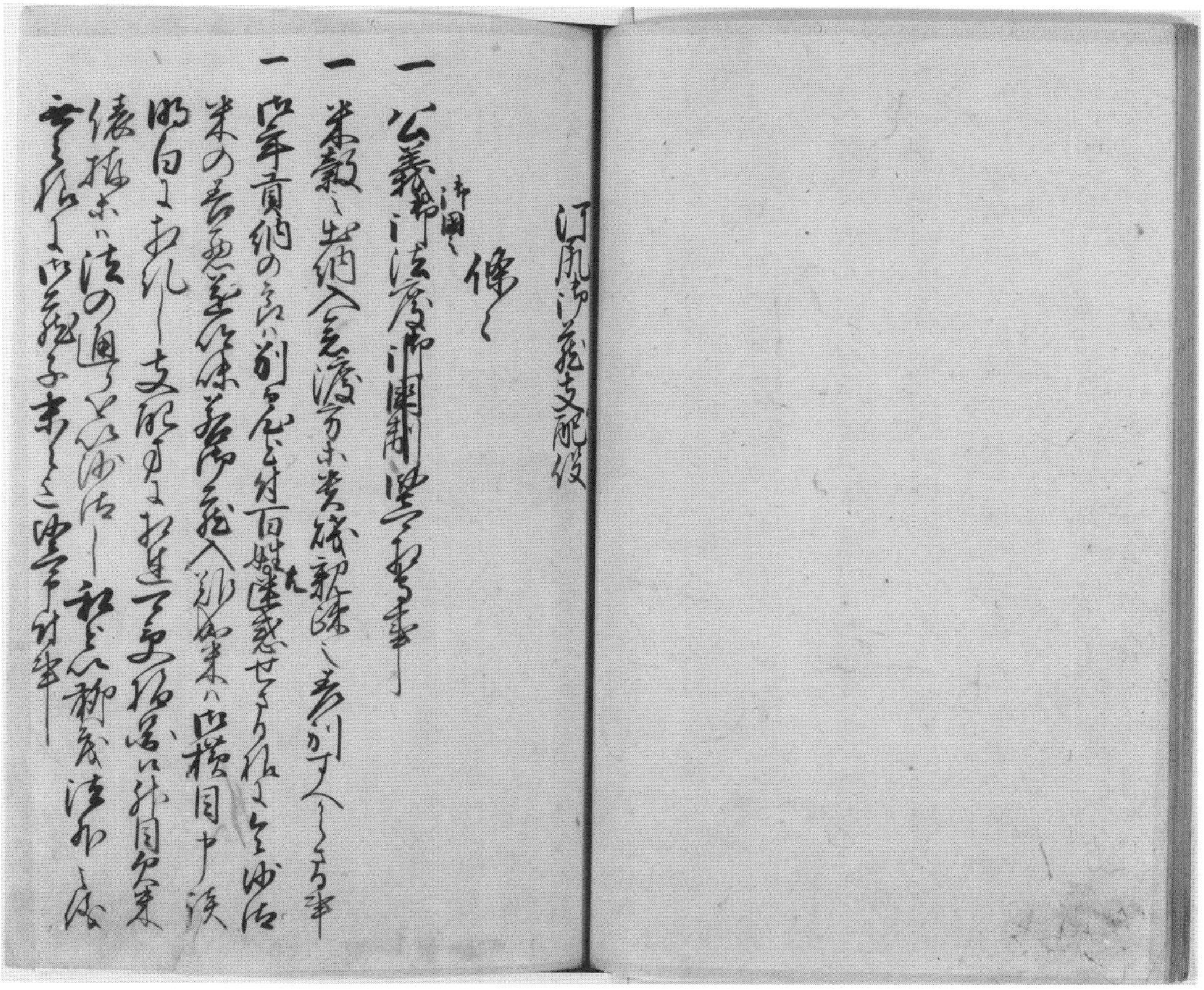

（59）河尻蔵支配役

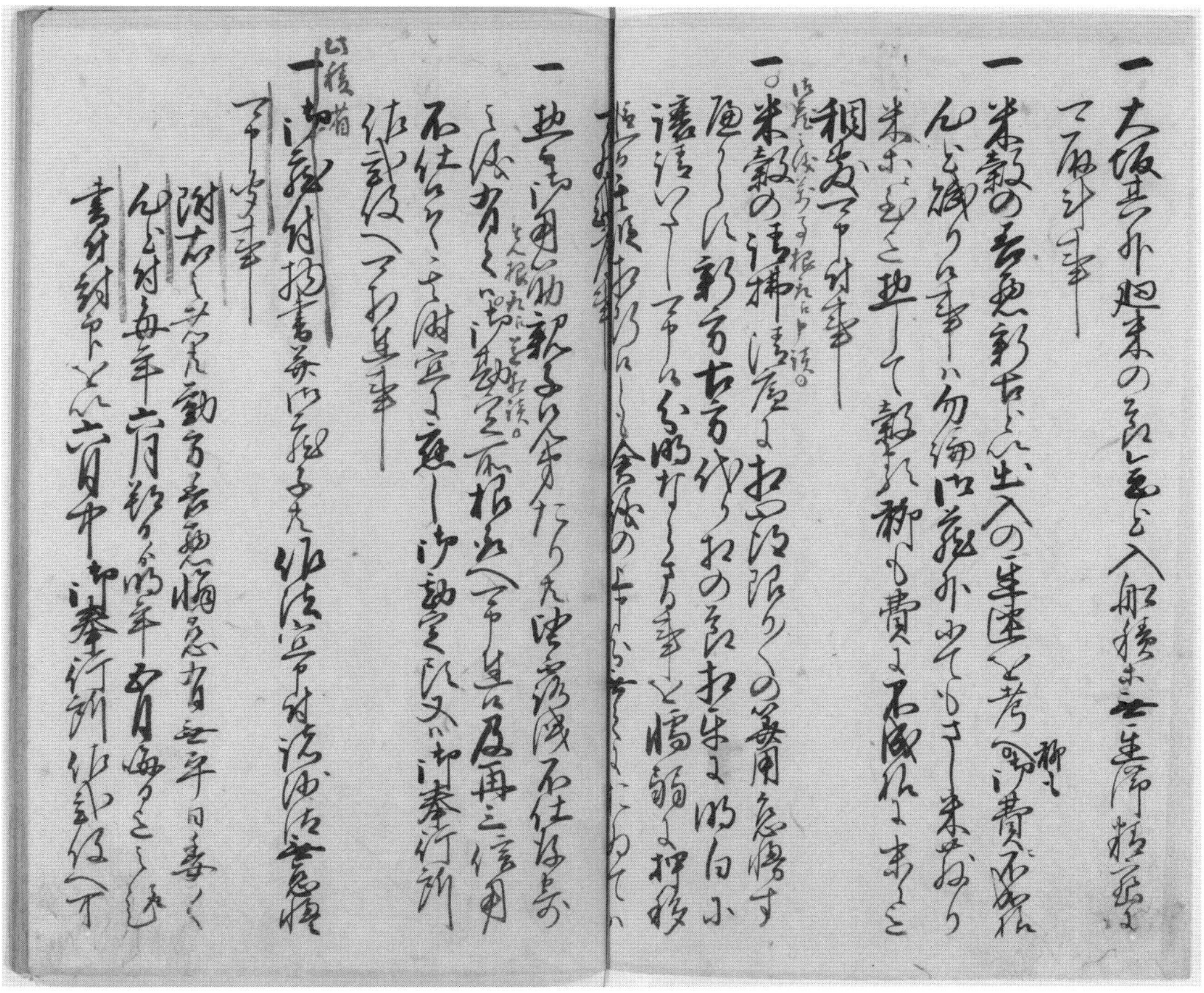

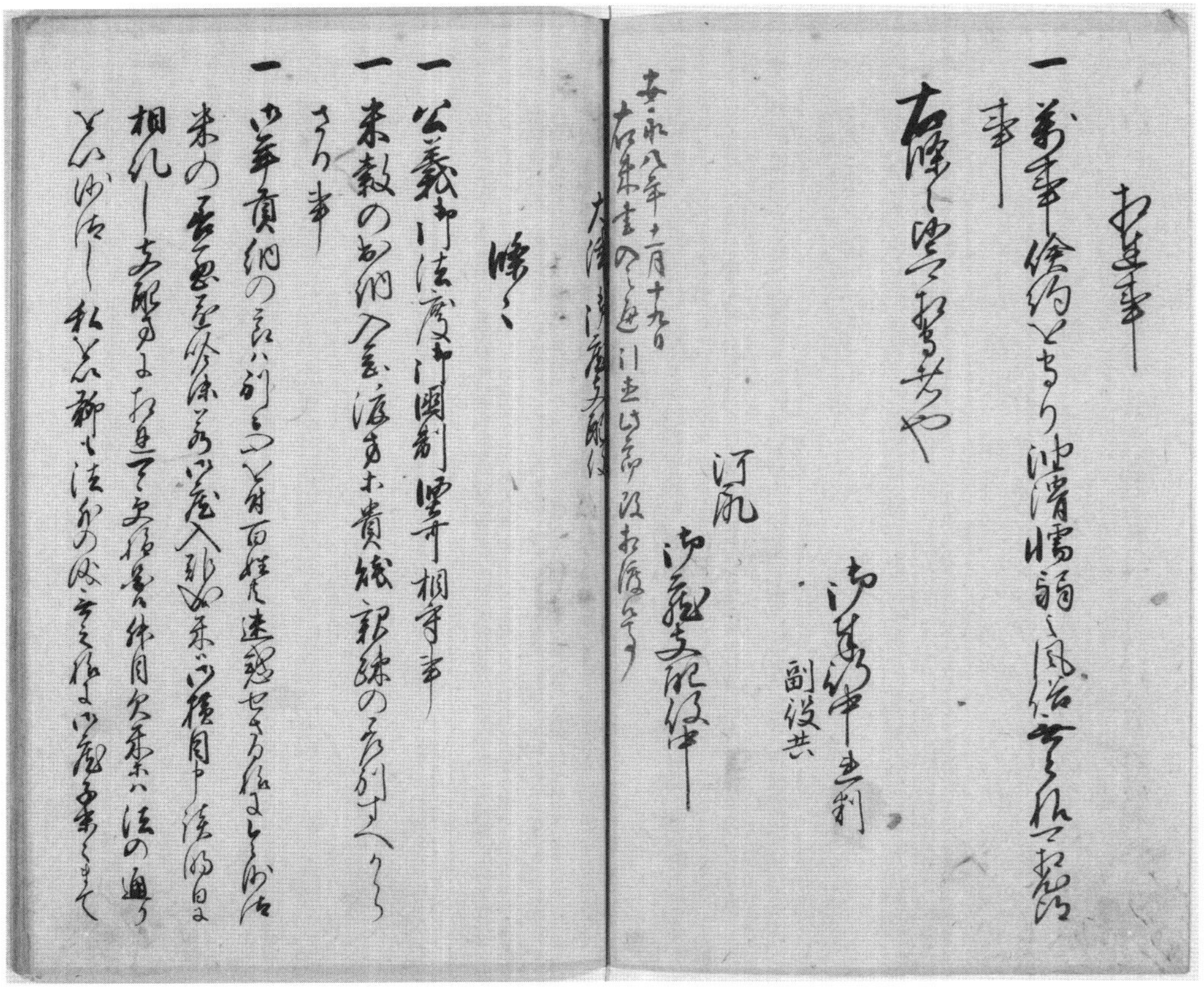

（60）大津蔵支配役

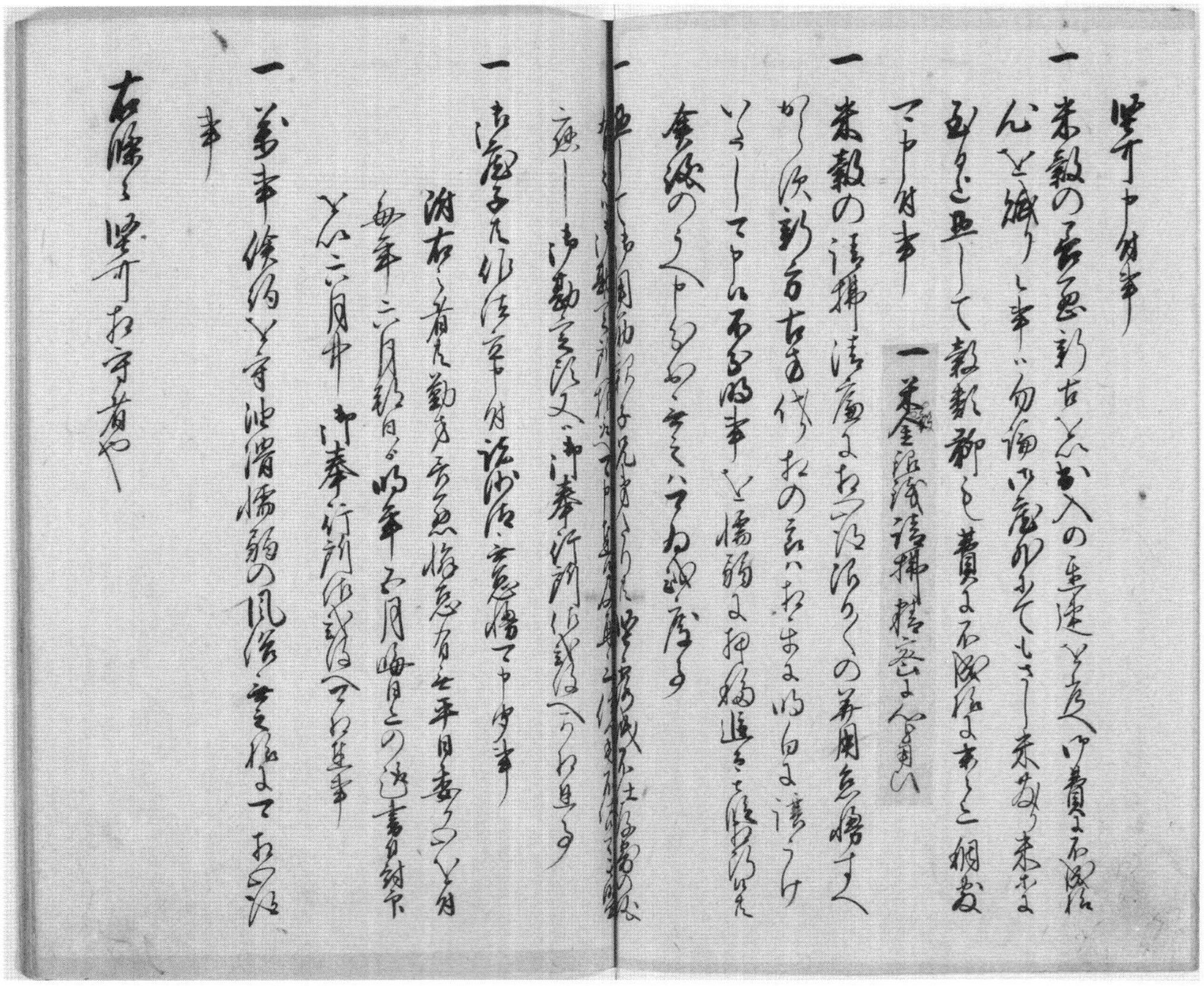

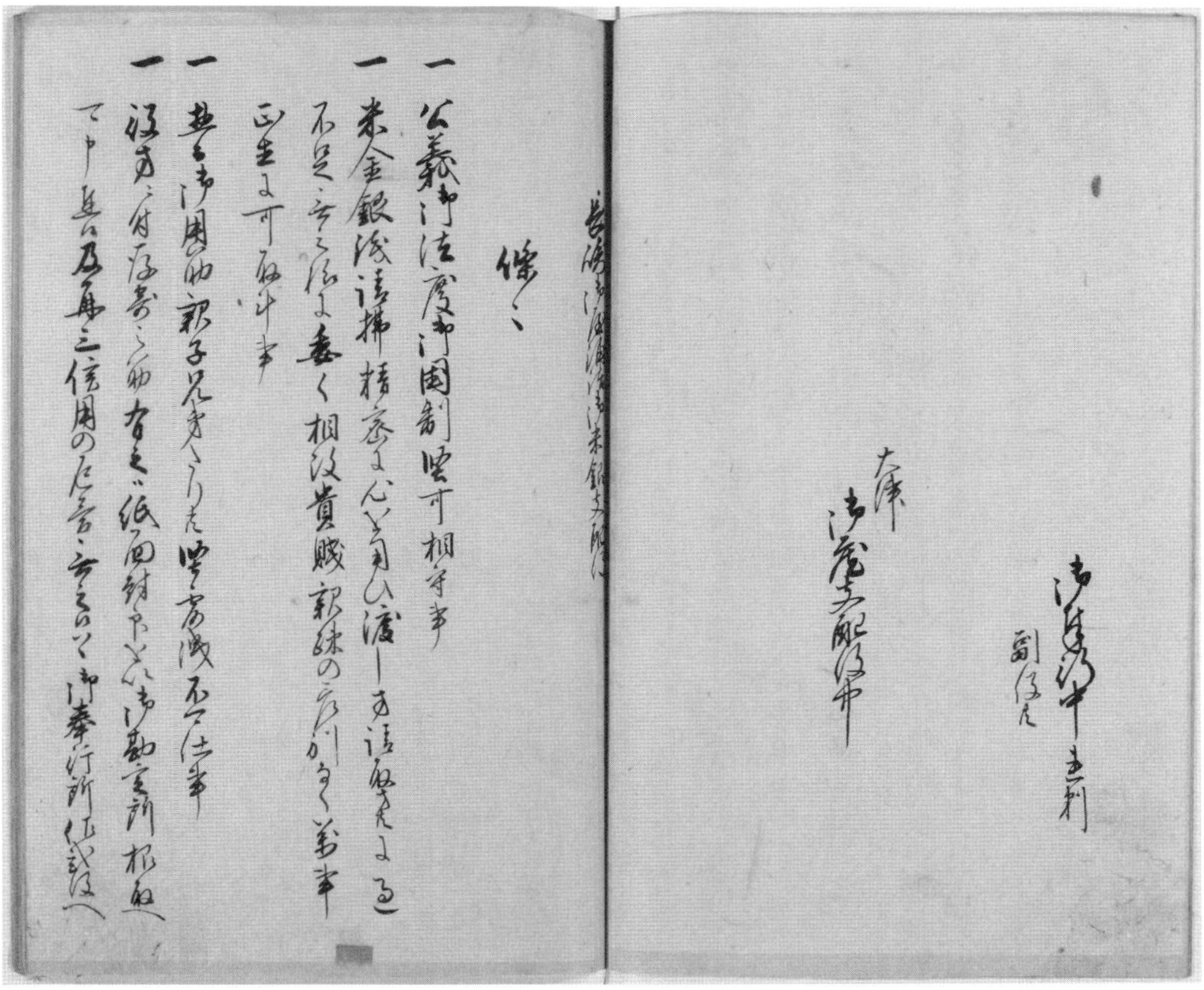

（61）長崎屋鋪詰米銀支配役

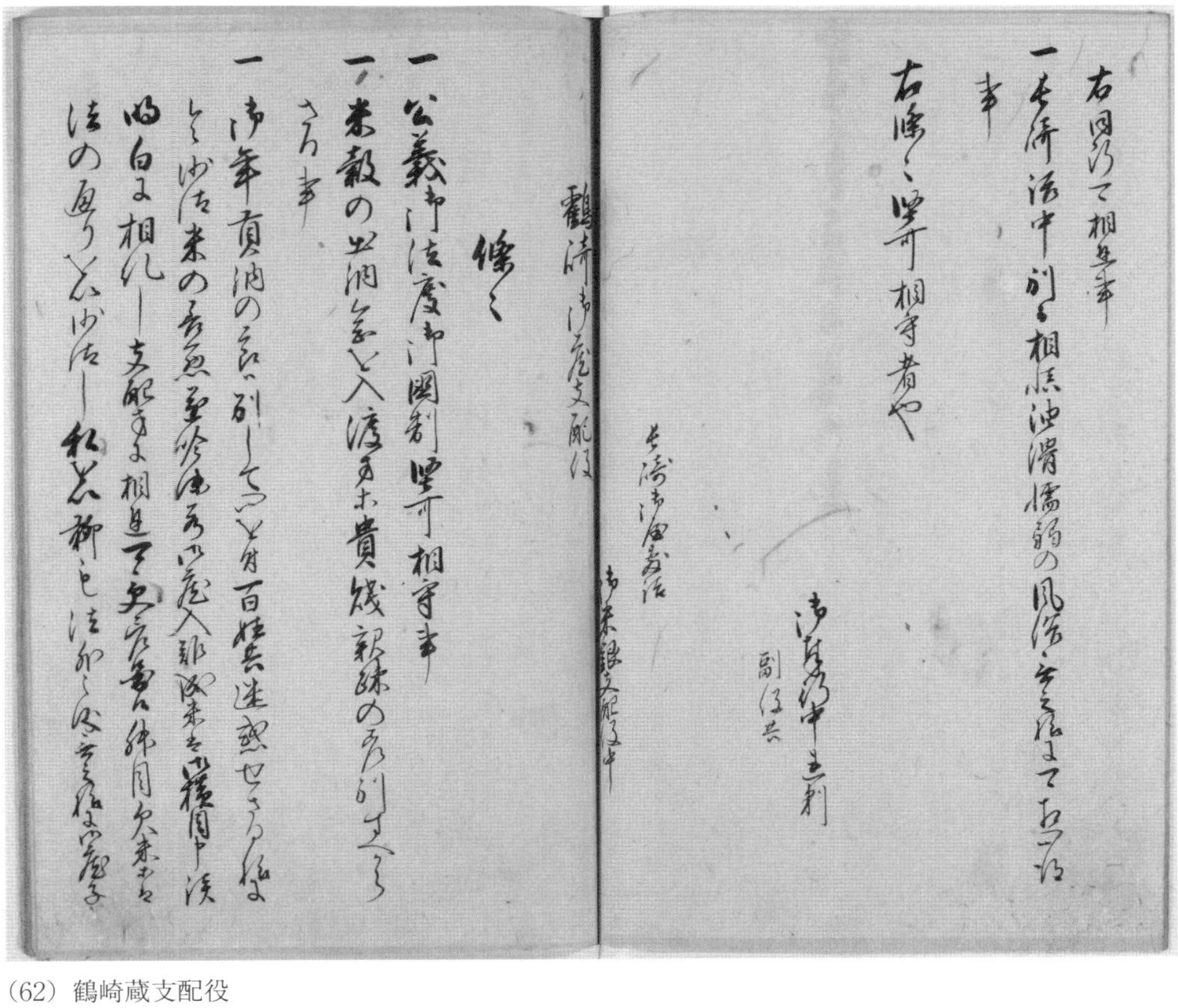

（62）鶴崎蔵支配役

(a)

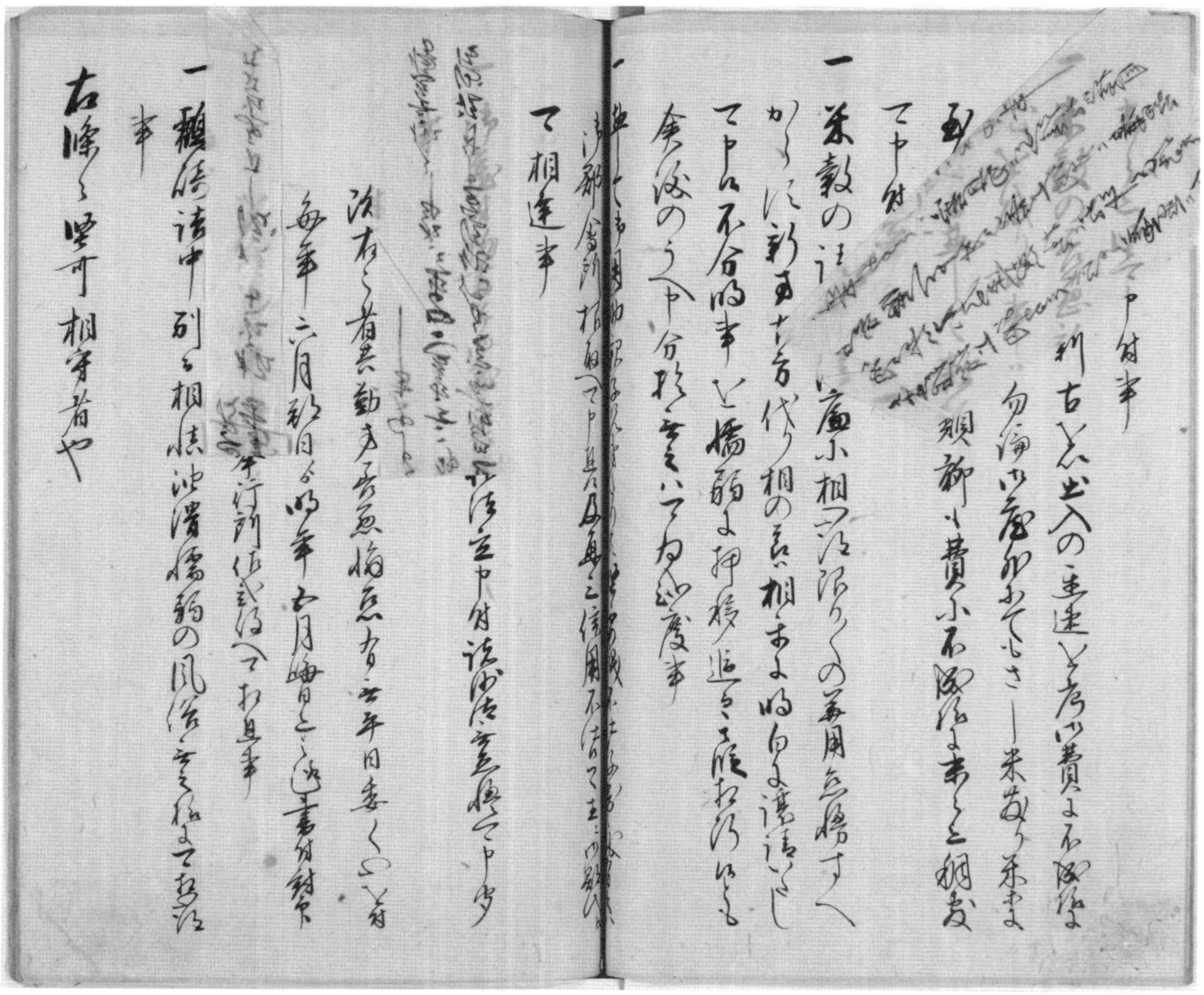

(b)

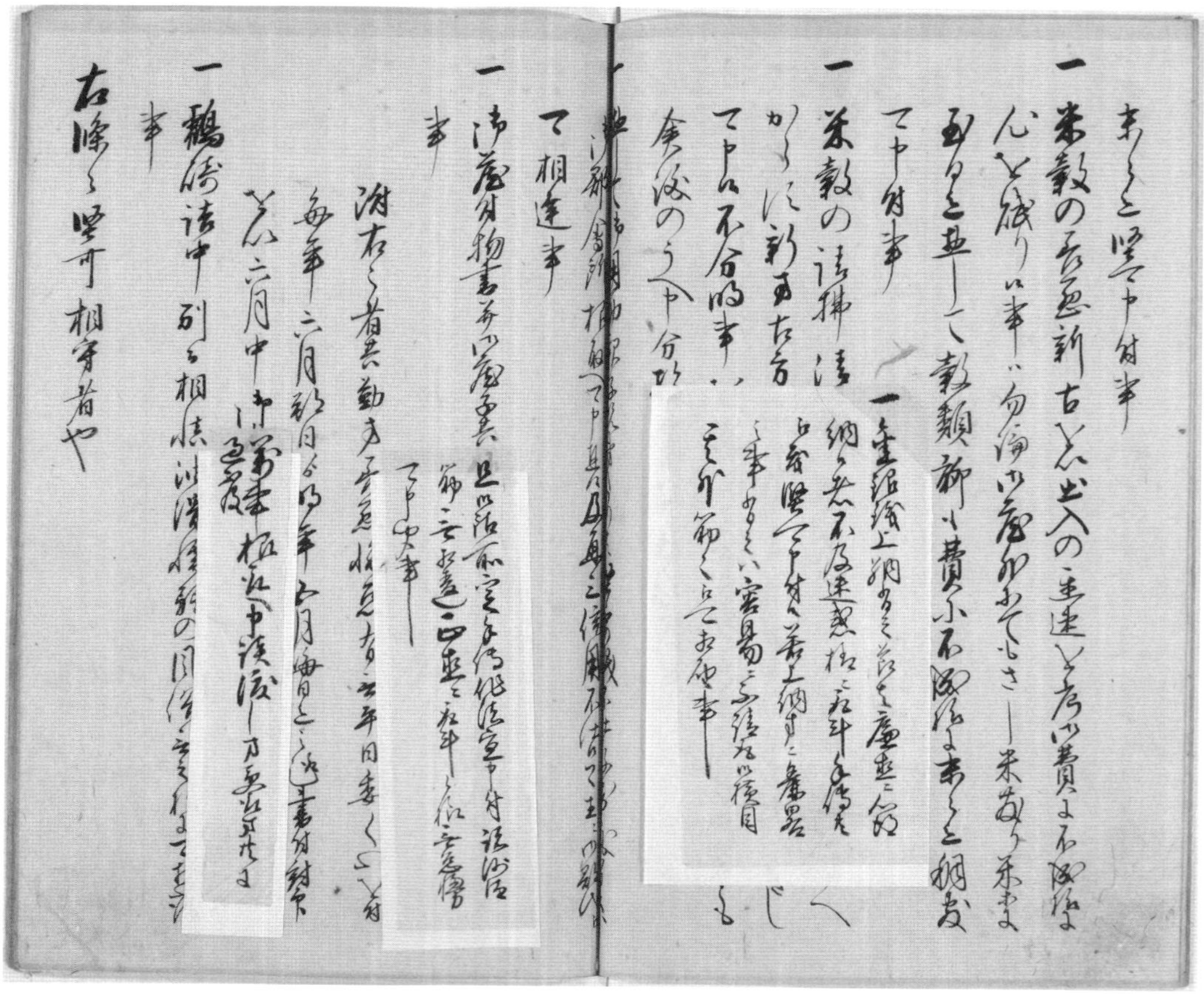

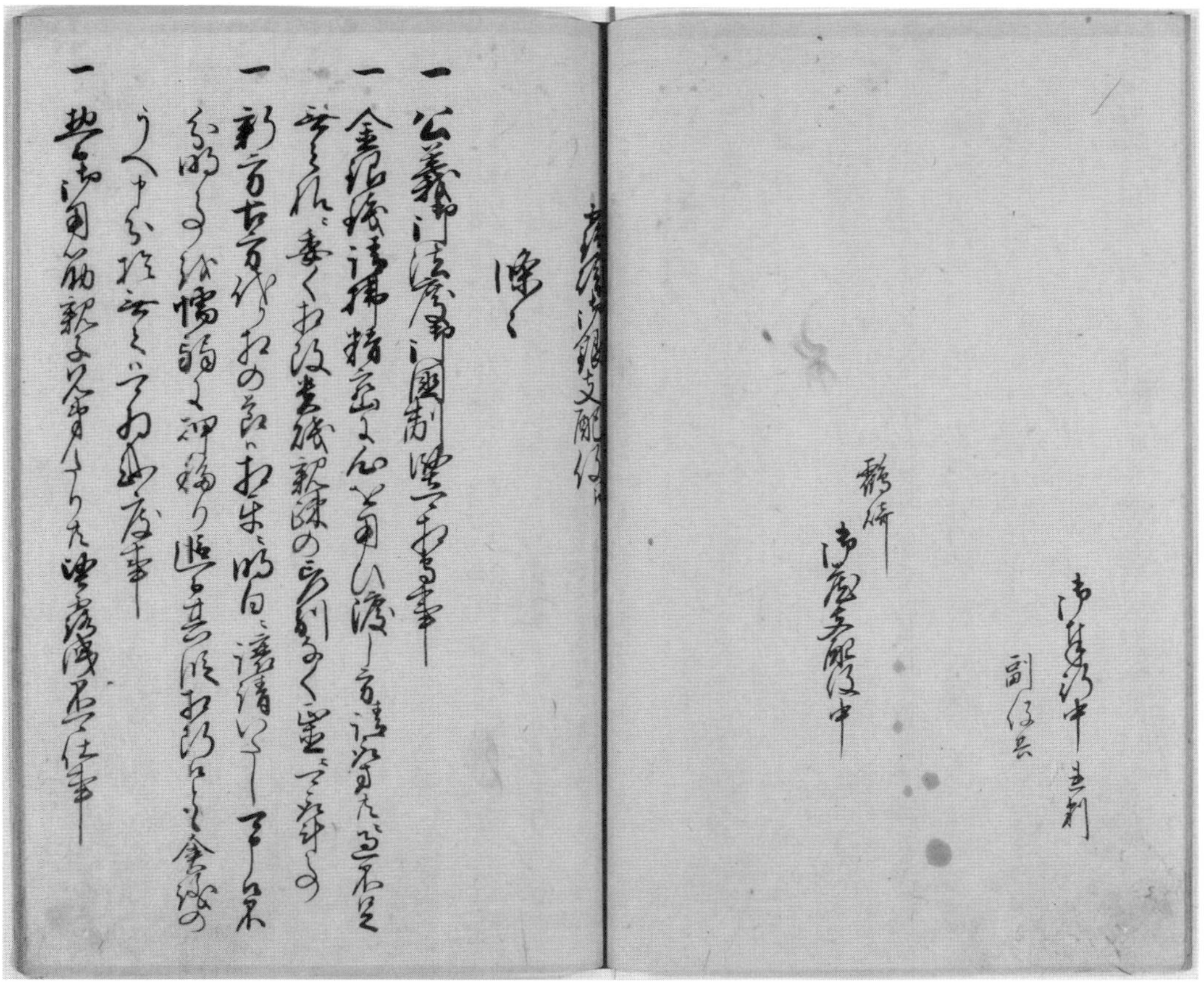

（63）鶴崎銀支配役

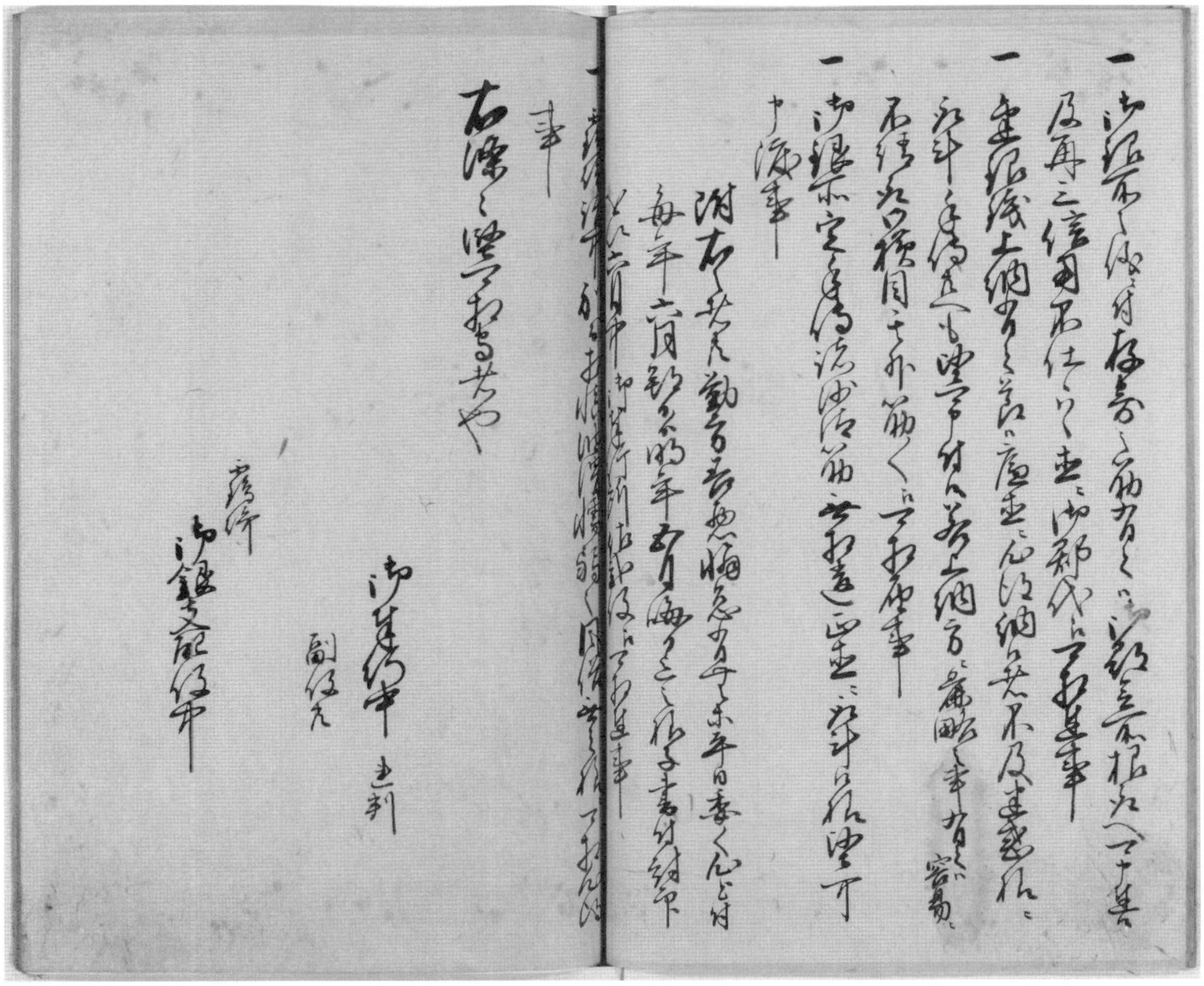

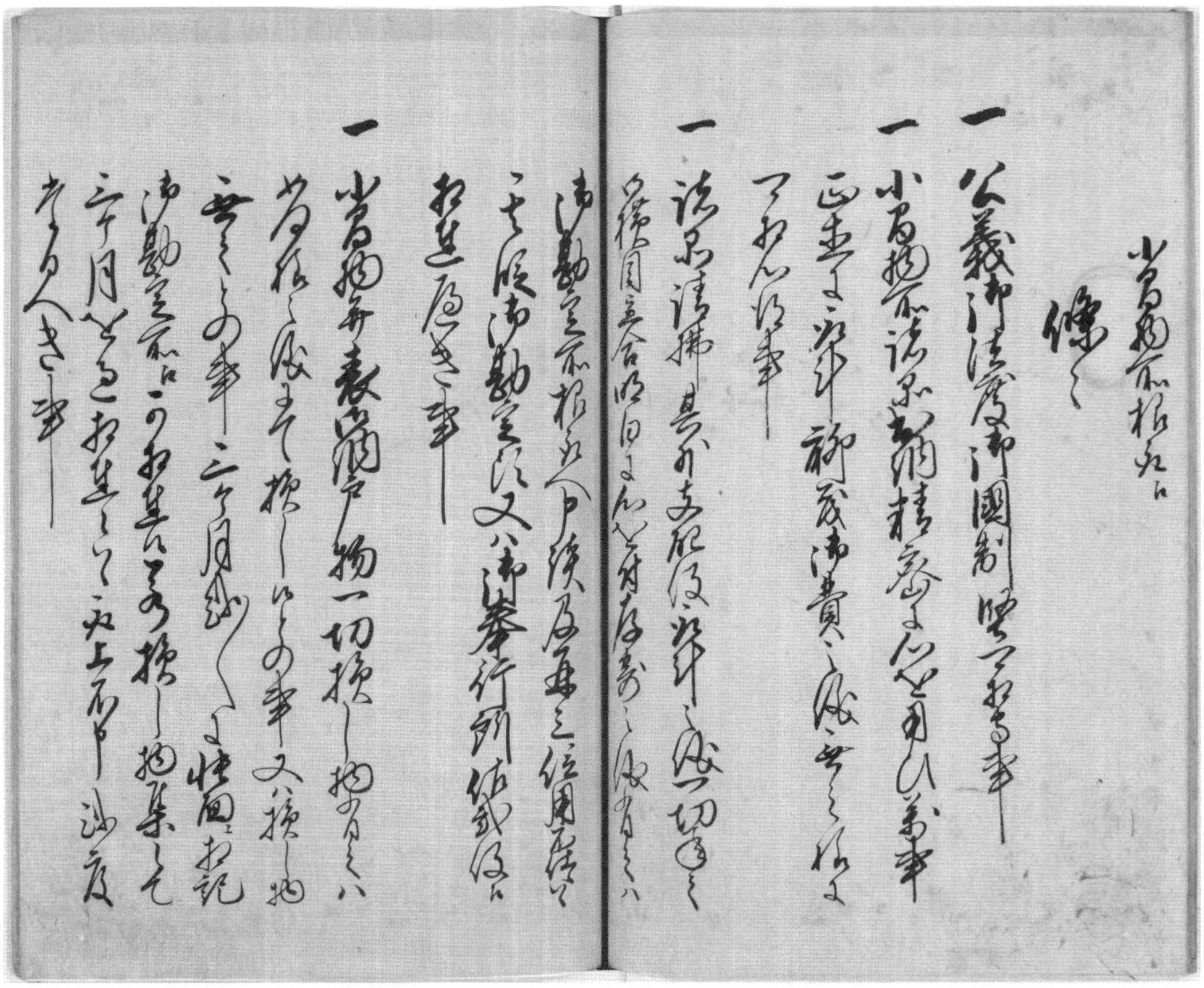

（64）小間物所根取

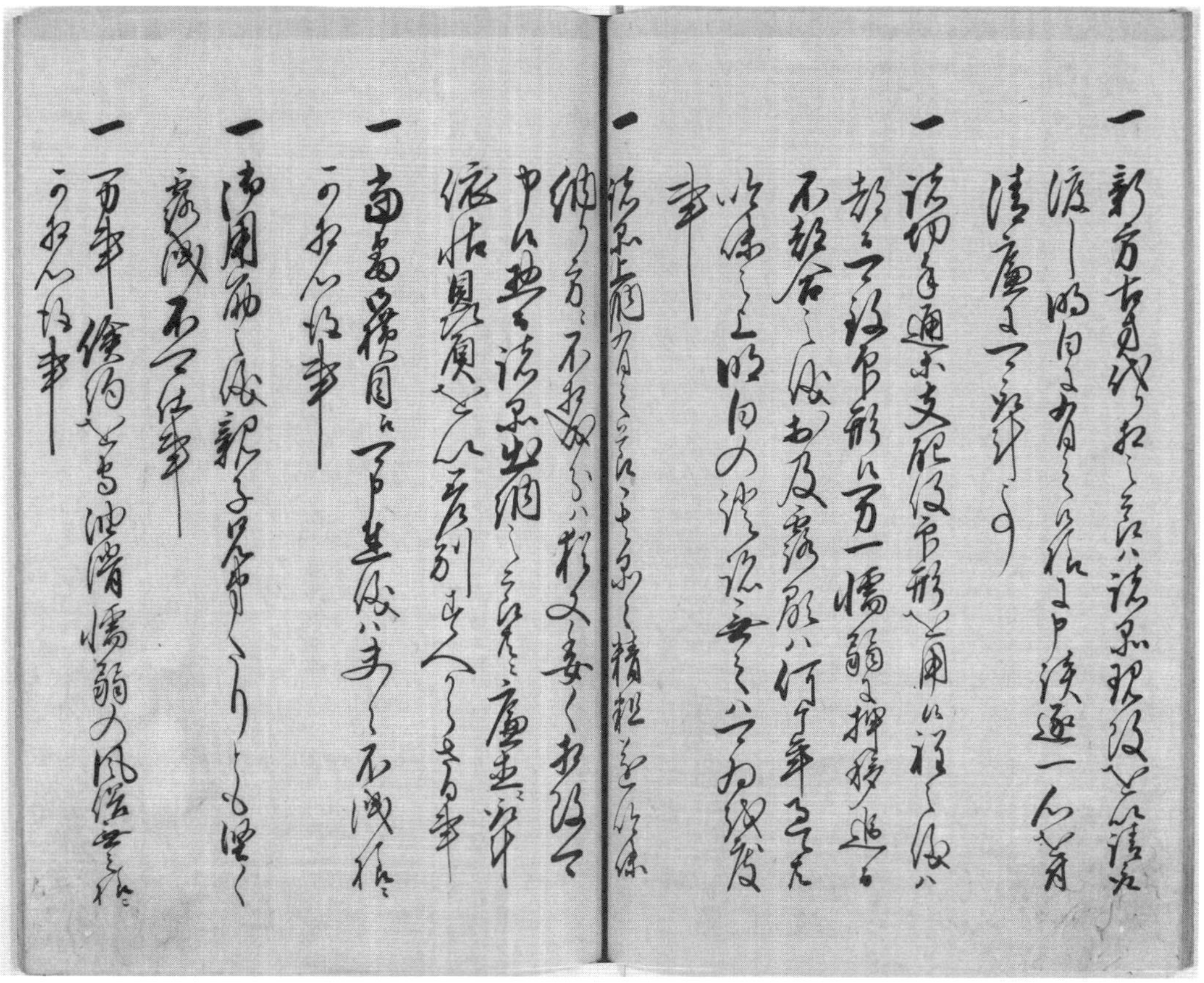

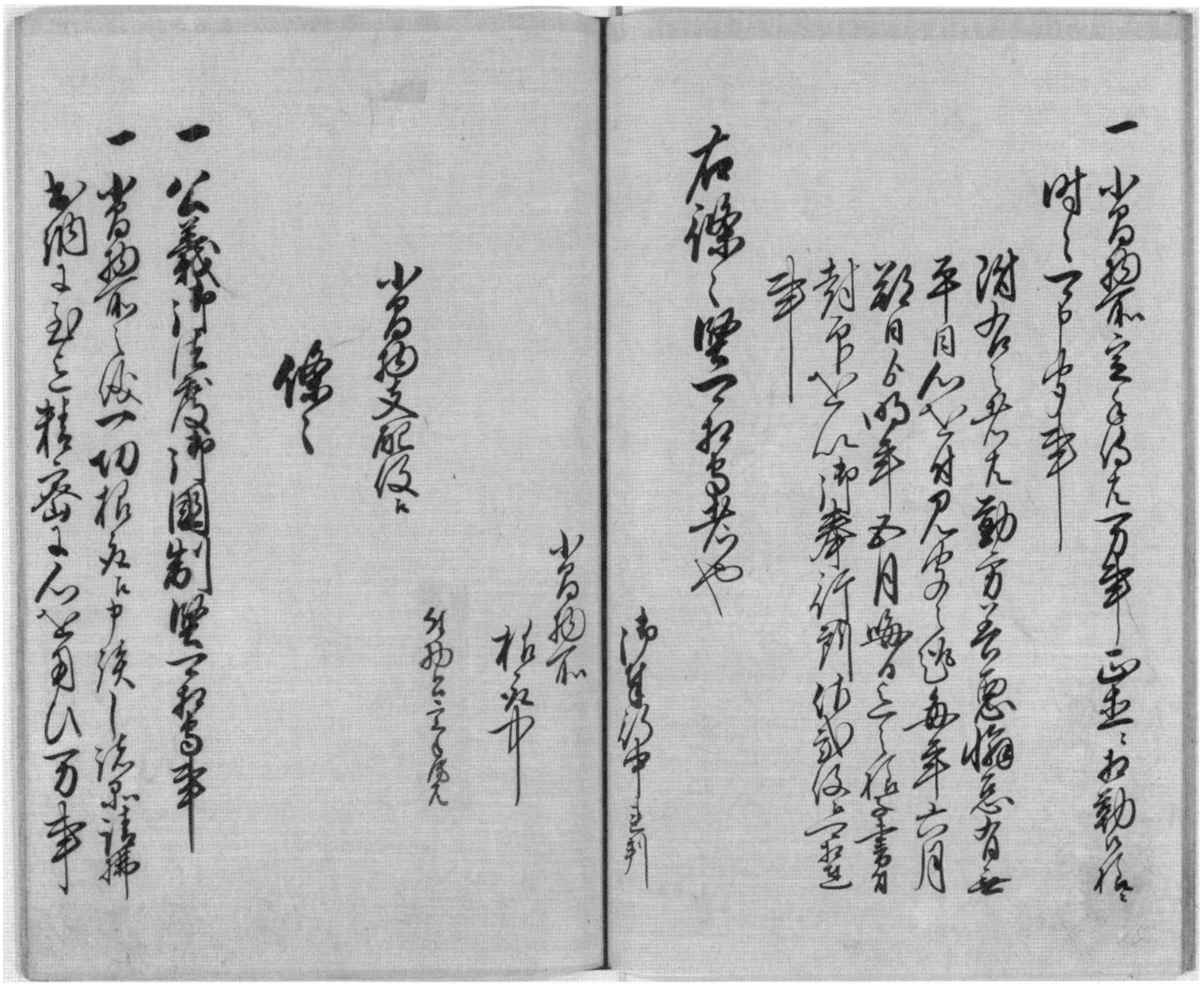

（65）小間物支配役

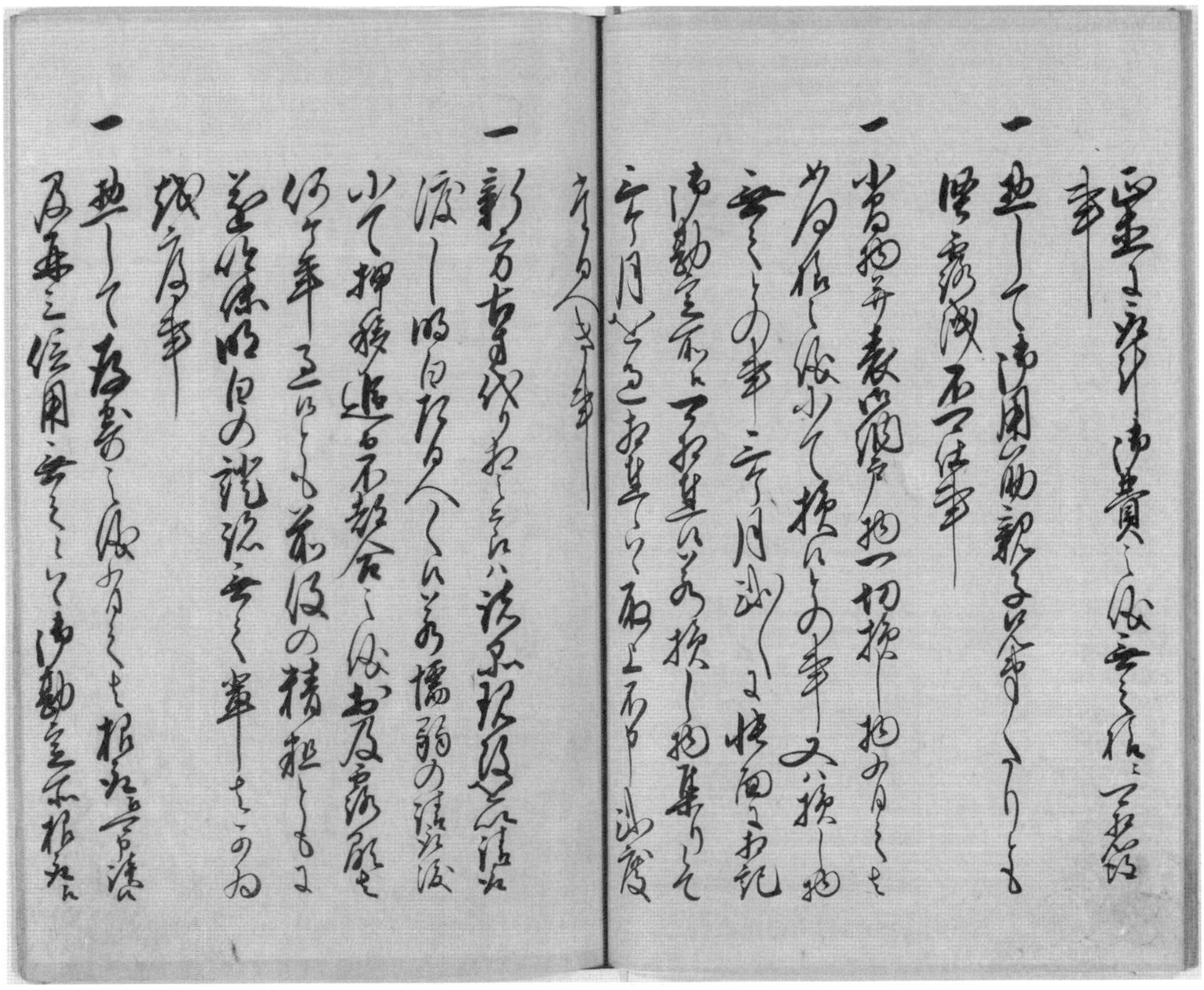

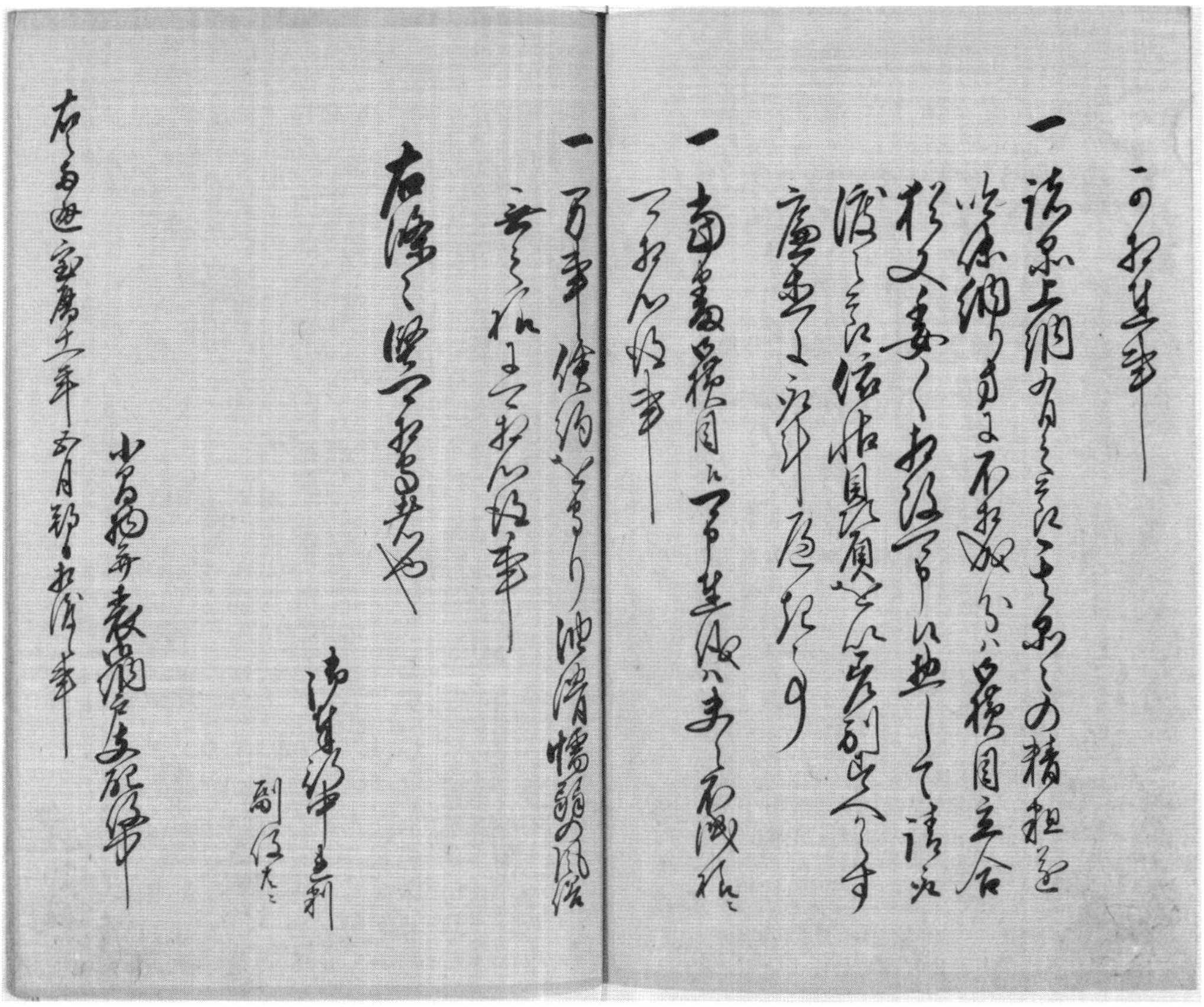

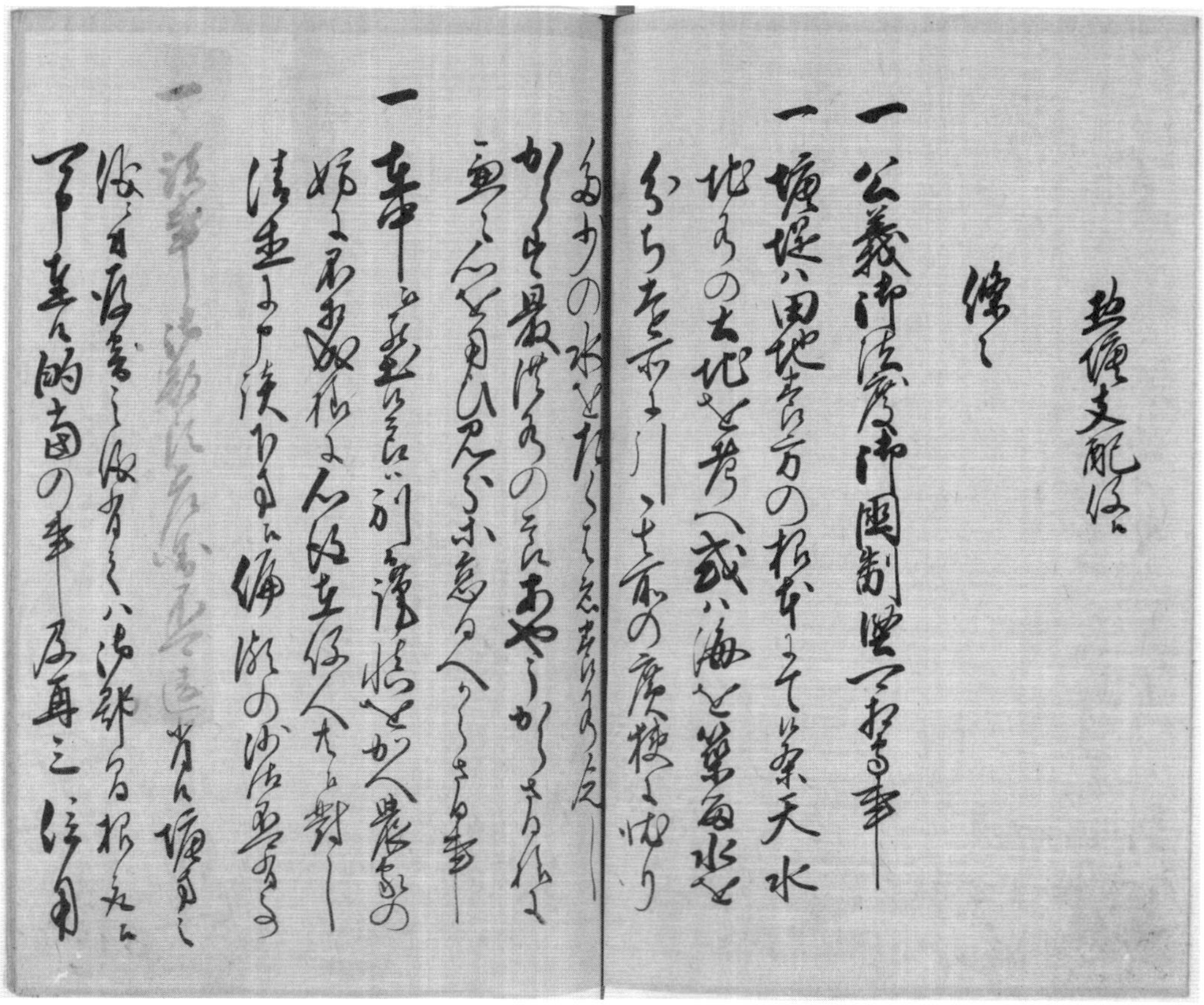

（66）惣塘支配役

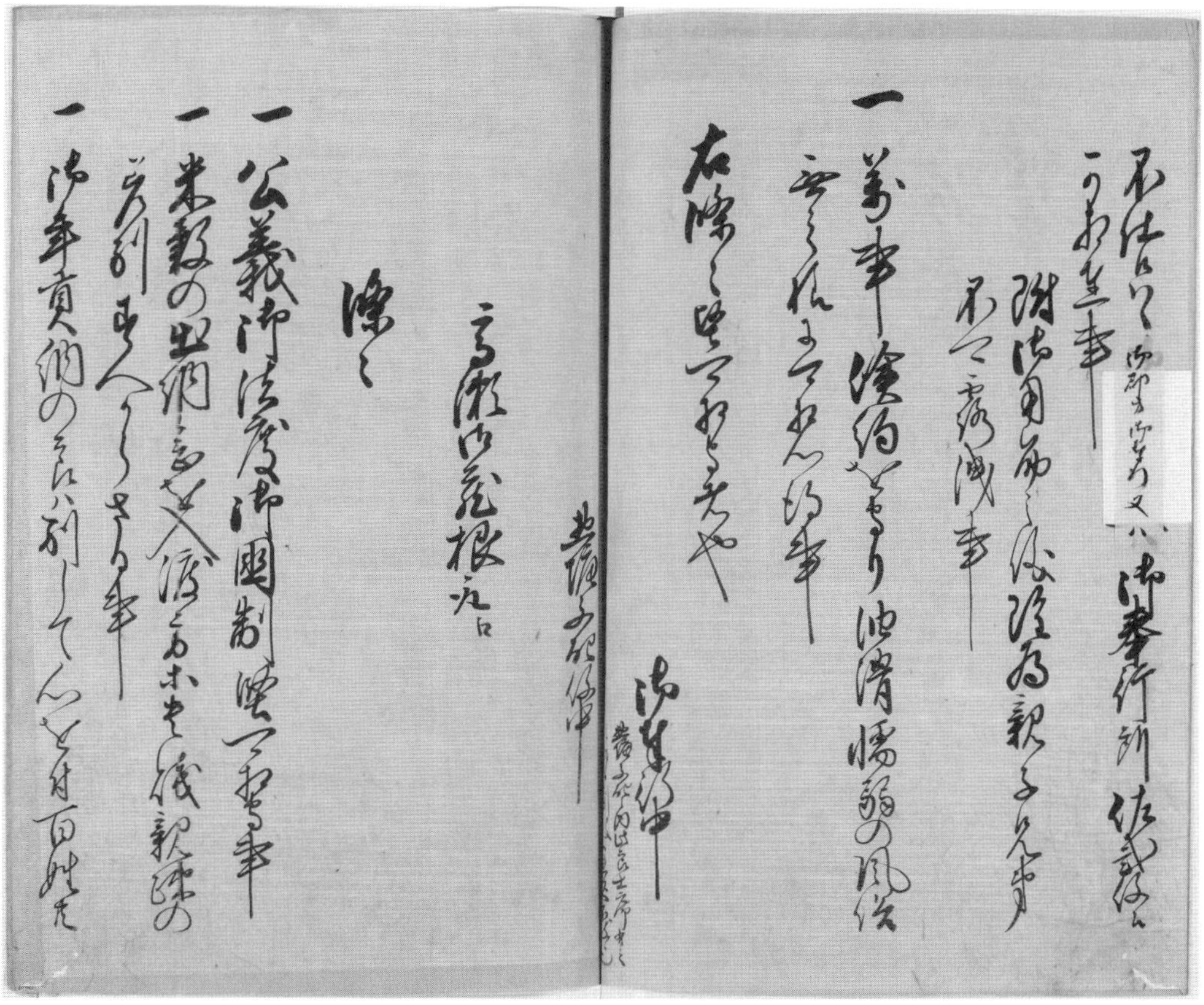

（67）高瀬蔵根取

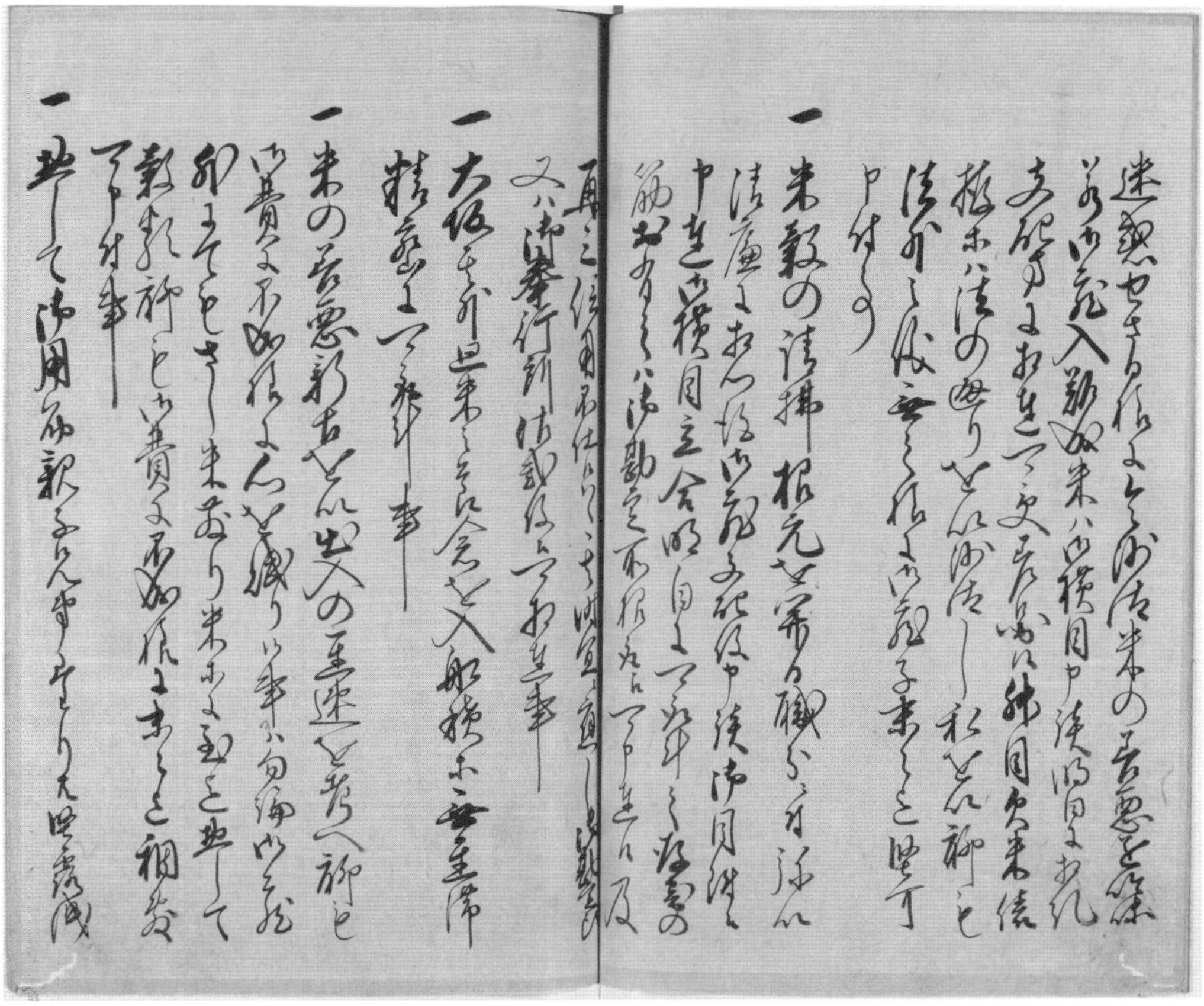

(a)

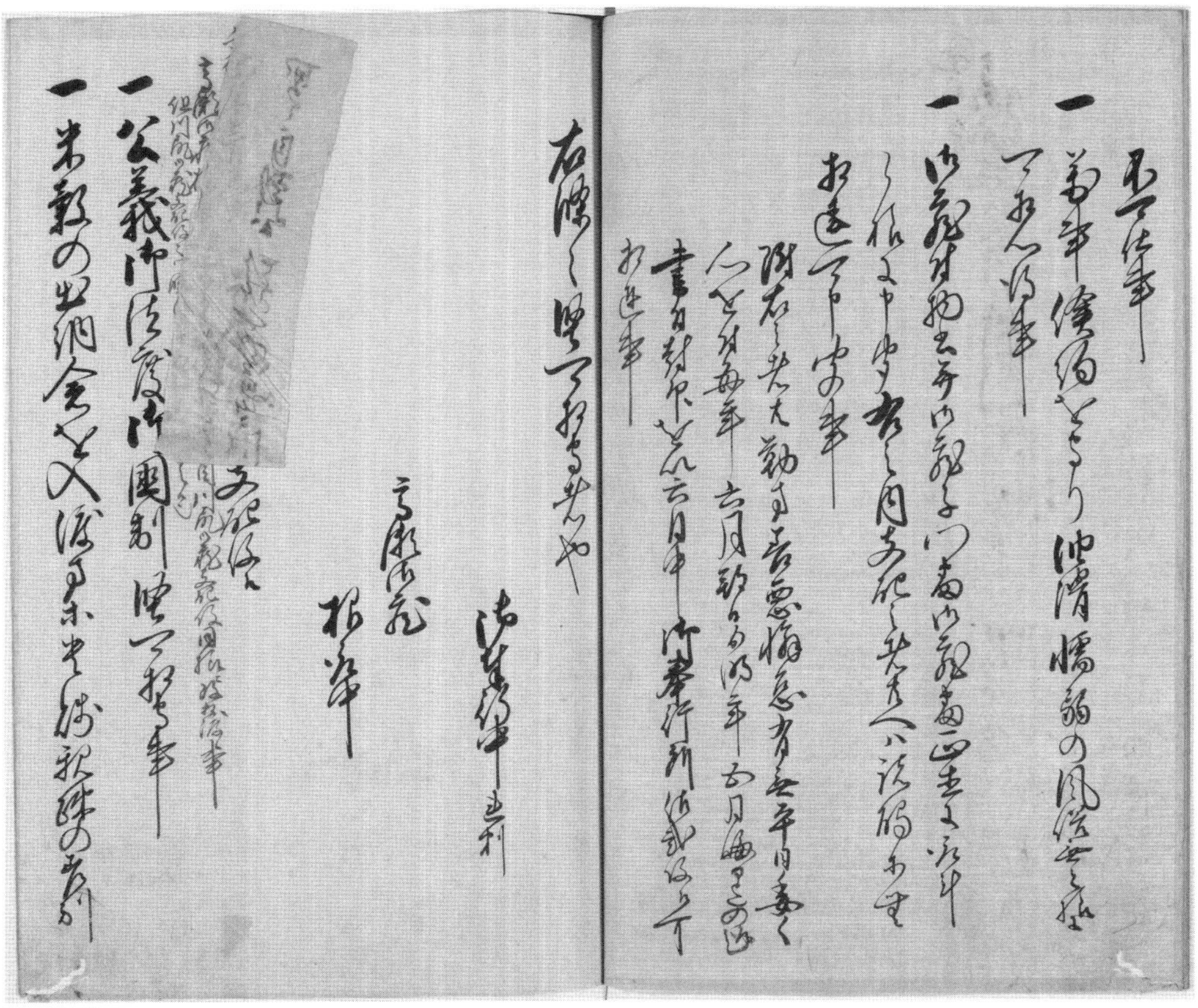

(68) 高瀬蔵支配役

(b)

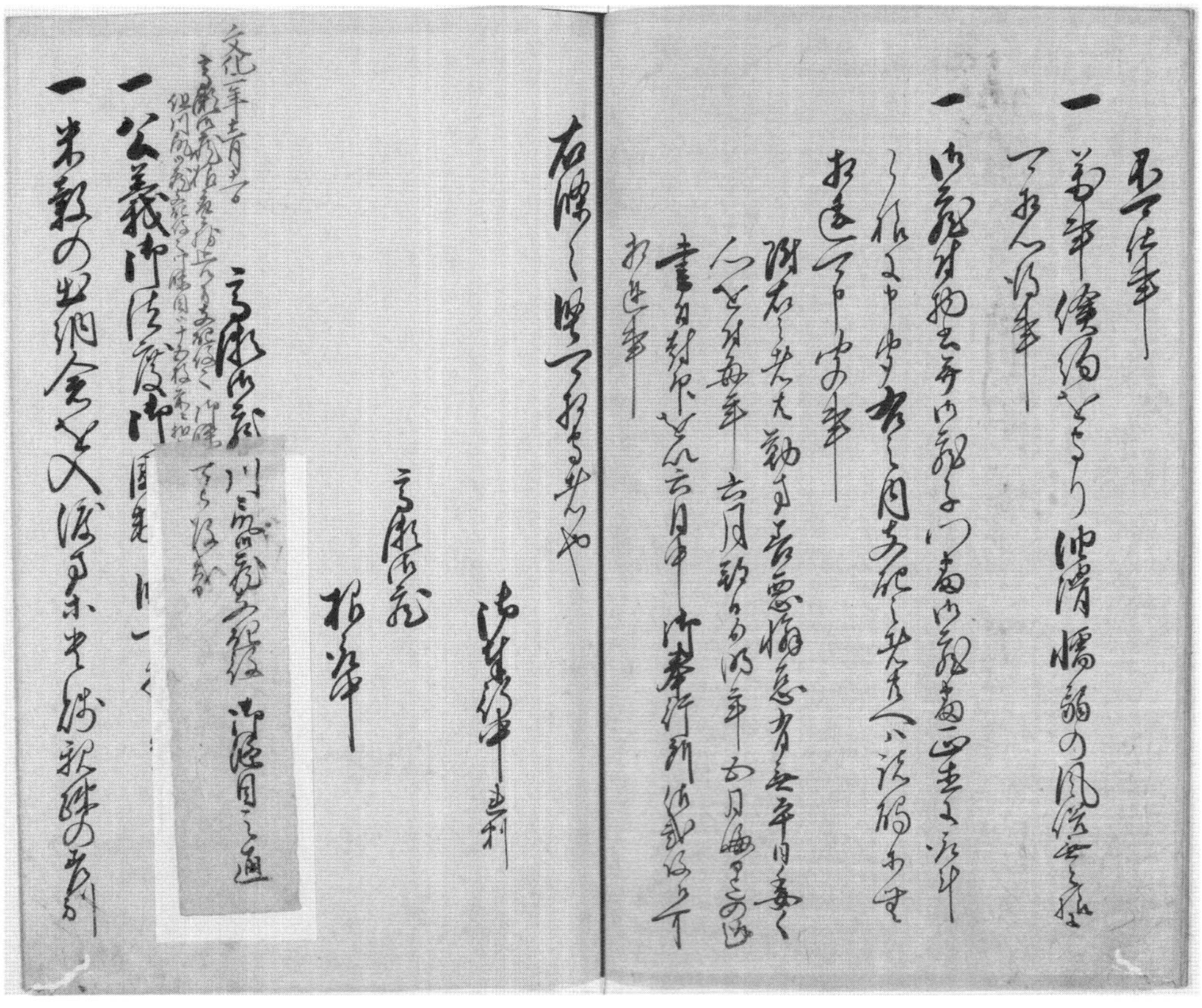

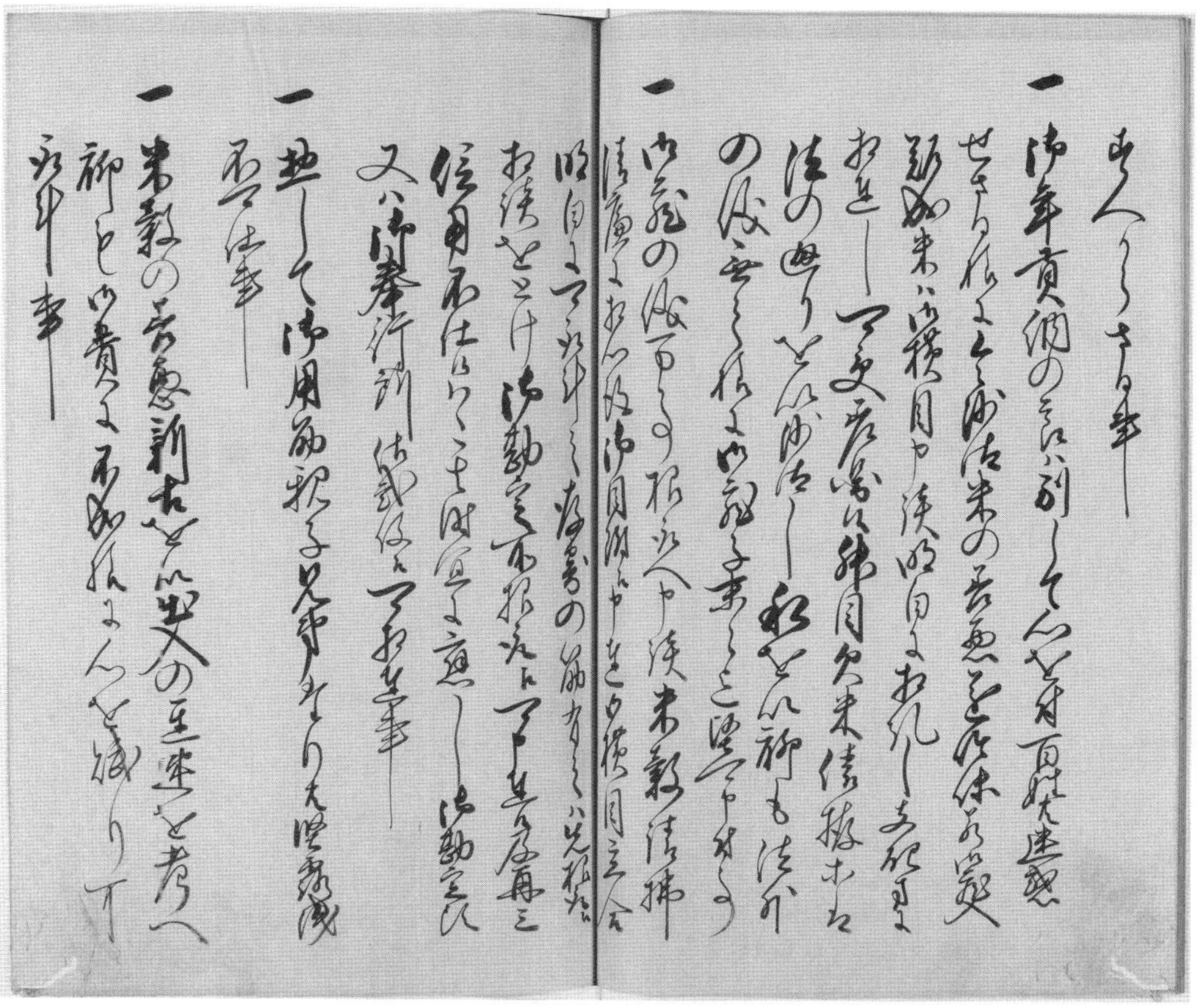

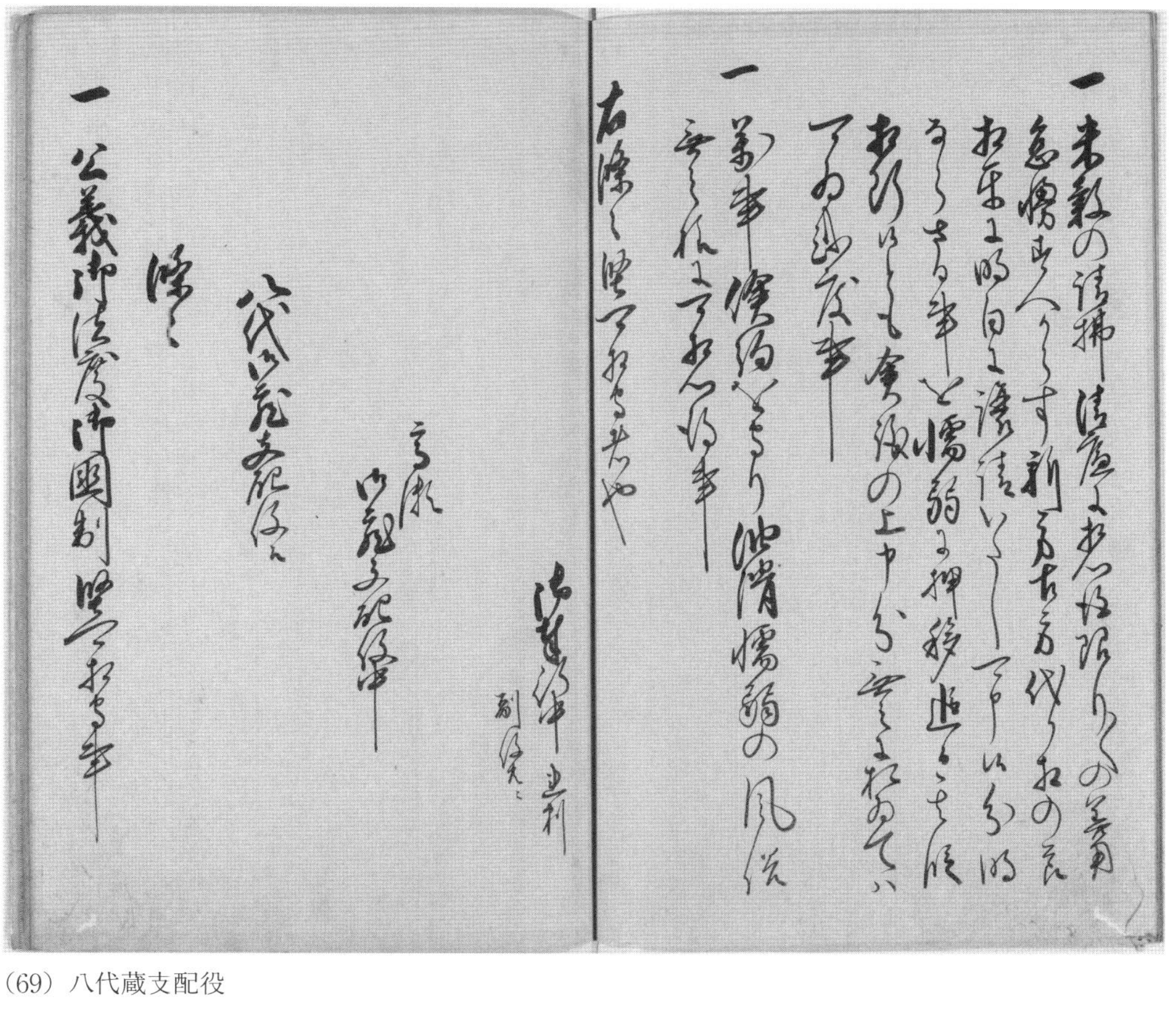

（69）八代蔵支配役

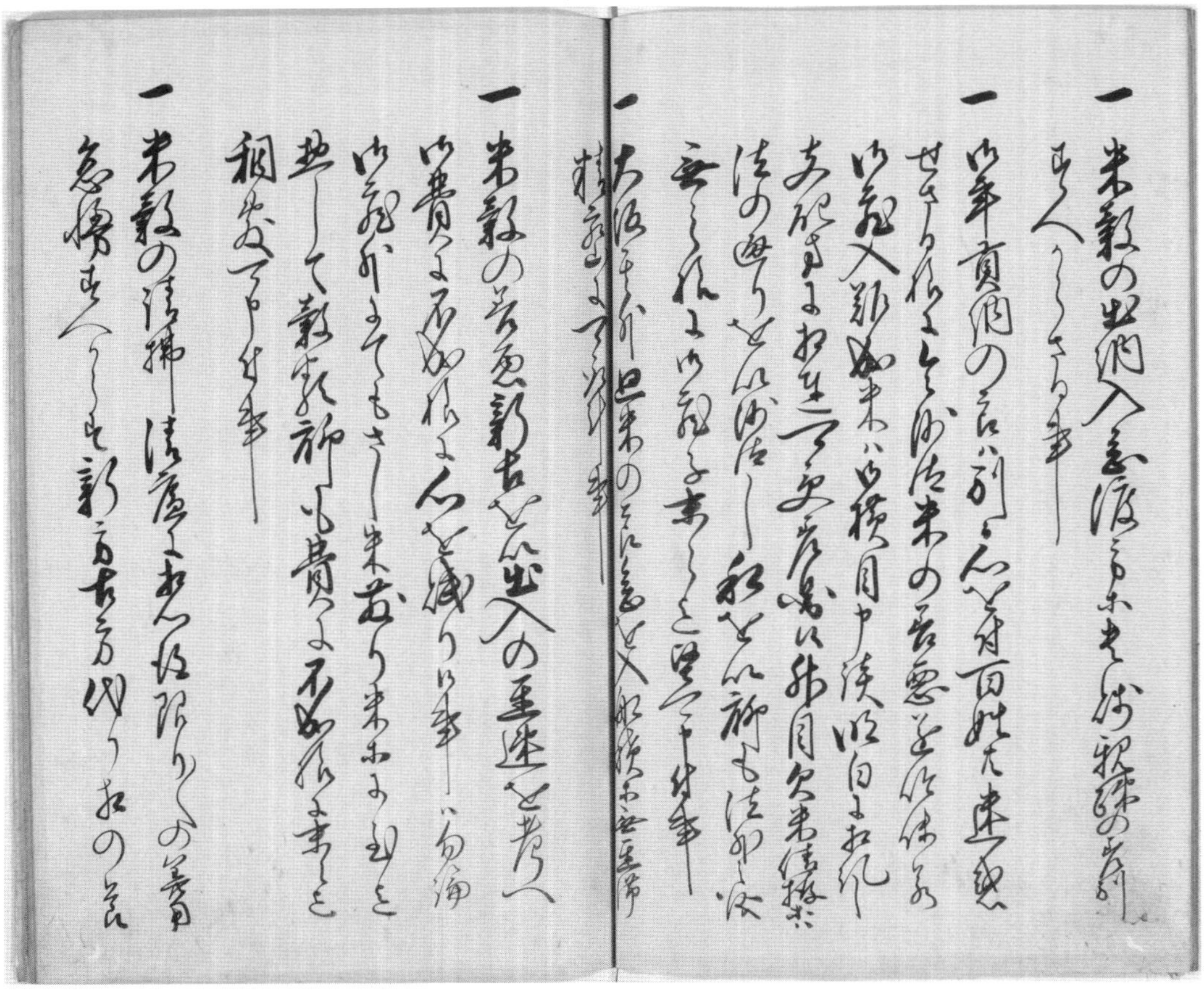

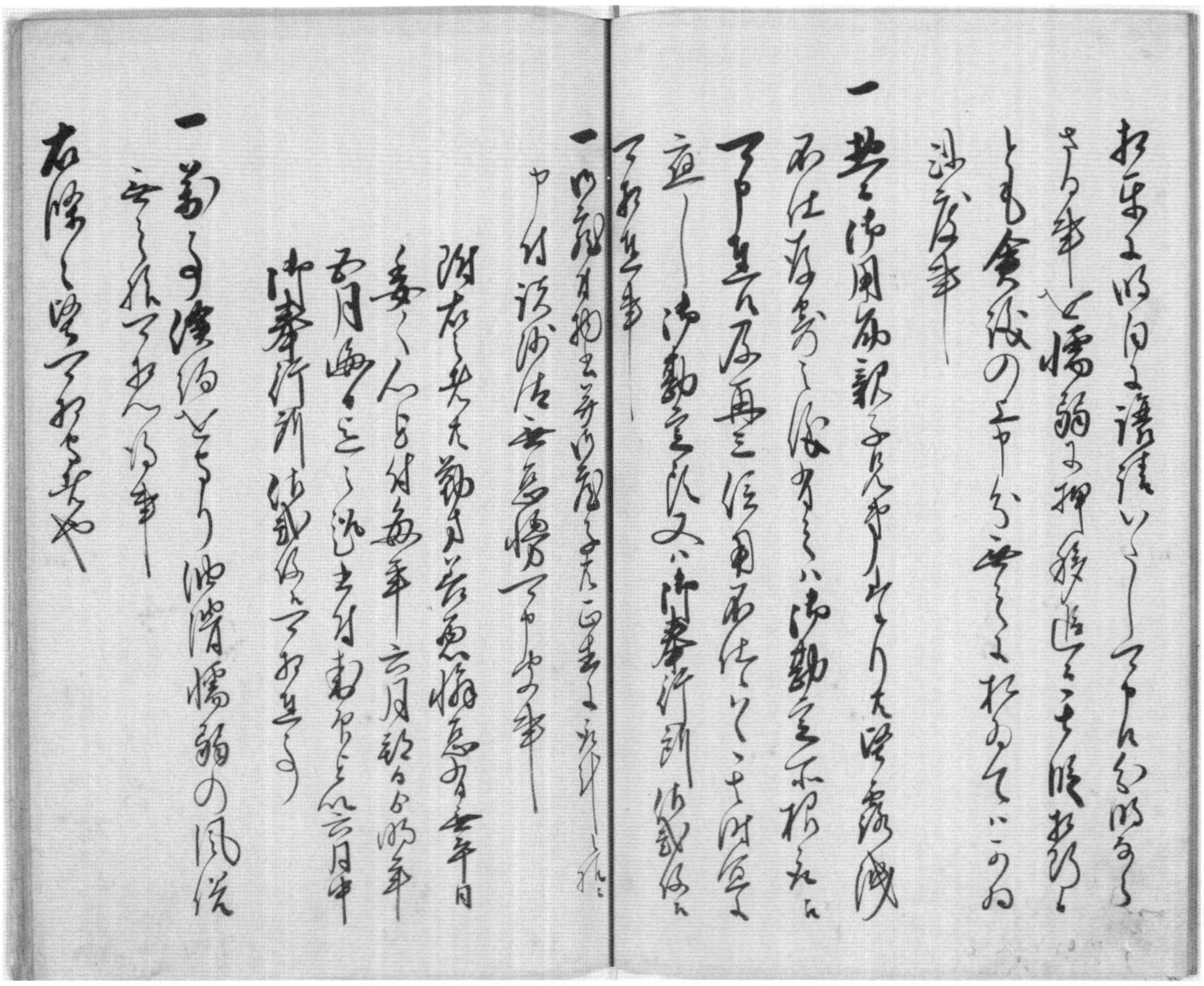

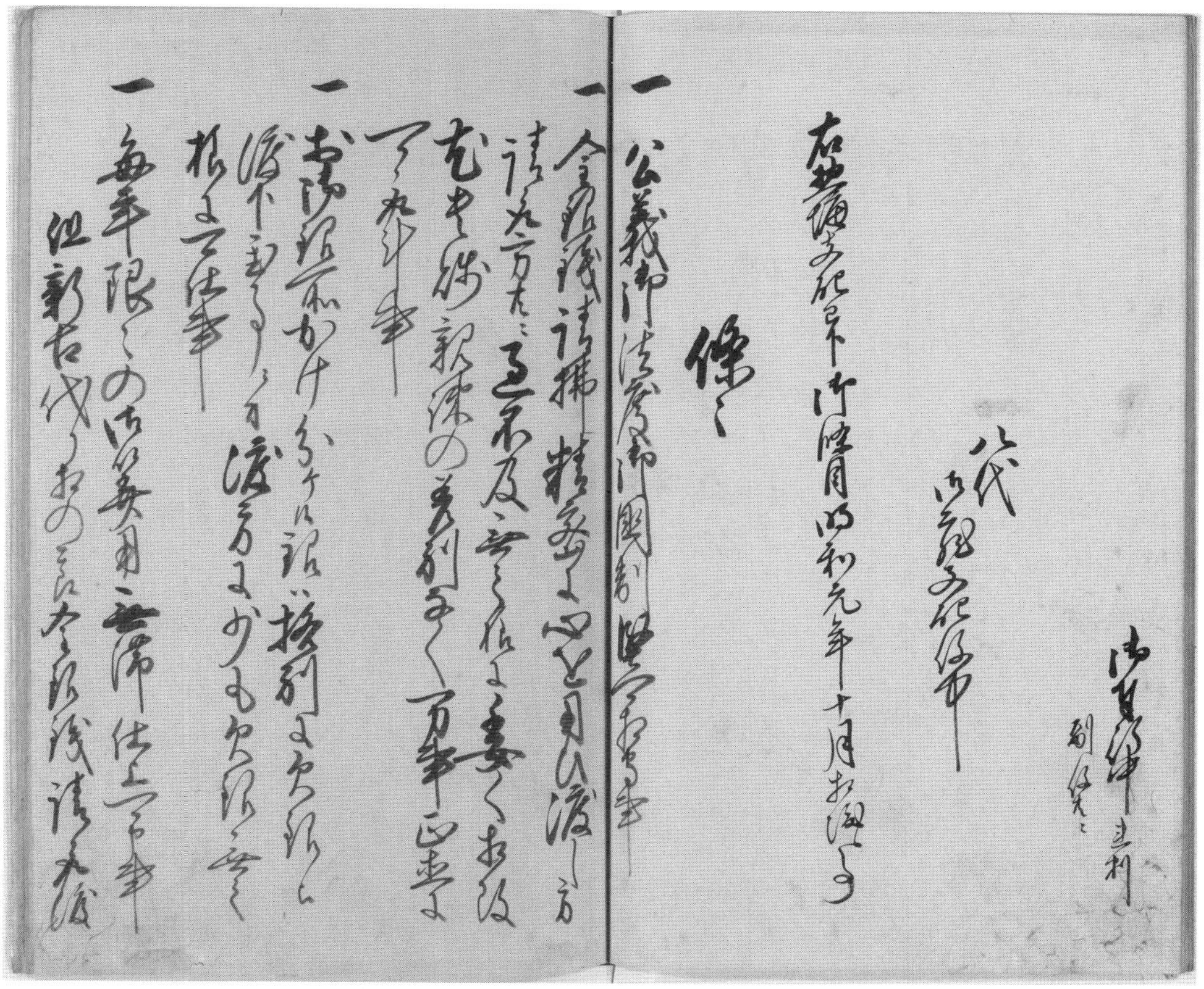

（70）郡間（小物成方）銀支配役

(a)

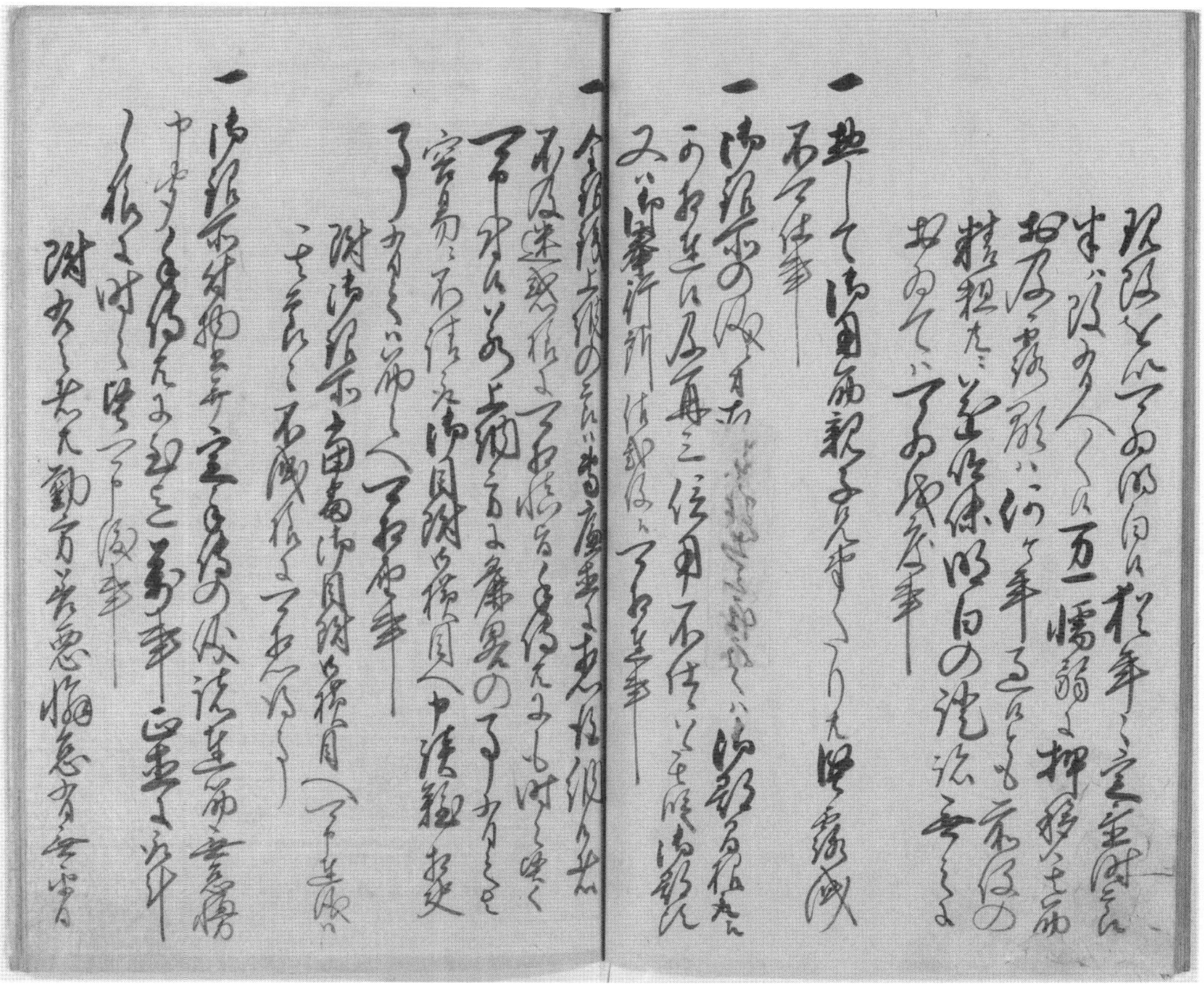

(b)

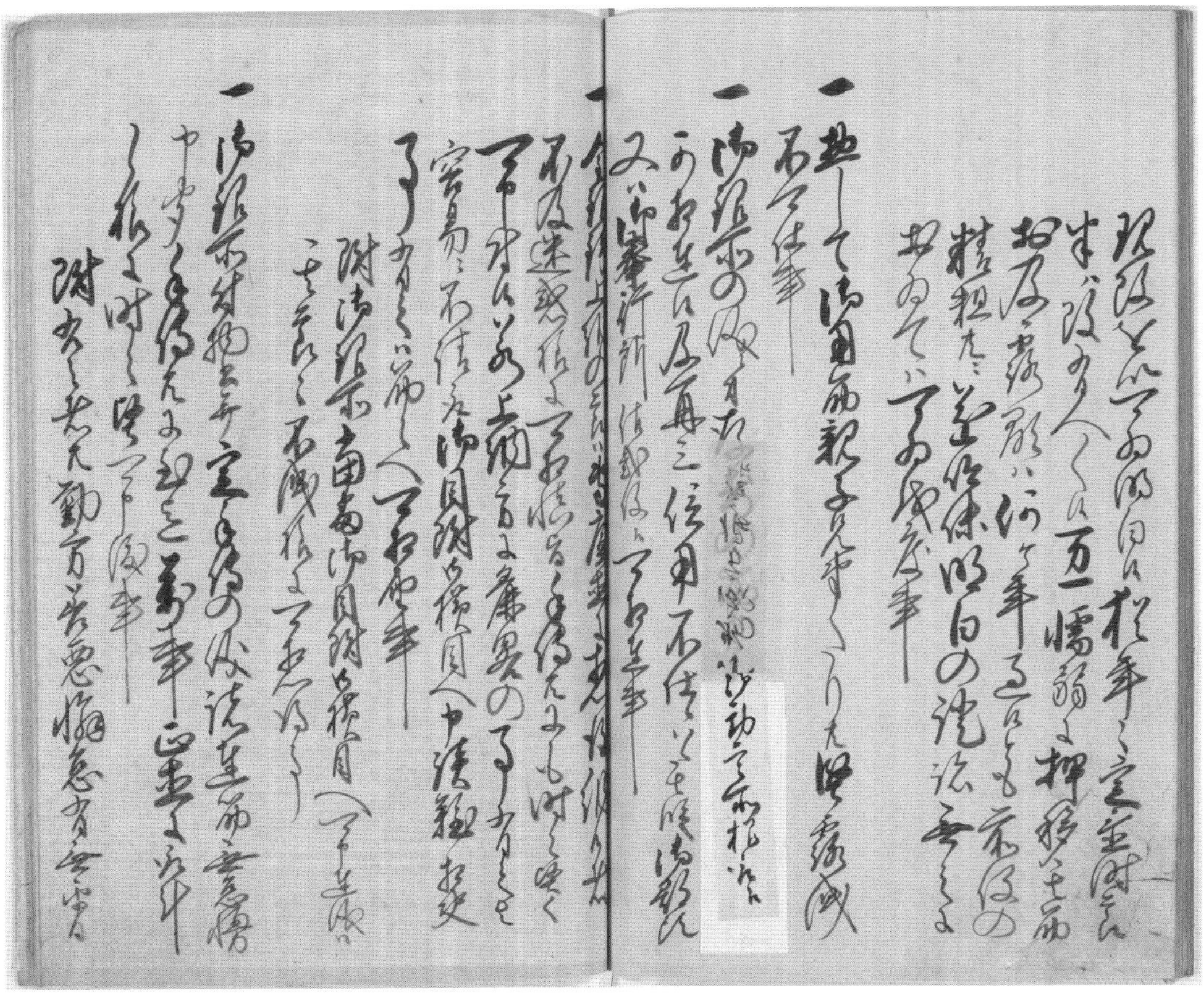

(c)

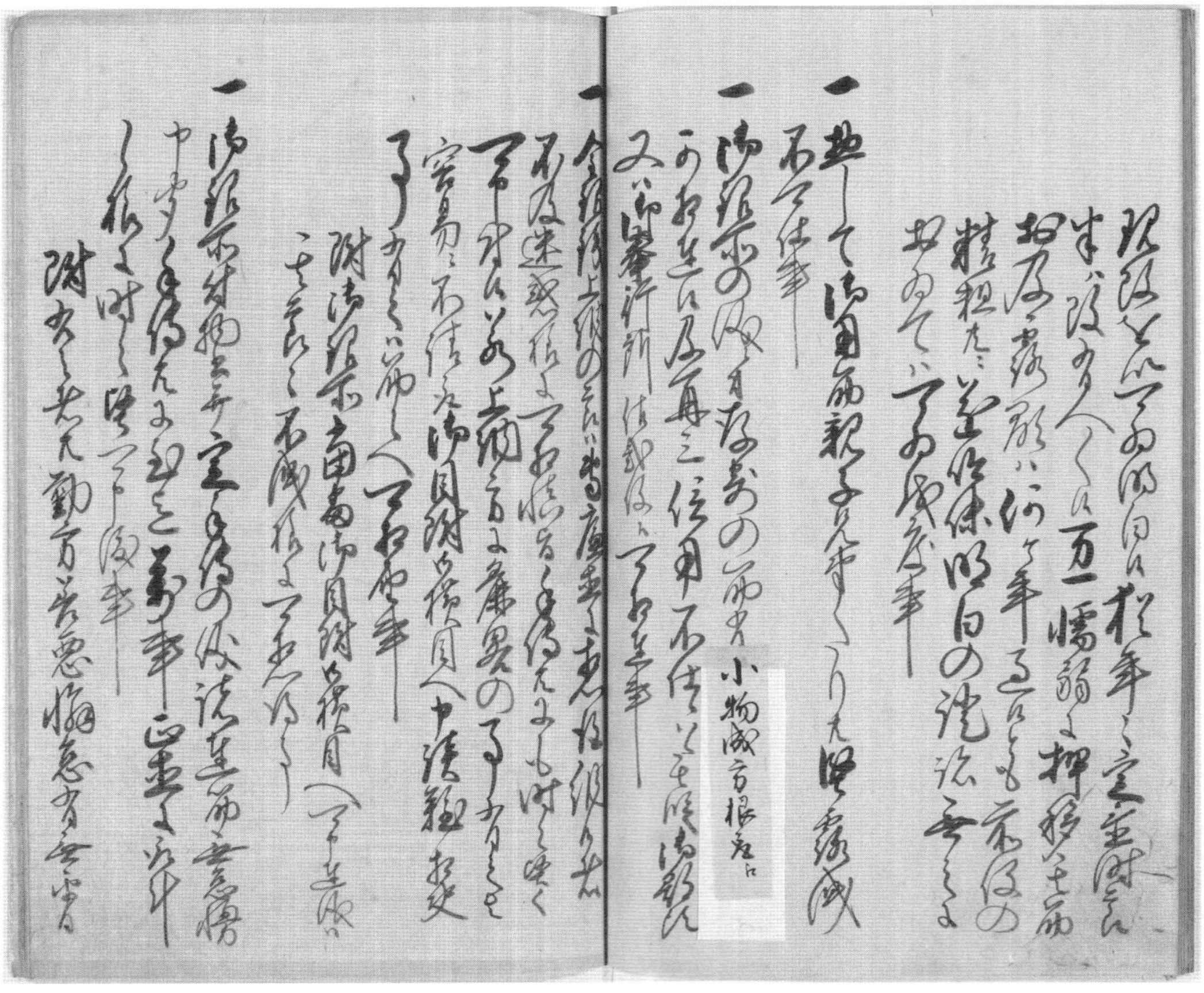

(a)

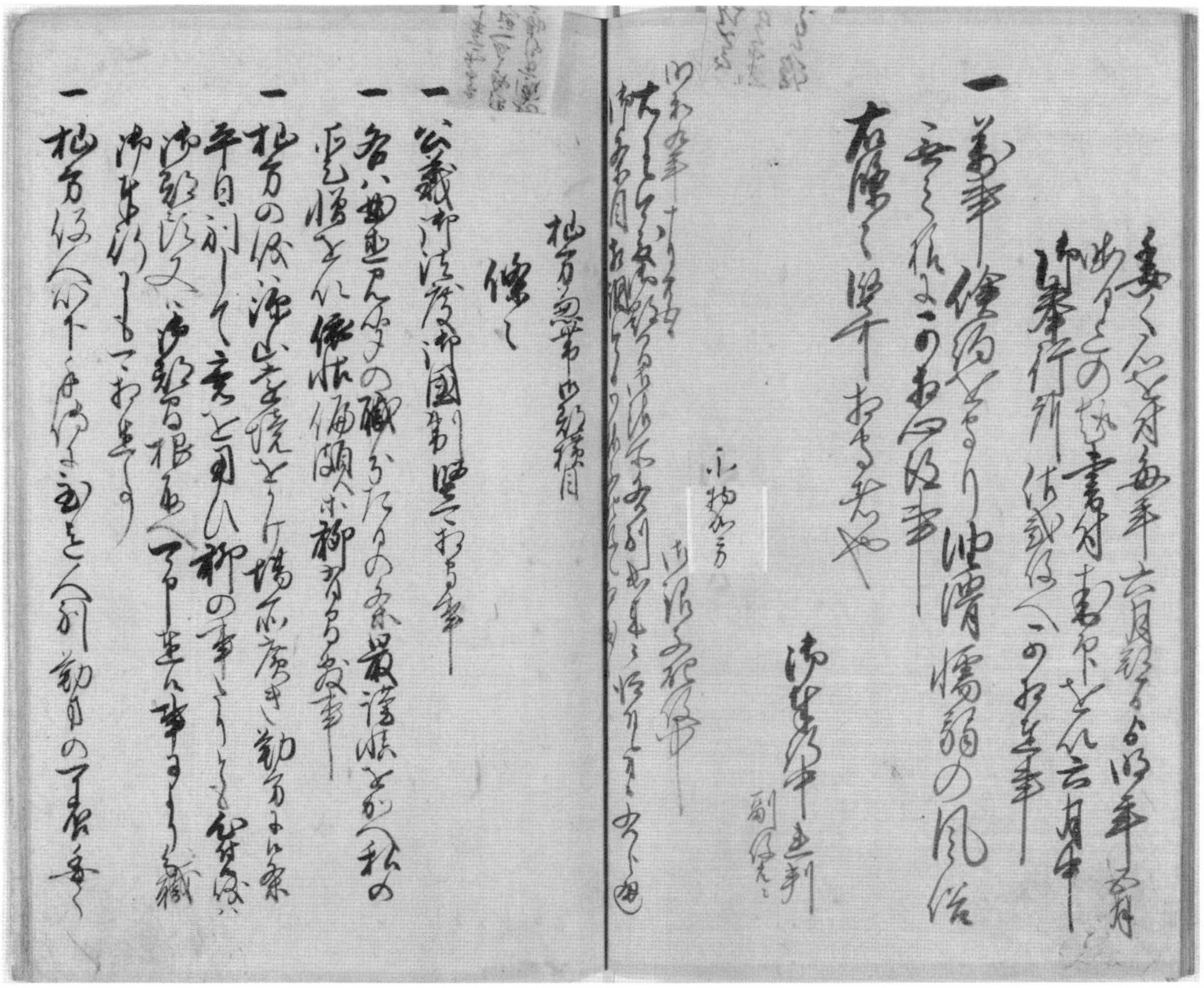

（71）杣方兼帯郡横目

(b)

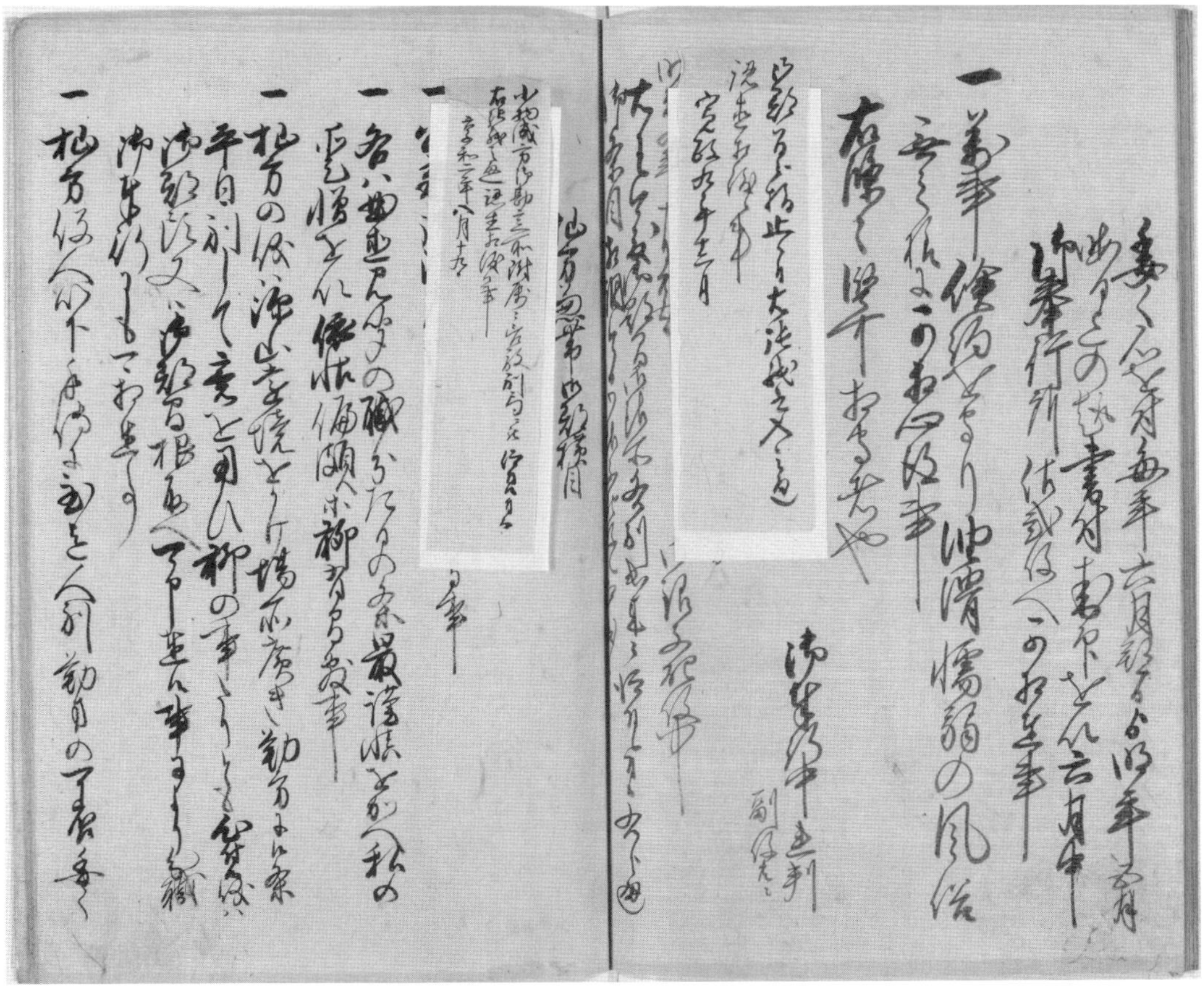

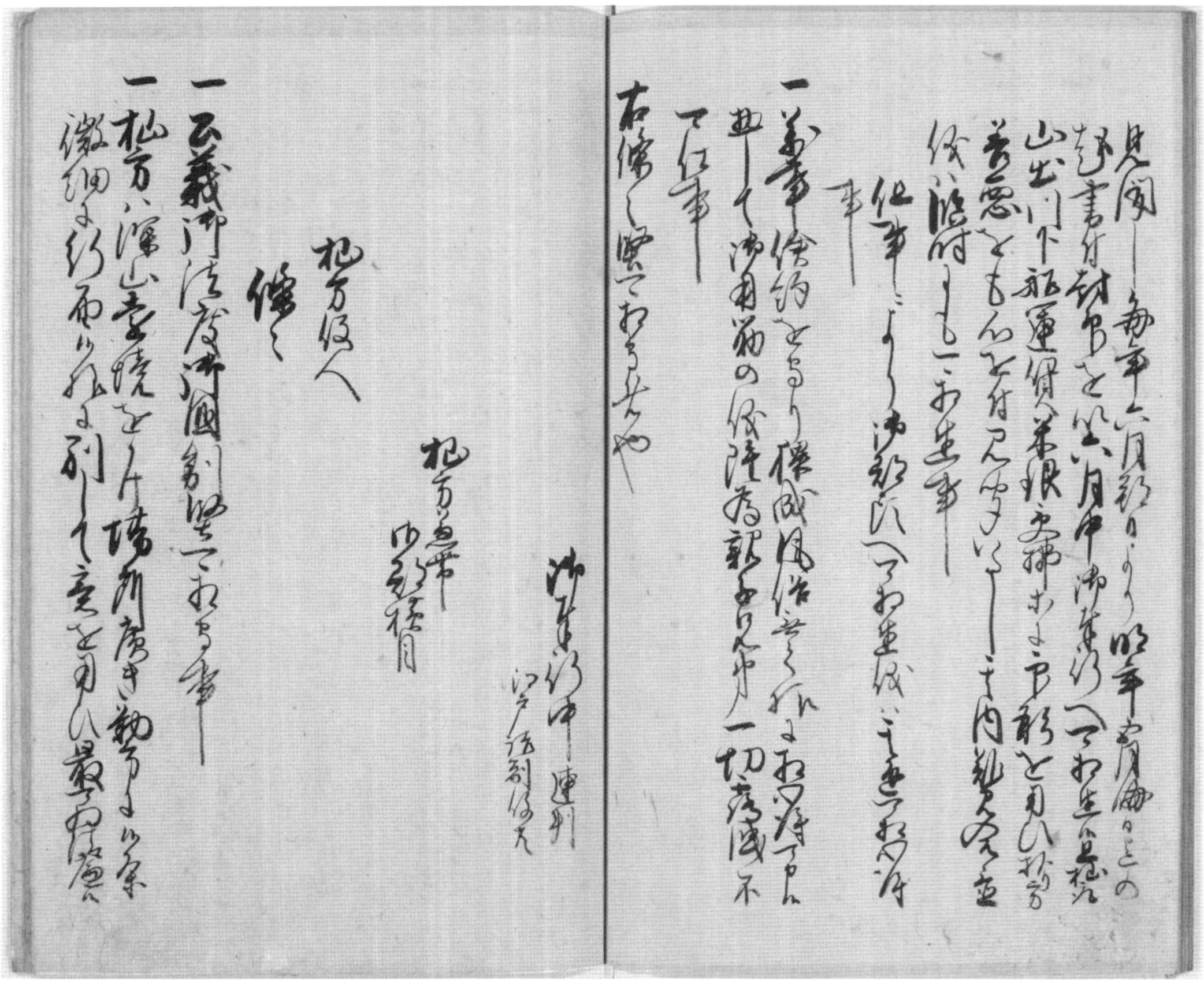

（72）杣方役人

(a)

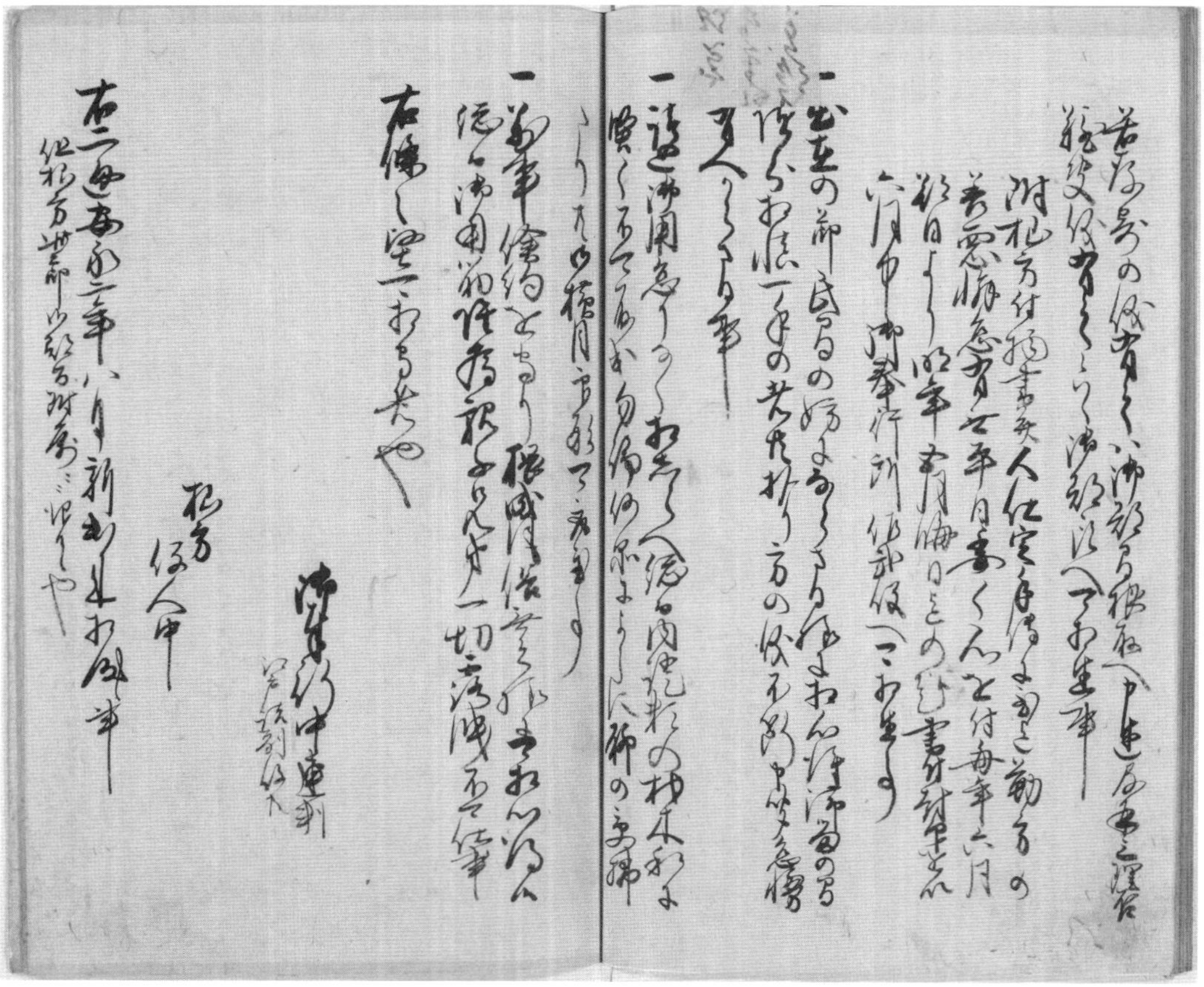

(b)

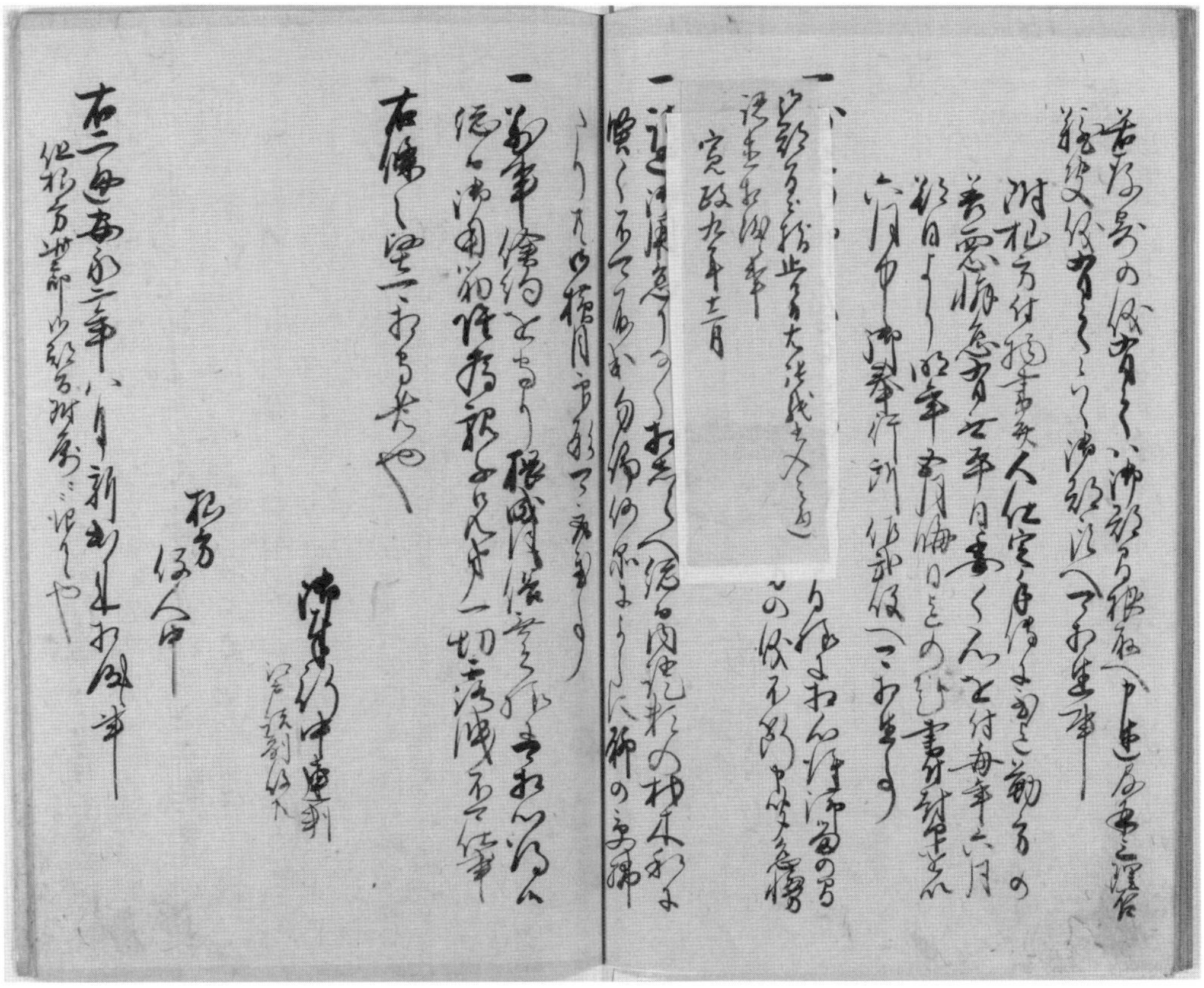

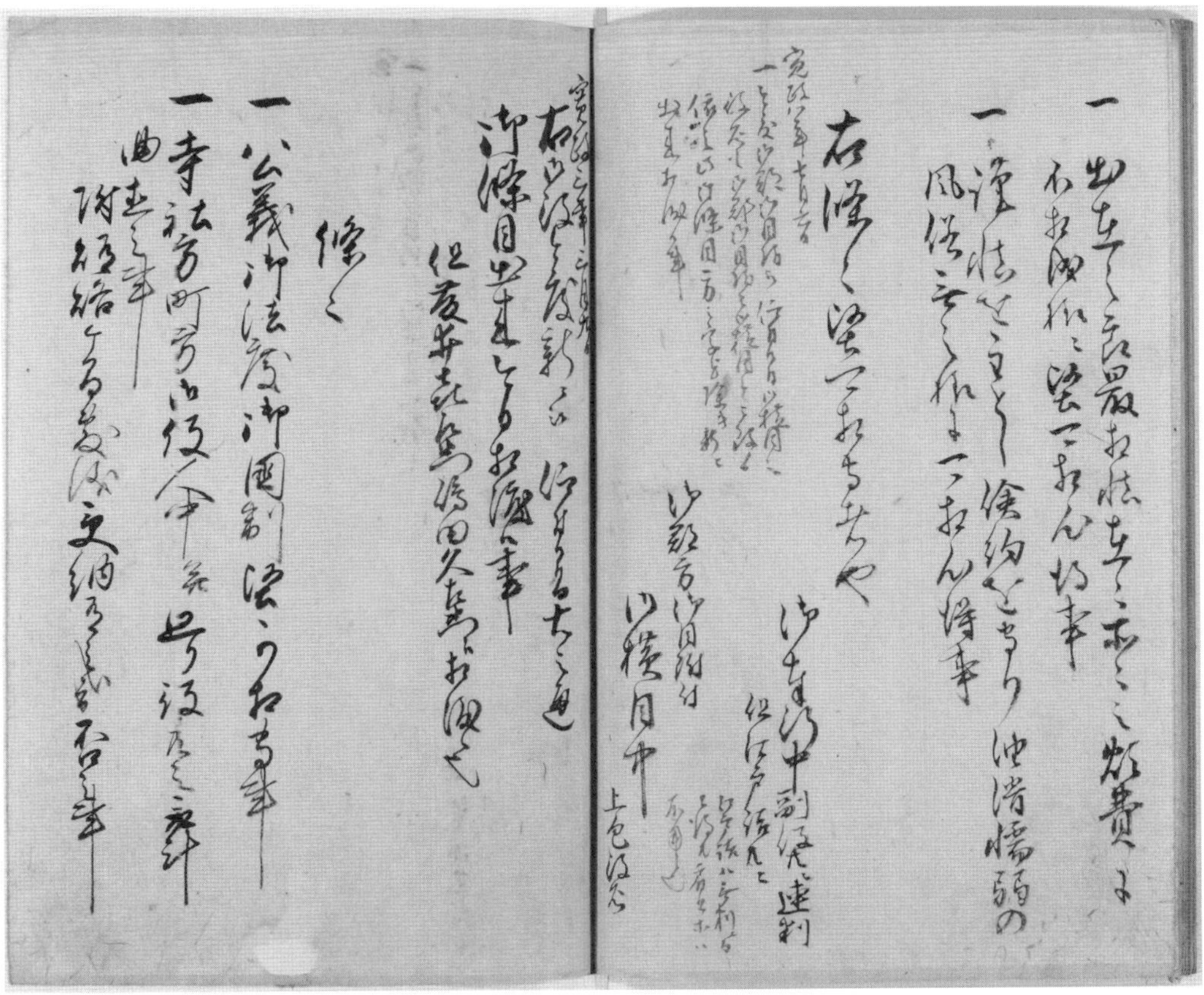

(73) 寺社方・町方横目

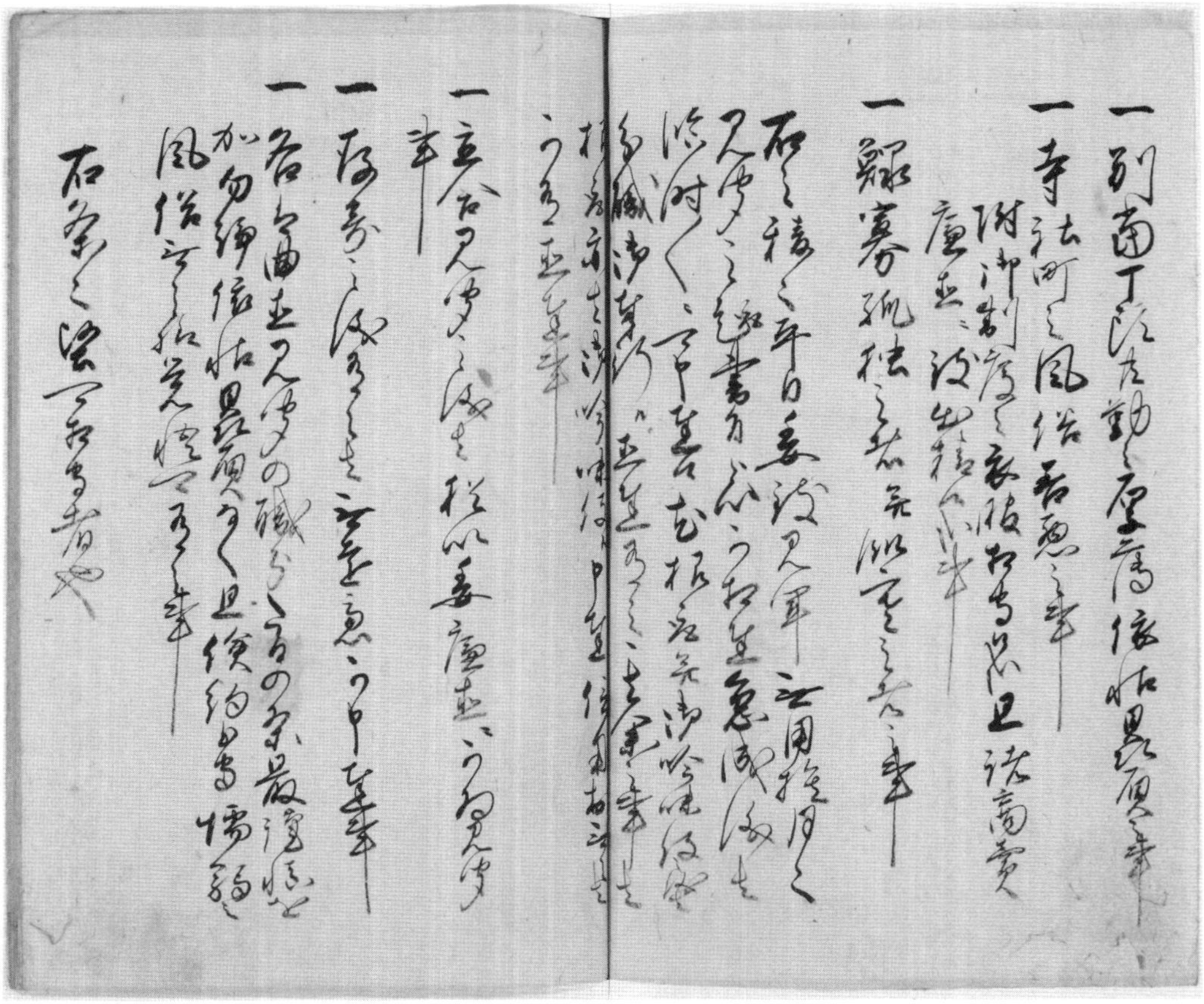

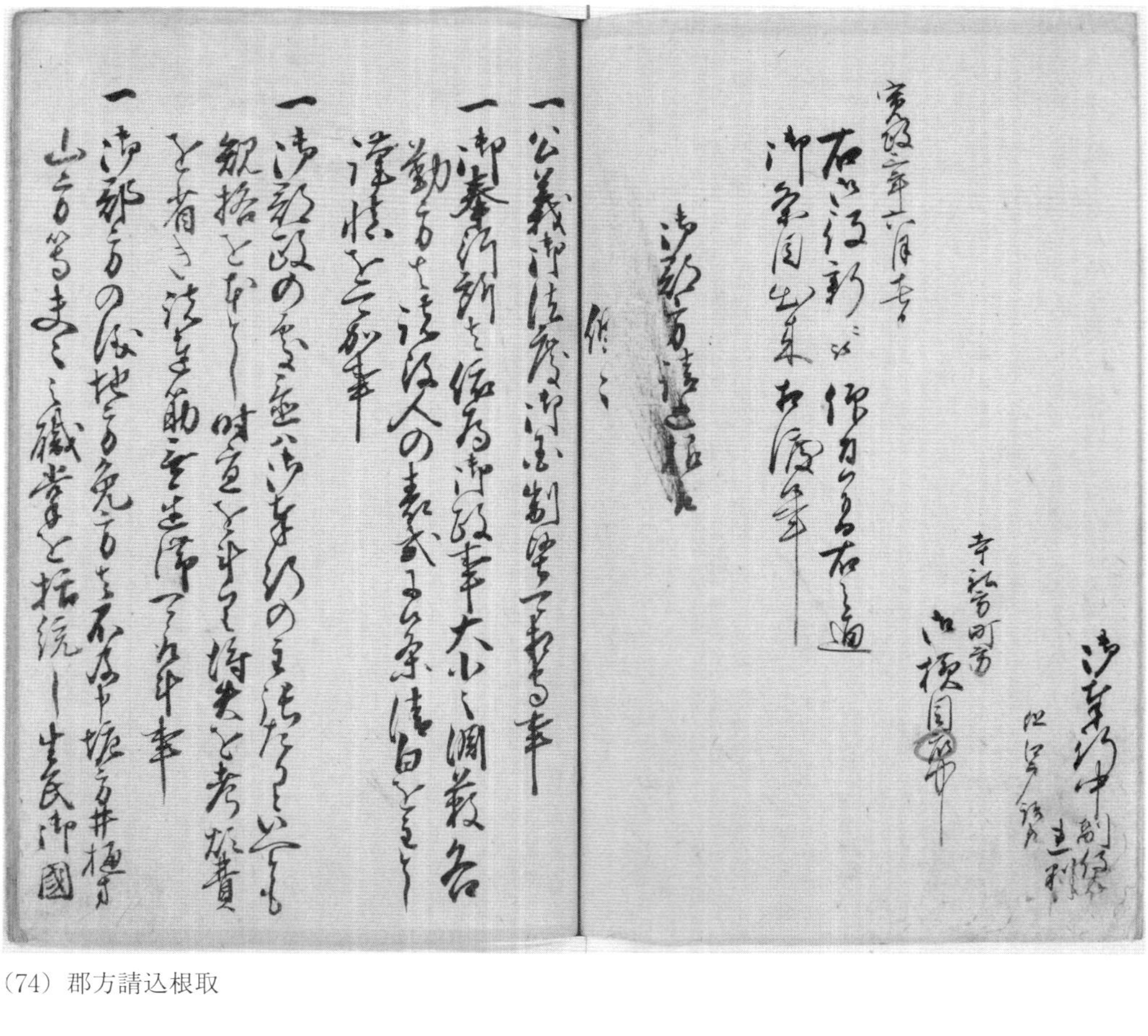

（74）郡方請込根取

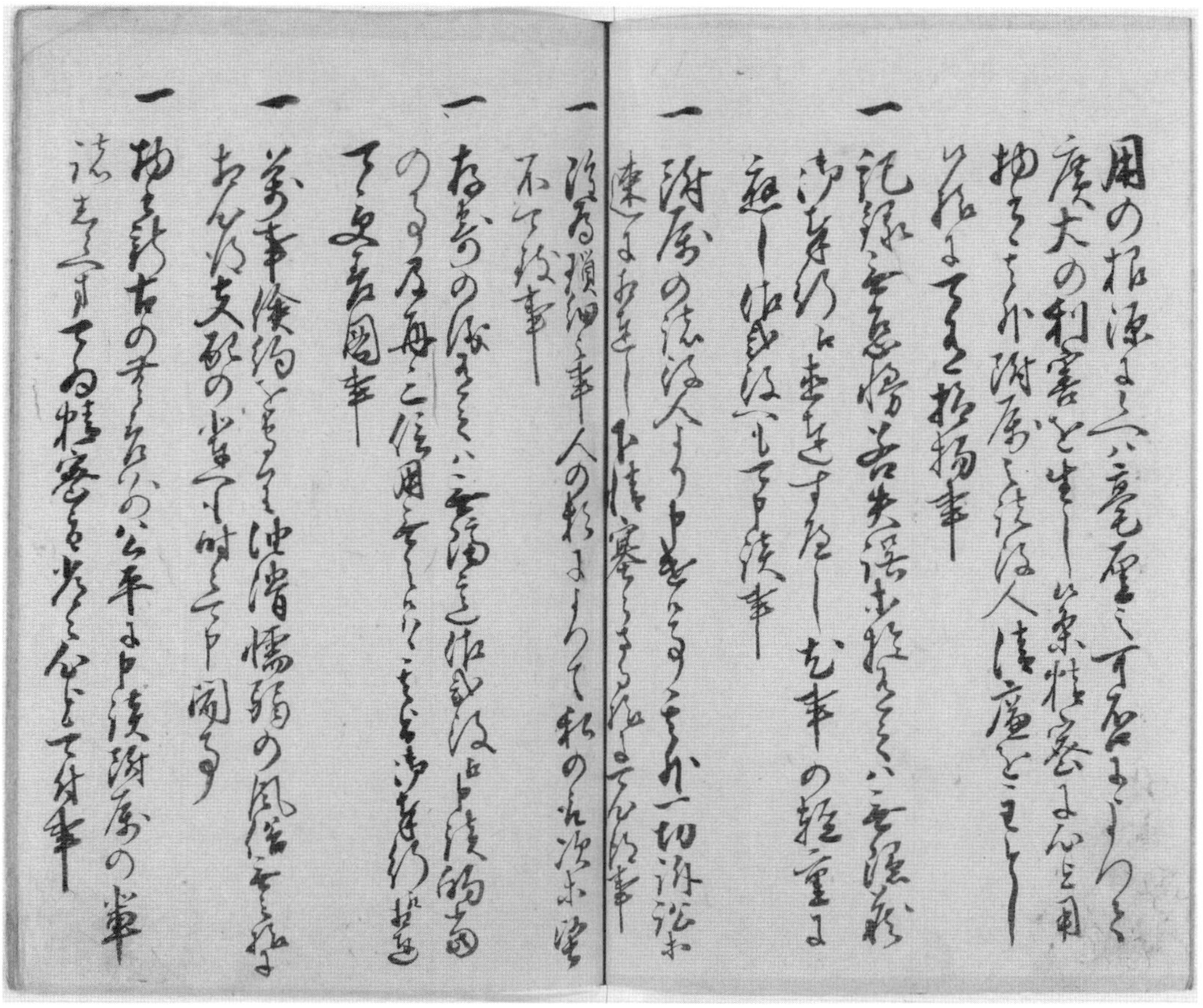

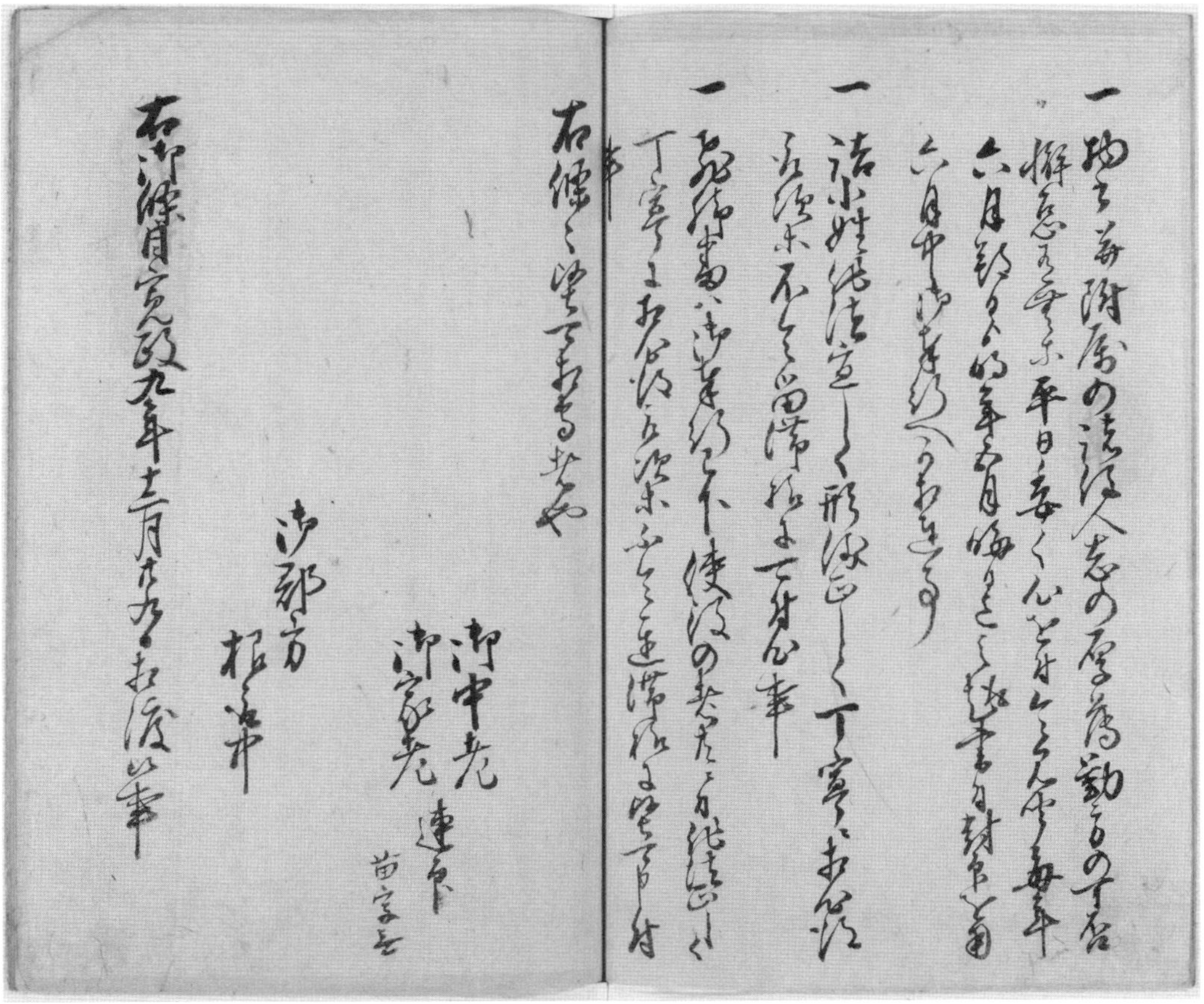

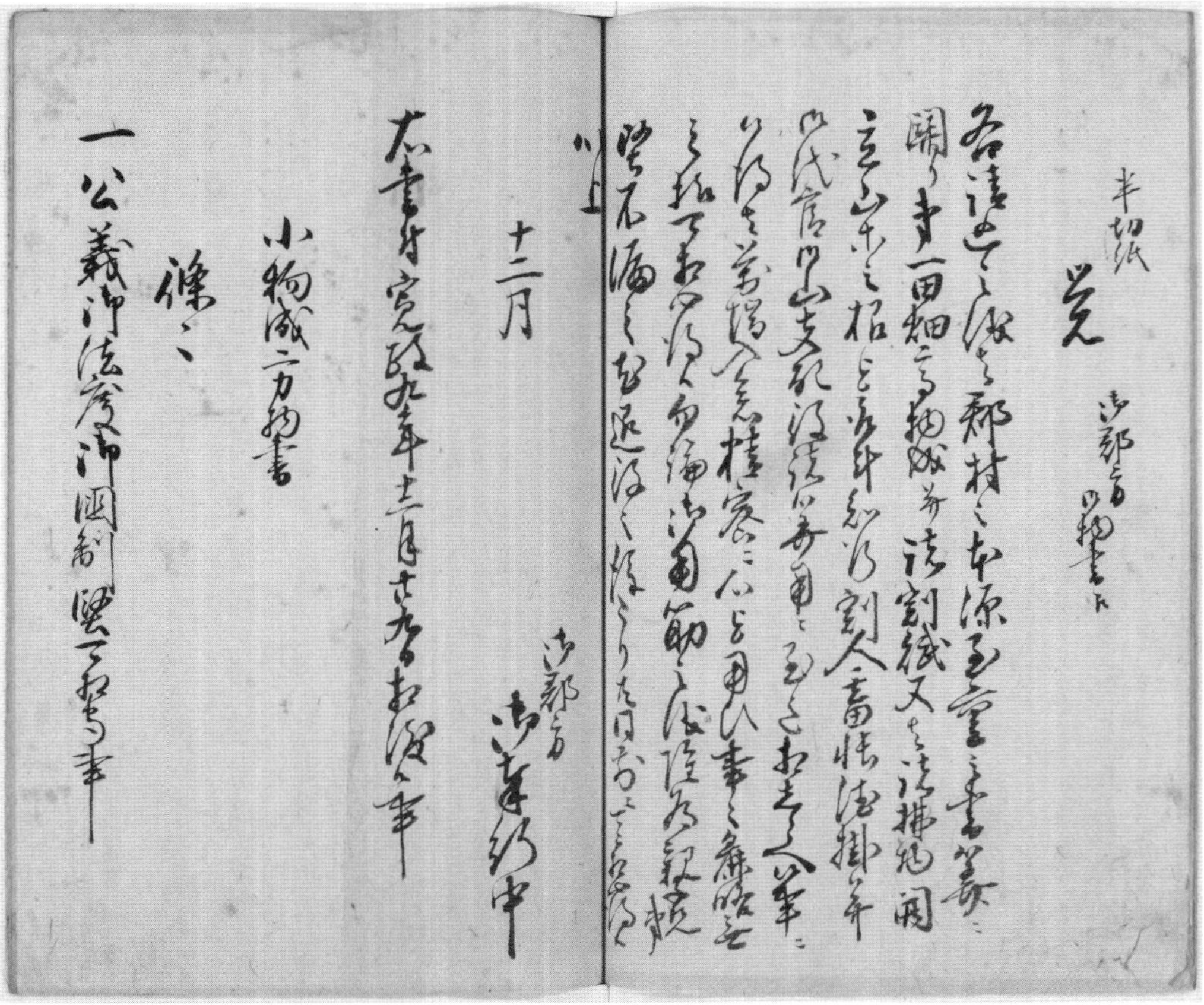

（76）小物成方物書　　（75）覚（郡方物書）

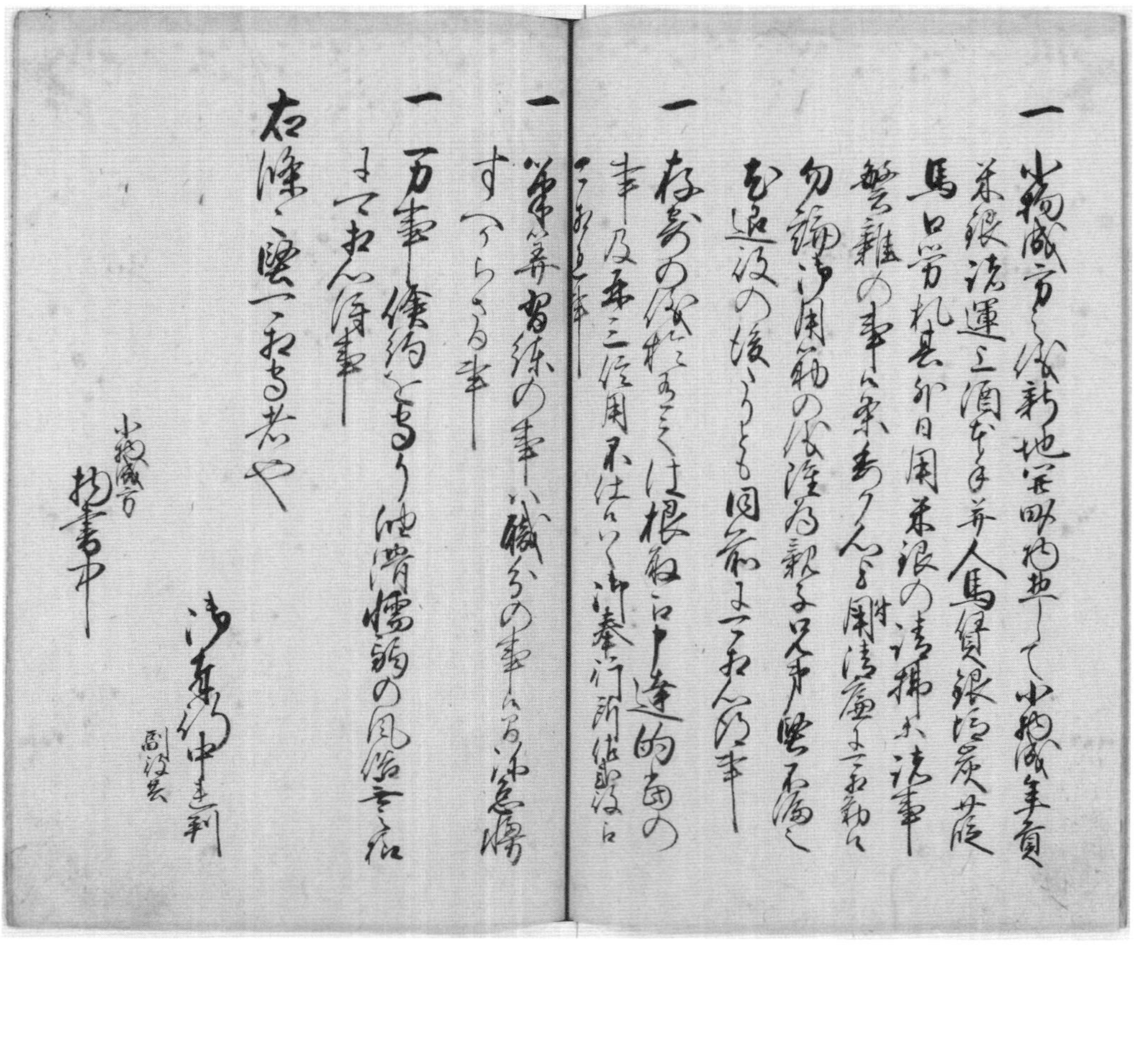

(a)

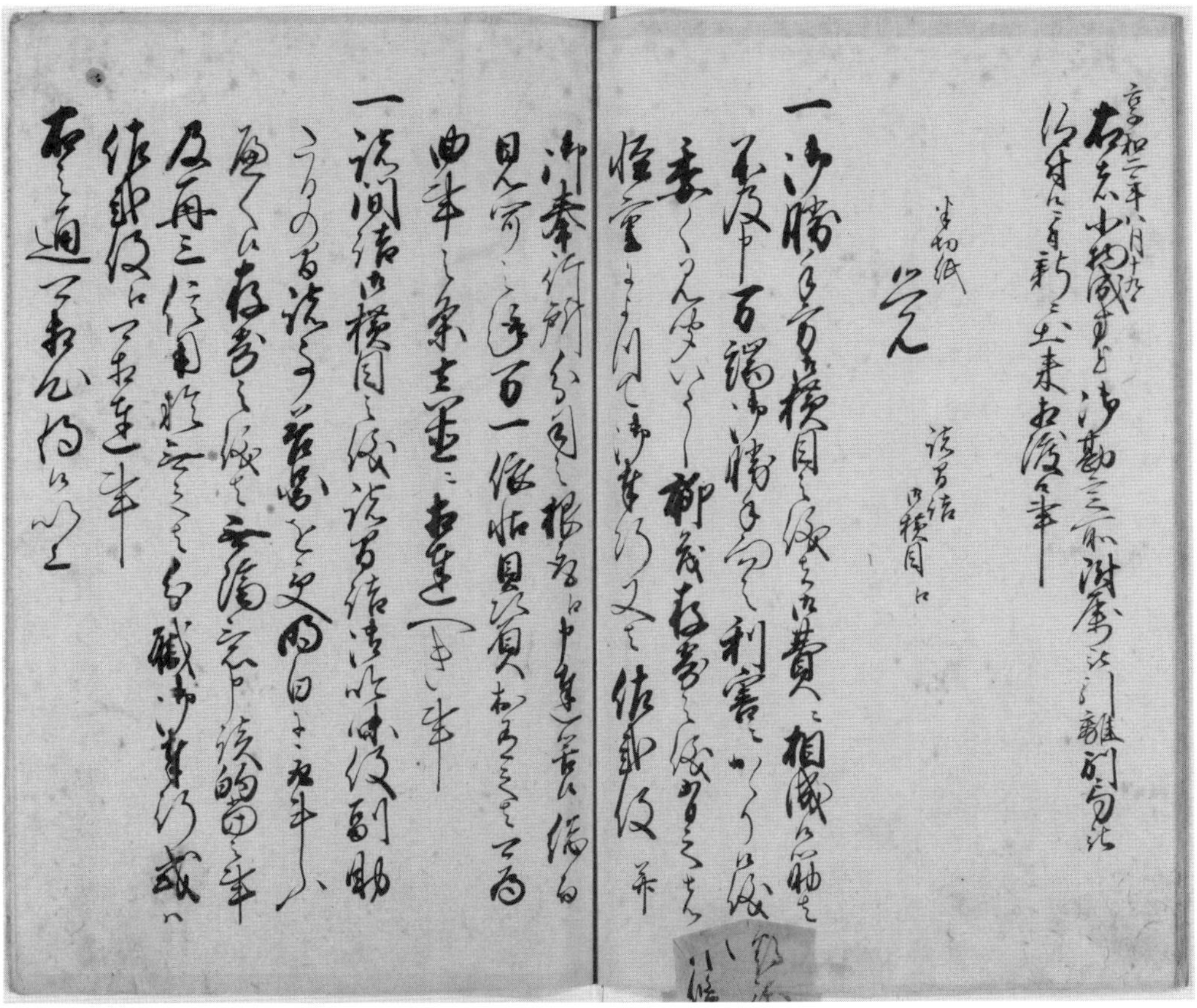

（77）覚（諸問詰横目）

(b)

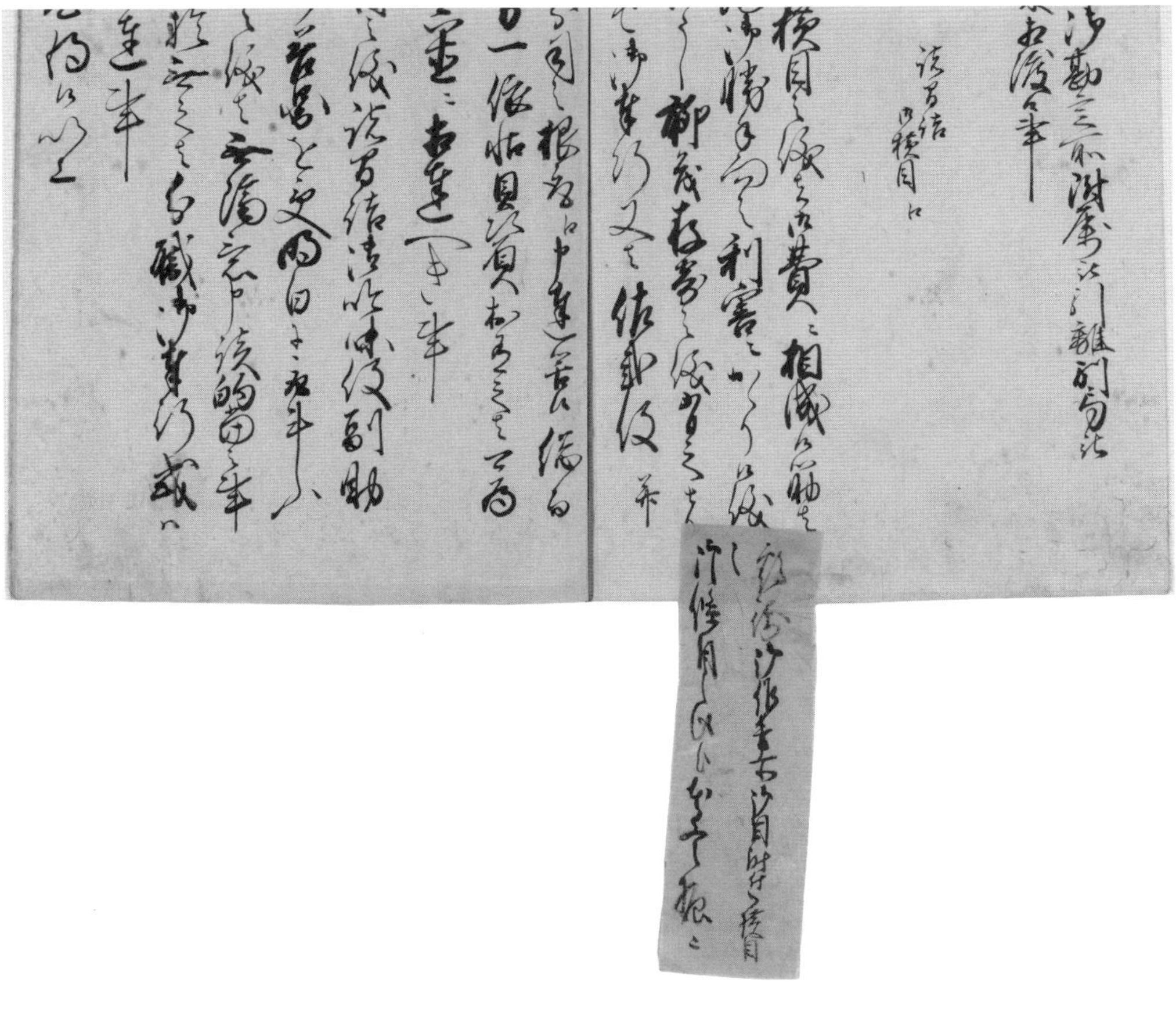

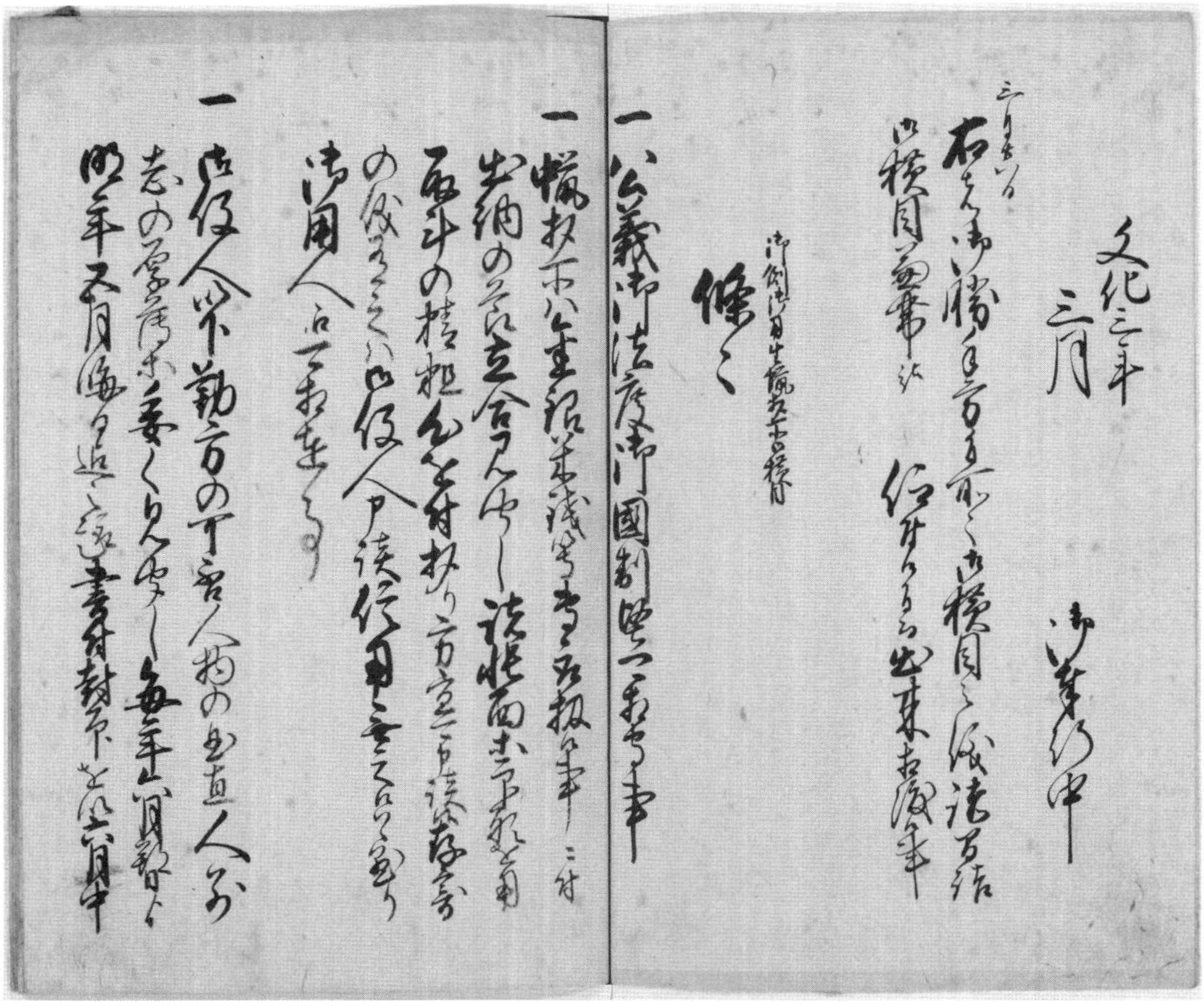

（78）側御用生蠟扌所横目

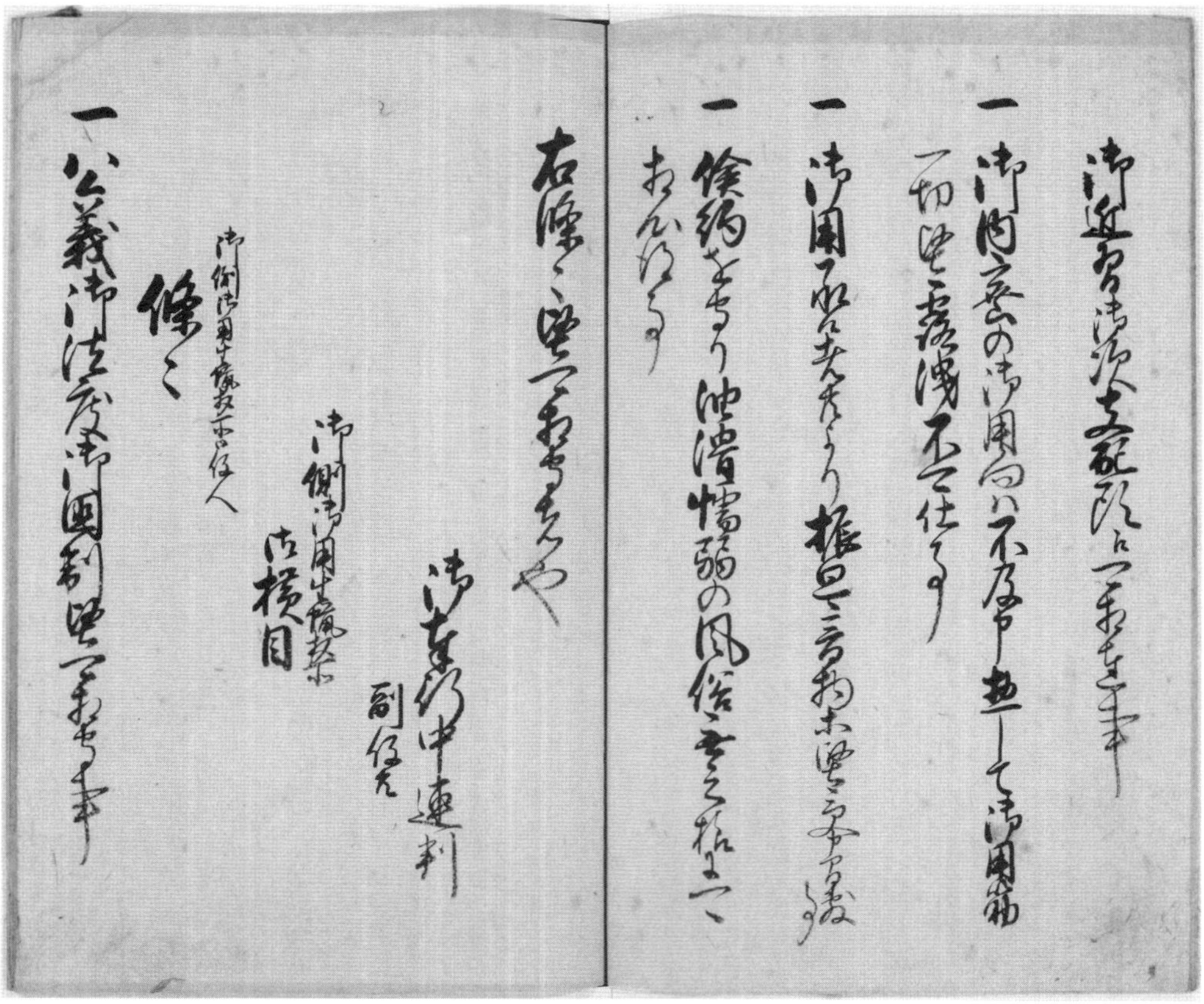

（79）側御用生蠟扌所役人

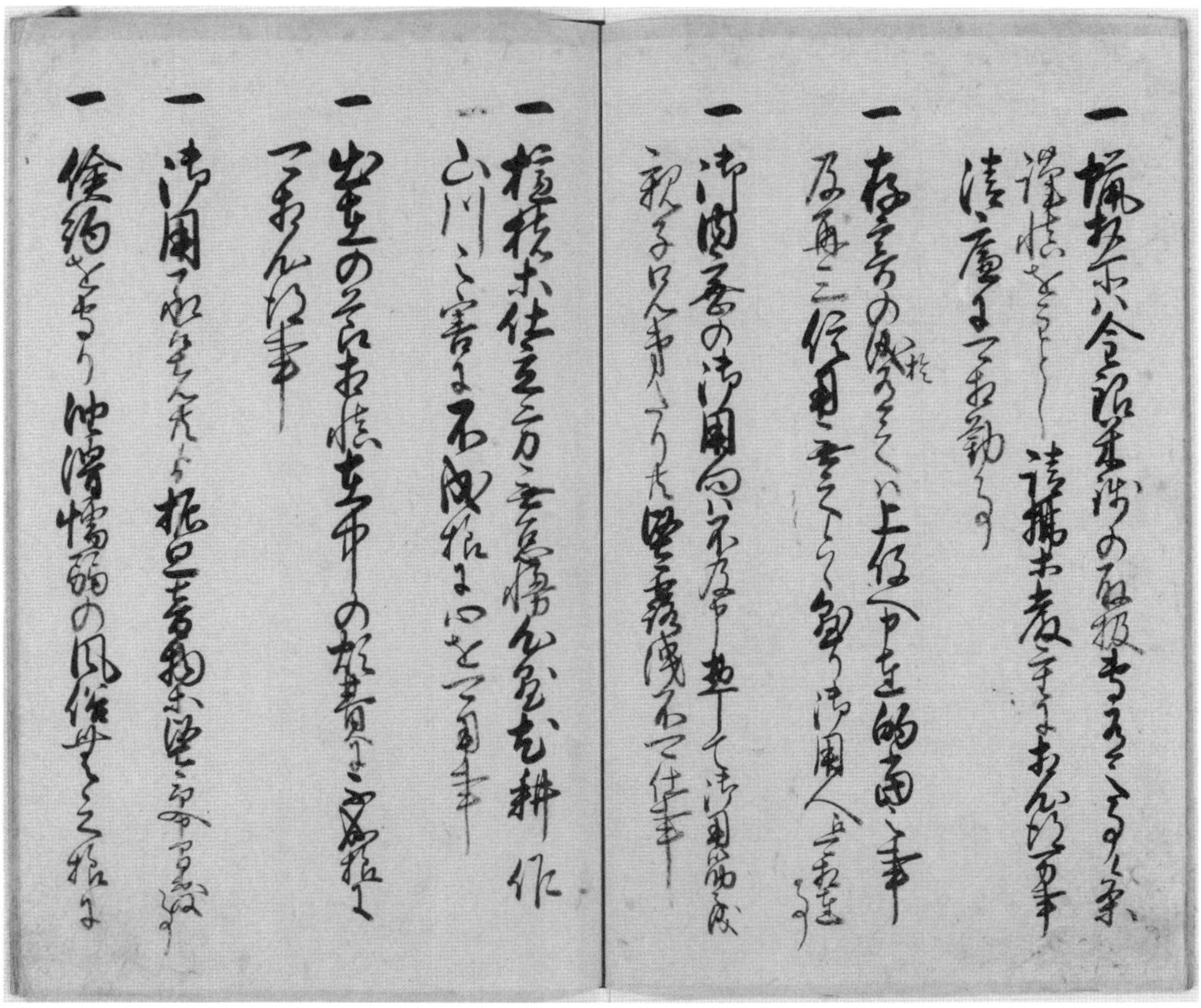

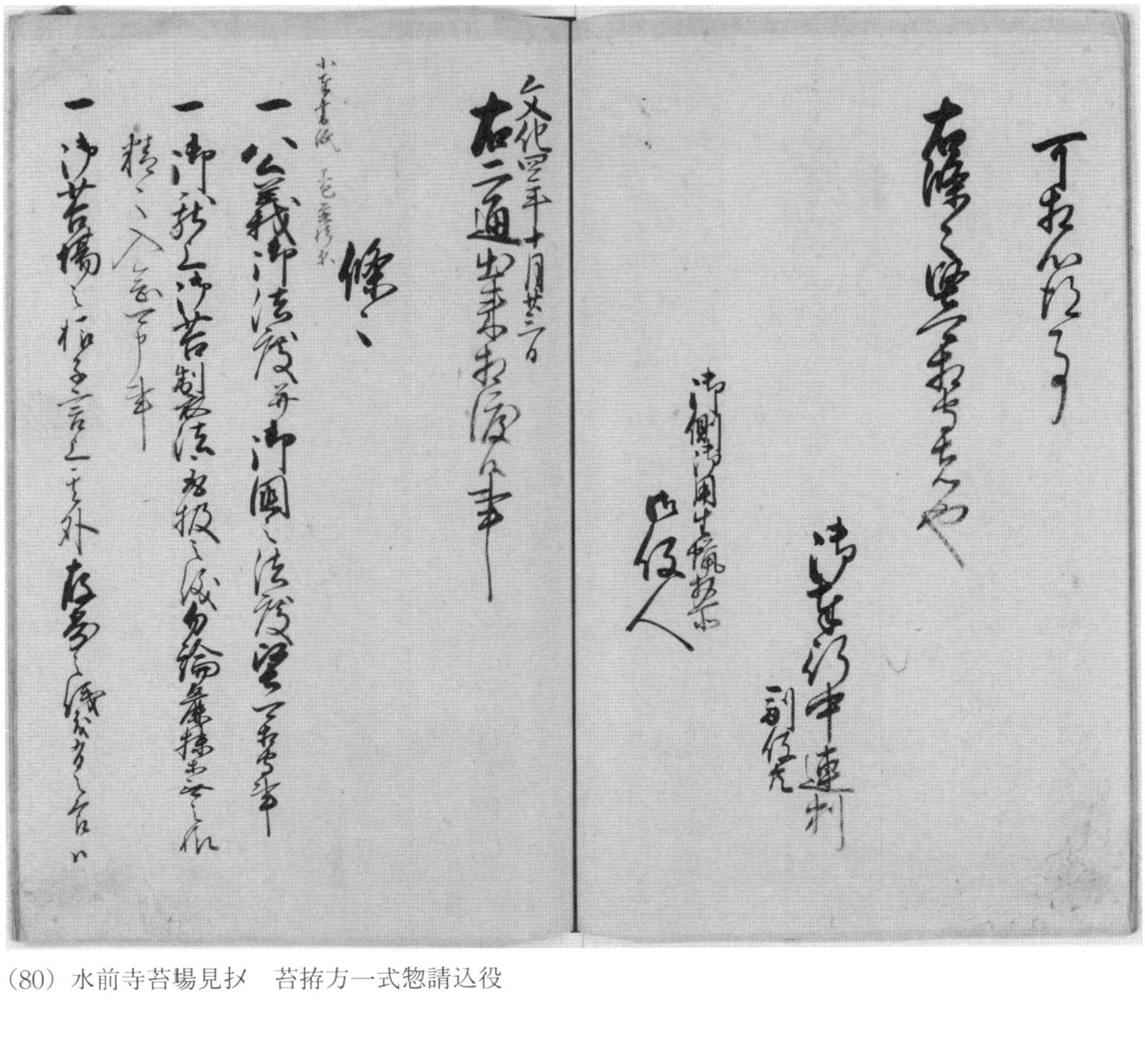

（80）水前寺苔場見扨　苔捺方一式惣請込役

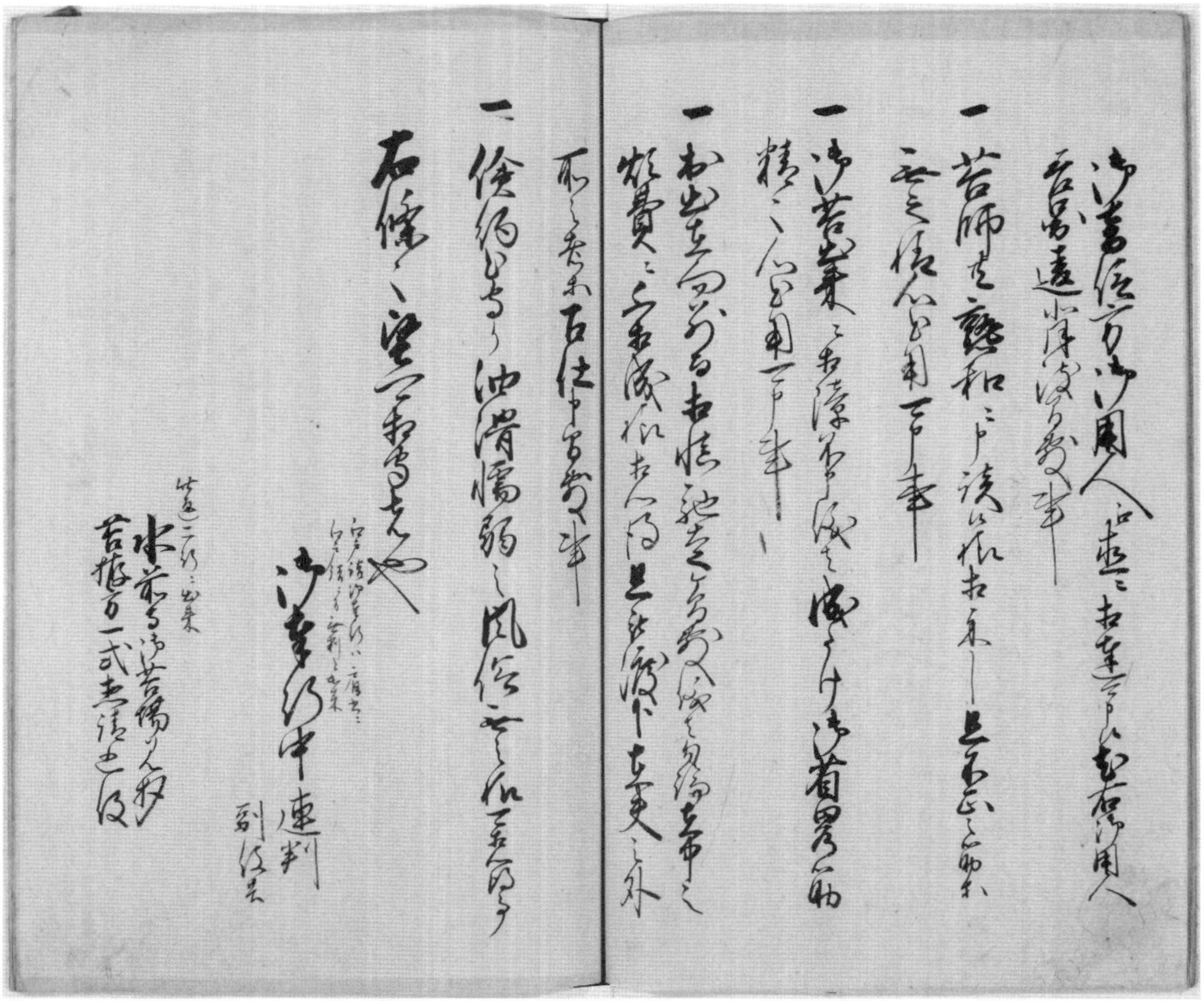

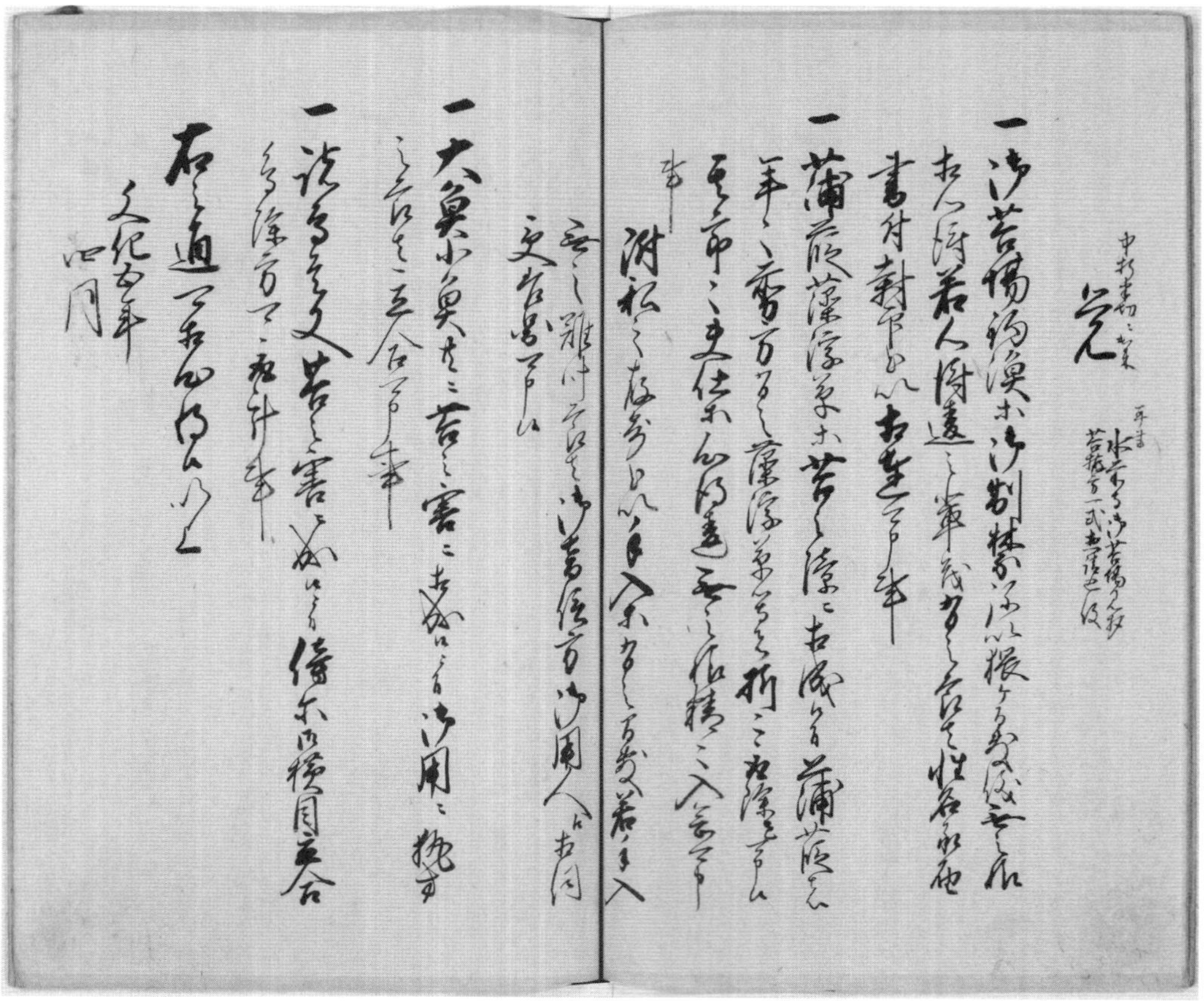

（81）覚（水前寺苔場見〆　苔拵方一式惣請込役）

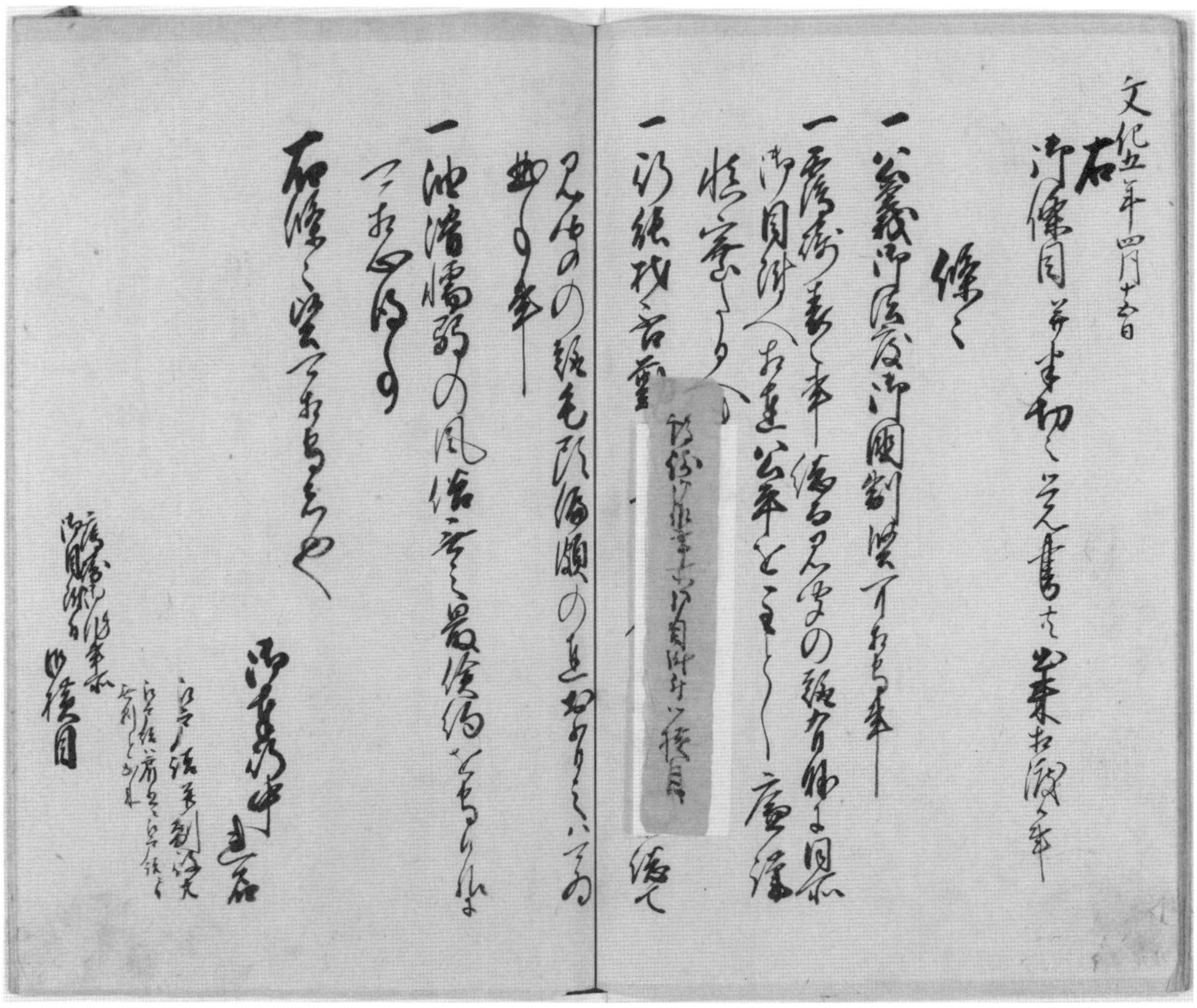

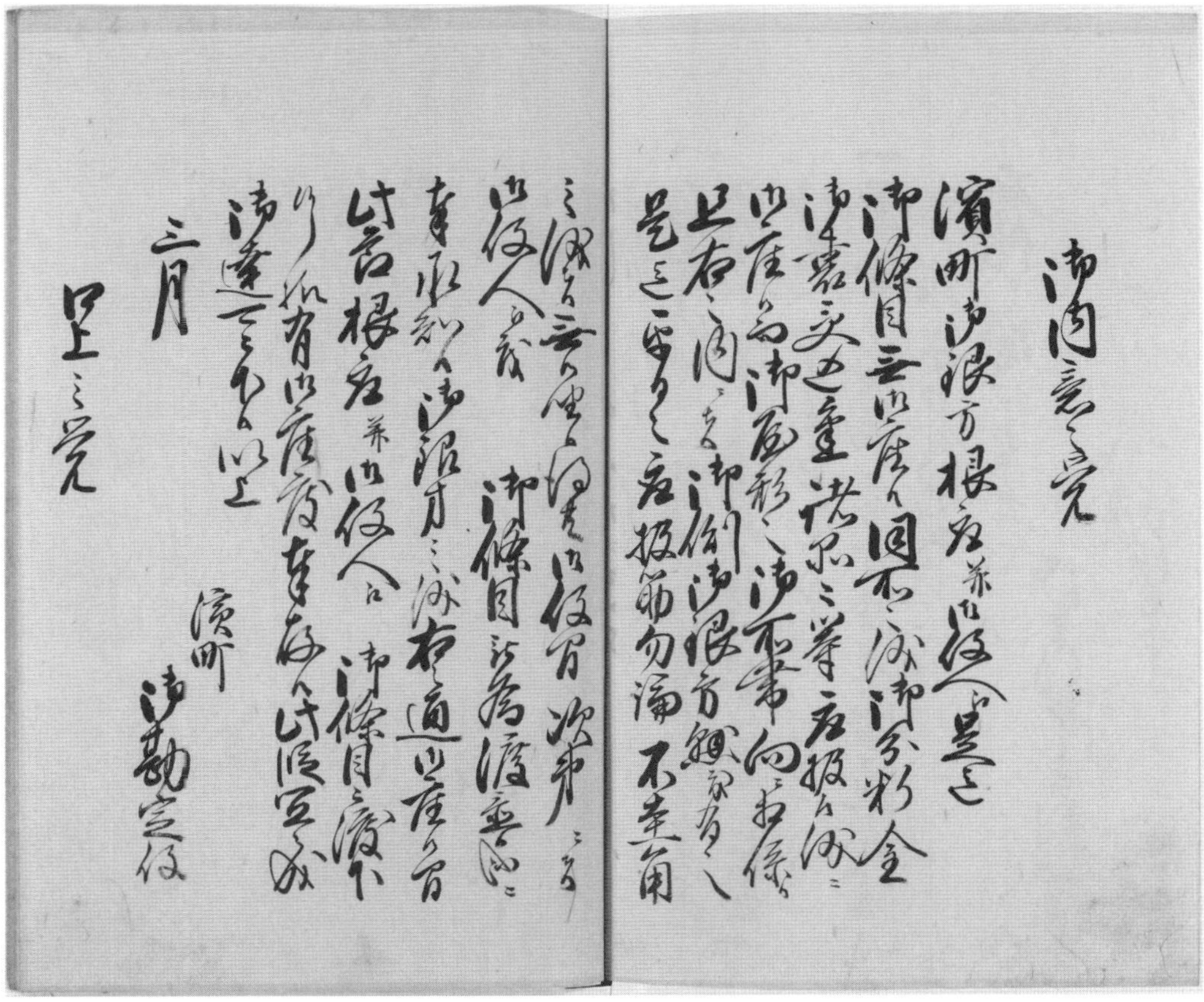

（83）口上之覚（浜町銀方根取）

（82）御内意之覚（浜町銀方根取）

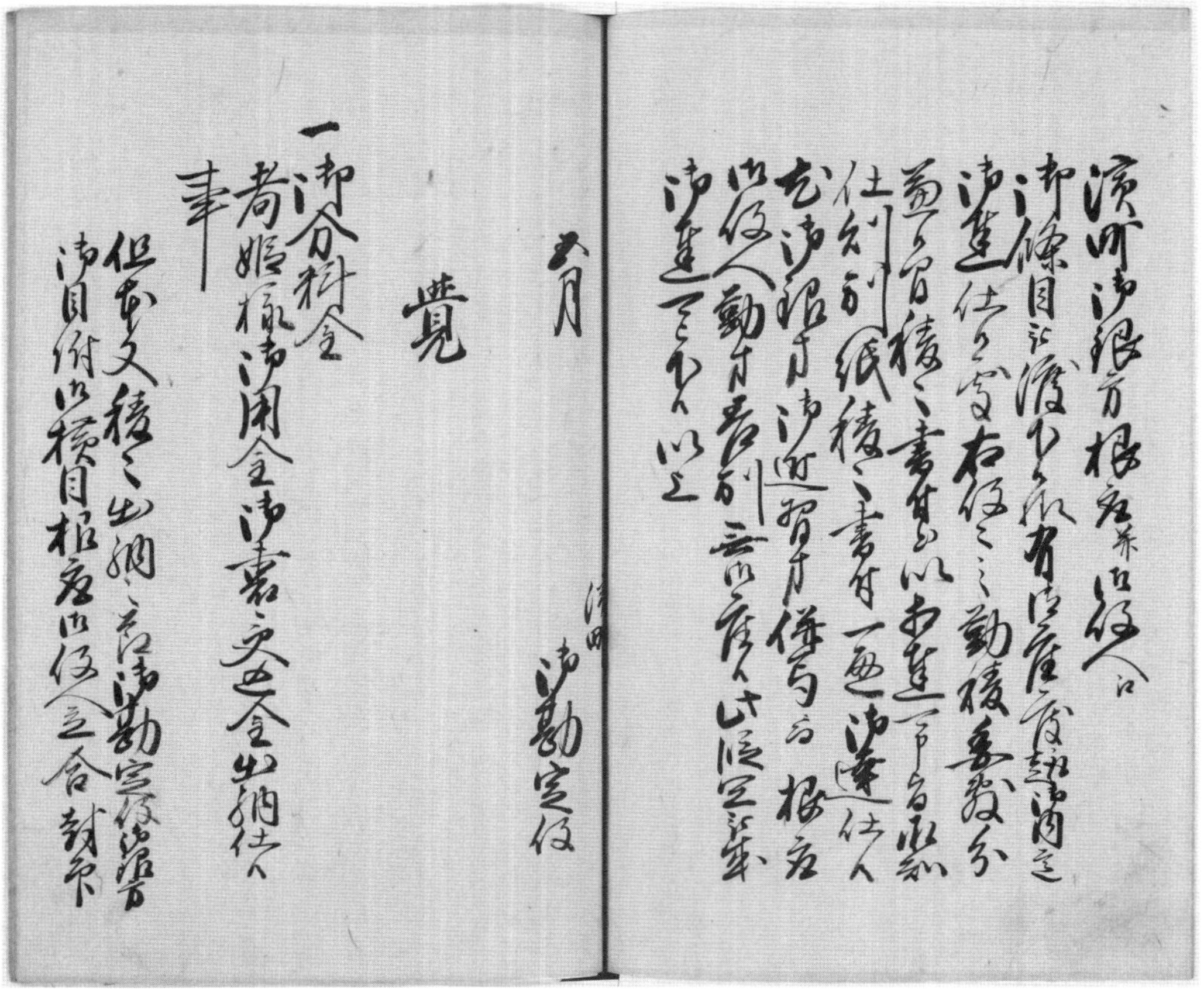

（84）覚（浜町銀方根取）

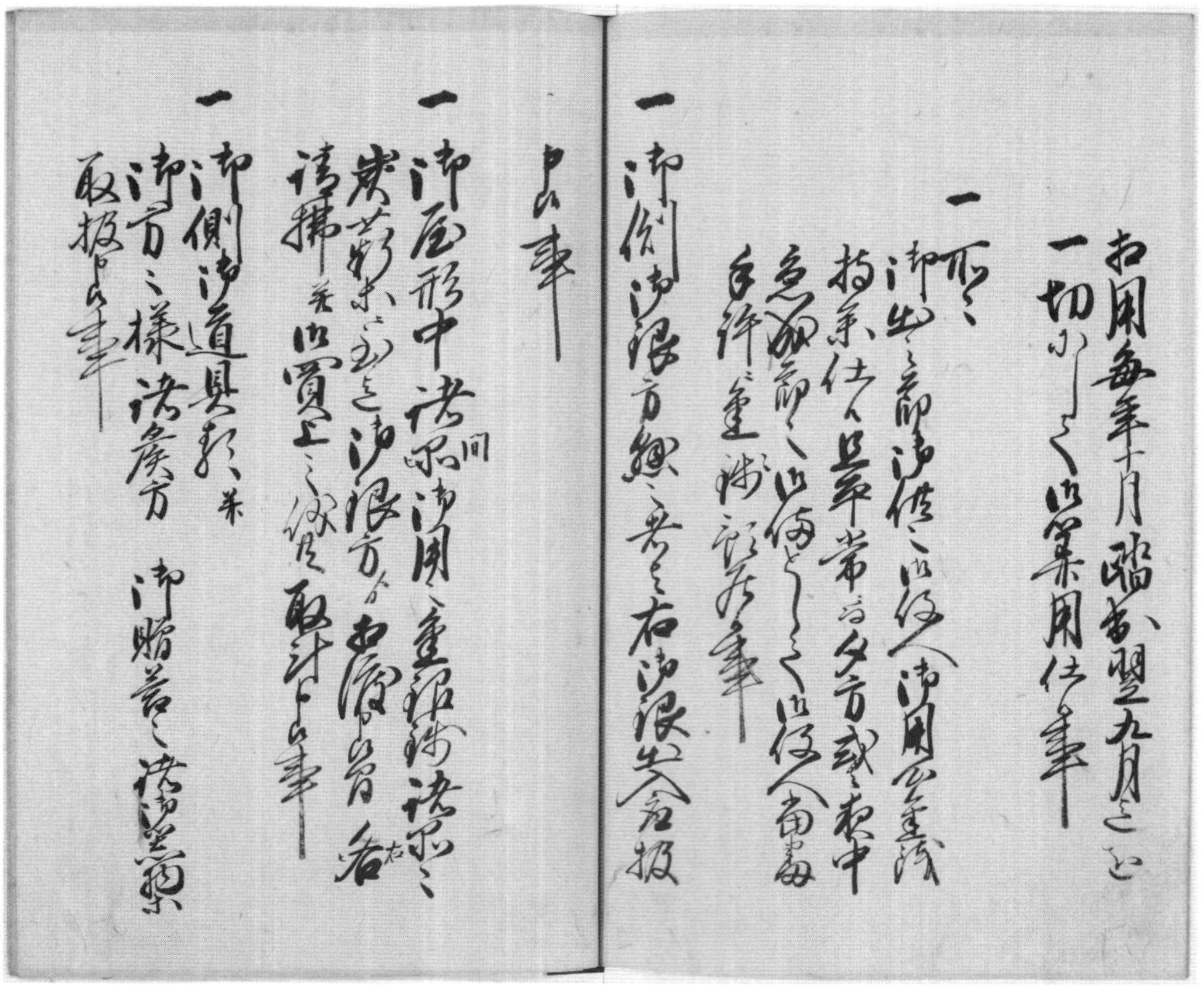

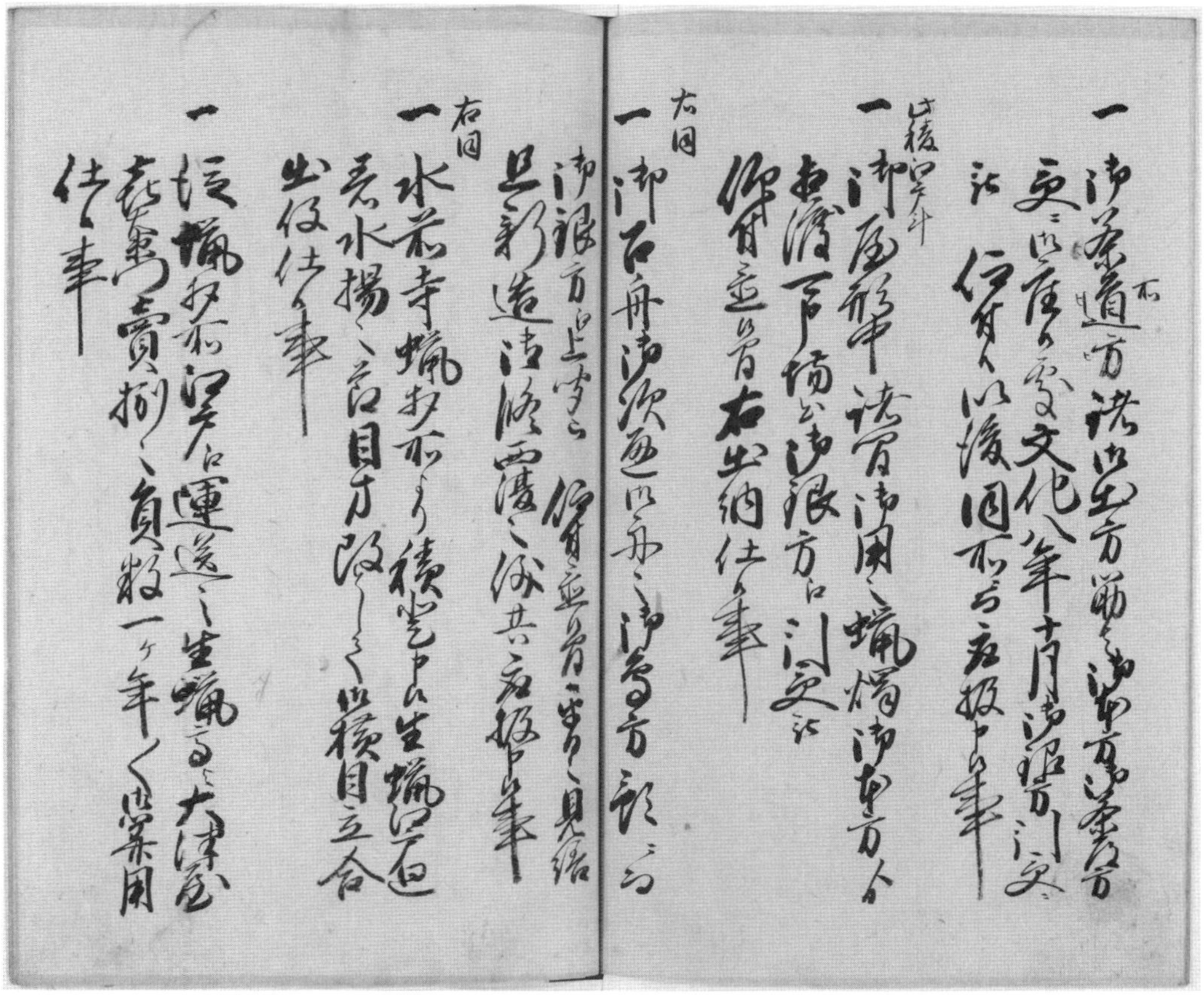

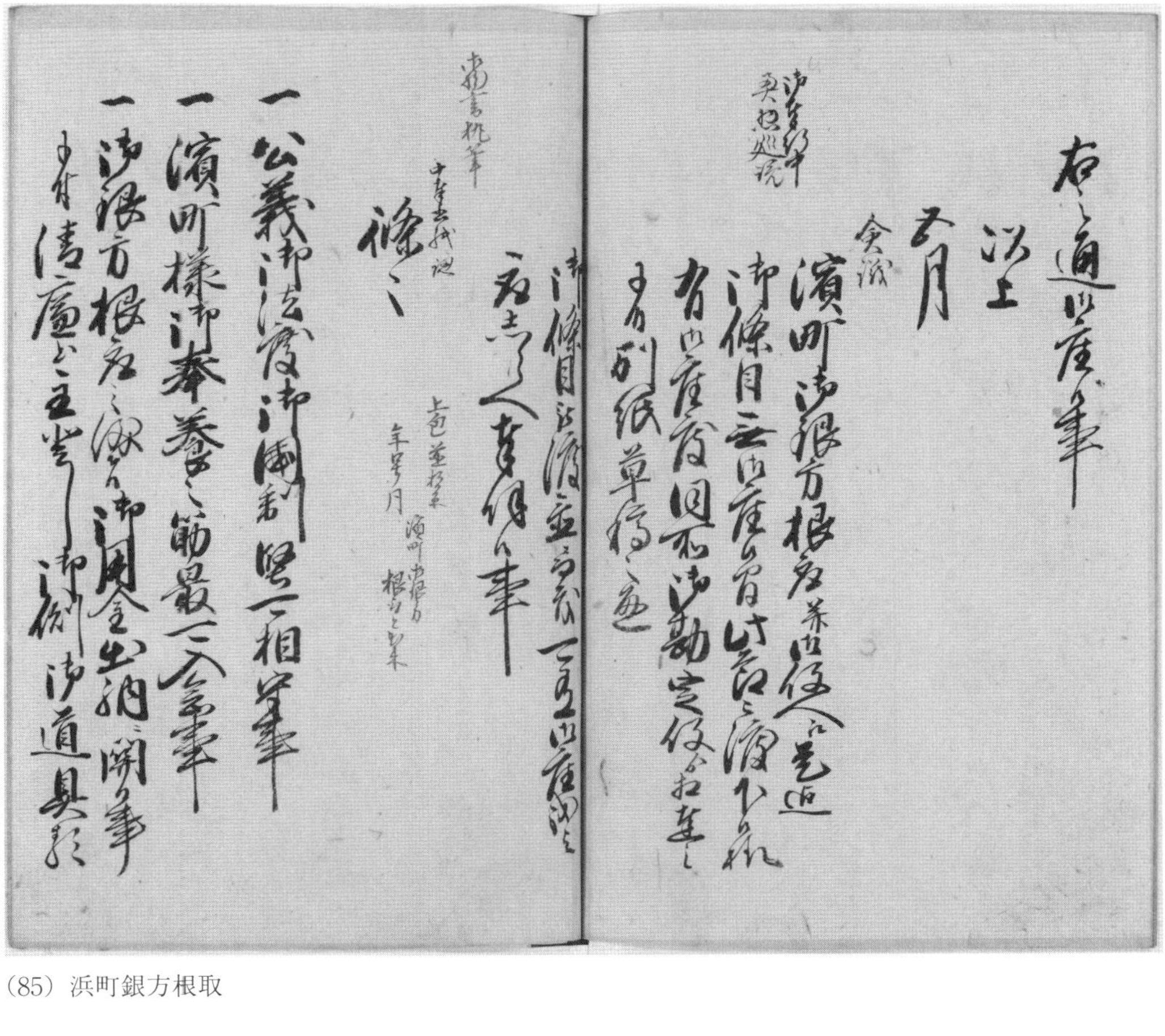

(85) 浜町銀方根取

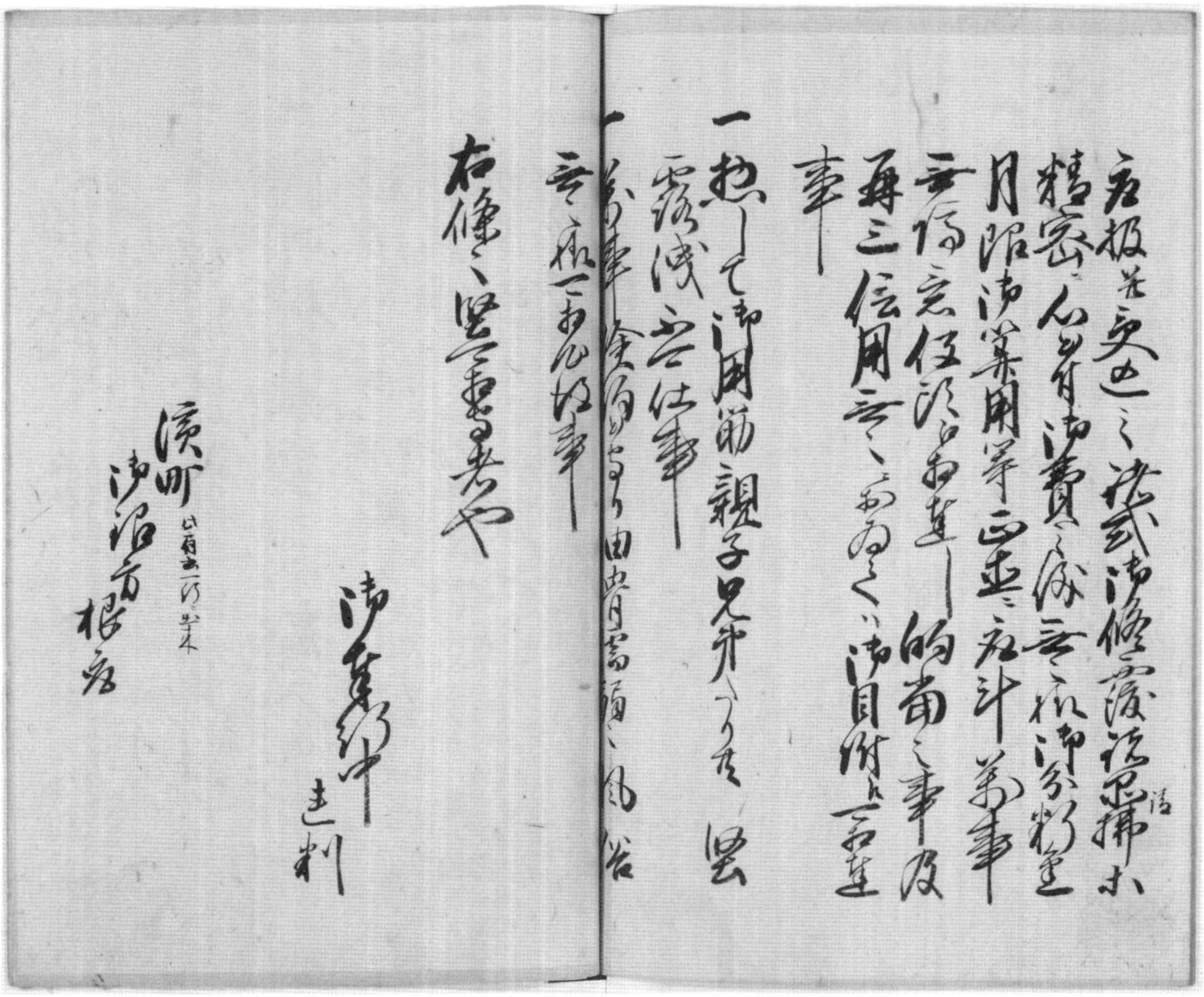

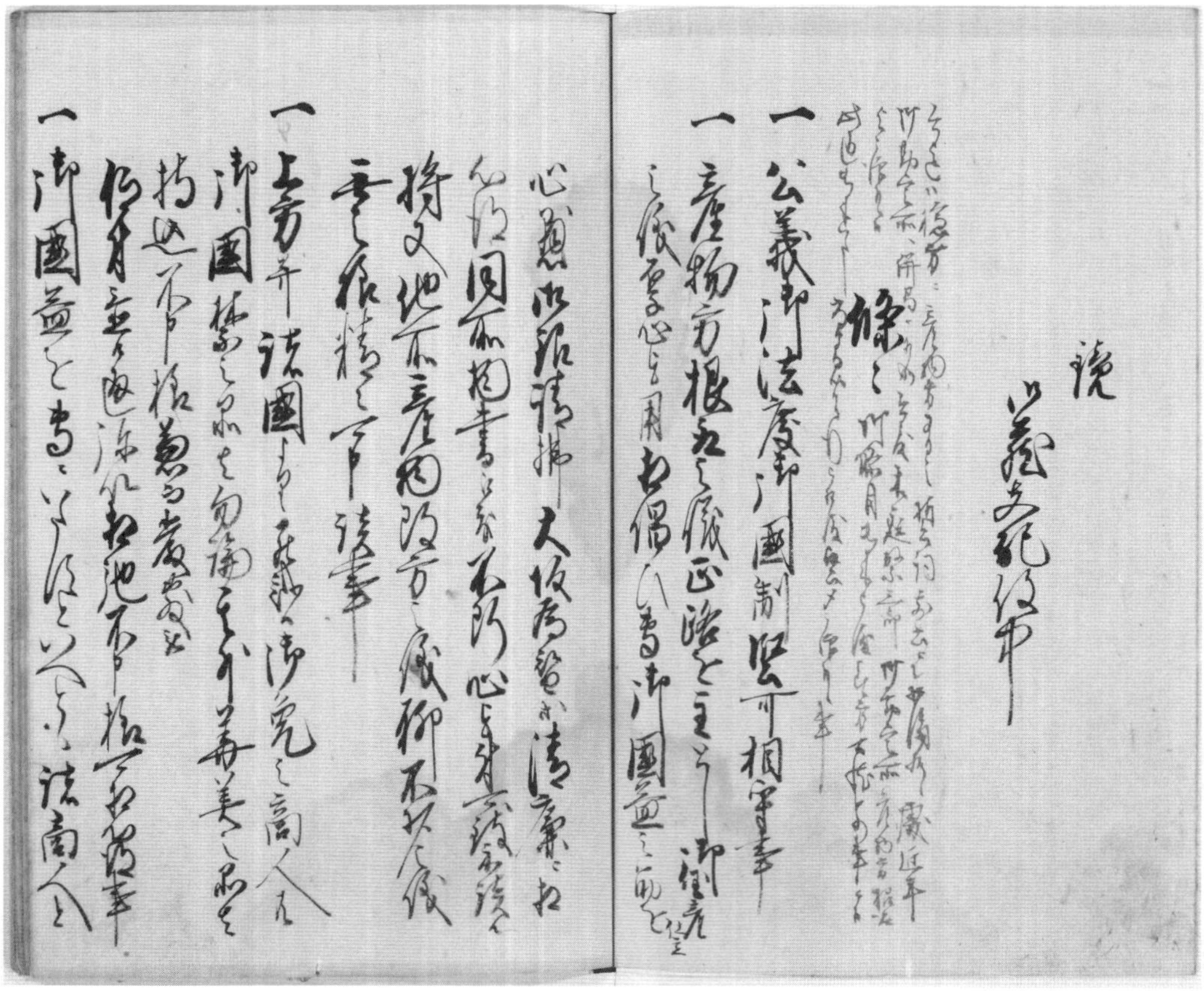

(86) 勘定所産物方根取

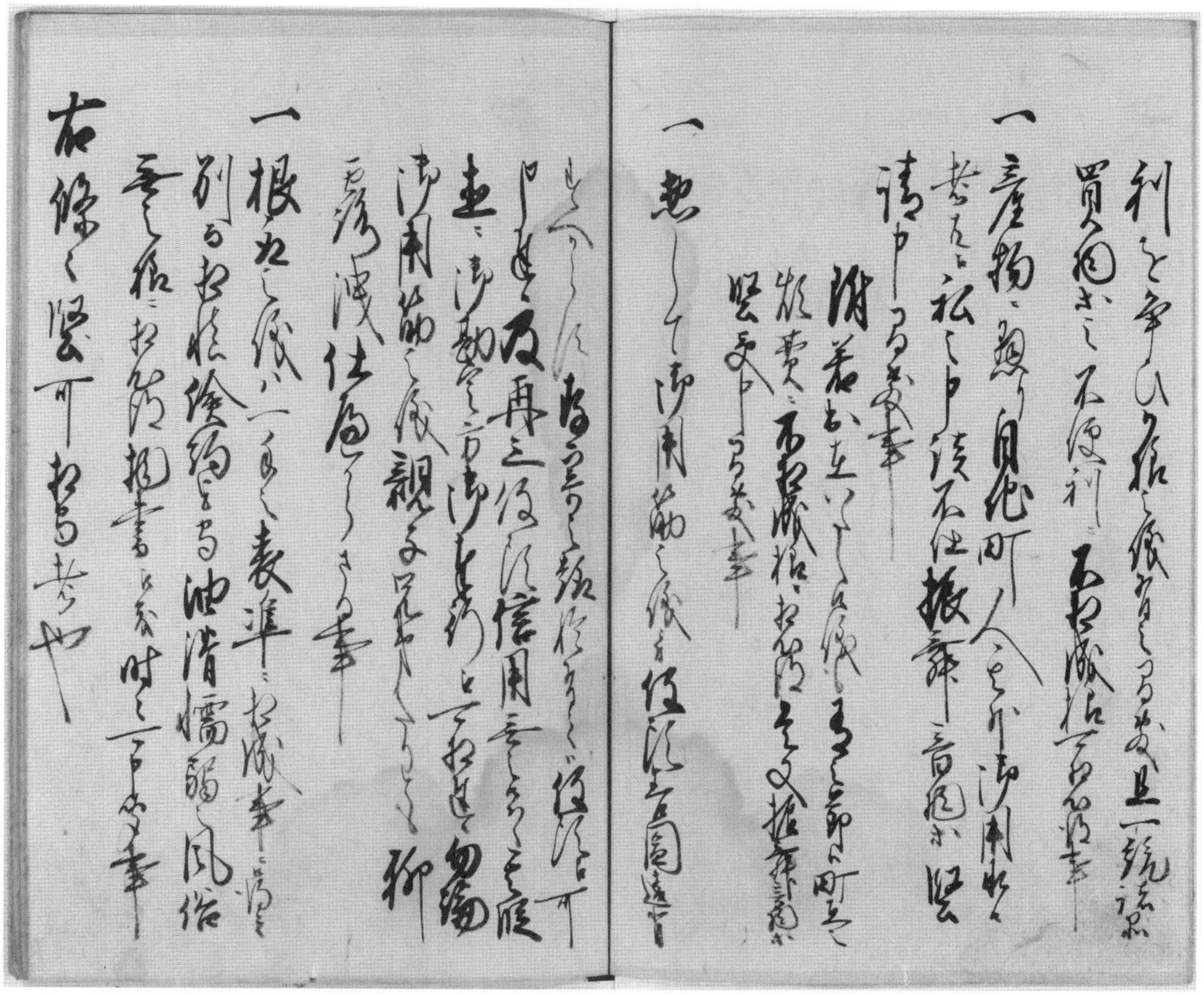

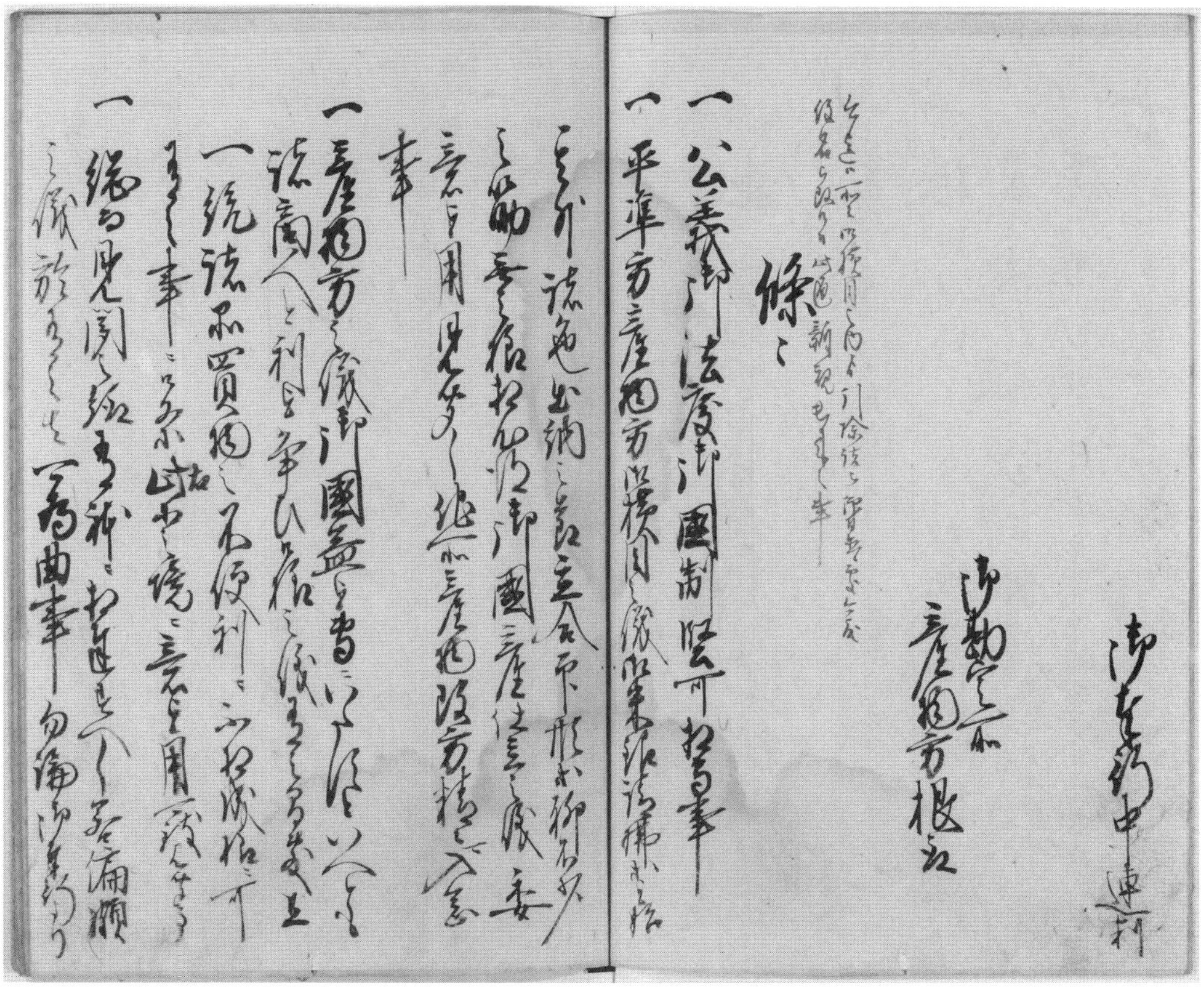

（87）平準方産物方横目

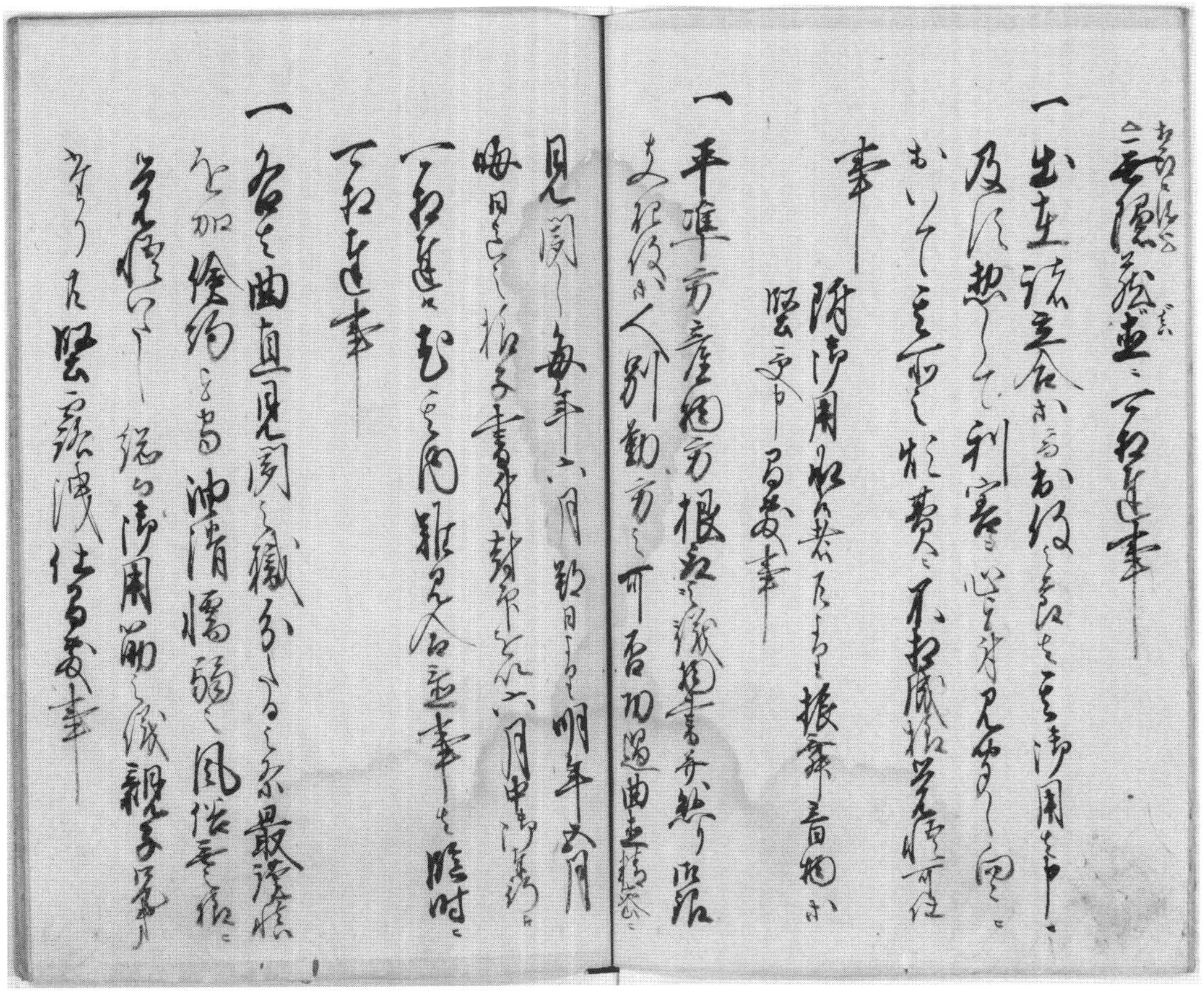

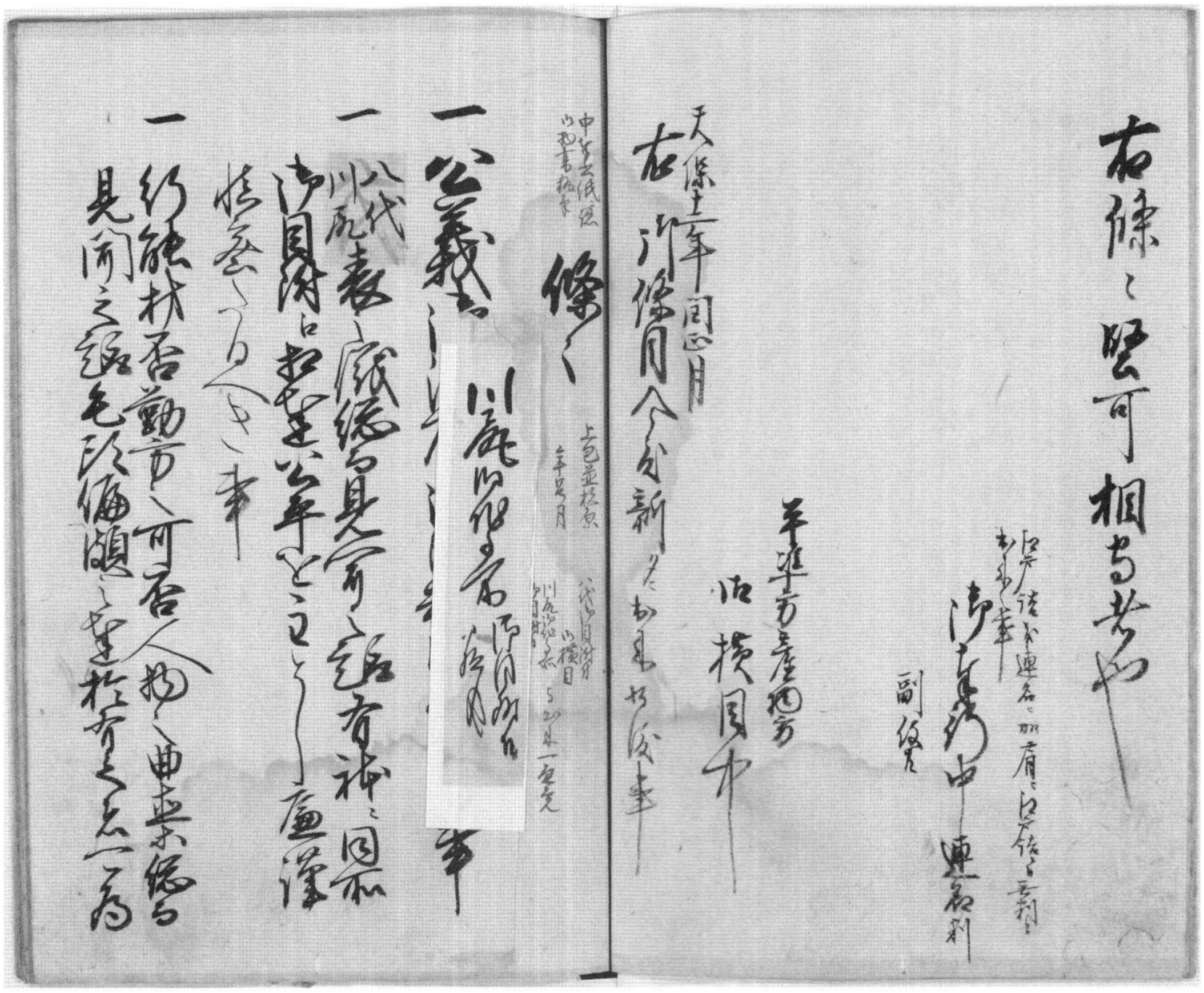

12　草稿（抄）

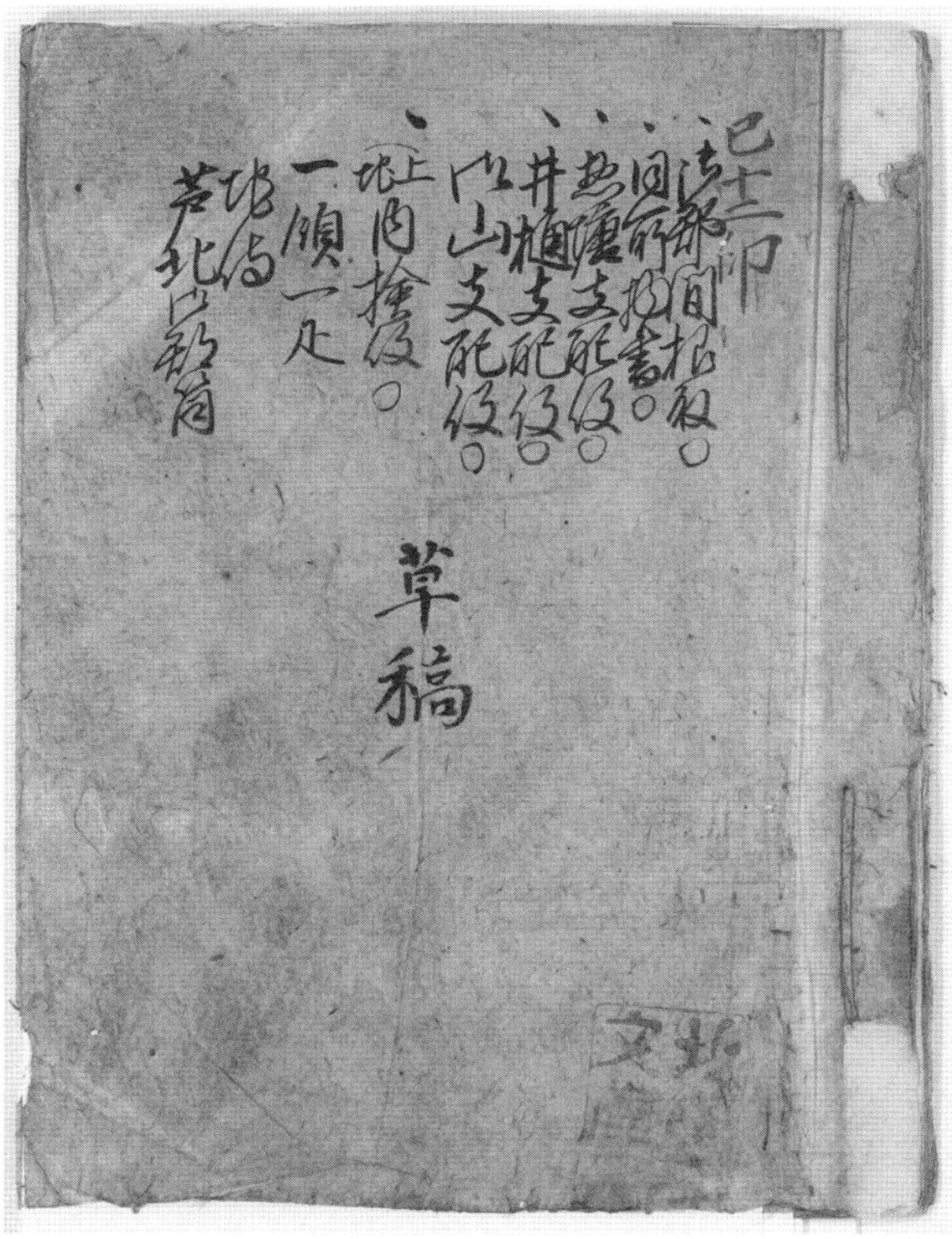

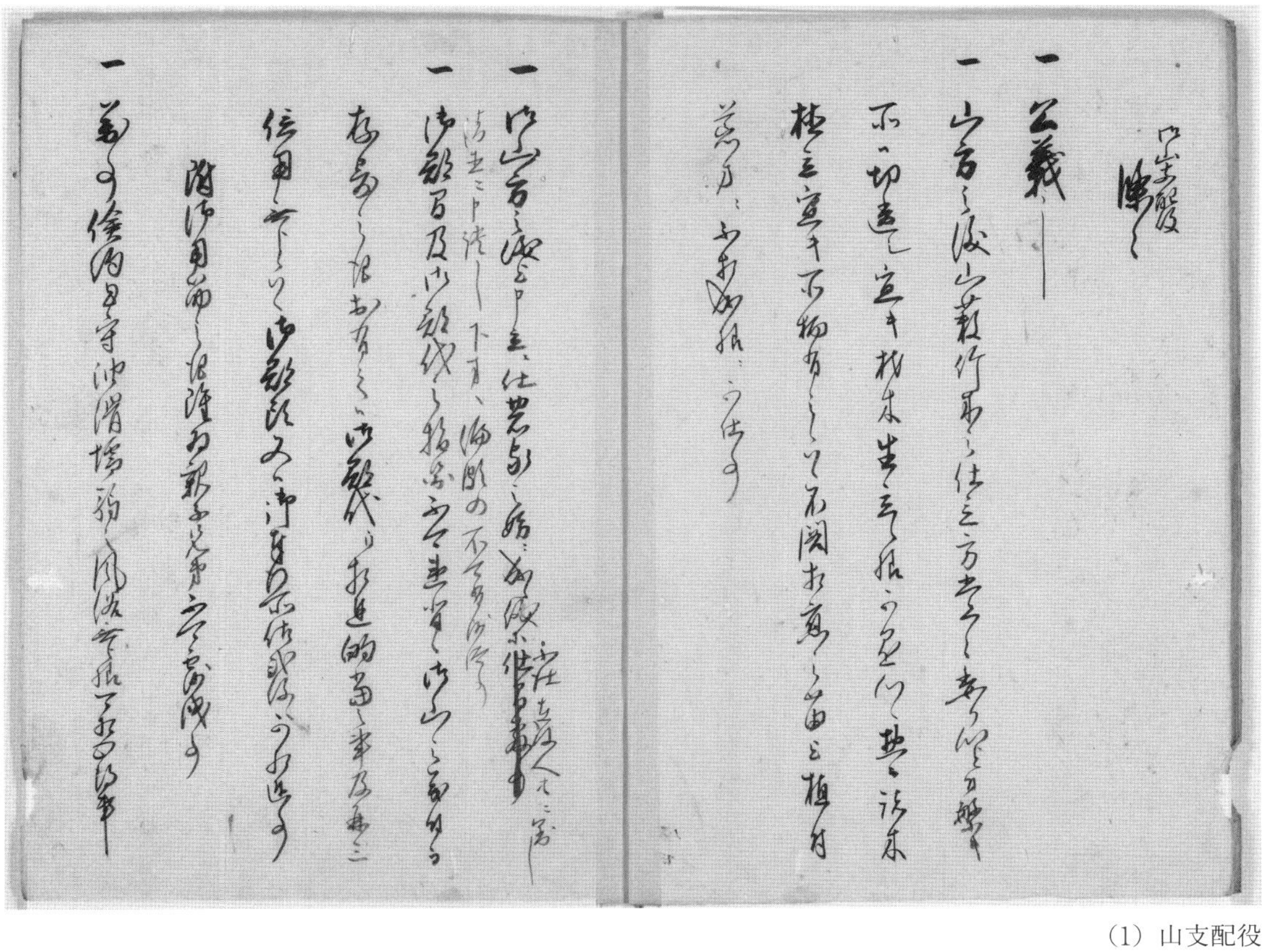

（1）山支配役

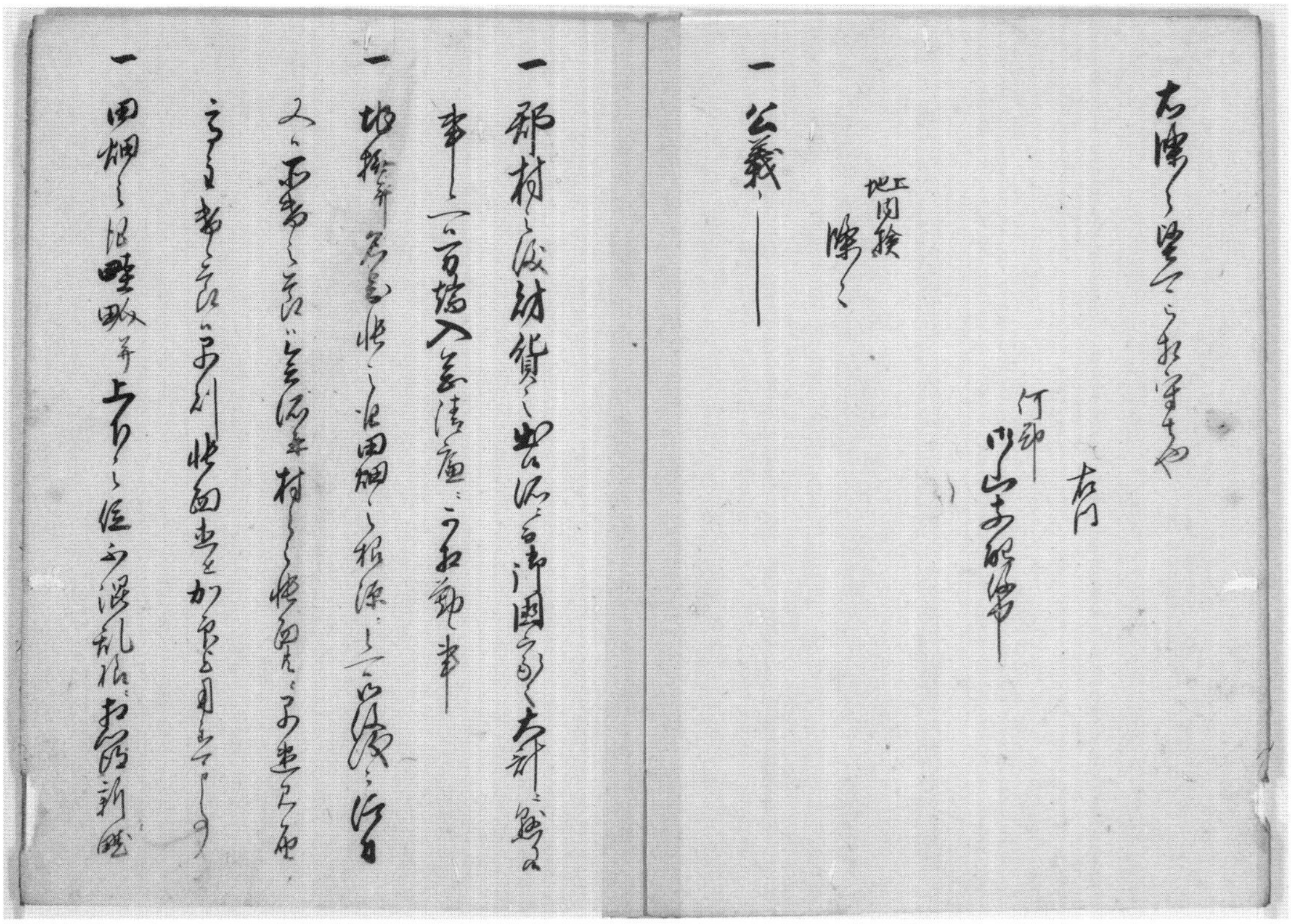

(a)

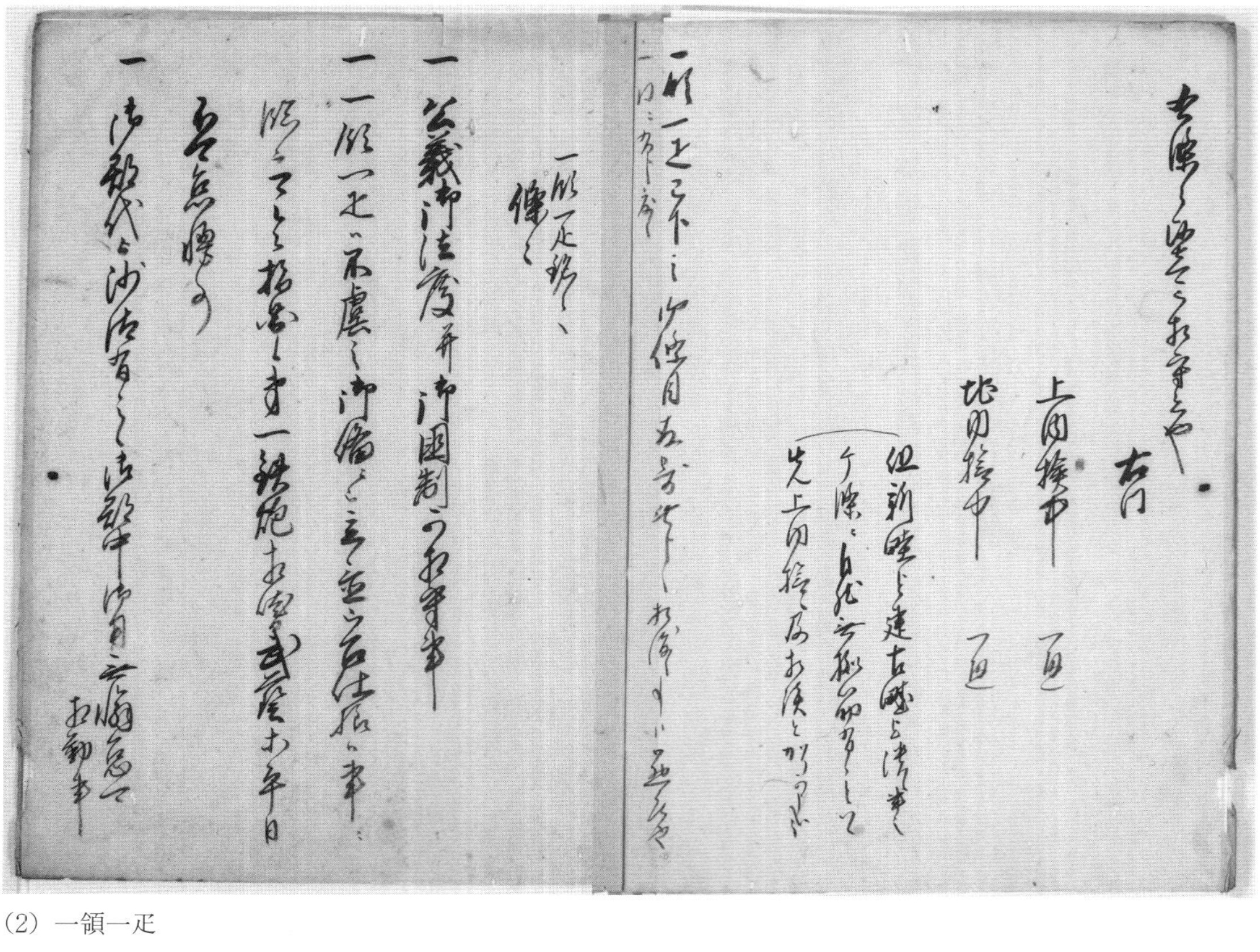

(2) 一領一疋

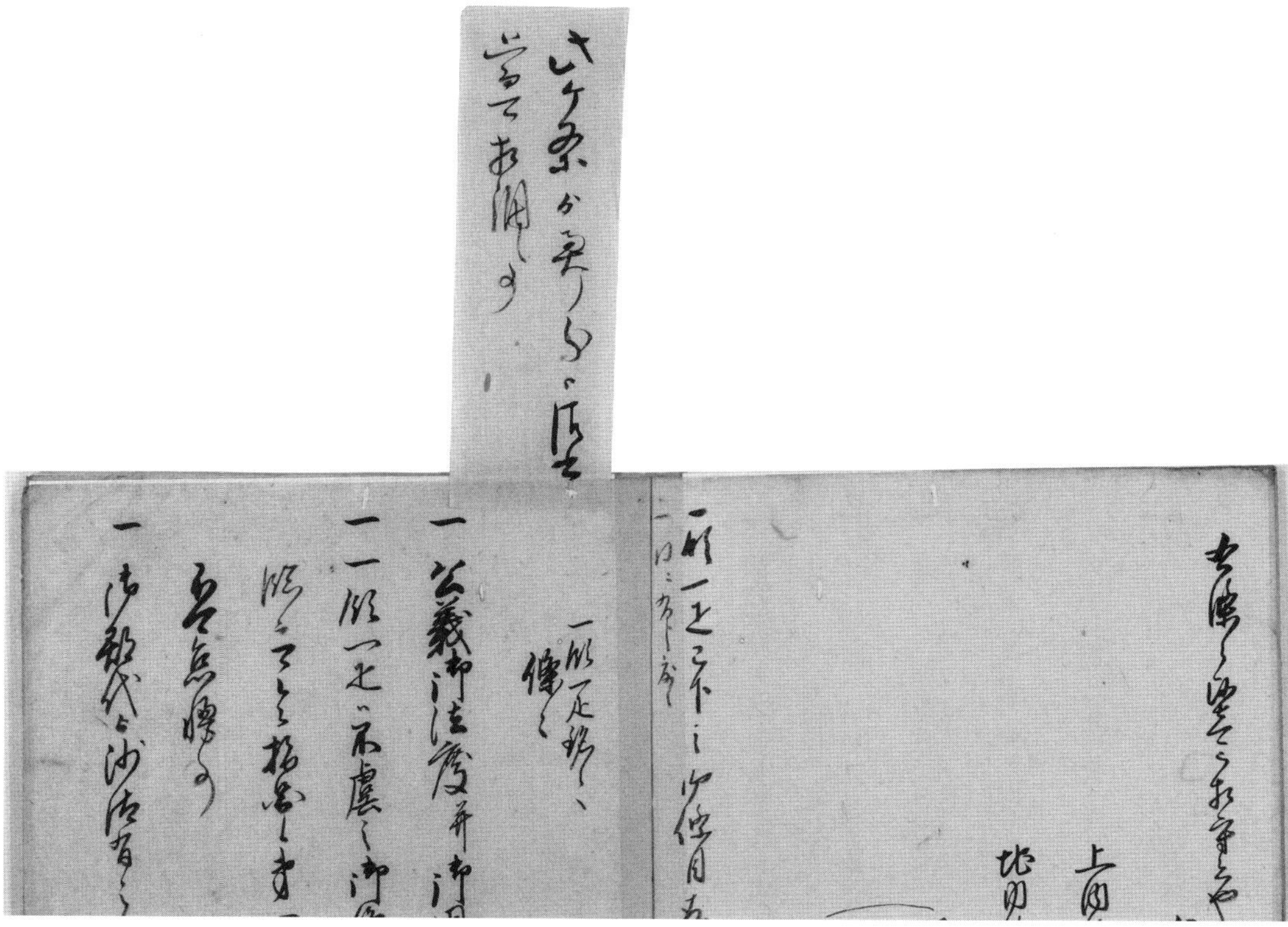

(b)

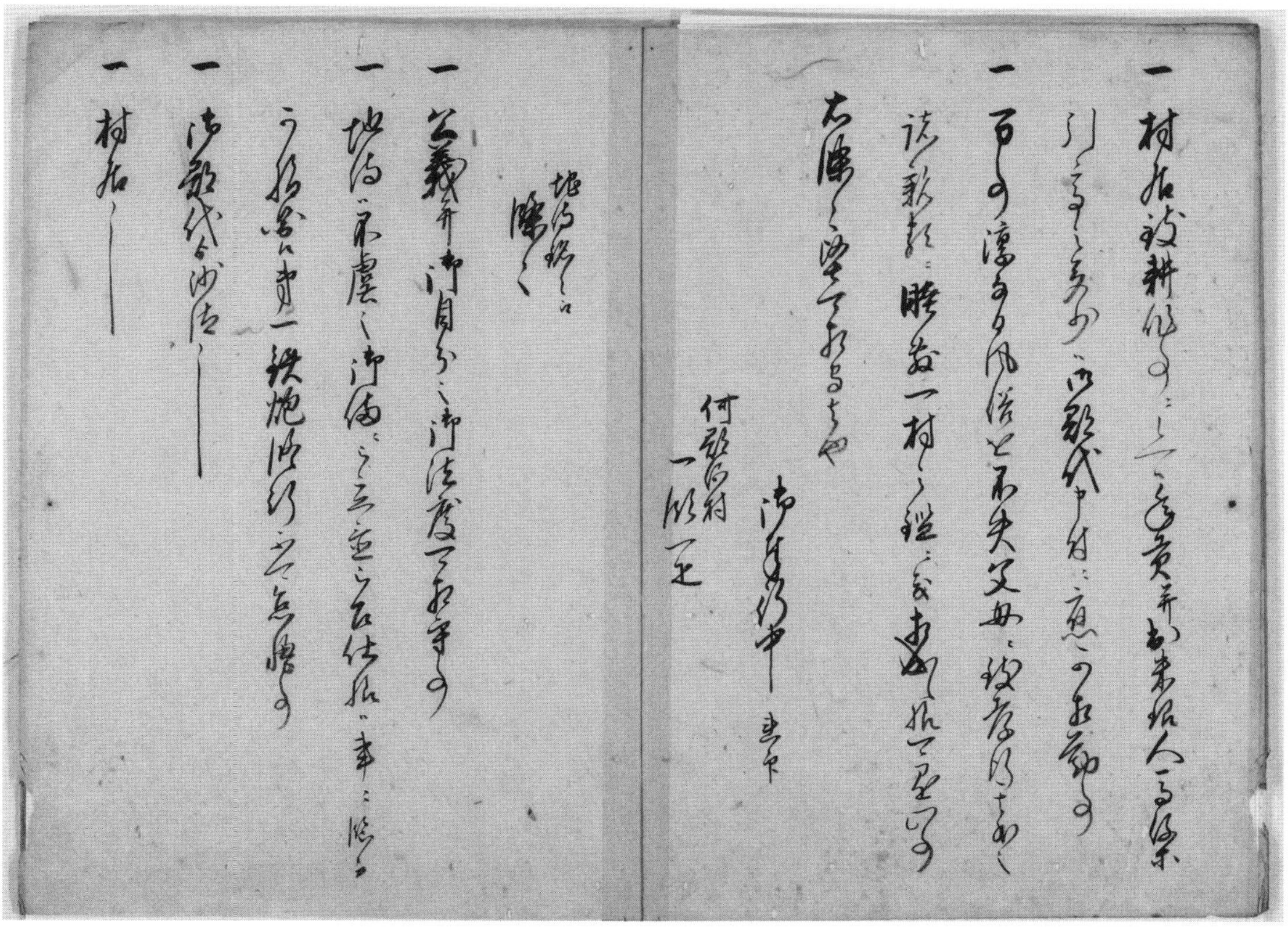

(3) 地侍

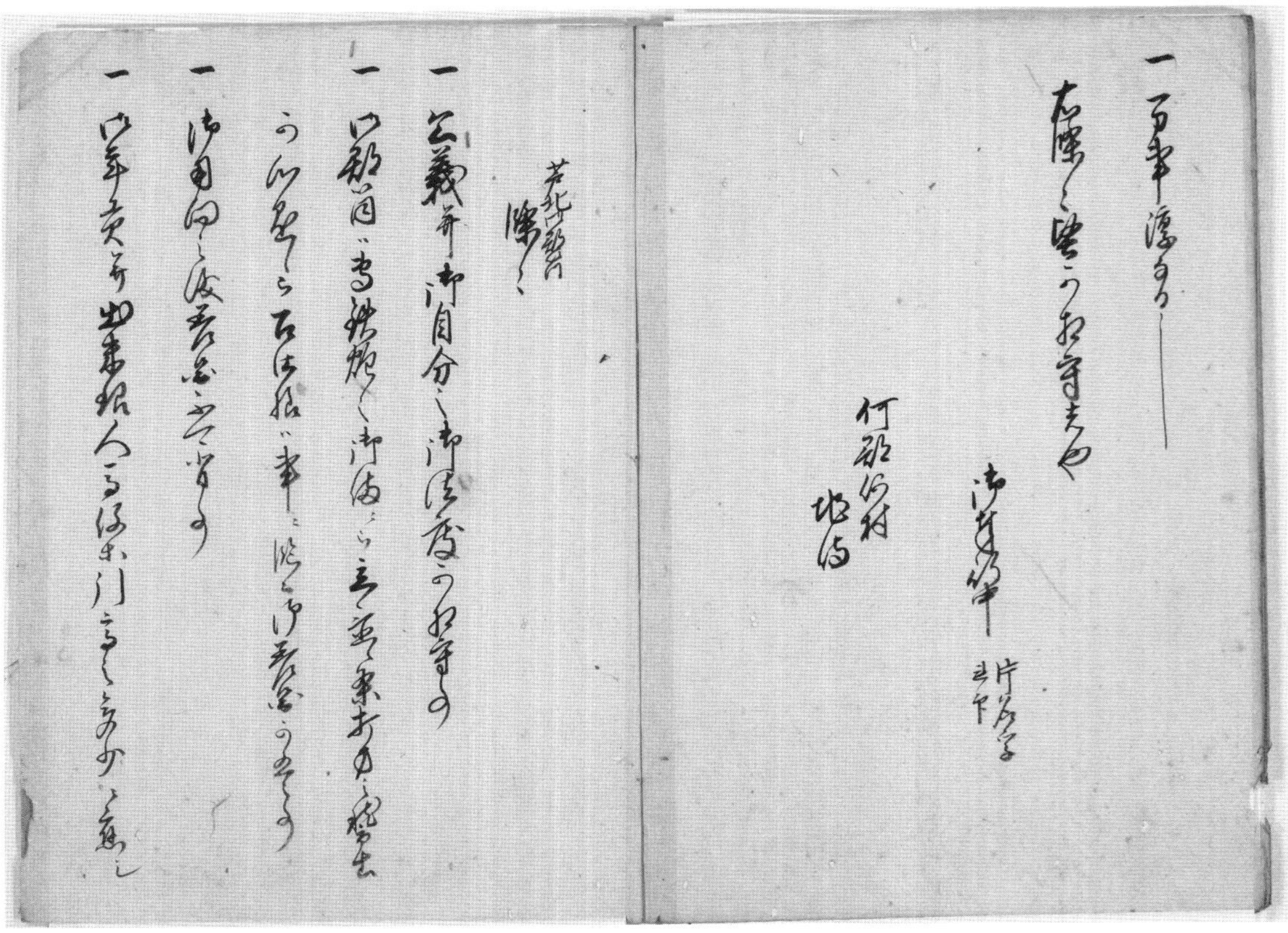

（4）芦北郡筒

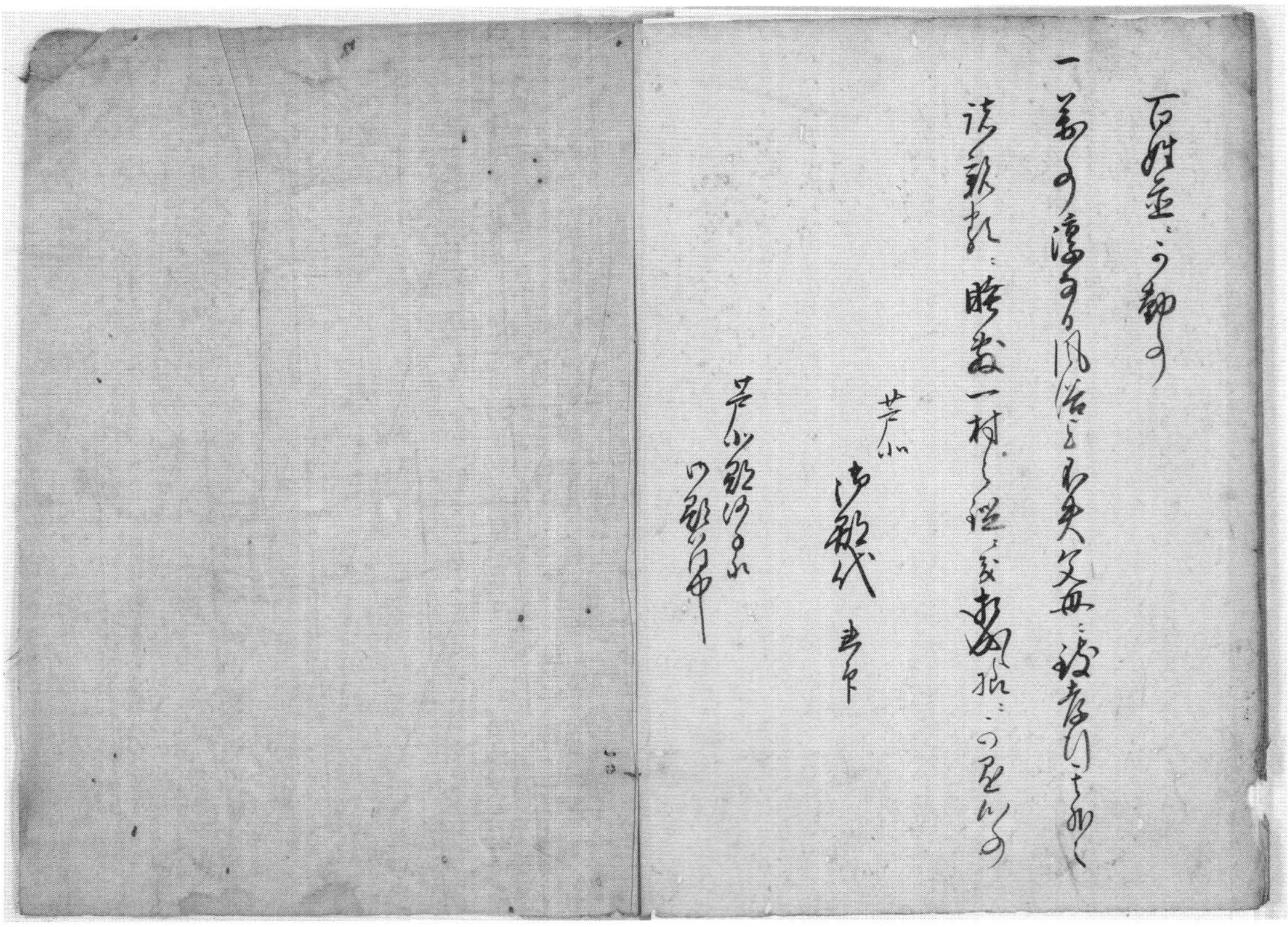

13　米田是豪盟文

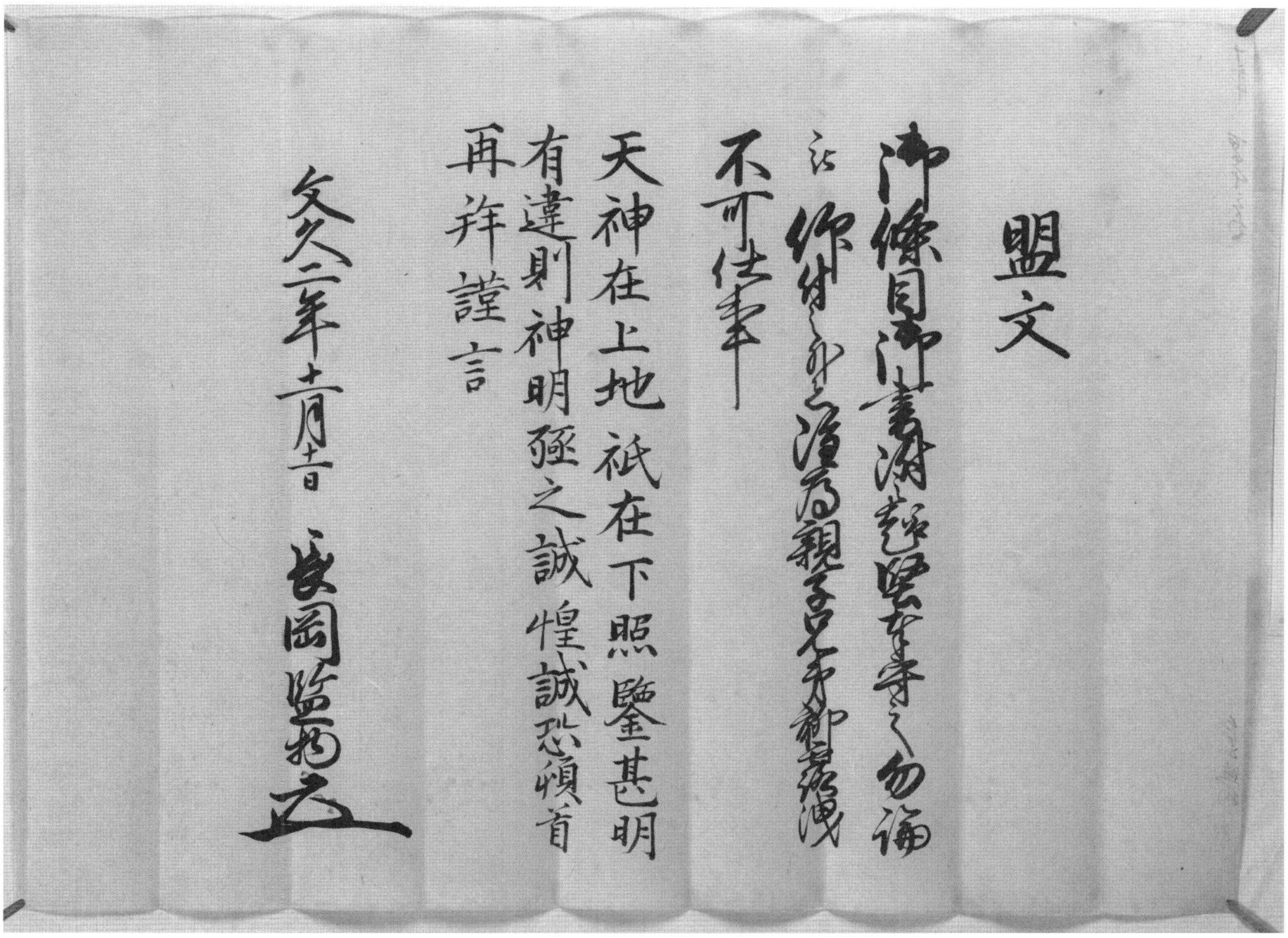
盟文

御條目御書附之趣堅相守之勿論
被仰付候御作法之儀縦為親子兄弟親類漏洩
不可仕事

天神在上地祇在下照鑒甚明
有違則神明殛之誠惶誠恐頓首
再拝謹言

文久二年十月吉　長岡監物（花押）

翻刻編

熊本藩職制

1 職制

（表紙）
「巳十二印
　　職　制　」

〔表面〕

此折本、天保六年九月御奉行中存寄ニ而出来、
清書者
御側ニ指上ニ相成候由之事、

機密間

佐弐役三人
根取二人
御物書十一人
御家老間
坊主六人
手伝三人
御奉行所御使十二人
下使十二人

当番御奉行附属
当用

根取二人
御物書十人

詰小姓七人
諸帳支配役二人
紙支配兼帯
小細工三人
御飛脚番十六人
手伝五人

小使十人
下使二十二人
御待口番人二人充
刀掛御番所番人二人充
時太皷番人二人充

- 御家老
  - 大御奉行
- 御中老
  - 大御目附
  - 御目附九人
  - 付御横目十四人
- 御奉行十三分職
  - 選挙方
    - 根取三人
    - 御物書五人
  - 学校方
    - 根取二人
    - 御物書五人
  - 御郡方
    - 根取三人
    - 御物書十一人
  - 御郡方属局
    - 御米銀局
      - 根取二人
      - 物書三人
  - 御勘定方
    - 根取（朱筆）「学校方より兼帯」
    - 御物書
  - 寺社方
    - 根取二人
    - 御物書四人
    - 寺社方御横目三人
  - 御普請御作事方
    - 根取（朱筆）「根取ハ御当用方より兼」
    - 御物書三人
  - 御掃除道方
  - 町方
    - 根取（朱筆）「寺社方より兼帯」
    - 御物書
    - 町方御横目三人
    - 唐物方旅人方
      - 御役人一人
    - 俵物方
      - 御役人一人
    - 小使二人

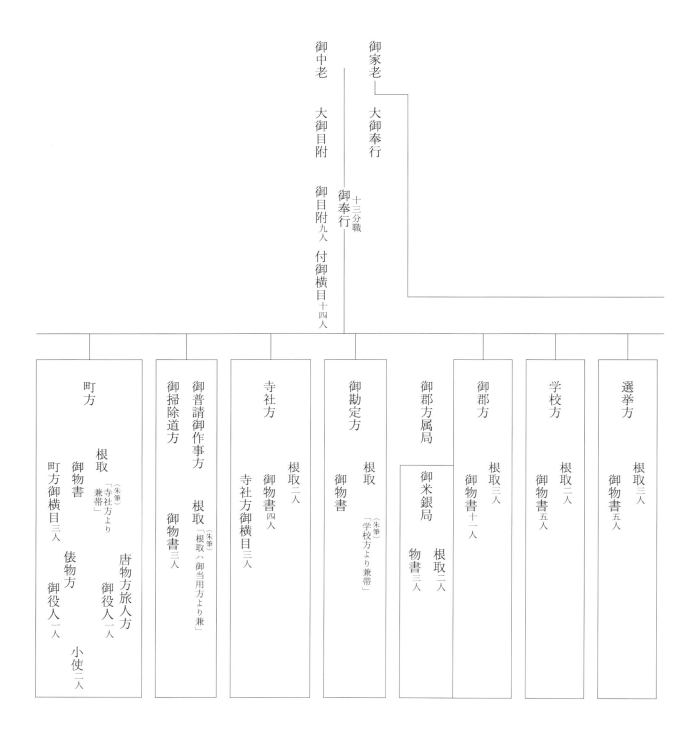

御奉行附属

- 役割所
  - 役割支配役四人 人置支配兼帯
  - 御勝手方付所々御横目一人充
  - 物書五人
  - 外様足軽惣代小頭六人
  - 御長柄小頭一人充
  - 外様足軽諸勤筋用心人
  - 外様足軽六十人
  - 御長柄之もの右同断
  - 御長柄之者九人
- 衣類御横目三人
- 外様御医師
  - 御目見医師
  - 独礼医師 共ニ九十六人
  - 御切米取医師並

- 御城内方
  - 根取
  - 御物書 (朱筆)「学校方より兼帯」
- 御船方
  - 根取
  - 御物書 (朱筆)「御普請御作事方より兼帯」
- 御客屋方
  - 根取
  - 御物書 (朱筆)「右同断」
- 屋敷方
  - 根取 (朱筆)「学校方より兼帯」
  - 御物書
  - 手付役一人
  - 絵書九人
- 御刑法方
  - 根取三人
  - 御物書四人
- 類族方
  - (朱筆)「根取ハ御当用方よりも兼」
  - 根取一人
  - 御物書二人

学校方御奉行附属

学校御役間

学校御目附三人

御横目三人

御役人四人

物書六人

手伝四人

小細工二人

再春館

再春館御目附三人

御医師触役二人

金創師役二人

医業吟味役（朱筆）「二人内一人師役より兼」

再春館付役一人

師役（朱筆）「二人内一人医業吟味役兼」

御役人三人

手伝二人

句読師二人

御勝手方付所々御横目一人充

御郡代間

御郡代二十人

御郡御目附一人

付御横目十一人

御惣庄屋五十一人（朱筆）「村ニ一人又ハ二人」

庄屋

御山支配役五十六人

御郡代横目十人（朱筆）「会所ニ一人充」

手代

同手附横目五十六人（朱筆）「右同」

下代

唐物抜荷改方御横目六十六人（朱筆）「同五六人充」

小頭

所々御茶屋番十七人

御郡代物書十六人

手伝一人

一領一疋五百六十七人

在中寺社

地侍六百三十人

在中医師

久住詰足軽十人

野津原詰足軽十二人

鶴崎詰足軽三十一人

- 御郡代支配
  - 網(網)田戸口浦　御番人二人
  - 岩本口　御番人二人
  - 久重口　御番人二人
  - 杉本口　御番人二人
  - 松葉口　番人二人
  - 中和仁口　御番人二人
  - 河地口　御番人二人
  - 岩神口　御番人二人
  - 生味口　御番人二人

- 小物成方
  - 御吟味役一人充
  - 根取二人
  - 物書七人
  - 御郡横目一人充
  - 手伝二人

- 小物成方属局
  - 小物成方御銀所
    - 所々御目附一人充
    - 支配役三人
    - 物書二人
    - 御郡横目一人充
    - 手伝一人
    - 御番人六人
  - 高橋炭薪会所
    - 上見扱一人

- 杣方
  - 御郡横目一人充
  - 御役人　井樋支配五人　塘方兼帯
  - 杣頭一人
  - 惣塘支配役一人
  - 定人仕一人
  - 物書一人

御郡方御奉行附属

- 東西御蔵
  - 所々御目附一人充
  - 根取六人
  - 支配役六人
  - 御勝手方付所々御横目一人充
  - 所々御目附詰所手伝一人
  - 物書八人
  - 御番人六人
  - 御蔵子六人
- 川尻御蔵
  - 御勝手方付所々御横目一人充
  - 根取一人
  - 支配役二人
  - 物書一人
  - 御蔵子六人
  - 御番人二人
- 高瀬御蔵
  - 右同御横目一人充
  - 根取一人
  - 支配役二人
  - 物書一人
  - 御蔵子五人
  - 御番人二人
- 八代御蔵
  - 右同御横目一人充
  - 根取一人
  - 支配役二人
  - 物書一人
  - 御蔵子三人
  - 御番人（朱筆）「御蔵より兼」
- 大津御蔵
  - 右同御横目一人充
  - 支配役二人
  - 御蔵子一人
- 上内検三人
  - 下内検三人
  - 御免帳しらへ方三人
  - 御役人
- 御郡御吟味役四人

- 御山仕立役一人
- 八代七百町新地見扱役一人
- 白浜御番所
  - 御番方より上御番一人
- 清源寺浦御番所
  - 同一人
- 高良浦御番所
  - 同一人
  - 町廻二人
  - 高良上御番支配
    - 下松湊口御番所
      - 御番人二人
    - 住吉川口御番所
      - 御番人二人
- 晒浦御番所
  - 同一人
  - 晒浦上御番支配
    - 同所川口御番所
      - 御番人三人
- 長洲浦御番所
  - 同一人
  - 番人
  - 町廻二人
- 大嶋御番所
  - 同一人
  - 番人三人
  - 町廻二人
  - 大嶋上御番支配
    - 堺崎口御番所

南関口御番所
同一人
番人六人
町廻二人

馬見原町
同一人
御番人六人
町廻二人

三角御番所
同一人
番人一人

三角上御番支配

戸馳湊口御番所
御番人一人

三角瀬戸口御番所
御番人一人

郡浦御番所
御留守居御番方一人（朱筆）「定御番」

坂梨御番所
阿蘇組より勤之
番人一人

当用
根取三人
手伝二人
物書六人
小細工二人

以下七局当用御積方根取勤之

引除方
物書二人

月積方
物書二人

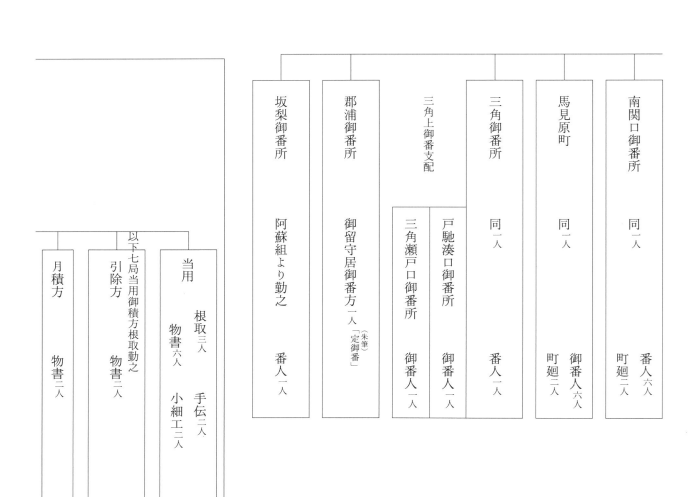

御勘定方御奉行附属

御勘定所

御勘定所御目附（朱筆）「二人内一人御郡御目附より兼」

御勘定頭三人

御勘定役三人

御積方根取三人

御吟味役一人充

現銀方　物書七人

現米方　物書四人

請方　物書四人

払方　物書五人　切手番二人

御買物方　御勝手方付所々御横目一人充　物書二人

惣銀方　根取一人　物書六人　切手番二人

御切米方　附造作料方　根取一人　物書八人　切手番二人

平準方　附産物方　根取二人　物書十人　平準方産物方御横目二人

御勝手方付所々御横目一人充

御銀所　根取一人　物書一人

所々御目附一人充　支配役九人　手伝五人

御勘定所属局

- 小間物所
  - 御勝手方付所々御横目一人充
  - 根取一人
  - 物書二人
  - 支配役五人
  - 手伝四人
- 御賄物所
  - 御勝手方付所々御横目一人充
  - 根取一人
  - 物書二人
  - 手伝二人
  - 支配役四人
  - 各酒造二人
  - 番人二人充
- 御薪方
  - 御勝手方付所々御横目一人充
  - 支配役三人
  - 荒仕子小頭二人
  - 物書一人

御算用所

- 御勝手方付所々御横目一人充
- 御算用頭二人
- 根取二人
- 手伝一人
- 所々御目附一人充
- 物書七人

櫨方

- 御勝手方御家老上聞
- 受込御吟味役二人
- 御勝手方御横目一人充
- 根取一人
- 御役人十一人
- 物書四人
- 手伝四人
- 櫨方出会所
  - 右同御横め一人充
  - 根居二人

御吟味方

- 御吟味役（朱筆）「十人内二人櫨方引除」
- 御勝手方御横目十四人

御普請御作事方
御掃除道方
御奉行附属

御普請御作事所

- 御作事所御目附四人
- 御普請御作事頭二人
- 御横目十八人
- 根取五人
- 物書六人
- 御役人三十二人
- 穴生七人
- 二十人役十人
- 諸職棟梁并頭取十九人
- 諸職人五十七人
- 人仕八人
- 嶋崎石場番人一人
- 井芹右同一人
- 御水道廻一人
- 小屋手伝十人
- 御普請方定付外様足軽七人
- 同御長柄之もの二人
- 御手木小頭一人
- 御手木二十八人
- 草取十六人
- 手伝三人

川尻 御作事所

- 御目附一人
- 御横目一人充
- 御作事頭一人
- 根取一人
- 御役人五人
- 物書二人
- 人仕三人
- 諸職人七人
- 御門番二人
- 手伝五人

八代 御普請方

- 御勝手付所々御横目一人充
- 御普請支配頭二人（八代御城附より勤之）
- 御役人一人
- 夫仕一人
- 抱夫小頭一人
- 抱夫見〆役一人
- 石細工人二人

御掃除方

- 御掃除方付御目附四人
- 御掃除頭一人
- 御横目二人
- 根取二人
- 物書一人
- 諸役人八人
- 御留守居御鉄炮之者三十人
- 新地右同二百四十人
- 御掃除之もの三十人

- 町方御奉行附属
  - 川尻町
    - 御奉行一人
      - 唐物抜荷改方御横目二人
      - 町廻二人
      - 御茶屋番一人
      - 同所御門番一人
    - 川尻町御奉行支配
      - 川尻川口御番所
        - 御番人三人
  - 高瀬町
    - 御奉行一人
      - 唐物抜荷改方御横め一人
      - 町廻二人
      - 御茶屋番一人
        - 同所御門番
  - 高橋町
    - 御奉行一人
      - 町廻二人
    - 高橋町御奉行支配
      - 高橋川口御番所　御番人二人
      - 小嶋右同　御番人二人
      - 近津御番所　御番人一人
  - 八代町
    - 長岡山城家来より支配

- 御城内方御奉行附属
  - 御天守方
    - 御天守方支配頭二人
    - 御天守方御目附四人
    - 御城内方御横目五人
    - 根取三人
    - 物書三人
    - 御具足支配役三人
    - 御弓御鉄炮支配役三人
    - 御掃除支配役四人
    - 御細工人十七人
    - 御天守口御番人二人
    - 御城内御番人二十七人
    - 塩硝御倉御番人四人
    - 手伝役二十三人
    - 手伝一人

御天守方属局

- 御本丸御座敷方
  - 御座敷支配役十四人
  - 手伝四人
- 塩硝拵所 御城内方御横目一人充
  - 支配役三人
  - 手伝二人

御船方

御奉行附属 鶴崎御船手者同所御番代ノ部二出

- 川尻御船方
  - 御目附一人
  - 御勝手方付所々御横目一人充
  - 御船頭頭一人
  - 御船頭頭助役一人
  - 御船頭組脇二人
  - 御船頭四十三人
  - 御船頭列二十一人
  - 御加子二百五十五人

御客屋方

御奉行附属

- 御客屋 御勝手方付所々御横目一人充
  - 支配役二人
  - 物書二人

御刑法方

御奉行附属

- 御穿鑿所
  - 御目附三人
  - 御穿鑿頭二人
  - 御横目三人
  - 御穿鑿頭十人
  - 物書四人
  - 拷問方
    - 頭取幷御昇之者十三人
  - 手伝六人
- 居物斬見習共八人
- 新牢支配役四人
- 廻役十三人
- 牢番三十人
- 牢舎幷眉無小屋見〆等三人
- 御刑法仕手頭取一人

- 御族方御奉行附属
  - 八代類族改方
    - 長岡山城家来勤之
  - 鶴崎右同
    - 鶴崎御番代より兼帯

- 館榭
  - 惣教（御家老より兼勤）
    - 御奉行預参
      - 時習館
        - 学校御目附
        - 教授一人
          - 助教二人
            - 訓導八人
            - 蒙養師一人
            - 句読師十人
            - 習書師四人
            - 故実師役一人
            - 算術師役三人
            - 天文算学師役一人
        - 教授局
          - 物書二人
          - 使令一人
      - 東西榭
        - 学校御目附
          - 武芸師役四十六人

- 佐敷
  - 佐敷御番頭一人
    - 御目附
    - 組脇
      - 佐敷御番二十二人
      - 佐敷詰御医師一人

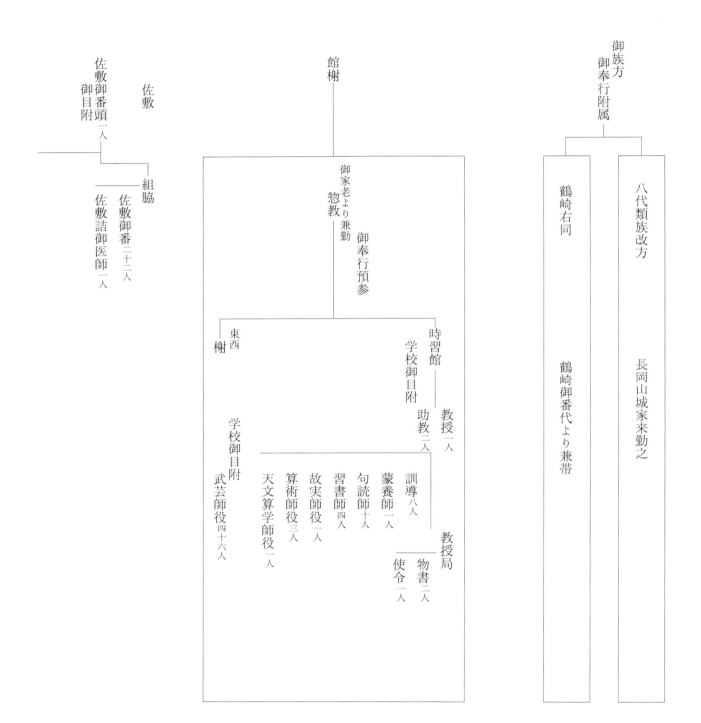

芦北御郡代

此外之役々ハ御郡代間ニいたす

御惣庄屋　御山見〆

一領一疋　御茶や番

御山支配役　地士

付御横め　御郡筒

手付横目

水俣御番所

佐敷御番より一人

番人（朱筆）「御郡筒より」

町廻二人

水俣上御番支配

同所湊口

番人（朱筆）「御郡筒より」

芦北御郡代支配

久木野口　番人（朱筆）「御郡筒より」

石坂口　番人（朱筆）「右同」

告口　御番人二人

出水口　番人（朱筆）「御郡筒より」

田浦御番所

同一人

斗石御番所

同一人

津奈木御番所

同一人

袋浦御番所

同一人

八代御城付より勤之

日奈久町御奉行一人

日奈久町御奉行支配

日奈久御番所

日奈久町御奉行より御番

同所湊口　番人（朱筆）「御郡筒より」

須口浦　番人（朱筆）「同」

鶴崎

鶴崎御郡代

- 御郡会所
  - 御勝手方付所々御横目一人充
  - 根取一人
  - 御役人二人
  - 物書四人
  - 小使二人
- 御蔵
  - 御勝手方付所々御横目一人充
  - 根取一人
  - 支配役二人
  - 物書一人
  - 御蔵子二人
  - 御番人一人
- 御銀所
  - 御勝手方付所々御横目一人充
  - 根取（朱筆）「御蔵根取より兼」
  - 支配役四人
  - 手伝二人
  - 小使一人
- 鶴崎預会所出会所
  - 小国出会所
    - 支配役二人
    - 御勝手方付所々御横め一人充
  - 久住出会所
    - 支配役二人
    - 御勝手方付所々御横め一人充
  - 宮原町出会所
    - 支配役二人
    - 御勝手方付所々御横目一人充
  - 高森町出会所
    - 支配役二人
    - 御勝手方付所々御横目一人充

鶴崎
御番代

- 御惣庄や　御山支配役
- 一領一疋　地士
- 鶴崎詰足軽　御茶屋番
- 御番代付物書　同御門番
- 同横目
- 鶴崎川口御番所
  - 鶴崎浦奉行幷川口上御番一人
  - 番人二人

- 御作事所
  - 御目附御郡代より兼帯
  - 御作事所御目附一人御作事頭兼帯
  - 御勝手方付所々御横目一人充
  - 根取一人　夫仕役三人
  - 御役人五人　番人四人
  - 物書二人　手伝二人
  - 諸職人十人

- 御船方
  - 御船頭頭二人
  - 御勝手方付所々御横目一人充
  - 組脇二人
  - 御船頭九十二人　御加子四百三十七人
  - 御船頭列十七人

- 佐賀関湊口上御番幷浦御奉行一人
  - 佐賀関御番所
  - 同所上下浦御番所　御番人十人

- 鶴崎定詰
  御医師二人

八代

- 長岡山城 八代御城代
  - 八代御番頭二人
    - 組脇二人
    - 御目附二人
    - 御城附四十四人
  - 八代御郡代
    - 此外之役々ハ御郡代間ニ出
    - 御惣庄屋
    - 御山支配役
    - 一領一疋
    - 地侍
    - 唐物抜荷改方御横目
    - 鏡湊口（朱線）（朱筆）「不用」
      - 番人（朱筆）「山城殿受持也」

江戸

（朱筆）「江戸表之儀者御政事向ニ係ル御役々迄顕シ候事」

- 御奉行請込一人
- 御目附同一人
- 付御横目同一人
  - 機密間
    - 佐弐役請込一人
    - 御物書同二人
    - 御家老間詰坊主同一人
    - 手伝一人
  - 龍口御役所
    - 根取請込一人
    - 御物書請込三人 定府二人
    - 小使四人
    - 札方二人
  - 御勘定方
    - 御勘定頭請込一人
    - 御吟味役一人充
    - 根取同一人
    - 物書同十三人
    - 切手番二人

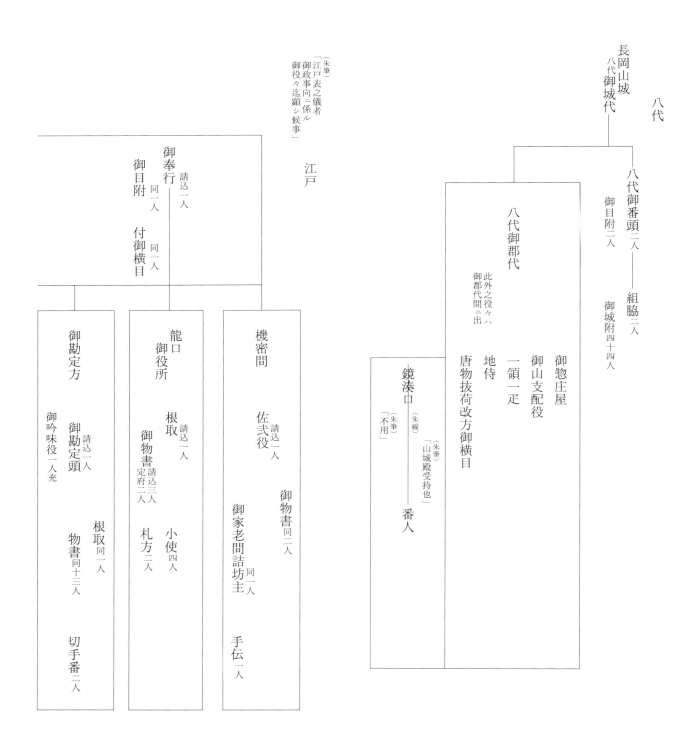

御家老

- 御勘定方属局
  - 御銀所
    - 御吟味役一人充
    - 御勝手方付所々御横目一人充
    - 支配役請込二人
    - 物書
  - 小間物所
    - 御勝手方付所々御横目一人充
    - 支配役同二人
    - 物書
  - 田町御蔵
    - 御勝手方付所々御横目一人充
    - 支配役同二人
    - 物書
- 御吟味方
  - 御吟味役請込二人
  - 御勝手方御横目同二人
- 御作事所
  - 御作事頭請込一人
  - 御横目同一人
  - 根取同一人
  - 物書同一人
  - 御役人同一人
  - 御大工棟梁同一人
  - 御大工同一人
- 役割所
  - 役割支配役定府二人
  - 御掃除支配役同二人
- 御留守居方
  - 御留守居請込三人
  - 御城使定府三人
  - 外使同六人
  - 物書請込六人
  - 小使

白金

御奉行兼帯
御目附請込一人
付御横目同一人

- 御役所
  - 根取定府一人
  - 御物書同三人
  - 小使
- 御勘定方
  - 物書請込二人
  - 切手番二人
- 役割所
  - 役割支配役定府二人
  - 御掃除支配役同二人
- 御作事所
  - 根取請込一人
  - 御大工棟梁同一人
  - 物書同一人
  - 御大工同一人
  - 御横目請込一人
  - 御役人同一人

京都

- 御会所
  - 御留守居二人（朱筆）「内一人ハ大坂より兼」
  - 筆役定詰一人
  - 会所物書荷物方御留守居方兼帯同一人
  - 御留守居物書御横め荷物方兼帯同四人
  - 小使
- 御留守居支配
  - 伏見御茶屋番一人

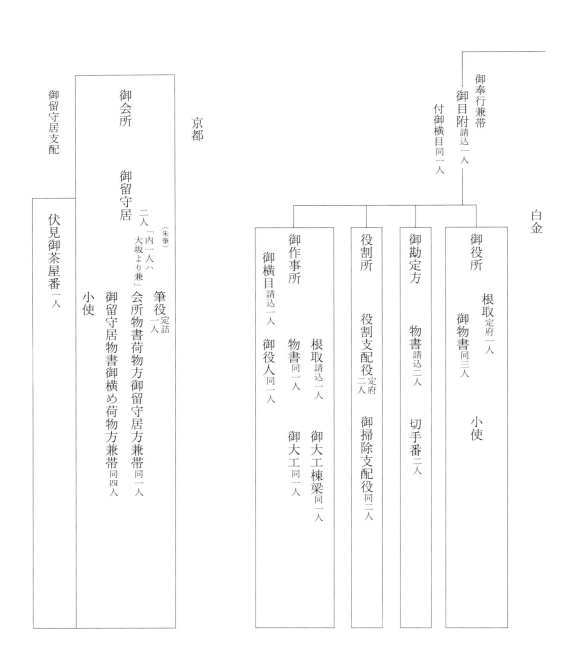

大坂

- 御留守居 二人（朱筆）「内一人より京都より兼」
  - 荷物方詰足軽段之者一名
- 御会所
  - 御勘定頭 請込一人
  - 御目附 請込二人 御奉行代兼
  - 付御横目 同一人
- 御勘定所
  - 根取 請込一人
  - 物書 請込定府共七人
- 御会所上番一人
- 所々番人八人

御留守居御勘定頭両支配

- 御蔵方
  - 御勝手方付所々御横目一名充
  - 支配役 請込二人
  - 物書二人
- 御銀所
  - 御勝手方付所々御横め一名充
  - 支配役 同二人
  - 物書二人
- 御吟味方
  - 御吟味役 請込一人
  - 御勝手方御横目一人
- 御吟味方属局
  - 御作事所
    - 御役人一人
- 養菁館
  - 出席之者教導一人
  - 武芸指南一人

御留守居支配

- 川御船頭一人
  - 川加子 小頭共十五人
- 御留守居方
  - 御留守居
  - 物書三人

長崎

- 御会所
  - 御留守居二人 一人充詰
  - 御勝手方付所々御横目一人
  - 物書二人一人充詰
  - 御米銀受払役一人

御備頭

三組 御備頭
三組 御家老より兼帯

- 御備頭
  - 六組内
    - 御番頭十二人
      - 組脇二十四人
        - 御番方四百八十人程
    - 着座十六人程
    - 御鉄炮頭五十二人
      - 小頭八十六人
        - 足軽千二十二人
    - 御鉄炮副頭十四人
    - 御物奉行六人
    - 大組十七人程
    - 御物頭列六人程

御側組

- 御側大頭 御中老より兼帯
  - 御小姓頭四人
    - 組脇八人
      - 御小姓組六十七人程
  - 物書所
    - 根取二人
      - 物書六人

- 御座敷方
  - 御座敷支配役三人
    - 御掃除坊主四十七人
    - 手伝五人
- 御案内御駕役十二人
  - 小頭六人
    - 御手廻之者三十八人
    - 御駕之者四十五人
    - 御小人八十九人
    - 御鑓持二十八人
    - 御草履取九人
- 御中小姓頭二人
  - 組脇四人
  - 御中小姓百四十人程
  - 同列二十二人程
- 御側御鉄炮頭四人
  - 小頭四人
  - 足軽五十二人
- 同御弓頭四人
  - 小頭四人
  - 足軽五十二人
- 御長柄頭二人
  - 小頭十二人
  - 御長柄之もの四百人
- 御使番十九人
  - 御広間御帳付五人
- 歩御使番頭二人
  - 組脇二人
  - 歩御使番三十人
- 御歩頭四人
  - 組協四人
  - 歩御小姓八十人
- 御昇副頭二人
  - 小頭二人
  - 御昇之者三十人
- 御持筒頭一人
  - 小頭二人
  - 御持筒十五人

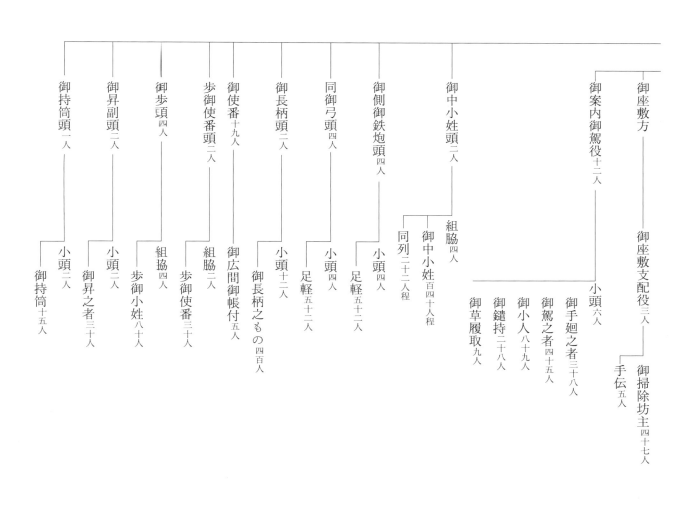

御留守居組

- 御城代（御在府之節 御一門衆一人）
  - 御留守居大頭二人
    - 御留守居御番頭二人
      - 組脇四人
      - 御留守居御番方八十人程
      - 同御知行取十人程
    - 着座八人程
    - 御留守居御中小姓触頭二人
      - 組脇二人
      - 御留守居御中小姓百二人程
      - 同列四十七人程
    - 御留守居御切米取触頭二人
      - 組脇二人
      - 触頭二百五十三人程
    - 大組四人程

大手北南御門預四人
東御門預四人
竹丸御櫓番四人
小御天守下御櫓番四人

此四稜御留守居御番方より勤之

御近習御次

- 御近習御次組脇二人（朱筆）「御側御取次兼帯」
- 御側御取次五人
- 御小姓役十四人
- 御近習御目附十人
- 御近習方物書三人
- 御役人二人
- 下横目小頭共十七人
- 手伝当時無

御近習御次支配頭附属

- 御次番四人 御腰物方兼帯
  - 御腰物方御役人三人 御次横め兼帯
  - 御細工人二人
  - 御次小姓六人
  - 御次御掃除坊主十人
  - 手伝四人
- 御納戸方
  - 御納戸役三人
    - 御役人三人
    - 御縫物役四人
    - 御鳥方御役人二人
    - 手伝七人
- 御次物書所
  - 根取二人
  - 物書六人
  - 手伝二人
  - 小使二人
- 御茶道方
  - 御茶道頭一人
  - 御茶道六人
    - 御細工人三人
      - 御花畑秋葉社観音堂受持一人
    - 御絵書五人
    - 御庭見扱五人
      - 鶴崎御屋敷番人一人
    - 御役人一人
      - 人仕当時ナシ
    - 物書二人
    - 手云五人
    - 水道廻二人
- 御医師間
  - 御次御医師二人
  - 御番御医師十九人
  - 手伝四人

- 御台所
  - 御目附二人
  - 御台所頭一人
  - 御横目三人
  - 根取一人
  - 御料理頭三人
  - 御料理人十二人（朱筆）「見習共」
  - 御賄役四人
  - 御椀方六人
  - 御酒方三人
  - 御菓子方二人
  - 物書一人
  - 手伝六人

白金

- 御近習御次組脇二人（朱筆）「御側御取次兼帯」
- 御側御取次四人
- 御小姓役十三人
- 御近習御目附十一人
- 御近習方御役人四人 物書兼帯
- 下横目小頭共十五人

- 御次番一人 御腰物方兼帯
  - 御腰物方御役人四人 御次横め兼帯
  - 御次小姓三人
  - 御次掃除坊主小頭共九人
  - 手伝五人

- 御納戸方
  - 御納戸役一人
  - 御納戸方御役人三人
  - 御細工人二人
  - 御納戸縫物役三人
  - 御鳥方御役人二人
  - 手伝五人

御用人附属（白金引除）

- 御銀方
  - 御目附一人
  - 御横目二人
  - 御勘定役一人
    - 根取一人
    - 御役人四人
    - 手伝三人
- 御次物書所
  - 根取一人
    - 小使二人
  - 物書五人
    - 手伝二人
- 御台所
  - 御目附一人
  - 御横目四人
  - 御台所頭一人
    - 根取二人
    - 御料理頭三人
    - 御賄役五人
    - 御椀方三人
    - 御料理人六人
    - 次料理人三人
    - 手伝六人
- 御医師間
  - 御次御医師三人
  - 御番御医師三人
    - 手伝三人
- 御茶所
  - 御茶道二人
    - 御役人三人
    - 物書御庭方兼帯一人
    - 御庭方一人
    - 御座見扱二人
    - 手伝四人
- 御裏
  - 御目附四人
  - 御裏附一人
    - 御裏用聞御横め兼帯五人
    - 物書四人
    - 御裏鎖口番八人
    - 手伝一人

御側御用蠟扱所
- 御目附一人
- 御用受込一人
- 御横目三人
- 根取一人
- 根居一人
- 役人十人
- 物書
- 手伝二人

御裏方支配頭附属

蓮性院様付（細川斉樹室）
- 御附役四人
- 御裏附二人
- 御番医師一人
- 御広敷番四人
  内二人御案内役兼帯
- 御目附五人
- 御勘定役二人
- 御用聞御横め兼帯四人
- 御賄役五人
- 御勘定方御役人四人
- 御道具方御役人御椀方兼四人
- 物書三人
- 御料理人六人
- 手伝
- 御鎖口番七人
- 御内玄関番十二人
- 下横め三人
- 御掃除役一人

御前様附（細川斉護室）
- 御附役五人
- 御目附六人「（朱筆）御裏御目附兼帯」
- 御勘定役二人
- 御広敷番四人
  内二人御案内役兼帯
- 御裏方御目附一人
- 御用聞御横目兼帯五人
- 次御料理人一人
- 物書三人
- 下御鎖口番七人
- 御賄役五人
- 手伝四人

江戸
御裏方
- 御用聞御横め兼帯六人
- 御賄役四人
- 御勘定方御役人四人
- 御道具方御役人五人
  御椀方兼帯
- 物書二人
- 御料理人六人
- 御鎖口番七人
- 御内玄関番四人
- 御掃除役二人
- 手伝一人

就君様付（細川治年女、久我通明室）

- 御附役二人
- 御目附六人
- 御勘定役一人
- 御用聞御横め兼帯四人
- 御勘定幷御賄方兼帯六人
- 物書五人
- 御料理人四人
- 御道具方御役人（朱筆）「手伝両人より代役」
- 御鎖口番五人
- 御内玄関番六人
- 下横め五人
- 御女中宰領其外臨時御用受持五人
- 手伝四人
- 御門番八人

雅之進様付（細川慶前）

- 御附役三人
- 御目附三人（朱筆）「御広敷兼帯、内一人ハ御勘定役を茂兼」
- 御広敷御番五人
- 御伽二人
- 御用聞御横目兼帯一人
- 御勘定方御賄方二人
- 御道具方二人
- 物書一人
- 御鎖口番一人
- 御内玄関番一人

御馬方支配頭附属

御厩

- 御目附二人
- 組脇一人
- 御馬役十三人
- 御馬医七人
- 御横目三人
- 御厩御役人代役共四人
- 御厩之者小頭共二百三十三人
- 爪髪役三人
- 御厩故実師役二人

御鷹方支配頭附属

御鷹方

組脇二人

御鷹匠十人

傍示横目十一人

切飼役二人

御鷹方横目一人

御犬牽兼帯

御犬牽七人

御餌刺九人

御書方御用人附属

御書方

御右筆頭三人

御右筆見習共二十四人

御音信方御用人附属

御音信所

御勝手方付所々御横目一人充

御音信役二人

根取二人

御役人八人

物書一人

手伝六人

犬追物懸
御用人附属

騎射師範一人

検見五人

犬放七人

〔裏面奥〕

天保六年九月五日之御飛脚ニ江戸詰佐弐役江佐弐役より相渡候也、

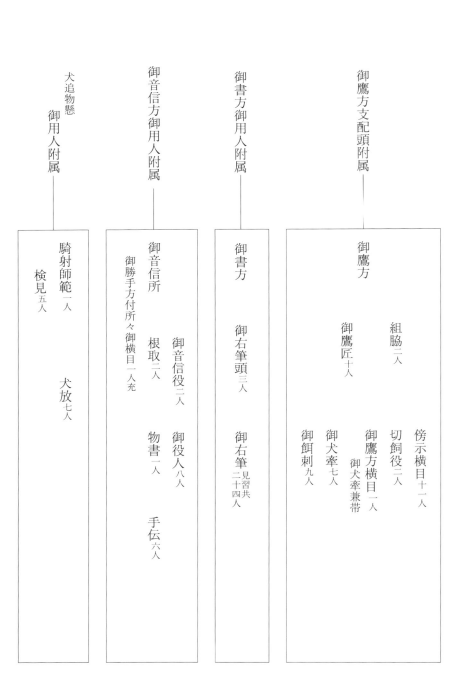

2　家老条目写

（包紙上書）
「御印
御条目之写
御家老　」

条々

一、公義御法度相守るへき事、
一、各は国中の儀表たり、事を敬し、信を失わす、仁恕を以て四民其業を得せしむへき事、
一、功を以て禄を与へ、能を以て職に任し、宜く風俗を整へ、人倫を理すへし、従来治を求る、必先人を選ふ、官其人を得て治道興らさる事あらす、能々相考へき事、
一、衆務を分職に任し、寛猛の宜きを以て其大体を統馭すへき事、
一、治国乱を忘れす、武備怠慢あるへからさる事、
一、公道行れさるときは讒姦是に乗す、私の好悪を以て政門を二ツにすへからす、至公専らなるへき事、
一、賞罰公平に処分し、必当しむへき事、
一、階高く、職重けれは奢り易し、謙譲を守り、節倹を主とし、最卑賤の輩に至るまて礼節を失ふましき事、
一、隣境の交り、前例に応し疎略すましき事、
一、封印の書附、在江戸中は城代に渡し、城に蔵メ置の条、時機に随ひ各・中老・大奉行・馬幟奉行集会し、開封すへき事、

右条々堅可相守者也、
宝暦六年丙子
七月　日　御青印
年寄中

3　松井家条目写

条々

一、先規のことく八代松江の城代、其方に申付、城付の士・番頭を初め附属せしめ置の条、常々公平に沙汰し、偏頗の処置あるへからす、若違犯の者あらは言ひ達すへし、総して黜陟ハ此方より申付へき事、
一、籠城の分配、攻守の勢ひ、或は兵粮積り等、城付・番頭共と密に示し合せ、武備怠慢なく警衛常に全かるへき事、
一、総して城下の将卒に至るまて、油滑懦弱の風俗なく、城付士とも其方家臣と礼節の分別正しかるへき事、
一、此外別書数条之趣を以、沙汰すへき事、

右条々可相守也、
宝暦六年丙子
八月御印
長岡（松井豊之）帯刀殿

4　中老条目写

（表紙）
「御印之御書付　御中老　」

条々

一、公義御法度相守るへき事、
一、中老の職ハ家老ともに副弐し、軍国の機要・大政総て参知せしむ、教化を宣布し、礼義を興行し、闔境粛清たらしむへき事、

一、内局の事に関らしむ、尽規諫正、可否献替、最も怠慢すへからさる事、
一、治国に乱を忘れす、家老ともに副し、武備怠るへからさる事、
一、従来治を求る、必す先人才を選ふ、人才出て、功績挙せさる事ハあらす、よく〳〵相考へき事、
一、謙譲を主とし、倹約を守り、最も卑賤の輩に至るまて、礼節を失ふへからさる事、
一、封印の書付の事、
右条々堅可相守也、

中老

「(剥離貼紙)封印の書付、在江戸中ハ城代へわたし、城に蔵め置の条、時機に従ひ家老とも差図を受、大奉行・馬験奉行集会し、開封すへき事、
右覚書、別紙ニ而御渡可被為成哉、又ハ右之条中ニ御加可被遊哉、」

5 大奉行条目写

「(包紙上書)書附　大奉行
御条目写也」

条々
一、公義御法度相守るへき事、
一、自分格式法度ハ勿論、奉行所ハ国家之枢要、内外之表式たるの条、最相慎へき事、
一、奉行共、分職を括統し、農政及軍国度支之大計を総管す、公平を主とし、利害を分別し、最謹慎を加ふへき事、
一、法度格式、及奉行目附失職、奉行附属の士席考績・廃置・賞罰、内外士席辞訴総判し、家老中江達へき事、
一、士以上之事ハ総て家老中江達し、其以下砕(細)務者奉行共会決(解)すへき事、
一、士を擢るには、以テ才、以テ器、名に循て実を責、銓衡最折衷たるへし、小利を見、速ならむ事を求め、経遠の理を失ふへからさる事、
一、封印の書付、在江戸中者城に蔵置の条、時機に従ひ家老中江達し、中老集会すへき事、
右条々堅可相守也、
文化九年壬申
九月三日　御印

大奉行

6 御条目扣

「(表紙)(朱筆)巳十二印
御条目扣」

〔表面〕
(1)　備頭六人銘々江

条々
一、公義御法度幷国制堅く守るへき事、
一、軍振の事、怠慢すへからさる事、
一、軍令ハ時に臨て下知せしめ、兼て相定めさる儀、兵法の秘事たるの条、其旨相心得へし、我等留守の節ハ惣大将分の者より時の軍令下知すへきの条、背くへからさる事、
一、軍役の書付渡し候条、毎年一組限備立、行列・陣取・兵粮積り等いたし、我等在国の節、一度充書附封印を用ひ差出すへき事、
　但、備立の事、相組の番頭と密にしらへ、他見・他言堅くすへからす、其旨神文を以て相誓ひ、右書付等平日番頭共と相封すへし、尤兵法の流儀銘々の家法もあるへき哉、心次第しらへ申へき事、
一、武備心かけ、武芸鍛煉候様に常々組中にも申聞へき事、

一、走者の節、銘々請場の書付渡し候条、堅く守るへき事、
一、惣して費(疲)弊の物好せす、万事倹約を守り、油滑懦弱の風俗なき様により／＼組中へ申聞へき事、
一、武備其外一存に決しかたき事ハ、相組の番頭又ハ物頭共の内にも申談し、取計へき事、
一、組中人別志の厚薄、或ハ行能・材不材、平日心を付見聞すへし、委細家老共より申へき事、
右条々堅可相守也、

(2)　側大頭

条々

一、公義御法度幷国制堅く守るへき事、
一、軍役の書付渡し候条、毎年組の兵粮積り等いたし、我等在国の節、一度充書付封印を用ひ差出すへし、尤小姓頭共と密に申談し、右書付等平日小姓頭共と相封し、他見・他言堅くすへからす、其旨神文を以て相誓ふへき事、
一、軍令は時に臨て下知せしめ、兼て定めさる事、兵法の秘事たるの条、其旨相心得へき事、
一、武備怠慢なく心かけ、武芸鍛煉候様に常々組中にも申聞へき事、
一、武備其外一存に決しかたき事ハ、小姓頭・用人又ハ組の物頭の内にも申談すへき事、
一、惣して費弊の物好せす、万事倹約を守り、油滑懦弱の風俗なき様により／＼組中へ申聞へき事、
一、組中人別志の厚薄、或は行能・材不材、平日心を付見聞すへし、委細家老共より申へき事、
右条々堅可相守也、

(3)　留守居大頭

条々

一、公義御法度幷国制堅く守るへき事、
一、籠城の手段専に心かけ、常々攻守の勢ひを弁へ、平日番頭共へも示し合せ置へし、事に臨て家老共留守申付置事あるへし、時宜に応し下知を受へき事、
一、軍令ハ時に臨て下知せしめ、兼て定めさる事、兵法の秘事たるの条、其旨相心得へき事、
一、軍役の書付渡し候条、毎年組の兵粮積り等いたし、我等在国の節、一度充書付封印を用ひ差出すへし、尤組の番頭共と密に申談し、右書付等平日番頭共と相封し、他見・他言堅くすへからす、其旨神文を以相誓ふへき事、
一、城門内外の鎖鑰預け置の条、時機早卒に滞らさる様に覚悟すへき事、
一、武備心かけ、武芸鍛煉候様に常々組中にも申聞へき事、
一、武備其外一存に決しかたき儀ハ、組の番頭・中小姓・触頭共の内に申談し、取計ふへき事、
一、惣して費弊の物好せす、万事倹約を守り、油滑懦弱の風俗なき様により／＼組中へ申聞へき事、
一、城内の儀、城内方奉行共へ申談し、取計ふへき事、
一、組中人別志の厚薄、或は行能・材不材、平日心を付見聞すへし、委細家老共より申へき事、
右条々堅可相守也、

(4)　佐敷番頭

条々

一、公義御法度幷国制堅く守るへき事、
一、遠境押として指出し置事に候条、平日武備専に心かけ、得失利害を相考へ、事の緩急に応し、奉行所幷長岡帯刀（松井豊之）方へ注進すへし、帯刀留守の砌ハ八代番頭へ申達すへき事、
一、軍令ハ時に臨て下知せしめ、兼て定めさる事、兵法の秘事たるの条、其旨相心得へき事、
一、軍役の書付渡し候、事に臨て人数をつかい候儀、兼て手配いたし置、怠るへからさる事、
一、組中、常に五人充組合を定め置へき事、
一、武備心かけ、武芸鍛煉候様に常々組中にも申聞へき事、
一、喧嘩口論、或は盗賊・狼藉、或ハ他国欠落人幷不審なる者等来るにおゐてハ、兼て郡代及ひ浦番へ申付置の条、事の緩急時宜に応し指図すへき事、
一、惣して費弊の物好せす、万事倹約を守り、油滑懦弱の風俗なき様により／＼組中へ申聞へき事、
一、組中人別志の厚薄、或は行能・材不材、平日心を付見聞すへし、委細家老共より申へき事、
右条々堅可相守也、

(5)　鶴崎番代

条々

一、公義御法度幷国制堅く守るへき事、
一、遠境押として指出し置候条、平日武備専に心かけ、得失利害を相考へ、事の緩急に応し、奉行所へ注進すへき事、
一、日田御代官所に人数入用の事申来らハ、早速奉行所へ注進すへき事、
一、喧嘩口論、或は盗賊・狼藉、或ハ他国欠落人幷不審なる者等来るにおゐてハ、兼て郡代及ひ浦番へ申付置の条、事の緩急時宜に応し指図すへき事、
一、惣して費弊の物好せす、万事倹約を守り、油滑懦弱の風俗なき様に、より／＼鶴崎詰の者共へ申聞へき事、
一、船方の者共、家業怠らさる様に常々申聞へし、惣して鶴崎・佐賀関士席以上志の厚薄、或は行能・材不材、平日心を付見聞すへく候、委細ハ家老共より申聞へき事、
右条々堅可相守也、

(6)　番頭十二人銘々江

条々

一、公義御法度幷国制堅く守るへき事、
一、軍役の書付渡し候、備立・陣取・行列・兵粮積り等の事、委細備頭へ申付るの条、神文を以相誓ひ、常々しらへ置へき事、
一、武備其外備頭下知背くへからす、物場又ハ平日ともに存寄の事あらハ、隔意なく申達すへき事、
一、武備怠慢なく心かけ、武芸鍛煉候様に常々組中にも申聞へき事、
一、組中、常に五人充組合を定め置へき事、
一、惣して費弊の物好せす、万事倹約を守り、油滑懦弱の風俗なき様により／＼組中へ申聞へき事、
一、組中人別志の厚薄、或ハ行能・材不材、平日心を付見聞すへし、委細家老共より申へき事、
右条々堅可相守也、

(7)　大目附

条々

一、公義御法度幷国制堅く守るへき事、

一、内外の非違、諸士の曲直、人物の行能可否、一ツも監察に関らさる事なく、実に我等耳目の任なり、政の得失、人の長短、審に訪察し、丁寧に我等に告へし、私の愛憎に随ひ、得と長とを棄て、失と短とを告るときハ我等を疑惑し、政の大害たるの条、最相慎むへき事、

右条々堅可相守也、

(8) 小姓頭四人銘々江

条々

一、公義御法度幷国制堅く守るへき事、

一、礼法・儀式、且又行列等及ひ勤番最相慎ミ、怠慢すへからさる事、

一、軍役の書付渡し候、兵粮積り等の事、大頭へ申付るの条、神文を以相誓ひ、常々しらへ置へき事、

一、武備其外大頭下知背くへからす、物場はいふに及ハす、平日共に存寄あらハ隔意なく申達すへき事、

一、武備心かけ、武芸鍛煉候様に常々組中にも申聞へき事、

一、惣して費弊の物好せす、万事倹約を守り、油滑懦弱の風俗なき様により〳〵組中へ申聞へき事、

一、組中幷支配の者、人別志の厚薄、或ハ行能・材不材、平日心を付見聞すへし、委細家老共より申へき事、

右条々堅可相守也、

(9) 書方支配頭

条々

一、公義御法度幷国制堅く守るへき事、

一、右筆ハ公辺の勤を始め、書音の贈答、或ハ号令、惣して重き執筆に関るの条、書法の故実怠慢なく習慣せしむへき事、

一、書流の異同ハ、其筆方に応し固陋なき様に相学せ、以来扶持する輩、猶以其心得すへき事、

一、右筆頭を始め、支配方の勤方可否を訪察し、依怙偏頗なく沙汰すへき事、

一、惣して費弊の事なく、倹約を主とすへき旨申付へき事、

右条々堅可相守也、

(10) 音信方支配頭

条々

一、公義御法度幷国制堅く守るへき事、

一、献上物ハいふに及はす、贈答の物念を入れ、万事倹約を主とし、費なき様に申付へき事、

一、支配方の勤方可否を訪察し、依怙偏頗なく沙汰すへき事、

右条々堅可相守也、

(11) 留守居番頭二人銘々江

条々

一、公義御法度幷国制堅く守るへき事、

一、籠城の手段心かけ、怠慢すへからさる事、

一、軍役の書付渡し候、兵粮積り等の事、組頭へ申付るの条、神文を以相誓ひ、常々しらへ置へき事、

一、城を守り候儀はいふに及ハす、平日共に組頭下知に随ふへし、勿論存寄あらハ隔意なく申達すへき事、

一、武備心かけ、武芸鍛煉候様に常々組中にも申聞へき事、

一、組中、常に五人充組合を定め置へき事、
一、惣して費弊の物好せす、万事倹約を守り、油滑懦弱の風俗なき様により〳〵組中へ申聞へき事、
一、組中幷支配方の者、人別志の厚薄、或ハ行能・材不材、平日心を付見聞すへし、委細家老共より申へき事、
右条々堅可相守也、

⑿　八代番頭

条々

一、公義御法度幷国制堅く守るへき事、
一、八代松江城ハ代々長岡帯刀（松井豊之）家に城代申付、各幷組ともに附属せしめ置の条、城を守り候儀はいふに及はす、平日ともに帯刀下知に随ふへし、勿論帯刀心付なき事あらハ隔意なく存寄等申達し、其闕を補ひ阿諛すへからす、若帯刀用ひすハ熊本へ罷出相達すへき事、
一、籠城の手段心かけ、怠慢すへからさる事、
一、軍役の書付渡し候、軍令ハ時に臨て下知せしめ、兼て定めさる事、兵法の秘事たるの条、其旨相心得へき事、
一、組中、常に五人充組合を定め置へき事、
一、武備心かけ、武芸鍛煉候様に常々組中にも申聞へき事、
一、惣して費弊の物好せす、万事倹約を守り、油滑懦弱の風俗なき様により〳〵組中へ申聞へき事、
一、組中人別志の厚薄、或ハ行能・材不材、平日心を付見聞すへし、委細家老共より申へき事、
右条々堅可相守也、

⒀　中小姓頭二人銘々江

条々

一、公義御法度幷国制堅く守るへき事、
一、中小姓共軍役心得の事、書付渡し候事、
一、組中、常に五人充組合を定め置へき事、
一、武備心かけ、武芸鍛煉候様に常々組中にも申聞へき事、
一、礼法・儀式・行列等の事に関り候節ハ、小姓頭相談せしめ、勤へき事、
一、武備其外大頭下知背くへからす、尤平日ともに大頭又ハ小姓頭共申談る事、隔意なく存寄申達すへき事、
一、惣して費弊の物好せす、万事倹約を守り、油滑懦弱の風俗なき様により〳〵組中へ申聞へき事、
一、組中人別志の厚薄、或は行能・材不材、平日心を付見聞すへし、委細家老共より申へき事、
右条々堅可相守也、

⒁　奉行

条々

一、公義御法度幷国制堅く守るへき事、
一、奉行所ハ政令の出る所、賞罰の定る所、内外の折衷する所、衆務の淵藪なり、故に毫厘の当否によつて一国の利害を生す、号令ハいふに及ハす、一時の処分たりとも最相慎むへき事、
一、事の大小によつて家老・中老及ひ大奉行へ達し、賞罰・寛猛の宜きを得、至公を専にすへき事、
一、諸号令、分職の奉行先これを揆り、同僚会議し、大奉行審にし、家老・中老これを覆し、事の軽重に応し我等に伺ひ、分職の者これを奉行すへき事、

一、大典を濫らす、繁章を省き、簡径を主とし、留滞なく、犯しかたく、避易き法を以て、群生を導て善に至らしむへき事、

一、農政及ひ食貨銭穀の度支ハ、郡方・勘定方分掌ありといへとも、一国民間の利病に関り、及ひ軍国の大計、或は冗費を沙汰し、節用・倹約等の事は集議会決すへき事、

選挙方　学校兼掌

一、国家士を取る、必す衡鑑審にして名器重し、名器重して人才出、人才出て事業挙し、事業挙して治道興る、それ人物を秤量し、名に循て実を責め、短を棄て長を取り、備ハらん事を求る事なかれ、才徳抜俗の輩は卑賤たりとも選挙すへき事、

附、物頭已下選叙・賞賜参議すへき事、

一、士籍帳、目附共申談し兼掌すへき事、

一、凡人才を造就する事、学校に始る、それ始進を慎すして弊源を杜絶する事難し、訓道方あり生徒業に充て、館榭曠しからさる様に学校預りの者へ申談し、怠るへからさる事、

郡方

一、農ハ国家の大本なり、歳時農桑を勧課し、租税正しく力田孝悌を激勧し、風俗を励し本業に敦し、遊手・苟簡を戒め、時候を謹ミ地利を興し、伍法擾れす徭役を均し、飢窮・鰥寡孤独を賑恤し、蓄積に厚く、水旱に備へ水利を導修し、農器を貯へ、民を導くに善を以し、其姦慝を糾し、訴訟留滞なき様に相心得、郡頭・郡代へも沙汰すへき事、

一、国内土地の図及ひ戸口人民の名籍を掌り、分明に沙汰すへき事、

勘定方

一、国用を支度し、銭穀食貨の会計を掌るへし、夫倉廩盈て礼節を知り、衣食足て栄辱を識る、富国節用愛民の本なり、最怠慢すへからす、附属の輩公平に処分し、廉謹精密たるへき旨常々沙汰すへき事、

寺社方

一、祖廟の祀典最怠慢なく、大社の神事麁略すへからす、寺社草創は勿論、或ハ造営、或ハ境地を広め等の事、従来の外堅く禁す、巫覡・僧尼の名籍正しく、各其道に合て擾濫（乱）せさらしむ事、

一、寺社名籍帳掌るへき事、

普請作事掃除方

一、普請作事ハ堅固を主とし、美を好むへからす、要害の普請は別して念を入れ、伝来の石工怠らす、工匠其業を励ミ候様に沙汰せしめ、民力を用へき土木は時節を考へ、農時を害すへからさる事、

一、百工名籍帳掌るへき事、

町方

一、貴賤の日用、総て商売有無交易の便否に帰す、各生業に敦く、遊手・苟簡・奢侈を戒め、戸口正しく伍法擾れす、孝悌を勧め風俗を励し、羨利を恣にせさらしめ、訴訟留滞すへからさる事、

一、商売名籍帳掌るへき事、

一、町馬ハ軍事臨時の備を兼しむ、怠慢なく蓄息せしむへき事、

城内方

一、城郭要害修補、緩急に応し沙汰せしめ、城内の兵器はいふに及はす、所々に渡し置兵器に至るまて、附属の輩曝涼を慎ミ、出納明白たるへき旨時々沙汰せしめ、怠慢なく留守居大頭申談し、城隍修理、戎具充備せしむへき事、

附、馬具兼掌すへき事、

一、兵器記録帳掌るへき事、

船方

一、西国は船を主とす、船頭共家業の厚薄によつて衆人懸命の枢要に関る、最怠慢なく習煉せしむへし、且又軍船の用意怠らす、国中買船、

時に臨て軍漕の便利に用へきの条、兼てしらへ置へき事、
附、鶴崎ハ彼地番代へも申談すへし、川尻ハ直に支配すへき事、
一、舟船器械記録帳掌るへき事、

客屋方

一、諸侯及ひ　公義御役人封内通行、或ハ諸国来使等の饗応、総て賓館の事、軽重時宜に応し家老共へも申達し、書方の者ともへも談すへき事、

屋敷方

一、屋敷ハ郭中平時住居のため遺置の条、広狭禄の多少に従ふへし、且又在宅等にて無用の屋敷ハ有用の輩に易へ遣し、城下曠しからさる様に斟酌すへき事、
附、役料も禄数に加へ坪数渡すへき事、

考績方

一、考課ハ清濁抑揚の枢要なり、善績聞へてハ必進み、敗徳聞へて且貶す、営求已に杜て公道自ら彰れ、事本に帰し政恒有て守り易し、実に風化の綱維に関る、公平を主とし、謹慎を加へ怠慢すへからさる事、

刑法方

一、刑ハ暴邪を禁止して刑なきを期するものなり、凡断獄律を宗とする事、勿論たりといへとも、務て矜慎を加へ、此附罪を成すものは宜しく軽きに従ふへし、厳に過れハ人を傷る、恐くハ善良を害せん、寛に過れハ法を廃す、恐くハ奸悪を懲す事なからん、故に慎之の一言刑を用るの要なり、特に死刑に処するものは刑法方会議し、大奉行審にし、家老・中老是を覆し、我等に伺ひ刑法方奉行すへし、我等在江戸の年ハ刑法方会議し、大奉行再審し、家老・中老再覆し、決断すへき事、
一、物頭已下黜事に参議し、辞訟・囚禁総掌すへき事、

類族方

一、切支丹宗門改、
公義届帳等念を入れ、若類門等の事聞るにおゐてハ時宜に応し、家老共へ達し取計ひ、在江戸の年は速に注進すへき事、
右条々堅可相守也、

(15)　用人

条々

一、公義御法度幷国制堅く守るへき事、
一、政事の大小総て奉行所に任す、近習の権を以て、多門の謬りなき様に慎むへし、若参議すへき事あらハ臨時に申付へき事、
一、可を献し否を替て、諫正最怠らす、遺を拾ひ闕を補ふへき事、
一、武道怠慢なく心かけ、組支配の者にも時々申聞へき事、
一、言路壅塞すへからさる事勿論なり、私の交りを以、分外の者と機事を謀るましき事、
一、医師・茶道・馬方等専門の者ハ、家業専一に相励候様に申付へき事、
一、宝蔵預出納、謹密に心得、附属の者にも堅く申付へき事、
一、青印ハ事を約し信を示すものなり、出納時々下知せしむるの条、謹密に心得へき事、
一、静證院殿（細川宗孝室）・映心院殿（細川宗孝生母）附役を初め、連枝方附役に至る迄、万事念を入れ男女の別正しく、或は請託等の周旋を禁し、或ハ冗費の事なき様に倹約を守り、他家に附遣置候者共ハ別して念を入れ、向々に対し婦礼正しき様に相心得へき旨沙汰すへき事、
一、裏方男女の別正しく、万倹約を守り候様に沙汰すへき事、
一、鷹方家業習慣せしむへし、鷹犬を以、農商の妨にならさる様に堅く申付へき事、
一、近習ハ人望の拠る所なり、最言行を慎ミ、謙譲を主とし、惣して費

弊の物好せす、万事倹約を守り、油滑懦弱の風俗なき様に心得、組支配方にも時々申聞へき事、
一、支配方人別志の厚薄、行能・材不材、平日心を付見聞すへし、委細家老とも申聞へき事、
右条々堅可相守也、

(16) 馬幟奉行 近習次考績方兼帯

条々

一、馬幟ハ旗本におゐて肝要の重器、三軍の表式たるの条、作法正しく全く警固すへし、此旨平日心かけ、怠慢すへからさる事、
一、馬幟奉行申付るの条、軍国の機要臨時に参預せしむへし、至公専らたるへき事、
一、近習及次方考績に参議し、明白に考定すへき事、
右条々堅可相守也、

(17) 鉄炮五十挺頭二人・同三十挺頭十二人銘々江

条々

一、公義御法度幷国制堅く守るへき事、
一、武道専に心かけ、足軽共鉄炮習煉候様に時々稽古申付へき事、
一、武備共外備頭下知に随ふへし、物場ハいふに及ハす、平日共に存寄の事あらハ、備頭幷相組の番頭共にも隔意なく言ひ達すへき事、
一、武備の事、副頭の者へ覆臓なく申談し、物場におゐてハ利害を考へ、時宜に応し足軽の中副頭へ分配せしむへし、自己の功を貪り、全勝を失ふへからさる事、
一、足軽共、常に五人組を定め置、物場におゐて別心なく、進退を同し候様に常々習し引廻し候手段、怠慢すへからさる事、
一、足軽共、年二十歳以上六十歳迄の者扶持すへし、抜群壮健なる者ハ各別たるへき事、
一、万事倹約を守り、足軽共風俗懦弱になく、かい／＼敷様に常々申付へき事、
一、足軽共拘へ暇の事、愛憎を以私せす、公平に沙汰すへき事、
一、足軽共の儀に付て平日奉行共より申渡す筋あるへし、守り候様に申付へき事、
右条々堅可相守也、

(18) 留守居中小姓触頭二人銘々江

条々

一、公義御法度幷国制堅く守るへき事、
一、籠城の手段心かけ、怠慢すへからさる事、
一、中小姓軍役の事、心得の書付渡し候事、
一、城を守り候儀ハいふに及ハす、平日共に組頭共下知に随ふへし、勿論存寄あらハ隔意なく言ひ達すへき事、
一、武備怠慢なく心かけ、武芸鍛煉候様に常々触組中にも申聞へき事、
一、触組中、常に五人充組合を定め置へき事、
一、惣して費弊の物好せす、万事倹約を守り、油滑懦弱の風俗なき様により／＼触組中へ申聞へき事、
一、触組中人別志の厚薄、或ハ行能・材不材、平日心を付見聞すへし、委細家老共より申聞へき事、
右条々堅可相守也、

(19) 鉄炮二十挺頭十八人・同十挺頭二十人銘々江

条々

一、公義御法度幷国制堅く守るへき事、
一、武道専に心かけ、足軽共鉄炮習煉候様に時々稽古申付へき事、
一、武備其外備頭下知に随ふへし、物場ハいふに及ハす、平日共に存寄の事あらハ、備頭幷相組の番頭共にも隔意なく言ひ達すへき事、
一、足軽共、常に五人組を定め置、物場におゐて別心なく、進退を同し候様に常々習し引廻し候手段、怠慢すへからさる事、
一、足軽共、年二十歳已上六十歳迄の者扶持すへし、抜群壮健なる者ハ各別たるへき事、
一、万事倹約を守り、足軽共風俗懦弱になく、かい〳〵敷様に常々申付へき事、
一、足軽共拘へ暇の事、愛憎を以私せす、公平に沙汰すへき事、
一、足軽共の儀に付て平日奉行共より申渡す筋あるへし、守り候様に申付へき事、
右条々堅可相守也、

(20) 近習次組脇

条々

一、公義御法度幷国制堅く守るへき事、
一、支配頭へ申聞る通、武備怠らす、油滑懦弱の風俗なく、最倹約を守り候様に相組及ひ支配の輩へも時々申聞へき事、
一、武備其外支配頭下知違背すへからす、最頭申談る儀は隔意なく存寄言達し、其闕を補ふへき事、
一、小姓役とも勤番作法正しく、謹慎周密たるへき旨、時々心を付へき事、
一、簡径を主とし、事留滞せさらしむへき事、
一、支配方公平に沙汰すへき事、
右条々堅可相守也、

(21) 側鉄炮頭四人銘々江

条々

一、公義御法度幷国制堅く守るへき事、
一、武備其外大頭下知に随ふへし、物場ハいふに及ハす、平日共に存寄あらハ、大頭幷小姓頭へ隔意なく言ひ達すへき事、
一、武道怠慢なく心かけ、足軽共鉄炮鍛煉候様に常に習すへき事、
一、足軽共、常に五人組を定め置、物場におゐて別心なく、進退を同し候様に常々習し引廻し候手段、怠慢すへからさる事、
一、足軽共、年二十歳以上六十歳迄の者扶持すへし、抜群壮健なる者ハ各別たるへき事、
一、物場は各別平日足軽共事、奉行共へ言ひ達し、賞罰を加ふへし、惣して組に扶持するものハ奉行共より人柄を定め遣し、或ハ組役を指免すものもあるへきの条、其旨を守り、組の足軽共へ申付へき事、
一、万事倹約を守り、足軽共風俗懦弱になく、かい〳〵敷様に常々申付へき事、
右条々堅可相守也、
一、側弓頭右ニ准、

(22) 長柄頭二人銘々江

条々

一、公義御法度幷国制堅く守るへき事、
一、武道常に心かけ、怠慢すへからさる事、
一、武備其外大頭下知に随ふへし、存寄の事あらは隔意なく言ひ達すへき事、

一、長柄の者、年二十歳以上六十歳迄の者扶持すへし、抜群壮健なる者ハ各別たるへき事、
一、長柄の者、常に五人組を定め置へき事、
一、長柄の者とも、事に付ては平日奉行共より沙汰の筋あるへきの条、守り候様に申付へき事、
右条々堅可相守也、

⒇ 目附

条々

一、公義御法度幷国制堅く守るへき事、
一、内外の非違、諸士の曲直、人物の行能可否、一ツも監察に関らさる事なく、実に我等耳目の任なり、政の得失、人の長短、審に訪察し、丁寧に我等に告へし、私の好悪に随ひ、得と長とを棄て、失と短とを告る時は我等を疑惑し、政の大害たるの条、最相慎ミ、審に相心得へき事、
一、士席以上及ひ軽輩に至る迄、行能・功過・曲直・材否等見聞の趣、士席已上の事ハ六月中家老共へ達し、独礼以下の事ハ七月中奉行共へ達すへし、尤毎年右之通相心得へき事、
一、急務、或は我等に直達せしめ度事ハ、今迄のことく相心得へき事、
一、惣して事物を弾糺する、偏に附属横目に限らす、各耳目を広くして、監察明らかにし、形容に過て実を失ふへからさる事、
右条々堅可相守也、

(24) 使番

条々

一、公義御法度幷国制堅く守るへき事、
一、武道怠慢なく心かくへき事、
一、物場にてハ斥候申付、至て肝要の職分たるの条、軍振の事、常々専に心を用へき事、
一、礼法儀式にあつかり（預）候節ハ小姓頭共申談すへし、使者勤候節、或ハ来使の応対等不都合なき様に言ひ談すへき事、
一、物場はいふに及ハす、平日共に大頭下知に随ふへし、存寄の事あらは隔意なく言ひ達すへき事、
一、万事倹約を守り、油滑懦弱の風俗なき様に相心得へき事、
右条々堅可相守也、

(25) 歩使番頭二人銘々江

条々

一、公義御法度幷国制堅く守るへき事、
一、武道怠慢なく心かけ、組の者共も武芸心かけ嗜候様に常々申付へき事、
一、武備其外大頭下知に随ふへし、存寄の事あらは隔意なく言ひ達すへき事、
一、組の者、六十歳に及ひ候ハ、奉行共へ相達すへし、尤右の年齢にても各別壮健の者ハ其趣をも申達すへき事、
一、川方師役の者は丁寧に指南し、遊習練せしめ候様に申付へき事、
一、組の者、常に五人充組合を定め置へき事、
一、組の者共、事に付てハ平日奉行共より申渡筋あるへし、守り候様に申付へき事、
一、万事倹約を守り、油滑懦弱の風俗なき様に組の者ともへも常々申聞へき事、
右条々堅可相守也、

⑹　歩頭四人銘々江

条々

一、公義御法度幷国制堅く守るへき事、

一、武道怠慢なく心かけ、組の者共も武芸心かけ嗜候様に常々申付へき事、

一、武備其外大頭下知に随ふへし、存寄の事あらは隔意なく言ひ達すへき事、

一、組の者、六十歳に及ひ候ハヽ、奉行共へ相達すへし、尤右の年齢にても各別壮健の者は其趣をも申達すへき事、

一、川方の者ともハ、遊習練怠らさる様に申付へき事、

一、組の者、常に五人充組合を定め置へき事、

一、組の者共、事に付てハ平日奉行共より申渡す筋あるへし、守り候様に申付へき事、

一、万事倹約を守り、油滑懦弱の風俗なき様に組の者共へも常々申聞へき事、

右条々堅可相守也、

⑺　昇副頭二人銘々江

条々

一、公義御法度幷国制堅く守るへき事、

一、武道怠慢なく心かくへき事、

一、昇支配の儀は肝要の職分たるの条、専に心懸へき事、

一、武備其外大頭下知に随ふへし、存寄の事あらハ隔意なく言ひ達すへき事、

一、組の者、年二十歳已上六十歳迄の者扶持すへし、抜群壮健なる者ハ各別たるへき事、

一、組の者共、事に付てハ平日奉行共より申渡す筋あるへし、守り候様に申付へき事、

一、万事倹約を守り、油滑懦弱の風俗なき様に相心得へき事、

右条々堅可相守也、

⑻　物奉行六人銘々江

条々

一、公義御法度幷国制堅く守るへき事、

一、武道怠慢なく心懸へき事、

一、物場にて兵粮・飼料、其外米銀等の事に至るまて支配すへき事、

一、小荷駄奉行ハ時に臨て大身の者へ申付へきの条、其旨相心得へき事、

一、武備其外平日備頭下知に随ふへし、存寄の事あらハ隔意なく言ひ達すへき事、

一、万事倹約を守り、油滑懦弱の風俗なき様に相心得へき事、

右条々堅可相守也、

⑼　河尻町奉行

条々

一、公義御法度幷国制相守るへき事、

一、商家ハ有無交易の本、通用の便否によつて貴賤日々の達用に関るの条、各産業精勤し、遊手の輩なく、利を恣にせさらしむへき事、

一、五人組正しく孝悌を勧め、質素を守り、風俗を励すへき事、

一、訴訟留滞すへからす、異変あらは速に奉行共へ注進すへき事、

一、油滑懦弱の風俗なく、最倹約を守るへき事、

一、支配方公平に処分し、総て町方奉行共指図を受へし、存寄あらハ隔

意なく言ひ談すへき事、
右条々堅可相守也、

(30) 留守居切米取触頭三人銘々江

条々

一、公義御法度幷国制堅く守るへき事、
一、籠城の手段心かけ、怠慢すへからさる事、
一、触組の者共、常に五人充組合を定め置へき事、
一、武備其外組頭下知に随ふへし、若存寄の事あらは隔意なく言ひ達すへき事、
一、事に臨てハ相組の番頭幷中小姓触頭申談し、時宜に応し触組の者をも召つかふへき事、
一、万事倹約を守り、油滑懦弱の風俗なき様に相心得、触組の者へも時々申聞へき事、
右条々堅可相守也、

(31) 側取次

条々

一、公義御法度幷国制堅く守るへき事、
一、朝夕左右に近侍し、側取次の職分たるの条、吐納明敏に謹慎周密たるへき事、
一、近侍に誇り、分外の儀なき様に謙遜を主とすへき事、
一、我等起居動静の間、若過謬あらは畏縮なく申聞へき事、
一、油滑懦弱の風俗なく、最倹約を守り候様に相心得へき事、

馬方副役　　鷹方副役

腰物方　　納戸方

側銀方　　側道具方

右分職怠らす、最腰物方・納戸方・側銀方・側道具等出納精密に心を付、記録帳明白たるへき旨、附属の輩へも時々申談すへき事、
右条々堅可相守也、

(32) 八代目附

条々

一、公義御法度幷国制相守るへき事、
一、目附ハ曲直・功過を見聞の職分たるの条、権勢を避す、公私の間分別肝要たるへき事、
一、物場はいふに及ハす、平日ともに番頭下知背くへからさる事、
一、何事によらす、為にならさる事ハ速かに家老共に相達し、重き事ハ我等直に聞届へきの条、在国の節ハ出府し、在江戸の節ハ書付封印を用ひ、奉行共取次を以、達すへき事、
一、八代番頭已下士席以上、行能・材不材・功過・曲直等、人別見聞の趣、書付封印を以、毎年六月中奉行所に罷出、奉行共へ相達すへき事、
右条々堅可相守也、
一、佐敷目附右ニ准、

(33) 普請作事頭

条々

一、公義御法度幷国制相守るへき事、
一、普請作事ハ堅固を主とす、要害の所は別して精密に小破の時修補を加へ、得失の間を勘弁し、費なき様に心を用へき事、
一、民力を用へき事ハ、最農隙を考へ、民力を傷らさる様に相心得、附属の役人共出郡の節ハ、別して民間の煩費にならさる様に堅く申付へ

き事、
一、穴生及ひ諸棟梁共伝来の家業、怠慢なく相励むへきよし、時々申聞へき事、
一、総て普請作事方奉行共指図を受へし、存寄あらハ隔意なく言ひ談すへき事、
一、清廉を主とし倹約を守り、油滑懦弱の風俗なき様に相心得、附属の役人共へも時々申聞へき事、
右条々堅可相守也、

(34) 郡頭

条々

一、公義御法度幷国制堅く守るへき事、
一、農ハ国家の大本なり、耕作桑蚕を勧め、本業を精勤し、末利に走らす、孝悌を教へ、風俗を励し候様に沙汰すへき事、
一、地方正しく免方の事、年の豊凶を考へ沙汰すへき事、
一、山を茂し、川を浚し、塘堤池の修理怠慢せさらしむへき事、
一、夫仕は時節老壮を分別し、民力を傷らさる様に委く心を付へき事、
一、民間質素に帰し、制度を守り候様に沙汰すへき事、
一、郡中人別帳正しく、及ひ五人組混乱せさる様に沙汰すへき事、
一、小物成は不虞の備に貯置く米銀たるの条、審に意を用ひ、出納廉謹明白にし、附属の者共へも堅く申付へき事、
一、役人共出郡の節、民間の煩費にならさる様に堅く申付へき事、
一、郡村の利害に関り候事ハ、たとひ一門中・家老共中といふとも、存寄憚り言ひ達し、枉法の沙汰堅くすへからさる事、
一、事の利害軽重に随ひ、郡政に関り候者ともへ達し、時宜に応すへし、的当の事再三に及ひ信用せすんハ、書付封印を以て我等に直達すへき事、
一、惣して費弊の物好せす、油滑懦弱の風俗なき様に心得、附属の者へも申付へき事、
右条々堅可相守也、

(35) 郡方目附

条々

一、公義御法度幷国制堅く守るへき事、
一、郡々手永〱村々の風俗善悪を見聞し、郡代・惣庄屋・村庄屋心かけ不心かけ委く心を付、時々郡方奉行又ハ大奉行等申達すへき事、
一、下方の邪正を糺し、役方の者共に夫々申達し、百姓とも農業蚕業に勧み候様に相心得へき事、
一、扱り方等申付候節、軽き事ハ郡代共に談合し、重き事ハ奉行共に談合すへし、目付の役として容易の沙汰すへからさる事、
一、地方正しく、山林を茂らし候様に申談すへき事、
一、訴訟滞らさる様に心を付へき事、
一、惣して我意を以、我等為を忘却すへからす、事々物々役方の者共に申談し、理の当否を明らかに尽すへき事、
右条々堅可相守也、

(36) 穿鑿頭

条々

一、公義御法度幷国制堅く守るへき事、
一、穿鑿の出入によつて人命生死の分に係る、最公平を主とし、謹慎を加へ、鞫問情を得、口書明白たるへき事、
一、賄賂属託行れさる様に、附属卑賤の輩に至る迄堅く申付へき事、

一、水拷問は刑法方奉行共へ達し、指図を受へき事、
一、清廉を主とし、倹約を守り、油滑懦弱の風俗なき様に相心得、附属の輩へも時々申聞へき事、
一、総て刑法方奉行共指図を受へし、存寄あらハ隔意なく言談し、再三に及ひ信用せすんハ其旨直達すへき事、
右条々堅可相守也、

(37) 勘定頭

条々

一、公義御法度幷国制堅く守るへき事、
一、勘定所ハ銭穀食貨の会計を掌るの条、国用を度支し、大計に明らかなるへき事、
一、繁費を省き、簡易を主として留滞なく、公平に沙汰し、節用最も怠るへからさる事、
一、渡しかたハ一統たりといへとも、貧富を以て緩急し、私を以、権貴に阿諛すへからさる事、
一、局中瑣砕(細)の分掌は家老共沙汰すへし、其旨堅く相守り、清廉精密たる様に附属の者へも常々怠慢なく申聞へき事、
一、万事倹約を守り、油滑懦弱の風俗なき様に相心得、附属の者へも沙汰すへき事、
右条々堅可相守也、

(38) 算用頭

条々

一、公義御法度幷国制相守るへき事、
一、算用所ハ年貢を初め、もろ／＼の算用を集め、諸役人清濁の定る所なり、最公平明白たるへき事、
一、清算先後を以て定め遣す事、勿論たりといへとも、事の寛急時宜に応し、停滞なき様に相心得、最謹慎精密たるへき旨、附属の役人ともへも申付へき事、
一、油滑懦弱の風俗なく、最倹約を守り候様に相心得、附属の輩へも時々申聞へき事、
一、総て勘定方奉行共指図を受へし、存寄あらハ隔意なく言ひ談し、再三に及ひ信用せすんハ其旨直達すへき事、
右条々堅可相守也、

(39) 静證院殿(細川宗孝室)附

条々

一、公義御法度幷国制相守るへき事、
一、静證院殿御用事滞なく執計ひ、万事精密に心を付、男女の別正しき様に相心得、附置候卑賤の者ともに至るまて堅く申付へき事、
一、静證院殿に託し、自他より頼候事ありとも、分外の取次等すへからさる事、
一、附置候ものとも、賞美及ひ闕跡の人物等一切、附役より望ミらしき事申出ましき事、
一、支配方依怙偏頗なく沙汰せしめ、惣して油滑懦弱の風俗なき様に相心得、支配の者共へも時々申聞へき事、
一、総して支配頭又ハ奉行共指図を受へし、存寄あらは隔意なく言ひ談し、万事費の儀なき様に倹節を専に執計ふへき事、
右条々堅可相守也、
一、映心院殿(細川宗孝生母)附右ニ准、

(40)
郡代
条々
一、公義御法度幷国制堅く守るへき事、
一、郡代ハ養民の本なり、耕作桑蚕時節を失ハす、本業を精勤し末利に走らす、孝義力田の者を挙達し、奸悪を姑息せす、風俗を励し、民を善に導て郡中静謐たらしむへき事、
一、地方正しく、免方の儀年の豊凶を考へ、郡政に関り候者言ひ談し、取計へき事、
一、郡中五人組混乱なく、人別帳正しく、怠慢すへからさる事、
一、民間質素に帰し、制度を守り候様に時々沙汰すへき事、
一、訴訟閉塞なく、判断留滞すへからさる事、
一、水理審に意を用ひ、塘堤池或ハ道橋船等、修理怠慢なく申付へき事、
一、山林荒廃なく、牛馬蕃息せしむへき事、
一、夫仕は時節及ひ老壮を分別し、民力を傷らさる様に委く心を付へき事、
一、往還人馬継停滞なき様に申付候儀、勿論なり、無用の人馬費弊なき様に委く沙汰すへき事、
一、民間の利害に関り候事ハ、縦令一門中・家老共中といふとも、存寄憚なく言ひ達し、抂法の沙汰すへからさる事、
一、事の軽重利害に随ひ、郡政に関り候者共へ達し、時宜に応すへし、的当の事再三に及ひ信用せすんハ、書付封印を以、我等に直達すへき事、
一、万事倹約を守り、油滑懦弱の風俗なき様に相心得へき事、
右条々堅可相守也、
〔裏面〕

(41)
右筆頭
条々
一、公義御法度幷国制堅可相守事、
一、公辺勤筋ハ勿論、惣して書方一切の管轄に関り候職分ニ付、最可為謹慎精密事、
一、書法の故実を明らめ、右筆共へも時々可令指南事、
一、書所之儀、繁冗を省き簡径を主とし、記録等可為明白事、
一、右筆共書流の異同は銘々の筆才に応し、固陋に無之様に可令習学事、
一、支配方公平に可沙汰事、
一、筆紙墨等、無用の冗費無之様に可附心事、
一、総て支配頭指図を受へし、若存寄於有之ハ無隔意可言達事、
一、油滑懦弱の風俗無之、最倹約を守り候様に相心得、支配の輩へも時々可申聞事、
右条々堅可相守旨被
仰出者也、
家老

(42)
鉄炮副頭十四人銘々江
条々
一、公義御法度幷国制堅可相守事、
一、武備不怠、足軽進退の手段心懸、平日本役の者無隔意申談、其闕を補ふへき事、
一、時機に臨て本役の者より足軽を分配すへし、人数多少等ハ時宜に随ひ可申談事、
一、油滑懦弱の風俗無之、最倹約を守り候様に可相心得事、
右条々堅可相守旨被

仰出者也、

家老

(43) 茶道頭

条々

一、公義御法度幷国制堅可相守事、
一、茶道ハ為専門之条、家業無怠慢、伝来の故実不忘却様に可相励事、
一、茶道の子共家業可令習練、不習練の術は難召仕候条、其旨相心得
時々可附心事、
一、倹約を守り、油滑懦弱の風俗無之様に可相心得事、
一、支配方無依怙偏頗令沙汰、簡径を主に可執計事、
一、茶道家業熟不熟、志の厚薄、平日心を付可見聞事、
右条々堅可相守旨被
仰出者也、

家老
中老

(44) 小姓組之組脇
番方組脇
留守居番方組脇
八代城付組脇
佐敷番組脇

条々

一、公義御法度幷国制堅可相守事、
一、組頭へ申聞置通、武備不怠、油滑懦弱の風俗無之、万事倹約を守り
候様に相心得、相組の者共へも時々可申聞事、
一、武備ハ勿論、組頭下知不可違背、尤頭申談る儀ハ無隔意存寄言達、
其闕を補へき事、
但、組頭故障之節ハ組支配代役可勤事、
右条々堅可相守旨被
仰出者也、

家老

(45) 馬方支配役

条々

一、公義御法度幷国制堅可相守事、
一、乗馬ハ軍用を主に可心懸候、平日飼方手入等の儀、無油断可養蓄事、
一、馬方ハ為専門の条、其方共を初家業ハ勿論、伝来の故実不忘却様に
可相励事、
一、馬方子共ハ乗形・医術二業の中、其器用に従ひ可習練、不習練の術
ハ難召仕候条、其旨相心得、時々可附心事、
一、士席馬術稽古の輩へは指南不怠様に、乗形の者共へも可申付事、
一、油滑懦弱之風俗無之、最倹約を守り候様に相心得、支配の者共へも
時々可申聞事、
一、総て馬方支配頭指図を受へし、若存寄於有之ハ無隔意可言達事、
一、馬方の者家業熟不熟、志の厚薄、平日心を付可見聞事、
右条々堅可相守旨被
仰出者也、

家老

(46) 鶴崎船頭之頭

条々

一、公義御法度幷国制堅可相守事、
一、船頭之頭ハ船方の括統なり、自身ハ不及申、船手之者共家業不怠、天文習熟天気の可否を令識得儀、可為専要事、
一、軍船の事、常々心懸可令修練候、船営船行等之儀ハ其時に臨て可下知事、
一、船手の者共、鉄炮稽古無怠慢可申付事、
一、船手の儀、諸事鶴崎番代・船方之奉行可受指図候、存寄の儀於有之ハ無隔意可言達事、
一、乗船以下船道具等に至迄目附申談、平日令見分、預りの船頭ハ勿論、船番の輩に至迄精密に心を用候様に申付、費之儀無之様に得失の間を勘弁し、小破の時修補を加ふへき事、
一、支配方無依怙偏頗、最倹約を守り、油滑懦弱の風俗無之様に相心得、支配の輩へも時々可申聞事、
一、船頭ハ衆人懸命の枢機を取り候職分たるの条、渡海の節万一破船、乗組の輩於令溺死ハ、縦活命の便有之候共、早速可自殺候、若令走逃ハ捕捉之上、可処重科之条、此旨を存し、家業習練相励候様に時々可附心事、
一、船手の者家業の熟不熟、志の厚薄、平日心を付可見聞事、
右条々堅可相守旨被
仰出者也、

家老

一、河尻船頭之頭右ニ准

(47)　持筒頭

条々

一、公義御法度幷国制堅可相守事、
一、武備心懸不可怠事、
一、持筒之者、年二十歳以上六十歳を限可扶持、抜群壮健之者ハ可為各別候、右之輩平日奉行共より申渡筋相守候様に可申付事、
一、足軽四十人預組に申付、側備に定め置の条、平日五人組を定置、鉄炮無怠慢習練仕らせ、油滑懦弱之風俗無之様に時々可申付候、総て召仕方之儀ハ可任奉行共指図事、
一、側大頭下知不可違背、存寄之儀ハ無隔意可言達事、
右条々堅可相守旨被
仰出者也、

家老

(48)　奥附

条々

一、公義御法度・御国制堅可相守事、
一、御前様(細川重賢室)御用ハ勿論、御奥之御用無滞執計、万事精密に心を付、男女の別正敷様に相心得、御附被置候卑賤の者共に至迄堅可申付事、
一、御前様に託し、自他より頼候事有之とも、分外之取次等不可仕事、
一、御附被置候面々、欠闕の人柄御賞美等之事、総て御附より望ヶ間敷儀申出間敷事、
一、支配方無依怙偏頗令沙汰、惣して油滑懦弱の風俗無之様に相心得、支配方へも時々可申聞事、
一、御奥の事、総て支配頭又ハ御奉行指図を受、若存寄之儀於有之ハ無隔意言ひ達、倹約を主に可執計事、
右条々堅可相守旨被
仰出者也、

家老

(49) 裏附

条々

一、公義御法度・御国制堅可相守事、
一、御裏御用無滞執計、万事精密に心を付、男女の別正敷様に相心得、被御附置候卑賤の輩に至る迄堅可申付事、
一、御附被置候面々、欠闕の人柄御賞美等の事、総て御附より望ヶ間敷儀申出間敷事、
一、支配方無依怙偏頗令沙汰、惣して油滑懦弱の風俗無之様に相心得、支配方へも時々可申聞事、
一、万事支配頭又ハ御奉行指図を受、若存寄等の儀於有之ハ無隔意言ひ達、倹約を主に可執計事、

右条々堅可相守旨被
仰出者也、

家老

(50) 清記(長岡紀休)附

一、公義御法度・御国制堅可相守事、
一、清記殿用無滞執計、万事精密に心を付、存寄之儀ハ無遠慮言ひ達、輔護不可有怠慢事、
一、清記殿に託し、自他より頼候事有之とも、分外の取次等堅不可有事、
一、被御附置候輩、御賞美闕跡の人物等、御附役より望ヶ間敷儀申出間敷事、
一、支配方無依怙偏頗、最倹約を守り、油滑懦弱の風俗無之様に相心得、支配の輩へも時々可有沙汰事、
一、総て御裏方支配頭之指図を受、若存寄之儀於有之ハ無隔意言ひ達、倹約を主に可有執計事、

右条々堅可相守旨被
仰出者也、

家老
中老

(51) 衛世(細川宣紀女)附

条々

一、公義御法度・御国制堅可相守事、
一、於衛世殿用無滞執計、万事精密に心を付、不可有怠慢事、
一、於衛世殿に託し、自他より頼事有之とも、分外之取次等堅不可有事、
一、被御附置候者共、御賞美闕跡の人物等、御附役より望ヶ間敷儀申出間敷事、
一、支配方無依怙偏頗、最倹約を守り、油滑懦弱の風俗無之様に相心得、支配之輩へも時々可有沙汰事、
一、総て御裏方支配頭の指図を受、若存寄之儀於有之ハ無隔意言ひ達、倹約を主に可有執計事、

右条々堅可相守旨被
仰出者也、

家老
中老

一、津與(細川宣紀女)附右ニ准、

(52) 小姓役

条々

一、公義御法度幷国制堅可相守事、

一、朝夕左右に近侍し、謹慎周密たるへき事、
一、近習に誇り、分外の儀なき様に堅く相心得、謙遜を主とすへき事、
一、勤番・宮仕等、作法正しく怠慢すへからす、最言語を慎むへき事、
一、倹約を守り、油滑懦弱の風俗なき様に相心得へき事、
一、加役預り等申付候輩は、其職分精密に心を用へき事、
右条々堅可相守旨被
仰出者也、
家老
中老

(53) 医師触役
条々
一、公義御法度幷国制堅可相守事、
一、医師は為専門之条、其方共を初め家業無懈怠可相励事、
一、医師の子共家業可令習練候、不習練の術ハ難召仕候条、其旨相心得
時々可附心事、
一、諸触無留滞、公平に沙汰すへき事、
一、医師家業熟不熟、志の厚薄、平日心を付、見聞すへき事、
右条々堅可相守旨被
仰出者也、
家老
中老

(54) 奉行所佐弐役
条々
一、公義御法度幷国制堅可相守事、
一、佐弐役ハ政事の機密を執筆し、奉行所砕務の管轄に関り候為職分の
条、公平を主とし、可為廉謹慎密事、
一、奉行共指揮不可違背、存寄あらハ無隠蔵言ひ達可補遺漏事、
一、奉行所ハ諸役所の表式たるの条、根取以下執筆の者共に至る迄可為
謹慎精密旨、時々可附心事、
一、倹約を守り、油滑懦弱の風俗無之様に相心得、触下の者共へも時々
可申聞事、
一、分職附属の輩、有欠闕ハ其闕を補ひ、事弁候様に可熟談事、
右条々堅可相守旨被
仰出者也、
家老
中老

(55) 次番
条々
一、公義御法度幷国制堅可相守事、
一、次勤番相慎、口々〆等怠らす、管鑰出納最可為明察事、
一、裏門出入厳重に可沙汰事、
一、鋪設・掃除等無怠慢令見分、灯油・火燭等出納可為精審旨、附属の
輩へも可申付事、
一、支配方無依怙偏頗、箇径を主に可執計事、
一、倹約を守り、油滑懦弱の風俗無之様に相心得、支配の者共へも時々
可申聞事、
一、預道具精密に心を付、記録帳可為明白事、
右条々堅可相守旨被
仰出者也、

家老
中老

(56) 次目附

条々

一、公義御法度幷国制堅可相守事、
一、目附ハ功過・曲直見聞の職分たるの条、公私の間分別可為専要事、
一、次士席已上勤方の可否、人物の曲直等、人別志の厚薄、毎年六月朔日より明年五月晦日限り令精察、見聞の趣書付封印を以可達候、尤難差延事ハ善悪ともに不時に可達事、
一、次の事に付、存寄の儀於有之ハ事の軽重に応し、支配頭幷組脇へ言ひ達、若及再三不信用ハ、其旨書付封印を以可達事、
一、倹約を守り、油滑懦弱の風俗無之様に可相慎事、
右条々堅可相守旨被
仰出候、独礼以下之輩ハ各別書付を以、御次支配頭迄可被相達者也、

家老
中老

(57) 腰物方

条々

一、公義御法度幷国制堅可相守事、
一、腰物方兵器出納、精密に手入等無間断、記録帳可為明白、最早卒の用事不滞様に平日覚悟、無怠慢可為廉謹慎密事、
一、腰物方の事、馬験奉行幷側取次共の中請込申付置候輩の外、堅不露洩様に相心得、附属の輩にも堅可申付事、
右条々堅可相守旨被
仰出者也、

家老
中老

(58) 納戸役

条々

一、公義御法度幷国制堅可相守事、
一、納戸衣装等出納、精密に記録帳可為明白事、
一、廉謹周密を主とし、最倹約守り、油滑懦弱の風俗無之様に相心得、附属の輩へも時々可申聞事、
一、万事簡径を主に執計、不可令留滞事、
一、支配方無依怙偏頗可沙汰事、
一、総て支配頭指図を受へし、存寄の儀於有之は無隔意可言達事、
右条々堅可相守旨被
仰出者也、

家老
中老

(59) 台所頭

条々

一、公義御法度・御国制堅可相守事、
一、御台所ハ浄戒を為主、最加謹慎候様に相心得、附属卑賤の輩に至迄堅可申付事、
一、試味最令精察、聊も不審の儀於有之ハ急速に可遂吟味事、
一、御費を省候とも被召上物不可有麁略、入念候とも無用の御費無之様に精察に可用心事、

一、総て支配頭指図を受へし、若存寄の儀於有之ハ無隔意相達、勿論御目附にも可申談事、
一、御料理方等伝来の故実、不忘却様に時々可附心事、
一、支配方無依怙偏頗、最倹約を守り、油滑懦弱の風俗無之様に相心得、附属の輩へも時々可申聞事、
一、万事簡径を主に執計、無留滞様に可相心得事、
右条々堅可相守旨被
仰出者也、
家老
中老

(60) 河尻作事頭
条々
一、公義御法度幷国制堅可相守事、
一、船方・家方作事堅固を為主、平日精密に心を付、得失の間を勘弁し、費無之様に相心得、小破の時修理を加ふへき事、
一、民力を可用作事ハ最農隙を考へ、民力を不傷様に相心得、附属の役人共出郡の時ハ、別して民間の煩費に不成様に堅可申付事、
一、棟梁共、伝来の家業無怠慢相励候様に時々可申付事、
一、総而作事方奉行共指図を受へし、存寄の儀於有之ハ無隔意言ひ達、事不停滞様に可相心得事、
一、附属の役人共清廉倹約を守り、油滑懦弱の風俗無之様に時々可申聞事、
右条々堅可相守旨被
仰出者也、
家老

一、鶴崎作事頭右ニ准、
中老

(61) 座敷支配役
条々
一、公義御法度・御国制堅可相守事、
一、御座敷口々〆方等不怠、管鑰出納最可為明察事、
一、鋪設・掃除等無怠慢令見分、灯油・火燭等出納可為精密旨、附属の輩へも時々可被申付事、
一、支配方無依怙偏頗令沙汰、拘暇の儀ハ御奉行へ相達可被受指図事、
一、預りの御道具精密に心を付、記録帳可為明白事、
右条々堅可相守旨被
仰出者也、
家老
中老

(62) 惣銀支配頭
条々
一、公義御法度・御国制堅可相守事、
一、御知行取諸渡等、無滞清廉に可有沙汰事、
一、諸取立の儀、明白に執計候様に附属の役人へも可有沙汰事、
一、諸切手等曲直の分別を糺し、可有印形事、
一、倹約を守り、油滑懦弱の風俗無之様に被相心得、支配の輩にも時々可被申聞事、
一、相対の借物筋ニ付、取立方便利のため、惣銀所役人へ頼候者有之候共、一切取持ヶ間敷事有之間敷事、

一、総て御勘定方御奉行指図を受、存寄の儀有之候ハヽ、無隔意可被申達事、
右条々堅可相守旨被
仰出者也、
家老
中老

(63) 切米支配頭
条々
一、公義御法度・御国制堅可相守事、
一、諸渡方等、無滞清廉に可有沙汰事、
一、諸取立之儀、明白に執計候様に附属の役人へも可有沙汰事、
一、諸切手等曲直の分別を糺し、可有印形事、
一、倹約を守り、油滑懦弱の風俗無之様に相心得、支配の輩へも時々可被申聞事、
一、相対の借物筋ニ付、取立方便利のため、御切米所役人へ頼候者有之候とも、一切取持ヶ間敷事有之間敷事、
一、総て御勘定方御奉行指図を受、存寄の儀有之候ハヽ、無隔意可被相達事、
右条々堅可相守旨被
仰出者也、
家老
中老

(64) 掃除頭
条々
一、公義御法度幷国制堅可相守事、
一、請場所掃除等見分不怠、費の儀無之様に令沙汰、最支配方無依怙偏頗可為廉平事、
一、留守居鉄炮之者、平日鉄炮を打せ候手段可心懸事、
一、留守居鉄炮之者、年二十歳以上六十歳を限可扶持候、抜群壮健の者ハ可為各別、尤常に五人組を定置、時機に臨て無別心、進退を同し候様に可習置事、
一、七ヶ所地筒之者共ハ先規の趣に随ひ、竹束役等足軽同前に召仕、時宜に応し別人へ分配可申付之条、平日五人組を定置、時機に臨て無別心、進退を同し候様に可習置事、
一、右の者共、事に付てハ平日奉行共申渡筋相守候様に可申付事、
一、総て掃除方奉行共指図を受へし、存寄の儀於有之ハ無隔意可言達事、
右条々堅可相守旨被
仰出者也、
家老
中老

(65) 天守方支配頭
条々
一、公義御法度幷国制堅可相守事、
一、城中の武器総て預置候条、出納手入等無間断精密に心を付、小損の時修復を加へ、早卒の用事不滞様に平日覚悟可為専要事、
一、留守居足軽五十余人、預り組に申付置の間、平日五人組を定置、鉄炮稽古等不怠、油滑懦弱の風俗無之様に時々可申付候、総て召仕方の儀ハ奉行共指図を受可沙汰事、
一、留守居大頭下知不可違背事、

一、城内の儀に付てハ総て城内方奉行共指図を受、存寄の儀ハ無隔意可言達事、
一、城内におゐてハ別して火を入念候事、勿論に候へハ兼て心を用、役人末々に至迄一致に示合、無怠慢時々可申付事、
一、倹約を守り、油滑懦弱の風俗無之様に相心得、支配の者共へも常々可申聞事、
一、支配方無依怙偏頗令沙汰、武器修補等の事、目附立合精密に心を付、費の儀無之様に相心得、最城内の事、雖為親子兄弟、堅不可露洩、此旨附属の者共へも時々可申聞事、
右条々堅可相守旨被
仰出者也、

家老

(66) 中小姓組脇

条々

一、公義御法度幷国制堅可相守事、
一、組頭へ申聞置通武備不怠、油滑懦弱の風俗無之、最倹約を守り候様に相心得、相組の者共へも時々可申聞事、
一、武備其外組頭下知不可違背、頭申談儀ハ無隔意存寄言ひ達、其闕を可補事、
　但、組頭故障之節ハ組支配代役可勤候、
右条々堅可相守旨被
仰出者也、

家老

(67) 近習目附

条々

一、公義御法度幷国制堅可相守事、
一、目附ハ功過・曲直見聞の職分たるの条、公私の間分別可為専要事、
一、勤番相慎、近習士席已上勤方の可否、人物の曲直等、人別志の厚薄、毎年六月朔日より明年五月晦日を限り令精察、見聞の趣書付封印を以可達事、
　但、難差延事ハ善悪共に不時に可達事、
一、不寝番最謹慎を加へ、近習の者刀・脇指等、不寝番所内不帯様に可附心事、
一、近習の事に付、存寄の儀於有之ハ事の軽重に応し、近習頭幷組脇迄言ひ達、若及再三不信用ハ、其旨書付封印を以可達事、
一、倹約を守り、油滑懦弱の風俗無之様に相慎、支配の輩へも時々可申聞事、
一、支配方無依怙偏頗、万事簡径を主に可取計事、
右条々堅可相守旨被
仰出候、独礼以下之輩ハ各別書付を以、御近習頭迄可被相達者也、

家老
中老

(68) 台所目附

条々

一、公義御法度・御国制堅可相守事、
一、御目附ハ功過・曲直見聞之為職分之条、公私の間分別可為肝要事、
一、御台所ハ浄戒を為主、試味最精密に可有見聞事、
一、総て存寄之儀於有之ハ支配頭へ相達、最事の軽重時宜に応し、御家老・御中老にも達し、不時に言上も可有之事、

一、御台所士席以上勤方の可否、人物の曲直等、人別志の厚薄、毎年六月朔日より明年五月晦日迄令審察、見聞の趣書付封印を以、可有言上事、
一、存寄の筋ハ無隔意、御台所頭ハ勿論、諸役人へも可申談事、
一、倹約を守り、油滑懦弱の風俗無之様に可相慎事、
一、諸色出入等、各見聞の外ハ御横目を以被遂吟味、御費之儀無之様に最可用意事、
右条々堅可相守旨被
仰出候、独礼以下之輩ハ各別書付を以、支配頭迄可被相達者也、
家老
中老

(69)
六箇所目附
条々
一、公義御法度幷国制堅可相守事、
一、目附ハ功過・曲直見分之為職分之条、公私の間分別可為専要事、
一、算用所・惣銀所・切米所・蔵方・銀所・鍛冶方の儀に付存寄の趣於有之ハ、分職の奉行共へ言達、最事の軽重に応し家老幷大奉行へ相達、若及再三不信用ハ、其旨書付封印を以可直達事、
一、六ヶ所役人士席以上勤方の可否、人物の曲直等、人別志の厚薄、毎年六月朔日より明年五月晦日を限委く令監察、見聞の趣書付封印を用、六月中奉行所へ罷出、奉行共迄可達事、
　但、難差延儀ハ善悪共に不時に可達候、
一、倹約を守り、油滑懦弱の風俗無之様に可相慎事、
右条々堅可相守旨被
仰出候、独礼已下役人之儀ハ各別書付を以、御奉行へ可被相達者也、
家老
中老

(70)
作事所目附
条々
一、公義御法度幷国制堅可相守事、
一、目附ハ功過・曲直見聞之為職分の条、公私の間分別可為専要事、
一、作事所幷河尻作事方・船方・鶴崎郡会所作事方・船方等の事に付、存寄の趣於有之ハ分職の奉行共へ可言達、最事の軽重に応し家老幷大奉行へも相達、若及再三不信用ハ、其旨書付封印を以可直達事、
一、右役人士席以上勤方の可否、人物の曲直等、人別志の厚薄、毎年六月朔日より明年五月晦日を限り委く令監察、見聞の趣書付封印を用、六月中奉行所へ罷出、奉行共迄可達事、
　但、難差延儀ハ善悪共に不時に可達候、
一、倹約を守り、油滑懦弱の風俗無之様に可相慎事、
右条々堅可相守旨被
仰出候、独礼以下役人之儀ハ各別書付を以、御奉行へ可被相達者也、
家老
中老

(71)
天守方目附
条々
一、公義御法度幷国制堅可相守事、
一、目附ハ功過・曲直見聞之為職分之条、公私の間分別可為専要事、
一、天守方士席以上勤方の可否、人物の曲直等、人別志の厚薄、毎年六月朔日より明年五月晦日限令精察、見聞の趣書付封印を以、六月中可

達事、

但、難差延事ハ善悪共に不時に可達候、

一、城内の儀に付存寄の儀於有之ハ、城内方奉行共へ可言達、最事の軽重に応し家老幷大奉行へも相達、若及再三不信用ハ、其旨書付封印を以可直達事、

一、倹約を守り、油滑懦弱の風俗無之様に可相慎事、

右条々堅可相守旨被

仰出候、独礼以下之輩ハ各別書付を以、御奉行へ可被相達者也、

家老

中老

(72)

馬方目附

条々

一、公義御法度幷国制堅可相守事、

一、目附ハ功過・曲直見聞之為職分之条、公私の間分別可為肝要事、

一、馬方士席以上家業熟不熟、勤方の可否、人別志の厚薄、毎年六月朔日より明年五月晦日迄精審し、見聞の趣書付封印を以、六月中可相達候、尤難差延儀ハ善悪共に不時に可達事、

一、倹約を守り、油滑懦弱の風俗無之様に可相慎事、

一、総て支配頭指図を受、最費の儀無之様に可精察事、

一、馬方の事に付存寄の儀於有之ハ、無隔意支配頭へ言達、的当の事及再三不信用ハ、其旨書付封印を以可達事、

右条々堅可相守旨被

仰出候、独礼以下之輩ハ各別書付を以、支配頭へ可被相達者也、

家老

中老

(73)

音信役

条々

一、公義御法度幷国制堅可相守事、

一、献上物ハ勿論、贈答の品に至迄精密に心を用、不可怠慢事、

一、万事無用の費無之様に相心得、繁冗を省、簡径を主に可執計事、

一、支配方無依怙偏頗可沙汰事、

一、倹約を守り、油滑懦弱の風俗無之様に相心得、支配の者共へも時々可申聞事、

一、総て支配頭可受指図、有存寄ハ無隔意可言達事、

右条々堅可相守旨被

仰出者也、

家老

中老

(74)

案内役

条々

一、公義御法度・御国制堅可相守事、

一、御道筋を掌り候職分に付、往還の順逆、或ハ於江戸諸御屋敷の事常々心懸、諳し候様に可相心得事、

一、於江戸ハ御行列支配をも相勤、御駕近く御供仕、御辞儀相の高下分明に申上候事ニ付、最無怠慢相心得、御行列末々に至迄、形儀正敷様に可執計事、

一、江府ハ諸国の会集、貴賤往来、繁雑の所に候条、御登城ハ勿論、於御出向最謹慎を加へ、御小姓頭指図を受、執計不可怠事、

一、御旅行之節、御宿御休駅々御滞無之様に執計、御宿の駅ハ前後の通

路要害にも心を付、若有存寄ハ御小姓頭へ可言達事、
一、於江戸為所見頻々外出の事ニ付、於向々別而可相慎事、
一、倹約を守り、油滑懦弱の風俗無之様に相心得、支配の輩へも時々可申聞事、
一、御手廻御小人出所を糺し、壮健の者を選、私の愛憎を以、不可有偏頗之沙汰、支配方可為廉平事、
右条々堅可相守旨被
仰出者也、
家老
中老

(75)
駕役
条々
一、公義御法度・御国制堅可相守事、
一、御途中御駕之進退・遅速、各指揮によつて可否有之事ニ付、委く心を用不可有怠慢事、
一、於江戸御駕近く御供仕、御辞儀相等の事にも関り候条、最謹慎を加へ不可怠事、
一、於江府為所見頻々外出の事ニ付、別而相慎可申事、
一、御駕之者出所を糺し、壮健の者を選、私の愛憎を以、不可有偏頗之沙汰、支配方可為廉平事、
一、倹約を守り、油滑懦弱の風俗無之様に相心得、支配方へも時々可申聞事、
一、総て御小姓頭指図を受、若有存寄ハ無隔意可言達事、
右条々堅可相守旨被
仰出者也、
家老
中老

(76)
吟味役
条々
一、公義御法度幷国制堅可相守事、
一、吟味役ハ曲直見聞之為職分之条、公私の間分別可為専要、最吟味方精密に心を可用事、
一、郡間・勘定所士席以上勤方の可否、人物の曲直等、人別志の厚薄、毎年六月朔日より明年五月晦日限令審察、見聞の趣書付封印を以、六月中可達事、
但、難差延事ハ善悪共に不時に可達候、
一、吟味之筋有之節、臨時選挙方・刑法方奉行可令指図之条、審に可遂吟味事、
一、銭穀出納の事、始末明白に可令吟味事、
一、総て勘定方奉行指図を受へし、存寄の儀於有之ハ無隔意言達、若及再三不信用ハ、其旨書付封印を以可直達事、
一、倹約を守り、油滑懦弱の風俗無之様に相心得、支配の役人共清廉を励し、公平に可沙汰事、
一、集銀ハ不時の要用に貯置之条、出納最可為精審事、
一、櫨・楮等の事、無怠慢可令沙汰、最欲尽地利、畊作山川の害に不成様に可用心事、
右条々堅可相守旨被
仰出候、御郡間・御勘定所・御吟味方独礼以下之輩ハ各別書付を以、
御奉行江可被相達者也
家老

中老

⑺⑺ 奥附目附

条々

一、公義御法度幷国制堅可相守事、

一、奥附卑賤の輩に至迄、男女の別を明らかにする事、肝要たるの条、委く心を付可見聞事、

一、総て存寄の事於有之ハ、支配頭又ハ奉行共へ言達、及再三不信用ハ、其旨書付封印を以可直達事、

一、奥附士席以上、毎年六月朔日より明年五月晦日迄勤方の可否・懈怠有無等審察し、見聞の趣書付封印を以、六月中可相達、尤難差延事ハ善悪ともに不時に可達事、

一、倹約を守り、油滑懦弱の風俗無之様に可相慎事、

右条々堅可相守旨被
仰出候、独礼以下之輩ハ各別書付を以、支配頭迄可被相達者也

家老
中老

⑺⑻ 裏方目附

条々

一、公義御法度幷国制堅可相守事、

一、裏方附卑賤の輩に至迄、男女の別を明らかにする事、肝要たるの条、委く心を付可見聞事、

一、総て存寄の事於有之ハ支配頭へ言達、及再三不信用ハ、其旨書付封印を以可直達事、

一、裏方附士席以上、毎年六月朔日より明年五月晦日迄勤方の可否・懈怠有無等審察し、見聞の趣書付封印を以、六月中可相達、尤難差延事ハ善悪ともに不時に可達事、

一、倹約を守り、油滑懦弱の風俗無之様に可相慎事、

右条々堅可相守旨被
仰出候、独礼以下之輩ハ各別書付を以、支配頭迄可被相達者也、

家老
中老

⑺⑼ 奥附勘定役

条々

一、公義御法度・御国制堅可相守事、

一、御前様御分料ハ年々不易の米高被渡進、米価の高下によつて金高少々多寡ハ可有之候へとも、年々撫し平均を考、万事御分料に応し不足無之様に可執計候、若御不相応の御物入も有之候ハヽ、御附役へ無憚可申達候、其外存寄の儀言達、的当の事及再三無信用ハ、其旨御裏方支配頭又ハ御奉行へ可相達事、

一、総て御勘定方清廉を為主、万事精密に心を用、最倹約を守り、油滑懦弱の風俗無之様に相心得、附属の役人へも時々可申聞事、

右条々堅可相守旨被
仰出者也、

家老
中老

⑻⑼ 江戸買物支配役

条々

一、公義御法度・御国制堅可相守事、

一、御用之諸色御買入之節、其品々精粗、価の高下を考へ、委く遂吟味、所詮御費無之様に精密に心を用ひ、代金渡等之儀、御用聞新古の差別なく清廉に令沙汰、附属の役人に至迄可為明白旨、時々可申聞事、
一、諸町人相対入念、私の愛憎を以、偏頗の沙汰無之様に相心得、最御用達町人と音信贈答堅禁之、此旨附属の役人へも可令沙汰事、
一、総て存寄の儀於有之ハ、無隔意御勘定頭へ可申談、的当の事及再三無信用ハ、其旨御奉行へ可相達事、
一、臨時職外の御用にも可被召仕候条、不依何事入念、可為廉謹精審事、
一、倹約を守り、油滑懦弱の風俗無之様に可相心得事、
右条々堅可相守旨被
仰出者也、

家老
中老

(81) 戸越屋敷支配役

条々

一、公義御法度・御国制堅可相守事、
一、戸越御屋敷之儀、無怠慢心を付、若相替儀於有之ハ速に可相達候、至而急迫の事ハ時宜に応し執計、其旨可相達事、
一、御門其外〆方厳重に令沙汰、預りの鍵出納可入念事、
一、御年貢金幷御役銭等、名主へ柞渡し候節ハ、御横目立合、見届可申事、
一、戸越詰足軽召仕方幷定詰足軽の支配等、無依怙贔屓可令沙汰事、
一、囲に被入置候者共之儀、平日厳密に心を付可申事、
一、揚人ハ相応の御用に召仕、所詮無用の者に不成様に可附心事、
一、囲に被入置候者ハ勿論、揚人共に不審の儀於有之ハ、不閣可遂吟味事、
一、倹約を守り、油滑懦弱の風俗無之様に相心得、支配の輩へも時々可令沙汰事、
右条々堅可相守旨被
仰出者也、

家老
中老

(82) 中小姓鷹方

条々

一、公義御法度幷国制堅可相守事、
一、鷹方ハ専門の事に付、伝来の故実不忘却様に相心得、鷹匠共へも時々可申聞事、
一、鷹方の子共家業令習熟、功者に相成候様に可令生育候、若不当其器用者ハ難召仕候事、
一、鷹及犬仕立候儀、可入念事、
一、鷹方ハ郊外の為職分之条、或ハ妄に耕作を損し、或ハ農商の妨に相成候儀堅制禁之、惣して鷹犬を以、募権威候儀有之ハ可為曲事候、此旨相心得、餌差・犬牽以下に至迄堅可申付事、
一、倹約を守り、油滑懦弱の風俗無之様に相心得、支配の者共へも時々可申聞事、
右条々堅可相守旨被
仰出者也、

家老
中老

7 条目（抄）

（表紙）「地十番 条目」

(1) 備頭銘々江

条々

一、公義御法度幷国之法度堅可相守事、

一、文武之道ハ士の常といへとも、弥以怠慢なく、組中をも相励すへき事、

一、軍令ハ臨時之下知に随ふ事、勿論といへとも、備立・行列・陣営其外軍旅の大略ハ、兼而組中にも覚悟せしめ置へき事、

一、我等留守中者、一門及年寄共よりの軍令に随ふへき事、

一、組頭の親みハ不及申、相組中の交り厚くせしむへし、非常に臨ての堅固も、平常之一和にある事を熟錬すへき事、

一、組中依怙偏頗なく、諸事公平に沙汰し、人別志の厚薄、或ハ行能・材不材、平日見聞し、年々可相達事、

一、組中之武器厳重に相糺へし、若不始末之儀於有之者、頭茂可為越度事、

一、万事倹約を守り、油滑惰弱之事無之様ニ組中ニも相示し、風俗を相励すへき事、

右条々堅可相守也、

(2) 留守居大頭

条々

一、公義御法度幷国之法度堅可相守事、

一、文武之道ハ士之常といへとも、弥以怠慢なく、組中をも相励すへき事、

一、軍令ハ臨時の下知に随ふ事、勿論といへとも、留守居組之者ハ城を守り、防戦の捌き専要に覚悟致し、城代及年寄共下知に随ふへき事、

一、非常之節用ひ候鎖鑰、急卒にも無遅滞様覚悟致置へき事、

一、組中之武器厳重に相糺すへし、若不始末之儀於有之ハ、頭も可為越度事、

一、組中依怙偏頗なく、諸事公平に沙汰し、人別志之厚薄、或ハ行能・材不材、平日見聞し、年々可相達事、

一、万事倹約を守り、油滑懦弱之事無之様ニ組中にも相示し、風俗を相励すへき事、

右条々堅可相守也、

(3) 佐敷番頭

条々

一、公義御法度幷国之法度堅可相守事、

一、文武之道ハ士の常といへとも、弥以怠慢なく、組中を茂可相励事、

一、葦北表押として、組共に差出置候条、海陸之警衛最怠らす、組中ニ茂堅く示し置へき事、

一、非常之事於有之者、熊本幷八代江速に注進致し、差図を受へし、至て急成事ハ時宜に取計ひ、其段可相達事、

一、組頭之親々ハ不及申、相組中の交り厚せしむへし、非常に臨ての堅固も平常之一和にある事を熟錬すへき事、

一、組中之武器厳重に相糺すへし、若不始末之儀於有之者、頭茂可為越度事、

一、喧嘩口論、或ハ盗賊狼藉、或者他国より欠落人、又ハ不審成者等来る節之儀、其外之儀共ニ郡代・浦番江相渡置候定式之旨を以、寛急時宜に応し、差図すへき事、

一、組中依怙偏頗なく、諸事公平に沙汰し、人別志之厚薄、或ハ行能・材不材、平日見聞し、年々可相達事、

一、万事倹約を守り、油滑懦弱之事無之様ニ組中ニも相示し、風俗を相励すへき事、

右条々堅可相守也、

(4) 鶴崎番代

条々

一、公義御法度幷国之法度堅可相守事、

一、鶴崎表ハ熊本より隔り候所故、諸役人及船手一切の司として差出置候条、諸事公平に沙汰すへし、殊に大分郡・海辺郡領分者、御代官所幷他領入交りの所ニ付、別而可入念事、

一、日田御代官所より人数入用之儀申来候ハヽ、速に熊本江可相達事、

一、日田御用箱届之儀、先規之趣を以、遅滞すへからさる事、

一、御代官所幷近領相変事於有之者、速に熊本江可相達事、

一、領分之境、領分湊之儀ニ付而ハ、相渡置候定式之旨を以、郡代・浦番等江差図すへき事、

一、郡代・浦番及諸役人、又ハ船手之者、依怙偏頗なく公平ニ沙汰し、人別志之厚薄、行能・材不材、或ハ家業の巧拙等、平日見聞すへき事、

一、万事倹約を守り、油滑懦弱之事無之様ニ相示し、風俗を相励すへき事、

右条々堅可相守也、

(5) 番頭銘々江

条々

一、公義御法度幷国之法度堅可相守事、

一、文武之道者士の常といへとも、弥以怠慢なく、組中を茂相励すへき事、

一、軍令ハ臨時之下知に随ふ事、勿論といへとも、備頭共指図を受、軍旅の大略ハ兼而覚悟致し、組中ニ茂示し置へき事、

一、組頭之親々ハ不及申、組中の交り厚く、伍法を正くすへし、非常に臨ての堅固茂平常之一和にある事を熟錬すへき事、

一、組中依怙偏頗なく、諸事公平に沙汰し、人別志の厚薄、或ハ行能・材不材、平日見聞し、年々可相達事、

一、組中之武器厳重に相糺すへし、若不始末之儀於有之者、頭茂可為越度事、

一、万事倹約を守り、油滑懦弱之事無之様ニ組中にも相示し、風俗を相励すへき事、

右条々堅可相守也、

(6) 小姓頭銘々江

条々

一、公義御法度幷国之法度堅可相守事、

一、文武之道者士の常といへとも、弥以怠慢なく、組中をも相励すへき事、

一、軍令ハ臨時の下知に随ふ事、勿論といへとも、支配頭差図を受、軍旅の大略ハ兼而覚悟致し、組中ニ茂示し置へき事、

一、組頭の親みハ不及申、組中の交り厚く、伍法を正しくすへし、非常に臨んての堅固茂平常之一和にある事を熟錬すへき事、

一、江戸在番之節者、相組・他組無差別、親しく支配すへき事、

一、平日供頭を勤供中、作法正しく支配すへき事、

一、来客・来使之応対、或ハ家中の礼式・座順に関り、総て奏者之職作

法正しかるへき事、
一、組中の武器厳重に相糺すへし、若不始末之儀於有之ハ、頭茂可為越度事、
一、組中依怙偏頗なく、諸事公平に沙汰し、人別志之厚薄、或ハ行能・材不材、平日見聞し、年々可相達事、
一、万事倹約を守り、油滑懦弱之事無之様ニ組中ニも相示し、風俗を相励すへき事、
右条々堅可相守也、

(7)　留守居番頭

条々

一、公義御法度并国之法度堅可相守事、
一、文武之道ハ士之常といへとも、弥以怠慢なく、組中を茂相励すへき事、
一、軍令ハ臨時の下知に随ふ事、勿論といへとも、留守居組之者城を守り、防戦の捌き専要に覚悟致し、城代及年寄共、又者留守居大頭下知に随ひ、存寄之儀者無隔意可申達事、
一、組頭の親ミハ不及申、組中之交り厚く、伍法を正くすへし、非常に臨ての堅固も平常の一和にある事を熟錬すへき事、
一、組中之武器厳重に相糺すへし、若不始末之儀於有之者、頭茂可為越度事、
一、組中依怙偏頗なく、諸事公平に沙汰し、人別志の厚薄、或ハ行能・材不材、平日見聞し、年々可相達事、
一、万事倹約を守り、油滑懦弱之事無之様ニ組中ニも相示し、風俗を相励すへき事、
右条々堅可相守也、

(8)　八代番頭

条々

一、公義御法度并国之法度堅可相守事、
一、文武之道ハ士の常といへとも、弥以怠慢なく、組中をも相励すへき事、
一、八代松江之城ハ松井家に城代申付、其方共組ともに令附属置候条、城代下知に随ふへし、若城代心付無之事於有之者、無隔意可申達事、
一、軍令ハ臨時之下知に随ふ事、勿論といへとも、城を守り、或ハ出戦之軍法、松井家の大略を以覚悟し、組中ニ茂兼而示し置へき事、
一、組頭之親ミハ不及申、組中の交り厚く、伍法を正くすへし、非常に臨ての堅固も平常の一和にある事を熟錬すへき事、
一、組中依怙偏頗なく、諸事公平に沙汰し、人別志の厚薄、或ハ行能・材不材、平日見聞し、年々可相達事、
一、万事倹約を守り、油滑懦弱之事無之様ニ組中ニも相示し、風俗を相励すへき事、
右条々堅可相守也、

(9)　中小姓頭銘々江

条々

一、公義御法度并国之法度堅可相守事、
一、文武之道ハ士の常といへとも、弥以怠慢なく、組中をも相励すへき事、
一、軍令ハ臨時の下知に随ふ事、勿論といへとも、支配頭指図を受、軍旅之大略ハ兼而覚悟致し、組中にも示し置へき事、
一、組頭之親ミハ不及申、組中の交り厚く、伍法を正くすへし、非常に

臨ての堅固も平常の一和にある事を熟錬すへき事、
一、供頭を勤候節、或ハ来客・来使等之応対、或ハ家中の礼式・座順等に関り候節、小姓頭申談、作法正しかるへき事、
一、組中之武器厳重に相糺すへし、若不始末之儀於有之者、頭茂可為越度事、
一、組中依怙偏頗なく、諸事公平に沙汰し、人別志の厚薄、或ハ行能・材不材、平日見聞し、年々可相達事、
一、万事倹約を守り、油滑懦弱之事無之様ニ組中にも相示し、風俗を相励すへき事、
右条々堅可相守也、

(10) 奉行

条々

一、公義御法度堅可相守事、
一、奉行所者政令の出る所、賞罰の定る所、衆務の府なり、故に毫厘之当否一国之利害にも係る、最相慎むへき事、
一、事の大小によつて年寄・中老・大奉行等ニ達し、事々至公たるへき事、
一、諸号令、分職の奉行先これを揆り、同僚参談し、大奉行審にし、年寄・中老これを反覆すへき事、
一、代々の家法を守り、繁章を省き、事々留滞すへからさる事、
一、郡方・勘定方分職ありといへとも、一国民間の利病に関り、或ハ軍国の大計、或冗費を沙汰し、節用倹約等之事ハ参議して大奉行又者年寄・中老江達し、相決すへき事、
一、言路の塞らさる事、政之肝要なり、しかりといへとも言路をひらかんとして、分外之者と事を謀り、機事を漏達するハ大なる僻事なり、最可相慎事、
一、事の軽重、各参議反覆して、我等に伺うへき事遅滞ある間敷事、
一、文武の道ハ士之常といへとも、弥以無怠慢、支配方を茂相励すへき事、
附、支配方の武器厳重に相糺すへき事、
一、賄賂属託を堅く禁し、依怙偏頗なく、附属之者に至迄、万事潔白たらしむへき事、

選挙方 学校兼帯

一、人物を秤量する、名に循て実を責め、短を棄て長を取り、備らん事を求る事なかれ、才徳抜群の者ハ卑賤たりとも、選挙すへき事、
附、物頭以下選叙賞賜、参議すへき事、
一、士席名籍正くすへき事、
一、学校之事、年寄共江任し置といへとも、存寄等之事ハ学校かゝり之者とも申談、年寄共江可申達事、

郡方

一、農ハ国家の大本なり、歳時農桑を勧課し、租税正く力田孝悌を激勧し、風俗を励し本業に敦し、遊手・苟簡を戒め地利を興し、徭役を均し、飢窮・鰥寡孤独を賑恤し、蓄積に厚く、水旱に備へ水利を導修し、農器を貯へ、民を導くに善を以し、其姦慝を糾し、訴訟留滞すへからさる事、

勘定方

一、入を計て出を制し、国用を支度し、関東を始め所々の軍漕を留滞なく、或ハ不虞之備を厚し、総て銭穀之大計最怠慢すへからす、附属之輩廉謹精密たらしむへき事、

寺社方

一、大社の神事、祖廟之祀典、麁略すへからす、寺社の造営或ハ境地を

増候等之事ハ、
公義之掟を相守るへし、惣して寺社ハ本末の法ありといへとも、国法を擾濫（乱）せさらしむへき事、
一、寺社本末帳正くすへき事、

普請作事掃除方掛

一、普請作事ハ堅固を主とし、美を好へからす、要害の所々ハ別而念を入れ、伝来の石工及ひ工匠其業を励ませ、民力を用へき土木ハ時節を考へ、農時を害すへからさる事、
一、百工名籍帳正かるへき事、

町方

一、貴賤の日用総て商買の交易にあり、各生業に敦く、遊手・苟簡・奢侈を戒め、孝悌を勧め、或ハ羨利を恣にせさらしむへき事、
一、町馬ハ軍用を兼るものなり、怠慢なく申付、蕃息せしむへき事、
一、商家名籍帳正しかるへき事、

城内掛

一、城郭之修理及兵器之修補、怠慢すへからさる事、
一、新規及修補之兵器之数、年々差出へき事、
一、鉄炮之玉薬其外軍用之品、乏しからさる様に怠慢なく可申付事、
一、兵器記録帳正しかるへき事、
一、馬具兼掌すへき事、

船方

一、古来よりの船数頽顚無之様ニ修補せしめ、作事等聊も麁略すへからす、且又船頭の巧拙者船之危安に係る、家業最習錬せしむへき事、
一、国中の買船ハ時に臨んて軍船にも用へき条、兼而船数等しらへ置へき事、
附、鶴崎船手之事ハ彼所の番代江茂可申談事、
一、舟船器械記録帳正かるへき事、

客屋掛

一、公義御役人及諸侯領内通行、或ハ諸国之来使等、総而客屋之饗応、小姓頭・用人幷右筆頭江申談、年寄共江相達、軽重時宜に取計ふへき事、

屋敷掛

一、屋敷之広狭ハ録の多少によつて相渡すへし、家作を致さす、無用之屋敷ハ家作すへき者に相渡し、城下曠しからさる様に斟酌すへき事、
附、足高も録之数に加へ、坪数相渡すへき事、
一、屋敷絵図面正かるへき事、

刑法方

一、刑ハ暴邪を禁止して刑なきを期するものなり、此附罪を成すものハ宜く軽きに従ふへし、猛に過れハ人を傷り、寛に過れハ法を廃す、特に死刑に処するものハ刑法方会議し、大奉行審にし、年寄・中老反覆して伺ふへし、我等在府之節ハ年寄・中老更に反覆して決断すへき事、
附、物頭以下之罰参議すへき事、

類族方

一、切支丹宗門改、
公義届帳等入念、若宗門等之事聞るに於ゐてハ速かに穿鑿を遂け、年寄共江達し、我等在府之節ハ急速に江戸江注進すへき事、
右条々堅可相守也、

(11)　用人

条々

一、公義御法度幷国之法度堅可相守事、
一、文武之道ハ士の常といへとも、弥以怠慢なく、支配中を茂相励すへ

き事、
一、政事の大小総而奉行所に任す、若参議すへき事ハ臨時に可申付事、
一、我等過誤之事ハ不憚申聞、諫正最怠慢すへからさる事、
一、内局ハ人望の拠所なり、最風俗を慎み、万事倹約を守り、油滑懦弱之事無之様ニ支配之者を茂倡ふへき事、
一、軍令ハ臨時の下知に随ふ事、勿論といへとも、軍旅の大略ハ兼て支配之者共にも相示し置へき事、
一、各分職々々之儀、精密に沙汰し、附属之者共茂怠慢無之様相示すへき事、
一、支配之者共武器厳重に相糺すへし、若不始末之儀於有之者頭茂可為越度事、
一、支配之者、依怙偏頗なく公平に沙汰し、人別志の厚薄、或ハ行能・材不材、平日委く見聞し、功過を分明に相達すへき事、
一、支配之者共交りを厚くせしむへし、非常に臨ての堅固茂平常の一和にある事を熟錬すへき事、
右条々堅可相守也、

（後略）

8 御留守詰江被渡置候御書付案

（包紙上書）「天明六年午ノ四月
書附
御留守居江御渡被置候
御書附案」

（表紙）「御留守詰江被渡置候
御書付案」

（1）
条々

一、公辺万事之儀、入念勤筋等不漏様ニ用人・奉行・留守居共江可申談事、
一、御成之節、屋敷〳〵之心得、兼而定置候通入念可申付事、
一、献上物之用意、随分入念仕立、出来之上、用人・留守居共見分、猶共方致見分、聊茂麁略無之様ニ可致指図事、
一、在国中　御内書相渡候節者共方拝見、今迄之通入念、白金屋敷ニ納置、国許江者写を差越可申事、
一、所々屋敷火用心、入念可申付候、就中当屋敷（竜口屋敷）者　御丸内之事ニ付、別而入念候様堅可申付事、
一、当屋敷・白金屋敷近所大事之節、早出之人数差出候儀幷其外之儀、定置候趣を以可致指図事、
一、当屋敷其外所々屋敷江万一走込人有之節ハ、定置候趣を以可致指図事、
一、有隣院（細川重賢室）殿事附役之者共申談、平日之御用弁シ候事ニ候得共、時々御容体相伺、心を付可申事、
一、当屋敷奥向幷白金屋敷ニ而有隣院殿御住居子共差置候、所々共ニ火事其外之儀共ニ附役之者取計、かゝり之用人共申談事ニ候得共、諸事心を附可申事、
一、病用之節他之医師衆茂相招き候ハヽ、白金之儀共用人共幷附々之者共申談、時宜ニ取計ふへき事、
一、門出入之儀、定置候通、弥以厳重ニ可申付事、
一、役人共之内、長病又者闕人有之、用事差支候節者、何れも申談、人柄を撰ひ、当分役申付置、其段国許江可申越事、
一、万事有来候例格を可相守候、若不改して難叶候ハヽ、国許江可相伺旨、役人共江茂可申聞事、
一、勘定方之儀、定置候通堅相守、臨時之事ハ国許より申越候趣を以取

計、弥以省略筋不怠様ニ可致下知事、

一、家中之者之風俗、猥ニ無之様ニ心を附、倹約等之儀、兼而申付置候通弥以堅相守、分過之儀無之様ニ可申付事、

右之趣堅可相守者也、

天明六年四月　日　御青印

家老中

(2)

条々

一、公辺万事之儀、入念勤筋等不漏様ニ奉行・留守居共申談、猶詰合之家老江申達、可受指図事、

一、御成之節、屋敷〳〵之心得、定置候通可入念事、

一、献上物之用意、重畳入念仕立、出来之上、其方共并留守居共見分、猶家老致見分、聊茂粗略無之様ニ可申談事、

一、所々屋敷火用心、弥以入念候様ニ可申付候、就中当屋敷者　御丸内之事ニ付、別而入念候様ニ堅可申付事、

一、当屋敷・白金屋敷近所火事之節、早出之人数差出候儀并其外之儀共ニ、定置候通可相心得事、

一、有隣院殿之儀、附役之者共申談、平日之御用弁シ候事ニ候得共、時々御容体相伺、心を付可申事、

附、白金詰之者者日々相伺、別而心を付可申事、

一、奥向并白金屋敷ニ而有隣院殿御住居子共差置候、所々共ニ別而心を付、附々之者共江委敷可申談候事、

附、火事其外之儀共、右同断、

一、病用ニ付、若他之医師衆茂相招候ハヽ、白金之儀共ニ附々之者共江申談、家老江相達、時宜に取計ふへき事、

一、当屋敷其外所々屋敷江万一走込人有之節者、定置候趣を以可申談事、

一、家中之者、風俗猥ニ無之様ニ心を附、万事倹約を守り、分過之儀無之様相示すへき事、

一、何事ニよらす、存寄有之者奉行江申談、家老江茂可申達事、

右之趣堅可相守者也、

天明六年四月　日　御青印

用人中

(3)

条々

一、公辺万事之儀、入念勤筋等不漏様ニ用人・留守居申談、詰合之家老江相達、可受指図事、

一、御成之節、屋敷〳〵之心得、定置候通可入念事、

一、所々屋敷火用心、入念可申付候、就中当屋敷者　御丸内之事ニ付、別而堅可申付事、

一、当屋敷・白金屋敷近所火事之節、早出之人数差出候儀并其外之儀共、定置候通可相心得事、

一、門出入之儀、定置候通、弥以堅可申付事、

一、役人共之内、長病又ハ闕人有之、用事差支候節者、当分役之人柄を撰ひ、家老江相達、可受差図事、

一、万事有来候例格を相守、若不改して難叶、存寄有之候共、於此許容易ニ不相決、何れ茂申談候上、国許江可相伺事、

一、勘定方之儀、定置候通相守、臨時之事ハ国許より申越候趣を以取計、且又省略筋不怠様ニ可令指図事、

一、当屋敷其外所々屋敷江万一走込人有之節者、定置候趣を以申談、取計ふへき事、

一、家中之風俗、猥ニ無之様ニ心を附、弥以倹約を守、分過之儀無之様相示すへき事、

右之趣堅可相守者也、
天明六年四月　日　御青印
奉行中

(4)
条々
一、公辺万事之儀、入念可申事、
一、御成之節、御方角ニ応し、門詰・辻詰・火廻り等之達、兼而定置候通可入念事、
一、客来之応対、使者之取次、又ハ此方より之使者勤等、無間違様ニ入念、尤用人・留守居共江茂可申談事、
一、表向勤番之者共、形儀正敷様ニ可令指図事、
一、屋敷近所、又ハ風筋要(悪)敷火事之節之心得、兼て定置候通可相心得事、
一、広間取次之者を初め、小姓組・中小姓・雇之者共、風俗猥ニ無之様ニ相示し、最依怙偏頗無之可令支配事、
一、万事倹約を守り、分過之儀無之様ニ相示すへき事、
右之趣堅可相守者也、
天明六年四月　日　御青印
小姓頭中
中小姓頭中

(5)
条々
一、公辺万事之儀、入念勤筋等不漏様ニ心得、用人・奉行江茂可申談事、
一、御成之節之儀、定置候通可入念事、
一、献上物之用意、重畳入念仕立、出来之上、用人・其方共見分、猶詰合之家老茂見分、聊茂粗略無之様ニ相心得、且又献上之日限を相伺ひ、又者御奉書到来之上、国許江申越候儀等、無間違様ニ可相心得事、
一、従国許之勤筋重畳入念、年寄衆江之連書・格書者勿論、其外書状等若相違之儀於有之ハ、用人共申談、家老江茂相達、残し置候判紙を以認直シ、相届可申事、
一、当屋敷・白金屋敷近所火事之節、早出之人数差出候儀幷其外之儀共ニ、定置候通を以可申談事、
一、所々屋敷江万一走込人有之節者、定置候趣を以申談、時宜に取計ふへき事、
一、万事倹約を守り、縦令他所参会たりとも、分過之儀無之様ニ可相心得事、
右之趣堅可相守者也、
天明六年四月　日　御青印
留守居中

(6)
条々
一、従　公義被　仰出置候御法度者不及申、時々御触之趣、堅可相守事、
一、預り〳〵之門厳重ニ警固し、番之足軽共へも稠敷可申付事、
一、屋敷近所、又ハ風筋悪敷方角之火事之節之儀、或走込人有之節之儀等、定置候通可相心得事、
一、足軽共万事質素を守り、風俗猥ニ無之様ニ堅可申付事、
右之趣堅可相守者也、
天明六年四月　日　御青印
物頭中

(7)
条々
一、公辺万事之儀、可入念事、

一、白金屋敷奉行代役相勤候事ニ付、諸用向不滞様ニ支配すへき事、
一、御成之節之儀、定置候趣、無間違様ニ可相心得事、
一、屋敷近所、又者風筋悪敷方角之火事之節之儀、定置候通心得、平日手賦等之儀怠る間敷事、
一、万一走込人有之候ハヽ、定置候趣を以取計ふへき事、
一、火用心弥以堅可申付事、
一、万事倹約を守り、省略筋不怠様ニ附属之者にも可申付事、
一、事々奉行申談、所ニよりてハ用人共江茂申談、有隣院殿御用幷子共用向共ニ、附役之者共可申談候事、
右之趣堅可相守者也、
天明六年四月　日　御青印
白金屋敷詰
目附江

(8)
条々
一、従　公義被　仰出置候御法度ハ不及申、時々御触之趣、堅可相守事、
一、奥向作法之儀、兼て定置候式目之趣入念、男女之別弥以正ふすへき事、
一、奥口共ニ火用心入念可申付事、
一、屋敷近所、又ハ風筋悪敷方角之火事ニ而立除之節ハ、用人共指図ニ随ふへき事、
附、右之節女中退候儀、猥ニ無之様ニ兼て定置へき事、
一、於奥向万一急成儀有之節ハ、夜分たりとも、其方共速かに奥へ罷通り、其様子次第役人共引れ候様ニ可致事、
一、万事倹約を守り、奢侈之儀無之様相心得、省略筋不怠様ニ附属之者江茂可申付事、
一、万端懸り用人共指図に随ふへき事、
右之趣堅可相守者也、
天明六年四月　日　御青印
奥附役江

9　御印　御条目扣（抄）

（表紙）「（朱筆）巳十二印
御印　御条目扣　」
（中略）

(1)
条々
一、御法令幷国之法度堅可相守事、
一、文武の道ハ士之常といへとも、弥以怠慢なく、一部中をも相励すへき事、
一、艦中之規則、最厳重ニ可令沙汰事、
一、軍略ハ臨時之処置勿論といへとも、軍艦の進退・運用・砲術等精研し、其外海軍之要領ハ兼而一部中覚悟せしめ、無油断相励すへき事、
一、頭支配之親ミハ不及申、隊中の交り厚く、作法正しくすへし、非常に臨ての堅固も平常の一和にある事を熟練すへき事、
一、一部中依怙偏頗なく、諸事公平に沙汰し、人別志の厚薄、或ハ行能・材不材、平日見聞し、存寄候儀ハ可相達事、
一、万事倹約を守り、油滑懦弱の事無之様に一部中にも相示し、風俗を相励すへき事、
右条々堅可相守也、
御印
軍艦将帥
上包も役名也

10 庁事印 御条目扣（抄）

(表紙)「(朱筆)巳十二印
庁事印 御条目扣 」

（中略）

（1）
条々

一、六之助(細川斉樹・慶順(韶邦))様御教育之儀、御年齢ニ被応、追々可被仰出旨茂可有御座候得共、何事によらす存寄之儀者、心底を残さす可被申上事、

一、御飲食之品御試等、重畳入念、御台所方之者ハ不及申、御左右御通ひ之者ニ至迄、疎略之儀無之様稠敷被申聞、最謹慎あるへき事、

一、御附之面々、文武之心懸無怠慢、油滑懦弱之体無之様、常々可被申聞候、御左右之心得ハ御教育之一端にも係り可申儀ニ候条、其旨を可被存事、

一、万事倹約を守り、御費之儀無之様、精々心を可被用事、

一、御附一手之面々に対し、依怙偏頗なく、人別志之厚薄等、平日心を付可有見聞事、

右条々堅可相守旨被
仰出候也、

(貼紙(剝離))「天保十年二月」
寛政五年十二月

＊松野外記
堀(勝文)丹右衛門
小笠原(長衡)備前
松井(徴之)帯刀
有吉(立直)主膳
(米田是知)長岡監物
(松井営之)長岡主水

各書判

(貼紙)「高見権右衛門殿」
氏家甚左衛門殿

右書付、於江戸相渡候事、

＊(貼紙)「平野(長定)九郎右衛門
有吉(時展)市郎兵衛
松野(直行)匡
松井(章之)式部
有吉(立生)織部
(米田是容)長岡監物
(松井督之)長岡山城」

（2）
小物成方根取
条々

一、公義御法度・御国制堅可相守事、

一、小物成方諸上納・諸運上之取計ひ、精密に相心得、別て小物成納りの金銀ハ不慮の御備に候条、兼て其旨を存し、金銀米銭の出納謹慎を主とし、可否・損益委ク心を付、諸帳面差引等猶以厳密に相心得、物書幷附属の役人清廉を主とし候様に可致抑揚事、

一、御用筋の儀、雖為親子兄弟、露洩不仕、退役後たりとも可為同前事、

一、万事御郡方御奉行差図に随ひ、存寄の趣於有之ハ無隔意可申達事、

一、諸算用清廉たるへき旨、時々可致沙汰事、

一、万事倹約を守り、油滑懦弱の風俗無之様に可相心得事、

右条々堅可相守旨被
仰出候、支配之者共勤方之善悪、毎年六月中書付封印を以、御奉行迄可被相達者也、

奉行所印

小物成方
根取中

享和二年八月十九日

右御条目者小物成方を御勘定所附属被差放、別局被仰付候ニ付、右之通新ニ出来、相渡候事、

但、右相渡候上、御奉行より口達書相渡候趣者日記ニ扣置候事、

（中略）

(3)蒸気船支配頭

条々

一、公義御法度幷国之法度堅可相守事、

一、船方之儀、諸事分職奉行之差図可請之、存寄於有之者、無隔意可申達事、

一、船之扱者不及申、目附申談、諸器械等平常令見分、末々ニ至迄精密ニ心を付候様可申付事、

一、支配方無依怙偏頗相心得、油滑懦弱之風俗無之様可附心事、

一、乗組之輩、芸術熟不熟幷志之厚薄、平日可見聞事、

右之条々堅可相守旨被
仰出者也、

奉行所印

蒸気船支配頭　元治二年四月出来

(4)蒸気船御目附

条々

一、公義御法度幷国之法度堅可相守事、

一、目附者功過・曲直見聞職分たる条、公私之間分別可為専用事、

一、船方之儀ニ付、存寄之趣於有之ハ、分職之奉行共江可言達、尤軽重ニ応し、年寄共・大奉行江茂相達、若及再三不信用者、其旨書付封印を以可直達事、

一、右役人士席以上勤方之可否、人物之曲直、人別志之厚薄等、平日委く見聞し、年々極置候月限可相達候、尤難差延儀者不時に茂可相達事、

一、油滑懦弱之風俗無之様可相慎事、

右之条々堅可相守旨被
仰出候、独礼以下之儀者格別書付を以、御奉行江可被相達者也、

奉行所印

蒸気船御目附　前条同断

(5)若殿様（細川護久）御附役

条々

一、公義御法度幷御国法度堅可相守事、

一、若殿様御用無滞執計、万事精密ニ心を付、存寄之儀者無遠慮可申達事、

一、若殿様ニ託し、自他より頼候事有之候とも、分外之取次等堅く不可有事、

一、御附被置候輩、御褒美闕跡之人物等、御附役より望ヶ間敷儀申出間敷事、

一、支配方無依怙偏頗、男女之別正敷様ニ相心得、最倹約を守り、油滑懦弱之風俗無之様ニ相心得、支配之輩江茂時々可申聞事、

一、総而支配頭之差図を受、存寄之儀於有之ハ無隔意申達、節倹を主ニ可取計事、

右条々堅可相守旨被
仰出者也、

奉行所印

若殿様
御附役　慶応二年九月以前出来いたし居候共、新タニ
認替相渡、

（後略）

11　御条目之扣　御奉行中連判（抄）

（表紙）（朱筆）
「巳十二印
御条目之扣　御奉行中連判」

（内表紙）
「御条目之控　御奉行中（破損）□
外ニ御家老・御中老連印十六通
右連印御条目、寛政九年一通増ス」

（1）　御右筆

条々

一、公義御法度・御国制堅可相守事、

一、御右筆の儀、
公辺御勤筋ハ勿論、一切の
御代筆に関り候職分に付、謹慎を主とし、最精密たるへき事、

一、書流の異同ハ銘々の筆才に応し、最書法の故実に明らかなるへき事、

一、御書所記録等、御右筆頭指図を受、最可為典正事、

一、総て御右筆頭指図を受へし、若存寄の儀於有之ハ無隔意言達し、的当の事及再三信用せすんハ、其旨御書方支配頭江達、指図を可受事、

一、書学は勿論、文筆の職掌たるの条、御用の間隙には読書をも可心懸事、

一、惣して倹約を守り、油滑懦弱の風俗無之様に可相心得事、

右条々堅可相守者也、

御中老
御家老　連印　片名字
御右筆　（朱筆）「上包役名充」

（2）　御奉行所分司根取

条々

一、公義御法度・御国制堅可相守事、

一、御奉行所ハ依為御政事大小の淵藪、各勤方ハ諸役人の表式に候条、清白を為主可加謹慎事、

一、御郡方　一、御勘定方
一、寺社方　一、町方
一、御城内方　一、御普請御作事・御掃除方
一、御船方　一、御客屋方
一、屋敷方　一、類族方

右の分職の記録無怠慢、若於失誤等有之ハ無隠蔵御奉行江直達し、精密に心を可用、尤事の軽重に応し佐弐役江も可申談事、

一、雖為瑣砕（細）の事、人の頼によつて私の取次等堅不可仕、尤下情不壅塞様に可相心得事、

一、得失の間を勘弁し、費の儀無之様に精密に心を用、事の軽重に応し分職の御奉行幷佐弐役へも言談、簡経（ママ）を主とすへき事、

一、惣して存寄の儀有之ハ、無隠意佐弐役へ申談、的当の事及再三信用無之候ハヽ、其旨御奉行江相達、可受指図事、

一、万事倹約を守り、油滑懦弱の風俗無之様に相心得、支配の輩へも時々可申聞事、

一、物書新古の無差別、公平に申談し、依怙偏頗等堅くすへからさる事、

一、物書・詰小姓人別志の厚薄、勤方の可否・懈怠有無等、平日委く心

を付令見聞、毎年六月朔日より明年五月晦日迄の趣、書付封印を用、
六月中御奉行江可相達事、
一、詰小姓平日作法宜く、形儀正しく、丁寧に相心得、取次等不令留滞
様に可附心事、
一、飛脚番は御奉行以下使役の者共に付、作法正しく丁寧に相心得、取
次不令遅滞様に堅可申付事、
一、支配方有之面々ハ沙汰筋無留滞相心得、支配方人別前件の趣ニ准、
書付可相達事、
右条々堅可相守者也、

御中老
御家老　　連印　名字無
御奉行所
分職根取　　(朱筆)「上包役名充」

(3)
機密間詰根取
条々
一、公義御法度・御国制堅可相守事、
一、機密間詰根取ハ御政務の機密をも執筆し、佐弐役副助の職分に候条、
清白謹密に相心得、至公を以て遺漏を補、無伏蔵可申談事、
一、記録無怠慢、若於失誤等有之ハ無隠蔵御奉行へ直達し、精密に心を
可用事、
一、雖為瑣砕の事、人の頼によつて私の取次等堅く不可仕、尤下情不壅
塞様に可相心得事、
一、惣して存寄の儀有之ハ、無隔意佐弐役申談、的当の事及再三信用無
之候ハヽ、其旨御奉行江相達可受指図事、
一、万事倹約を守り、油滑懦弱の風俗無之様に可相心得事、
一、物書新古無差別、公平に申談、依怙偏頗等堅くすへからさる事、
一、物書人別志の厚薄、勤方の可否・懈怠有無等、平日委ク令見聞、毎
年六月朔日より明年五月晦日までの趣、書付封印を以、六月中御奉行
へ可相達事、
一、選挙方・御刑法方根取故障の節ハ、助役可相勤事、
右条々堅可相守者也、

御中老
御家老　　連印　名字無
機密間詰
根取　　(朱筆)「上包名充」

(4)
選挙方根取
条々
一、公義御法度・御国制堅可相守事、
一、選挙方根取ハ依一言の過不及、人物の抑揚可否ニ係り候事に候条、
清白廉平を主とし、可加謹慎事、
一、選挙の決断は雖為御奉行の主張、苟且にも至公を為主、私の宿旨を
以、不可挿隠微の不善事、
一、記録無怠慢、若於失誤等有之ハ無隠蔵御奉行へ直達し、精密に心を
可用事、
一、雖為瑣砕の事、人の頼によつて私の取次等堅く不可仕、尤下情不壅
塞様に可相心得事、
一、万事倹約を守り、油滑懦弱の風俗無之様に可相心得事、
一、物書新古無差別、公平に申談、依怙偏頗あるへからさる事、
一、物書人別志の厚薄、勤方の可否・懈怠有無等、平日委く令見聞、毎
年六月朔日より明年五月晦日迄の趣、書付封印を以、六月中御奉行へ

可相達事、
一、詰小姓作法宜く、形儀正しき様に時々可附心事、
右条々堅可相守者也、

御中老
御家老　連印　名字無

選挙方
根取　（朱筆）「上包名充」

（5）　考績方根取

条々

一、公義御法度・御国制堅可相守事、
一、考績方根取ハ依一言の抑揚、人物の褒貶に係り候条、清白廉平を主とし、尤可加謹慎事、
一、考績ハ雖為御奉行の主張、苟且にも至公を主とし、私の宿旨を以、不可挿隠微の不善候事、
一、雖為瑣砕の事、人の頼によつて私の取次等堅く不可仕、尤下情不壅塞様に可相心得事、
一、記録無怠慢、若於失誤等有之ハ無隠蔵御奉行江達し、精密に可用心事、
一、万事倹約を守り、油滑懦弱の風俗無之様に可相心得事、
一、物書新古の無差別、公平に申談、不可有依怙偏頗、右志の厚薄、勤方の可否・懈怠有無等、平日委く令見聞、毎年六月朔日より明年五月晦日迄の趣、書付封印を以、六月中御奉行江可相達事、
右条々堅可相守者也、

御中老
御家老　連印　名字無

考績方
根取　（朱筆）「上包名充」

（6）　御刑法方根取

条々

一、公義御法度・御国制堅可相守事、
一、御刑法方根取ハ依一言の失誤、下情の嶮事に係り候条、清白廉平を為主、最可加謹慎事、
一、御刑法の決断ハ御奉行の主張たりといへとも、苟且ニも至公を為主、私の宿意を以、不可挿隠微の不善事、
一、記録無怠慢、若於失誤有之ハ無隠蔵御奉行江達し、精密に心を可用事、
一、雖為瑣砕事、人の頼によつて私の取次等堅く不可仕、尤下情不壅塞様に可相心得事、
一、万事倹節を守り、油滑懦弱の風俗無之様に可相心得事、
一、物書新古無差別、公平に申談、不可有依怙偏頗事、
一、物書志の厚薄、勤方の可否・懈怠有無等、平日委く令見聞、毎年六月朔日より明年五月晦日迄の趣、書付封印を以、六月中御奉行へ可相達事、
一、詰小姓作法宜、形儀正様に可附心事、
一、定廻り已下廻役共、人別前件の趣に准し、書付可相逹事、
右条々堅可相守者也、

御中老
御家老　連印　名字無

御刑法方
根取　（朱筆）「上包名充」

（7）　御船頭組脇

条々

一、公義御法度・御国制堅可相守事、
一、御船頭の頭へ被仰付置候通、御船手の輩家業無怠慢、御軍船の事常々心掛令修練、最清廉を為主、倹約を守り、油滑懦弱の風俗無之様に相心得、相組の面々江も時々可申聞事、
一、総て御船頭の頭、指図不可有違背、若存寄の儀於有之ハ無隔意言達し、的当の事及再三無信用ハ、其旨書付封印を以、御番代・御船方御奉行江可相達事、
一、頭故障の節は代役可相勤事、

右条々堅可相守旨、被　仰出者也、

御中老
御家老　連印　片名字
鶴崎
御船頭組脇　（朱筆）「上包名充」

一、川尻御船頭組脇茂右同断、但、御番代の三字省ク、（朱筆）「右同断」

（8）　御料理頭

条々

一、公義御法度・御国制堅可相守事、
一、御料理浄戒を主とし、試味等最加謹慎、聊も麁略の儀無之様に堅相心得、諸役人江も時々心を附へき事、
一、御費を省候共不可麁略、入念候共無用の御費無之様に可相心得事、
一、御台所御用の諸色、増減の間を勘弁し、夫々の役人申談、精密に心を可用事、
一、総て御台所頭差図を可受、尤存寄の儀有之ハ、御台所頭ハ勿論、御目附御横目にも無隔意可申談事、
一、御料理方伝来の故実不忘却様に相心得、御料理人江も時々可申聞事、
一、油滑懦弱の風俗無之、最倹約を守り候様に相心得、諸役人江も可附心事、

右条々堅可相守者也、

御中老
御家老　連印　名字無
御料理頭　（朱筆）「上包役名充」

（9）　御近習御横目

条々

一、公義御法度・御国制堅可相守事、
一、勤番相慎、最不寝番所内、刀・脇差等堅不滞様に精密に可附心事、
一、御近習士席以上幷諸切米取に至迄、勤方の可否、人物の曲直等、人別志の厚薄、毎年六月一日より明年五月晦日迄令審察、見聞の趣、書付封印を以、六月中御近習支配頭へ可相達、尤事の軽重、時宜に応し言上も可仕旨被　仰付候事、
一、総て御近習の儀、雖為親子兄弟、不可露洩事、
一、油滑懦弱の風俗無之、最倹約を守り候様に可相心得事、

右条々堅可相守者也、

御中老
御家老　連印　名字無
御近習御横目　（朱筆）「上包役名充」

＊（朱筆）「此御横目役被指止候付、相渡候右之御条目ハ、

御近習御次組脇封印を用返上ニ付、納置候也、」

＊(貼紙)「御中小姓山田貞次根取被遊
御免、跡役根取当分坂口伊左衛門江被　仰付、此御条目新ニ出来、執筆御物書伊左衛門江相渡候事、一ヶ条加り之儀、口ニ付札アリ
但、本役計連名也、在江戸ハ江戸詰無判と肩書出来也、小奉書ニ而包書並杉原、
享和二年六月十四日」

⑽　大御目附付御横目

条々　(貼紙)「御目附付御横目」

一、公義御法度・御国制堅可相守事、
一、御国中の事、総て見聞の趣、有体に大御目附へ相達、公平を為主、可為廉謹慎密事、
一、行能・材否、勤方の可否、人物の曲直等、総て見聞の趣、毛頭偏頗の違方於有之ハ可為曲事事、
一、出郡の節、最相慎、在宿の費用無之様に堅可相心得事、
一、油滑懦弱の風俗無之、最倹約を守候様に可相心得事、
右条々堅可相守者也、

御中老
御家老　連印　名字無

大御目附
御横目　(朱筆)「上包役名充」

一、御目附付御横目右同断、但、御目附に相達し、(朱筆)「右同断」

⑾　歩御使番組脇

条々

一、公義御法度・御国制堅可相守事、
一、歩御使番頭へ被　仰付置候通、武備不怠、武芸相励、油滑懦弱の風俗無之、最倹約を守り候様に相心得、相組の者へも時々可申聞事、
一、武備其外頭指図不可違背、尤頭申談儀は無隔意存寄言達、其闕を可補事、
右条々堅可相守者也、

御中老
御家老　連印　名字無

御左
歩御使番組脇　(朱筆)「上包名充」
御右同断

一、歩御小姓組脇右同断、但、御歩頭へ被　仰付置候通、

御左一番
歩御小姓組脇
御右一番
歩御小姓組脇　(朱筆)「上包名充」

⑿　御城内御横目　(朱筆)「従足以下上包役名宛」

条々

一、公義御法度・御国制堅可相守事、
一、御城内にてハ火を入念候事、勿論に候へハ、御天守方・御座鋪方其外御番所〳〵の儀も心を付、見聞可仕候、若不審成事有之節ハ、早速御城内方御奉行江可相達事、
一、各所々独礼以下の面々、人別勤方の可否・功過・曲直等、精密に見聞し、毎年六月朔日より明年五月晦日迄の様子、書付封印を以、六月

中御城内方御奉行へ可相達事、

但、右月限まて難指延儀は不依何事、不時に可相達候事、

一、御城内一切の儀、見聞の趣、有体に相達、毛頭偏頗の儀於有之ハ可為曲事、勿論御奉行より相尋候儀ハ、隠蔵なく真直に可相達事、

一、大風・強雷・地震等の節罷出、所々見聞の趣、御城内方御奉行へ可相達候、尤御曲輪中、若出火有之節も御城内江罷出可申事、

一、倹約を守り、油滑懦弱の風俗無之様に可相心得事、

右条々堅可相守者也、

御奉行中　連判

御城内方
御横目中

(13)

御郡間根取

条々

一、公義御法度・御国制堅可相守事、

一、御郡間の儀、本方ハ申に及ハす、小物成方及ひ塘方・井樋方・山方等、夫々の職掌を括統し、生民御国用の淵源に候へハ、毫厘の可否によつて広大の利害を生し候条、精密に心を用ひ、役頭を補佐し、物書其外附属の諸役人、清廉を主とし候様に可有抑揚事、

一、御郡間記録、念を入、不可有遺漏事、

一、附属の諸役人より申出候事、其外一切訴訟等速に相達し、下情塞らさる様に可心得事、

一、御用筋の儀、雖為親子兄弟、露洩不仕、退役後たりとも可為同前事、

一、万事御郡頭差図不可有違背候、存寄の儀ハ隔意なく申達、若及再三信用無之ハ、御奉行江可有直達事、

一、諸算用清廉たるへき旨、時々可有沙汰事、

一、万事倹約を守り、油滑懦弱の風俗無之様に可相心得事、

右条々堅可相守者也、

御奉行中　連判

御郡間
根取中

(14)

御勘定所根取

条々

一、公義御法度・御国制堅可相守事、

一、御勘定所根取の儀、正路を専にし、日々の御用向念を入、取計申へく候、御積方請込候根取ハ、金銀米銭の根元を一切承之申事に候へハ、御積帳を以、諸御出方の増減差引、勘弁第一に覚悟仕、筋々を以役頭江申達、御費の儀無之様に心を付へき事、

附、御借物出入、委く心を付、依怙贔屓なく廉直に可取計事、

一、江戸・京・大坂・長崎への運送米銀差引時節、不違様に(貼紙)「可取計事」

一、当用方請込候根取ハ、諸品の御買方一切承之、取計申事に候へハ、用無用を委く遂吟味、前後の増減を考へ、聊も御費無之様に勘弁を以、時々役頭へ*1申達*2可取計事、

一、諸色の価幷諸職人の手間料等、相応〳〵の程を相考へ、過不及無之様に可取計事、

＊1(貼紙)「御郡間被指止、同所小物成方ハ御勘定所附属ニ被仰付候付、此一ヶ条を加へ、
御条目認替相渡候事、
寛政九年十二月」

＊2(貼紙)「本文之通候処、享和二年八月小物成方之儀、御勘定所附属被差放、別局被仰付、今迄御勘定所根取小物成方受込郡司忠之允儀、小物成方根取被

仰付ニ付、新御条目出来相渡、庁事印御条目扣ニアリ、右之通ニ付、御勘定所根取之御条目本文小物成之稜を省、書改メ、同年十一月廿一日相渡候事、」

一、*3惣して御用筋の儀ニ付、役頭指図違背すへからす、存寄の趣於有之ハ役頭江可申達候、及再三役頭信用無之候ハヽ、其段直に御勘定方御奉行へ可相達候、根取の儀ハ別して重き御用を承る事ニ付、御用筋の儀、親子兄弟たり共、堅洩申間敷事、

*3 (貼紙)「一、惣銀方受込候根取者、御知行取手取米渡り・諸取立一切を取計、御切米方受込候根取者、御給扶持幷寺社其外造作料等之渡方一切取計らふ事ニ付、何れも切手渡り等、先後或寛急を以、遅滞なき様に可相心得候、親疎を以、私の取計仕間敷事、

一、相対の借物筋ニ付取立方、仮令無余儀頼有之候とも、取持ヶ間敷事仕間敷事、」

(剥離貼紙)「一、小物成ハ不虞の御備に候条、右請込候根取ハ兼て其旨を存し、金銀米銭の出入謹慎を主とし、可否・損益委く心を付、万事役頭江申達、取計ひ諸帳面差引等、別て厳密に可相心得事、」

一、諸渡方しらへ不滞様に申談、切手指紙又ハ通帳渡の金銀米銭の員数、間違なく遂吟味、印形を用へき事、

一、御用達町人と音信贈答堅くすへからす、其外借物米銀、右の者共と取遣あるましく候、惣して一手の表準に相成事に候へハ、別して相慎、倹約を守り、油滑懦弱の風俗無之様に相心得候様に、物書其外役人江も時々申聞へき事、

一、切手番幷小細工共、諸触等の儀、無怠慢申聞へき事、

附、切手番・小細工勤方、善悪・懈怠有無等、平日委く心を付、毎年六月朔日より明年五月晦日までの趣、書付封印を以、六月中御奉行所佐弐役江可相達事、

右条々堅可相守者也、

御奉行中　連判

御勘定所
根取中

⒂

御勝手方御横目

条々

一、公義御法度・御国制堅可相守事、

一、御勝手方御横目の儀、御費に相成候筋ハ不及申、万端御勝手向の利害にかゝり候儀、委く見聞いたし、聊も存寄の儀有之ハ、軽重によつて御奉行又ハ佐弐役幷御奉行所分司の根取へ申達へく候、総而見聞の趣、万一依怙贔屓於有之ハ可為曲事の条、真直に相達へき事、

附、在中の儀も常々心を付、見聞せしめ、可相達事、

一、御吟味方江相詰、御吟味役副助たるの間、諸事指図をうけ、明白に取計ふへく候、存寄の儀は無隔意申談、的当の事及再三信用於無之ハ、分職御奉行、或は佐弐役へ可相達事、

一、就御用出在の節、万端相慎、其所の煩費に相成さる様に覚悟可仕事、

一、御用筋の儀、雖為親子兄弟、一切不可露洩事、

一、御吟味方幷櫨方へ相詰候面々、人別勤方の可否・功過・曲直等、平日精密に見聞し、毎年六月朔日より明年五月晦日迄の趣、書付封印を以、六月中御勘定方御奉行へ可相達候、尤其内難見合置事ハ臨時に可相達事、

一、謹慎を主とし、倹約を守り、油滑懦弱の風俗無之様に覚悟可有之事、

右条々堅可相守者也、

御奉行中　連判

御勝手方
御横目中

「（挟込１）「（包紙上書）
目録　」

一、御右筆　一、御奉行所根取
一、機密間詰根取　一、選挙方根取
一、考績方根取　一、御刑法方根取
一、御船頭組脇　一、御料理頭
一、御近習御横目　一、大御目附付御横目
一、御目附付御横目　一、歩御使番組脇
一、歩御小姓組脇　一、御城内御横目
一、両間根取　一、御勝手方御横目
一、御天守方根取　一、御算用所根取
一、御台所御賄方根取　一、御作事所根取
一、御音信所根取　一、御客屋支配役
一、御掃除方根取　一、役割支配役
一、東西御蔵根取　一、御賄物所根取
一、上内検　一、地内検
一、御奉行所御物書　一、機密間御物書
一、所々御横目　一、御作事所御横目
一、御掃除方御横目　一、東西御蔵支配役
一、小間物支配役　一、諸道具支配役
一、御銀支配役　一、御賄物支配役
一、御薪支配役　一、御飼料支配役
一、御鍛冶方役人　一、御本丸御座敷支配役
一、御郡間物書　一、御勘定所物書
一、井樋支配役　一、御算用所物書
一、御作事所《御普請》諸御役人　一、御音信所役人
一、御郡横目　一、類族方役人
一、御天守方諸役人　一、御料理人
一、御台所御賄役　一、同所分司役人
一、同所御横目　一、飛脚番小頭
一、川尻御蔵支配役　一、大津御蔵支配役
一、長崎御米銀支配　一、同所御銀支配役
一、鶴崎御蔵支配役　一、同支配役
一、小間物所根取　一、高瀬御蔵根取
一、惣塘支配役　一、八代御蔵支配役
一、高瀬御蔵支配役　一、杣方兼帯御郡横目
一、御郡間御銀支配役　一、御銀所根取
一、杣方御役人　一、寺社町方御横目
一、御郡方御目附付御横目　一、御郡方根取
一、小物成方物書　一、同所御役人
一、御側御用蠟〆所御横目　一、鶴崎御作事所御目付付御横目
一、水前寺苔場見〆　一、鏡御蔵支配役
一、鶴崎御銀所根取
一、御勘定所産物方根取
一、平準方産物方御横目　一、八代川尻御目附付御横目
一、川尻町御奉行附根取　」

「（挟込２）
一、毎年六月朔日より明年五月晦日迄、各詰所の役人中、人別の勤方等見聞之趣、委ク書付封印を以、六月中分職御奉行中江可相達事、
但、明年五月迄難指延儀者、善悪共ニ不時に可相達事、
右条々堅可相守者也、
御奉行中連判
御勝手方付
御横目中」

(16)

御天守方根取

条々

一、公義御法度・御国制堅可相守事、
一、御天守へ被納置候御武具出納・御修覆、其外瑣砕の事に至る迄一切承届、万事精密に心を用ひ可取計候、根取は諸役人の表式たるの条、

尤謹慎を専にし、御城内の儀は不及言、御用筋、親子兄弟たり共、堅露洩不可仕事、

一、惣して御用筋ニ付、役頭の指図違背すへからす、存寄の趣有之ハ役頭へ相達、及再三信用無之候ハヽ、御城内方御奉行へ可相達事、

一、御天守方諸役人、夫々の職分取計等の儀、別而委く心を付可申談候、御武具御修覆付而ハ、得失の間を勘弁し、御費の儀無之様に心を付、入用の品々請込銀等の儀、諸事御横目申談、明白に可取計事、

一、万事倹約を守り、風俗猥に無之様に相心得へき事、

右条々堅可相守者也、

御奉行中　連判

御天守方
根取中

(17)　御算用所根取

条々

一、公義御法度・御国制堅可相守事、

一、御算用所は御年貢を初め、一切の算用根元に関り、諸役人の清濁を決る所に候へハ、根取役は至て重き職分たるの条、精密に心を用ひ、根合しらへ等滞なく、算用仕出の遅速、或は事の寛急ニ応し、返号等相渡し、親疎を以私すへからす、勿論御用筋、親子兄弟たり共、堅露洩不可仕事、

一、惣して御用筋ニ付、役頭の差図違背すへからす、存寄の趣有之ハ、隔意なく役頭へ可相達候、及再三信用無之候ハヽ、御勘定方御奉行又ハ御奉行所佐弐役へ可相達事、

一、物書を初め手伝に至る迄、廉直に心得候様に無怠慢可申聞事、
附、手伝とも勤方善悪・懈怠有無等、平日委く心を付、毎年六月朔日より明年五月晦日迄の趣、書付封印を以、六月中御奉行所佐弐役迄可相達事、

一、万事倹約を守り、油滑懦弱の風俗無之様に可相心得事、

右条々堅可相守者也、

御奉行中　連判

御算用所
根取中

(18)　御台所御賄方根取

＊条々

一、公義御法度・御国制堅可相守事、

一、御台所御賄方（朱筆）へ請込候諸品諸払等、精密に心を付、御費の儀無之様に正直に可取計事、

一、惣して御用筋、親子兄弟たり共、堅露洩不可仕事、

一、御用の諸色念を入、御用達の者より相納候諸品の精粗委く相改申へく候、惣して請取渡し出入の節は御横目立合、明白に可取計候、存寄の筋有之ハ、隔意なく役頭へ相達し、的当の事及再三信用於無之ハ、御目附へ相達へき事、

＊（貼紙）「廣田要蔵儀、文化二年正月御中小姓被仰付、御台所根取被仰付候ニ付、此御条目御賄方之三字を省、新規出来相渡候、委細独礼已下御条目之儀ニ付覚書帳ニ記置候事、
但、河口伊右衛門已前要蔵同様之処、江戸ニ而被仰付候付、御条目渡り之様子一向不相分、上り候御条目茂見へ兼候、宝暦年野村弥兵衛節之儀者独礼已下　御条目之覚帳ニ記有之、明和年森忠蔵節之儀者一向相分不申候、誓詞茂以前之誓詞無之候付、此節御勘定方江新規出来申談、堅メ相済候也、」

一、万事倹約を守り、油滑懦弱の風俗無之様に可相心得事、

右条々堅可相守者也、

御奉行中　連判

御台所（朱筆）御賄方
根取中

⒆

惣銀所根取

条々

一、公義御法度・御国制堅可相守事、

一、惣銀所根取の儀、御知行取手取米渡り・諸取立一切取計ふ事に候へハ、精密に心を用ひ、切手渡り等先後寛急を以、無遅滞様に相心得、私を以親疎の差別すへからす、勿論御用筋の儀、親子兄弟たり共、堅露洩不可仕事、

一、惣して御用筋ニ付、役頭の差図違背すへからす、尤存寄の趣有之ハ、役頭へ可相達候、及再三信用無之候ハヽ、其段御勘定方御奉行又ハ御奉行所佐弐役へ可相達事、

一、相対の借物筋ニ付取立方、仮令無余儀頼有之候とも、取持ヶ間敷事仕ましき事、

一、物書を初め手伝に至るまて、廉直に心得候様に怠慢なく可申聞事、

附、手伝とも勤方善悪・懈怠有無、平日委く心を付、毎年六月朔日より明年五月晦日迄の趣、書付封印を以、六月中御奉行所佐弐役迄可相達事、

一、万事倹約を守り、油滑懦弱の風俗無之様に可相心得事、

右条々堅可相守者也、

御奉行中　連判

惣銀所
根取中

⒇

御切米所根取

条々

一、公義御法度・御国制堅可相守事、

一、御切米所根取の儀、御給扶持幷寺社、其外造作料等の諸渡り方一切取計申事に（ママ）ニ付、精密に心を用ひ、切手渡り先後、或は寛急を以、遅滞なき様に可相心得候、親疎を以私の取計仕間布候、勿論御用筋、親子兄弟たり共、堅露洩不可仕事、

一、惣して御用筋ニ付、役頭の差図違背すへからす、尤存寄の趣有之ハ、隔意なく可申達候、及再三信用無之候ハヽ、其段御勘定方御奉行又ハ御奉行所佐弐役江可相達事、

一、相対の借物筋ニ付、たとひ無余儀頼有之候共、取持ヶ間敷事仕ましき事、

一、物書を初め手伝に至る迄、廉直に心得候様に怠慢なく可申聞事、

附、手伝共勤方善悪・懈怠有無、平日委しく心を付、毎年六月朔日より明年五月晦日迄の趣、書付封印を以、六月中御奉行所佐弐役迄可相達事、

一、万事倹約を守り、油滑懦弱の風俗無之様に可相心得事、

右条々堅可相守者也、

御奉行中　連判

御切米所
根取中

㉑

御普請御作事所根取

条々

一、公義御法度・御国制堅可相守事、

一、御普請御作事の儀、瑣砕の事に至る迄一切承届、万事清廉を守り、得失の所相考へ、宜取計ふへく候、根取ハ諸役人の表式たるの条、最謹慎を加ふへし、勿論御用筋の儀、親子兄弟たり共、堅露洩不可仕事、

一、惣して御用筋ニ付、役頭の指図違背すへからす、尤存寄の趣有之ハ、役頭江相達、及再三信用無之候ハヽ、其段御作事方御奉行江可相達事、

一、御作事所御役人数多の事ニ付、取計の儀、別して委く心を付、竹木諸品御費に不相成様に可申談候、御入目積の儀、委く相糺し、明白に可取計事、

附、諸色の価幷諸職の手間料等、相応〳〵の程を相考へ、宜可取計候、惣して私の愛憎を以、偏頗の義堅致へからさる事、

一、竹木其外諸品、在中より相払候節の請取方、廉直ニ沙汰し、若払方に麁略の事有之候ハヽ、夫々に相糺し、役頭ハ不及言、御目附にも相達筋宜く可取計候、此旨役人中へも時々可申聞事、

一、御作事所中間格の者、作法宜申付、諸触等無滞及沙汰、請前〳〵の勤方、怠慢なく正直に取計候様に時々可申聞事、

附、右の者共、勤方善悪・懈怠有無、平日委く心を付、毎年六月朔日より明年五月晦日迄の趣、書付封印を以、六月中御奉行所佐弐役迄可相達事、

一、出在の節、在方の費用ニ成さる様に相心得へき事、

一、万事倹約を守り、油滑懦弱の風俗無之様に可相心得事、

右条々堅可相守者也、

御奉行中　連判

御普請御作事所
根取中

(22) 御音信所根取

条々

一、公義御法度・御国制堅可相守事、

一、御音信所根取の儀、諸御進物一切取計事に付、第一御進上の品々念を入、万事精密に心を用、麁略の儀無之様に相心得、諸品の仕込夫々の時節、前積等委く吟味をとけ（遂げ）、御費無之様に取計へし、勿論御用筋の儀、親子兄弟たり共、堅露洩仕へからさる事、

一、惣して役頭の指図違背不仕、御用筋役人中申談、無遅滞明白に取計可申候、親疎の故を以、私の義堅すへからす、存寄の儀有之候ハヽ、役頭へ可相達候、及再三信用無之候ハヽ、御奉行所佐弐役江可相達事、

一、御音物の諸品、御用達より相払候節、其品々精粗、御横目御役人立合相改、納り方に不相成分ハ、猶又委く吟味のうへ差返可申候、惣して諸品出納の節、御横目立合、廉直に取計ふへき事、

一、根取ハ一手役人の表式たるの条、尤可相慎事、

附、支配の定手伝共、作法宜申付、諸触等の儀、無怠慢及沙汰、諸事正直に相勤候様に時々可申付候、右の者共勤方善悪・懈怠有無、平日委く心を付、毎年六月朔日より明年五月晦日迄の趣、書付封印を用、六月中御奉行所佐弐役へ可相達事、

一、万事倹約を守り、油滑懦弱の風俗無之様に可相心得事、

右条々堅可相守者也、

御奉行中　連判

御音信所
根取中

(23) 御客屋支配役

条々

一、公義御法度・御国制堅可相守事、

一、御客屋諸品出納念を入、明白に可取計事、
一、他所よりの使者・飛脚等参候節、附添来候末々の者に至る迄、麁略の会釈等不仕、圭角に取計、軽率の雑談等堅く仕ましく候、御使者到着の節は、御客屋詰御使番の指図を受、取計へく候、料理等仕出の儀、弥以委く心を付、末々の者共にも堅可申付事、
　附、藤崎宮・祇園社御祭礼・御祈禱幷御法会の節、是又委く心を付、精密に取計へき事、
一、御客屋方御用の諸品一切出入の節、当番御横目立合、精密に取計、御費の儀無之様に可相心得候、惣して存寄の儀有之ハ、御客屋方根取へ可申達候、及再三信用無之候ハヽ、御奉行所佐弐役江可相達事、
一、惣して御用筋、親子兄弟たり共、堅露洩不可仕事、
一、御客屋方付物書、作法宜申付、諸沙汰無怠慢申聞、御用聞町人に至る迄、依怙贔屓なく沙汰し、惣して親疎の差別すへからさる事、
　附、右付物書勤方善悪・懈怠有無、平日委く心を付、毎年六月朔日より明年五月晦日迄の趣、書付封印を以、六月中御奉行所佐弐役へ可相達事、
一、万事倹約を守り、油滑懦弱の風俗無之様に可相心得事、
右条々堅可相守者也、

　　御奉行中　連判
　　御客屋支配役中

(24)
御掃除方根取
条々
一、公義御法度・御国制堅可相守事、
一、御掃除方の儀、瑣砕の事に至る迄一切承届、万事精密に心を用ひ、得失の所令勘弁、宜可取計候、惣して役頭の指図違背すへからす、尤存寄の儀有之ハ役頭へ相達、及再三信用無之候ハヽ、其段御奉行所佐弐役へ可相達事、
一、御用向、親子兄弟たり共、堅露洩仕へからさる事、
一、御掃除方支配幷地筒等の役割、日雇夫仕ひ方其外竹木諸色等に至る迄、委く心を付、御費の儀無之様に明白に可取計候、尤御掃除方請場の所々、麁略無之様に可相心得事、
一、万事倹約を守り、風俗猥に無之様に可相慎事、
右条々堅可相守者也、

　　御奉行中　連判
　　　副役共ニ
　　御掃除方
　　　根取中

(25)
役割支配役
条々
一、公義御法度・御国制堅可相守事、
一、役割所は足軽幷御長柄の者、諸役仕ひ方支配一切を承届、最精密に心を用ひ、規矩役輪番等を以令沙汰、人賦りの取計第一に候条、組々病人等相糺し、費用無之様に可附心候、惣して存寄の儀有之ハ、御奉行所根取へ可申達候、若信用無之候ハヽ、其段佐弐役へ相達すへく候、勿論御用向、親子兄弟たり共、堅露洩仕るましき事、
一、役割所内に有之囲の儀、入念番人等江も堅可申付事、
一、御掃除方支配の番人を諸番に召仕候儀、明白に可及沙汰事、
一、人置支配兼帯の儀、奉公人割賦無留滞可取計候、尤手付の者共に至る迄、依怙偏頗の儀無之様に兼々可申付事、
一、役割所・人置所江相詰候足軽・御長柄の者・小頭幷其外のもの共に

勤方の善悪・懈怠有無等、平日委く心を付、毎年六月朔日より明年五月晦日迄の様子、書付封印を以、六月中御奉行所佐弐役へ可相達事、
一、万事倹約を守り、風俗猥に無之様に覚悟可仕事、
右条々堅可相守者也、

御奉行中　連判

役割支配役中

(26)　東西御蔵根取

条々

一、公義御法度・御国制堅可相守事、
一、米穀の出納念を入、渡方等貴賤親疎の差別すへからさる事、
一、御年貢納の節は別而心を付、百姓共迷惑せさる様に沙汰せしめ、米の善悪遂吟味、若御蔵入難成米は御横目申談、明白に相糺し、支配方に相違し、指図を受へく候、升目・欠米等は法の通りを以沙汰し、私を以聊も法外の儀無之様に、御蔵子末々迄堅可申付事、
一、米穀の請払、根元を関る職分ニ付、弥以清廉に相心得、御蔵支配役申談、当番御目附へ申達、御横目立合、明白に可取計之、存寄の筋於有之ハ、御勘定所根取へ可申達候、及再三信用不仕候ハヽ、其時宜に応シ、御勘定頭又ハ御奉行所佐弐役へ可相達事、
一、米穀の善悪・新古を以、出入の遅速を考へ、聊も御費に不成様に心を賦り候事ハ勿論、御蔵外にてもさし米・散り米等に至る迄、惣して穀類聊も御費に不成様に末々迄稠敷可申付事、
一、惣して御用筋、親子兄弟たり共、堅露洩不可仕事、
一、万事倹約を守り、油滑懦弱の風俗無之様に可相心得事、
一、御蔵付物書幷御蔵子共、正直に取計候様に申付、諸沙汰等無相違可申聞事、
附、右の者共勤方善悪・懈怠有無、平日委く心を付、毎年六月朔日より明年五月晦日迄の趣、書付封印を以、六月中御奉行所佐弐役へ可相達事、
右条々堅可相守者也、

御奉行中　連判

東御蔵根取中

西御蔵根取者右ニ同

(27)　御賄物所根取

条々

一、公義御法度・御国制堅可相守事、
一、御進上御用幷御賄物仕込の品々、精密に心を用ひ、万事正直に取計、聊も御費の儀無之様に可相心得事、
一、惣して御用筋、親子兄弟たり共、堅露洩不可仕事、
一、諸品請払、御賄物支配役且又名酒方・桐油方役人取計の儀、一切承之、仕込物の品々、前年の残り物相考、十月より明年九月迄の仕込の高相しらへ、御勘定所江可相達候、惣して存寄の儀有之ハ、右根取へ可申達候、及再三信用不仕候ハヽ、御勘定頭又ハ御奉行所佐弐役へ可相達事、
一、御賄物所付物書の儀、正直に取計候様に申付、諸沙汰筋無相違可申聞事、
一、諸品渡し方幷所々より相払申品々有之節、当番の御横目立合、廉直に取計、荒仕子共に至る迄正直たるへき旨、時々可申聞事、
附、名酒方・桐油方役人幷御賄物所付物書、勤方善悪・懈怠有無、平日委く心を付、毎年六月朔日より明年五月晦日迄の趣、書付封印を以、御奉行所佐弐役へ可相達事、

一、万事倹約を守り、油滑懦弱の風俗無之様に可相心得事、
右条々堅可相守者也、

御奉行所　連判

御賄物所
根取中

(28)
上内検

条々

一、公義御法度・御国制堅可相守事、
一、郡村の儀、財貨の出候所、御国家の大計に懸り候事に候へハ、万端入念清廉に可相勤候事、
一、地撫幷名寄帳の儀、田畑の根源に候へハ、御役儀被　仰付又ハ所替の節ハ、会所幷村々の帳面共ニ早速見届、高主替候節ハ早刻帳面直せ、加印を用置可申事、
一、田畑の儀、畦界幷上下の位不混乱様に相心得、新畦を建、古畦を潰候儀、私にいたさせ間敷候、自然無拠筋有之候ハヽ、村中幷御惣庄屋江申談、御郡代へ相達候上、無存寄候ハヽ、如望申付、帳面の坪付共に相改、加印を用置可申事、
一、免割色付前揃帳、百姓共へ相渡候手札等、惣して御内検役仕出の帳面幷清算を入、加印を用候諸帳共に念を入、精密に可取計事、
一、免方の儀は至て重き事ニ付、別而入念、正道に可取計候、私の愛憎を以、偏頗の沙汰於有之ハ可為曲事事、
一、内検の儀、大半在中へ罷出居候事に候へハ、人馬の請取方、飲食等に至るまて、農家の妨に不相成様に心得、在役人ハ不及申、百姓共より賄賂等敷儀有之とも、堅く受用いたさす、其段御郡間に可相達事、
一、万事倹約を守り、油滑懦弱の風俗無之様に可相心得事、
一、(貼紙)「御郡頭及ひ」御郡代の指図違背すへからす、存寄の儀有之ハ隔意なく申達し、的当の事再三に及ひ信用於無之ハ、(貼紙)「御郡代の儀は御郡頭へ」(貼紙)「方相達し、御郡頭の儀は」御奉行へ可相達事、
*
右条々堅可相守者也、

御奉行中　連判

上内検中

地内検茂右ニ同し、
但、新畦を建、古畦を潰候事之ヶ条ニ自然無拠筋有之ハ、先上内検へ及相談と加り候事、
但、地内検ハ御奉行副役共ニ連名

*
(貼紙)「御郡間を指止候付、右張紙之書面を省、認替相渡候事、地内検右同断
寛政九年十二月」

(29)
御奉行所御物書

条々

一、公義御法度・御国制堅可相守事、
一、御奉行所御物書の儀、御政務大小の執筆、御穏(隠)密の御用筋をも見聞の事候へハ、親子兄弟たり共、一切不可露洩、尤謹慎たるへき事、
一、銘々職分怠慢なく相励、常々根取指図違背仕間布候、若存寄の筋有之ハ無隔意申達し、及再三信用於無之ハ、其段佐弐役又ハ御奉行へ直に可相達事、
一、権貴の頼たり共、御奉行所帳面等堅写遣へからす、若相対の断難成儀は根取へ可申達事、
一、御奉行所の儀ハ諸局の模範に相成候条、最相慎、万事倹約を守り、油滑懦弱の風俗無之様に相心得、御用の間隙には書学・算学等、怠慢あるへからさる事、

右条々堅可相守者也、

御奉行中　連判
副役共ニ

御奉行所
御物書中

(30)　機密間御物書

条々

一、公義御法度・御国制堅可相守事、
一、機密間詰御物書ハ於御奉行所、別して重き執筆に関り、御穏密の御用をも見聞仕事に付、親子兄弟たり共、堅有漏達間敷事、
一、世間の謬説承候とも、機密間外にて口外有之間鋪事、
一、機密間根取指図を受、存寄の事ハ隔意なく言達し、若及再三信用無之におゐてハ、佐弐役又ハ御奉行の内江可直達事、
一、権貴の頼たり共、御奉行所帳面等堅写遣すへからす、若相対の靳難成儀は根取へ可申達事、
一、御奉行所ハ諸局の模範に相成候条、最相慎み、万事倹約を守り、油滑懦弱の風俗無之様に相心得、御用の間隙には書学・算学等、怠慢あるましき事、

右条々堅可相守者也、

御奉行中　連判
副役共ニ

機密間詰
御物書中

(31)　御勝手方付所々御横目

条々

一、公義御法度・御国制堅可相守事、
一、御算用所壱人
一、東西御蔵壱人充　（貼紙）「所々御横目」
一、御銀所壱人
一、御音信所壱人
一、御賄物所弐人
一、御薪方壱人
一、諸御道具方壱人
一、御鍛冶方壱人
一、御飼料所壱人
一、御客屋方壱人
一、小間物所弐人
一、川尻御蔵御船手御作事所七人
　但、内弐人ハ詰代り
一、高瀬御蔵壱人
一、八代御蔵壱人
一、大津御蔵壱人
一、鶴崎詰五人
　内弐人ハ詰代り

右の所々へ相詰候御役人、勤方の厚薄、人物の曲直共ニ平日精密に令見聞、臨時の御用によつて出在の節は、其御用ハ不及申、惣して利害に心を付、事の大小に随ひ、御奉行所佐弐役、或は分司〳〵の根取へ可相達候、第一御用筋の儀、親子兄弟たり共、一切露洩不可仕事、
一、出在の節相慎、在宿の費用無之様に可相心得事、
一、総て見聞の趣、有体に相違、毛頭偏頗の儀於有之ハ可為曲事、勿論御奉行より相尋候儀ハ無隠蔵、真直ニ可相達事、

一、各は曲直見聞の職分たるの条、最謹慎を加へ、倹約を守り、油滑懦弱の風俗無之様に覚悟可有之事、

（朱線）（朱筆）「此ヶ条慶応四年六月朱引丈削り、朱書之通書改ニ成候事」
一、毎年六月朔日より明年五月晦日迄、各詰所の役人中、人別の（朱筆）「勤方」勤方（朱筆）「精疎行跡の善悪共、相替儀者時々」等見聞の趣、委ク書付封印を以、六月中分職御奉行中江可相達事、

但、明年五月迄難指延儀ハ、善悪共ニ不時に可相達事、

右条々堅可相守者也、

御奉行中　連判
副役共ニ

御勝手方付
御横目中

(32)
御作事所御横目

条々

一、公義御法度・御国制堅可相守事、

一、御城内外御普請御作事所諸役人の取計、委く見聞し、竹木其外諸色等に至る迄、御費の儀無之様に可申談候、御普請御作事の入目帳仕立様御繕、向々にての取計、諸職人・日雇夫等の仕ひ方、最委く心をつけ見聞し、第一御用向、親子兄弟たり共、堅く露洩不可仕事、

一、米銀請払の儀、其外諸色出納の節立合見聞し、切手通帳等に印形を用ひ、扱ひ方宜申談へく候、惣して存寄の儀有之ハ、分司〳〵の役人江申談、信用不仕候ハヽ、御作事所御目附へ可申達候、最事の軽重に応し、御作事方御奉行へ可相達事、

一、右所々へ相詰候諸役人、勤方の可否、人物の曲直等、平日精密に見聞し、勿論親疎の差別なく、毎年六月朔日より明年五月晦日迄の様子、書付封印を以、御奉行へ可相達候、尤其内難見合置事ハ臨時に可相達事、

附、出在の節相慎、止宿の費用無之様に可相心得事、

一、総て見聞の趣、有体に相達、偏頗の儀於有之ハ可為曲事、勿論御奉行より相尋候儀ハ無隠蔵、真直に可相達事、

一、各は曲直見聞の職分たるの条、最謹慎を加へ、倹約を守り、油滑懦弱の風俗無之様に可相心得事、

右条々堅可相守者也、

御奉行中　連判
副役共ニ

普請御作事所
御横目中

(33)
御掃除方御横目

条々

一、公義御法度・御国制堅可相守事、

一、御掃除方役人取計、委く見聞し、日々被召仕候御掃除方支配の者又ハ日雇等の割賦、其外竹木諸色等に至る迄、御費に不相成様に心を付可申候、尤御掃除方請場、無怠慢見聞し、扱ひ方宜可申談候、惣して存寄の儀有之ハ、其段御掃除頭へ可相達候、若信用無之候ハヽ、御掃除方御奉行へ直に相達へし、第一御用向、親子兄弟たり共、堅露洩不可仕事、

一、御掃除方附属の役人、勤方の可否、人物の曲直等、平日精密に見聞し、親疎の差別なく、毎年六月朔日より明年五月晦日迄の様子、書付封印を以、御奉行へ可相達候、尤其内難見合事ハ不時に可相達事、

一、総て見聞の趣、有体に相達し、毛頭偏頗の儀於有之ハ可為曲事、勿論御奉行より相尋候儀は無隠蔵、真直に可相達事、

一、各は曲直見分の職分たるの条、最謹慎を加、倹約を守り、油滑懦弱事、

の風俗無之様に可相心得事、
右条々堅可相守者也、

御奉行中　連判
副役共ニ

御掃除方
御横目中

(34)　東西御蔵支配役

条々

一、公義御法度・御国制堅可相守事、
一、米穀の出納念を入、渡方等貴賤親疎の差別すへからさる事、
一、御年貢納の節ハ別して心を付、百姓共迷惑せさる様に令沙汰、米の善悪遂吟味、若御蔵入難成米は御横目申談、明白に相糺し、支配方に相達し可受指図候、升目・欠米等は法の通りを以沙汰し、私を以聊も法外の儀無之様に、御蔵子末々迄堅可申付事、
一、御蔵の儀、万事根取へ申談し、米穀請払、清廉に相心得、当番御目附へ申達、御横目立合、明白に可取計之、存寄の筋有之ハ先根取へ相談をとけ（遂）、御勘定所根取へ可申達候、及再三信用不仕候ハヽ、其時宜に応し、御勘定頭又ハ御奉行所佐弐役へ可相達事、
一、惣して御用筋、親子兄弟たり共、堅露洩不可仕事、
一、米穀の善悪・新古を以、出入の遅速を考へ、聊も御費に不成様に心を賦り可取計事、
一、万事倹約を守り、油滑懦弱の風俗無之様に可相心得事、
右条々堅可相守者也、

御奉行中　連判
副役共ニ

東御蔵支配役中　一通
西御蔵支配役中　一通

(35)　小間物幷表御納戸支配役

（朱筆）
「此御条目之儀、宝暦十一年五月小間物所根取被仰付候節、改メ相渡し候、此奥ニ扣置候也」

条々

一、公義御法度・御国制堅可相守事、
一、小間物諸品請払・出納に至る迄、精密に心を用ひ、万事正直に取計、御費の儀無之様に可相心得事、
一、惣して御用筋、親子兄弟たり共、堅露洩不可仕事、
一、小間物幷表御納戸物一切損し物有之ハ、いか様の儀にて損し候との事、又ハ損し物無之との事、三ヶ月越／＼に帳面に相記、御勘定所江可相達候、若損し物集り候て、三ヶ月を過相達候ハヽ、取上不申、越度に可被　仰付候事、
一、新方・古方代り相の節ハ、品々の現改を以請取渡し、明白たるへく候、若懦弱の請取渡にて押移、追而不都合の儀於及露顕ハ、何ヶ年過候とも、前役の精粗共に遂吟味、明白の証跡無之輩ハ可為越度事、
一、惣して存寄の儀有之ハ、御勘定所根取へ申達へく候、及再三信用不仕候ハヽ、其段御勘定頭又ハ御奉行所佐弐役へ可相達事、
　附、諸品出納の節、御横目立合、取計可申事、
一、諸品上納有之節、其品々の精粗遂吟味、納り方に不相成分ハ御横目立合、猶又委く相改申へく候、惣して請取渡の節、廉直に取計、依怙贔屓を以差別すへからさる事、
一、小間物所付物書幷定手伝共、万事正直に相勤候様に時々可申聞事、
　附、右の者共勤方善悪・懈怠有無、平日委く心を付、毎年六月朔

日より明年五月晦日迄の様子、書付封印を以、御奉行所佐弐役へ
可相達事、

一、当番の御横目へ可申達儀は、夫々不洩様に可相心得事、

一、万事倹約を守り、油滑懦弱の風俗無之様に可相心得事、

右条々堅可相守者也、

御奉行中　連判
副役共ニ

小間物并表御納戸支配役中

(36)　諸御道具支配役

条々

一、公義御法度・御国制堅可相守事、

一、諸御道具請払、精密に心を用ひ、正直に取計、御費の儀無之様に可相心得事、

一、惣して御用筋、親子兄弟たりとも、堅く露洩不可仕事、

一、諸色出し入、又ハ御用聞の者より諸品相払申節、当番の御横目立合可取計候、存寄の儀有之は御勘定所根取へ可申達候、及再三信用不仕候ハヽ、御勘定頭又ハ御奉行所佐弐役へ可相達事、

附、御道具の内損し有之ハヽ、いか様〳〵の事にて損し候との事、又ハ損し物無之との事、三ヶ月越〳〵ニ帳面に相記、御勘定所へ可相達候、若怠り損し物集り候て、三ヶ月を過相達候ハヽ、取上不申、越度に可被仰付事、

一、諸道具方付物書幷定手伝共、正直に取計候様に申付、諸沙汰筋無相違可申聞事、

附、右の者共勤方善悪・懈怠有無、平日委ク心を付、毎年六月朔日より明年五月晦日迄の様子、書付封印を以、御奉行所佐弐役へ可相達事、

一、当番の御横目へ可申達儀は、夫々不洩様に相心得へき事、

一、万事倹約を守り、油滑懦弱の風俗無之様に可相心得事、

右条々堅可相守者也、

御奉行中　連判
副役共ニ

諸御道具支配役中

(37)　御銀支配役

条々

一、(貼紙・朱筆)「国之御法度」公義御法度・御国制堅可相守事、

一、金銀銭請払、(貼紙・朱筆)「万事根取へ申談、渡し方・受取方ともに」精密に心を用ひ、渡し方・請取方共に、過不及無之様に委く相改、尤貴賤親疎の差別なく、(貼紙)「　」万事正直に可取計事、

一、於御銀所かけ分ヶ候銀は格別に欠銀被渡下置事に付、渡方等少も欠銀無之様に可仕事、

一、毎年十月朔日より請方・払方交替可仕候、御算用引除の儀は、其節々可令沙汰事、

但、新古代り相の節、金銀銭の請取渡、現改を以可為明白候、若懦弱の請取渡にて押移、追て不都合の儀於及露顕ハ、何ヶ年過候とも、前役の精粗共に遂吟味、明白の証跡無之ハ可為越度事、

一、惣して御用筋、親子兄弟たり共、堅露洩不可仕事、

一、御銀所の儀ニ付、存寄の筋有之ハ、(貼紙・朱筆)「先根取へ遂相談、御勘定所根取へ」御勘定所根取へ可相達候、及再三信用不仕候ハヽ、其段御勘定頭又ハ御奉行所佐弐役へ可相達事、

一、金銀銭上納の節は廉直に心得、納候者不及迷惑様ニ相心得、手伝共にも堅可申付候、若上納方に麁略の事有之ハ、容易に不請取、御目附御横目へ申談、難相決事有之ハ、筋々江可相届事、

附、御銀所当番御目附御横目へ可申達儀者、其節々不洩様に可相心得事、

一、御銀所付物書幷定手伝の儀、諸沙汰筋無怠慢申聞、手伝共に至迄(貼紙・朱筆)「根取申談、御目附御横目へ遂相談難」正直に取計候様に堅可申渡事、

附、右の者共勤方善悪・懈怠有無、平日委く心を付、毎年六月朔日より明年五月晦日迄の趣、書付封印を以、六月中御奉行所佐弐役へ可相達事

一、万事倹約を守り、油滑懦弱の風俗無之様に可相心得事、

右条々堅可相守者也、

御奉行中　連判
副役共ニ

御銀支配役中

(38)

御賄物支配役

条々

一、公義御法度・御国制堅可相守事、

一、御進上御用幷御賄物仕込の儀、精密に心を用ひ、麁略の儀無之様に念を入、万事正直に取計、聊も御費無之様に可相心得事、

一、御賄物所の儀、一切根取へ申談、諸品出納等の儀、当番御横目立合、明白に取計可申候、惣而存寄の儀有之ハ根取へ申談候上、御勘定所根取へ可申達候、及再三信用不仕候ハヽ、御勘定頭又ハ御奉行所佐弐役江可相達候、

一、惣して御用筋、親子兄弟たり共、堅露洩不可仕事、

一、万事倹約を守り、油滑懦弱の風俗無之様に可相心得事、

右条々堅可相守者也、

御奉行中　連判　副役共ニ

御賄物支配役中

(39)

御薪支配役

条々

一、公義御法度・御国制堅可相守事、

一、炭薪白米等の品々請払、精密に心を用ひ、万事正直に可取計候、尤聊も御費の儀、無之様に可相心得事、

一、惣して御用筋、親子兄弟たり共、堅露洩不可仕事、

一、荒仕子共支配方無依怙贔屓、清廉に令沙汰、未進増役等の儀、委く心を付、小頭共の取計可為精密旨、時々可申聞事、

一、炭薪等仕込の儀、前年の残り物を相考へ、十月より明年九月迄の仕込高を相しらへ、御勘定所へ可相達候、惣而請払の儀念を入、諸品出入等の節、当番御横目立合、明白に可取計候、存寄の儀有之ハ御勘定所根取へ可申達候、及再三信用不仕候ハヽ、御勘定頭又ハ御奉行所佐弐役へ可相達候、

一、薪方付物書・荒仕子小頭・定手伝共、可為正直旨申付、諸沙汰筋無相違可申聞事、

附、右の者共勤方善悪・懈怠有無、平日委く心を付、毎年六月朔日より明年五月晦日迄の趣、書付封印を以、御奉行所佐弐役へ可相達事、

一、万事倹約を守り、油滑懦弱の風俗無之様に可相心得事、

右条々堅可相守者也、

御奉行中　連判
副役共ニ

御薪白米荒仕子
支配役中

(40)

御飼料支配役

条々

一、公義御法度・御国制堅可相守事、

一、御飼料諸品請払、精密に心を用ひ、万事正直に取計、聊も御費無之様に可相心得事、

一、下行飼料の儀ハ人畜の命の懸り候所に候間、尤麁末の儀無之様に相心得、諸品出入等の節、当番御横目立合取計、荒仕子共ニ至迄正直たるへき旨、時々可申聞候、惣而存寄の儀有之ハ御勘定所根取へ可申達候、及再三信用不仕候ハヽ、御勘定頭又ハ御奉行所佐弐役へ可相達候、

一、惣して御用筋、親子兄弟たり共、堅露洩不可仕事、

一、万事倹約を守り、油滑懦弱の風俗無之様に可相心得事、

右条々堅可相守者也、

御奉行中　連判 副役共ニ

御飼料支配役中

(41)

御鍛冶方役人

条々

一、公義御法度・御国制堅可相守亊、

一、御鍛冶方請払、精密に心を用ひ、正直に取計ひ、不依何事当番御目附へ可相達事、

一、惣して御用筋、親子兄弟たりとも、堅露洩不可仕事、

一、鉄物并炭等出し入、当番御横目立合、明白に取計ひ、存寄の儀有之ハ御勘定所根取へ可申達候、及再三信用不仕候ハヽ、御勘定頭又者御奉行所佐弐役へ可相達候、

一、御鍛冶方付物書并定手伝共、可為廉直旨申付、諸沙汰筋無相違可申聞候、諸品出入の節、手伝共正直に取計候様に堅可申付事、

附、右の者共勤方善悪・懈怠有無、平日委く心を付、毎年六月朔日より明年五月晦日迄の趣、書付封印を以、六月中御奉行所佐弐役へ可相達事、

一、万事倹約を守り、油滑懦弱の風俗無之様に可相心得事、

右条々堅可相守者也、

御奉行中　連判 副役共ニ

御鍛冶方役人中

(42)

御本丸御座鋪支配役

条々

一、公義御法度・御国制堅可相守事、

一、御本丸御座鋪所々、昼夜無怠慢見聞し、折り〳〵掃除等委く心を付、常々火用心入念、御登城又ハ正五九月御祈禱の節等は、別して火用心念を入へく候、惣して存寄の儀有之ハ、御天守方支配頭可相達候、若信用無之候ハヽ、御城内方御奉行江可相達候、勿論御城内の儀、親子兄弟たり共、堅露洩不可仕事、

一、万事倹約を守り、風俗猥無之様に相心得、定手伝共にも時々可申聞事、

附、定手伝共勤方善悪・懈怠有無等、平日委く心を付、毎年六月朔日より明年五月晦日迄の趣、書付封印を以、六月中御奉行所佐弐役へ可相達事、

右条々堅可相守者也、

御奉行中　連判
副役共ニ
御本丸
御座敷支配役中

(43)
御郡間物書

条々

一、公義御法度・御国制堅可相守事、

一、御郡間物書ハ郡村の本源、至重の書算に関り候事に候へハ、万端入念、精密に可相心得候、勿論御用筋の儀、雖為親子兄弟、堅不漏之、尤退役の後たり共、同前に可相心得事、

一、本方の儀、専田畑高免幷諸割賦、又ハ諸払物・開・立山等の根を取計、知行割・人畜帳・徳掛幷御代官・御山支配役諸算用に至る迄、相しらへ候事に候へハ、万端精密に事々麁略無之様に可相心得事、

一、小物成方の儀、新地・開畝物、惣して小間(物)成・年貢米銀・諸運上・酒本手幷人馬賃銀・塩・炭・葭・馬口労札、其外日用米銀の請払等、諸事繁雑の事候条、委ク心を付、清廉に可相勤候事、

一、御郡頭差図不可違背、存寄の儀於有之は根取へ申達、的当の事及再三信用不仕候ハヽ、御郡頭又ハ御奉行所佐弐役へ可相達事、

一、筆算習煉の事ハ職分の事候間、弥怠慢すへからさる事、

一、万事倹約を守り、油滑懦弱の風俗無之様に可相心得事、

右条々堅可相守者也、

御奉行中　連判
副役共ニ
御郡間
物書中

(44)
御勘定所物書

条々

一、公義御法度・御国制堅可相守事、

一、御勘定所物書の儀、執筆迄にて無之、金銀米銭出入の算勘に預り候事ニ付、尤丁寧たるへし、惣而御用筋見聞の趣、親子兄弟たり共、一切露洩不可仕事、

一、銘々請持の御用筋念を入、諸差引のしらへ、或は諸切手等の取計ひ無滞様に可相心得候、益不益の儀、存寄の趣有之ハ、無遠慮根取へ申達すへく候、及再三信用無之におゐてハ、御勘定頭へ直達せしめ、又ハ其筋に応し、御奉行所佐弐役へも可相達事、

一、御用達町人と音信贈答堅くすへからす、其外借物米銀、右のもの共と取遣りあるまじき事、

一、惣して風俗を慎み、油滑懦弱の儀無之様に可相心得事、

一、筆算の儀は職分の事ニ付、勿論怠慢すへからさる事、

右条々堅可相守者也、

御奉行中　連判
副役共ニ
御勘定所
物書中

(45)
井樋支配役

条々

一、公義御法度・御国制堅可相守事、

一、井樋の儀は養水の呑吐を考へ、大川・小溝・海水の往来夫々致順流、田地の養方過不及無之様に、大小の井樋・木石の普請等心を付、怠慢すへからさる事、

一、在中へ罷出候節ハ別して謹慎を加へ、農家の妨に不相成様に心得、在役人共へ清直に申談し、下方ニ偏頗の沙汰あるへからさる事、
一、諸事御郡頭指図不可違背候、井樋の儀付而存寄の儀有之ハ、御郡間根取へ可申達候、的当の事再三に及ひ信用不仕候ハヽ、御郡頭又ハ御奉行所佐弐役へ可相達事、
一、万事倹約を守り、油滑懦弱の風俗無之様に可相心得事、
　附、御用筋の儀、親子兄弟たり共、不可露洩事、
右条々堅可相守者也、

＊　御奉行中　連判
　　副役共ニ
井樋支配役中

＊（貼紙）「御郡間被指止候付、右張紙之書面省、張紙書入之通を加へ、認替相渡候事、
寛政九年十二月」

(46)
御算用所物書
条々
一、公義御法度・御国制堅可相守事、
一、御算用所物書の儀、諸算用根合しらへ等清廉に相心得、執筆等入念、御用向不滞様に可取計候、人の頼によつて私の取計不可仕候、惣して役頭の指図、根取の申談等違背すへからす、尤存寄の趣有之ハ根取へ可申達候、及再三信用無之候ハヽ、役頭へ相達、是又信用無之候ハヽ、御奉行所佐弐役へ可相達事、
一、惣して御用筋の儀、親子兄弟たり共、堅不可露洩事、
一、筆算ハ職分の事に付、無怠慢可相励事、
一、万事倹約を守り、油滑懦弱の風俗無之様に可相心得事、
右条々堅可相守者也、

御奉行中　連判
　副役共ニ
御算用所
　物書中

(47)
惣銀所物書
条々
一、公義御法度・御国制堅可相守事、
一、諸渡り方・切手しらへ・根合算用等清廉に取計、執筆入念、御用向不滞様に可相心得候、惣而役頭及ひ根取の差図不可違背、尤存寄の儀有之ハ根取江申達、及再三信用無之候ハヽ、役頭へ可相達候、役頭信用無之候ハヽ、其段御奉行所佐弐役へ可相達事、
　附、人の頼によつて私の取計不可致、勿論御用筋の儀、親子兄弟たり共、堅不可露洩事、
一、相対の借物筋に付取立方、縦令無余儀頼有之候とも、取持ヶ間敷事仕間布事、
一、筆算ハ職分の事に付、無怠慢可相励事、
一、万事倹約を守り、油滑懦弱の風俗無之様に可相心得事、
右条々堅可相守者也、

御奉行中　連判
　副役共ニ
惣銀所
　物書中

(48)
御切米所物書
条々
一、公義御法度・御国制堅可相守事、

一、御給扶持幷寺社、其外造作料等の諸渡方・切手しらへ・根合算用等清廉に相心得、執筆念を入、御用向無遅滞様に可取計候、人の頼によつて私の取計すへからさる事、

附、御用筋の儀、親子兄弟たり共、堅不可露洩事、

一、惣して御用筋に付、役頭及ひ根取の差図違背すへからす、尤存寄の趣有之ハ根取へ可申達候、及再三信用無之候ハヽ、其段役頭へ相達、役頭信用無之候ハヽ、御奉行所佐弐役へ可相達事、

一、筆算ハ職分の事に付、無怠慢可相励事、

一、相対の借物筋に付取立方、縦令無余儀頼有之候とも、取持ヶ間敷儀仕間敷事、

一、万事倹約を守り、油滑懦弱の風俗無之様に可相心得事、

右条々堅可相守者也、

御奉行中 連判 副役共ニ

御切米所 物書中

(49)

御普請御作事所役人

条々

一、公義御法度・御国制堅可相守事、

一、御普請御作事方附属の諸役人請持〳〵の勤務、無怠慢清廉に取計、役頭及ひ根取役の指図違背すへからす、勿論御用筋の儀、親子兄弟たり共、堅く露洩すへからさる事、

一、物書

一、御城内外御作事所会所詰役人

一、積所役人

一、御米銀方役人

一、御畳方役人 張付方兼帯

一、材木方役人

一、縄釘方役人

一、石方役人

一、杣支配役

一、穴生

右分職の取計ひ夫々念を入、御作事料米銀差引ハ言に及ハす、精密に相心得、竹木諸品等御費に不相成様に可取計候、惣して存寄の儀有之ハ根取へ申達、及再三信用無之候ハヽ、役頭へ可申達候、尤時宜に応し、御奉行所佐弐役へ可相達事、

一、出在の節ハ諸事相慎、耕作は言に及ハす、一切在中の障りに不成様に相心得、在宿費用の儀等無之様に可相心得事、

一、御手職人・町在職人に至る迄、夫々の仕ひ方厳密に令沙汰、依怙贔屓すへからさる事、

一、万事倹約を守り、油滑懦弱の風俗無之様に可相心得事、

右条々堅可相守者也、

御奉行中 連判 副役共ニ

御普請御作事所 諸役人中

(50)

御音信所役人

条々

一、公義御法度・御国制堅可相守事、

一、御音信所役人ハ

御進上物を初め、一切の御音物仕出に預り候事ニ付、夫々の職分を守り、精密に心を用ひ、諸事無滞可取計候、惣して役頭の指図、根取申談等違背すへからす、御用向親疎を以、私の義堅不可致事、
一、御用筋の儀、親子兄弟たり共、堅不可露洩事、
一、御音物の諸品、御用達より相払候節、其品の精粗、根取・御横目立合相改、納り方に不相成分ハ、猶又委く吟味のうへ差返すへく候、出納の節は御横目立合、廉直に可取計事、
一、万事倹約を守り、油滑懦弱の風俗無之様に可相心得事、
右条々堅可相守者也、

御奉行中　連判
副役共ニ

御音信所
役人中

(51)

御郡横目

条々

一、公義御法度・御国制堅可相守事、
一、御郡横目の儀、郡中御吟味筋に付てハ総て被指出事ニ付、田畑・山川・地理・水理・牛馬・船橋・井樋塘等の儀は申に及す、下方の煩費に相成候儀ハ不閣、御郡頭又ハ御郡間根取へ可申達事、
一、愛憎によつて私意を加、或は無事を好て斟酌を不用、見聞の趣有体に相達、毛頭偏頗の儀於有之ハ可為曲事、勿論御奉行より相尋候儀ハ無隠蔵、真直に可相達事、
一、出在の節ハ其御用ハ申に及す、惣して利害に心を付、可相達筋は早速〱可相達候、在中於宿々、其所の煩費に不相成様に覚悟可仕事、
一、御用筋の儀、雖為親子兄弟、一切露洩不可仕事、
一、上内検・御惣庄屋・井樋支配役・地内検・惣塘支配役、人別勤方の可否・功過・曲直等、精密に見聞し、毎年六月朔日より明年五月晦日迄の様子、書付封印を以、六月中御郡方御奉行へ可相達候、尤其内難見合置事ハ臨時に可相達候、惣して在方に係り候御役人、於在中抜群の善悪有之ハ、御郡頭又者御郡方御奉行江可相達事、
一、謹慎を主とし、倹約を守り、油滑懦弱の風俗無之様に可相心得事、
右条々堅可相守者也、

御奉行中　連判
副役共ニ

御郡横目中

（貼紙）「御郡間被指止候付、右張紙添削之通したゝめ直、相渡候事、
寛政九年十二月」

(52)

類族方役人

条々

一、公義御法度・御国制堅可相守事、
一、類族の儀付て、
公義江御届しらへの儀、念を入、違却無之様に相心得、記録可為明白事、
一、諸事御奉行差図違背無之、根取へ申談儀は不可有隔意、的当の存寄及再三信用不仕候ハヽ、其段類族方御奉行江可相達事、
一、御用筋の儀、雖為親子兄弟、一切露洩不可仕事、
一、倹約を守り、油滑懦弱の風俗無之様に可相心得事、
右条々堅可相守者也、

御奉行中　連判
副役共ニ

類族方
御役人中

(53)
御天守方役人
条々
一、公義御法度・御国制堅可相守事、
一、御天守方附属の諸役人請持〱の勤稜、無怠慢精密ニ心を用ひ、役頭及ひ根取の指図違背すへからす、御城内の儀は不及言、御用向等、親子兄弟たり共、堅露洩不可仕事、
一、御具足支配役
一、御鉄炮支配役
一、塩硝支配役
一、御弓張起役
一、御細工人
一、御城内掃除支配役
一、御天守方物書
右分職夫々念を入れ、怠慢すへからす、尤細工職の儀は、平日別して心かけ厚く習熟いたし、御修覆物等間断なく取計ひ、御費の儀無之様に可相心得候、惣して存寄の儀有之ハ根取へ可申達候、及再三信用不仕候ハヽ、役頭へ直に可相達事、
一、万事倹約を守り、風俗猥に無之様に可相心得事、
右条々堅可相守者也、
御奉行中　連判
副役共ニ
御天守方分司
諸役人中

(54)
御料理人
条々
一、公義御法度・御国制堅可相守事、
一、御料理人の儀、御食物を仕立、至て大切の役方ニ付、精密に心を用ひ、諸品清浄に仕立、聊も麁末の儀無之様に可相心得事、
一、惣して御台所頭・御料理頭差図違背すへからす、御料理方伝来の故実心かけ、初心の輩には古役より申談、精勤すへき事、
一、存寄の事ハ筋々ニ申達、若其旨信用無之候ハヽ、御目附御横目へ可申達事、
一、万事倹約を守り、油滑懦弱の風俗無之様に可相心得事、
右条々堅可相守者也、
御奉行中　連判
副役共ニ
御料理人中

(55)
条々
一、公義御法度・御国制堅可相守事、
一、御台所御賄方江請込候米穀・金銀銭、其外諸色請払、清廉に心を用、御費之儀無之様、正直ニ取計可申事、
一、惣して御用筋之儀、親二兄弟たり共、堅洩申間敷事、
一、御用之諸色入念、御用達之者より相納候諸品之精粗、委く相改可申候、惣而請取渡出シ入之節ハ、御横目立合、明白ニ可取計候、存寄之節有之ハ根取江申談、的当之事及再三信用せすんハ、役頭又ハ御目附江可相達事、
一、万事倹約を守り、油滑懦弱の風俗無之様に可相心得事、

右条々堅可相守者也、

御奉行中　連判　副役共ニ

御台所　御賄役中

⑹ 御台所分司役人

条々

一、公義御法度・御国制堅可相守事、

一、御菓子方

一、御酒方

一、御椀方　御皿方兼帯

一、御道具方

右分職ハ被　召上物或は御食器を預り、至て大切の勤方ニ付、いつれも清浄に取計ひ、麁末の儀無之様に可相心得候、惣して役頭の指図違背不仕、精密に心を用ひ、存寄の儀ハ役頭へ相達し、若信用於無之ハ御目附御横目に可申達事、

一、諸器物出入取扱の儀、随分念を入、手伝・荒仕子等に至まて堅可申付候、損し候品有之ハ、不閣御横目立合相改、いか様の儀にて損し候との儀、真直に可申出候、後日相知におゐてハ可為越度事、

一、万事倹約を守り、油滑懦弱の風俗無之様に可相心得事、

右条々堅可相守者也、

御奉行中　連判　副役共

御台所分司　役人中

(57) 御台所御横目

条々

一、公義御法度・御国制堅可相守事、

一、御台所ハ御大切の御食物を取扱候役所に付、各職分も至て重き事ニ候、御役人勤かたの精粗・曲直、無怠慢可有見聞事、

一、諸色出入時々立合、或は相対等も用ひ、万事明白ニ可申談事、

一、倹約に拘り、御食物麁略に不成様に心を可付候、無用の御費ハ聊の事たり共、相糺し候様に可相心得事、

一、存寄の筋ハ無隔意、御台所頭以下夫々の御役人に可申談候、若承引無之候ハヽ、受込御用人江可有直達事、

一、万事倹約を守り、油滑懦弱の風俗無之様に可相心得事、

右条々堅可相守者也、

御奉行中　連判　副役共ニ

御台所　御横目中

(58) 飛脚番小頭

条々

一、公義・御国の御法度堅可相守事、

一、飛脚番の儀、御奉行中以下申付候御用向、堅く相守、御郡間・御勘定所江呼出、達方に罷出候面々取次、無滞幷諸御用紙面等違却無之様に常々可申聞事、

一、御侍中不断被罷出事ニ付、慮外の体等無之様に相心得、且又使の者共に至る迄、不作法の取計ひ無之様に相組の者共へも時々可申聞事、

一、江戸共外へ御飛脚等にて被指越候節、遅速は其節可申渡の条、御用

文箱等随分念を入、海上は各別、陸地にて遅滞不仕様に覚悟いたし候様に兼て厳重に申渡へき事、

一、御参勤　御下国の節、御道中荷物方相勤候者共ハ、請払の儀入念、御費に成候儀も有之候ハヽ、存寄の趣無隔意可相達旨、其時々可申聞事、

一、囚人出入の儀、随分念を入、仮初にも私の儀不仕、病者等有之、薬用仕候ハヽ、煎方心を付、丁寧に可相用事、

一、江戸・京・大坂其外所々へ御物仕出の節、違却の儀無之様に入念、御家中荷物等も麁略の儀不仕様に手伝の者共へも其段可申聞事、

一、御間内にて見聞いたし候儀、雖為親子兄弟、堅漏達不仕様に相心得、相組の者共へも常々可申聞事、

一、万事倹約を守り、風俗猥に無之、分限相応に相心得候様に、相組の者共へも常々可申聞事、

右条々堅可相守者也、

御奉行中　連判
副役共ニ
飛脚番小頭

⑸⑼　河尻御蔵支配役

条々

一、公義(異筆)「御国之」。御法度・御国制堅可相守事、

一、米穀之出納入念、渡方等貴賤・親疎之差別すへからさる事、

一、御年貢納の節ハ、別而心を付、百姓(異筆)「共」。迷惑せさる様に令沙汰、米の善悪遂吟味、若御蔵入難成米ハ御横目申談、明白に相糺し、支配方に相達、可受指図候、升目・欠米・俵拵等ハ法の通りを以沙汰し、私を以聊茂法外之儀無之様に、御蔵子末々迄堅可申付事、

(剝離貼紙)「文化二年十二月十一日

一、川尻御蔵根取被指止候付、支配役之御条目朱書入之分を除、本文之稜々以前之通ニ引直、相渡候事、

一、高瀬御蔵茂右同断ニ付、河尻御蔵支配役之　御条目同文ニ改、同日相渡候事、」

一、大坂其外廻米の節、念を入、船積等無遅滞、精密に可取計事、

一、米穀の善悪・新古を以、出入の遅速を考へ、(異筆)「聊も」。御費ニ不成様心を賦り候事ハ勿論、御蔵外にてもさし米・散り米等ニ至迄、惣して穀類聊も費に不成様に末々迄稠敷可申付事、

一、(朱筆)「御蔵之儀、万事根取江申談、」。米穀の請払、清廉に相心得、限り〳〵の算用怠慢すへからす、新方・古方代り相の節、相互に明白に譲請いたし可申候、分明ならさる事を懦弱に押移、追而其段相断候とも、僉議の上申分無之におゐてハ可為越度事、

一、惣而御用筋、親子兄弟たり共、堅露洩不仕、存寄之儀有之ハ(朱筆)「先根取江遂相談、」。御勘定所根取へ可申達候、及再三信用不仕候ハヽ、其時宜に応し、御勘定頭又ハ御奉行所佐弐役へ可相達事、

一、(朱筆)「此稜省」御蔵付物書幷御蔵子共、作法宜申付、諸沙汰無怠慢可申聞事、(朱線)
附、(朱線)右之者共勤方善悪・懈怠有無、平日委く心を付、(朱線)毎年六月朔日より明年五月晦日迄之趣、書付封印を以、(朱線)六月中御奉行所佐弐役へ可相達事、

一、万事倹約を守り、油滑懦弱之風俗無之様可相心得事、

右条々堅可相守者也、

御奉行中　連判
副役共
河尻
御蔵支配役中

(朱筆)「安永八年十一月十九日

右米書入之通引直、此節改相渡候事、」

(60) 大津御蔵支配役

条々

一、公義御法度・御国制堅可相守事、

一、米穀の出納入念、渡方等貴賤・親疎の差別すへからさる事、

一、御年貢納の節ハ別而心を付、百姓共迷惑せさる様に令沙汰、米の善悪遂吟味、若御蔵入難成米ハ御横目申談、明白に相糺し、支配方に相達、可受指図候、升目・欠米等ハ法の通りを以沙汰し、私を以聊も法外の儀無之様に、御蔵子末々まて堅可申付事

一、米穀の善悪・新古を以、出入の遅速を考へ、御費に不成様心を賦り候事ハ勿論、御蔵外にてもさし米・散り米等に至る迄、惣して穀類聊も費に不成様に、末々迄稠敷可申付事、

(貼紙)「一、米穀金銀銭請払、精密に心を用ひ」
一、米穀の請払、清廉に相心得、限り／＼の算用怠慢すへからす、新方・古方代り相の節ハ、相互に明白に譲うけいたし可申候、不分明事を懦弱に押移、追而其段相断候共、僉議のうへ申分於無之ハ可為越度事、

一、惣して御用筋、親子兄弟たり共、堅露洩不仕、存寄の儀有之ハ御勘定所根取へ可申達候、及再三信用不仕候ハヽ、其時宜に応し、御勘定頭又ハ御奉行所佐弐役へ可相達事、

一、御蔵子共作法宜申付、諸沙汰無怠慢可申聞事、

附、右之者共勤方善悪・懈怠有無、平日委く心を付、毎年六月朔日より明年五月晦日迄の趣、書付封印を以、六月中御奉行所佐弐役へ可相達事、

一、万事倹約を守、油滑懦弱の風俗無之様に可相心得事、

右条々堅可相守者也、

御奉行中 連判
副役共

大津
御蔵支配役中

(61) 長崎御屋鋪詰御米銀支配役

条々

一、公義御法度・御国制堅可相守事、

一、米金銀銭請払、精密に心を用ひ、渡し方・請取方共に過不足無之様に委く相改、貴賤・親疎の差別なく、万事正直に可取計事、

一、惣而御用筋、親子兄弟たり共、堅露洩不可仕事、

一、役方ニ付存寄之筋有之ハ、紙面封印を以、御勘定所根取へ可申達候、及再三信用の返答無之候ハヽ、御奉行所佐弐役へ右同断可相達事、

一、長崎詰中、別而相慎、油滑懦弱の風俗無之様に可相心得事、

右条々堅可相守者也、

御奉行中 連判
副役共

長崎御屋敷詰
御米銀支配役中

(剥離貼紙1)「此役儀、天明二年被指止候処、猶又寛政十一年再興、坂口文助被仰付候ニ付、御条目新ニ出来、九月十一日文助呼出相渡候、

但、御奉行江戸詰者代判有之候也、」

(剥離貼紙2)「惣して渡し方・請取方共ニ過不足無之様ニ委く相改、貴賤・親疎の差別なく正直ニ可取計事、」

(62) 鶴崎御蔵支配役

条々

一、公義御法度・御国制堅可相守事、
一、米穀の出納念を入、渡方等貴賤・親疎の差別すへからさる事、
一、御年貢納の節ハ別して心を付、百姓共迷惑せさる様に令沙汰、米の善悪遂吟味、若御蔵入難成米は御横目申談、明白に相糺し、支配方に相違、可受差図候、升目・欠米等は法の通りを以沙汰し、私を以聊も法外之儀無之様に、御蔵子末々迄堅可申付事
一、米穀の善悪・新古を以、出入の遅速を考、御費に不成様に心を賦り候事ハ勿論、御蔵外にてもさし米・散り米等に至る迄、惣して穀類聊も費に不成様に、末々迄稠敷可申付事、
一、米穀の請払、清廉に相心得、*1 限り〳〵の算用怠慢すへからす、新方・古方代り相の節ハ、相互に明白に譲請いたし可申候、不分明事を懦弱に押移、追而其段相断候とも、僉議のうへ申分於無之ハ可為越度事、

*1「(貼紙)金銀銭上納有之節者廉直に心得、納候者不及迷惑様ニ取計、手伝共江茂堅可申付候、若上納方ニ麁略之事有之ハ、容易ニ不請取、御横目其外筋々江可相届事、」

一、惣して御用筋、親子兄弟たり共、堅露洩不仕、存寄之儀有之ハ御郡会所根取へ可申達候、及再三信用不仕候ハヽ、直ニ御郡代江可相達事、
一、御蔵付物書幷御蔵子共作法宜申付、*2 諸沙汰無怠慢可申聞事、
附、右之者共勤方善悪・懈怠有無、平日委く心を付、毎年六月朔日より明年五月晦日迄之趣、書付封印を以、六月中御奉行所*3 佐弐役へ可相達事、

*2「(貼紙)且、御銀所定手伝作法宜申付、諸沙汰筋無相違、正直ニ取計候様、無怠慢可申聞事、」

*3「(貼紙)万事根取へ申談、渡し方・受取方共に過不及、」

一、鶴崎詰中別而相慎、油滑懦弱の風俗無之様に可相心得事、

右条々堅可相守者也、

御奉行中　連判
副役共

鶴崎
御蔵支配役中

(63)

鶴崎御銀支配役江

条々

一、公義御法度・御国制堅可相守事、
一、金銀銭請払、精密に心を用ひ、渡し方・請取方共ニ過不足無之様ニ委く相改、貴賤・親疎の差別なく正直ニ可取計事、
一、新方・古方代り相の節ハ、相互ニ明白ニ譲請いたし可申候、不分明事を懦弱に押移り、追而其段相断候とも、僉議のうへ申分於無之ハ可為越度事、
一、惣而御用筋、親子兄弟たり共、堅露洩不可仕事、

(剝離貼紙1)「鶴崎御銀所之儀、此節御仕法被改、御蔵方一局ニ被仰付候付而、今迄相渡居候御条目、右張紙之通、認直相渡候事、
文化二年
閏八月」

(剝離貼紙2)「文化四年十月
一、右之通ニ候処、以前之通御蔵方御銀所別局ニ被仰付候ニ付、
御条目之儀、以前相渡居候通、此節認直相渡候事、
但、御奉行連名之内、白石清兵衛ハ当時江戸詰ニ付、肩書ニ江戸詰ニ付無判と出来候也、」

(剝離貼紙3)「鶴崎御銀所根取、今度新ニ被仰付候付、支配役之　御条目茂改相渡候付、奥ニ扣直シ有之候事、」

一、御銀所之儀ニ付、存寄之筋有之ハ、御郡会所根取へ可申達候、及再三信用不仕候ハヽ、直ニ御郡代江可相達事、

一、金銀銭上納有之節ハ廉直ニ心得、納候者不及迷惑様ニ取計、手伝共へも堅可申付候、若上納方ニ麁略之事有之ハ容易ニ不請取、御横目共外筋〳〵江可相届事、
一、御銀所定手伝、諸沙汰筋無相違、正直ニ取計候様、堅可申渡事、
　附、右之者共勤方善悪・懈怠有無等、平日委く心を付、毎年六月朔日より明年五月晦日迄之様子、書付封印を以、六月中御奉行所佐弐役江可相達事、
一、鶴崎詰中別而相慎、油滑懦弱之風俗無之様ニ可相心得事、
右条々堅可相守者也、

御奉行中　連判
副役共

鶴崎
御銀支配役中

(64)　小間物所根取江

条々

一、公義御法度・御国制堅可相守事、
一、小間物所諸品出納、精密に心を用ひ、万事正直に取計、聊茂御費之儀無之様に可相心得事、
一、諸品請払、其外支配役取計之儀、一切承之、御横目立合、明白に心を付、存寄之儀有之ハ御勘定所根取へ申談、及再三信用不仕候ハヽ、其段御勘定頭又ハ御奉行所佐弐役江相達へき事、
一、小間物幷表御納戸物一切、損し物有之ハ、如何様之儀にて損し候との事、又ハ損し物無之との事、三ヶ月越〳〵に帳面ニ相記、御勘定所江可相達候、若損し物集候て、三ヶ月を過相達候ハヽ、取上不申、越度たるへき事、
一、新方・古方代り相之節ハ、諸品現改を以請取渡し、明白に有之候様に申談、逐一心を付、清廉に可取計事、
一、諸切手通等、支配役印形を用候程之儀ハ都而可致印形候、万一懦弱に押移、追而不都合之儀於及露顕ハ、何ヶ年過候共、吟味之上、明白の証跡無之ハ可為越度事、
一、諸品上納有之節、其品々精粗遂吟味、納り方ニ不相成分ハ猶又委く相改可申候、惣而諸品出納之節共ニ廉直ニ取計、依怙贔屓を以、差別すへからさる事、
一、当番御横目江可申達儀ハ、夫々不洩様ニ可相心得事、
一、御用筋之儀、親子兄弟たりとも、堅く露洩不可仕事、
一、万事倹約を守、油滑懦弱の風俗無之様ニ可相心得事、
一、小間物所定手伝共、万事正直ニ相勤候様ニ時々可申聞事、
　附、右之者共勤方善悪・懈怠有無、平日心を付見聞之趣、毎年六月朔日より明年五月晦日迄之様子、書付封印を以、御奉行所佐弐役江可相達事、
右条々堅可相守者也、

御奉行中連判

小間物所
根取中
付、物書定手伝共

(65)　小間物支配役江

条々

一、公義御法度・御国制堅可相守事、
一、小間物所之儀、一切根取江申談し、諸品請払出納に至迄、精密に心を用ひ、万事正直に取計、御費之儀無之様ニ可相心得事、

一、惣して御用筋、親子兄弟たりとも、堅露洩不可仕事、
一、小間物幷表御納戸物一切、損し物有之者、如何様之儀にて損候との事、又ハ損し物無之との事、三ヶ月越〳〵に帳面に相記、御勘定所江可相達候、若損し物集り候て、三ヶ月を過相達候ハヽ、取上不申、越度たるへき事、
一、新方・古方代り相之節ハ、諸品現改を以請取渡し、明白たるへく候、若懦弱の請取渡にて押移、追而不都合之儀於及露顕者、何ヶ年過候とも、前役の精粗ともに遂吟味、明白の証跡無之輩者可為越度事、
一、惣して存寄之儀有之者根取江可申談候、及再三信用無之候ハヽ、御勘定所根取江可相達事、
一、諸品上納有之節、其品々の精粗遂吟味、納り方に不相成分ハ御横目立合、猶又委く相改可申候、惣して請取渡之節、依怙贔屓を以差別すへからす、廉直に取計へき事、
一、当番御横目江可申達儀ハ、夫々不洩様ニ可相心得事、
一、万事倹約を守り、油滑懦弱の風俗無之様に可相心得事、
右条々堅可相守者也、

御奉行中連判
副役共ニ

小間物幷表御納戸支配役中

右之両通、宝暦十一年五月朔日相渡候事、

(66) 惣塘支配役江

条々

一、公義御法度・御国制堅可相守事、
一、塘堤ハ田地養方の根本にて候条、天水・地水の土地を考へ、或ハ海を築留、水を分ち、遠所に引、其所の広狭に依り多少の水をたくはゑ(貯)、養水乏しからす、最洪水の節あやうから(危)さる様に兼々心を用ひ、見分等怠るへからさる事、
一、在中江罷出候節ハ別而謹慎を加へ、農家の妨に不相成様に心得、在役人共江対し清直に申談、下方江偏頗の沙汰不可有事、
(貼紙)「一、諸事御郡頭差図不可違背候」、塘方之儀ニ付存寄之儀有之ハ、御郡間根取江可申達候、的当の事及再三信用不仕候ハヽ、(貼紙)「御郡方御奉行又ハ」御郡頭又ハ御奉行所佐弐役江可相達事、
附、御用筋之儀、雖為親子兄弟、不可露洩事、
一、万事倹約を守り、油滑懦弱の風俗無之様に可相心得事、
右条々堅可相守者也、

御奉行中
惣塘支配之内、此節士席有之候付而、副役ハ連名不致候也、

惣塘支配役中

(剥離貼紙)「御郡間被指止候付、右張紙添削之通、認直相渡候事、
寛政九年十二月」

(67) 高瀬御蔵根取江

条々

一、公義御法度・御国制堅可相守事、
一、米穀の出納念を入、渡方等貴賤・親疎の差別すへからさる事、
一、御年貢納の節ハ別して心を付、百姓共迷惑せさる様に令沙汰、米の善悪遂吟味、若御蔵入難成米ハ御横目申談、明白に相糺、支配方に相達可受差図候、升目・欠米・俵拵等ハ法の通りを以沙汰し、私を以聊も法外之儀無之様に、御蔵子末々迄堅可申付事、
一、米穀の請払、根元を関る職分ニ付、弥以清廉に相心得、御蔵支配役

申談、御目附江申達、御横目立合、明白に可取計之、存寄の筋於有之ハ、御勘定所根取江可申達候、及再三信用不仕候ハヽ、其時宜ニ応し、御勘定頭又ハ御奉行所佐弐役江可相達事、

一、大坂其外廻米之節、念を入、船積等無遅滞、精密に可取計事、

一、米の善悪・新古を以、出入の遅速を考へ、聊も御費に不成様に心を賦り候事ハ勿論、御蔵外にてもさし米・散り米等に至迄、惣して穀類聊も御費に不成様に末々迄稠敷可申付事、

一、惣して御用筋、親子兄弟たり共、堅露洩不可仕事、

一、万事倹約を守り、油滑懦弱の風俗無之様に可相心得事、

一、御蔵付物書幷御蔵子・門番・御蔵番、正直に取計候様に申聞、右之内支配之者共へハ諸触等無相違可申聞事、

附、右之者共勤方善悪・懈怠有無、平日委く心を付、毎年六月朔日より明年五月晦日迄の趣、書付封印を以、六月中御奉行所佐弐役江可相達事、

右条々堅可相守者也、

御奉行中連判

高瀬御蔵
根取中

(68) 高瀬御蔵支配役江*

「(朱筆)文化二年十二月十一日
高瀬御蔵根取被指止候付、支配役之　御条目、川尻御蔵支配役同様ニ改相渡候事、
但、川尻御蔵支配役之御条目ハ、十五枚前ニ扣有之候也、」

*(貼紙)「川尻御蔵支配役　御条目之通可被改哉、」

一、公義御法度・御国制堅可相守事、

一、米穀の出納念を入、渡方等貴賤・親疎の差別すへからさる事、

一、御年貢納の節ハ別して心を付、百姓共迷惑せさる様に令沙汰、米の善悪遂吟味、若御蔵入難成米ハ御横目申談、明白に相糺し、支配方に相達し可受差図候、升目・欠米・俵拵等は法の通りを以沙汰し、私を以聊も法外の儀無之様に、御蔵子末々迄堅可申付事、

一、御蔵の儀、万事根取へ申談、米穀請払、清廉に相心得、御目附江申達、御横目立合、明白に可取計之、存寄の筋有之ハ先根取江相談をとけ(遂げ)、御勘定所根取江可申達候、及再三信用不仕候ハヽ、其時宜に応し、御勘定頭又ハ御奉行所佐弐役江可相達事、

一、惣して御用筋、親子兄弟たり共、堅露洩不可仕事、

一、米穀の善悪・新古を以、出入の遅速を考へ、聊も御費に不成様に心を賦り可取計事、

一、米穀の請払、清廉に相心得、限り〳〵の算用怠慢すへからす、新方・古方代り相の節、相互に明白に譲請いたし可申候、分明ならさる事を懦弱に押移、追而其段相断候とも、僉議の上、申分無之におゐてハ可為越度事、

一、万事倹約を守り、油滑懦弱の風俗無之様に可相心得事、

右条々堅可相守者也、

御奉行中　連判
副役共ニ

高瀬
御蔵支配役中

(69) 八代御蔵支配役江

条々

一、公義御法度・御国制堅可相守事、

一、米穀の出納入念、渡方等貴賤・親疎の差別すへからさる事、

一、御年貢納の節ハ別而心を付、百姓共迷惑せさる様に令沙汰、米の善悪遂吟味、若御蔵入難成米ハ御横目申談、明白に相糺し、支配方に相達可受差図候、升目・欠米・俵拵等ハ法の通りを以沙汰し、私を以聊も法外之儀無之様に、御蔵子末々迄堅可申付事、
一、大坂其外廻米の節、念を入、船積等無遅滞、精密に可取計事、
一、米穀の善悪・新古を以、出入の遅速を考へ、御費に不成様に心を賦り候事ハ勿論、御蔵外にてもさし米・散り米等に至迄、惣して穀類聊も費に不成様に末々迄稠敷可申付事、
一、米穀の請払、清廉に相心得、限り〳〵の算用怠慢すへからす、新方・古方代り相の節、相互に明白に譲請いたし可申候、分明ならさる事を懦弱に押移、追而其段相断候とも、僉議の上、申分無之におゐてハ可為越度事、
一、惣而御用筋、親子兄弟たり共、堅露洩不仕、存寄之儀有之ハ御勘定所根取江可申達候、及再三信用不仕候ハヽ、其時宜に応し、御勘定頭又ハ御奉行所佐弐役江可相達事、
一、御蔵付物書幷御蔵子共、正直に取計候様ニ申付、諸沙汰無怠慢可申聞事、
附、右之者共勤方善悪・懈怠有無、平日委く心を付、毎年六月朔日より明年五月晦日迄之趣、書付封印を以、六月中御奉行所佐弐役江可相達事、
一、万事倹約を守り、油滑懦弱の風俗無之様可相心得事、
右条々堅可相守者也、

御奉行中　連判
副役共ニ

八代
御蔵支配役中

右惣塘支配已下御条目、明和元年十月相渡候事、

(70)
条々
一、公義御法度・御国制堅可相守事、
一、金銀銭請払、精密に心を用ひ、渡し方・請取方共ニ過不及無之様に委く相改、尤貴賤・親疎の差別なく、万事正直に可取計事、
一、於御銀所かけ分ヶ候銀ハ、格別に欠銀被渡下置事ニ付、渡方に少も欠銀無之様に可仕事、
一、毎年限々の御算用、無滞仕上可申事、
但、新古代り相の節、金銀銭請取渡、現改を以可為明白候、猶年々定置時節半ハ改有へく候、万一懦弱に押移、其筋於及露顕ハ、何ヶ年過候とも前役の精粗共ニ遂吟味、明白の証跡無之におゐてハ可為越度事、
一、惣して御用筋、親子兄弟たり共、堅露洩不可仕事、
一、御銀所の儀ニ付、存寄の筋有之ハ（貼紙）①「御勘定所根取江」②「小物成方根取江」御郡間根取江可相達候、及再三信用不仕候ハヽ、其段御郡頭又ハ御奉行所佐弐役江可相達事、
一、金銀銭上納の節ハ、専廉直に相心得、納候者不及迷惑様に可相慎旨、手伝共にも時々堅く可申付候、若上納方に麁略の事有之者容易ニ不請取、御目附御横目へ申談、難相決事有之ハ筋々へ可相届事、
附、御銀所当番御目附御横目へ可申達儀ハ、其節々不洩様に可相心得事、
一、御銀所付物書幷定手伝の儀、諸達筋無怠慢申聞、手伝共に至迄、万事正直に取計候様に時々堅可申渡事、
附、右之者共勤方善悪・懈怠有無、平日委く心を付、毎年六月朔日より明年五月晦日迄の趣、書付封印を以、六月中御奉行所佐弐役へ可相達事、

一、万事倹約を守り、油滑懦弱の風俗無之様に可相心得事、

＊ 右条々堅可相守者也、

御奉行中連判
副役共ニ

(貼紙)「小物成方」御郡間
御銀支配役中

明和九年十月廿五日
右者今度御郡間御銀所、各別出来被仰付候付而、右之通御条目相調、今日御銀支配役へ相渡候事、
(貼紙)「小物成方御勘定所附属被差放、別局ニ被仰付候付而、右張紙之通、認直相渡候事、
享和二年八月十九日」
＊ (貼紙)「御郡間被指止候付、右張紙書入之通、認直相渡候事、
寛政九年十二月」

(71)

杣方兼帯御郡横目

条々

一、公義御法度・御国制堅可相守事、

一、各ハ曲直見聞の職分たるの条、最謹慎を加へ、私の愛憎を以、依怙偏頗等聊有間敷事、

一、杣方の儀ハ、深山遠境をかけ、場所広き勤方に候条、平日別して意を用ひ、聊の事たりとも、心付候儀ハ御郡頭又ハ御郡間根取へ可申達候、事により分職御奉行にも可相達事、

一、杣方役人以下手伝に至迄、人別勤方の可否、委く見聞し、毎年六月朔日より明年五月晦日迄の趣、書付封印を以、六月中御奉行へ可相達候、且杣取山出・川下船運賃・米銀受払等に印形を用ひ、扱り方善悪をも心を付見聞いたし、其内難見合置儀ハ臨時にも可相達事、

但、事ニより御郡頭へ可相達儀ハ、其通可相心得事、

一、万事倹約を守り、猥成風俗無之様に相心得可申候、惣して御用筋の儀、雖為親子兄弟、一切露洩不可仕事、

右条々堅可相守者也、

御奉行中連判
江戸詰副役共

杣方兼帯
御郡横目

(72)

杣方役人

条々

一、公義御法度・御国制堅可相守事、

一、杣方ハ深山遠境をかけ、場所広き勤方に候条、微細に行届候様に別して意を用ひ、最可為清廉候、若存寄の儀有之ハ、御郡間根取へ申達、及再三理否難決儀有之候ハヽ、御郡頭へ可相達事、

附、杣方付物書幷人仕定手伝に至迄、勤方の善悪・懈怠有無、平日委く心を付、毎年六月朔日より明年五月晦日迄の趣、書付封印を以、六月中御奉行所佐弐役へ可相達事、

＊一、出在の節、民間の妨にならさる様に相心得、滞留の間随分相慎、一手の者共扱り方の儀不断申聞、怠慢有へからさる事、

＊ (貼紙)「御郡間被指止候付、右張紙書入之通、認直相渡候事、
寛政九年十二月」

一、請込御用怠りなく相しらへ、総而内証頼の材木、私に堅く不可取成、勿論何品によらす、聊の受払たり共、御横目印形可取置事、

一、万事倹約を守り、猥成風俗無之様に可相心得候、総而御用筋、雖為親子兄弟、一切露洩不可仕事、

右条々堅可相守者也、

御奉行中連判
江戸詰副役共

杣方
役人中

右二通、安永二年八月新出来、相渡候事、
但、杣方此節御郡間附属ニ被仰付候也、

（中略）

(73)
条々

一、公義御法度・御国制堅可相守事、
一、寺社方・町方御役人中幷廻り役共之取計、曲直之事、
附、賄賂ヶ間敷儀、受納有之哉否之事、
一、別当・丁頭共勤之厚薄、依怙贔屓之事、
一、寺社・町之風俗善悪之事、
附、御制度之衣服相守候哉、且諸商売廉直ニ致出精候哉事、
一、鰥寡孤独之者幷飢寒之者之事、
右之稜々平日委致見聞、無用捨日々見聞之趣、書付を以可相達、急成儀者臨時〳〵ニ可申達候、尤根取幷御吟味役之儀者、分職御奉行江直達有之、其余之事者、根取亦者御吟味役江申達、信用於無之者可有直達事、
一、立合見聞之儀者、猶以委廉直ニ可為見聞事、
一、存寄之儀有之者、無遠慮可申達事、
一、各は曲直見聞の職分たるの条、最謹慎を加、勿論依怙贔屓なく、且倹約を守、懦弱之風俗無之様、覚悟可有之事、
右条々堅可相守者也、

御奉行中副役共
連判
但、江戸詰共

寺社方町方
御横目衆中

右御役新ニ被　仰付候付而、右之通御条目出来、相渡候事、
寛政三年六月十七日

(74)
御郡方請込根取
条々

一、公義御法度・御国制堅可相守事、
一、御奉行所者依為御政事大小之淵藪、各勤方者諸役人の表式に候条、清白を主とし、謹慎を可加事、
一、御郡政の処置ハ、御奉行の主張たりといへとも、規格を本とし、時宜を計り、得失を考、煩費を省き、諸達筋無遅滞可取計事、
一、御郡方の儀、地方・免方者不及申、塘方・井樋方・山方等、夫々の職掌を括統し、生民御国用の根源に候へハ、毫厘之可否によつて広大の利害を生し候条、精密に心を用、物書其外附属之諸役人、清廉を主とし候様に可有抑揚事、
一、記録無怠慢、若失誤等於有之ハ、無隠蔵御奉行江直達すへし、尤事の軽重に応し佐弐役へも可申談事、
一、附属の諸役人より申遣候事、其外一切訴訟等速に相達し、下情塞らさる様に可心得事、
一、雖為瑣砕之事、人の頼によつて私の取次等堅不可致事、
一、存寄の儀有之ハ、無隔意佐弐役江申談、的当の事及再三信用無之候ハヽ、其旨御奉行江相達可受差図事、
一、万事倹約を守り、油滑懦弱の風俗無之様に相心得、支配の輩へも

時々可申聞事、
一、物書新古の無差別、公平に申談、附属の輩諸しらへ方可為精密旨、常々心を可付事、
一、物書幷附属の諸役人、志の厚薄、勤方の可否・懈怠有無等、平日委く心を付令見聞、毎年六月朔日より明年五月晦日迄之趣、書付封印を用、六月中御奉行へ可相達事、
一、詰小姓作法宜しく、形儀正しく、丁寧ニ相心得、取次等不令留滞様に可付心事、
一、飛脚番ハ御奉行已下使役の者共ニ付、作法正しく丁寧に相心得、取次等不令遅滞様に堅可申付事、
右条々堅可相守者也、

御中老
御家老　連印
御郡方　苗字無
根取中

右御条目、寛政九年十二月廿九日相渡候事、

(75)半切紙

覚　御郡方
御物書江

各請込之儀者郡村之本源、至重之書算ニ関り、第一田畑高物成幷諸割賦、又者諸払物・開・立山等之根を取計、知行割・人畜帳・徳掛幷御代官・御山支配役諸算用ニ至迄、相しらへ候事ニ候得者、万端入念、精密ニ心を用ひ、事々麁略無之様可相心得候、勿論御用筋之儀、雖為親子兄弟、堅不漏之、尤退役之後たり共、同前ニ可被相心得候、以上

十二月　御郡方
御奉行中

右書付、寛政九年十二月廿九日相渡候事、

(76)　小物成方物書

条々

一、公義御法度・御国制堅可相守事、
一、小物成方之儀、新地・開畝物、惣して小物成・年貢米銀・諸運上・酒本手幷人馬賃銀・塩・炭・莨・馬口労札、其外日用米銀の請払等、諸事繁雑の事候条、委ク心を用《付》、清廉に可相勤候、勿論御用筋の儀、雖為親子兄弟、堅不漏之、尤退役の後たりとも、同前に可相心得事、
一、存寄の儀於有之は根取江申達、的当の事及再三信用不仕候ハヽ、御奉行所佐弐役江可相達事、
一、筆算習練の事ハ職分の事候間、弥怠慢すへからさる事、
一、万事倹約を守り、油滑懦弱の風俗無之様に可相心得事、
右条々堅可相守者也、

御奉行中連判
副役共
小物成方
物書中

享和二年八月十九日
右者小物成方を御勘定所附属被引離、別局被
仰付候ニ付、新ニ出来相渡候事、

(77)半切紙

覚　諸間詰
御横目江

一、御勝手方御横目之儀者、御費ニ相成候筋者不及申、万端御勝手向之利害ニかゝり候儀、委く見聞いたし、聊茂存寄之儀有之者、軽重によ*

つて御奉行又者佐弐役幷御奉行所分司之根取江申達筈候、総而見聞之
趣、万一依怙贔屓於有之者可為曲事之条、真直ニ相達へき事、
＊「(貼紙)鶴崎御作事所御目附付御横目之
御条目之趣を、本文之振ニ半切書付ニいたし、八代・川尻定詰之御横目ニ御
渡ニ相成候而ハ如何、」
一、諸間詰御横目之儀、諸間詰御吟味役副助たるの間、諸事差図を受、
明白に取計ふへく候、存寄之儀者無隔意申談、的当之事及再三信用於
無之者、分職御奉行或ハ佐弐役江可相達事、
右之通可相心得候、以上
　文化三年
　　三月　　　　御奉行中
三月廿八日
右者御勝手方付所々御横目之儀、諸間詰御横目兼帯被　仰付候付而
出来、相渡候事、

(78)
御側御用生蠟〆所御横目
条々
一、公義御法度・御国制堅可相守事、
一、蠟〆所ハ金銀米銭等専取扱候事ニ付、出納の節立合見聞し、諸帳面
等印形を用、取計の精粗心を付、〆り方宜可申談候、存寄の儀有之ハ
御役人申談、信用無之候ハヽ、懸り御用人江可相達事、
一、御役人以下勤方の可否、人物の曲直、人別志の厚薄等、委く見聞し、
毎年六月朔日より明年五月晦日迄之趣、書付封印を以、六月中御近習
御次支配頭江可相達事、
一、御内密の御用向ハ不及申、惣して御用筋一切堅露洩不可仕事、
一、御用承候者共より振廻・音物等、堅受申間敷事、
一、倹約を守り、油滑懦弱の風俗無之様に可相心得事、
右条々堅可相守者也、
　　　　御奉行中連判
　　　　　副役共
御側御用生蠟〆所
　御横目

(79)
御側御用生蠟〆所御役人
条々
一、公義御法度・御国制堅可相守事、
一、蠟〆所ハ、金銀米銭の取扱専有之事候条、謹慎を主とし、請払等厳
重に相心得、万事清廉に可相勤事、
一、存寄の儀於有之ハ上役へ申達、的当之事及再三信用無之候ハヽ、懸
り御用人江可相達事、
一、御内密の御用向ハ不及申、惣して御用筋之儀、親子兄弟たり共、堅
露洩不可仕事、
一、櫨・楮等仕立方、無怠慢心懸、尤耕作・山川之害に不成様に心を可
用事、
一、出在の節相慎、在中の煩費に不成様に可相心得事、
一、御用承候者共より振廻・音物等、堅受申間敷事、
一、倹約を守り、油滑懦弱の風俗無之様に可相心得事、
右条々堅可相守者也、
　　　　御奉行中連判
　　　　　副役共
御側御用生蠟〆所
　御役人
文化四年十月廿三日

右二通出来、相渡候事、

(80)

条々

(朱筆)「小奉書紙　上包並杉原」

一、公義御法度幷御国之法度堅可相守事、

一、御献上御苔製法取扱之儀、勿論麁略等無之様、精々入念可申事、

一、御苔場之様子言上、其外存寄之儀茂有之節ハ、御音信方御用人江直ニ相達可申候、尤右御用人差図違背致間敷事、

一、苔師共熟和ニ申談候様相示し、且不正之筋等無之様、心を用可申事、

一、御苔出来ニ相障不申儀者、成たけ御省略筋精々心を用可申事、

一、於出在向別而相慎、馳走ヶ間敷儀者勿論、在中之煩費ニ不相成様相心得、且被渡下在夫之外、所之者等召仕申間敷事、

一、倹約を守り、油滑懦弱之風俗無之様可相心得事、

右条々堅可相守者也、

(朱筆)「江戸詰御奉行ハ、肩書ニ江戸詰ニ付無判と出来」

御奉行中連判

副役共

(朱筆)「此通二行ニ出来」

水前寺御苔場見〆

苔拵方一式惣請込役

(81)

(朱筆)「中折半切ニ出来」

冄書

水前寺御苔場見〆

覚

苔拵方一式惣請込役

一、御苔場釣漁等御制禁、弥以猥ヶ間敷儀無之様相心得、若心得違之輩茂有之節者姓名承届、書付封印を以、相達可申事、

一、蒲葭・藻浮草等、苔之障ニ相成候付、蒲葭者年々剪方有之、藻浮草等者折々取除せ可申候、其節々夫仕等心得違無之様、精々入念可申事、

附、私之存寄を以、手入等有之間敷、若手入無之、難叶節者、御音信方御用人江相伺、受差図可申候、

一、大魚小魚共ニ苔之害ニ相成候ニ付、御用ニ執方之節者立合可申事、

一、諸鳥是又苔之害ニ成候ニ付、傍に御横目立合、鳥除方可取計事、

右之通可相心得候、以上

文化五年

四月

右

文化五年四月十五日

御条目幷半切之覚書共出来、相渡候事、

（中略）

(82)

御内意之覚

(浜町屋敷)浜町御銀方根取幷御役人江是迄御条目無御座候、同所之儀御分料金・御裏受込金・諸品々等取扱候儀ニ御座候而、御屋形之御所帯向ニ相係り、且右之内ニ者御側御銀方懸茂有之、是迄平日之取扱筋、勿論不圭角之儀者無御座候得共、御役間次第ニ者御役人江茂　御条目被為渡置候哉ニ奉承知候、御銀方之儀右之通御座候間、此節根取幷御役人江　御条目被渡下候様有御座度奉存候、此段宜被成御達可被下候、以上、

三月

浜町

御勘定役

(83)

口上之覚

浜町御銀方根取幷御役人江

御条目被渡下候様有御座度趣、御内意御達仕候処、右役々之勤稜委敷

分兼候間、稜々書付を以相達可申旨承知仕、則別紙稜々書付一通御達
仕候、尤御銀方・御近習方併局ニ而、根取御役人勤方差別無御座候、
此段宜被成御達可被下候、以上、

五月　　浜町
　　　　　御勘定役

(84)　覚

一、御分料金・
耇姫様(細川斉茲女)御用金・御裏受込金出納仕候事、
　但、本文稜々出納之節、御勘定役・御銀方御目附御横目・根取・
　御役人立合、封印相用、毎年十月踏出、翌九月迄を一切にして御
　算用仕候事、
一、所々
　御出之節、御供之御役人御用心金銭持参仕候、且平常ニ而夕方、
　或者夜中急成節之御備として、御役人当番手許ニ金銭預居候事、
一、御側御銀方懸之者者、右御銀出入取扱申候事、
一、御屋形中諸品(間)御用之金銀銭、諸品々炭薪等ニ至迄、御銀方より相渡
申候間、各(右)請払并御買上之儀共取計申候事、
一、御側御道具類并
御方々様・諸侯方　御贈答之諸御器物等取扱申候事、
一、御茶道(所)方諸出方筋者、御本方御茶道方受ニ御座候処、文化八年十月
御銀方引受ニ被　仰付候、以後同所ニ而取扱申候事、
一、(此稜江戸計)御屋形中諸間御用之蠟燭、御本方より相渡可申場を御銀方江引受被
仰付置候間、右出納仕候事、
一、(右同)御召舟・御次通御舟之御鳥方預ニ而、御銀方江上聞被　仰付置候間、
平日之見繕、且新造・御修覆之儀共取扱申候事、

一、(右同)水前寺蠟〆所より積登申候生蠟、江戸廻着水揚之節、目方改として
御横目立合、出役仕候事、
一、従蠟〆所江戸江運送之生蠟高と大津屋喜右衛門売捌之員数、一ヶ年
〱御算用仕候事、
右之通御座候事、
　以上、
　五月

御奉行中・奥物巡覧　僉議
浜町御銀方根取并御役人江是迄
　御条目無御座候間、此節被渡下候様有御座度、同所御勘定役よ
　り相達シに付、別紙草稿之通
御条目被渡置ニ而茂可有御座哉と取しらへ、奉伺候事、

(85)「御物書執筆」(朱筆)
　中奉書紙認　　「上包並杉原」(朱筆)　　「浜町御銀方
　　　　　　　　　　　　　　　　　　　　根取と出来」(朱筆)
　　条々　　　　「年号付」(朱筆)
一、公義御法度・御国制堅可相守事、
一、浜町様(細川斉茲)御奉養之筋、最可入念事、
一、御銀方根取之儀者御用金出納ニ関る事に付、清廉を主とし、御側御
道具類取扱并受込之諸式・御修覆・諸品(請)払等、精密ニ心を付、御費之
儀無之様、御分料金月限御算用等、正直ニ取計、万事無隔意役頭江相
達し、的当之事及再三信用無之ニおゐてハ、御目附江可相達事、
一、惣して御用筋、親子兄弟たり共、堅露洩不可仕事、
一、万事倹約を守り、油滑懦弱之風俗無之様可相心得事、
右条々堅可相守者也、
　　　　　　　　　　　御奉行中

連判
浜町 此肩書一行ニ出来
御銀方
根取
（中略）

(86)「（朱筆）今迄ハ櫨方ニ産物方有之、誓詞前書ニて相済居候処、近年御勘定所へ併局ニ相成、今度木庭繁三郎御勘定所産物方根取と被仰付候付、御条目出来、被渡置候方可然との事ニ付、此通出来いたし、尚□□聞ニ行被相渡、堅メ被仰付候事、」

条々

一、公義御法度・御国制堅可相守事、
一、産物方根取之儀、正路を主とし、御国産仕立之儀、厚心を用相倡ひ、専御国益之筋を心懸、御銀請払・大坂為替等、清廉ニ相心得、同所物書江茂不断心を付可致示談候、将又他所産物改方之儀、聊不扌メ之儀無之様、精々可申談事、
一、上方幷諸国より罷越候御免之商人共、御国禁之品者勿論、其外華美之品者持込不申様、兼而厳敷被仰付置候通、弥以相弛不申様可相心得事、
一、御国益を専ニいたすといへとも、諸商人と利を争ひ候様之儀有之間敷、且一統諸品買物等之不便利ニ不相成様可相心得事、
一、産物ニ懸り自他町人、其外御用承候者共江私之申談不仕、振舞・音物等堅請申間敷事、
附、若出在いたし候儀も有之節ハ、町在之煩費ニ不相成様ニ相心得、且又振舞・音物等堅受申間敷事、
一、惣して御用筋之儀ニ付、役頭差図違背すへからす、存寄之趣於有之ハ、役頭江可申達候、及再三役頭信用無之候ハヽ、其段直ニ御勘定方御奉行江可相達候、勿論御用筋之儀、親子兄弟たりとも、聊露洩仕へからさる事、
一、根取之儀ハ一手之表準ニ相成事ニ候得者、別而相慎、倹約を守、油滑懦弱之風俗無之様ニ相心得、物書江茂時々可申聞事、
右条々堅可相守者也、
御奉行中連判
御勘定所
産物方根取

(87)「（朱筆）今迄ハ所々御横目之内より引除詰被仰付置候処、今度役名被改候付、此通新規出来之事、」

条々

一、公義御法度・御国制堅可相守事、
一、平準方産物方御横目之儀、御米銀請払等を始、其外諸色出納之節立合、印形等聊不扌メ之筋無之様相心得、御国産仕立之儀、委意を用見聞し、他所産物改方精々〔可〕入念事、
一、産物方之儀、御国益を専ニいたすといへとも、諸商人と利を争ひ候様之儀有之間敷、且一統諸品買物之不便利ニ不相成様ニ可有之事ニ候条、此〔右〕等之境ニ意を用可致見聞事、
一、総而見聞之趣、有体ニ相達すへし、若偏頗之儀於有之者可為曲事、勿論御奉行より△（異筆）「相尋候得ハ、」無隠蔵ｏ（異筆）「真」直ニ可相達事、
一、出在諸立合等ニ而出役之節者、其御用者申ニ及す、惣して利害ニ心を付見聞し、向々ニおいて其所之煩費ニ不相成様覚悟可仕事、
附、御用承候者共より振舞・音物等、堅受申間敷事、
一、平準方産物方根取之儀、物書幷懸り御銀支配役等、人別勤方之可否・功過・曲直、精密ニ見聞し、毎年六月朔日より明年五月晦日迄之

様子、書付封印を以、六月中御奉行江可相達候、尤其内難見合置事者臨時ニ可相達事、

一、各者曲直見聞之職分たる之条、最謹慎を加、倹約を守、油滑懦弱之風俗無之様ニ覚悟いたし、総而御用筋之儀、親子兄弟たり共、堅露洩仕間敷事、

右条々堅可相守者也、

江戸詰茂連名ニ加、肩ニ江戸詰ニ付無判と出来之事

御奉行中連名判

副役共

平準方産物方

御横目中

天保十二年閏正月

右　御条目今度新タニ出来、相渡事、

（後略）

12　草稿（抄）

（表紙）「（朱筆）巳十二印

御郡間根取○

同所物書○

惣塘支配役○

井樋支配役○

御山支配役○　草稿

（上地）内検役○

一領一疋

地侍

芦北御郡筒　」

(1)

御山支配役

条々

一、公義――、

一、山方之儀、山藪・竹木之仕立方常々委ク心を付、繁キ所ハ切透シ、宜キ材木生立候様可懸心候、惣而諸木植立宜キ所柄有之候ハヽ、不閣相応之苗を植付、荒方ニ不相成様ニ可仕事、

一、御山方之儀を申立ニ仕、農家之妨ニ成候儀等仕間敷事（異筆）「不仕、在役人共ニ対し清直ニ申談し、下方へ偏頗の不可有沙汰事、」

一、御郡間及御郡代之指図不可違背候、御山之義付而存寄之儀於有之ハ御郡代江相達、的当之事及再三信用無之候ハヽ、御郡頭又ハ御奉行所佐弐役へ可相達事、

附、御用筋之儀、雖為親子兄弟、不可露洩事、

一、万事倹約を守、油滑懦弱之風俗無之様可相心得事、

右条々堅可被相守者也、

右同（御奉行中　連印）

何郡

御山支配役中

（中略）

(2)一領一疋已下之御条目存寄無之候、相渡候事ハ御惣庄や一同ニ有之度候、

＊　一領一疋銘々へ

条々

一、公義御法度幷御国制可相守事、

一、一領一疋ハ不虞之御備ニ被立置、被召仕様ハ事ニ臨而可令指図候、第一鉄炮相嗜、武芸等平日不可怠慢事、

一、御郡代より沙汰有之候御郡中御用、無懈怠可相勤事、

一、村居致耕作事ニ候へハ、年貢幷出米銀・人馬役等、引高之多少ハ御郡代申付ニ応可相勤事、

一、万事淳なる風俗を不失、父母ニ致孝行、其外之諸親類ニ睦敷、一村之鑑ニ茂相成候様可懸心事、

右条々堅可相守者也、

御奉行中　連印

何郡何村

一領一疋

*「（貼紙）此ヶ条より奥ノ分ハ、清書上而可相調候事、」

(3)

地侍銘々江

条々

一、公義幷御自分之御法度可相守事、

一、地侍ハ不虞之御備ニ被立置、被召仕様ハ事ニ臨而可指図候、第一鉄炮修行不可怠慢事、

一、御郡代より沙汰――、

一、村居――、

一、万事淳なる――、

右条々堅可相守者也、

御奉行中　片名字連印

何郡何村

地侍

(4)

芦北御郡筒

条々

一、公義幷御自分之御法度可相守事、

一、御郡筒ハ専鉄炮之御備ニ被立置候条、打方之稽古可心懸候、被召仕様ハ事ニ臨而御差図可有之事、

一、御用向之儀差図不可背事、

一、御年貢幷出米銀・人馬役等、引高之多少ニ応シ、百姓並ニ可勤事、

一、万事淳なる風俗を不失、父母ニ致孝行、其外之諸親類ニ睦敷、一村之鑑ニ茂相成候様ニ可懸心事、

芦北

御郡代　連印

芦北郡何手永

御郡筒中

13　米田是豪盟文

「（端裏上書）十三印　百七十三番　長岡監物　」

盟文

御条目御書附之趣、堅奉守之、勿論被　仰付之外者、雖為親子兄弟、聊露洩不可仕事、

天神在上地祇下照鑑甚明、有違則神明殛之、誠惶誠恐、頓首再拝謹言、

文久二年十一月十一日　（米田是豪）長岡監物（花押）

解説編

近世中後期熊本藩の職制機構と服務規程

今村直樹

はじめに

本書は、近世中後期の熊本藩役職に関わる史料集として、職制機構図および服務規程一三点を収録したものである。前者の史料名は「職制」、後者のそれは「条目」と呼ばれる。

熊本大学寄託の永青文庫細川家資料（以下、「永青文庫資料」と略記）には、「藩侯の史資料（家伝の史資料）」のみならず、他の大名家資料の多くでは失われた「藩庁の史料（藩政史料）」が例外的に伝来している。そのため、番方（軍事組織）・役方（政治・家政組織）から構成される藩（大名家）の役職関係の史料を、近世初期から幕末期まで確認することができる。このような稀有な資料群から、本書ではとくに近世中後期の職制機構図および服務規程を取り上げるが、そこには日本近世史研究の現状に関わる以下の二つの理由がある。

一点目は、ここ約二〇年間のいわゆる藩（大名家）研究の現状と課題である。藩研究はかつて一九六〇年代などにも盛行をみたが、近年のそれは、国外である江戸や大坂、あるいは非領主身分である地域社会や社会集団までも藩の構成要素と捉え、その総合的な把握を目指している。(1) 二〇〇〇年代以降、岡山藩・尾張藩・松代藩・熊本藩・加賀藩などを対象とした共同研究の成果が相次いで発表され、その活発な研究状況は現在も継続している。

しかし、各藩を事例とした個別具体的な成果が蓄積される一方、藩の総合的な把握に繋がる職制機構の研究は、一部の成果を除けば、現在は低調と言わざるをえない。(2) 藩政を動かした実務役人層に注目する必要性も提起されたが、(3) 職制機構全体の追究には至っていない。もちろん、この問題は史料的制約による部分も大きい。本書では、永青文庫資料から熊本藩の職制機構および職務内容の全体像の提示に努めるが、それは「藩とは何か」という根源的な問いを考えるに際し、この作業が極めて有用だと判断したからである。

二点目は、熊本藩の宝暦改革や近世日本の官僚制をめぐる研究との関係である。十八世紀半ばに細川重賢が主導した宝暦の改革は、彼の生前から「明君録」等の書物を介して列島各地に広められた。[4] 専門研究も、明治期以来の豊かな蓄積をもつ。近年の研究では、江戸幕府や他藩の藩政改革に及ぼした影響力に注目が集まっている。[5] しかし、改革の過程で、「条目」という服務規程が制定された事実はあまり知られていない。これは藩のほぼ全役職を対象としたものであり、非常に貴重なものと考えられる。

周知のとおり服務規程とは、仕事に服務する者が守るべき事柄を定めた規則で、近代的な官僚制を支える重要な要素である。[6] 従来の日本近世史研究では、江戸幕府や藩における武士官僚制の形成やその特質が論じられてきた。[7] しかし、具体的な服務規程に着目した研究は非常に少ない。[8] 十八世紀半ば以降の藩役職における服務規程を具体的に示すことは、日本近世史研究はもちろん、官僚制をめぐる他の学問分野にとっても有用なものとなろう。

以上の問題意識のもと、この解説では、永青文庫資料における熊本藩役職関係史料を概観し、その上で収録史料の性格を示す。次いで、当該史料が作成された背景および史料自体から抽出可能な情報について、それぞれ検討する。

一　熊本藩役職関係史料と本書収録史料

1　熊本藩役職関係史料の概観

二〇一五年、熊本大学文学部附属永青文庫研究センターは、六年間の調査研究事業の成果として、約五万八〇〇〇点もの永青文庫資料の総目録を完成させた。[9] 同目録の解説によると、資料群の構成は表1のように示される。このうち、熊本藩役職関係史料は主に「3　藩政関係史料群」に伝来する。このカテゴリーは前述した「藩庁の史料」の中核部分であり、じつに永青文庫資料の過半を占める。この膨大な藩政史料から、藩役職の全容をうかがいえる注目すべき史料を取り上げてみよう。[10]

宝暦の改革によって熊本藩では、中央政庁たる奉行所の権限が強化され、各部局による職務分掌が進んだ。十九世紀初頭の奉行所は、機密間（総務部局）・郡方（地方行政部局）・選挙方（人事部局）・刑法方（刑事法制部局）などの一四部局から構成されていたが、当時の各部局の役員数および職務の概要を示したものが「官職制度考」である。[11] これは、文化八年（一八一一）に奉行所根取の垣塚文兵衛が編纂したもので、番方を含む奉行所以外の役職も網羅的に記述されている。続いて翌九年には、大奉行の島田嘉津次が「旧章略記」を編纂した。[12] これは、各部局の職務記録を詳細かつ総合的に調査した「奉行職沿革史料集」と称されるものである。[13] その後の天保年間には、十八世紀半ば以降の奉行所を主たる対象に、その役職の沿革類をまとめた「役員蹟覧」[14] も編纂された。以上は、奉行所および藩役職の職務内容や沿革を示しているが、こうした記録が宝暦改革を経た十九世紀以降にまとまって作成された点は、熊本藩政史を考える上で重要な論点となろう。

他方、奉行所の構成員を示した史料に関しては、近世初期から数多く確認できる。近世初期のものには、豊前小倉時代の奉行就任者一覧である「諸奉行帳」(15)、肥後入国後のそれである「諸御奉行附幷御番衆之帳」(16)がある。寛永十年（一六三三）八月に細川忠利が裁可した細川家奉行衆交名(17)には、奉行所の最高責任者である「惣奉行」や地方行政を管轄する「御国之惣奉行」など、全一一二名もの家臣が記されている。宝暦改革以降になると史料数はさらに増加する。主なものには、奉行・用人などの任命記録である「分職帳」(18)、各役職の定員や人事異動を記録した「職員概見」(19)などがある。

表1　熊本大学寄託永青文庫資料の構成

1　藩主御手元資料群 （1）中世細川家文書　（2）細川忠興・忠利・光尚往復書状　（3）幕藩関係文書 （4）家臣団起請文群　（5）歴代家譜類　（6）歴代藩三・連枝書状等　（7）沢庵書状群 （8）細川重賢関係史資料　（9）故実関係書　（10）絵巻物，絵画，詠歌短冊等
2　藩主御手元書籍群 （1）和書　（2）漢籍
3　藩政関係史料群 （1）初期藩主裁可文書・記録群　（2）初期藩主達書群（奉行宛等）（3）藩政諸部局記録類 （4）藩政諸部局文書類　（5）藩政公式編纂記録類
4　絵図・指図類 （1）国絵図　（2）領内等地図　（3）建築図　（4）城郭図　（5）その他
5　未整理文書群
6　近代史資料群

このように、永青文庫資料には質量ともに優れた藩役職関係史料が多く存在する。永青文庫資料をもとに、近世初期から幕末維新期までの藩の役職就任者の一覧をまとめた西山禎一氏の労作『熊本藩役職者一覧』（熊本藩政史研究会、二〇〇七年）もある。しかし、以上の史料には既に刊行・翻刻されたものもあるが、藩の全役職を理解するにあたって、必ずしも利便性が高いとは言えない。また『熊本藩役職者一覧』では、藩の家格のうち、上卿・下卿から平士までの上中級武士が就任する役職はほぼ網羅されているが、下士以下の下級武士の役職は省かれている。かつ同書では、各役職の沿革には論及するが、職務内容はほとんど触れていない。

本書は、以上の事情を鑑み、近世中後期の職制機構図および服務規程を集中的に取り上げるものである。

2　本書収録史料の性格

①熊本藩職制

藩の職制機構は、軍事組織である番方、政治・家政組織である役方から構成され、非領主身分たる町人・百姓も包括し、国外（江戸・大坂・京都）にも藩邸や蔵屋敷などの拠点をもつ。こうした職制機構の全体像を分かりやすく図示したものが、1号文書の「職制」である。表面の端書と裏面の奥書からは、この史料が天保六年（一八三五）九月に奉行中の意見で作成され、清書したものは藩主細川斉護（肥後細川家一一代当主）に提出されたこと、九月五日に飛脚で国元の佐弐役から江戸詰の佐弐役へ渡されたことがわかる。斉護は当時、参勤交代で江戸に滞在していた。もとは藩主の御手元史料として作成されたものである。

本史料のほか、熊本藩の職制機構を示したものには、前述の「官職制度考」と近世後期に作成された「官職統領指掌図」[20]がある。このうち、後者には「職制」と同様、職制機構が図示されているが、「職制」と比べると江戸・大坂・京都・長崎などの記述が簡略化されている。つまり、類似した史料のなかでも、「職制」は来歴が明確である点、そして記述が充実している点で、史料的価値が非常に高い。なお、本史料はかつて『新熊本市史　史料編　第三巻　近世Ⅰ』（熊本市、一九九四年）で紹介されたことがある。しかし、同書では裏面の奥書が省略され、解説もなされていないこと、加えて後掲する服務規程を理解する上でも、この史料の存在が有用であることを鑑み、本書ではその全体を紹介する。

「職制」を概観すると、まず奉行のもとに機密間・当用・選挙方以下の一五部局が配置されている。このうち、総務部局たる機密間は家老事務局としての性格も有し、家老と直結している。続いて、奉行付属の三機構（役割所・衣類横目・外様医師）および学校方・郡方・勘定方以下の一〇部局担当の奉行に付属する諸機構が示される。国内の要衝である佐敷・鶴崎・八代、国外の拠点である江戸・京都・大坂・長崎の諸機構がそれに続く。番方である備組・側組・留守居組の構成も示される。そして最後に、近習次、用人・裏方支配頭付属、馬方・鷹方支配頭付属などの家政機構が記されている。行政・軍事・家政それぞれの機構が明確に区分されている点は、熊本藩の職制を考える上で重要である。

本史料には、指揮系統が図示されるとともに、部局や機構ごとに役職名と人員が明記されている。表2は、奉行管轄下の部局・機構ごとの役人数を示したものである（朱書の人数のみ計上。ただし、「△人宛」とある場合は「△人」で数えており、その数値は最も控えめな算出に基づく）。これをみると、各部局自体に詰めた役人（根取・物書）自体の数は限られているが、管轄する機構を含めれば、役人数は大きく膨れ上がり、その合計は三六〇〇人を超える。このうち、最大の人員を誇る部局が郡方の一七七五人である。これは、地域行政を担う百姓出身の地方役人や在御家人（いわゆる郷士）などが郡代間に含まれている点が大きい。二番目に多いのは五九六人の普請作事方・掃除道方で、三二五人の船方がそれに続く。

この他、国内の軍事拠点である佐敷・鶴崎・八代詰の人員が七二〇人、国外の江戸・京都・大坂・長崎が一七三人、番方である備組が一七三五人、側組が一二六九人、留守居組が五三六人、さらに藩主に直属する近習次が二一四人、用人付属（江戸白金屋敷）が二〇七人、裏方支配頭付属が二三三人、馬方・鷹方支配頭付属などが三九〇人である（朱書の人数のみ計上。表2と同じ算出）。同一人物の兼職などで人数が重複している可能性もあるが、本史料に記載された人員を総計すると九一四二人となる。当時の熊本藩の知行取は一二六三人なので（表3参照）、その約七倍もの人員である。典型的な国持外

表2　奉行管轄下の部局・機構の役人数

部局等名	機構名1	機構名2	人数	人数(部局計)	備　　考
目附			9		
付横目			14	23	
奉行附属	役割所		86		
	衣類横目		3		
	外様医師		96	185	
機密間			49	49	
当用			83	83	
選挙方			8	8	
学校方			7		
	学校役間		22		
	再春館		20		
館榭惣教（家老兼）	時習館		34		
	東西榭		46	129	
郡方			14		
郡方属局	米銀方		5		
	郡代間		1,565		
	郡代支配		18		
	小物成方		14		
	小物成方属局	小物成方銀所	14		
		高橋炭薪会所	1		
	杣方		10		
	東西蔵		35		
	川尻蔵		13		
	高瀬蔵		12		
	八代蔵		8		番人は蔵より兼
	大津蔵		4		
	上内検・下内検・御免帳しらへ方役人		9		
	郡吟味役		4		
	山仕立役		1		
	八代七百町新地見〆役		1		
	所々浦境番所		47	1,775	
勘定方					根取・物書は学校方より兼帯
	勘定所		12		
		当用	13		
		引除方	2		
		月積方	2		
		現銀方	7		
		現米方	4		

		請方	4		
		払方	7		
		買物方	3		
		惣銀方	9		
		切米方	11		
		平準方	14		
	勘定所属局	銀所	18		
	〃	小間物所	13		
	〃	賄物所	13		
	〃	蔵方	7		
	算用所		14		
	櫨方		26		
	吟味方		24	203	
寺社方			9	9	
普請作事方 掃除道方			3		根取は当用方より兼
	普請作事所		238		
	川尻作事所		28		
	八代普請方		9		
	掃除方		318	596	
町方			7		根取は寺社方より兼帯
	川尻町		10		
	高瀬町		5		
	高橋町		8		
	八代町			30	長岡山城家来より支配
城内方					根取・物書は学校方より兼帯
	天守方		101		
	天守方属局	本丸座敷方	18		
	〃	塩硝拵所	6	125	
船方					根取・物書は普請作事方より兼帯
	川尻船方		325	325	
客屋方					根取・物書は普請作事方より兼帯
	客屋		5	5	
屋敷方			10	10	根取・物書は学校方より兼帯
刑法方			7		
	穿鑿所		100	107	
類族方			3		根取は当用方よりも兼
	八代類族改方				長岡山城家来が勤
	鶴崎類族改方			3	鶴崎番代より兼帯
合計			3,665	3,665	

様大藩の運営が約九〇〇〇人もの実務スタッフで担われていた事実は、一つの重要な指標となろう。また、以上の数値には、前述した地方役人・在御家人、荒仕子などの武家奉公人という非領主身分も含まれている。表3は、本史料の作成年代に近い文化九年（一八一二）の非領主身分を含む熊本藩家臣団構成（知行取・切米扶持取・荒仕子・在御家人）であるが、その総数は一万三三五〇人である（武士身分全体では七三〇八人）。じつに、家臣総数の約六八％、武士身分総数の約一二五％に相当する人員が何らかの役職を勤めていた計算になる。

②熊本藩条目

「条目」は、宝暦改革期に整備された、熊本藩のほぼ全役職におよぶ服務規程である。「条々」という表題のもと、その内容は定型化されている。冒頭に「公義御法度并国制堅く守るへき事」などの条文があり、いくつかの条文が続いた後、末尾は「右条々堅可相守也」などで締めくくられる。

専門研究では、戦前期から「条目」の存在は注目されてきた。細川重賢の伝記を編纂した池辺義象・宇野東風・中野嘉太郎各氏は、いずれも奉行所改革との関係で「条目」に論及している。[21] さらに近年では、近世全般の藩政機構の変遷を明らかにした鎌田浩氏が、家老や奉行などの「条目」を紹介している。[22] しかし、上記の研究は「条目」の部分的な検討に留まっており、本書では初めてその全体像を提示する。

「条目」という史料名で永青文庫資料を検索すると、三七点の冊子・折本がヒットする。それらには草稿本や写本類も多く含まれるが、原本や清書本にあたる主要冊子類に掲載された役職の一覧が表4である。表4—1では、「御条目扣」（6号文書）・「御印　御条目扣」（9号文書）・「庁事印　御条目扣」（10号文書）の三点をまとめている。この表の差出をみると、「条目」の発給者は、①上級武士（熊本藩の家格〈坐班式〉で下卿・上着座・中着座・比着座・上士に概ね相当）である備頭から郡代までは藩主（御印）、②中下級武士（同じく中士・下士に相当）である右筆頭から中小姓鷹方までは家老・中老（後に奉行所へ変更）である。さらに、「御条目之扣　御奉行中連判」（11号文書）の役職一覧（表4—2）をみると、下級武士（上徒・中徒に相当）である城内横目から新方根取まで、ほぼ奉行中連判で発給されている。

表3　文化9年（1812）熊本藩の家臣団構成

	人数
知行取	1,263
切米取以下	6,045
荒仕子	854
在御家人	5,188
計	13,350

＊「度支彙函 内編二 稜々立合しらへ」（永青文庫資料）より作成。

大名家の役職は家格に対応して配置されているが、その家格に応じて熊本藩「条目」の発給者（＝役職の任命権者）も、藩主、家老・中老（奉行所）、奉行中連判と区分されている。

また、役職が増えると「条目」も新設される。表4—1の10号文書や、表4—2の11号文書には、新設された「条目」の年代が記されている。11号文書の(82)(83)(84)からは、隠居した前藩主細川斉茲（肥後細川家九代当主）の邸宅である江戸の浜町屋敷で、それまで銀方根取の「条目」が存在せず、職務上の必要性から新設されたことがわかる。

以下、本書に収録した「条目」の史料的性格を簡単に紹介しよう。

2号から5号文書までは、家老・筆頭家老松井家・中老・大奉行の「条目」の写である。家老・中老は、家格の最高位（上卿）にあり、「条目」の発給者も藩主である。なお、家老以下の「条目」は、いずれも6号文書以下の冊子類の史料には収録されておらず、特別扱いされていたことがわかる。

2号から4号文書までは宝暦六年（一七五六）に作成されている。文化九年（一八一二）に出された大奉行の5号文書も、もとは宝暦六年に作成された可能性が高い。これら家老以下の「条目」整備を受けて、翌七年（一七五七）二月に制定されたのが6号文書「御条目扣」である。これは、上級・中級武士のほぼ全役職を対象とした「条目」の控であり、備頭から中小姓鷹方まで全八二役職が記されている。本書にはその全文を掲載した。体裁は折本であり、藩主の御手元史料としての清書本の可能性が高い。

宝暦七年二月作成の「条目」は、安永六年（一七七七）二月に改訂されている。[23]その改訂版が、7号文書「条目」、9号文書「御印　御条目扣」、10号文書「庁事印　御条目扣」である。7号文書は清書本で、備頭から中小姓鷹方まで全七五役職が記されている。6号文書と比べると、文言などに若干の変更点はあるが、基本的な主旨は同じである。本書には、7号文書における備頭から用人までの一一役職を掲載した。

8号文書「御留守詰江被渡置候御書付案」は、江戸詰留守居の家老から奥附役まで全八役職に下された「条目」の草案である。永青文庫資料のなかでも江戸詰留守居に対する「条目」は貴重であり、本書には全文を掲載した。

表4―1からわかるように、9号および10号文書の掲載役職は、6号文書のそれと重複する部分が多い。そのため9・10号文書からは、重複を避け、かつ重要性が高いと判断されるものを部分的に掲載した。具体的には、軍艦将帥・六之助様教育係・小物成方根取・蒸気船支配頭・蒸気船目附・若殿様附役の「条目」である。

11号文書「御条目之扣　御奉行中連判」には、右筆から薪方根取まで全一〇〇役職の「条目」が掲載されている。本書には、明和年間までに作成された全てのものと、重要性が高いと思われるものを選抜して収録した。

12号文書「草稿」には、郡間根取から芦北郡筒まで全九役職の「条目」が掲載されている。このうち、本書には山支配役・一領一疋・地侍・芦北郡筒のものを収録した。これらは地方役人と在御家人（郷士）であり、百姓身分の出身である。地方役人と在御家人に関する「条目」は貴重であるため、本書に収録した。

13号文書「米田是豪盟文」は、文久二年（一八六二）十一月十一日に家老に就任した長岡監物（米田是豪）が、その当日、

表4—1 「御条目」主要冊子類の役職一覧

「御条目扣」(6号文書) 宝暦7年(一七五七)2月 番号	役職	差出	本書収録	「御印 御条目扣」(9号文書) 天明6年(一七八六) 番号	役職	差出	本書収録
1	備頭		○	1	備頭	御印	
2	側大頭		○				
3	留守居大頭		○	2	留守居大頭	御印	
4	佐敷番頭		○	3	佐敷番頭	御印	
5	鶴崎番代		○	4	鶴崎番代	御印	
6	番頭		○	5	番頭	御印	
7	大目附		○				
8	小姓頭		○	6	小姓頭	御印	
9	書方支配頭		○				
10	音信方支配頭		○				
11	留守居番頭		○	7	留守居番頭	御印	
12	八代番頭		○	8	八代番頭	御印	
13	中小姓頭		○	9	中小姓頭	御印	
14	奉行		○	10	奉行	重賢印(御印)	
15	用人		○	11	用人	御印	
16	馬轍奉行		○				
17	鉄炮五十挺頭・同三十挺頭		○	12	鉄炮五十挺・同三十挺頭	御印	
18	留守居中小姓触頭		○	14	留守居中小姓触頭	御印	
19	鉄炮二十挺頭・同十挺頭		○	13	鉄炮二十挺・同十挺頭	御印	
20	近習次組脇		○	15	近習次組脇	御印	
21	側鉄炮頭		○	16	側鉄炮頭・同弓頭	御印	
22	長柄頭		○	17	長柄頭	御印	
23	目附		○	18	目附	御印	
24	使番		○	19	使番	御印	
25	歩使番頭		○	20	歩使番頭	御印	
26	歩頭		○	21	歩頭	御印	
27	昇副頭		○	22	昇副頭	御印	
28	物奉行		○	23	物奉行	御印	
29	河尻町奉行		○	24	河尻・高瀬・高橋町奉行	御印	
30	留守居切米取触頭		○	25	留守居切米取触頭	御印	
31	側取次		○	26	側取次	御印	
32	八代目附		○	27	八代目附	御印	
	(佐敷目附)		○	35	佐敷目附	御印	
33	普請作事頭		○	28	普請作事頭	御印	
34	郡頭		○	29	郡頭	御印	
			○	30	郡目附	御印	
35	郡方目附		○	37	郡方目附	御印	
36	穿鑿頭		○	31	穿鑿頭	御印	

37	勘定頭		○
38	算用頭		○
39	静證院殿附		○
40	郡代		○
41	右筆頭	家老	○
42	鉄炮副頭	家老	○
43	茶道頭	家老・中老	○
44	小姓組之組脇・番方組脇・留守居番方組脇・八代城付組脇・佐敷番組脇	家老	○
45	馬方支配役	家老	○
46	鶴崎船頭之頭	家老	○
47	持筒頭	家老	○
48	奥附	家老	○
49	裏附	家老	○
50	清記附	家老・中老	○
51	衛世附	家老・中老	○
52	小姓役	家老・中老	○
53	医師触役	家老・中老	○
54	奉行所佐弐役	家老・中老	○
55	次番	家老・中老	○
56	次目附	家老・中老	○
57	腰物方	家老・中老	○
58	納戸役	家老・中老	○
59	台所頭	家老・中老	○
60	河尻作事頭	家老・中老	○
61	座敷支配頭	家老・中老	○
62	惣銀支配頭	家老・中老	○
63	切米支配頭	家老・中老	○
64	掃除頭	家老・中老	○
65	天守方支配頭	家老	○
66	中小姓組脇	家老	○
67	近習目附	家老・中老	○
68	台所目附	家老・中老	○
69	六箇所目附	家老・中老	○

32	勘定頭	御印	
33	算用頭	御印	
36	有隣院様附	御印	
34	郡代	御印	
38	浜町近習次組脇	御印	
39	浜町側取次	御印	
40	表用人	御印	
41	軍艦将帥	御印	○

「庁事印　御条目扣」（10号文書）
安永6年（一七七七）

番号	役職	差出	年月日	本書収録
1	右筆頭	奉行所		
2	鉄炮副頭	奉行所		
3	茶道頭	奉行所		
4	小姓組之組脇・番方組脇・留守居番方組脇・八代城附組脇・佐敷番組脇	奉行所		
5	船頭頭	奉行所		
6	持筒頭	奉行所		
7	御前様附役	奉行所		
8	清記殿附役	奉行所		
9	寿鏡院殿附役	奉行所		
10	小姓役	奉行所		
11	医師触役	奉行所		
12	奉行所佐弐役	奉行所		
13	次番	奉行所		
14	次目附	奉行所		
15	腰物方	奉行所		
16	納戸役	奉行所		
17	台所頭	奉行所		
18	河尻・鶴崎作事頭	奉行所		
19	座敷支配役	奉行所		
20	惣銀支配頭	奉行所		
21	切米支配頭	奉行所		
22	掃除頭	奉行所		
23	天守方支配頭	奉行所		
24	馬方組脇	奉行所		
25	中小姓組脇	奉行所		
26	近習目附	奉行所		
27	台所目附	奉行所		
28	六箇所目附	奉行所		

70	作事所目附	家老・中老	○
71	天守方目附	家老・中老	○
72	馬方目附	家老・中老	○
73	音信役	家老・中老	○
74	案内役	家老・中老	○
75	駕役	家老・中老	○
76	吟味役	家老・中老	○
77	奥附目附	家老・中老	○
78	裏方目附	家老・中老	○
79	奥附勘定役	家老・中老	○
80	江戸買物支配役	家老・中老	○
81	戸越屋敷支配役	家老・中老	○
82	中小姓鷹方	家老・中老	○

29	作事所目附	奉行所		
30	天守方目附	奉行所		
31	馬方目附	奉行所		
32	音信役	奉行所		
33	案内役	奉行所		
34	駕役	奉行所		
35	吟味役	奉行所		
36	瑶台院様附目附	奉行所		
37	裏方目附	奉行所		
38	御前様附勘定役	奉行所		
39	戸越屋敷支配役	奉行所		
40	鷹方組脇	奉行所		
41	郡吟味役	奉行所		
42	川尻・高瀬・八代蔵根取	奉行所	安永9年9月14日	
43	新屋形奥附役	奉行所	天明元年9月18日	
44	新屋形裏目附	奉行所	天明元年9月18日	
45	作事所根扱役	奉行所	天明7年6月3日	
46	寺社町吟味役	奉行所	寛政3年2月13日	
47	作事方吟味役	奉行所	寛政3年3月9日	
48	(六之助教育係)	松野外記他6名	寛政5年12月	○
49	小物成方根取	奉行所	享和2年8月19日	
50	職五郎殿附役	奉行所	文化2年4月11日	
51	(櫨楮等仕立方)	奉行所	文化3年12月23日	
52	側御用蠟扱所	奉行所	文化4年4月18日	
53	浜町裏附役	奉行所	文化9年9月20日	
54	浜町小姓役	奉行所	文化9年9月20日	
55	浜町次番	奉行所	文化9年9月20日	
56	浜町次目附	奉行所	文化9年9月20日	
57	浜町腰物方	奉行所	文化9年9月20日	
58	浜町納戸役	奉行所	文化9年9月20日	
59	浜町台所頭	奉行所	文化9年9月20日	
60	浜町近習目附	奉行所	文化9年9月20日	
61	浜町台所目附	奉行所	文化9年9月20日	
62	浜町裏目附	奉行所	文化9年9月20日	
63	浜町勘定役	奉行所	文化9年9月20日	
64	穿鑿役	奉行所	文化9年9月24日	
65	穿鑿所目附	奉行所	文化9年10月10日	
66	鶴崎作事所目附	奉行所	文化12年2月28日	
67	浜町銀方目附	奉行所	文政7年3月24日	
68	蒸気船支配頭	奉行所	元治2年4月	○
69	蒸気船目附	奉行所	元治2年4月	○
70	若殿様附役	奉行所	慶応2年9月	○
71	表御取次	奉行所		
72	勝手方附所々横目上聞	奉行所		

表4—2　「御条目」主要冊子類の役職一覧

番号	「御条目之扣　御奉行中連判」（11号文書）（宝暦期以降） 役職	差出	年月日	本書収録
1	右筆	家老・中老連印		○
2	奉行所分司根取	家老・中老連印		○
3	機密間詰根取	家老・中老連印		○
4	選挙方根取	家老・中老連印		○
5	考績方根取	家老・中老連印		○
6	刑法方根取	家老・中老連印		○
7	船頭組脇	家老・中老連印		○
8	料理頭	家老・中老連印		○
9	近習横目	家老・中老連印		○
10	大目附付横目	家老・中老連印		○
11	歩使番組脇	家老・中老連印		○
12	城内横目	奉行中連判		○
13	郡間根取	奉行中連判		○
14	勘定所根取	奉行中連判		○
15	勝手方横目	奉行中連判		○
16	天守方根取	奉行中連判		○
17	算用所根取	奉行中連判		○
18	台所賄方根取	奉行中連判		○
19	銀所根取	奉行中連判		○
20	切米所根取	奉行中連判		○
21	普請作事所根取	奉行中連判		○
22	音信所根取	奉行中連判		○
23	客屋支配役	奉行中連判		○
24	掃除方根取	奉行中連判		○
25	役割支配役	奉行中連判		○
26	東西蔵根取	奉行中連判		○
27	賄物所根取	奉行中連判		○
28	上内検	奉行中連判		○
29	奉行所物書	奉行中連判　副役共ニ		○
30	機密間物書	奉行中連判　副役共ニ		○
31	勝手方付所々横目	奉行中連判　副役共ニ		○
32	作事所横目	奉行中連判　副役共ニ		○
33	掃除方横目	奉行中連判　副役共ニ		○
34	東西蔵支配役	奉行中連判　副役共ニ		○
35	小間物幷表納戸支配役	奉行中連判　副役共ニ		○
36	諸道具支配役	奉行中連判　副役共ニ		○
37	銀支配役	奉行中連判　副役共ニ		○
38	賄物支配役	奉行中連判　副役共ニ		○

39	薪支配役	奉行中連判　副役共ニ		○
40	飼料支配役	奉行中連判　副役共ニ		○
41	鍛冶方役人	奉行中連判　副役共ニ		○
42	本丸座鋪支配役	奉行中連判　副役共ニ		○
43	郡間物書	奉行中連判　副役共ニ		○
44	勘定所物書	奉行中連判　副役共ニ		○
45	井樋支配役	奉行中連判　副役共ニ		○
46	算用所物書	奉行中連判　副役共ニ		○
47	惣銀所物書	奉行中連判　副役共ニ		○
48	切米所物書	奉行中連判　副役共ニ		○
49	普請作事所役人	奉行中連判　副役共ニ		○
50	音信所役人	奉行中連判　副役共ニ		○
51	郡横目	奉行中連判　副役共ニ		○
52	類族方役人	奉行中連判　副役共ニ		○
53	天守方役人	奉行中連判　副役共ニ		○
54	料理人	奉行中連判　副役共ニ		○
55	台所賄役	奉行中連判　副役共ニ		○
56	台所分司役人	奉行中連判　副役共ニ		○
57	台所横目	奉行中連判　副役共ニ		○
58	飛脚番小頭	奉行中連判　副役共ニ		○
59	河尻蔵支配役	奉行中連判　副役共		○
60	大津蔵支配役	奉行中連判　副役共		○
61	長崎屋鋪詰米銀支配役	奉行中連判　副役共		○
62	鶴崎蔵支配役	奉行中連判　副役共		○
63	鶴崎銀支配役	奉行中連判　副役共		○
64	小間物所根取	奉行中連判	宝暦11年5月1日	○
65	小間物支配役	奉行中連判	宝暦11年5月1日	○
66	惣塘支配役	奉行中	明和元年10月	○
67	高瀬蔵根取	奉行中連判	明和元年10月	○
68	高瀬蔵支配役	奉行中連判　副役共ニ	明和元年10月	○
69	八代蔵支配役	奉行中連判　副役共ニ	明和元年10月	○
70	御郡間（小物成方）銀支配役	奉行中連判　副役共ニ	明和9年10月25日	○
71	杣方兼帯郡横目	奉行中連判　江戸詰副役共	安永2年8月	○
72	杣方役人	奉行中連判　江戸詰副役共	安永2年8月	○
73	河尻蔵根取	奉行中連判　江戸詰共	安永8年11月21日	
74	銀所根取	奉行中連判　副役共連判	天明7年12月21日	
75	郡方目附付横目	奉行中副役共ニ連判　但江戸詰共ニ	寛政3年3月9日	
76	寺社方・町方横目	奉行中副役共連判　但江戸詰共	寛政3年6月17日	○
77	郡方請込根取	家老・中老連印	寛政9年12月29日	○
	覚（郡方物書）	郡方奉行中	寛政9年12月29日	○
78	小物成方物書	奉行中連判	享和2年8月19日	○
	覚（諸間詰横目）	奉行中	文化3年3月	○
79	側御用生蠟扱所横目	奉行中連判　副役共	文化4年10月23日	○
80	側御用生蠟扱所役人	奉行中連判　副役共	文化4年10月23日	○

81	水前寺苔場見〆　苔捹方一式惣請込役	奉行中連判　副役共	文化5年4月15日	○
	覚（水前寺苔場見〆　苔捹方一式惣請込役）	奉行中連判　副役共	文化5年4月15日	○
82	鶴崎作事所目附付横目	奉行中連名　江戸詰幷副役共	文化12年6月7日	
83	鶴崎銀所根取	奉行中連判　副役共	文化14年12月22日	
84	鶴崎銀所支配役	奉行中連判　副役共	文化14年12月22日	
85	鶴崎蔵銀所根取	奉行中連判　副役共ニ	文政3年10月1日	
86	鶴崎蔵支配役	御奉行中連判　副役共	文政3年10月1日	
87	浜町料理頭	奉行所		
88	浜町台所根取	奉行中連名		
89	浜町料理人	奉行中連判　副役ともニ		
90	浜町台所賄役	奉行中連判　副役共ニ		
91	浜町台所分司役人	奉行中連判　副役共ニ		
92	台所横目	奉行中連判　副役共ニ		
	御内意之覚（浜町銀方根取）	濱町勘定役		○
	口上之覚（浜町銀方根取）	濱町勘定役		○
	覚（浜町銀方根取）	濱町勘定役		○
93	浜町銀方根取	奉行中連判		
94	浜町銀方役人	奉行中連判　副役共		○
	覚（鏡蔵支配役）		天保6年8月	
95	鏡蔵支配役	奉行中連判　副役共		
96	勘定所産物方根取	奉行中連判		○
97	平準方産物方横目	奉行中連名判　副役共	天保12年閏正月	○
98	八代目附横目中・川尻作事所目附付横目中	奉行中連名判　副役共	嘉永5年10月	
99	川尻町奉行附根取	奉行中連名判　副役共	安政2年11月	
100	薪方根取	奉行中連名判　副役共		

「条目」などを堅く守ることを誓約したものである。役職就任時における「条目」の意義をうかがわせる貴重な史料であり、本書に収録した。

二　宝暦の改革と「条目」

ここからは、役職就任時における「条目」の意義とともに、宝暦の改革を通じたその成立過程、さらに「条目」に対する同時代的な評価について検討する。

1　「条目」と「堅メ」

「条目」は、任命権者から役職就任者に渡される服務規程である。それでは、役職就任時に「条目」はいかなる意味をもったのか。ここでは、十九世紀に郡代を歴任した熊本藩士中村恕斎（本名誠卿、一八〇四〜七〇）の事例をみてみよう。

嘉永三年（一八五〇）二月三日、それまで藩校時習館の教官（訓導本役）を務めていた恕斎は、奉行の役宅への出頭を命じられ、郡代当分（阿蘇・南郷）への任命を通達された。翌四日、郡代として奉行所に初出勤するが、そこで待っていた最初の仕事が「御条目拝見」である。ここで初めて郡代の職務内容・服務規程を確認している。続いて、彼は「堅メ」を命じられ、それを終えると、家老衆が見届ける前で「誓詞前書之写」を渡された[24]。以上が、彼の郡代就任にともなう一連の儀礼である。彼の事例からは、まず役職就任時には「条目」の確認がなされ、次いで「堅メ」が行われることがわかる。「官職制度考」によると、「堅メ」とは「条目」を堅く守り、奉職に際して無作法がない旨を誓約し、神文に血判することを意味する。これを済ませないうちは、機密文書類の閲覧や取り調べは行えない[25]。つまり、「条目」の確認と密接に結びついた儀礼といえる。

以上からは、服務規程である「条目」と、「堅メ」で血判される神文自体は、文書として別個である点もうかがえる。血判ではないが、13号文書は幕末期に米田是豪が家老就任時に提出した誓約文で、簡略化されているが「堅メ」の神文に相当する。前述の恕斎が「堅メ」の後に渡されたのは、この誓約文の写であったのだろう。

しかし、近世初期の熊本藩では、「条目」の該当箇所と「堅メ」は同一の文書にまとめられていた。永青文庫資料の近世初期家臣団起請文群を分析した成果によると、役方の職に就任する際、家臣たちは職務上の遵守事項を起請文に書きつけて上役に提出している（役職就任起請文）[26]。こうした起請文の多くが、当該期の御家騒動的な状況下で作成された点に留意する必要はあるが[27]、従来の「条目」と「堅メ」は、役職就任起請文として一体化されていたことは間違いない。

大河内千恵氏によると、役職就任起請文の存在は江戸幕府や他の大名家でも看守できる[28]。興味深いのは、松代藩真田家・柳川藩立花家・延岡藩内藤家・彦根藩井伊家などでは、近世後期でも役職就任起請文が使用され続けている点である[29]。以上を鑑みると熊本藩では、近世初期には役職就任起請文に記されていた役方の服務規程が分離し、十八世紀半ばには「条目」に集約されたことがわかる。そして、それは必ずしも他の大名家一般に共通するものではなく、熊本藩に特徴的な事象であった可能性が高い（後述）。

2　宝暦改革における「条目」の成立過程

「条目」は、宝暦六年（一七五六）以降に成立した。ここでは、細川重賢による宝暦改革との関連のもと「条目」の成立過程をみていきたい。宝暦改革の先行研究は多いが、その全般的な経過を詳しく解明した鎌田浩氏の成果は[30]、とくに貴重である。以下の記述は、同書に学んだ部分が大きい。

重賢は、兄宗孝の不慮の死で、延享四年（一七四七）十月四日に藩主へ就任する。彼は就任直後の十月十三日、代替わりに際しての訓示を家中に行った。とくに自ら訓示した中小姓以上の者には、役方などを入念に勤めるよう求めている。(31)また、藩主として肥後へ初入国した寛延元年（一七四八）十二月十三日には、家中一統に「申聞置条々」を訓示した。これは諸役一般の心得を示したもので、人事における依怙贔屓を戒めるなど、我意を立て、権を争い、功を奪うことがないよう諭している。(32)翌二年二月には、「条目」の前身と評価できる奉行中の服務規程「条々」を達している。(33)ただし、この段階では全役職を対象とした服務規程の作成には至っていない。

その後、宝暦二年（一七五二）七月の大奉行職の新設と堀平太左衛門の登用を契機として、同四年五月の「御刑法叢書」の制定、同十二月の藩校時習館の完成など、宝暦改革は進展をみせていく。「条目」の制定と深く関わる奉行所の改革は、宝暦五年から本格化する。同年六月、諸部局を奉行の統括とし、大奉行のもと奉行六名に一二分職（部局）を担当させる奉行分職制度が発足する。発足直後は分職に変動がみられたが、宝暦六年末には固定化された。

「条目」の成立における重要な起点は、宝暦六年正月、「只今迄考績幷職々最条等之極り不分明、黜陟不同茂可有之候条、はきと相極、御下国之上可奉伺候」として、これまで不分明であった諸役人の業績調査の基準やその職務内容などを確定するため、家老の長岡助右衛門（米田是福）から奉行の蒲池喜左衛門に取り調べが命じられたことである。(34)同月には、蒲池から役所根取の長瀬宇平と同所物書の中津佐助に対し、「律令格式しらへ」が命じられている。(35)前年（宝暦五年）の二月にも、「当時迄律令格式不相立候」という理由のもと、長岡は堀平太左衛門に「古格しらへ」を命じており、(36)奉行所改革や「条目」の制定などに備え、熊本藩では律令格式の法典調査が重点的に進められたことがわかる。

そして、江戸在府中の重賢が帰国を控えた宝暦六年三月三日、長岡から番方の長たる備頭に対し、以下の書付が達せられた。(37)

覚

各勤方之稜々、且又　御代々被　仰出置候趣等申伝、其外御役方之儀ニ付承伝之事候者、事記可被差出候、尤御隠密ニ被　仰付置候趣有之候者、是又書付可被相達候、

一、御番頭・御中小姓・御鉄炮頭・御物奉行、右同断之書付一列〳〵より拙者方江直ニ被相達候様、御番方御中小姓役付之面々、勤方ハ頭々より取揃被相達候様ニ夫々可有御申通候、

但、御郡奉行当分役江ハ直及沙汰候、

右之書付、都而用封印被差出候様ニ可有御沙汰候、此段御同役中江茂可有御通達候、以上、

三月日　　長岡助右衛門

これは、各役職の職務内容およびその沿革調査の一環として、番頭以下について調査した書付の提出を求めたものであ

る。調査自体は、番方だけではなく、役方までも対象としていた（「其外御役方之儀ニ付承伝之事候者、事記可被差出候」）。これを受け、家中における各役職の職務調査が始まり、同年五月までには全報告書がほぼ提出された。その報告書をまとめたものが、「宝暦六子年御役付之面々江及沙汰、銘々より書出候勤稜之書付之写」と題された冊子三点（上・中・下）である[38]。この冊子に収録された役職数の合計は一三〇におよぶ。ここに、服務規程制定の前提条件が整った。

さて、宝暦改革以前の熊本藩では、家老たちが月番で政務にあたり（家老月番執務制）、藩主が在国中は政庁に出仕するが、江戸在府中は自邸に籠もり、家中の賞罰も自邸で申し渡す状況であったという。政務の停滞および家老陪臣による藩政への介入をもたらすなどの弊害も多かった。そこで、重賢の帰国直後である宝暦六年七月、家老月番執務制は停止された。家老は奉行所に詰め、月番家老邸に達せられていた諸用も、すべて奉行所機密間で扱うことになった。機密間は、同年四月に奉行所内に新設された総務部局であり（前述）、その長として佐弐役が置かれた（6号文書[54]）。家老の私邸と役所が明確に分離されたのである。

注目すべきは、家老月番執務制の停止と時を同じくして、藩主重賢から家老たちへ「条目」が示された事実である。家老への「条目」（2号文書）は同年七月、筆頭家老松井豊之へのそれ（3号文書）は翌八月に達せられた。2号文書には、「衆務を分職に任し、寛猛の宜きを以て其大体を統馭すへき事」という条項があり、家老は政務を分職奉行に委任すべきと明記されている。つまり、「条目」の制定は、家老政治の否定および藩の中央政庁としての奉行所の機能強化と深く連動していた。事実、かつて十八世紀前期に藩政の実権を握った用人に対しても、「条目」では「政事の大小総て奉行所に任す、近習の権を以て、多門の謬りなき様に慎むへし」と明記し、その権限を強く抑制している（6号文書[15]）。家老へ「条目」が達せられた七月には、家老に次ぐ重職として中老職が設けられ、大奉行兼任のまま堀平太左衛門が任命された。

奉行所の中央政庁化により、各役職の職務内容も整理・統合された。家老たちの「条目」に引き続き、宝暦七年二月十八日、前年の職務調査を反映した全役職への「条目」（6号文書）が達せられた。これは、重賢の江戸への出発（同年三月一日）を間近に控えたタイミングであった[39]。月番家老執務制の否定や「条目」の制定という大改革は、重賢の在国時に集中的に行われたのである。そして、制定された「条目」は、安永六年（一七七七）二月に改訂が行われるが、その基本的性格に変化はなく（前述）、その後幕末維新期まで継承されていった。

3　「条目」に対する藩内外の評価

全役職を対象とした「条目」が制定されると、その取り扱い方も明確に規定された。渡された「条目」は、①辞職を申し出る際には封印して上役に提出すること、②人事異動や免職の際にも封印して奉行所に持参すること、である。新規の役職就任者は、まず奉行所に出頭して「条目」を拝見することも義務付けられた[40]。

さらに、制定直後である宝暦七年四月には、今後は六月一日から翌年五月晦日までを一期として、当該期間の欠勤日数などを記した勤務報告書を、各自提出することが定められた[41]。併せてその上役には、部下の勤務状況を日常的に把握することが求められた。6号・11号文書を通覧すると、各役職の長（頭）は、組中や支配下の者たちの人格や才能を把握しておくこと、目附・横目および根取などには、担当部署の構成員や部下たちの勤務評価や懈怠の有無などを、一年間ごとに報告することが義務付けられている。つまり、「条目」によって各役職の職務内容が明確化されるとともに、客観性に裏付けられた日常的な職務業績評価制度が整備されたのである。

以上にみた「条目」は、当時どのように評価されていたのだろうか。ここでは、熊本藩の内外で作成された細川重賢に関する二冊の「明君録」から検討してみたい。

まず、福岡藩の儒者である亀井南冥が天明元年（一七八一）にまとめた「肥後物語」である。同書は、宝暦改革の内容を最も体系的に整理した書物であるが、「条目」に関しても多くの紙数を割いている。同書では、「役人撰挙ノ仕方委キ事」という項目の「附録」として、「条目」を以下のように述べる[42]。熊本では、役職就任時に「条目」が渡されるが、これには役儀やその職務に関わる要点が記されている。全役職に「条目」が定められており、それを受け取れば、役職の職務内容なども理解でき、当人の器量の善し悪しに関係なく勤めることができる。「条目」がなければ、職務について確認する際、前任者か同役に聞くしかないが、それでは前任者たちの器量如何で指示が異なり、その結果、職務内容が一定しない恐れがある。人々の料簡任せになっては、時世とともに「役儀ノ本意」が失われてしまう。しかし、「条目」が存在すれば、もし当人に料簡違いがあったとしても、周囲がその間違いを正すことができる。ゆえに、「条目」を渡すことは「甚タ重キコト」である。これは道理にかなっているため、ぜひその書式を知りたいと熊本藩士に尋ねた。しかし、国元における重要機密という理由で、ついにその全容を教えられることはなかった、と。

ここでは、「条目」によって個々の職務引継ぎにともなう弊害が払拭され、職務内容の一貫性が担保されたと評価されている。また、「条目」を高く評価し、亀井自身がその内容を詳しく尋ねた点からも、このような服務規程の存在が当時必ずしも一般的ではなかったことがうかがえる。やはり「条目」の制定は、当時の熊本藩で特徴的な出来事であったのだろう。

次に、熊本藩の藩校時習館の教授高本紫溟が、寛政二年（一七九〇）にまとめた「銀台遺事」である。同書では、「条目」について以下のように述べる[43]。

一、宝暦七年の頃、役々の条目をさづけ給ふ、其役たらん者、是を旨として守るべしとなり、されども是をあからさまにしては、あさ〳〵しくなりなむ事をおそれて、其後の者、封じてふかく秘し置、あらたに役につかんものには、まづ是れを見せしめ、又其役のぞかりては、封のまゝに、奉行所に納る抔細かに作法を立てられたり、是よりして役々のもの、詮とする所をしりて心まどひなく、職に死するの守あり、

ここでも、「封じてふかく秘し置」とあるように、「条目」の機密性がうかがえる。職務の要点を理解することで、藩士たちは混乱なくそれに専念できたと評価されている。また、前述の一年間を一期とした職務業績評価制度についても、三年間皆勤を続ければ子孫の代まで褒賞があり、本人はもちろんのこと、子弟まで「文武の業」を怠らなくなったとされる。(44)

これらの記述は、重賢の顕彰を目的とした「明君録」の一節であり、史実としての信ぴょう性には一定の留保も必要であろう。しかし、宝暦改革の主要政策として、当時の藩内外から「条目」の制定が高く評価されていた点は明白である。

三　各役職の服務規程の検討

ここでは、本書に収録した「条目」の記載内容に即して、各役職の共通事項や特徴的な役職の服務規程のいくつかを検討しておこう。

1　各役職にみられる共通事項

「条目」の書式は定型化されており、ほぼ決まって冒頭には、「公義御法度・御国制堅可相守事」、「公義御法度幷御国之法度、堅可相守事」などの条文がある。つまり、幕府法（「公義御法度」）と藩法（「御国制」「御国之法度」）双方の遵守が、全役職ほぼ共通の最重要事項として掲げられている。これは、重賢が寛延二年（一七四九）二月に奉行中へ達した「条々」に、「一、順　公義之御法度書、自分法度之儀茂堅可相守事」という条文があること（註33）、さらに近世初期の起請文にも「公儀御法度」の遵守が明記されていることから、(45) 十七世紀から重賢代に至るまで継承されてきた遵守事項であった。

その他、「条目」全体の共通事項には、①倹約、②機密保持、③「依怙贔屓」の禁止、④公私の区別（不正の禁止）などがあげられる。①では、「惣して倹約を守り、油滑懦弱の風俗無之様に可相心得事」（11号文書(1)）など、奢侈を戒め、風俗の乱れを禁じる条文が、ほぼ全役職に存在する。②では、職務上知り得た機密は、たとえ親子兄弟であっても漏らさないという規定が、根取や物書などの実務役人層を中心に存在する。日常的に奉行所政務の機密に接し、佐弐役のもとで執筆を担当する機密間物書は、その象徴的な存在であろう（「別して重き執筆に関り、御穏密の御用をも見聞仕事に付、親子兄弟たり共、堅有漏達間敷事」、「世間の諺説承候とも、機密間外にて口外有之間鋪事」、11号文書(30)）。機密間物書と奉行所物書には、権貴の

人物の依頼であっても奉行所の諸記録などは書写させないという、文書管理に関わる規定もある（11号文書(29)(30)）。小物成方根取や郡間根取などは、退職後であっても「御用筋」の機密保持を求められた（10号文書(2)、11号文書(13)など）。また、軍事拠点である熊本城内のことも重要な機密事項であり、城内の武器などを管理する天守方支配頭には、「最城内の事、雖為親子兄弟、堅不可露洩、此旨附属の者共へも時々可申聞事」とされている（6号文書(65)）。

③では、各役職の管理者を主たる対象に、組中や支配方の運営および部下への対応などにおける「依怙贔屓」を禁止し、「諸事公平」の沙汰を求めている。一方で「条目」には、職場や職務に関して意見があれば、その役職の長へ隔意なく達すること、しかし長の対応などが「再三信用」できなければ、さらに上位者に達するように明記されている。これは、管理者による「依怙贔屓」が行われた場合、部下がとるべき対応を示したものである。

④では、とくに監察役である目附・吟味役や横目、藩主やその家族など貴人に近侍する役職、根取などの実務役人に対し、公私を区別することの重要性が説かれている。大目附や目附に対しては、その職務が「実に我等耳目の任」であり、「私の愛憎」による監察は「政の大害」だと断言されている（6号文書(7)(23)）。八代目附以下には、目附とは諸人の功過や曲直を見聞する職務であるため、「公私の間」の分別こそが肝要だと直截的に示されている（6号文書(32)など）。また、藩主に近侍する用人や側取次、その家族に仕える奥附や静證院殿（細川宗孝室）附などには、貴人や自らの立場などを利用して、「分外の取次」などを行うことを堅く禁じている（6号文書(39)など）。これは、他人からの依頼による「私の取次」を堅く禁じた、奉行所分司根取などにも共通する（11号文書(2)など）。職務上の立場を利用した「私」の振る舞いは、不正行為に他ならない。政務における「至公」の重要性は、家老や奉行にも明記されている点からも（2号文書、6号文書(14)、7号文書(10)）、公私の区分は「条目」全体で重要視されていた。なお、以上にみた①から④の共通事項のうち、とくに②と③は近世初期の役職就任起請文にも確認され、当該期からの連続性を看取できる。

続いて、複数の役職に共通する特徴的な事項をみてみよう。医師・茶道・鷹方・馬方・船頭・穴生などは家業として子孫へ継承される役職であるが（6号文書(15)など）、それは単なる世襲を意味しない。たとえば、茶道頭には「一、茶道の子共家業可令習練、不習練の術は難召仕候条、其旨相心得時々可附心事」という条文があるように、家業としての習練が義務付けられ、それが十分でなければ採用しないとされていた（6号文書(43)）。芸能を代々の家業とする家でも、実力主義が貫かれていた。家業ではないが、筆算を職分とする右筆や物書層にも、同様の規定を確認することができる。右筆には、書学とは「文筆の職掌」であり、御用の合間にも読書に励むこと（11号文書(1)）、郡間物書には、職分である筆算の習練を怠慢なく励むことが、それぞれ明記されている（11号文書(43)）。

「条目」では、百姓・町人などの民間社会との関係についても興味深い記述がある。具体的には、①藩の普請事業などに百姓たちを動員する際の規定、②藩役人の農村出張（出在）にともなう規定である。①では、「民力を用へき事ハ、最農隙を考へ、民力を傷らさる様に相心得」（普請作事頭、6号文書(33)）、「夫仕は時節及ひ老壮を分別し、民力を傷らさる様に委く心を付へき事」（郡代、6号文書(40)）とあるように、彼らを夫役動員する際は農繁期を避けるなど、「民力」への配慮が求められている。また②では、検見制のもと村々の年貢量の決定に関わる役職である上内検が、「内検の儀、大半在中へ罷出居候事に候へハ、人馬の請取方、飲食等に至るまて、農家の妨に不相成様に心得」ること（11号文書(28)）、同様に普請作事所役人が出在する際には、「諸事相慎、耕作は言に及ハす、一切在中の障りに不成様に相心得、在宿費用の儀等無之様に可相心得事」（11号文書(49)）とされるなど、武士の出在による百姓負担の増大を避けるよう言及されている。

　このような民間社会重視の姿勢を象徴するのが、郡政を掌る郡頭や郡代に明記された、「一、民間の利害に関り候事ハ、縦令一門中・家老共中といふとも、存寄憚なく言ひ達し、枉法の沙汰すへからさる事」という条文である（6号文書(34)(40)）。一門中や家老中に対してでも、民間社会の利害に関する案件ならば直言し、非法の実施を避けるよう義務付けられている。以上からは、「条目」における仁政思想の影響を看取することも可能であろう。しかし、熊本藩では近世初期以来、統治対象である地域社会や百姓たちの民衆運動と対峙するなかで、公的な藩政機構が形成されてきた事実を鑑みるならば[46]、民間社会との鋭い緊張関係とのもとで「条目」が制定された点を軽視すべきではない。

　そして、民間社会をも包摂した藩「国家」であるゆえに、「国家」を支える各役職がもつ公共的性格が強調された。「各は国中の儀表たり」とされた家老（2号文書）、「国家之枢要」あるいは「衆務の淵藪」とされた奉行所（5号文書、6号文書(14)）、「各勤方ハ諸役人の表式」とされた奉行所分司根取（11号文書(2)）、「養民の本」とされた郡代（6号文書(40)）などである。これらは藩「国家」を支える官僚としての自覚を、藩士たちに喚起するものであった。「条目」では、彼らに対して言動を慎しむこと、謹慎を加えることの重要性なども繰り返し説かれている。

　もちろん、「条目」に記載されたのは理想的な役職像であり、それが絶えず遵守され続けたわけではない。しかし、「条目」が幕末維新期に至るまで全役職の服務規程として重視され、かつ用いられ続けた事実を鑑みれば、それが近世中後期の藩運営に及ぼした影響は極めて大きいと言えよう。

2　特徴的な役職

「条目」の記載内容からは、特色ある役職の存在を見出すことができる。その全体像を示すことは紙幅上不可能であるが、前述した役職との重複を避けつつ、注目すべきいくつかを以下に示そう。なお、沿革や役高などは、「職制」（1号文書）および「職員概見」（前掲）を参照した。

留守居大頭　もとは城代と呼ばれたが、宝暦七年（一七五七）二月に改称された。役高は二〇〇〇石で、定員は延宝八年（一六八〇）以降二人に増員された。その職掌ゆえに、「条目」では籠城の備えを怠らず、兵粮を蓄え、平時よりの武備充実や武芸鍛錬の必要性が明記されている（6号文書(3)、7号文書(2)）。城門内外の鍵の管理も担っている点が興味深い。籠城の手配は、八代城代であった筆頭家老松井家とも共通する（3号文書）。近世中後期の熊本藩では、藩主が江戸在府中、何らかの非常事態で熊本城を明け渡す状況に迫られたとしても、藩主の意思が確認できない限り、国元の家臣たちは開城に応じないこととなっていた[47]。近世を通じて城郭は、軍事要塞としての性格を強く保持し続けていたのである。

佐敷番頭・鶴崎番代・八代番頭　熊本藩では、国内の要地である佐敷・鶴崎・八代に軍事拠点が設けられ、その長として上級家臣が派遣された。役高と定員は、鶴崎番代が二〇〇〇石で一人、佐敷番頭が一五〇〇石で一人、八代番頭が七〇〇石（のち九〇〇石）で二人である。他領と近接する佐敷と鶴崎の任務は「遠境押」であり、当地の郡代などを指揮下に置き、平時よりの武備充実、喧嘩口論や他国からの欠落人への対応、また事態に応じた奉行所への報告などを職務とした（佐敷番頭の報告先には八代城代松井家も含まれる。6号文書(4)(5)、7号文書(3)(4)）。鶴崎番代では、日田代官所との関係も触れられている。他方、八代番頭は、正保三年（一六四六）の松井家の八代入城とともに設置された八代城付衆の頭であり、日常は松井家の指揮下にあった。ただし、「条目」では意見などを松井家が受け入れない場合、熊本へ出頭して報告することとされている（6号文書(12)、7号文書(8)）。彼らには、松井家の権力を抑制する役割も期待されていた。

穿鑿頭　もとは穿鑿上奉行であったが、宝暦六年八月に改称された。役高は二〇〇石で定員は二人。罪人を取り調べ、「口書」（供述調書）を作成する穿鑿所の長であり、刑法方の管轄下にあった。「条目」では、穿鑿は人の生死を左右するため、公平を第一に心がけ、「口書」を明白に作成すること、また賄賂などを禁止し、水拷問を行う際には刑法方奉行の指示を受けることなどが記されている（6号文書(36)）。なお、死刑に関わる案件の決裁に関しては、刑法方の「条目」の中に、刑法方が判断した内容を、大奉行が審査し、さらに家老中の検討を経て、最終的に藩主に伺うとする、極めて慎重な手続きが記されている（6号文書(14)）。なお、刑法方の判断は「口書」の検討に基づき行われる。人命の生死に直結する、穿鑿頭の責任の重さがうかがえよう。

鶴崎船頭之頭　定員は二人。「条目」は川尻船頭之頭と共通する。鶴崎船頭之頭は、鶴崎番代や船方担当奉行の指示を受けた。船頭之頭とは、船方を統括する立場であり、家業に励むよう船手の者を監督し、天文に習熟して天候の善し悪しを判断することが求められていた（6号文書(46)）。さらに興味深いのは、その職分に関する規定である。船頭とは、「衆人懸命の枢機」を取る職分であり、渡海の際に万が一難破し、乗組員が溺死した場合は、たとえ生き延びる術があろうとも、すぐ自殺するように定めている。鶴崎船頭之頭の場合、船頭や加子など約五五〇名を指揮下に置いていた（1号文書）。多

吉川弘文館

新刊ご案内　2018年10月

〒113-0033・東京都文京区本郷7丁目2番8号　振替 00100-5-244（表示価格は税別です）
電話 03-3813-9151（代表）　ＦＡＸ 03-3812-3544　http://www.yoshikawa-k.co.jp/

飛鳥・藤原の宮都を語る

「日本国」誕生の軌跡

相原嘉之著

飛鳥・藤原の地は、六世紀末から八世紀初めにかけてわが国の中心として栄えた。推古朝の豊浦宮などの発掘、高松塚古墳壁画の救出、新発見を語るコラムなどを掲載。長年にわたる発掘成果から「日本国」誕生の過程を探る。

Ａ５判・二一〇頁／一九〇〇円

源氏長者

武家政権の系譜

岡野友彦著

武家政権の正当性には、「征夷大将軍」だけではなく「源氏長者」という地位が必要だった。源氏の誕生から、公家源氏と武家源氏の系譜、「源氏願望」の正体などを描き、源氏長者であることがいかに重要なのかを解き明かす。

四六判・二二〇頁／二四〇〇円

歴史手帳 2019年版

日記と歴史百科が一冊で便利！

吉川弘文館編集部編　九五〇円

毎年歴史家をはじめ、教師・ジャーナリスト・作家・学生・歴史愛好者など、多数の方々にご愛用いただいております。Ａ６判・三二〇頁

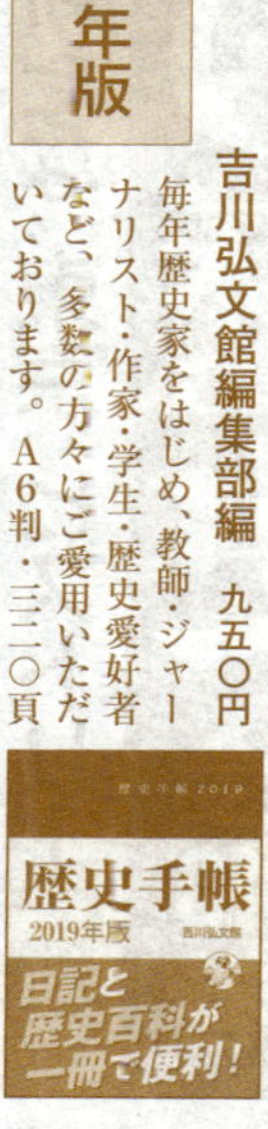

●既刊

1 先史時代～戦国時代

多様な地形をもち、豊かな自然に彩られる東京。武蔵国府の設置、武士団の成長、小田原北条氏の支配。その下で営まれる人びとの暮らしや社会の動きに視点を置き、「東京の歴史」の舞台と、先史から戦国時代の歩みを描きます。（通史編1）

2 江戸時代

家康の入府以来、急速に巨大城下町へと変貌する江戸。幕藩権力や物流、そして人びとの生活を支えるインフラや都市行政。災害や病、歌舞伎・浮世絵など民衆文化を見ながら、巨大城下町における人びとの営みを描きます。（通史編2）

3 明治時代～現代

明治維新により江戸は「東京」と名前を変え、首都となりました。いかに東京は形成され、そこで人びとは暮らしたのでしょうか。都市化の進展、震災と戦災、戦後復興から今日の国際化まで、激動の近現代史に迫ります。（通史編3）

●続刊

6 品川区・大田区・目黒区・世田谷区（地帯編3）

7 渋谷区・杉並区・練馬区・中野区・板橋区・豊島区・北区（地帯編4）

8 足立区・葛飾区・荒川区・江戸川区（地帯編5）

9 多摩Ⅰ（地帯編6）

10 多摩Ⅱ・島嶼（地帯編7）

厳選した200のテーマから、個性溢れる東京の歴史を多面的に描く！

【通史編】 通巻1～3　東京都の範囲を対象に、歴史時代を原始・古代、中世、近世、近現代に区分し、取り上げるテーマにそう史料を窓口に時代の流れで描きます。

【地帯編】 通巻4～10　二三の特別区、三九の市町村からなる自治体を枠に、通巻4～8で区部を、通巻9～10で多摩地区や島嶼の市町村を取り上げ、それぞれ固有の歴史を描きます。

「み　る」 古文書や記録、絵図・地図・写真を基本史料として一点取り上げ、わかりやすく解説します。

「よ　む」 「みる」の基本史料をていねいに読み解き、関連する史料や事項にも触れながら歴史の事実に迫ります。

「あるく」 「みる」「よむ」で得られた知識をもとに、関係する史跡や現状を辿る案内や、さらに深い歴史にむかって〝あるく〟道筋を記します。

史実に基づく正確な伝記シリーズ

人物叢書

日本歴史学会編集　四六判

松井友閑（通巻291）

竹本千鶴著

織田信長の法体の側近。堺代官をつとめ、将軍や大名家、寺社との交渉役としても活躍。文化の才にも秀で、「大名茶湯」を開花させ、晩年は文化人として過ごす。信長の信任篤く、内政・外交に奔走した生涯をたどる初の伝記。

三二〇頁／二三〇〇円

前田利長（通巻292）

見瀬和雄著

加賀前田家の二代当主。豊臣秀吉の死後、秀頼を補佐したが、家康暗殺計画の主謀者と讒言され徳川に下る。関ヶ原の戦い後は、加賀・越中・能登の統治に辣腕をふるった。幕藩制最大の大名として前田家の礎を築いた生涯。

三二〇頁／二三〇〇円

【関連図書】

織田信長　池上裕子著　二三〇〇円

千　利休　芳賀幸四郎著　二二〇〇円

前田利家　岩沢愿彦著　二二〇〇円

前田綱紀　若林喜三郎著　一七五〇円

増補 吾妻鏡の方法

事実と神話にみる中世〈新装版〉

五味文彦著

東国に生まれた初の武士政権誕生と再生の歴史。鎌倉政権像が鮮やかに再現され、その時代がよみがえる。『吾妻鏡』編纂方法やその特徴、武家地鎌倉の形成を解き明かす論考二本を新たに収録。名著がさらに充実した決定版。

四六判・四〇〇頁・口絵二頁／二四〇〇円

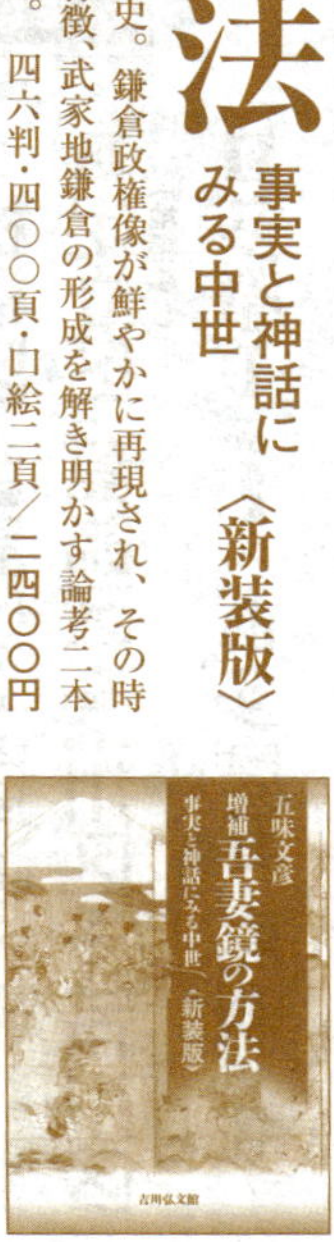

東北の幕末維新

米沢藩士の情報・交流・思想

友田昌宏著

激動の幕末、奥羽列藩同盟を主導した米沢藩にあって情報の重要性を訴えた甘糟継成《あまかすつぐしげ》と、探索周旋活動に努めた宮島誠一郎、雲井龍雄《くもいたつお》。動乱の中で紡いだ思想と維新後の異なる歩みを追い、敗者の視点から幕末維新を描く。

四六判・二七〇頁／二八〇〇円

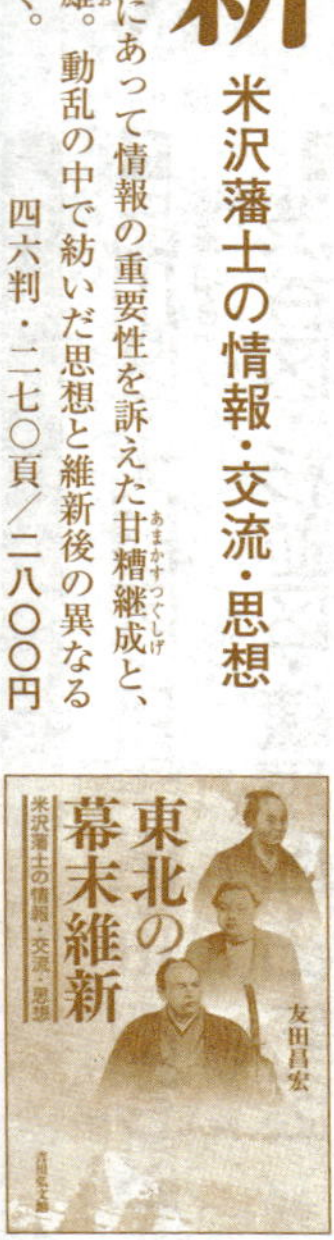

植民地遊廓
日本の軍隊と朝鮮半島

金富子・金栄著

近代日本による朝鮮侵略のなか、移植された日本式の公娼制は、植民地社会にいかなる影響を与えたのか。遊廓が浸透した過程を、南北地域に分けて考察。史資料にない娼妓の姿を、オーラルヒストリーなどから掘り起こす。

Ａ５判・二五六頁／三八〇〇円

〈東京オリンピック〉の誕生
一九四〇年から二〇二〇年へ

浜田幸絵著

一九四〇年開催予定であった幻の東京オリンピックから、一九六四年をへて二〇二〇年へ。戦時に返上した挫折から、戦後の開催へ招致活動した在米日系人やＩＯＣの動向など、その連続性に着目しメディア史から描く決定版。

Ａ５判・二九八頁／三八〇〇円

読みなおす日本史

毎月１冊ずつ刊行中　四六判

はんこと日本人

門田誠一著

一五〇頁／二二〇〇円（補論＝門田誠一）

城と城下　近江戦国誌

小島道裕著

二七八頁／二四〇〇円（補論＝小島道裕）

お家相続　大名家の苦闘

大森映子著

二二〇頁／二二〇〇円（補論＝大森映子）

宅配便の受け取り、回覧板、役所の申請書類から売買契約まで、毎日の生活にはんこは欠かせない。日本人はなぜ、いつごろからはんこを押し続けてきたのか。その歴史を辿り、はんこをめぐる日本独特の文化・社会を探る。

滅び去った城館跡に人は魅せられる。環濠集落や土塁囲みの館城から、戦国大名の城下町や信長の安土まで。近江に残るさまざまな城館遺構を訪ね、地形・史料・伝承をもとに、人々の営みと失われた戦国社会の姿に迫る。

江戸時代、大名家は世襲で受け継がれるが、後継者がいないとその家は取りつぶされる。突然の事態に関係者はどのように対処したのか。幕府の公的な記録に表れない不自然な事例から、存続をかけた大名家の苦労を探る。

歴史文化ライブラリー

●18年8月～10月発売の5冊

四六判・平均二二〇頁　全冊書下ろし

人類誕生から現代まで／忘れられた歴史の発掘／常識への挑戦／学問の成果を誰にもわかりやすく／ハンディな造本と読みやすい活字／個性あふれる装幀

473
書物と権力
中世文化の政治学

前田雅之著

印刷技術が未発達な中世において、人は書物をどう入手していたのか。連歌師の流通への関与、伏見宮家から足利将軍への『風雅集』贈与など、書物の伝播・普及と権力との結びつきを解明。古典的書物を持つことの意味に迫る。

二二四頁／一七〇〇円

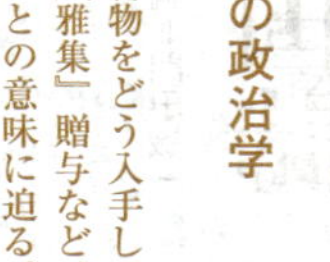

474
室町将軍の御台所
日野康子・重子・富子

田端泰子著

室町将軍歴代の妻となった公家の日野家出身の女性たちは、飢饉や土一揆の頻発した難しい時代をどのように生きたのか。足利義満・義教・義政の妻を取り上げ、その政治的な役割と人生を時代情勢の推移とともに描き出す。

二三八頁／一七〇〇円

475
戦国の城の一生
つくる・壊す・蘇る

竹井英文著

戦国期の城は、いつ誰の手で築かれ、いかに使われて廃城となったのか。築城技術やメンテナンス、廃城後の「古城」の再利用《リサイクル》など、史料を博捜し読み解く。「城の使われ方」から戦争や城郭の実態を考えるヒントを与える。

二二四頁／一七〇〇円

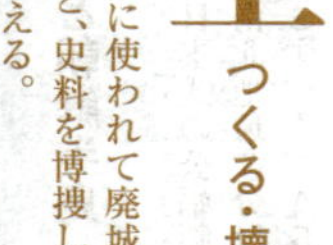

数の部下の生死を左右する責任者として、非常時の覚悟が示されている。

台所頭・料理頭　台所頭の定員は一人、料理頭のそれは三人。台所頭は、藩主の食事を担当する御台所の頭であり、料理頭はその配下にあった。両者の「条目」によると、御台所は清浄を第一に心がけ、料理の試食（試味）を慎重かつ精密に行うことが求められている（6号文書(59)、11号文書(8)）。試食は毒見を兼ねたものであろう。藩主嫡子の教育係にも、「御飲食之品御試等」は十分に念を入れ、御台所は言うまでもなく、近侍する者たちにも粗略がなきよう、厳しく指導することが明記されている（10号文書(1)）。他方、費用を節約して食事に粗略がないように、また入念に行うあまり無駄な費用をかけないように、ともされている。料理方伝来の故実を継承することも重要な職務の一つであった。

案内役　定員は六人。文化十一年（一八一四）に駕役と合併し、案内駕役となる。「職制」では側組に属し、その定員は一二名である（1号文書）。「条目」によると、案内役は参勤交代などの「御道筋」を掌る職分であり、道筋の順序、江戸の諸屋敷の位置を常に把握することが求められている（6号文書(74)）。街道を通行する際は、宿泊・休憩施設などの手配も担当した。また、江戸では行列の責任者として藩主の駕籠近くに仕え、他家の行列と接した際の挨拶などへの対応もその職務とされた。

軍艦将帥　定員は不明。元治元年（一八六四）以降の熊本藩では、海軍整備のために蒸気船を購入しており[48]、当該期に新設された役職と考えられる。「条目」の内容は、軍略は臨時の対応が重要であること、平常からの円滑な関係の構築が戦時の一致団結に繋がるため、「隊中」の交わりを厚くすることなど、番方の一般的な「条目」と共通する部分が多い（9号文書(1)）。ただし、「艦中之規則」や「海軍之要領」が存在すること、軍艦の操縦や砲術などを研究する必要性が説かれるなど、海軍ならではの記述もある。

蔵根取　熊本藩は、幕末段階で領内九か所に年貢米収納庫を設置していた。「職制」にみられる東西・川尻・高瀬・八代などの蔵は、その主たるものである。根取の定員は、東西が六人、川尻・高瀬・八代が各一人であった（1号文書）。それらの「条目」には、年貢納入時には百姓たちに迷惑をかけないこと、米の品質を検査し、基準に達しなかったものは支配方の指図を受けることが明記されている（11号文書(26)(67)）。同藩の年貢米（肥後米）は、近世の大坂市場で高く評価されており、年貢納入時に各蔵では厳しい品質検査がなされていたことが知られる[49]。川尻・高瀬・八代の三蔵からは大坂に年貢米が移出されており、実際に高瀬蔵根取の「条目」には、大坂などへ廻米の際には入念に作業し、船積みなどの遅れがないよう記されている（11号文書(67)）。

勘定所産物方根取　定員は二名。産物方は、藩の殖産事業を担う組織である。以前は櫨方の管轄下にあったが、近年は勘定所へ管轄替えになったという（11号文書(86)）。「条目」によると、国産品を仕立てることに心を用い、「御国益」となるよう心がけることが肝要だとされる。他国からの商人が持ち込む「御国禁之品」や産物などの取り締まりも、その職務の一つであった。殖産事業に関わって、御用商人などと「私之申談」を行うことや、贈答品を受け取ることも禁じられている。注目されるのは、「御国益」を説きながらも、諸商人と利を争うことは戒め、かつ民間の「諸品買物等」が「不便利」にならないよう求めている点である。「御国益」を追求する一方で、民間社会の経済活動の阻害は避けようとする、近世的な公権力の姿が見て取れる。

おわりに

以上、本書に収録した「職制」と「条目」の史料的性格とその特徴について、とくに後者に力点を置きながら解説してきた。その結果、明らかになったことは以下のとおりである。

（一）天保期熊本藩の職制機構図に掲載されたスタッフの総数は、非領主身分である地方役人や武家奉公人を含めて約九〇〇〇人におよぶ。それは、当該期同藩の武士身分総数の約一二五％、非領主身分を含めた家臣団総数の約六八％に相当する数値であった。冒頭で発した「藩とはなにか」という問いに対し、この熊本藩の職制機構図に即して答えるならば、武士身分の総数をはるかに超えるスタッフ、そして行政をはじめとした多種多様な役職によって支えられ、国外にも拠点を有した巨大組織、と答えることができる。また、行政・軍事・家政それぞれの機構が明確に区分されていた点も重要である。

（二）熊本藩では、当初、役職就任起請文に記載されていた職務上の遵守事項が分離し、十八世紀半ばに「条目」という服務規程に集約された。この全役職を対象とした服務規程の整備は、当該期の熊本藩に特徴的な事象であった可能性が非常に高い。また、「条目」の成立で各役職における職務内容の一貫性が担保され、日常的な職務業績制度の確立ももたらされた。

（三）「条目」では、幕府法および藩法の遵守、倹約、機密保持、公私の区別などが、ほぼ全役職に共通する事項として示された。また、藩「国家」を支える各役職の公共的な性格が強調されるとともに、民間社会との契約的な関係が重要視された。これらは、十八世紀半ばの藩政改革で達成された、近世的な統治秩序形成の到達点を象徴するものと言える。また、現代日本における政治・行政の問題性を映し出す鏡にもなろう。

最後に、今後の課題を簡単に示しておく。本解説では紙幅の都合上、「条目」のなかで論及できなかった役職も非常に多い。商人たちの恣意的な利益追求を戒めた町方や川尻町奉行（6号文書(14)(29)）、江戸の細川家上屋敷（竜口屋敷）における留守居たちの詳細な服務規程（8号文書）、御用海苔の保護のため釣漁を禁止した水前寺苔場見〆（11号文書[81]）などである。また、より専門的な見地から各役職の服務規程を精査することで、得られる知見も多いはずである。

各役職の職務内容に関しては、「条目」制定の直前に行われた調査報告書「宝暦六子年御役付之面々江及沙汰、銘々より書出候勤稜之書付之写」（全三冊、前掲）などの関連史料を分析することで、より詳細な解明が見込まれる。そして、近世初期の役職就任起請文から十八世紀半ばの「条目」への変容過程を深めるためには、その中間に位置する寛文・延宝期（一六六一～八一）に作成された侍中・奉行中の服務規程「御自分方御制条」[50]などの検討が不可欠である。併せて、明治期以降の服務規程も検討の俎上にあげることで、中世的・近世的な役職就任起請文から近代的な服務規程の形成過程が具体的に浮かび上がってくるはずである。

註

（1）たとえば、「特集／「藩」からみた日本近世」（『歴史評論』六七六、二〇〇六年）参照。

（2）近年の職制機構の研究では、自治体史などに優れた成果が散見される。金沢市史編さん委員会編『金沢市史　資料編4　近世二　藩制』（金沢市、二〇〇一年）、藤井譲治編『彦根城博物館叢書4　彦根藩の藩政機構』（彦根城博物館、二〇〇三年）など。

（3）荒武賢一朗「本書の研究視角と近世大名家研究への展望」（同・渡辺尚志編『近世後期大名家の領政機構』岩田書院、二〇一一年）。

（4）小関悠一郎「細川重賢明君録からみえる熊本藩政改革」（稲葉継陽・今村直樹編『日本近世の領国地域社会』吉川弘文館、二〇一五年）。

（5）高塩博「熊本藩徒刑と幕府人足寄場の創始」（小林宏・高塩博編『熊本藩法制史料集』一九九六年、創文社）、磯田道史「藩政改革の伝播」（『日本研究』四〇、国際日本文化研究センター、二〇〇九年）など。

（6）官僚制と服務規律（規程）との関係についてM・ウェーバーは、「官吏（服務）紀律、すなわち、官吏がその習熟した活動の範囲内で厳密に服従するという態度」が「漸次いっさいの（官僚制的な―引用者註）秩序の基礎となる」と強調している（M・ウェーバー著／阿閉吉男・脇圭平訳『官僚制』〈恒星社厚生閣、一九八七年〉五四頁）。

（7）代表的なものとして、笠谷和比古『近世武家社会の政治構造』（吉川弘文館、一九九三年）、藤井譲治『幕藩領主の権力構造』（岩波書店、二〇〇二年）。

（8）藩政部局や各役職の職務内容をまとめた法典には、土佐藩参政の吉田東洋が編纂に携わり、文久元年（一八六一）に脱稿した「海南政典」が知られる。同書に示された官制体系について石尾芳久は、古代中国の周王朝の統治組織を詳述した『周礼』の影響を受け、一般の行政組織と藩主の家政機関が峻別されており、合理的官僚制の萌芽がみられると評価している（同『海南政典海南律例の研究』法律文化社、一九六七年）。なお、『周礼』と幕末の官制改革などの関係については、羽賀祥二「明治維新と『周礼』」（『年報近現代史研究』創刊号、二〇〇九年）を参照。

（9）熊本大学文学部附属永青文庫研究センター編『熊本大学寄託永青文庫資料　総目録　歴史資料編1～3』（二〇〇五年三月）、同編

『熊本大学寄託永青文庫資料　総目録　文学・文芸・故実・芸能編　絵図・地図・指図編　歴史資料編補遺』（二〇〇五年十一月）。

（10）本書収録史料の表紙の多くに朱書で「巳十二印」とあるが、これは明治十一年（一八七八）に藩政史料の目録が作成された際、奉行所の機密間記録に分類された史料に付された記号である（森正人「永青文庫蔵熊本大学寄託和漢書の蔵書構成」〈同・稲葉継陽編『細川家の歴史資料と書籍』吉川弘文館、二〇一三年〉）。なお、一九六九年刊行の熊本大学寄託永青文庫資料の目録では、「役職」項目に分類された史料は合計三五一点を数える。その内訳は、「職制」関係が四〇点、「役所」関係が一三点、「役人・勤務」関係が二九八点である（森田誠一編『永青文庫　細川家旧記・古文書分類目録　正篇』〈細川藩政史研究会、一九六九年〉一二一〜一二七頁）。

（11）永青文庫資料、一―四―一六―一・二、四―五―一九七―一―一・二。「官職制度考」の翻刻は、武藤厳男・宇野東風・古城貞吉編『肥後文献叢書（一）』（歴史図書社、一九七一年）に収録。なお、土佐藩の「海南政典」に合理的官僚制の萌芽を見出す石尾芳久は、それとは対照的な存在として「官職制度考」を取り上げ、同書に記された熊本藩の職制機構について、家政機関と藩の行政組織が未分離な家政機関優越の体制であり、家父長的家産官僚制の体制だと論じる（前掲『海南政典海南律例の研究』七八〜八三頁）。しかし、後述するように熊本藩では、宝暦改革によって家老の私邸における政務の否定、藩主に近侍する用人の権限抑制、藩の中央政庁（奉行所）の機能強化が行われており、石尾の評価には首肯できない。

（12）永青文庫資料、一〇八―四―五、二〇三―三三―二。「旧章略記」を翻刻したものとして、鎌田浩「『旧章略記』―熊本藩法制資料（五）―」（『熊本法学』二一、一九七三年）。

（13）同右「『旧章略記』―熊本藩法制資料（五）―」八七頁。

（14）永青文庫資料、八―五―一一―一〜二〇。

（15）永青文庫資料、文下補四―一〜四。

（16）永青文庫資料、九―一八―二一。

（17）熊本大学文学部附属永青文庫研究センター編『永青文庫叢書　細川家文書　近世初期編』（吉川弘文館、二〇一二年）史料番号一二九。

（18）永青文庫資料、一〇―四―一二。

（19）永青文庫資料、一〇―六―二四―一・二。

（20）当該史料は、松本雅明監修『肥後読史総覧　上巻』（鶴屋百貨店、一九八三年）で紹介されている。

（21）池辺義象『銀台公』（吉川弘文館、一九〇七年）、宇野東風『細川霊感公』（東京堂書店・長崎書店、一九〇九年）、中野嘉太郎『細川越中守重賢公伝』（一九三六年）。

（22）鎌田浩『熊本藩の法と政治』（創文社、一九九八年）六一〜六二、八三〜八六頁。

（23）「霊感公　御家譜続編　十九」（永青文庫資料、七―七―三―一九）。

（24）『恕斎日録』刊行会編『肥後　中村恕斎日録　第二巻』（熊本出版文化会館、二〇〇九年）二六八頁。

（25）「官職制度考」（前掲『肥後文献叢書（一）』）二〇一頁。

（26）公益財団法人永青文庫編『細川家起請文の世界』（二〇一七年）第三章。

(27) 稲葉継陽「近世初期細川家臣団起請文にみる熊本藩「国家」の形成」(工藤敬一編『中世熊本の地域権力と社会』高志書院、二〇一五年)。

(28) 大河内千恵『近世起請文の研究』(吉川弘文館、二〇一四年)第Ⅰ・Ⅱ部。

(29) 同右『近世起請文の研究』第Ⅱ部。加えて、前掲『彦根城博物館叢書4　彦根藩の藩政機構』には、彦根藩で役職就任時に家臣から提出された、正徳四年(一七一四)から慶応四年(一八六六)までの「役職誓詞」と呼ばれる起請文八〇点が収録されている。

(30) 前掲『熊本藩の法と政治』。

(31) 「霊感公　御家譜続編　十八」(細川家文書、七―七―三―一八)。

(32) 同右「霊感公　御家譜続編　十八」。

(33) 同右「霊感公　御家譜続編　十八」。その全文は以下のとおり。

条々

一、公義御法度書幷高札之写を仕置、無怠慢拝見仕、弥堅相守之、万事江戸之被仰出に応し、末々迄守之候様に可相心得事、

一、公義御祈禱於阿蘇・藤崎両社執行之節、役人末々至迄撰不浄之者、諸事入念可致沙汰事、

一、長崎御奉行衆・日田御代官衆より公用之儀申来候ハヽ、早速致其沙汰、不可及遅滞事、

一、城中之儀、且又宗門之儀付而申談事於有之者、城代共江可令相談事、

一、切支丹宗門改之儀、城代共申談、弥入念可相改事、

一、領内浦々に唐船漂着仕段、注進有之候節者早速家老共江相達、諸事入念可致沙汰事、

一、順　公義之御法度書、自分法度之儀茂堅可相守事、

一、依傍輩之会釈、忠義を不忘様に可得相心得を事、

一、妙解寺・泰勝寺其外寺社之修覆・祭礼等之儀、無滞可致其沙汰事、

一、国境之儀入念可申候、若相替儀有之歟、又者欠落人・浪人抔来る段注進有之ハ、早々家老共江相達、遂吟味可及沙汰事、

一、奉行所諸役人至迄無依怙贔屓、作法宜様に可申付事、

一、侍共勝手差支候ハヽ、家老共江相達、宜様可致沙汰事、

一、百姓・町人及困窮候節者、町奉行・郡奉行共申談、家老共江相達、宜沙汰事、

一、不依何事、末々迄承届候儀者違却無之様相心得、且又訴訟人有之節無滞様仕、尤公事等之儀無依怙贔屓可致沙汰事、

一、昼夜用様之儀、無滞様可相心得、急用之時相談及延引候而者、其用事之間ニ合不申儀茂可有之候、惣而不入儀ニあまり入念候而者、下々のつかへにも成、又者其品により費茂可有之候間、弥何茂申談、其心得可仕事、

一、留守中奉行所に請込候用之儀、家老脇・用人共江遂相談候上、家老共江相達、可受差図事、

一、諸事費無之様可申付事、

一、火用心之儀、弥堅可申付事、

右条々堅可相守之者也、

寛延二年二月日　御判

奉行中

(34)「万見合帳」(永青文庫資料、一〇―五―三六)。

(35)同右「万見合帳」。

(36)同右「万見合帳」。

(37)前掲「霊感公　御家譜続編　十八」。

(38)永青文庫資料、一四―一四―一、文下補七―一・二。

(39)前掲「霊感公　御家譜続編　十八」。

(40)「度支彙函」(藩法研究会編『藩法集7　熊本藩』創文社、一九六六年)五八二頁。

(41)同右「度支彙函」五八三～五八四頁。

(42)「肥後物語」(永青文庫資料、四―五―一〇八―一)。

(43)「銀台遺事」(前掲『肥後文献叢書(一)』)一四頁。

(44)同右「銀台遺事」一五頁。

(45)前掲『永青文庫叢書　細川家文書　近世初期編』。

(46)稲葉継陽『細川忠利』(吉川弘文館、二〇一八年)。

(47)後藤典子『熊本城の被災修復と細川忠利』(熊本日日新聞社、二〇一七年)一八五～一八六頁。

(48)白石烈「幕末肥後藩の政治活動とその背景」(前掲『日本近世の領国地域社会』)二五九～二六一頁。

(49)高槻泰郎「近世期市場経済の中の熊本藩」(同右『日本近世の領国地域社会』)九八～一〇三頁。

(50)永青文庫資料、一―四―一七。

跋　文

ここに、熊本大学永青文庫研究センター編『永青文庫叢書　細川家文書』第二期全五巻のうちの一冊目、「熊本藩役職編」を刊行する運びとなった。

二〇〇九年四月、永青文庫研究センターは、本学に寄託されている永青文庫細川家の膨大な資料に国内外から寄せられた学術的要請に応えるため、「熊本大学文学部附属永青文庫研究センター」として発足した。発足当初より、肥後銀行をはじめ、熊本放送文化振興財団あるいは熊本の有志の方々からの寄付金を基に熊本県庁に設けられた「永青文庫常設展示振興基金」からの受託研究費等によって運営され、永青文庫資料の目録作成や重要資料の出版活動に取り組んできた。

その成果として、二〇一〇年五月に『永青文庫叢書　細川家文書　中世編』を吉川弘文館から出版し、その後二〇一四年までの五年間で五冊の叢書を刊行することができた。『永青文庫叢書　細川家文書　絵図・地図・指図編Ⅰ』『同　近世初期編』『同　絵図・地図・指図編Ⅱ』『同　故実・武芸編』である。この研究成果は、二〇一三年六月に永青文庫の細川家中世文書等二六六通が国重要文化財に指定されるなどして、広く知られることになった。そして、二〇一五年十二月には、発足当初からの目標であった五万八八〇〇点もの永青文庫資料総目録を完成させた。

熊本大学は、熊本藩主細川家や第一家老松井家などに伝えられた江戸時代の歴史資料を一〇万点以上も管理し、教育研究に活用している。このように膨大で、かつ質の高い歴史資料群を、その資料群が形成された地域の大学が管理活用しているという例は、熊本大学をおいて他にないであろう。永青文庫研究センターは、二〇一七年度より文学部の元を離れて学内共同の教育研究施設となり、新たな研究資金やスタッフも調えて機能強化し、次のステップを踏むことになった。本センターはこうした類稀な条件を活かして、熊本大学における研究拠点の一つとして、さらに地域貢献拠点として発展することが期待されている。そして『永青文庫叢書　細川家文書』の刊行は、本センターの活動の基軸となる事業として位置づけられている。

本書は、江戸時代中期の藩政改革期に成立した熊本藩の行政機構の全体像を示す「職制」と、そのもとで個々の役職に就く藩士たちの服務規律を示す「条目」という貴重史料を収録している。「藩／藩政とは何か」という基本問題を理解する上で、熊本藩のみならず近世史研究一般にも有益な内容を発信することができたと自負している。

第二期『永青文庫叢書』は、本書の後、「島原・天草一揆編」「地域行政編」「意見書編」「災害史料編」と、年に一冊ずつ続刊の予定である。本書同様、永青文庫研究センターにおけるこの一〇年間の基礎研究の成果や、近世史料論そして社会論の多様な可能性を、多くの読者に対して示す書物となるよう計画している。大方のご批判を頂戴できたなら幸甚である。

最後に、序文をお寄せいただいた公益財団法人永青文庫の細川護熙理事長、史料写真の掲載を快諾された公益財団法人永青文庫、収録史料の選定について種々ご教示いただいた宮内庁書陵部の白石烈氏、それに第一期『永青文庫叢書　細川家文書』に続いてお骨折りいただいている吉川弘文館に、記して感謝致したい。

二〇一八年十一月二十六日

熊本大学永青文庫研究センター
センター長　稲葉継陽

収録史料目録

番号	目録番号	年　　代	西暦	史料名	内　　容
1	8.4.79 丁. 1	天保6年9月	1835	職制	(熊本藩の職制機構図)
2	(10.5.39)	宝暦6年7月	1756	家老条目写	(家老が守るべき十か条の御条目の写)
3	神雑 1.7.1	宝暦6年8月	1756	松井家条目写	(松井家が守るべき四か条の御条目の写)
4	神雑 1.7.4	(宝暦6年)	1756	中老条目写	(中老が守るべき七か条の御条目の写)
5	(10.5.39)	文化9年9月3日	1812	大奉行条目写	(大奉行が守るべき七か条の御条目の写)
6	8.4.80. 丁	(宝暦7年2月)	1757	御条目扣	(備頭以下82役職が守るべき条目の控)
7	107.37.42.1	(年不詳)		条目	(備頭以下75役職が守るべき条目の控)
8	107.37.42.5　治年 17	天明6年4月	1786	御留守詰江被渡置候御書付案	(家老以下8役職が守るべき条目の案)
9	10.5.39	天明6年7月	1786	御印　御条目扣	(備頭以下41役職が守るべき御条目の控)
10	10.5.38	安永6年2月	1777	庁事印　御条目扣	(右筆頭以下72役職が守るべき御条目の控)
11	10.5.43	(宝暦7年)	1757	御条目之扣　御奉行中連判	(右筆以下100役職が守るべき御条目の控)
12	100.11.12.6	(年不詳)		草稿	(郡間根取以下9役職が守るべき条目の草稿)
13	神辰十九番 2.173	文久2年11月11日	1862	米田是豪盟文	(条目・書附の趣旨を堅く守る事を誓約)

差　　出	宛　所	員数	体裁	法量（cm）	備　　考
		1冊38折	折本	縦34.8　横13.3	表紙に「巳十二印」（朱書）とあり。表紙裏に「此折本、天保六年九月御奉行中存寄ニ而出来、清書者御側ニ指上ニ相成候由之事」とあり。
御青印（細川重賢）	年寄中	1通	続紙4	縦18.2　横193.5	包紙あり。「御印　御条目扣」（目録番号10.5.39）の扉に紐で括りつけられている。
御印（細川重賢）	長岡帯刀殿	1通	続紙2	縦31.4　横77.1	
	中老	1冊3丁	竪帳	縦31.5　横22.7	包紙あり。貼紙1あり。年は包紙による。
御印（細川斉樹）	大奉行	1通	続紙2	縦16.5　横125.0	包紙あり。「御印　御条目扣」（目録番号10.5.39）の扉に紐で括りつけられている。
		1冊82折	折本	縦31.3　横12.9	表紙に「巳十二印」（朱書）とあり。
		1冊77折	折本	縦30.6　横12.4	表裏黒漆塗板。表紙に「地十番　条目」とあり。
		1冊18丁	竪帳	縦27.4　横20.0	包紙あり。上書に「天明六年午ノ四月書附　御留守居江御渡被置候御書附案卯九月改」と封印あり。
		1冊60丁	竪帳	縦31.0　横22.3	表紙に「巳十二印」（朱書）とあり。貼紙7。扉に家老条目写と大奉行条目写が括りつけられている。
		1冊86丁	竪帳	縦31.5　横22.2	表紙に「巳十二印」（朱書）とあり。覚書2，貼紙10。
		1冊202丁	竪帳	縦30.2　横20.8	表紙に「巳十二印」（朱書）とあり。貼紙27。
		1冊13丁	竪帳	縦28.0　横20.7	表紙に「巳十二印」（朱書）と「北岡文庫」（朱印）あり。貼紙1あり。
長岡監物（米田是豪）（花押・血判）		1通	竪紙	縦33.9　横46.4	端裏に「百七十三番」とあり。

永青文庫叢書 第二期
細川家文書 熊本藩役職編
二〇一九年（平成三十一）三月一日 第一刷発行
編 者 熊本大学永青文庫研究センター
発行者 吉川道郎
発行所 株式会社 吉川弘文館
郵便番号一一三―〇〇三三
東京都文京区本郷七丁目二番八号
電話〇三―三八一三―九一五一（代表）
振替口座〇〇一〇〇―五―二四四
http://www.yoshikawa-k.co.jp/
印刷＝株式会社 精興社
製本＝誠製本株式会社

ISBN 978-4-642-01578-3